KB271626

한국학과 우랄·알타이학 12
관련자료·연구총서

順治年間檔의 語學的 한 觀點

―文獻 音譯의 問題點과 더불어서―

박 상 규

책을 쓰면서

“항상 희생을 미덕이라고 생각할 수밖에 없었던 한 女人의 기구한 꽃망울을 생각하면서 이 저서를 시작했지만 이제 사립문 밖 저 세상에서 미소만 보내오는구나 人生에 첫 女人으로 만나 가고 오는 것이 다 인연인데 무엇을 탓하고 미련에 머물겠는가 다 순간의 바람인 것을 바람개비 소리인 것을”

2008. 헛바람 무덤에서

발간사

오늘 해방 62주년 광복절을 맞아 본 출판사에서 <한국학과 우랄·알타이학>(관련자료·연구총서)을 13책이나 간행하게 되니 무척이나 감회가 새롭다. 民昌文化史에서 거의 15년 전(1993)에도 박상규 교수의 <알타이 언어 민속학 총서 1집> 15책을 이미 간행한 바 있었다. 물론 그 당시 있어서도 전체적인 내용은 알타이 전반에 걸친 자료 및 알타이어족의 부분적인 언어와 더불어서 민속학적인 측면에서 일부는 자료 그리고 기타 민속적인 여러 행위들을 필자 나름으로 서술한 바 있었다. 아마도 그러한 작업들은 해방 이후 처음 시도되었던 것으로 학계에서는 진단한 바 있었다. 그런데 또다시 박 교수가 이번에는 본 출판사를 통해서 <한국학과 우랄·알타이학>(관련자료·연구총서)을 13책이나 방대한 분량으로 관련 자료와 더불어 연구 총서 전집을 내놓게 된 것은 박 교수 자신의 업적과 경사일 뿐만 아니라 우리 한국학계의 눈부신 북방학에 대한 관심의 일원으로 볼 수도 있다. 이러한 방대한 작업을 한 박 교수의 노고에 본 출판사는 심심한 사의를 표하는 바이다.

생각해보면 오늘 이 광복절에 감회가 깊은 것은 과거 우리 조상은 비록 한 때지만 중국 대륙의 수나라 대군을 을지문덕 장군께서 살수대첩에서 크게 전승한 바 있었으며 또한 안시성의 양만춘 장군께서는 수많은 당나라 대군을 격퇴한 바 있었다. 그리고 광개토대왕과 장수왕은 우리 역사상 가장 거대한 영토를 우리 후손들에게 물려주었던 영웅들이다. 또한 백제 역시 왕인과 아직기를 비롯하여 많은 백제 유민들은 일본에다 우리의 찬란한 문화를 꽃 피웠던 것도 사실이다. 이토록 우리 선인들의 강렬하고 대륙적이며 용맹스런 기상들은 지금 다 어디에서 찾을 수 있을까? 이제 우리 학계는 위와 같은 사실에 주목하여 과거 융성했던 그 시절로 다시 돌아가 그들의 문화를 연구하고 고찰하고 그리하여 어떠한 새로운 인식의 전환점을 맞을 계기가 되어야 한다고 본다. 이러한 사실들을 종합해 볼 때에 학문적인 측면에서는 <거시적 한국학> 또는 <광의의 한국학>이 이 땅에 뿌리를 내려야 한다고 본다. 말하자면 오늘날 알타이어족을 포용하는 한국학으로 변모되어야 한다는 것이다. 그래야 과거 북방민족의 기질을 다시 재조명할 수 있지 않겠는가? 어느 민족이나 자기 민족의 우월성 내지 神의 선택성을 표방하고 있다. 그래서 대다수의 민족에게는 이와 상응하는 신화 등이 오늘날 전승되고 있지 않은가? 이런 측면에서 본다면 우리의 신화인 곰과 호랑이의 상징은 어느 측면에서 볼 때에 북방민족과 농경민족과의 결합 또는 북방민족의 농경민족화라고 추론을 내릴 수 있을 것이다. 이제 새삼 그 옛날 대륙적이고 기마적이며 유목적인 생활로 돌아가자는 것은 결코 아니다. 이러한 사실들을 통해서 우리가 주장하고자 하는 바는 현재 우리 사회가 안고 있는 여러 가지 병폐적인 생각과 행동을 없애는 방법은 법과 통치로서만 가능한 것이 아니다. 과거 우리 조상들이 가졌던 참신한 기상을 새롭게 인식한다면 새천년을 맞아 새로운 민족사를 바꾸는 데 위와 같은 사실들이 크게 기여할 것이라고 본 출판사는 생각하는 바이다. 이러한 본 출판사의 기획과 의도에 부합되게 금번 경원대학교에 재직 중인 박상규 교수가 <거시적인 한국학> <포괄적인 한국학> <광의의 한국학>이라는 간판을 내걸고서 저 끝없는 우랄・알타이 영역까지 포용하여 여기에 관한 기초적인 자료와 연구서를 내놓게 된 것은 한 개인의 성과일 뿐만 아니라 본 출판사의 업적이기도 하다. 그리고 본 자료와 연구 저서에는 알타이어족에 해당되는 KOREA, MANCHURIA, MONGOLIA, INNER MONGOLIA, YAKUT, TURKEY PEOPLE, KAZAK, CHUKCHEE, AFGHANISTAN 그리고 우랄의 가장 대표적 어족인 SAMOYED, LAPP 그리고 아주 상고대로 거슬러 올라갔을 때에 아마도 IBAN, CUNA, INCA, IROQUOIS, KLAMATH, ONA, PAPAGO, POMO, PONCA, TLINGIT, SERI, MAORI, ZUNI 이러한 어족 등도 전혀 알타이와 우랄어족에 무관하지 않을 것이라고 필자와 더불어 본 출판사에서도 그렇게 인식하는 바이다. 사실 한국학이란 고구려・백제・신라・가야・고려・조선만을 포용해서는 안 될 것이다. 우리가 새 천년을 맞이한 이 시점에서 세계화를 받아들이기 전에 우리 스스로가 세계화 속에서 중추적인 위치를 차지해야 한다는 것이다. 그러기 위해서는 적어도 앞에 나열하였던 이러한 어족들의 문화 등을 개별 종합적으로 연구, 분석, 검토하여 한국학의 기반을 다져야 할 것이다. 바로 그것이

전제된 세계화는 한국을 세계적인 문화의 강대국으로 향상 발전시킬 것이며 그렇지 못할 경우는 우리가 세계화의 주역은커녕 그들의 뒤꽁무니에서 늘 헤매다가 지쳐 쓰러질 것이다. 말하자면 우리는 우리 스스로 세계문화의 주체자로서 한국학을 연구하여야지 추종자로서 한국학을 연구해서는 안 될 것이다. 이러한 종합적인 결과로써 본 출판사와 박 교수가 손을 잡고 방대한 자료와 연구저서를 이번에 선보이게 된 것이다. 이제 우리도 저 넓은 시베리아의 북쪽 대륙에 눈을 돌려야 할 것이며 그러기 위해서는 가장 기초가 되는 작업을 하나하나 차근차근 쌓는 기분으로 연구를 진행해야 한다. 본 출판사가 이번에 <거시적인 한국학> 정립에 보다 박차를 가하는 작업의 일환으로 <학국학과 우랄・알타이학>(관련자료・연구총서) 13책을 내놓게 되니 우리 학계의 경사라 아니할 수 없다. 부탁하건대 박상규 교수는 본 출판사에서 24권의 자료와 연구 저서를 내놓은 셈인데 앞으로는 보다 세부적인 계획을 수립하여 개별적인 연구가 이루어지길 빈다. 끝으로 이러한 방대한 작업을 본 출판사를 통해서 선보여 주신 박 교수에게 고마움을 이 글로 대신하며 국내・외 많은 학자들의 조언과 충고를 본 출판사는 바라는 바이다.

2009년 8월 15일

본 출판사 임직원 일동 드림

序文 〈自序〉

<한국학과 우랄・알타이학>(관련자료・연구총서・13책)이 출간될 쯤에는 필자가 이 분야에 입문한 지 35년이 되는 해이다. 스물여섯부터 이 분야에 들어와 헤맨 지 언 35년… 이제는 검은 머리에서 흰 머리로 내 자신도 변화하였다. 그러나 모양이 변한 만큼 학문은 아직도 초보의 미천을 겨우 벗어난 것이 현 실정이다. 그동안 필자는 그 무덥고 추웠던 방학 때마다 좁은 공간 연구실과 빈 강의실 한 칸을 얻어 모아놓은 자료들을 맞추고 더하고 빼고 그리고 일부를 수정하였다. 또한 부분적이기는 하나 일부는 번역하고 또한 전체에 대한 줄거리를 매기고 연결하여 이번에 <한국학과 우랄・알타이학>이라는 제목으로 13책을 세상에 내놓게 되었다. 비록 자료와 부분적인 연구 총서집이지만 필자 나름으로 20년의 각고의 세월을 보낸 것만은 사실이다. 사실 한국학을 연구한다고 하는 것은 그리 용이한 일은 결코 아니다. 그리고 한국학을 제대로 수립하기란 그렇게도 어렵고 방대한 작업이라고 하는 것을 필자가 이 분야에 입문해서 35년이 지난 요즘에서야 겨우 알게 된 셈이다. 그러고 보면 처음은 한국학이 고구려・백제・신라・가야・고려・조선을 연결하는 작업인 줄만 알았다. 그래서 필자는 고구려어・백제어・신라어 그리고 계림유사를 통한 고려어 또한 훈민정음 및 용비어천가를 통한 중세국어 그리고 현대국어를 섭렵하는 길이 한국어 형성사 및 국어사를 정립하는 것으로 알았다. 또한 한국의 세시풍속이나 지금까지 일반적으로 전해 내려온

한국의 신화・전설・민담 등 민속학 개론에서 볼 수 있는 분야를 아는 것만이 전부인 줄 알았다. 그런데 한국학을 깊이 연구하다 보니 많은 부분에서 엉켜지고 섞여지고 혼합되어 빠져 들면 빠져 들수록 우리 한국의 문화적 원류를 찾아내는 데 어려움을 실질적으로 느끼게 되었다. 그래서 어쩔 수 없이 얽히고 설킨 실타래를 풀자니 주변의 여러 언어들 및 문화의 현상을 알아야 한다는 절박한 상황에 필자는 봉착하게 되었던 것이다. 그래서 처음부터 다시 제자리에서 시작하였다. 바로 그 시작은 우랄・알타이학과 그에 관련된 여러 문화에 대하여 알아야 한다는 사실이었다. 그래서 필자는 우랄・알타이학과 여기에 관련된 문헌인 인류학, 고고학, 역사학, 민속학, 언어학 등을 모으기 시작하였다. 그리고 이 엄청나고 방대한 자료를 일관된 맥을 통해서 연결시키는 작업이 시작되었던 것이다. 바로 이러한 작업의 일환으로 필자는 15년 전에 '민창문화사'를 통해서 <알타이언어 민속학 총서> 15책, 그리고 23년 전에는 '아세아 문화사'를 통해서 <우랄・알타이 인문총서> 10책을 세상에 내놓게 되었다. 그리고 이번에는 '한국학과 우랄・알타이학' 그리고 아마도 고대의 어느 시점에서는 부분적이나마 한국학과 우랄・알타이학과 관련되었을 것이라고 추정할 수 있는 여러 부족 중에서 필자는 앞으로의 韓國學의 硏究는 다음과 같은 어족인 IBAN, CUNA, INCA, IROQUOIS, KLAMATH, ONA, PAPAGO, POMO, PONCA, TLINGIT, SERI, MAORI, ZUNI를 여기에 포함

시켜야 한다고 생각된다. 물론 현상적으로는 이러한 IBAN, CUNA, INCA, IROQUOIS, KLAMATH, ONA, PAPAGO, POMO, PONCA, TLINGIT, SERI, MAORI, ZUNI 부족들이 한국학과 우랄·알타이학에 얼마만큼 관련되었는지는 모르지만 아마도 보편적으로 이야기할 수 있는 Inca 문명이나 Tlingit와 같은 아메리칸 인디언 문명들이 대륙 북방적인 문화와 전혀 무관하지만은 않을 것이다.

돌이켜 보면 필자가 이 분야에 들어섰을 때에는 어디서부터 시작해야 하고 어떻게 해야 할지 몸도 마음도 설어서 마음만 급했지 전혀 학문적인 진척은 없었다. 지금도 이러한 현상은 늘 반복되지만 아마도 나뿐만 아니라 우리 학계 현실도 이러한 실정일 것이다. 그러면서도 필자는 거시적인 한국학, 광의의 한국학을 이 땅에 정립하고자 많은 시행착오 속에서 오늘에 이르게 된 셈이다. 우리는 이 거시적인 한국학을 앞세워 우리의 민족의 기질도 대륙적이며 기마적이고 거시적으로 변모해야만 새천년 세계의 주역이 될 것으로 필자는 굳게 믿는 바이다. 민족의 기상이 드높지 못하다면 여기에 수반된 민족과 갈 길도 좁고 짧고 옅은 길을 가게 될 것이 뻔한 이치이다. 그러나 거시적인 한국학을 이 땅에 뿌리 내리게 하는 것은 결코 용이한 일이 아니다. 그리고 또한 한 사람의 힘만으로 되는 것도 아니다. 다만 필자는 거시적인 한국학을 위하여 가장 기초가 되고 뿌리가 되는 자료와 일반적인 개념을 도출하는 데만 35년의 세월을 보냈다. 이 길이 이토록 어렵고 고통스럽고 바보스러운 외길일 줄 처음부터 꿈엔들 알았으랴. 사실 한국학과 우랄·알타이학 그리고 여기에 관련되어졌다고 보이는 고대 여러 종족의 언어와 민속을 동시에 연구한다고 하는 것은 한 개인의 문제는 결코 아니다. 아마도 국가적인 차원에서 이 문제를 보다 적극적으로 검토하고 분석하여 민족사를 정립하는 데 앞장서야 할 것이다. 그럼에도 불구하고 해방된 지 半世紀가 되었지만 어느 누구 하나 거시적인 한국학을 표면으로 내세워 방대한 자료 수집과 연구를 해놓은 학자는 없었다. 그리고 어느 의미에서는 지금도 할 생각이 한국학계에서는 어떤 의미에서는 거의 없는 것처럼 보이고 있다. 필자가 97년도 중국의 俗文學會, 북경대학 한국문화 연구중심, 북경대학 사회과학처(북경대학 白化文 교수, 王文寶 교수)와 그리고 楊通方(북경대학 한국학 연구중심 주임) 교수 초청을 받아 북경대학에서 '한·중의 巫俗考'를 한국인으로서 처음 발표하였다. 그리고 이 발표기간 동안 북경대학의 도서관부관장 高倬賢 교수와 도서관 사서주임인 李仙竹 선생의 초청을 받고 북경대학 도서관 전체 서고를 관람할 기회가 있었다. 약 1000만 권의 장서 속에서 필자가 느낀 것은 중국의 위대한 유산의 산물인 것이다. 그리고 필자는 98년 북경대학 개교 100주년(북경대학 한국학 연구중심 주임 楊通方 교수 초청) 국제 학술 심포지엄에 또다시 초청을 받은 바 있었다. 이때 <대청황제 숭덕비문의 어

학적 연구>를 제목으로 발표한 바 있었는데, 이때 필자의 토론자로는 趙杰(북경대학 교수) 박사였다. 과거 김일성종합대학의 출신이었으며 전 북경 민족대학 교수(조선 언어문화계, 중국 조선 언어학회 부이사장)이며 북경대학 한국학 연구위원인 徐永燮 교수와도 북방 유목 기마 민족에 대한 종합토론을 한 바 있었다. 결국 여기에서도 느낀 것은 중국 북경대학에서는 중국의 거대한 문화유산을 연구할 뿐만 아니라 유목민족의 우랄·알타이어족에 대한 전반적인 연구도 부분적으로 이루어지고 있었다는 사실이다. 그런데 막상 우리가 기마 유목민족이라고 자랑하고 고구려의 기상이 드높고 장대하다고 말들은 하면서도 실질적, 현상적으로 연구 성과는 거의 없는 상태이며 만약 더러 있다고 한다면 발해지역을 겨우 답사할 정도에 머무르고 있는 것이 우리 학계의 현실정이라고 하여도 과언이 아닐 것이다(1990년을 기준으로 한다면 그렇다).

필자는 여러 사실을 생각해 보면 새천년의 과제 중의 가장 막중하다고 생각되는 것은 우리 민족사를 거시적인 측면에서 보아야 한다는 사실이며, 이러한 사실 속에서 전체적인 윤곽을 잡는 데 심혈을 기울여야 할 뿐만 아니라 개별적인 연구도 병행되어야 한다는 사실이다. 그러자면 이 방대한 거시적인 한국학을 위하여 한국학과 관련될 수 있는 모든 자료들을 방대하게 먼저 집대성하는 작업이 선행되어야 한다. 필자 생각으로는 현재의 한국학 그리고 우랄·알타이학을 연구하기 위해서 여기에 상응하는 고대 유목민족과 관련된 원시 여러 종족들의 인류학, 고고학, 민속학, 언어학 연구도 가급적 동시에 포함되어야 할 것이다. 이러한 계획의 일환으로 먼저 자료 연구 총서 13책을 역락출판사를 통해서 내놓게 된 셈이다. 이 자료를 30여 년 동안 모으는 데 있어서 서울대학교 도서관에 계셨던 이황산, 김영애 그리고 조주임 선생님의 고마움을 잊을 수 없어 이 책을 통해서 감사의 마음을 전하며 그리고 하버드대학 연경연구소, 모스크대학 도서, 북경대학 및 북경민족대학의 도서, 몽골 국립대학에서 얻은 자료 및 그 밖의 세계 우수한 대학 도서관에서 자료를 복사할 수 있었던 행운은 필자가 이 방대한 자료를 내놓게 된 결정적인 동기였다고 할 수 있을 것이다. 또한 오늘날 학술서적의 부진한 상황 속에서도 이러한 연구총서 13책을 세상에 선보이게 해주신 역락출판사 이대현 사장과 본 출판사 편집부 직원에게도 고마움을 표하는 바이다. 또한 평소부터 필자가 이 방면에 많은 공부를 하도록 권하여 주신 마음의 스승이며 학계의 스승이신 임동권, 故 황패강, 김청하 님의 후의에 늘 고마움을 표하고 지금은 고인이 되신 故 원계 김동석(경원대학교 설립자) 박사님의 살아 생전의 따뜻한 격려의 말씀도 늘 잊을 수가 없다. 또한 처음 필자가 대학원 석사과정에 입학하였을 때 故 무애 양주동 선생님의 비교언어학적 선견지명은 지금도 마음속에 자리 잡고 있다. 그리고 자료를 수집 정리하는 데 있어서 동행해 준 본교 김정아, 김이주도 고마웠고, 방학동안 옆에서 기록을 정리해 준 본교 대학원 김희지 선생과 김성희 양 그리고 컴퓨터 작업에 처음부터 동참했던 황창식 군과 박선영 양에게도 고마움을 표한다. 그리고 이 방대한 작업에 많은 도움을 주신 북경대 교수님들과 본교 박찬식 선생도 고맙구나.

2007년 2월 어느 춥고 지루한 K동 301호 강의실에서 한국의 거시적인 한국학이 언젠가 정립되기를 바라면서, 그리고 설립자였던 경원대 총장이셨던 故 김동석 선생님께 이 책을 드리고 싶다는 생각을 하면서……. 또한 세월이 흘러 갈수록 생각나는 저승에 계실 나의 아버지에게도 드리고 싶어진다. 또한 살아있을 때 마누라의 잔소리도 오늘 따라 다시 듣고 싶어진다.

2009년 8월 15일

편, 역, 저자 일산 박상규 근직

(한국학의 미래를 걱정하면서……)

목차

明治年間檔研究(外)

朴 相 圭 音譯

刊行辭

세계의 문명 속에서 한국문화의 수평을 탐구하는 원천적 과제는 우리의 사고와 의식을 근본으로부터 분석하고 정립함에 있다고 믿어진다. 사고의 연원은 지정학적 요인과 종교의 역사적 유동 등 결코 단순하지만은 않은 복잡한 요소에 의하여 지배 내지는 작용되는 것이지만 언어의 구조와 사고의 전개와는 적어도 절대적인 하나의 역학관계가 형성되어 있다고 해석된다. 우리의 언어에 대한 관심은 한국의 사상이나 윤리성 또는 의식의 맥을 분석하고 우리의 문명을 세계의 문화 중에서 「아이덴티티」하는 명백한 분개점을 형성할 수 있다는 점에서 더욱 고조되고 짐작되어야 할 것이다.

이번 우랄알타이에 대한 방대한 자료를 자료집으로 펴내기로 결정한 것은 바로 위에 든 바와 같은 우리의 문화, 한국의 사고, 그리고 우리의 의식을 그 기본으로부터 탐색하는 출발선을 설정하여 보려는데 목적을 두고 있다. 더구나 이 분야에 열렬한 정성과 심층적인 연구에 몰입, 방대한 자료를 수집 연구하여 체계화하여 놓은 박상규 교수의 편성방향을 볼 때 실로 우리 학계에 정착되어야 할 귀중한 자료임이 인식되었던 것 또한 본 총서를 간행하는 동기가 되고 있다.

바라건대 아직은 출발단계에 있다고 평가되는 우리의 근원인 우랄알타이 분야와 그에 인정되는 모든 학문이 본 총서의 출간으로 본격적인 전개 단계를 거쳐 세계 속으로 한국의 문화를 확고하게 정립하는 계기가 되기 바라마지 않는다.

序 文

필자는 수년간에 경성제대 도서관 서고를 출입할 기회가 있었다. 그때에 많은 귀중한 문헌을 대할 수가 있었고 그 중에서도 만주 몽고 여진 Tibet Sanskrit에 관한 자료는 나에게 많은 생각을 주었다. 그것은 무엇보다도 일본 학자들이 1세기 전부터 북방 Asia에 많은 관심이 있었다는 것이며 그것이 끝내 세계 2차대전 때는 그 쪽에 침략한 일을 역사적으로 알 수 있다. 그런데 우리나라는 수 천년동안 북방 Asia와 접하고 있으면서도 그곳에 대해 전혀 관심 밖에 두었다는 기막힌 사실이다. 그리고 현재도 이곳에 대한 상식적인 지식 밖에 없다는 일이다.

마침 세계적인 아주 중요한 자료가 상당수 있었고 그리고 본서인 「明治年間檔」이라는 책자를 발견하고 필자는 여러 생각을 하였다. 어떻게 이 책을 번역할 것인가 만약 전부를 다 못한다 하더라도 일부만 소개라도 할 것인가 그러다가 세월만 자꾸 흘렀다.(필자의 게으른 탓이라고 하겠지요)그러던 차에 역락출판사의 이대현 사장님의 호의로 인해서 먼저 이 책자의 소개와 만주 문자의 Romanization을 출판하게 됨을 본인은 물론 이사장님께도 깊은 감사의 뜻을 전한다.

「明治年間檔」은 淸室의 宮內省이라고 할 수 있는 盛京內務府의 고문서이며 청나라의 초기에 정치・경제・사회・법률의 실정을 알려 주는 중요한 사료이며 최고의 加圈點滿洲文으로서 만주어 연구에 있어서 귀중한 자료인 것이다.

단지 필자는 이와 같은 筆寫體 古文書를 다시 복사하였으므로 정확하게 보이지 않아 音譯하는데 상당한 어려움이 있었으나 하루 빨리 세상에 알리고 싶은 마음이 앞서 문제점이 있지 않을까 염려스럽다. 그러나 모든 책임은 필자가 대신 하기로 하고 출판하게 되었으니 송구스러운 마음이 앞선다. 그리고 次後에 연구(Ⅱ)・(Ⅲ)를 계속 출판할 계획이며 연구(Ⅱ)는 韓譯이 될 것이며 연구(Ⅲ)은 언어학적 연구가 될 것이나 필자는 시간상 다음으로 미루려한다. 끝으로 선학 동학의 아낌없는 지도를 바라는 바이다.

덧 붙여서 필자는 1985년 민창문화사에서 출간된 "우랄·알타이 인문총서 제1집 ⑤"를 이번에 다시 '改稿'및 "明治年間檔의 語學的 한 觀點"의 논문을 添加하여 다시 본 저서로 꾸몄다. 明治皇帝는 淸朝의 三代 임금이며 本名은 '愛新覺羅 福臨'이며 在位其間은 1644~1661년이며 世祖이시다. 그리고 生存은 1638~1661年이시다. 이 皇帝 때 수도를 盛京(심양,봉천)에서 지금의 北京으로 옮겼다.

「明治年間檔」 解題

(A)

「明治年間檔」은 順治4년에서 8년까지의 5년 동안 일어난 사실을 기록한 만주문의 副本이다. 명치 원년에 청나라가 입궐하고 서울이 盛京에서 北京으로 천도되는데 따르는 國初以來의 內附事務의 처리기관은 內務部辯事公署로서 奉天에 取殘되고 있었지만 그것은 북경 내무부의 支署로서 盛京內務府라 칭하는데 이루어졌다.

사실상 盛京內務府의 기구가 완성을 보게 된 것은 順治 4년의 일이며 이 때부터 시작된 「明治年間檔」은 盛京內務府의 문서로서 가장 최고일 것이다.

또한 「明治年間檔」은 단순히 내부적 필요에 의해서 만들어진 備忘錄的인 副本에 가까운 것이였기 때문에 그 謄錄의 방침이 불확정적 이였다든지 그 정리방침이 아직 미숙하였다는 것을 추측한다고 해서 「明治年間檔」이 역사적인 자료로서 평가 절하되어서는 안 될 것이다.

(B)

「明治年間檔」은 역사적인 가치에서 생각해 볼 때는 다음과 같다.

① 清代 內務府 制度史 硏究上에 특이한 가치를 가지고 있다.

② 清代 內務府의 機能을 연구할 수 있는 근거 자료로서 가치를 지니고 있다.

③ 청대의 역사 연구에 있어서 귀중한 자료로서 가치를 지니고 있다.

④ 만주인의 생활풍속을 연구하는데 자료로서 가치를 지니고 있다. (특히 宮內의 최고 만주인의 생활 형태를 알 수 있다.)

⑤ 만주인의 古形을 찾을 수 있으므로 만주 언어사 연구에 귀중한 가치를 지니고 있다.

⑥ 加圈點의 만주문 기록의 최고 문헌으로서

O와 U의 혼용

h . k . g의 혼용

t . d의 혼용

a . e . i의 혼용

n의 脫落 등은 만주어의 실정을 말해 주는 귀중한 사료이며 언어학적 연구에 많은 도움을 줄 것이다.

(C)

청대사 연구자와 만주 어학자 간의 유대를 갖고서 앞으로 연구서(Ⅱ)・(Ⅲ)이 계속 나왔으면 한다. 그 만큼 「明治年間檔」은 법률적 민속적 언어적 역사의 자료로서 막중하다 할 것이다.

(D)

順治皇帝는 만주어로 'šidzu han'이며 "滿文 百二十老人 語錄"에서 보면 "……musei gurun ienduringge erdemu de torome taifin jirgacun be erdure de šidzu han ejen, cohome dergi abkin banjibure de amuran erdemu be dersuleme, geren i erere gūnin de ……"이라고 해서 "우리나라의 聖德에 태평성대하게 해 줄 것은 모두 원할 때 世祖(順治)皇帝는 특별하게 하늘의 창시한 好德을 효칙하며 많은 백성에게 指望하는 생각에 ……"로 기톡 되었다.

凡 例

① 본서에서는 Möllendorff氏의 Manchu alphabet을 참고로 해서 음역하였다.

② 원본이 정확하지 못해서 만주문자가 보이지 않는 部分은 「……」로 표시하였고 끝 부분만 보이면 「……mbi」라 표시하였다.

③ 본서에서 누락된 부분은 생략하였다.

④ 만주문자의 各字에 대해서는 범례 도표에 나열하였으니 참고하기 바란다.

⑤ 音譯을 혹시 잘못한 부분은 독자들께서 시정해주시기 바란다.

順治年間檔

ᡳᠵᡳᠰᡥᡡᠨ ᡩᠠᠰᠠᠨ ᡳ ᠠᠨᡳᠶᠠ ᡩᠠᠩᠰᡝ

舊盛京
內務府 檔案房原本

盛京內務府順治年間檔冊

王光烈題籤

滿洲
帝國 國立中央圖書館籌備處藏

目次

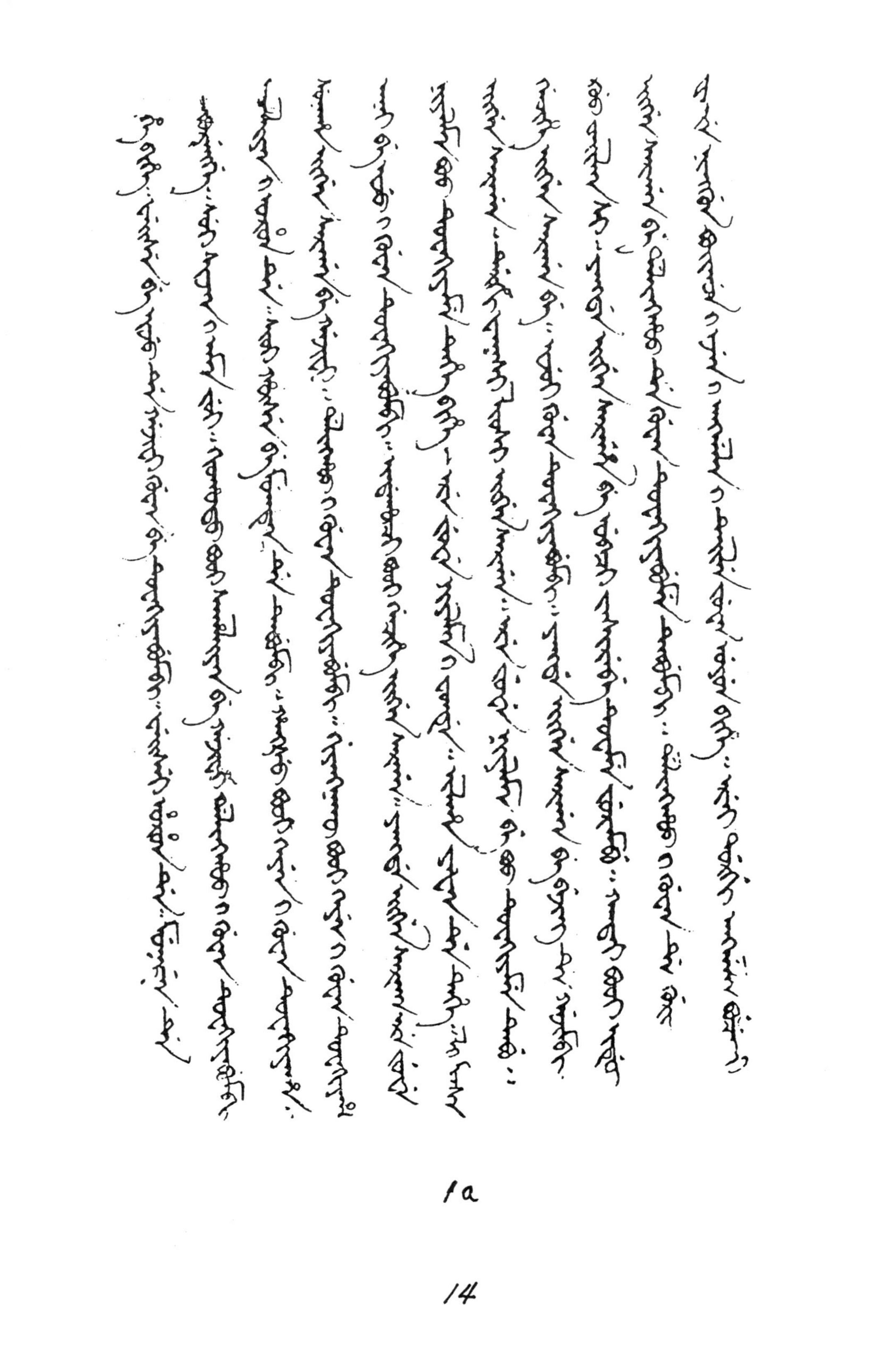

[1] he bihe feise be ījū de gajifi guwan be tuwakiyabumbi.
feisei orom de mukden de /
yaburengge. sui sijan i ama jui. kiohoto booi sahaliyan
be gajifi dalinghoo i guwan tuwakiyabumbi. /
sahaliyan i orom de. sioi hūse be mukden de
tebumbi. hangšu booi keyen i guwan tuwakiyaha. /
sumaha eigen sargan be gajifi. dalinghooi guwan
tuwakiyabumbi. giyangmakū booi keyen i guwan tuwaiyaha /
amai be ījū i guwan tuwakiyabumbi. indahūcī booi
gencihe eigen sargan. yangda eigen sargan ere juwe /
niyalma boo tuwakiyame tehe bihe. ere juwe niyalma
i fônde. ilha yafan de tehe lī mase /
eigen sargan. derhī faksī liosī eigen sargan. ere
juwe niyalma be boo tuwakiya me tebu. /
gencihe eigen sargan be. ījui guwan tuwakiyabumbi.
yangda eigen sargan be bejing de gajimbi. /
goo wailan sī. yangda eigen sargan be ubaci jasirebe
tuwame jurambu. kantai booi idu /
eigen sargan be dalinghoo de guwan tuwakiyabume
tebumbi. dalinghoo i guwan de guri(me) /
jī(de)re ninggun boigon i ejen i anggala i teile
juwan uyun bihe. erei dorgi anggala bucecī /

16

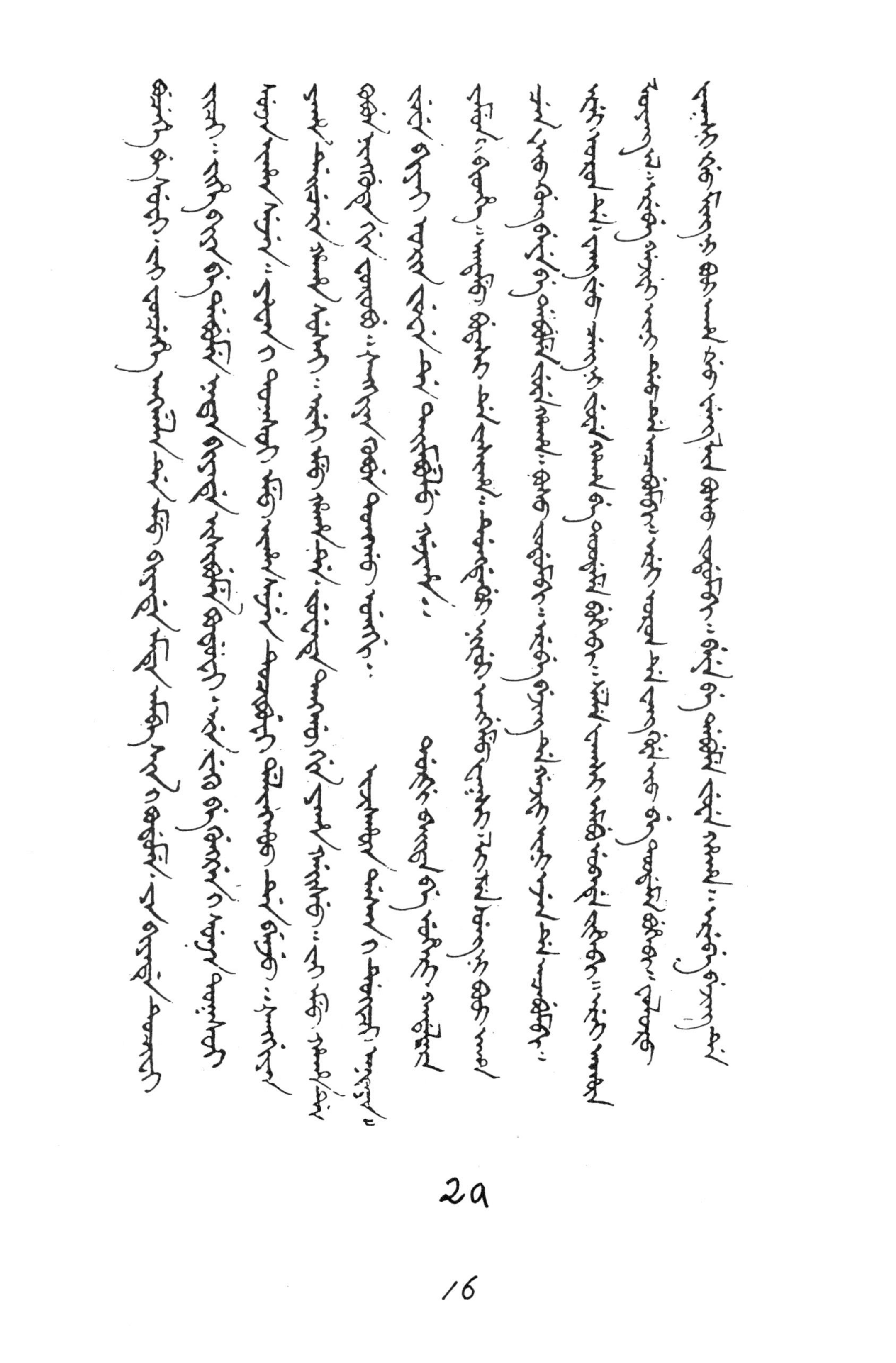

bucehe be sufi. jai foncehe anggala de emu biyade emte
amba sin i bodome. ya biya be tucifi /
jici. jihe biya be dabume nadan biyade isibume bodofi.
ere jeku be gunggan i sunja toksoi /
sunja ihan sejen. yafan i toksoi emu ihan sejen tucibufi
dalinghoo de benju. šanggiyan /
yaha deijere haha susai. erei emu haha de. juwete
tanggū gin yaha gaisu jai emu haha de /
kubun minggute gin forobu. šanggiyan kubun tonggo
unggi. ijishūn dasan i duici aniya. /
juwe biyai orin juwe de taimbulu gajiha.
[2] dorgi baita be uheri kadalara /
yamun i bithe. antamu butasi de jasiha. dungdegui
nirui enggemu faksi. li ts'e žung mi booi aha /
cen io gung beye be dabume juwe haha. boso jodombi.
erebe bejing de gajifi ini ejen de acabumbi. /
erei orom de. wang jeo ceng ni juwe haha be
toodame buhebi. sele faksi ambu ubade jihebi. erei ahūn
loyang el. erebe gajifi ini deo de acabumbi. erei orom
de wang guwe io be toodame buhebi. foloro /
faksi k'u ming ni booi aha k'u feng lin boso jodombi.
beye be dabume juwe haha. erebe bejing de /

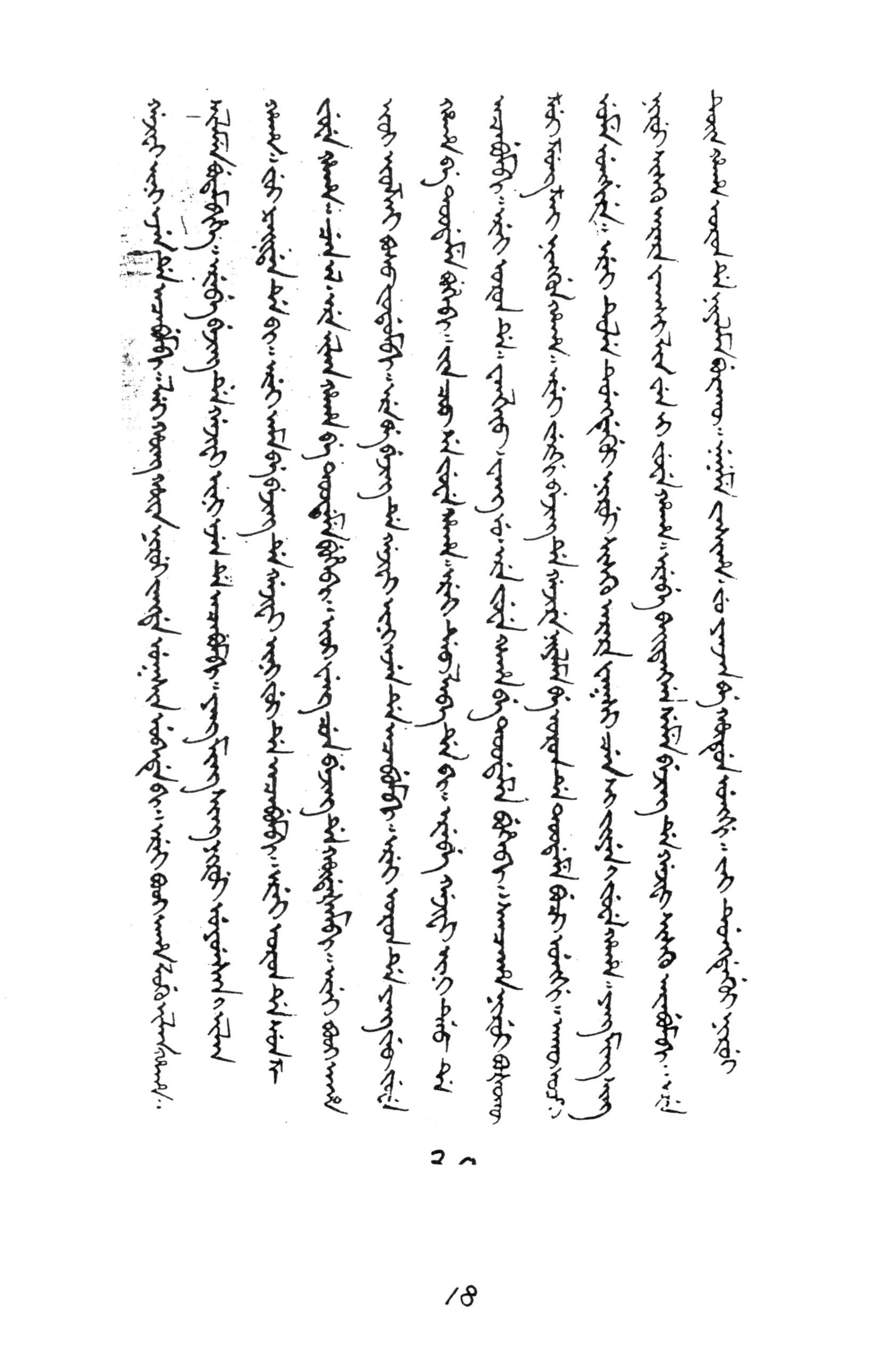

gajifi ini ejen de acabumbi. leī hūng hūwa nirui
jangda uksin ubade bi. ereī booi aha logu ilan haha /
silmen butambihe. erebe bejing de gajifi ini ejen de
acabumbi. yang ming sing nirui uyunsan ī ilan /
haha. juī faidan de bī. ereī ama be bejing de gajifi
ini juī de acabumbī. ini oron de sun ts'i /
juwe haha. cen el. ere ilan haha be toodame buhebī.
ioi feng cun bejing de hūdašambī. ereī booi aha /
ioi iots'aī boso jodombī. ere be bejing de gajifi
ini ejen de acabumbī. ereī oron de yang jeo juwe /
haha be toodame buhebī. jin coo se juwe haha. ereī
deo laba de bī. erebe gajifi ini deo de /
acabumbī. ereī oron de. wanglio wang u. ere juwe
haha be toodame buhebī. sancaha nirui bošokū /
ts'uī dzung ts'aī ninggun haha. ereī jergī bejing
de gajire niyalma be oron de toodame bucī unggi.
akū ocī /
ume unggire. ereī tule dungdeguī nirui sisku arara faksī
cen sī jiyen ī juwe haha yang ming sing /
nirui sisku arara faksī lin fen ī juwe haha. erebe
baitangga seme bejing de gajifi sisku arabumbi ere /
duin haha oron de niyalma burakū. neneme jasiha. u
yanjan be hūdun unggi. jaī dungdeguī nirui /

26

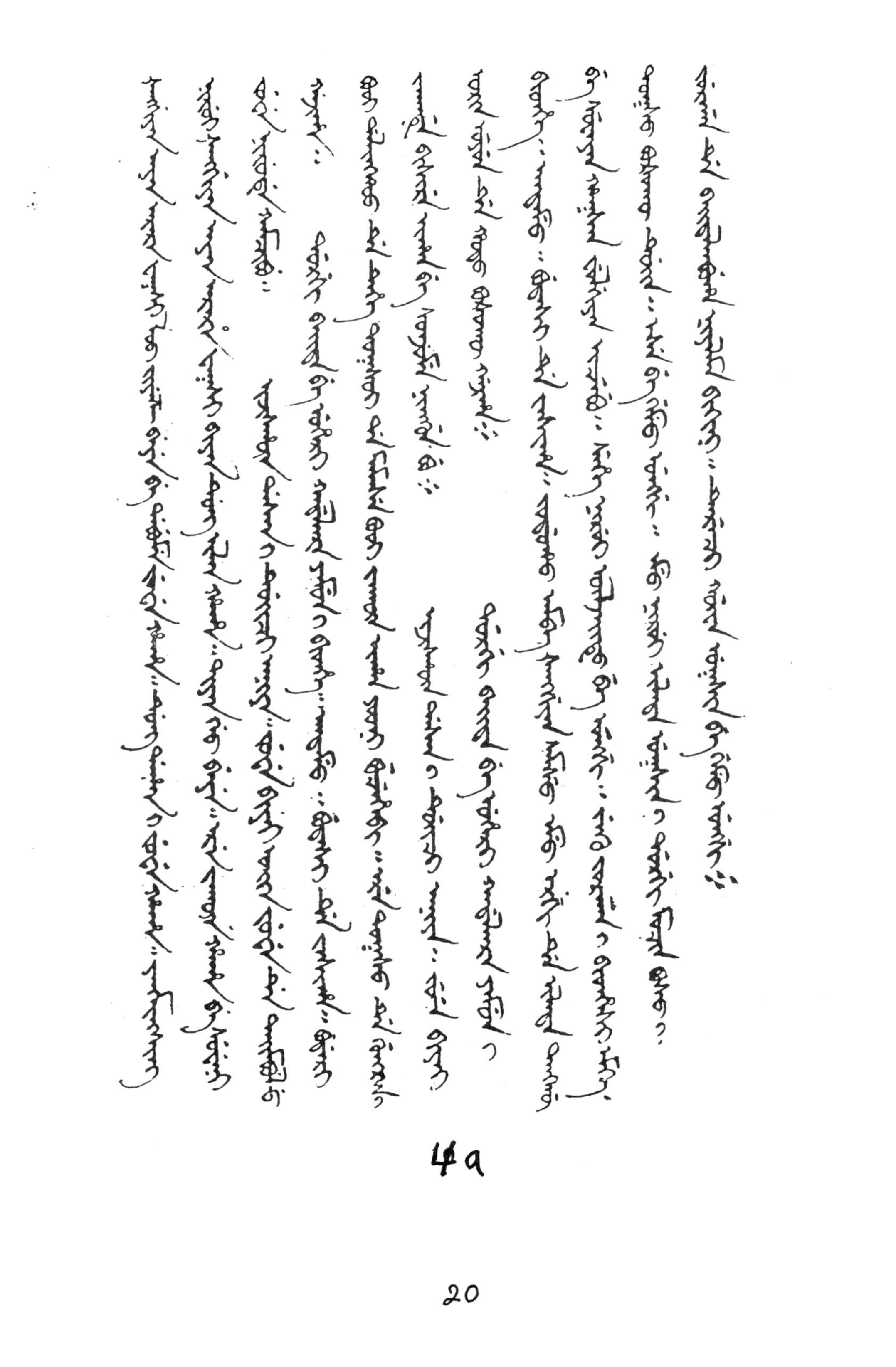

[illegible]

4a

šanggiyan ayan arara faksi loo jiyets' beye be dabume juwe haha. dung dahan i juwe haha. yangmingsing /
nirui šanggiyan ayan arara faksi biyan dung ilan haha.
tiyan geo beye. ere jakūn haha be suweni /
juwe nirude kamcibu. ijishūn dasan i duici aniya. juwe biyai orin juwe de taimbulu / gajiha.
[3] dorgi baita be uheri kadalara yamun i bithe. antamu. butasi de jasiha. budari /
booi dalinghoo de tehe toksoi da mamase booi jakūn iham yoomi bucehebi. ere tokso de gunggan i /
jakade bisire ihan be somjome minggun bu. ijishūn dasan i duici aniya. juwe biyai /
orin uyun de hoto bošokū gajiha.
[4] dorgi baita be uheri kadalara yamun i /
bithe, antamu. butasi de jasiha. jodoho amba šanggiyan samsu emu ergi de ilata tanggū /
be suwayan haksan fulgiyan icebu. sehe nirui ūljaitu be unggi. jeku jorgan i bithesi emke. /
tokso boškū duin. ese be gemu unggi. emu nirui ilata uksin i dorgi mocin boso i /
jurgan de baitalabuha niyalma bikini. tereci gūwa uksin be gemu unggi. /

4b

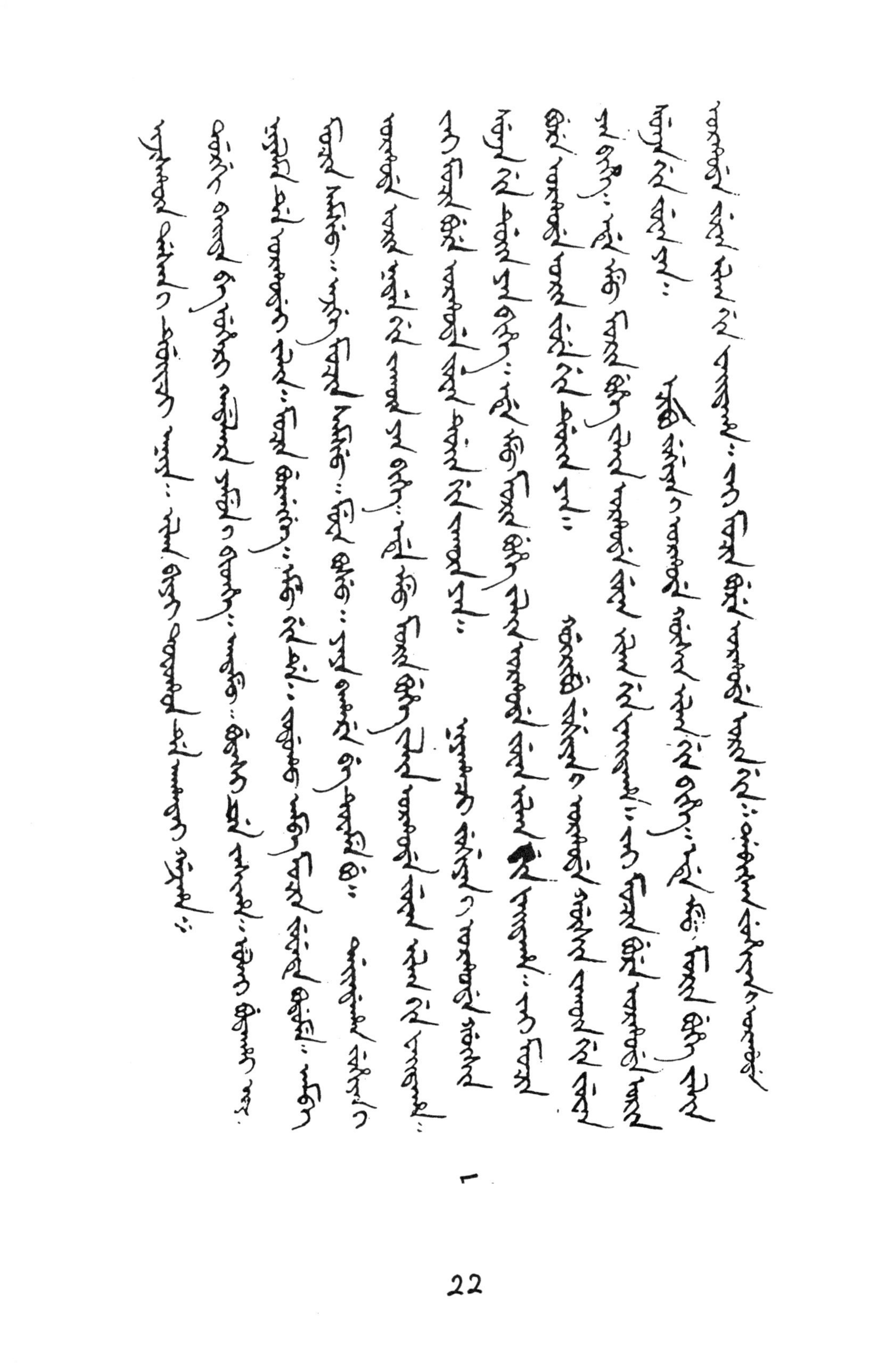

ijishūn dasan i duici aniya. ilan biyai tofohon de
ahantai gajiha. /
[5] dorgi baita be uheri kadalara yamun i bithe. antamu.
butasi de jasiha. ulai buthai /
niyalma de orhodai jalin. mocin burengge. emu gin de.
jodoho amba mocin juwete bodome. amba /
mocin samsu. ajige mocin samu. muwa bosu. yaya
bahare be tuwame bu. daimdahan juhiyan i /
orhoda orin nadan gin jakūn yan bihe. ede emu
morin buhe jalin orhoda juwan ilan gin faitaha. /
jai mocin bure orhoda juwan duin gin jakūn yan.
niyahachi jugiyan i orhoda gūsin /
sunja gin duin yan bihe. ede emu morin buhe
jalin orhoda juwan ilan gin faitaha. jai mocin /
bure orhoda orin juwe gin duin yan. gūribu jugiyan
i orhoda gūsin jakūn gin juwan /
yan bihe. ede emu morin buhe jalin orhoda juwan
ilan gin faitaha. jai mocin bure orhoda orin /
sunja gin juwan yan. icibu jugiyan i orhoda gūsin
ilan gin bihe. ede emu morin buhe jalin /
orhoda juwan ilan gin faitaha. jai mocin bure
orhoda orin gin. dabišan juhiyan i orhoda /

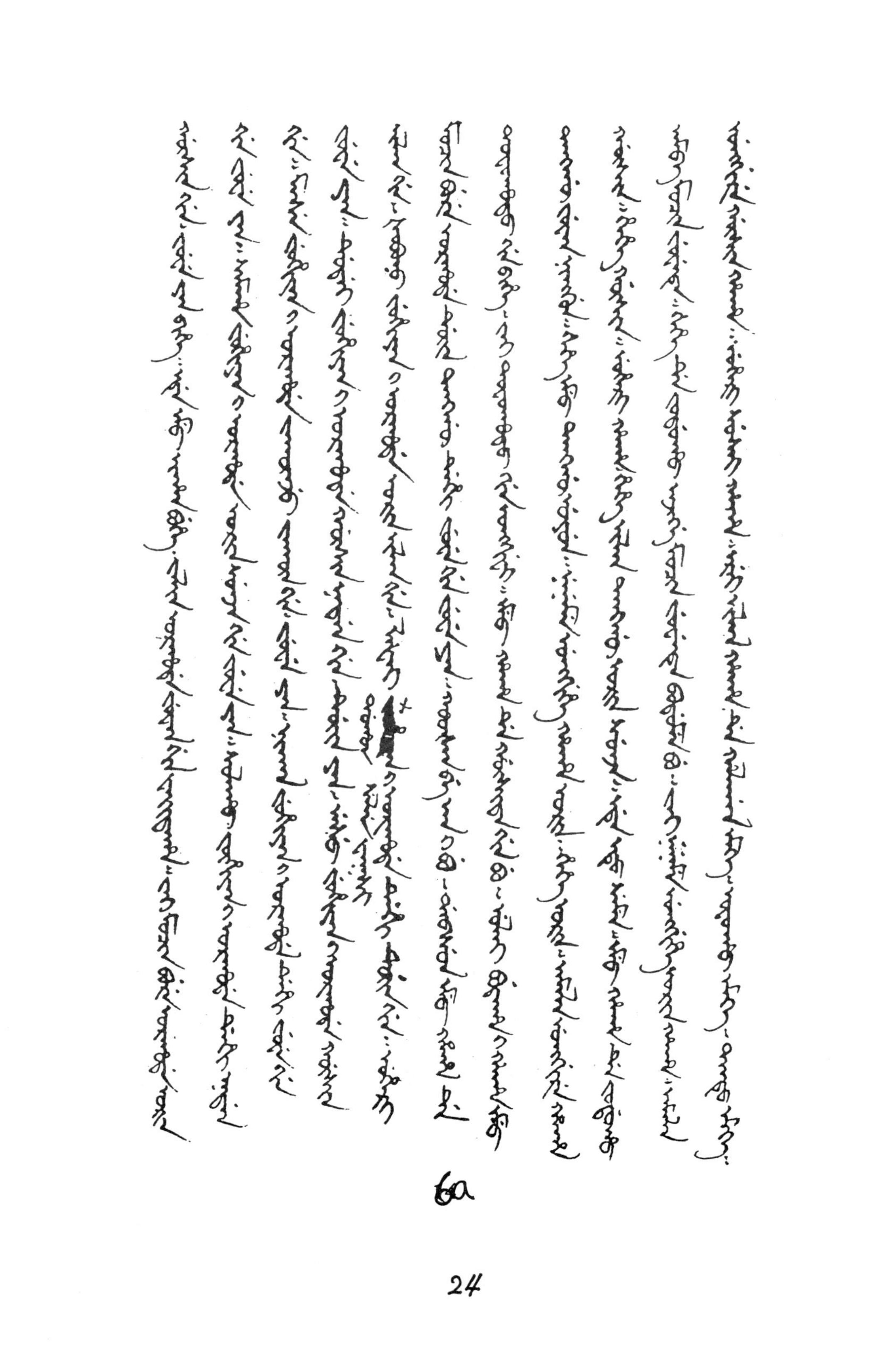

6a

gūsin gin. juwe yan bihe. ede emu ihan buhe. jalin orhoda juwan gin faitaha. jai mocin buke orhoda orin / gin juwe yan. samha juhiyan i orhoda orin sunja gin juwe yan. solho juhiyan i orhoda dehi nadan / gin. mase juhiyan i orhoda jakūnju jakūn gin. juwan yan. nikan juhiyan i orhoda dehi juwe gin / juwe yan. dudai juhiyan i orhoda gūsin nadan gin duin yan. mesu juhiyan i orhoda gūsin / ilan gin. šobomo juhiyan i orhoda orin ilan gin. lafai dohon i sele faksi orhoda dehi duin gin. uheri / mocin buke orhoda duin tanggū dehi juwe gin juwe yan. hoošan be an i bu. dabsun emu haha de / tofohoto gin bihe. jai tofohoto gin unggifi. emu haha de gūsita gin bu. ulai butha i haha emu / tanggū juwan minggun. hehe emu tanggū uyun. neneme unggihe haha orin. hehe orin. amala unggire haha / gūsin. hehe gūsin. uheri haha. hehe ilan tanggū orin sunja. ede etu some. emu haha de jodoho / amba mocin juwete. hehe de jodoho ajige mocin juwete bodome bu. jai neneme unggihe orin haha. amala / unggire gūsin haha. uheri susai haha. erei ilan haha de halfan emke. ofoho emke. tantu emke. /

66

emu haha de sacikū emte bodome bu. amala unggire gūsin
haha de inde ihan bici wajiha. ihan /
akū oci ilan haha de emu ihan bu. O lafai dohon i sele
faksi nadan haha de dabsun. hoošan /
be ulai niyalmai songkoi bu. ere bure mocin baso
be jurgan i yamun de tuwabufi bu. ulaci /
mukden de butaha benjime jihe manggi. juhiyan i
da be dulin hontoholofi. jidere juhiyan da be /
dabume emu juhiyan i juwete niyalma be unggi.
ijishūn dasan i duici aniya. /
ilan biyai orin juwe de ulai buthai niyalma gajiha.
[6] karai booi niyahan de duin /
morin. indahūci booi cuse de ilan morin. hangšu
booi niyahaci de ilan morin. irai booi /
bahata de ilan morin. kantai booi jangsan de juwe
morin buhe bi. ere tofohon morin be mukden de /
isinaha manggi. antamu. butasi suwe tuwame ula
de genere gūsin haha de. ulha akū be /
tuwame icihiyame bu. jai ula de isinaha manggi
maitu si nonggime unggihe susai haha. emu /
juhiyan de ilata morin bu. juwan ilan beri be maitu
si ineku ubaci unggihe haha de beri jafaci /

ΠL

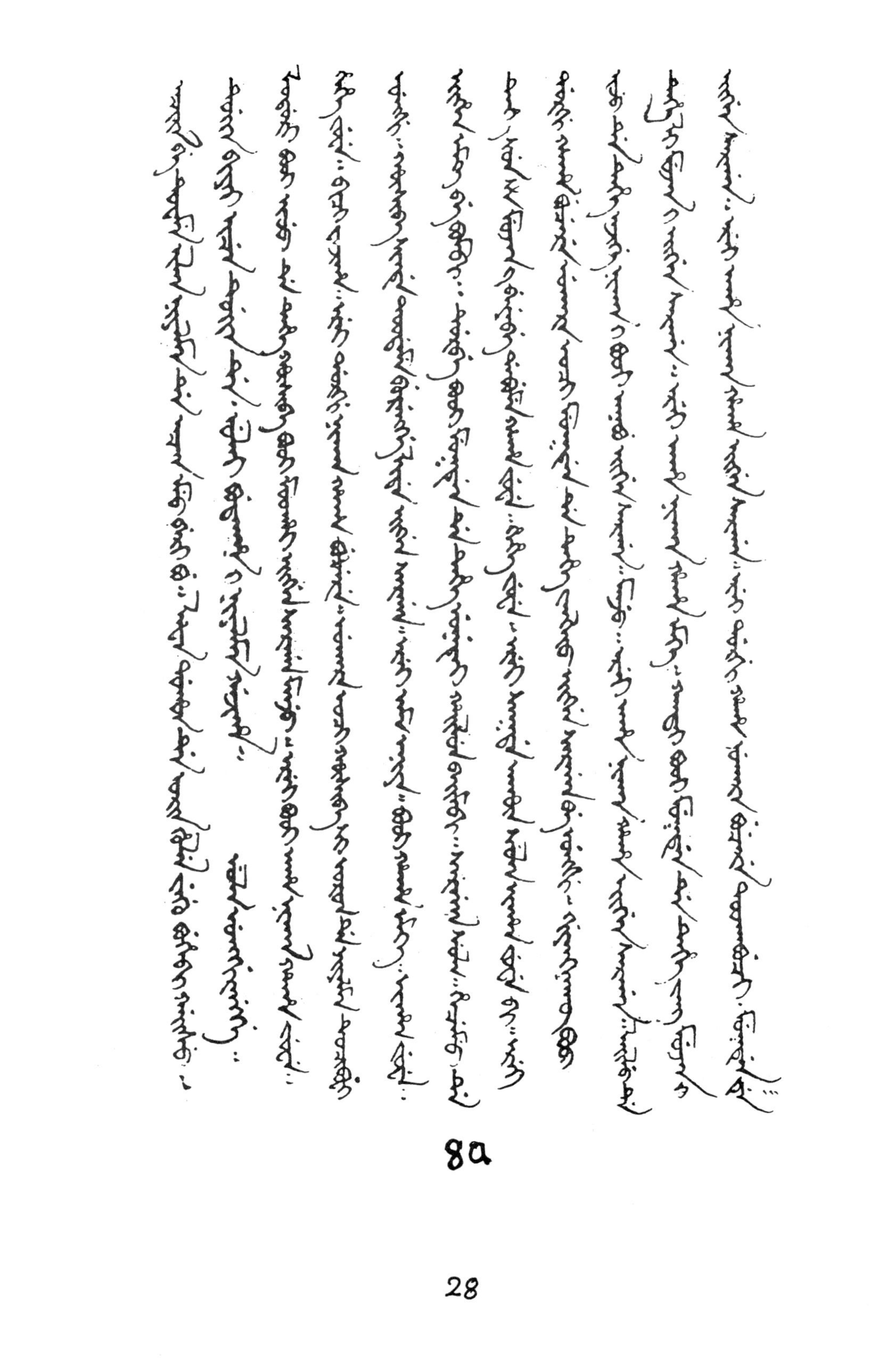

8a

acara be tuwame ilan niyalma de acan emu beri bu.
lafa dohon de orin hule jeku buhebi gaisu. /
duin biyai ice duin de. ulai butahan i niyalma gajiha
[7] ula unggirengge. /
lodori booi iju de tehe hūsiba booi moohai eigen sargan
manju. erei booi aha nikan haha juwe. /
hehe juwe. bici wajiha. erei dorgi nikan haha bucere.
ukara oci hūsiba si oran de niyalma tucibufi /
unggi. hūsiba sinde toodame burengge lida eigen sargan.
erei ama eniya. booi haha emke. ihan juwe. /
eihen emke be bumbi. durbe booi mukden de tehe unetei
hailun baimbi. sargan sula. hecemu de /
tehe sun sy mujan i beyebe dabume haha juwe. hehe
juwe. erei sakda ahūn sula. ihan juwe bi. erei /
dorgi haha bucere ukara oci mukden de tehe janglio
eigen sargan be unggi. giyangnakū booi /
iju de tehe ajige nikan i booi amabu eigen sargan,
manju. erei aha nikan haha eigen sargan. lailu de /
tehe lī mujan i eigen sargan. erei aha nikan haha
emke. kantai booi mukden de tehe jang mujan i /
eigen sargan. erei aha nikan haha eigen sargan. erei
dorgi haha ukara bucere ~~tookabunakū~~ tookabuci. mukden de /

8b

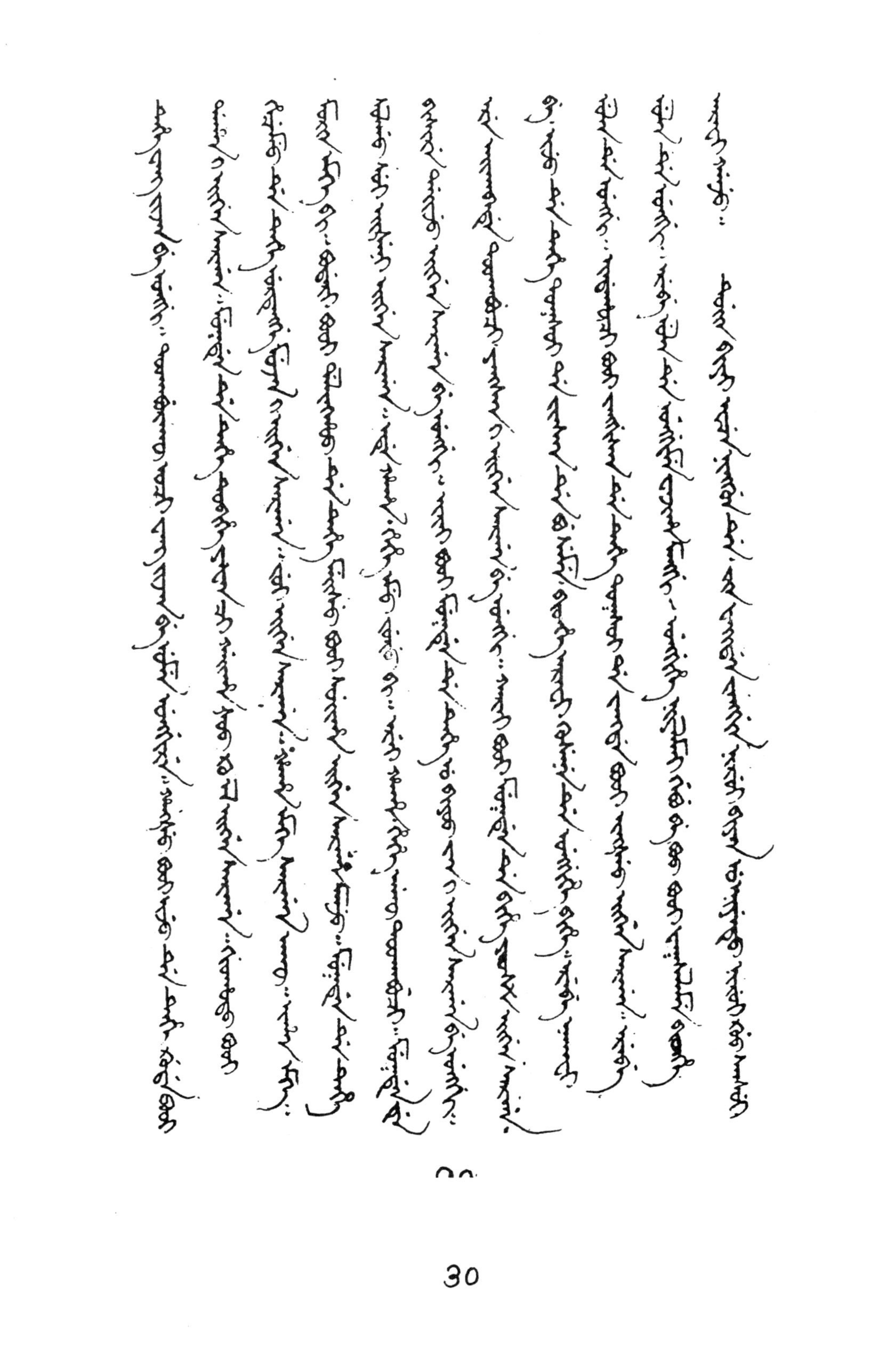

tehe wang jiyan be unggi. tookaburakū ocī wang jiyan
be ume unggire. hangšu booi īju de tehe k'oda booi,
dahan i eigen sargan. mukden de tehe tubihe yafan
ci gaiha šoo k'o el. eigen sargan. giohoto booi /
hecemu de tehe urtengge mujan i eigen sargan.
jui eigen sargan. haha emke sargan akū. ihan emke. /
morin emke bi. budari booi dalinghoo de tehe meisu
booi suiha eigen sargan manju. mukden de tehe /
solgo sui eišeni eigen sargan. ede haha. hehe emu jur
bi. erei haha. hehe akū tookabuci. mukden de /
bisire daiju eigen sargan be unggi. irai booi
mukden de tehe u biyoo jan i eigen sargan be unggi. /
ere aikabade took abuci. yangsan i eigen sargan be
unggi. karai booi mukden de bihe yosy eigen sargan. /
be iju de tehe toksoi da jimsan de bu seme. bithe
arafi. kusene de unggihe bihe. erebe nakafi. /
ula de unggi. indahūci booi janggisan de tehe toks
da jangda booi ingšeo eigen sargan. erebe /
ula de unggi. erebe ula de unggime wajiha manggi.
unggihe niyalmai gebu be boo booi. faksalame bithe.
arafi gaiju. duin biyai ice ninggun de. jin faidan
janggin nirui biyan u eniyeku nirui k'ou sanšui

9L

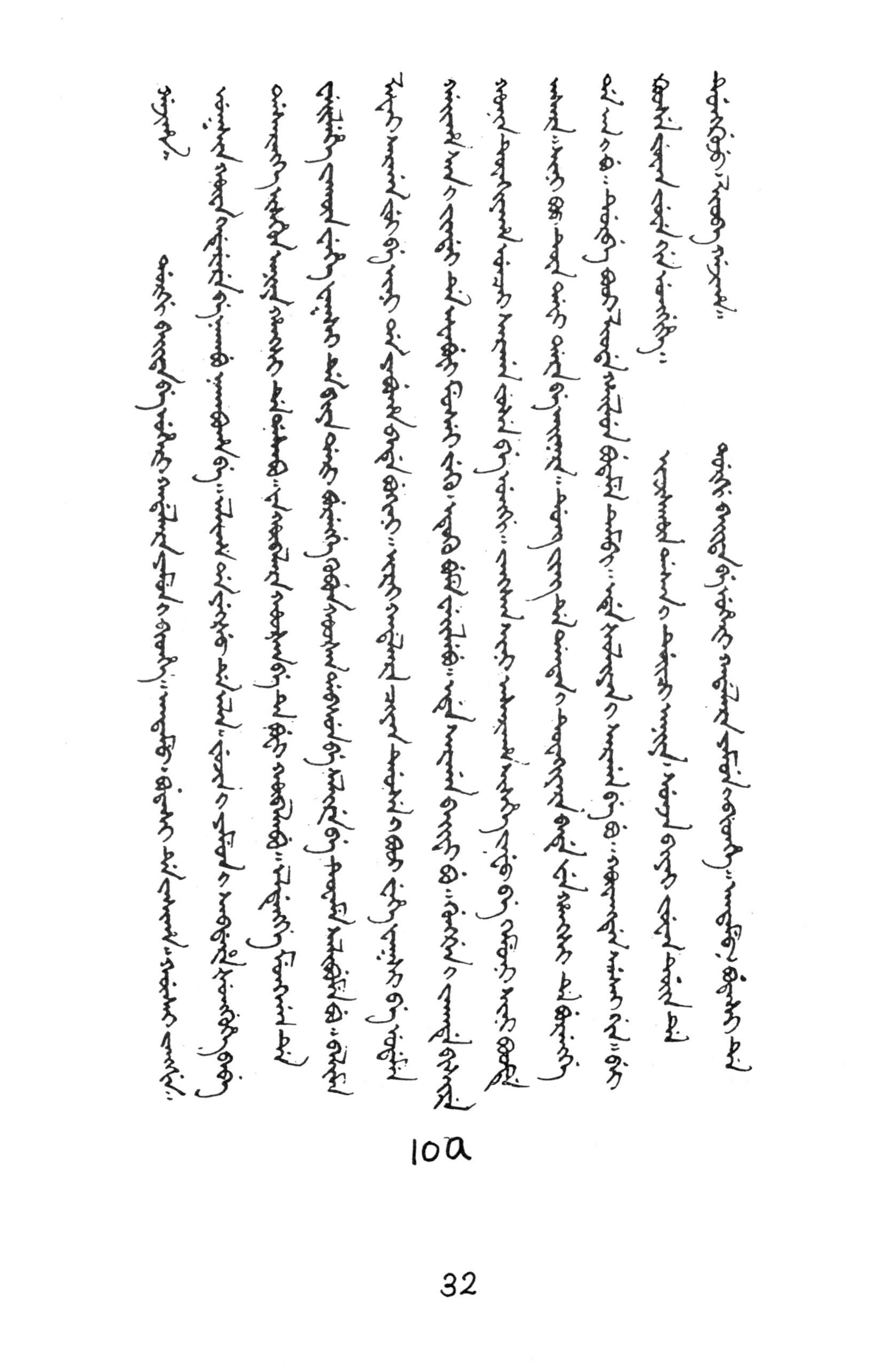

10a

gajiha [8] dorgi baita be uheri Kadalara yamun i bithe.
antamu. butasi de jasiha. gusai janggin. /
uksin hūwa Kederere be nakabu nakabuha be. aliha de yekšu
de ala. fujin i yamun i sabdara šunggunhe babe /
dasarangge ishun aniya hangsi de dosahu. fa hūbalara
Koošan be te bufi. hūbalabu. eldengge mungga de /
weilehe jakūn wehe faksi de biya dari burengge kubun
hoošan dabsun be salire be tuwame salibume bu. balima /
lafai sargan jui be imi da yabuha bade bukini. irai
Kadalara ciyan deose i booi wehe faksi be udame /
gaiha san i jindai de afabufi musei jeku. etuku bume
weilebu. ede sargan baifi bu. gunggan i jakade bisire /
honin tuwakiyaha uncai sargan juse be unggi. jangsan
simi asaraha sishe jafu be kemuni simi boode /
asara. simi boo tuwa dafi dara be aimara. dung jing de
dantan i tuwakiyara bade fe hangsi de burengge /
da an i bu. durbe booi lioda hailum butame tembi.
ede šoliyan i sargan be bu. hūwangdan susai gin. bei /
K'oose juwan juwe gin unggihe. ijishūn dasan i duici
aniya. sunja biyai juwan duin de /
dunggeuju lioba gajiha. [9] dorgi baita be uheri Kadalara
yamun i bithe. antamu. butasi de

10b

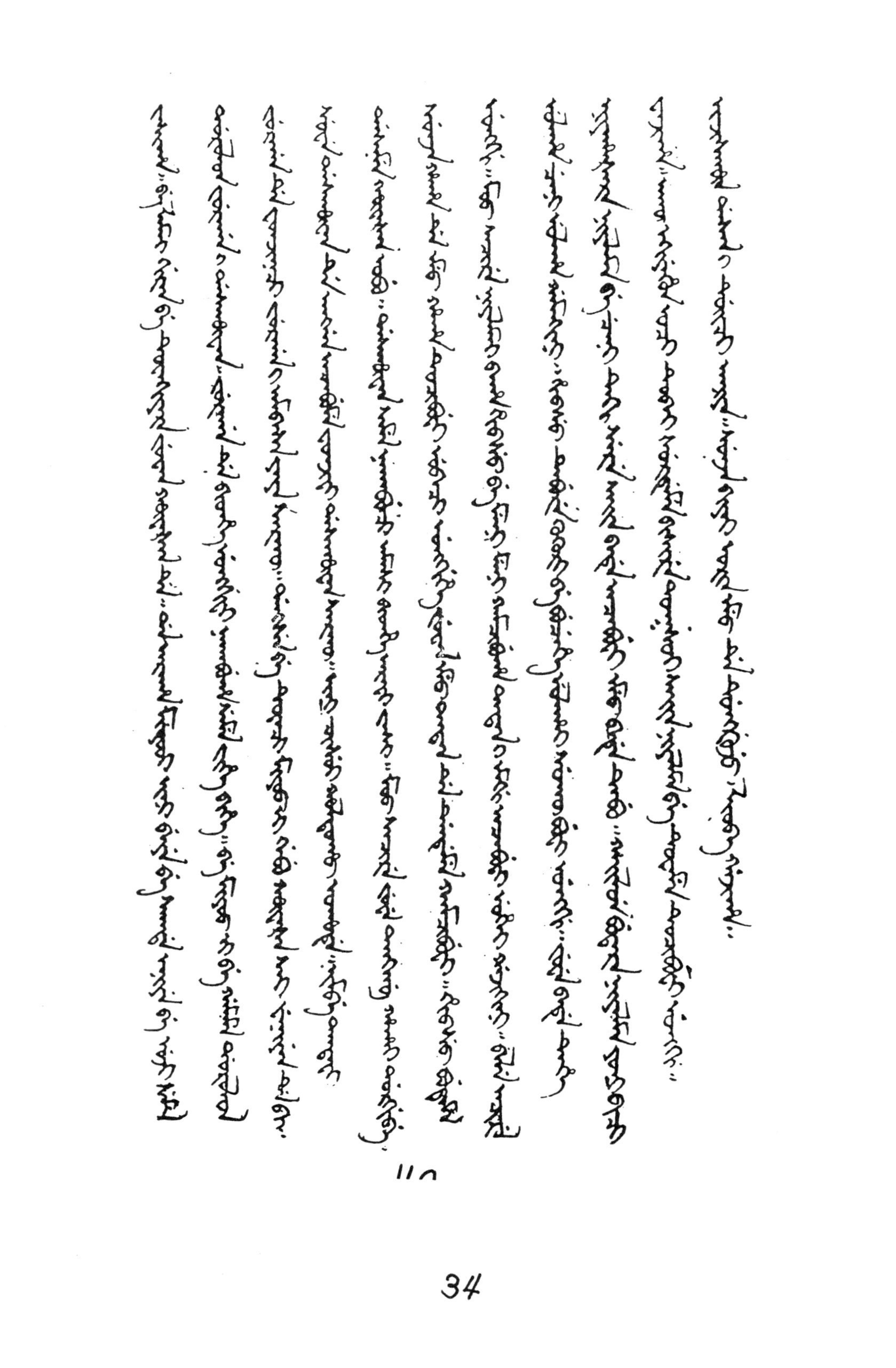

jasīha. be lamai giran be tuwakiyara juwan hūwašan de. da araha miyooi ini keye be sakda enjye be uji seme/ dorolom jurgan i dashūwan. jurgan de bithe unggifi nakabuha seme jihe bihe. be miyoo i be gamama dorolom/ jurgan de fonjimaci jurgan i ambasa yaya sarkū dangse be tuwaci miyoo i gebu hūwaša sai feniyen de bi./ suwe dashūwan de angga acabume fonjifi dashūwan sarkū. ini cisui holtoho ohode. imbe tantafi/ dasame hūwašan obu. dashūwan same nakabuci amasi bithe arafi jasi. moo sacire juwe tanggū hahai dorgibe./ sunja haha de emu haha tucibufi ubaci unggihe juwan emu tatan de dendeme kamcibufi. hibsu butame/ unggi. moo sacire niyalmai baha hibsu be meni meni kamcibuha tatan i emgi acabufi uhei gajikini. bele acire/ ulha ceni ulha gamakini. hibsu tebure kukuri be bucehe ulhai sukū bufi unggi. juwe bade tehe/ niyahašara niyalma be ceni teki sere saim bade acabufi emu bade tebu. hailun butara niyalma yoni bici/ wajiha. akū ekiyehun oci tubai šurdeme bisire toksoi saim niyalma be tuwame tucibufi unggi./ ijishūn dasan i duici aniya. sunja biyai orin emu de dungšuju līoba gajiha./

112

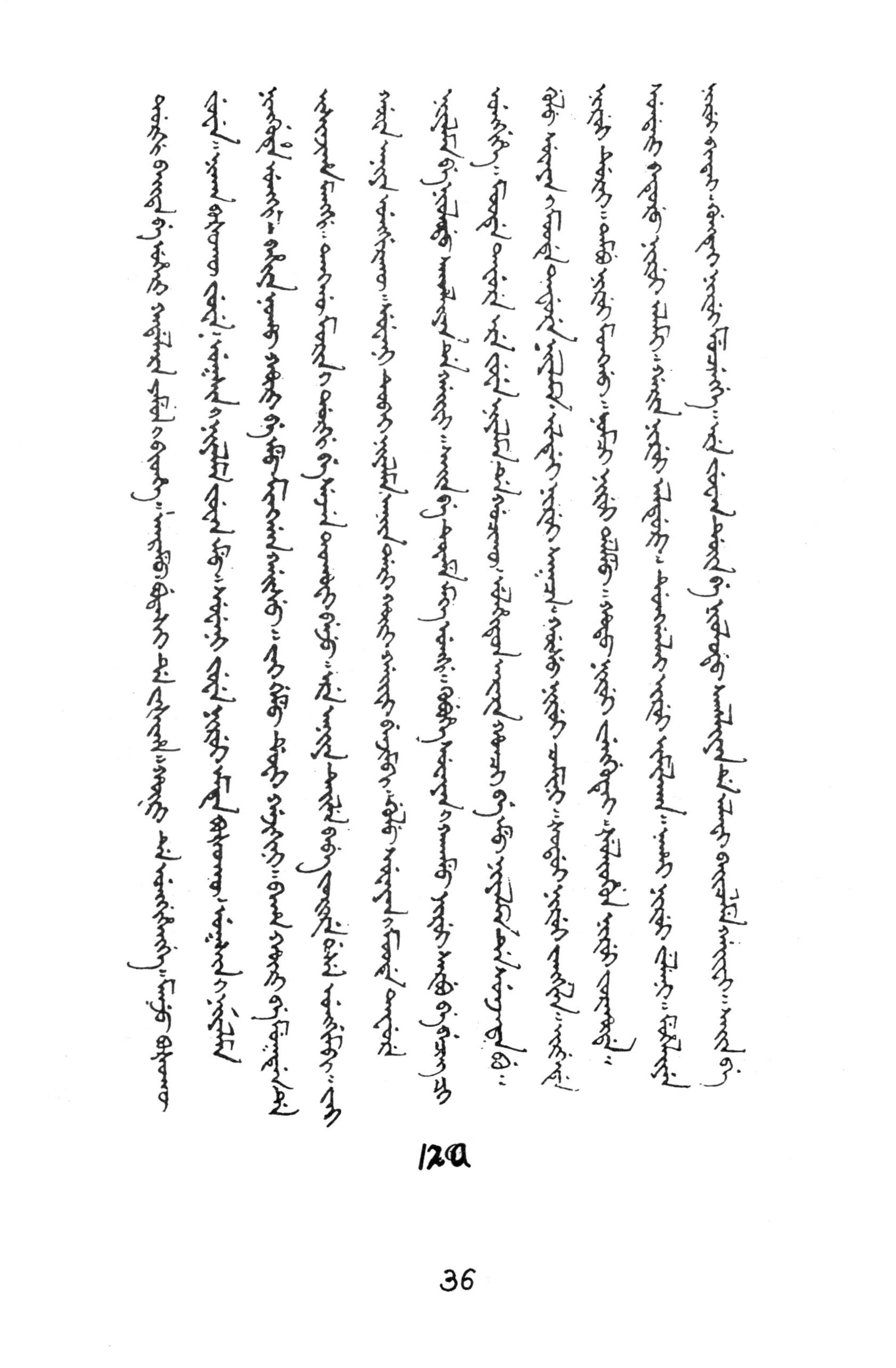

12a

[10] dorgi baita be uheri Kadalara yamun i bithe. antamu. butas de jasiha. hūri de unggihengge. manju bošokū /
juwe. nikan bošokū juwe. uksin i niyalma juwan emu. suwe juwe nirui emte bošokū. uksin i niyalma /
minggute unggi. bahiya noho hūri be emu minggan gaisu. jai gemu dufi gajikini. baha hūri be mukden de /
isimjiha manggi. tanggū morin i dorgi be sejen tohofi ben ere aniya teile babe jorire gese unggimbi. jai /
gūwa aniya unggirakū. suweni tubai niyalma aniya dari hūri gaifi benjimbi. gulu suwayan i moode tafure /
niyalma be niolodo sahaliyan de gaifi. sain be tuwame emu unggi. kubuhe suwayan i kakamu nirui sarbu be bejing ci /
unggihe moode tafure ere juwe niyalma de gocikū. ulahitun arara homci be emu niyalma de sunjata bu. /
gulu suwayan i moode tafure niyalma. ildei nirui sakca. gūsu nirui camini. šodoi nirui jangfila. irgede /
nirui durai. tambu nirui monggo. nomci nirui dalmu. hot nirui jenggutei. šuliohum nirui jorhūda. /
sundari baturu nirui alami. gerin nirui alduri. dunggalai nirui imilaka. nahai nirui jeleni. muheliyen. /
nirui bintai. jungtei nirui mucengge. ere juwan duin be niolodo sahaliyan de alafi baicame gaifi. sain be /

12b

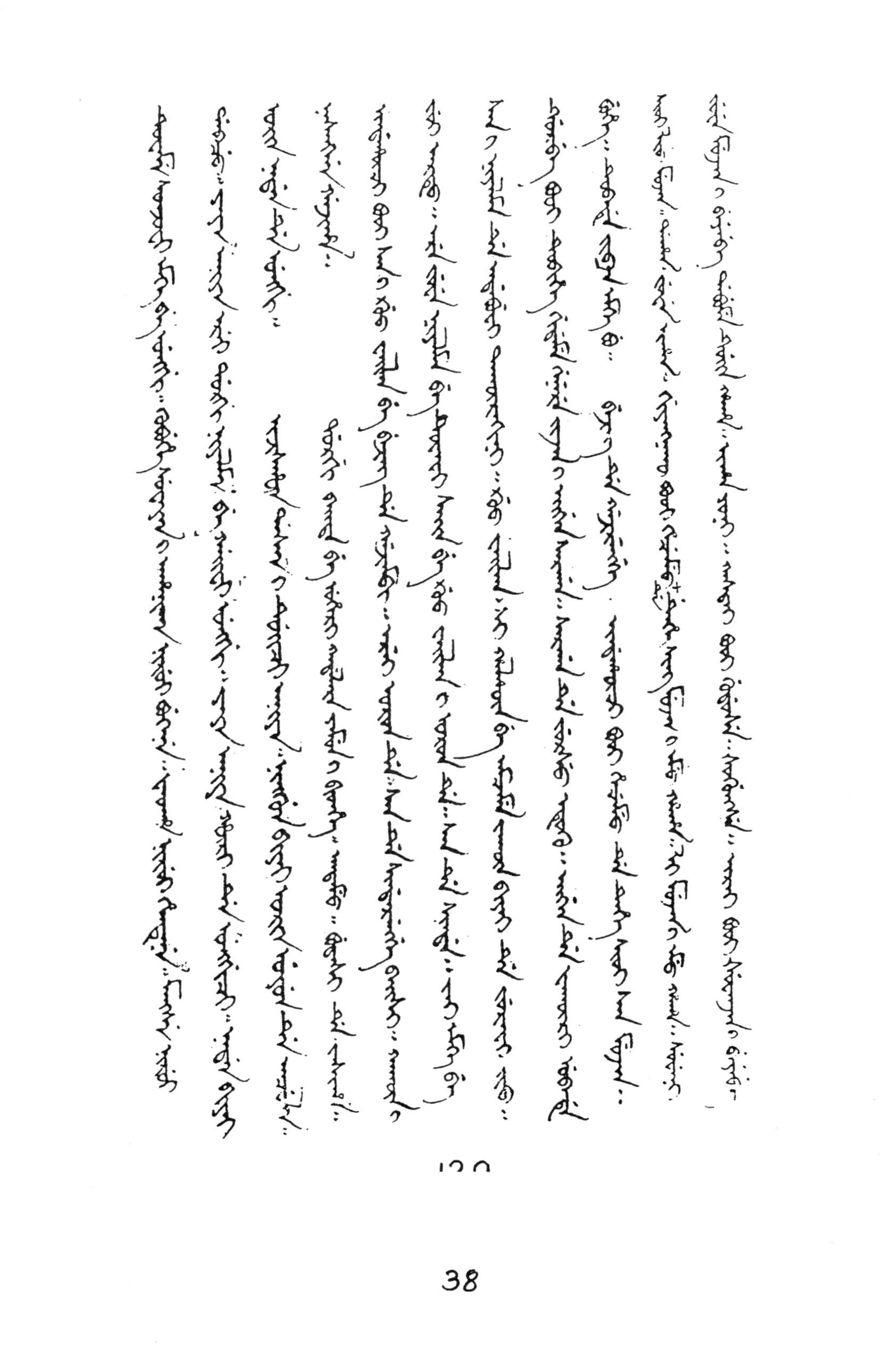

120

tuwamemsonjofi emke be unggi. kubuhe suwayan i ahanikan
nirui bukene. fatha nirui hentene. mangse nirui /
dabcu. yaya aniya erei dorgi niyalma be gaifi unggi. yaya
aniya hūri de unggici. nadan biyai /
orin nadan de unggi. ijishūn dasan i duici aniya. ninggu
biyai orin uyun de ancula. /
masangga gajiha. (11) dorgi baita be uheri kadalara yamun
i bithe. antamu. butasi de jasiha. /
indahūci booi san i g'oo wailan be bejing de gajimbi.
erei orom de. san de sindarengge baisi. kakūm i /
jui artu. ere juwe niyalma be tuwafi sain be g'oo waila
i orom de. san de sinda. jai emke be / san i niyalma de
adabufi takūrakimi. g'oo wailan. si halhūn be amcame
jakan biyai de jurafi jio. /
durbe booi tubihe gidame genere jijan i eigen sargan.
sargan de jursu etuku. eigen de fakūri ubade /
buhe. tubade jibca emke bu. bejing de gajirengge indahūc
booi hecemu de tehe sioi san mujan. /
sioi lio mujan. dahan juwe ihan. giyangnakū booi
hecemu de tehe sing mujan i emu haha. li mujan i emu h.
suweni / juwe mujan i beyebe dabume duin haha. ihan yon
kastai booi guduse. šogungse. irai booi šuwanjan i beyeb

12 b

14a

dabume ilan haha. juwe īhan. gudanggu beye. emu īhan. Kantaī booī dung de tehe dedeng mujan ī beye. jaī /
duim haha. ilan ihan. hangšu booī šoo elge. Karaī booī dung de tehe mīhan ī beye. funcehe haha. /
ihan Yoni. budarī booī dung de tehe jang el mujan ī beye. funcehe ihan Yoni. ese be gemu aniya araha /
sunjacī inenggi jurambufī unggi. tubade umesī teburengge. indahūcī booī hecemu de tehe. /
amba sioī el mujan. ajige sioī el mujan. ere juwe mujan. juwe ihan. durbe booī lailu de tehe. /
fan sy. Yaju. emu ihan. giyangnakū booī hecemu de tehe. joo mujan ī beye. jaī emu haha. ilan /
ihan. busantai booī hecemu de tehe. jang mujan. U mujan. emu ihan. iraī booī monggo mujan ī /
beyebe dabume juwe haha. emu ihan. Kantaī booī dung de tehe. Kesitu mujan. lio el. emu ihan. /
jang mujan ī booī sioī el. hangšu booī dungde tehe. ~~siog~~ siatagui. sangge. lodorī booī dungde tehe. /
duse mujan. Wangda mujan. emu ihan. giohoto booī dungde tehe wang el mujan. gen loo mujan. juwe ihan. /
Karaī booī dung de tehe mihan. sinī u mase. beda. emu ihan. budarī booī dung de tehe jang /

14³b

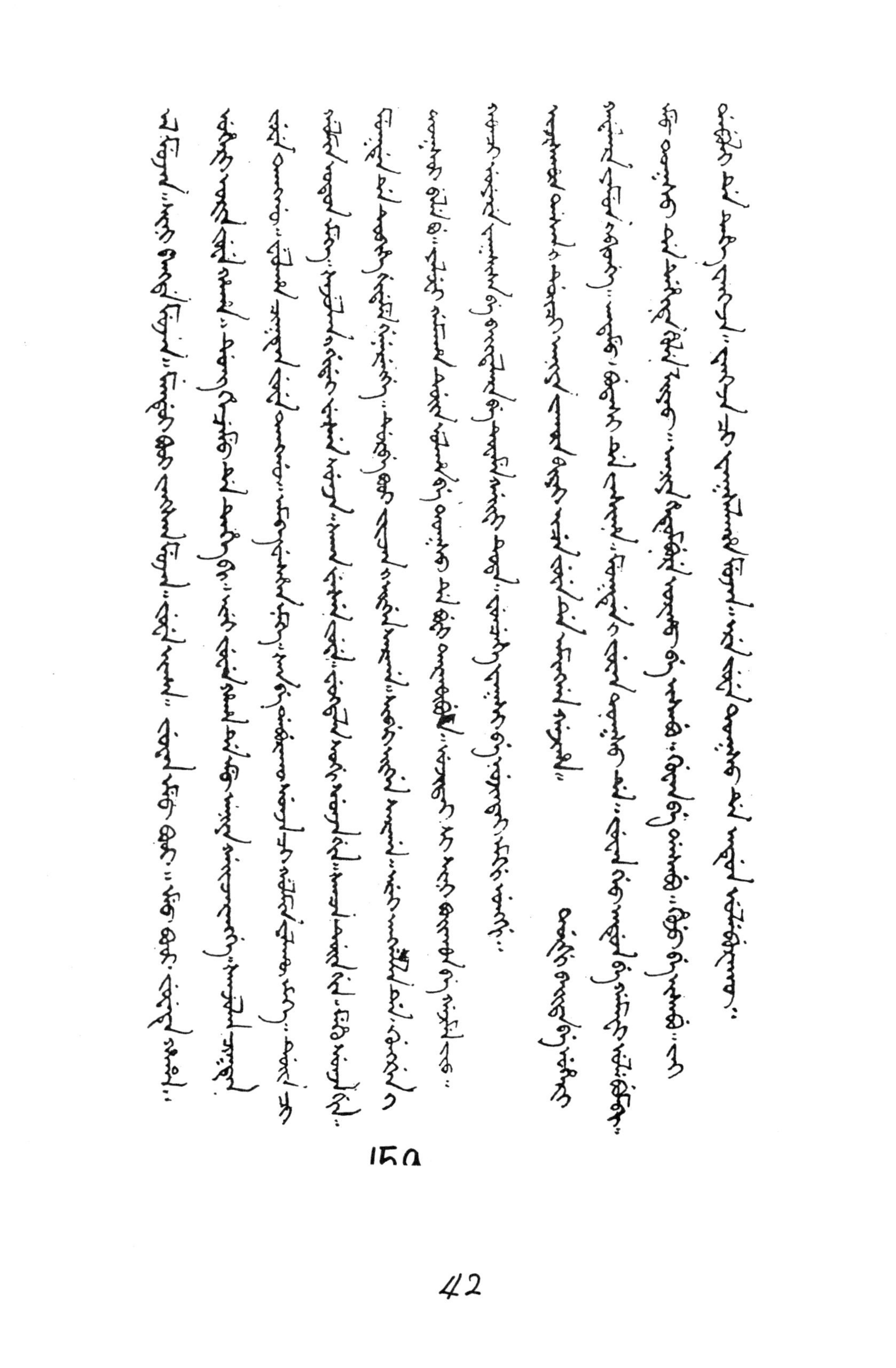

el mujan. sinī pangda mujan. mandui booī jangsan mujan. juwe ihan. juwan emu booi emu booī juwete haha. /
uheri: orin juwe haha. dung hecemu de tehe bi. ereī juwe haha de emu aniya gaijarangge. šanjulan cikten /
juwe tanggū. fulha cikten juwe tanggū. amba feshen emke. šan be daburakū sunja cī golmin yalhū emke. duin cī /
golmin oton emke. šajulan ī gidaī fešen sunja. šaka fešen juwe. fuktala sogī sunja gin. šanca duin gin. mehu sunja gin. /
mukden de tubihe gidame generengge. durbe booī jican ī eigen sargan sibeī eigen sargan. ereī anggala de. gunggi'an i /
toksoī bele bu. yalufī gamaha duin ulha be tokso de bufī tarhūbum ujintaī si sinī boihon be gajime jio. /
honcī uyere faksisa be baītalara be tuwame gaifī tuta. funcehe faksī be ujintaī emgī unggi. /
ijishūn dasan ī duicī aniya jakūn biyaī ice juwe de amingga gajiha. [12] dorgi baīta be uheri /
kadalara yamun ī bithe. antamu. butasī de jasiha. mukden ī juwan tokso de. juwan geo adun be gamafi ulebumbī. /
emu tokso de dehīte hule liyao. aniya hetumbure orho be isabu. juwan be dasabu. huju be isabu. jaī /
dapuli de tehe wangja. wangja cī faksalaha mujan. ere juwe tokso de adun uleburakū. /

15b

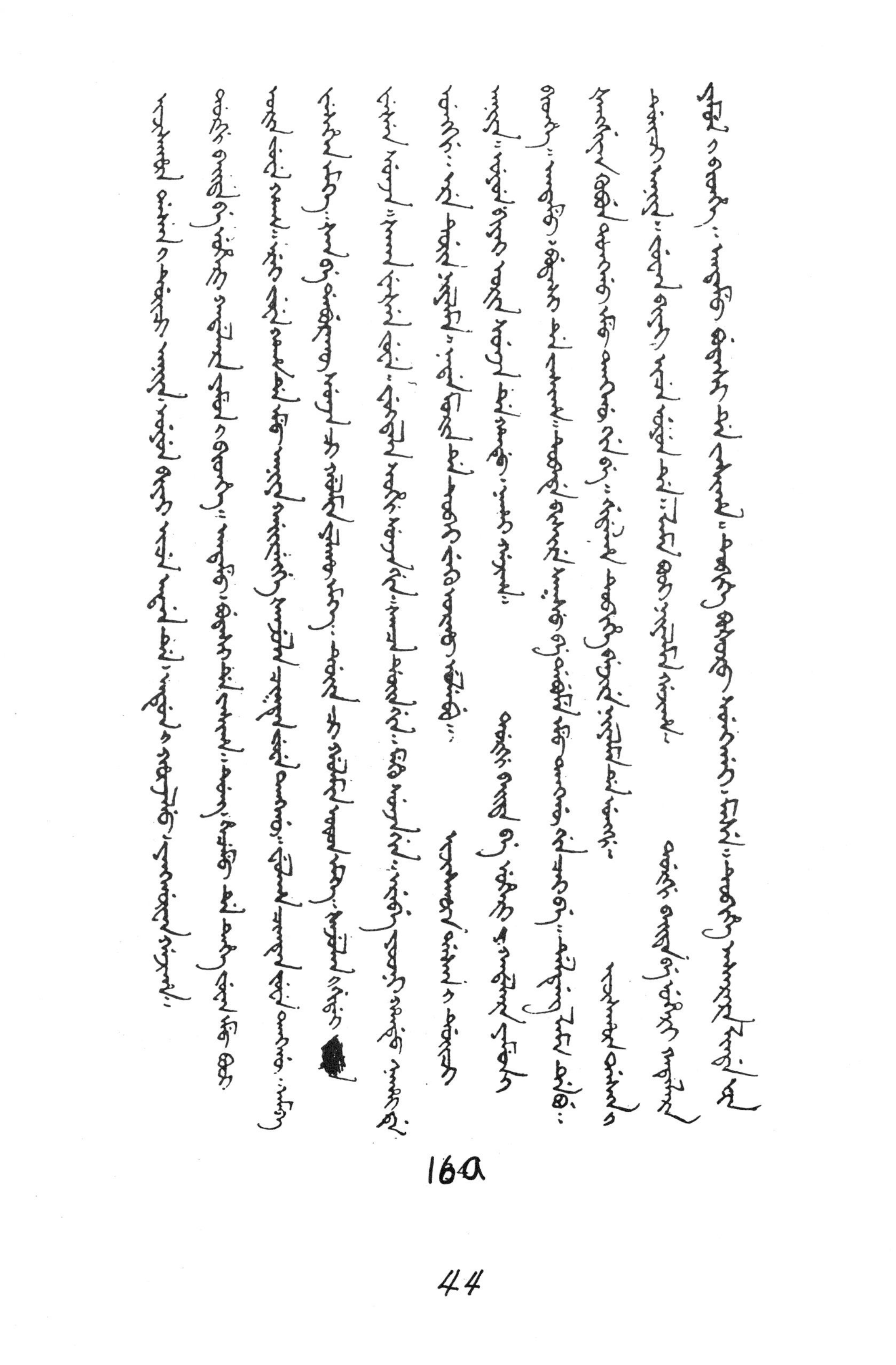

16a

ījishūn dasan i duici aniya. uyun biyai ice nadan de. adun i hūjalu. Yanggūwan gajiha. /
[13] dorgi baita be uheri Kadalara Yamun i bithe. antamu. buta de jasiha. dung. hecemu de tehe juwan emu booi /
orin juwe haha. erei juwe haha de emu aniya gairengge šanjula cikten juwe tanggū. fulha cikten juwe tanggū. amba feshen emke. šan be daburakū sunja ci golmin yalhū emke duin ci golmin otom emke. šajulan i gidai /
fešen sunja. šaka fešen juwe. fuktala sohi sunja gin. šanca duin gin. mehu sunja gin. erebe yoani handu. nahai de / unggi. ere duin niyalma. nadan morin de tubai jeku orho ulebu. ījishūn dasan i duici /
aniya. uyun biyai orin sunja de handu. nahai gajiha.
[14] dorgi baita be uheri Kadalara Yammun i /
bithe. antamu. butasi de jasiha. tubade bisire saksu be dabu emu tanggū gin cai be. deldeng lama de bu. /
šanggiyan kubun tonggo emu tanggū gin be. gidaha tubihe benjire niyalma de unggi. ījishūn dasan i /
duici aniya. juwan biyai ice uyun de. lama booi niyalm gajiha [15] dorgi baita be uheri Kadalara /
Yamun i bithe. antamu butasi de jasiha. tubihe bošoro sunggari. mase. tubihe asarara linda ere /

16b

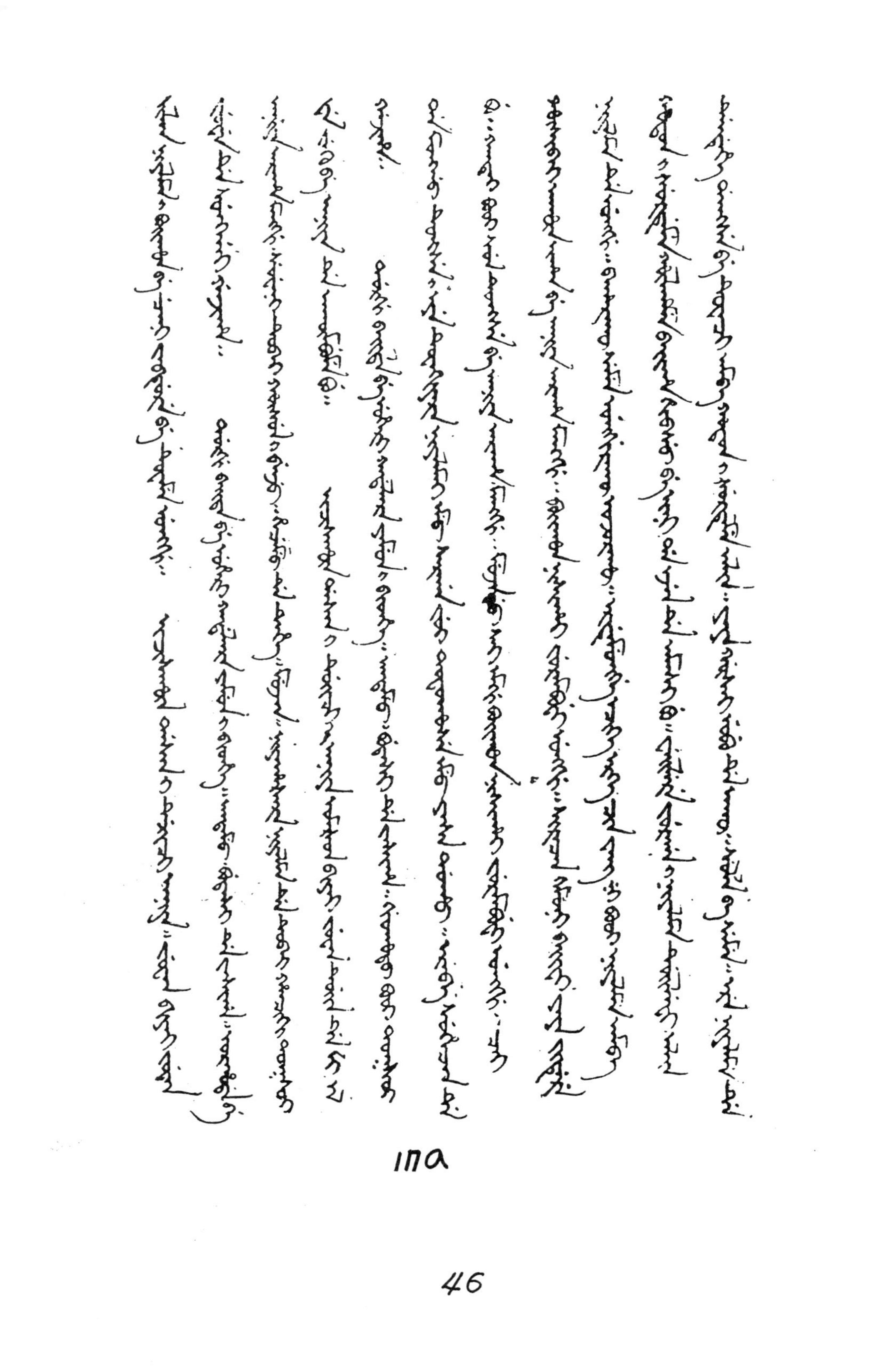

111a

ilan niyalma i boihon be coni jabdure be tuwame unggi. ijishūn
dasan i duici aniya. juwan biyai juwan /
juwe de sunggari gajiha. [16] dorgi baita be uheri kadalara yamun
i bithe. antamu. butasi de jasiha. orhoda be /
aniya araha manggi. suweni tubai hūsun i benju. hecemu de
tehe. mujan. niyahašara niyalma de tubai hanciki toksoi /
fe jeku be aniya de akūmbume bu. ijishūn dasan i duici
aniya omšon biyai juwan duin de li el / gajiha.
[17] dorgi baita be uheri kadalara yamun i bithe. antamu.
butasi de jasiha. giohoto booi toksoi /
da monggo tungse i eye tuwakiyara niyalmai emu sargan jui
tofohose emu yasa doho. erebe suhecen de /
bu. kantai booi sun tungse be aniya araha manggi. mujan sai
emgi boihon nisihai jurambufi unggi. cai /
hūsibai ahūn ihan be aniya araha manggi. boihon nisihai jurambufi
unggi. siracan komuni baifi yaya jidere /
niyalma de unggi. baharakū seme unggirakū ojorakū. erdemungge
ecike erke cin wang ni booi niyalma amba /
hoton i šurdeme hūlhame baiha hibsu be ini da ejen de
amasi bu. weilere jurgan i niyalma duilefi alin /
dendehe dangse be tuwaci amba hoton i šurdeme alin. yaya
gūsai ubu de akū. sula ba seme. ere niyalma de /

17b

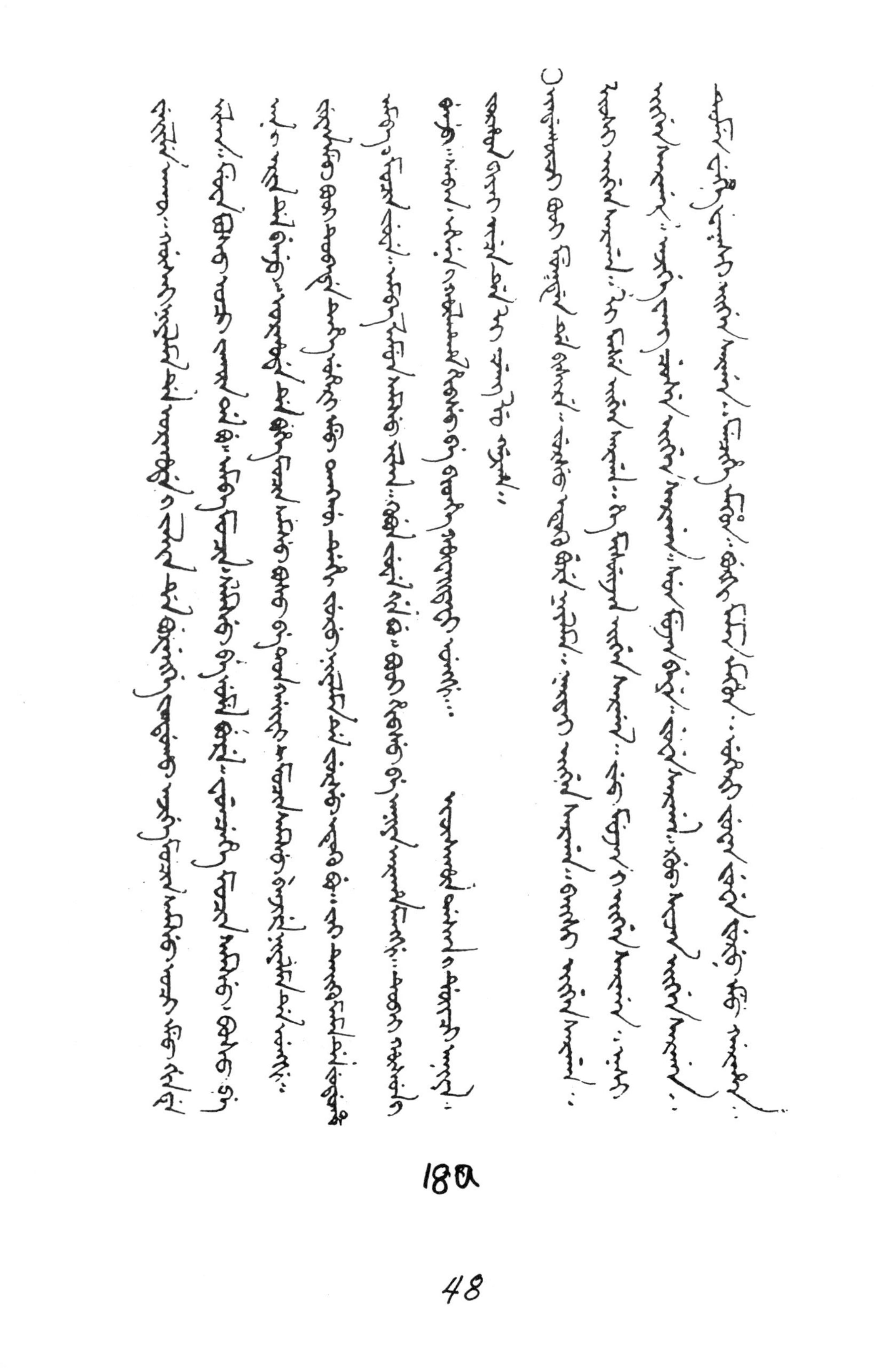

18a

weile akū. gūsai niyalma de orhoda i jalin de burengge jodoho ajige mocin samsu oci emu gin de/
ilan. muwa boso oci jakūn da bu. amba mocin. samsu be ume bure. fumcehe mocin samsu. boso be /
an i erin de benju. orhoda de buhe mocin samsu. boso be to gaifi. mocin samsu benjire niyalma de unggi. /
juwan emu booi tubade tehe uheri emu tanggū dehi juru niyalma de jursu etuku bu. jai teiku mama de jodoho /
amba mocin juwe. amba lamun samsu ilan. kubun juwe gin bu. booi hibsu be aniya araha manggi tubai hūsun i /
benju. seben. ehene i hūlhaha hibsu be bithe hūwaitafi unggi. ijishūn dasan i duici aniya /
jorhon biyai ice de li cong lu gajiha. /
[18] indahūci booi mukden de bisire. jursu etuku bure niyalma. nartai eigen sargan. baisi eigen sargan/
liosi eigen sargan. li mase eigen sargan. he misuijan eigen sargan. jeo mujan i eigen sargan. nasi /
eigen sargan. ajige wang cuse eigen sargan. sun mujan beye juwe sargan. g'oo sijan eigen sargan. /
tumen wehe faksi eigen sargan. mencihe. emhun. burki mama emhun. uheri juwan juwe juru emu garhan. /

18b

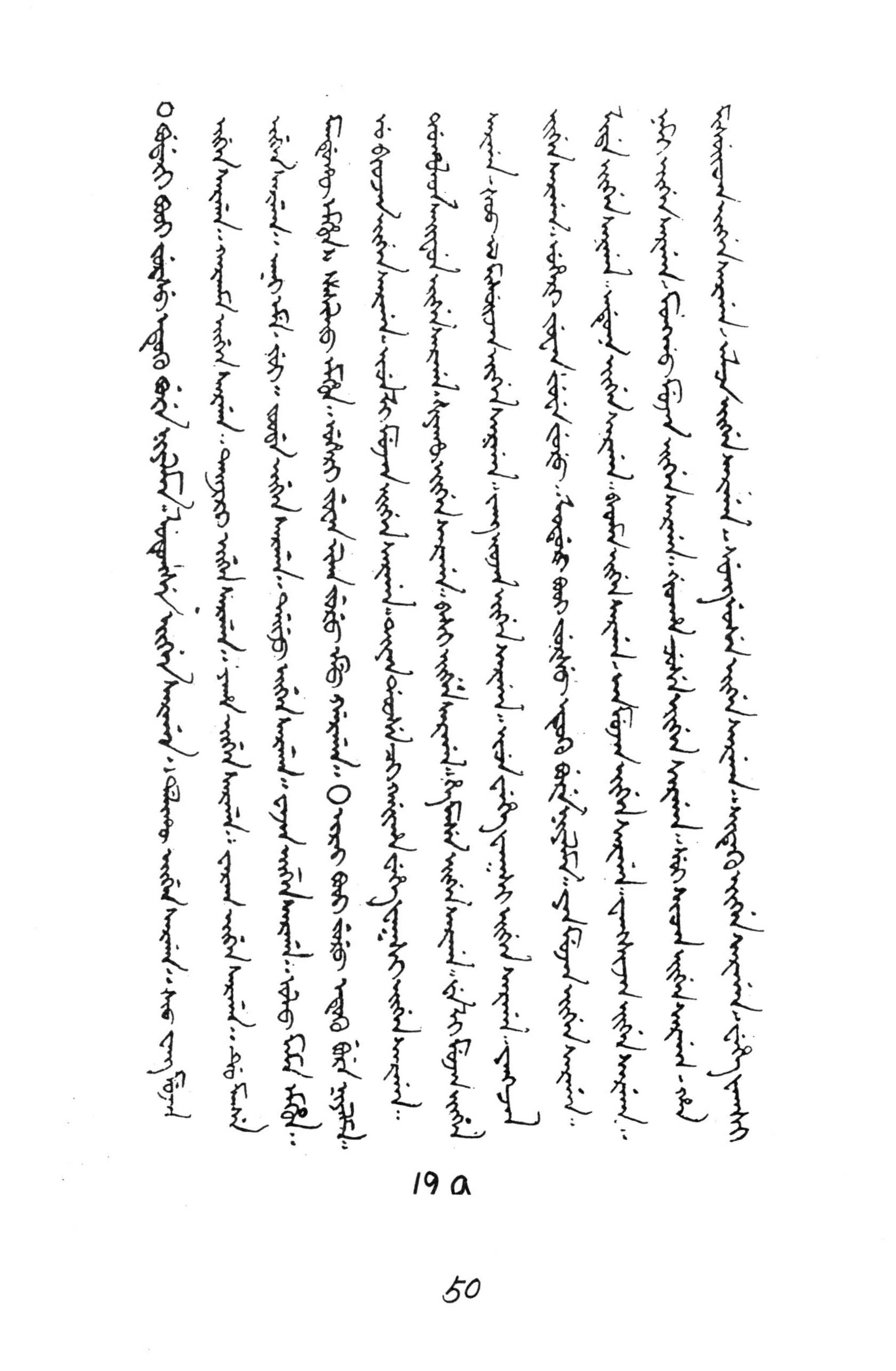

O budari booi jursu etku bure niyalma. lotungse eigen sargan. dalihū eigen sargan. šio wang mujan /
eigen sargan. karkama eigen sargan. taijiri eigen sargan. yaha eigen sargan. warka eigen sargan du manse /
eigen sargan. anai eme. jui. jooda eigen sargan. daiju eigen sargan. wajan eigen sargan. olo mama emhun. /
manduhū emhun. syasilio emhun. uheri juwan ilan juru e gargan. O irai booi juru etuku bure niyalma. /
u biojan eigen sargan. ice li mujan eigen sargan. tiyan doose ci gaiha wehe faksi eigen sargan. /
doholon saifun eigen sargan. hiyahū eigen sargan. basi eigen sargan. he mase eigen sargan. fe li mujan eigen /
sargan. šoo el misuijan eigen sargan. wang iojan eigen sargan. ice wehe faksi eigen sargan. yangjan /
eigen sargan. uheri juwan juwe juru. lodori booi jursu etuku bure niyalma. yan mujan eigen, sargan. /
lida eigen sargan. aduna eigen sargan. batma eigen sargan. an mujan eigen sargan. wangsijan eigen sargan. /
nami eigen sargan. monggo mujan eigen sargan. githa cuse eigen sargan. sui sijan eigen sargan. han /
misuijan eigen sargan. alca eigen sargan. sung use eigen sargan. siteku eigen sargan wehe faksi /

19b

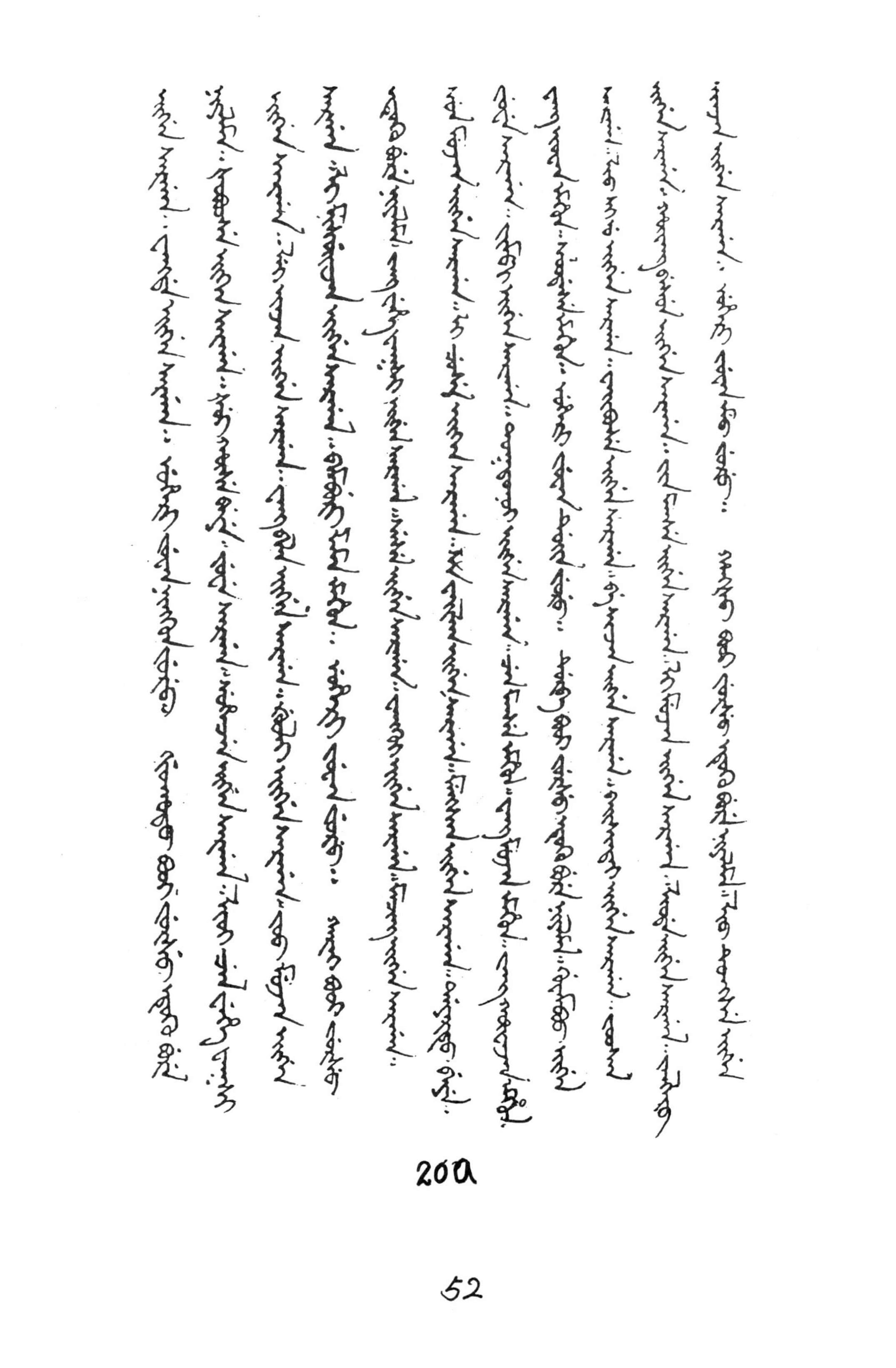

20a

eigen sargan. wangda eigen sargan. uheri juwan ninggun juru.
giohoto booi jursu etuku bure /
niyalma. šoboose eigen sargan. šui hūse beye. juwe sargan.
suhecen eigen sargan. lioi cen wehe faksi /
eigen sargan. lei injan eigen sargan. wang bala eigen sargan.
ǰooli eigen sargan. joo mujan eigen /
sargan. li misuijan eigen sargan. bamburi mama emhun.
uheri juwan juwe juru. karai booi jursu /
etuku bure niyalma. jang wehe faksi eigen sargan. sese
eigen sargan. wangkui eigen sargan. macing eigen sargan. /
sun mujan eigen sargan. li cuse eigen sargan. ts wailan
eigen sargan. mengsan eigen sargan dayartu beye. /
juwe sargan. jimpai eigen sargan. toktonoi eigen sargan. cen
manse emhun. wang mujan emhun. jang hūwajan emhun. /
wang iowan emhun. soodase emhun. uheri juwan duin juru.
durbe booi jursu etuku bure niyalma. guwamboo eigen /
sargan. lio si u eigen sargan. waibose eigen sargan. be sijan
eigen sargan. baisintai eigen sargan joosen /
eigen sargan. hūwang besun eigen sargan jin manse eigen
sargan. li mujan eigen sargan. lioda eigen sargan janglio /
injan eigen sargan. uheri juwan emu juru. hangšo booi
jursu etuku bure niyalma. lio tumgse eigen /

20b

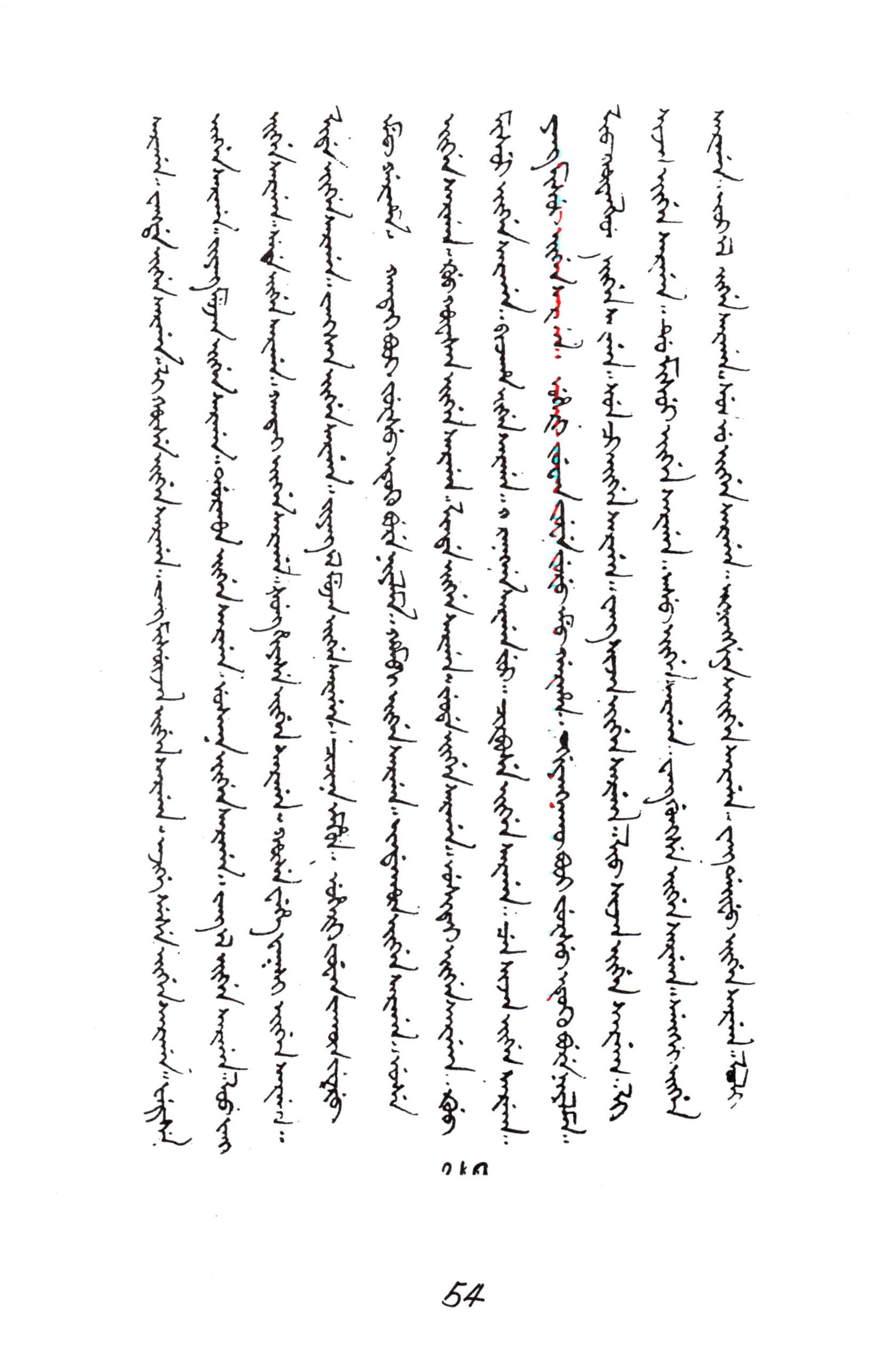

sargan. wangda eigen sargan. li hūse eigen sargan. jang misuijan
eigen sargan. ajige sese eigen sargan. feise /
eigen sargan. jiyang mujan eigen sargan. dorhon eigen sargan.
usana eigen sargan. jang el eigen sargan. loo fang /
eigen sargan. seda eigen sargan. kantai egen sargan. šung hiyase
eigen sargan. hūse wehe faksi eigen sargan /
lida eigen sargan. jangsan eigen sargan. jiyang el mujan eigen
sargan. cicina emhun. uheri juwan jakūn juru /
emu garhan. kantai booi jurse etuku bure niyalma. hampi eigen
sargan. indahūn eigen sargan. use /
eigen sargan. g'oo hūwašan eigen sargan. linda eigen sargan.
jeoda eigen sargan. usitai eigen sargan. g'oo /
misui eigen sargan. bijaha eigen sargan. gūnangga sargan
jui. cirbase eigen sargan. cen sijan eigen sargan. /
yang misui eigen sargan. uheri juwan juwe juru emu
garhan. giyangnakū booi jursu etuku bure niyalma. /
lio hūwanglung eigen sargan. sun ci eigen sargan. wang
sijan eigen sargan. lio sijan eigen sargan. li /
sijan eigen sargan. du misui eigen sargan. asu eigen
sargan. wang gungse eigen sargan. senggei eigen /
sargan. ioi el eigen sargan. sun u eigen sargan. minggiya
eigen sargan. wang daifu eigen sargan looli /

216

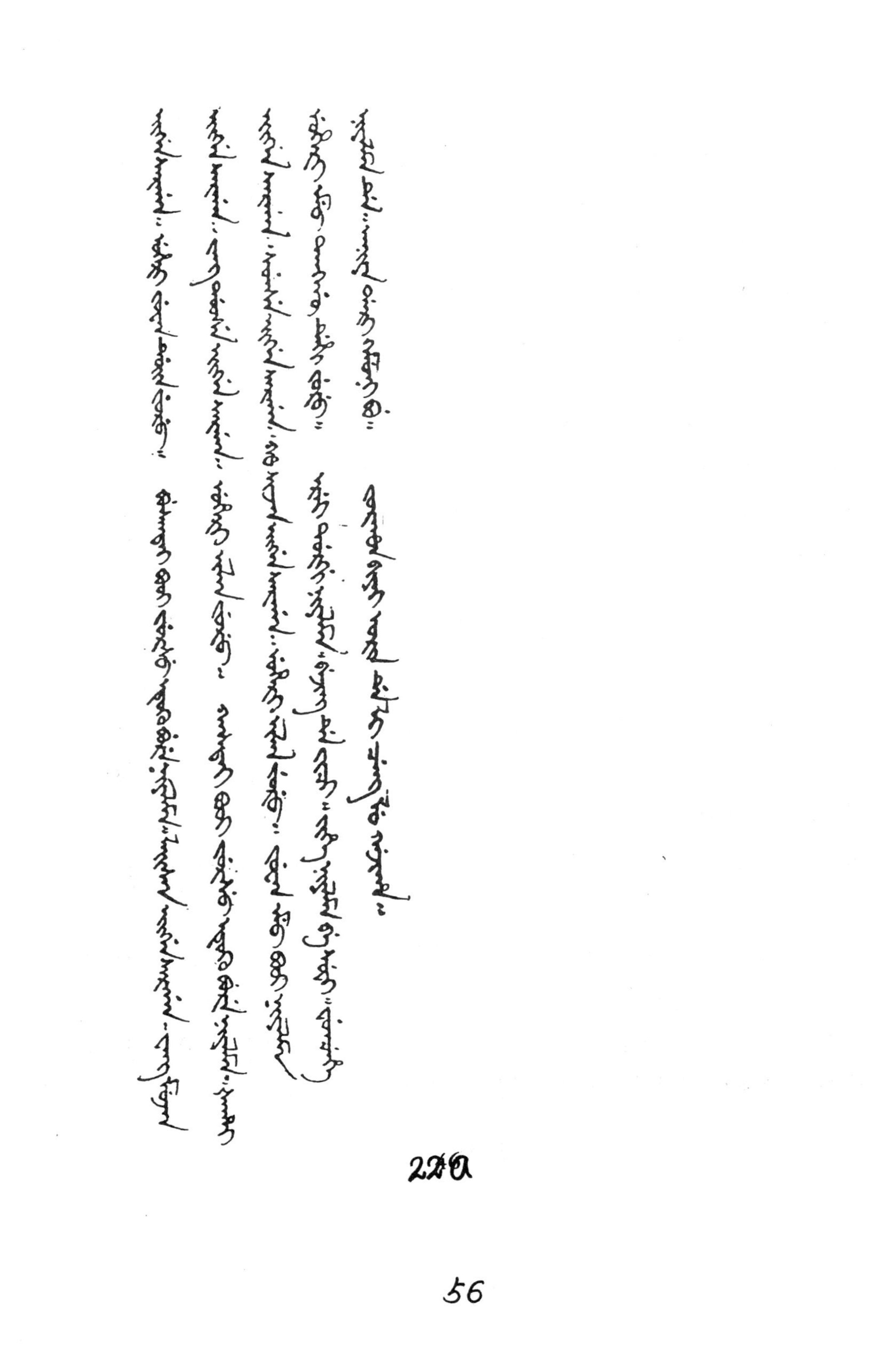

eigen sargan. uheri juwan duin juru. busantai booi jursu
etuku bure niyalma. laisan eigen sargan. wang mujan/
eigen sargan. jang doose eigen sargan. uheri ilan juru.
kastai booi jursu etuku bure niyalma. šahai /
eigen sargan. sunse eigen sargan. ho sijan eigen sargan.
uheri ilan juru. juwan emu booi niyalma /
uheri emu tanggū dehi juru. erei dorgi niyalma.
bejing de jici. jihe niyalma be sufi. funcehe /
niyalma de. aniya dari kemuni bu. jorhon biyai
orin de li ceng lu gajiha./

22b

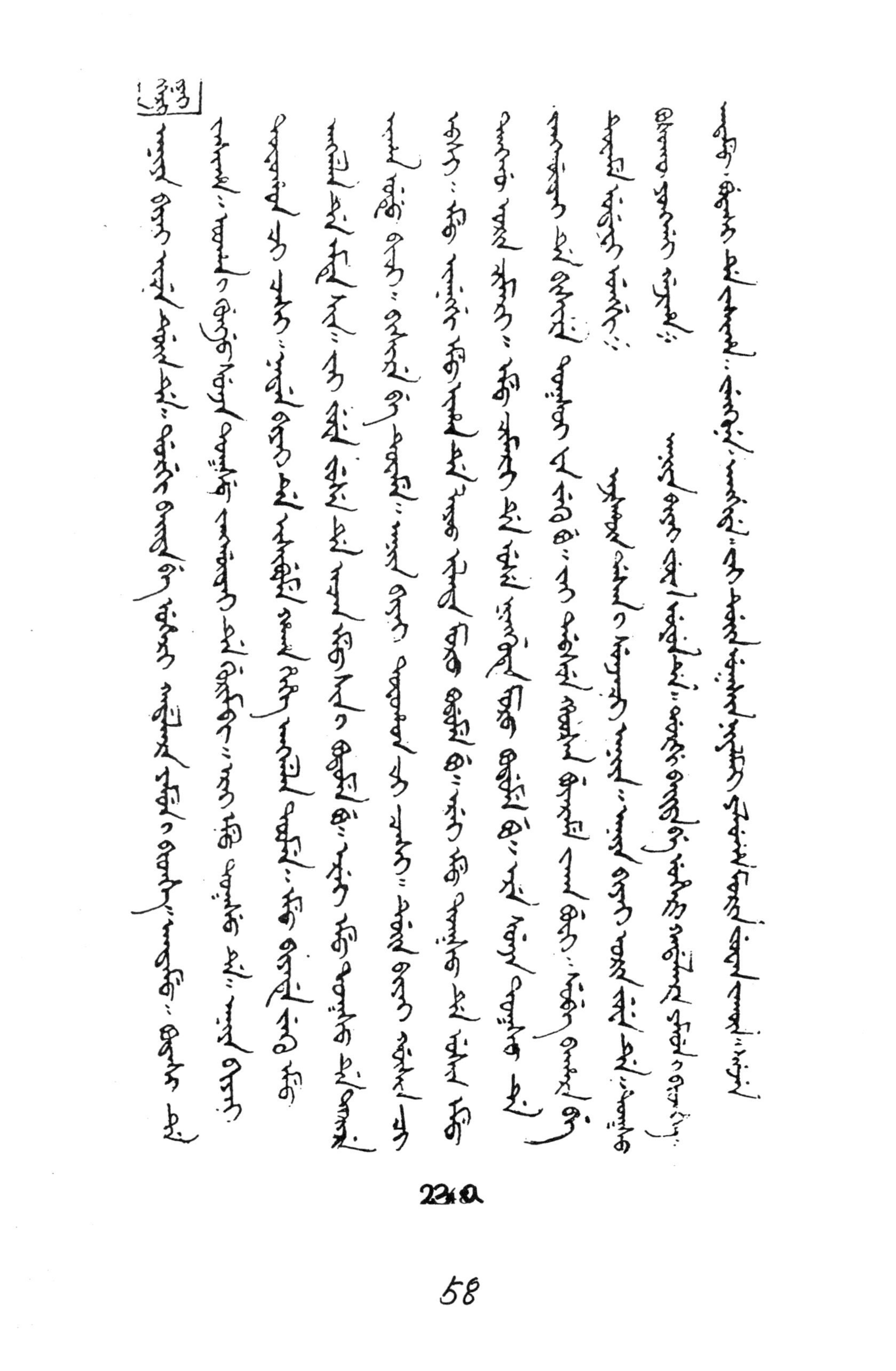

sunwayan singgeri Aniyai

(19) aniya biyai ice duin de. dorgi baita be uheri Kadalara yamun i bithe. antamu. botasi de /
jasiha. oohan i gungju sunja tokso janggūtai de gurimbi erei emu tokso de aniya biyai /
tofohon ci casi. nadan biyai de isibume haha hehe anggala toome. emu biyade jeku emu /
anggala de emte sin. jai juwe juse de acan emu sin i botome bu. erei emu tokso de tarire /
ihan udu bici. bisire be tuwame. aniya biyai tofohon ci casi. duin biyai gūsin ci /
ebsi. emu inenggi emu ihan de liyoo ilata moro bodome bu. erei emu tokso de usin emu /
tanggū orin cimari emu cimari de use ninggute moro bodome bu. ere sunja tokso de /
janggūtai de bisire toksoi fe jeku bu. jai dabsun hoošan buyarame jaka bufi. sube bahara be /
tuwame udafi unggi. ijishūn dasan i sunjaci aniya. aniya biyai orin juwe de tokso /
bošokū yonggai gajiha. (20) aniya biyai juwan uyun de. dorgi baita be uheri Kadalara yamun i bithe./
antamu. butasi de jasiha. jengguna. anggida. jai duin uksin niyalmai yaluha morin juwan jakūn. sejen /

23b

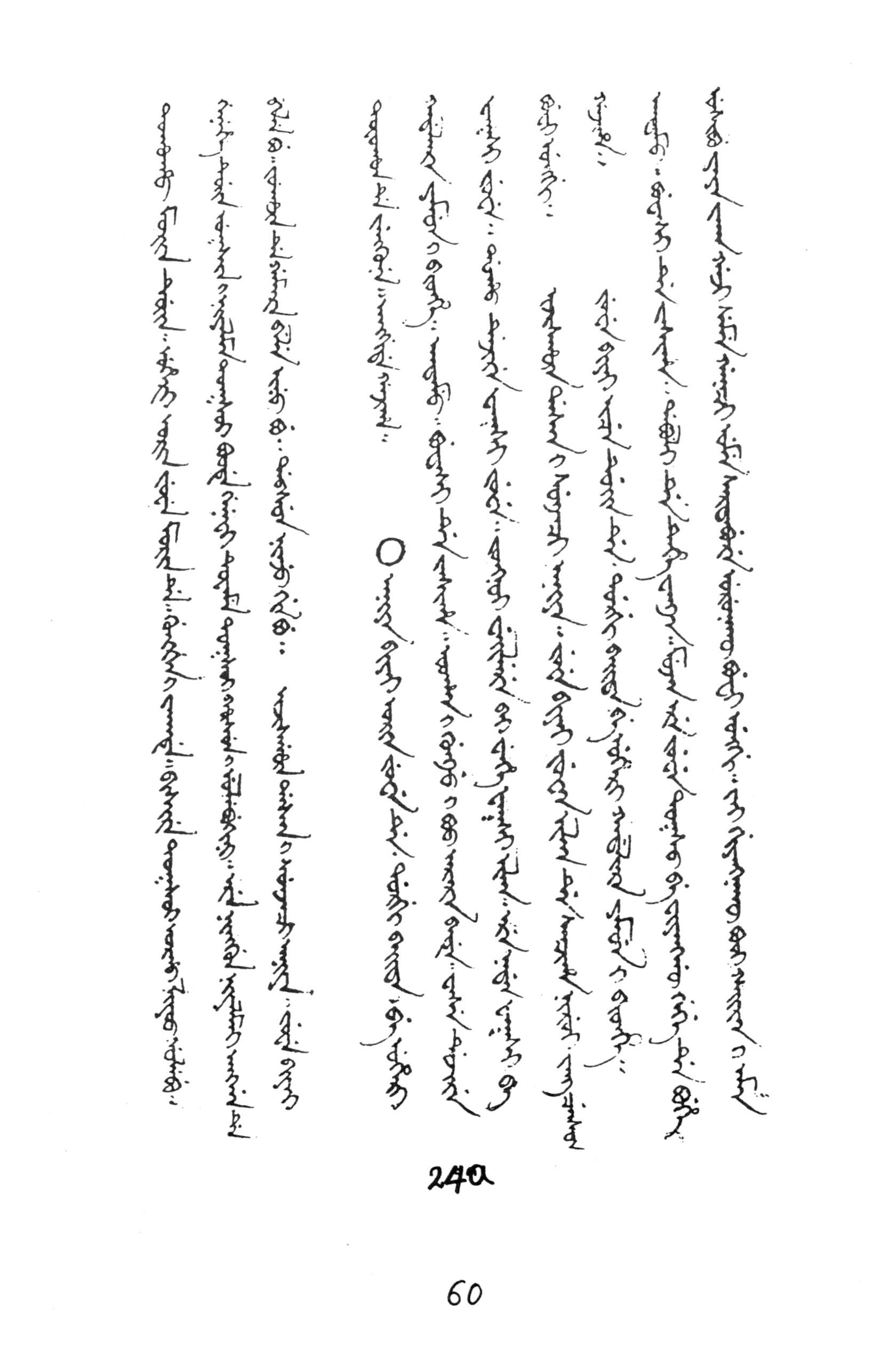

240a

tohoho morin duin. uheri orin juwe morin de gungg'an i jakade.
bisire toksoi orho. liyoo ulebu. /
genehe duin uksin i niyalma toksoi boode genefi tuwame
toksoi hūsun i ulebukini. ere ninggun niyalmai angga de /
bele bu. juhūm de gamara bele inu bu. dabsun ninju gin
bu. ijishūn dasan i sunjaci aniya. juwe biyai /
tofohon de jengguna. anggida gajiha. (21) O aniya biyai
orin juwe de. dorgi baita be uheri /
kalalara yamun i bithe. antamu. butasi de jasiha. oohan
i gungju i boo arara bade. wase dejure /
faksi juwe. doho dejire faksi juwe. jongnoi weilere bai
wehe faksi ilan. ere nadan faksi be /
bufi unggi ijishūn dasan i sunjaci aniya. juwe biyai
juwan ilan de sanciha mirui jang consun /
gajiha (22) juwe biyai. ice duin de. dorgi baita be uheri
kadalara yamun i bithe. /
antamu. butasi de jasiha. dapuli de tehe wangja. mujan
ere juwe tokso be fiyanggū gege de buhe. /
usibu yaya jaka gaji seme ganaci ume sartabure urunakū
bufi unggi. jai giyangnakū booi hairam i ama /

24b

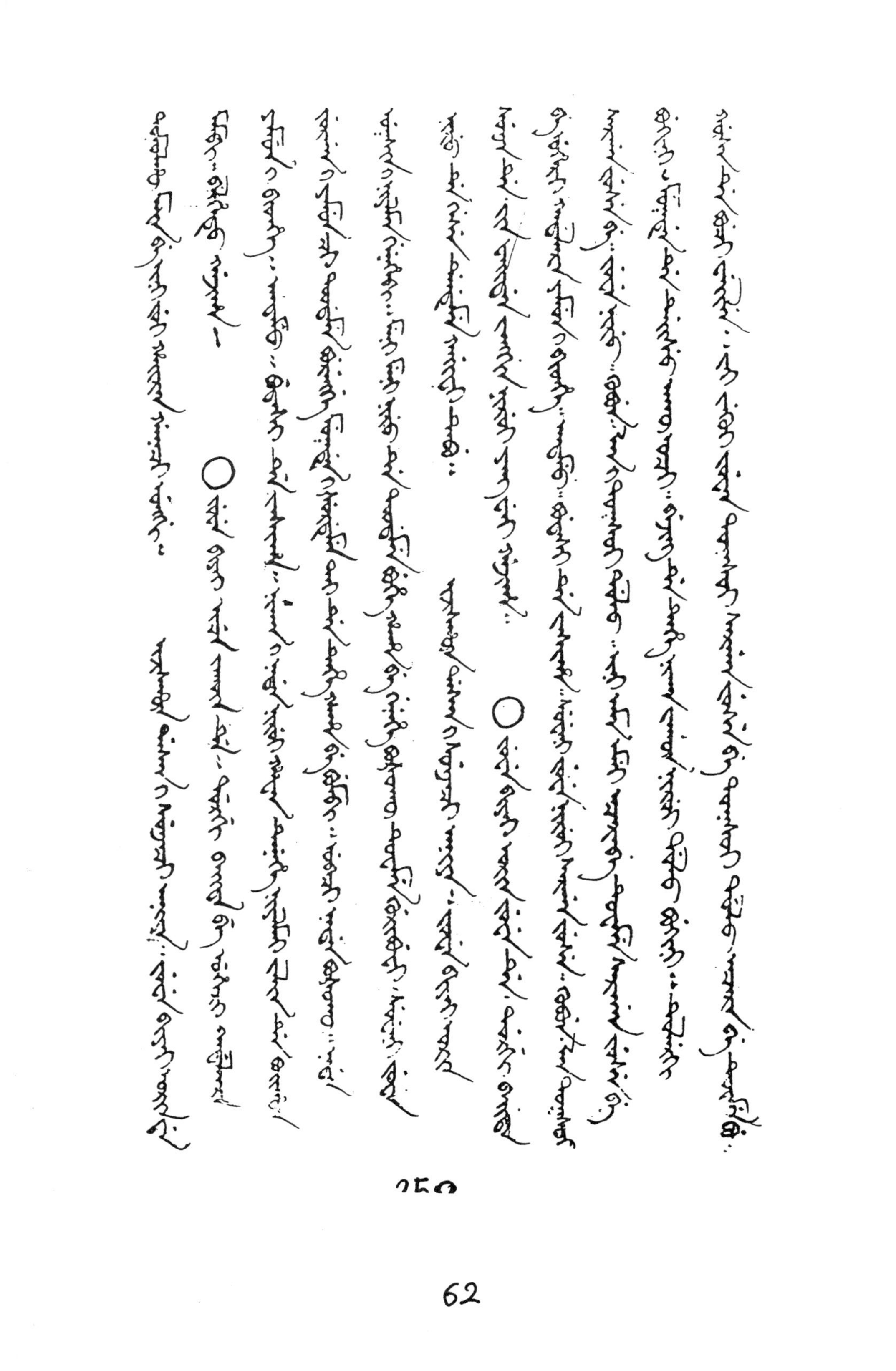

tomdhū mafa be ini jui hairan ganaci unggi. ijishūn dasan i sunjaci aniya. juwe biyai orin de/ mampai. belhetu gajiha. (23) 0 juwe biyai ice jukūn de. dorgi baita be uheri kadalara/ yamun i bithe. antamu. butasi de jasiha. nikan i nadan nirui hafan tenehe niyalmai jalin de boihon/ jurgan i yamun ci toodame burengge mukden i šurdeme tai de tehe haha be bumbi. ubaci nadan bošokū nadan/ uksin i niyalma genehebi. meni meni niru de toodame buhe haha be genehe bošokū tuwame guribufi. suweni juwe/ niru de gese dendeme gaifi tebu. ijishūn dasan i sunjaci aniya. juwe biyai orin/ sunja de jin faidan janggin nirui yang wei gajiha (24) 0 juwe biyai orin juwe de. dorgi baita/ be uheri kadalara yamun i bithe. antamu. butasi de jasiha. suweni juwe nirui sargan juse. kubun. lan toksoi/ sargan juse be. juwe niru. kubun. lan i toksoi dolo. ini ama emei acarabe tuwame sargan juse be/ bukini. mukden de deisu akū oci. bejing de tehe nikan jakūn nirui dolo bukini. tulerki/ gūsa de buci weile jai jekui juwan toksoi sargan juse be toksoi dolo acara be tuwame bu./

256

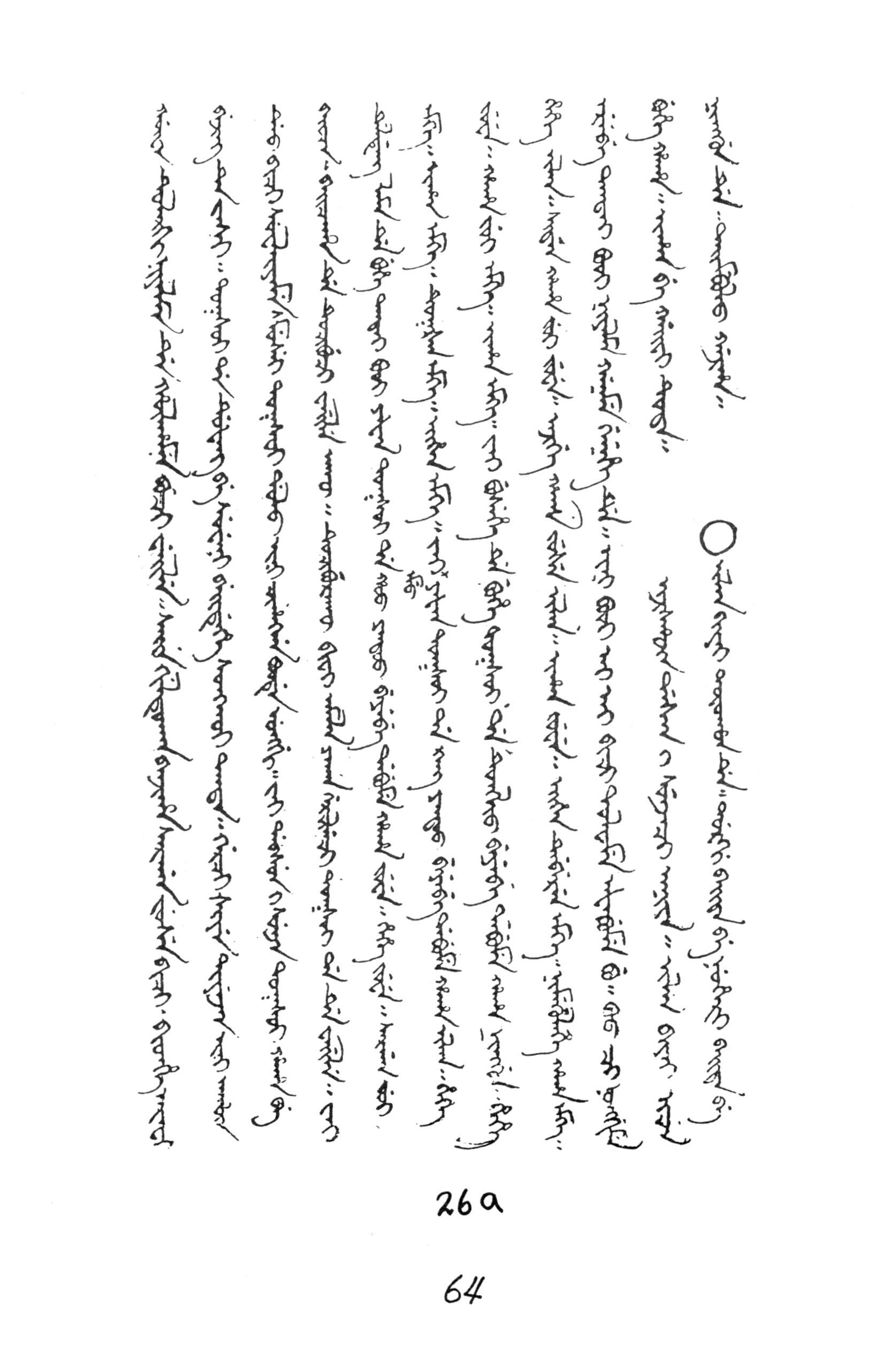

gūwa tulerki niyalma de hūlhame buci weile. saim giltukan
bamjiha sargan juse bici. bithe arafi /
bejing de jasi. toksoi da dufang be suwani beidehe songkoi
tanta. gerci šiye tiyejan ini ahūn /
deo bici suwaliyame musei toksoi dolo ini cihangga boode
unggi. jai dabsun i sunja toksoi haha be /
baica. baicaha de tucibuci weile akū. tuciburakū bici
amala yakan gercileci toksoi da de weile jai /
deldeng lama de buhe tantai booi yafan toksoi da hoo
yantoo beyebe dabume haha juwe. hehe juwe. sargan jui /
emke. ihan emke. tukšan emke. eihen emke. jai emu yafan
toksoi da k'ang yantoo beyebe dabume haha ilan. hehe /
juwe. haha jui emke ihan emke. jai busehe de buhe
toksoi da tunglio beyebe dabume haha ninggun. hehe /
hehe ilan sidan haha jui juwe ajige haha juse ilan. ihan
juwe. eihen deberen emke nimekulehe haha emke. /
erebe tantai booi niyalma ganame genehe de. ini booi ai ai
bici tolome afabume bu. boo ci monggime /
buhe haha. ihan be gaifi tuta. ijishūn dasan i sunjaci
aniya. ilan biyai ice /
ninggun de. ~~taa~~ taimbulo gajiha (25) ilan biyai tofohon
de. dorgi baita be unhri baita be /

265b

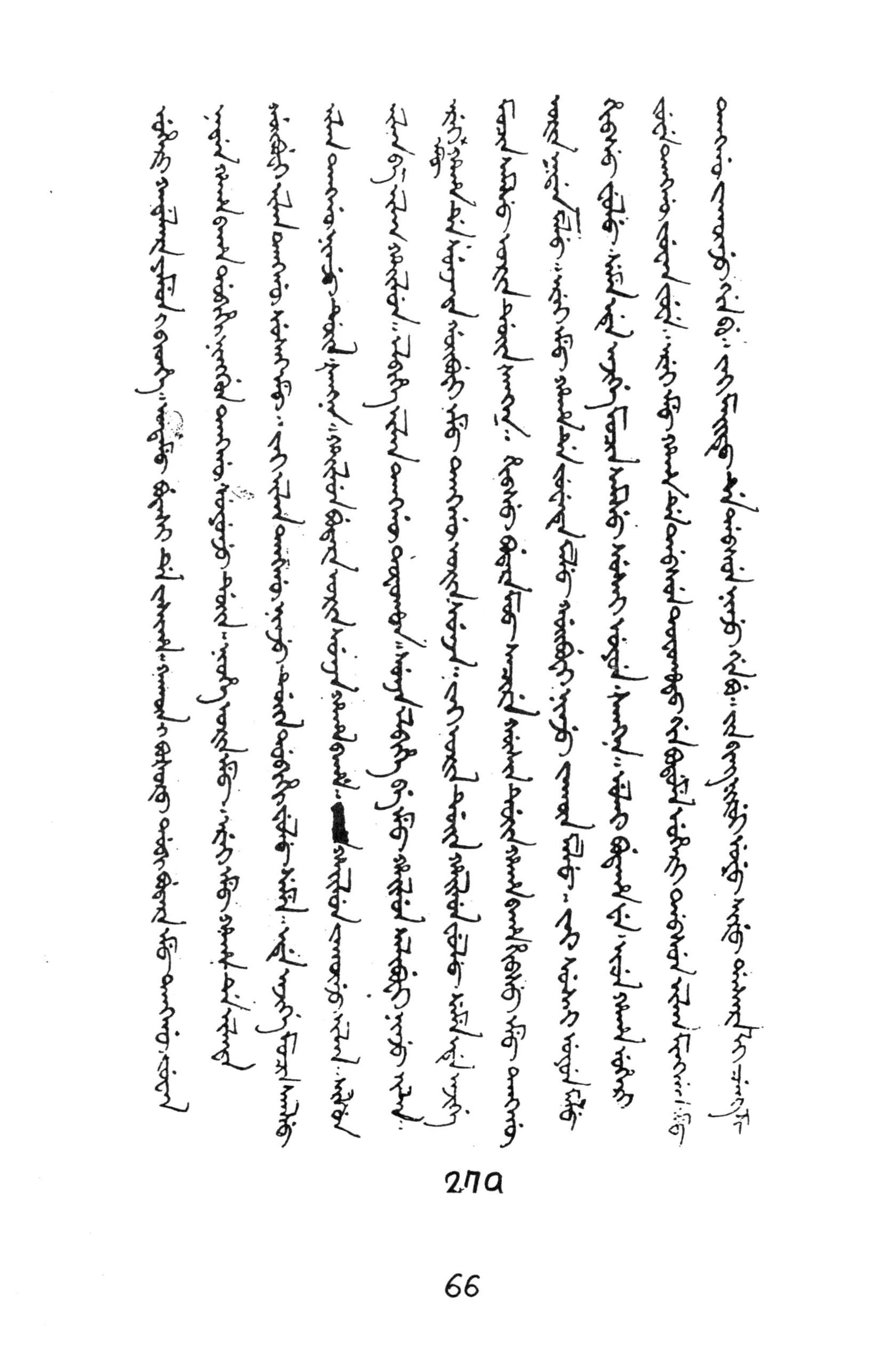

27a

uherī kadalara yumun i bithe. antamu butasī de jasīha.
kakūn i bošoro dobī butara emu tanggū juwan /
nadan haha baha dobihi minggun tanggū uyunju duin.
niohe orin emu. ereī emu haha de ilata /
goibufī ilan tanggū susai emu. jaī ilan tanggū ninju duin
dobīhi fulu seme. ede ajige mocin sa~~t~~su /
īlan tanggū ninju duin. šangna. hailun butara orin sunja
haha baha. hailun jakūnju ilan. silun /
īlan be īlan hailun. elbihe īlan tanggū tofohon. sunja
elbīhe be emu hailun salibufī ~~m~~ ninju ilan. /
ereī emu haha de sunjata goibufī emu tanggū orin
sunja. jaī orin duin hailun fulu seme ede ajige /
mocin samsu orin duin šangna. hibsu butara moo sacire
gūsin duin haha baha hibsu emu tanggū /
orin nadan malu. ereī emu haha de juwete malu
goibufī ninju jakūn malu. jaī susai uyun malu /
hibsu fulu seme ede ajige mocin samsu susaī uyun
šangna. ulaī butha fe. ice haha uherī /
juwe tanggū juwan juwe. ereī emu haha de dabsun
tofohoto gīn bodome. uherī dabsun ilan minggan emu /
tanggū jakūnju gin bu. jaī maitu de dabsun ninju gin
bu. jin bing niruī uyu siru dasara li ceng tsᶜ

27b

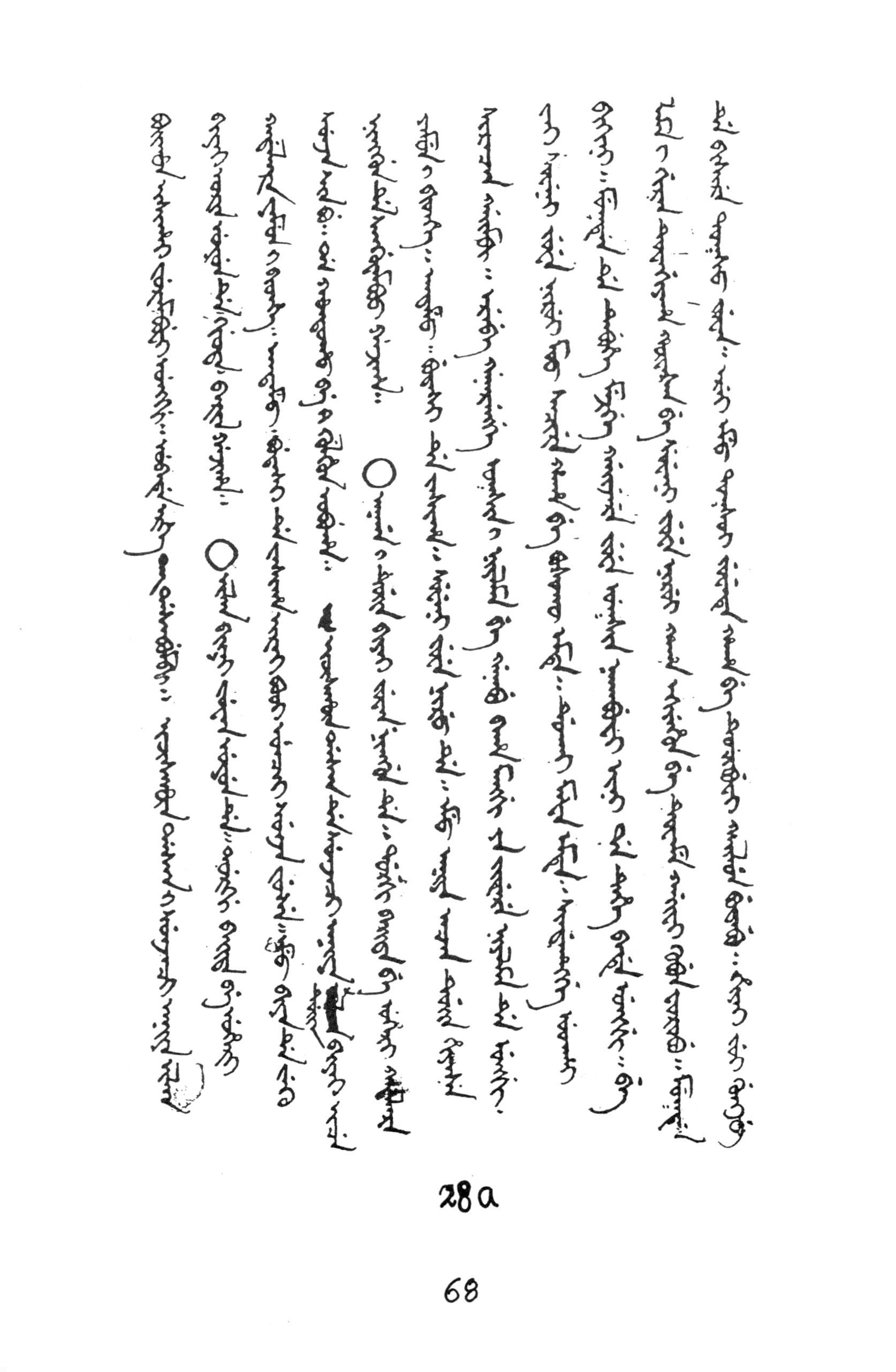

boihon isihai jurambufi unggi. ubade erhe dasabumbi.
ijishūn dasan i sunjaci aniya ilan/
biyai orin uyun de. giota. barin gajiha. (26) O ilan biyai
juwan de. dorgi baita be uheri/
kadalara yamun i bithe. antamu. butasi de jasiha.
irai booi uncai sunja juse. emu biya de jeku/
sunja sin bu. da hontoho be gulhun obuha. ijishūn
dasan de sunjaci aniya duin biyai ice/
minggun de sanguwamboo gajiha. (27) O anaga i
duin biyai juwan minggun de. dorgi baita be uheri kadalara
yamun i bithe. antamu. butasi de jasiha. suweni juwe
niru de. emu aniya acan duin hiyase/
siracan gaimbi. erebe ganarengge oksin i niyalma be
ganabu baha manggi ya jidere niyalma de unggi. /
jai suweni juwe nirui moo sacire haha be bosokū emte
dukai mafa emte sindahangge uthai/
bikini. mukden de tebuhe mejige gaijere juwe uksin
nakabufi ini da ~~the~~ bade unggi. be /
lamai giran tuwagiyaha hūwašan be suweni juwe
nirui haha ekiyehun be tuwame gaifi kubun forobu. mukden/
de bisire tokso juwan. erei emu toksoi juwete haha
be tucibufi hailun batabu. hiyai jui gungju/

28b

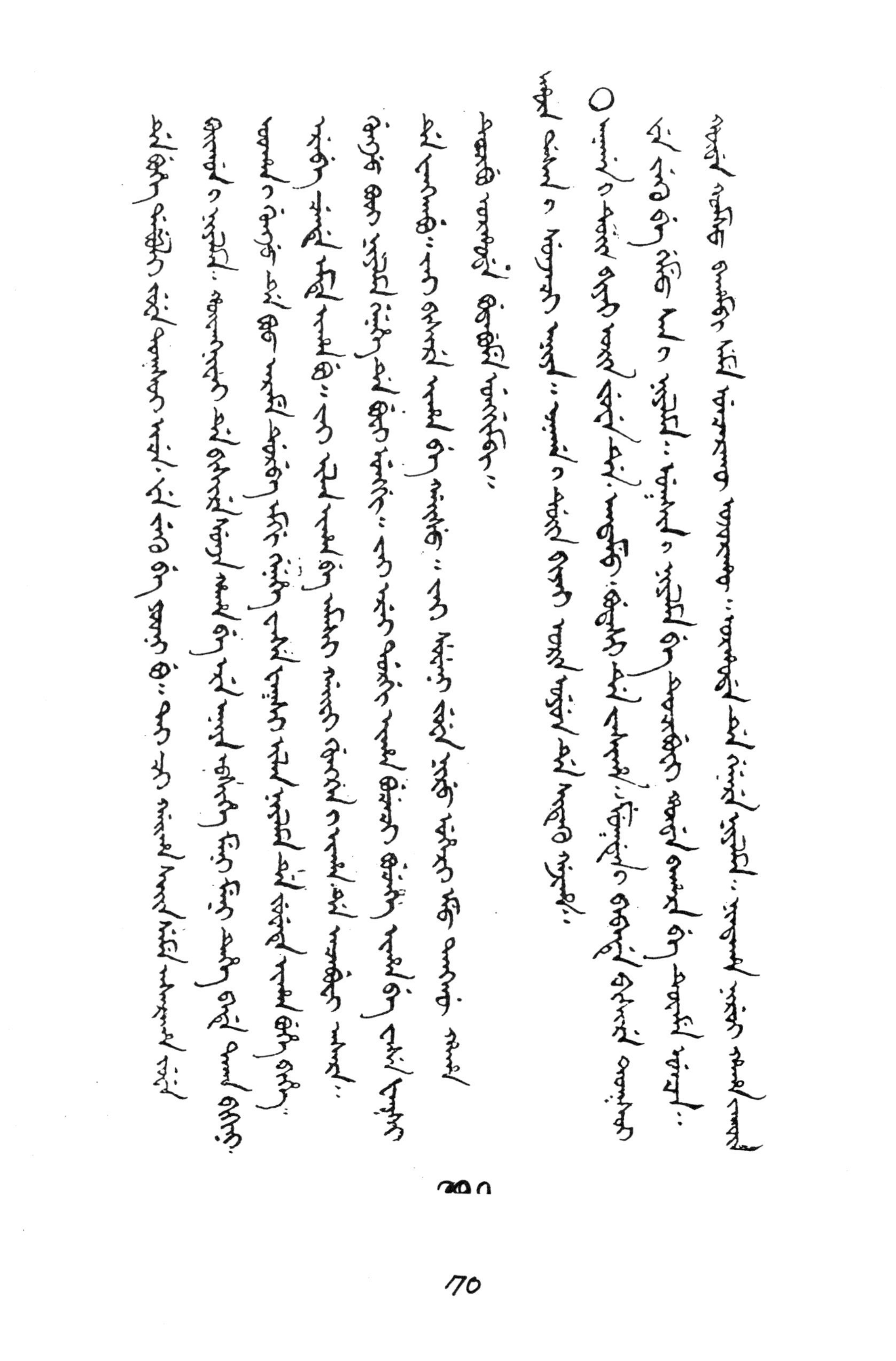

[illegible]

de buhe dapuli juwe toksoi ice. fe jeku be yoomi bu.
tai ci gaiha saim seme asaraha juwe /
koigom i miyalma. hūwangmiwai de bisire sunja haha be
ere aniya ebsihe memi memi tehe bade tatan bikini./
oohan i gungju de boo arame durbe emgi genehe
wase faksi ilan miyalma de juwete ihan buhe bihe./
erebe cende emte ihan bu. jai ilan ihan be amasi
gaifi gunggan ihan de acabufi asara. /
gungju booi miyalma genehe de bufi unggi. jai erei
dorgi ihan buceci bucehe ihan be wase faksi /
de fangkabu. jai bisire ihan be gaisu. jai suweni juwe
miru uheri emu tanggu haha tucibu orhoda butabume
unggimbi. /
ijishūn dasan i sunjaci aniya. anagan i duin biyai
orin uyun de siteku gajiha. /
(28) O anagan i duin biyai orin juwe de. antamu.
butasi de jasiha. mukden i babade bisire toksoi /
fe jeku be gemu sani miyalma. uksim i miyalma be
tucibufi hūda bahara be tuwame unca. /
hūda komso bahambi seme uncarakū ojorahū. orhoda
de genere miyalma. mintaha mirui haha jakūn/

29b

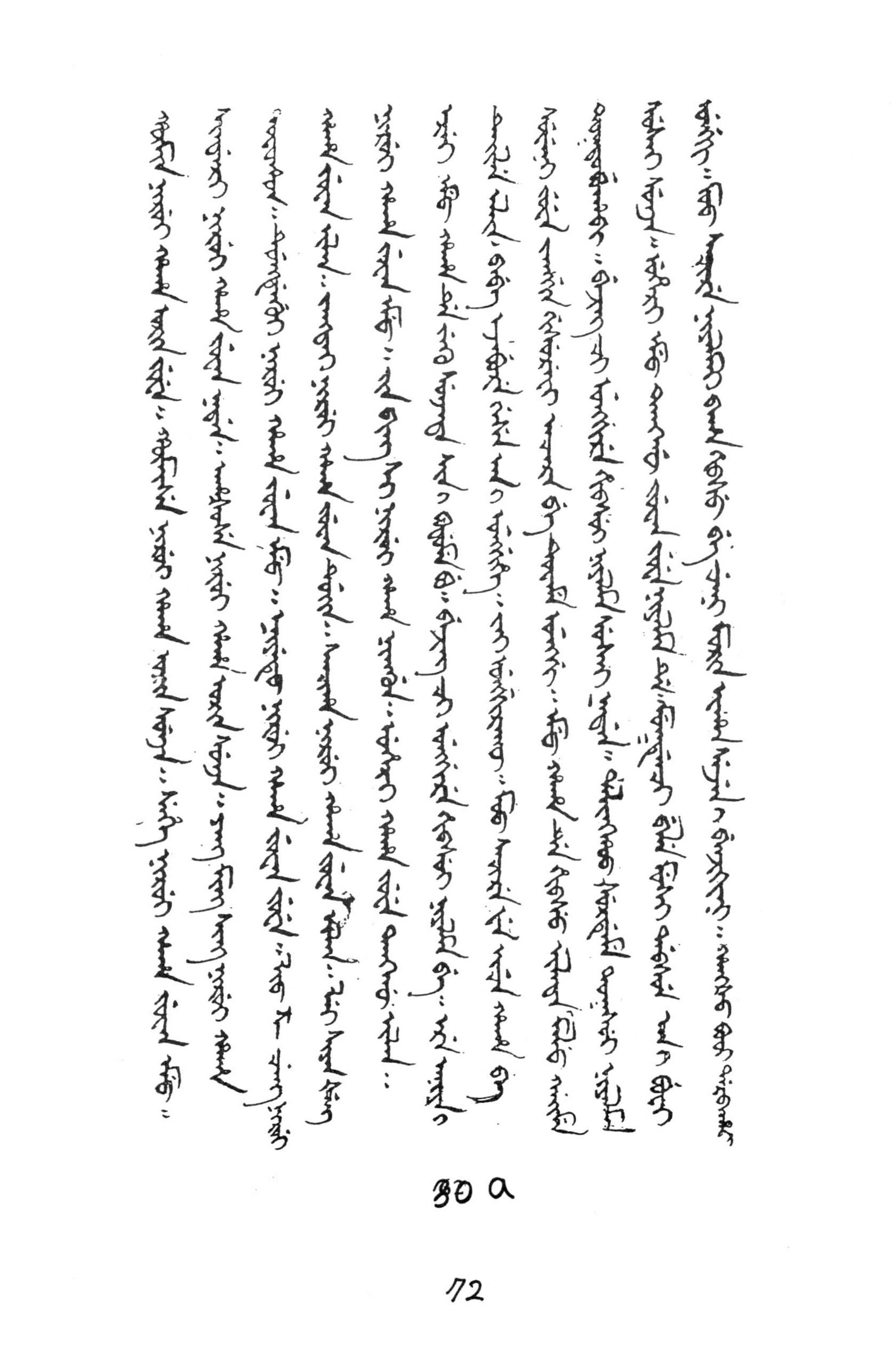

80 a

hūmin mirui haha orin juwe hūmise mirui haha orin sunja.
sehe mirui haha juwan emu /
simdari mirui haha juwan nadan. ahašose mirui haha orin
sunja. yang ming sing mirui haha /
tofohon. dungdegui mirui haha juwan emu. eniyetu mirui
haha juwan juwe. lio ts' ceng mirui /
haha juwan ilan. jangtai mirui haha juwan duin. sanciha
mirui haha juwan ilan lei siyan šeng /
mirui haha juwan emu. jim ping si mirui haha minggun.
uheri haha juwe tanggū ilan. /
erei emu haha de jeku sunjata sin i bodome bu.
bejing ci unggire hibsui miyalma be. ere aniya i /
teile alin. babe ejebure gese an i unggihe. jai unggirakū.
moo sacire fe ice haha be /
suweni juwe janggin gisurefi acara be tuwame unggi.
emu haha de hibsu ilata malu gaime /
toktobuhabi. bejing ci unggire hibsui miyalma susai
nadan. dalinghoo šurdeme toksui miyalma /
susai sunja uheri emu tanggū juwan juwe miyalma de.
mukdenci bele musei dabsun an i bufi /
unggi. moo sacire miyalmai baha hibsu be ceni morin
ihan sejen i benjikini. hangšo booi dabahai /

306

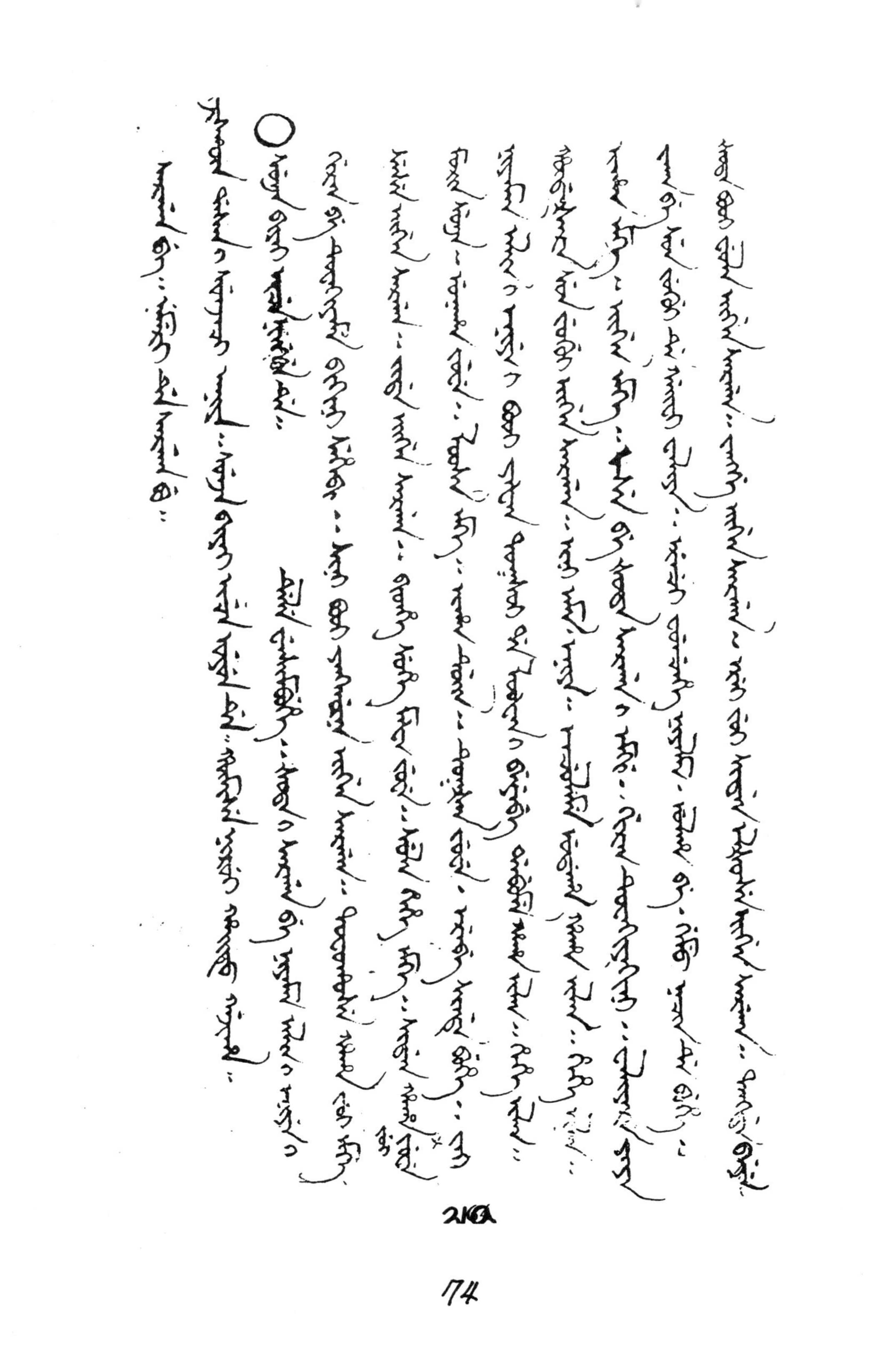

sargan be nemeri de sargan bu. /
ijishūn dasan i sunjaci aniya. sunja biyai ice uyun de.
hūmise nirui haitu gajha./
(29) O sunja biyai ice minggun de. dele wesimbuhe.
šota i sargan be niyaman alin i eniye i /
giran be tuwakiyame bikimi sehebi. simi booi yanggūma
eigen sargan. tofohose haha jui emke./
sese eigen sargan. jida eigen sargan. bithe suhe mafa
juwe. sula hehe emke. sidan haha jui juwe./
morin sunja. unahan juwe. loosa emke. ihan duin.
tukšan juwe. erebe. sinde buhe. jai /
niyaman alin i eniye i booi yafan toksoi da loofan i
beyebe dabume haha ilan. hehe ilan./
hūdašara sun jugui eigen sargan. ini ama eniye. enculeme
udaha haha ilam. hehe ilan./
ihan emke eigen emke. ese be šota sargan i emgi.
giran tuwakiyakimi. waliyara yaya /
jaka be sun jugui de gaifi waliya. ereci funcehe
miyalma. ulha be. gemu macin de buhe./
šota booi fula eigen sargan. jangge eigen sargan. erei
jui sidan elšose eigen sargan. tangda beye. /

3/5

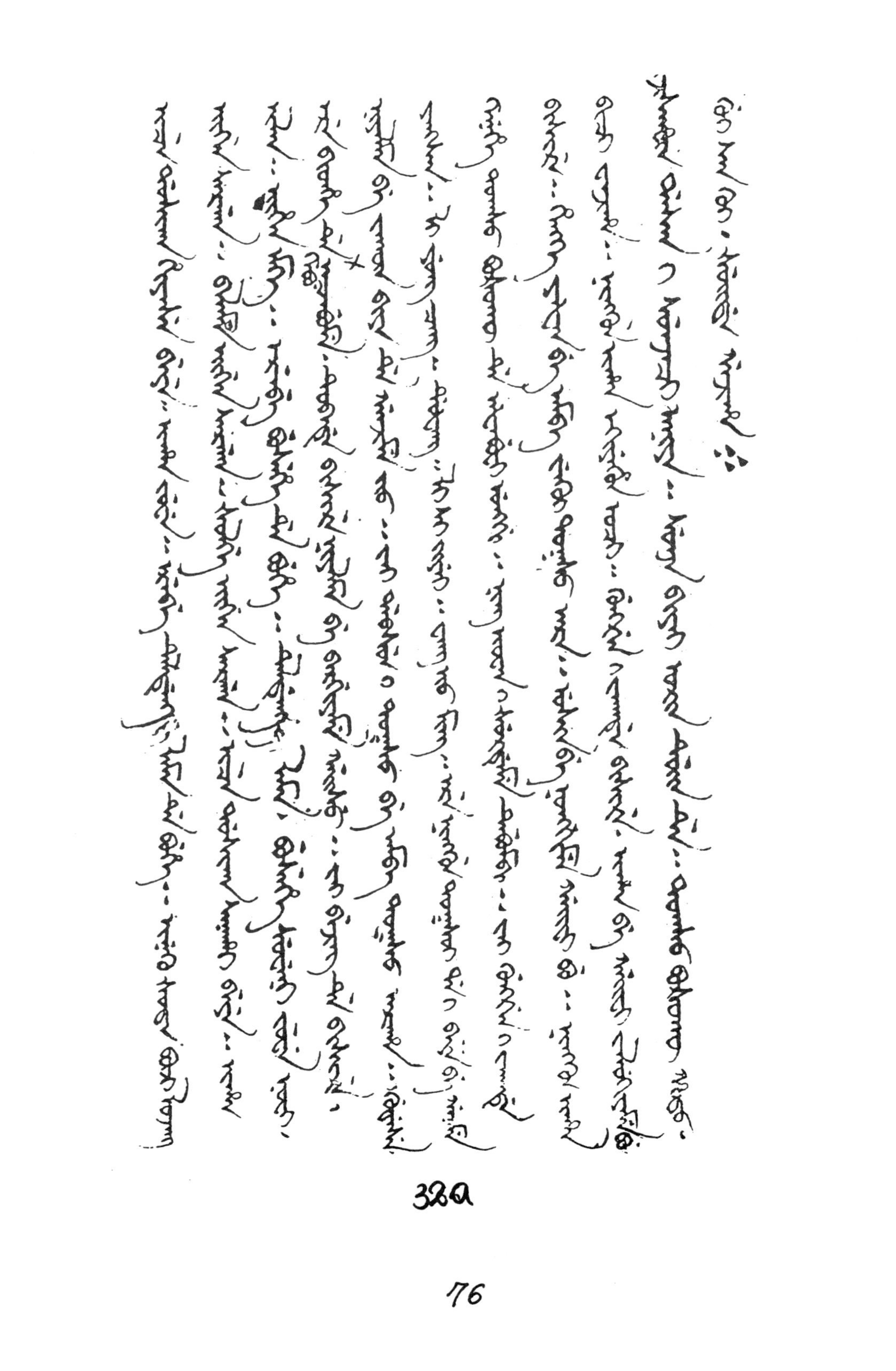

ice dosika hiyase beye. ihan juwe. erebe teldeng lama de buhe. imeku šota booi lojang /
eigen sargan. belama eigen sargan. šolge eigen sargan. ice dosika samahai beye. ihan /
ilan. eihen emke. erebe busehe de buhe. deldeng lama. busehe suwemi juwe nofi. /
ere bithe de gebu acabume. tubade bisire niyalma be bargiyame gaisu. jai bejing de bisire. /
niyalma be jakūn biya de gajime jio. jai dabsun i tokso be amba tokso araha. gudase. /
yangsan. li yung ceng. dufang. li si jiyei. wang io ming. ere niggun toksoi da i beye be gamame /
genehe tokso bošokū de afabufi unggi. ming iowan i šurdeme tebumbi. jai gungg'an i jakade /
bisire. hengke yafan be amba jekui tokso ara. usin be mongggime gaifi bu. minggun ihan. /
bici wajiha. minggun ihan ekiyehun oci. gungg'an i jakade bisire. ihan be gaifi jalukiyame bu. /
ijishūn dasan i sunjaci aniya. sunja biyai orin duin de. tokso bošokū hoto. /
gui san kui. šuida gajiha. /

32b

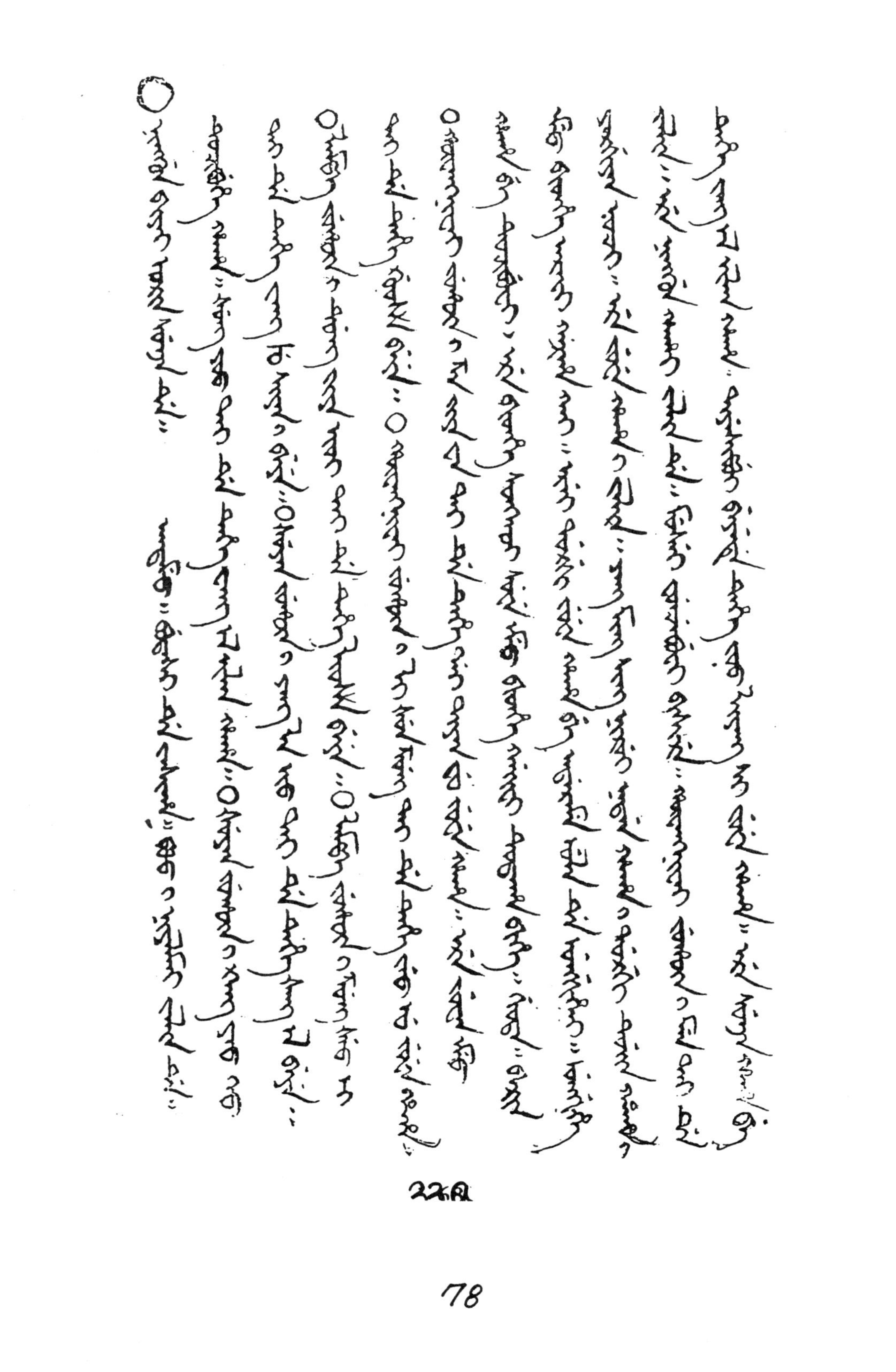

22a

(30) O minggun biyaī orim sunja de. antamu. butasi de jasiha. Poo ī niyalmaī jalin de. /
tucibuhe haha. šung yoo taī tehe wang el ilan haha. O šuyan juhūn i K'ang yao keo /
taī de tehe jang žu siyan ī beye. O šuyan juhūn ī yang la io taī de tehe šang el beye. /
O lampa juhūn ī dung jiya ioi taī de tehe liosy beye. O lampa juhūn i ts'ung šeo ī /
taī de tehe g'oosy beye. O hūwangmiwaī juhūn ī li šun ts'ung taī de tehe jeo u juwe haha. /
O hūwangmiwaī juhūn ī ts'a jiya wa taī de tehe daī tiyan fu juwe haha. ere juwan emu /
haha be tucibufi. ere bithe songkoī suwe emu bithe gaifi tutaha bihe. giota. barin /
emu bithe arafi gajiha kaī. ereī dorgī juwe haha be adarame ula de unggihenī. unggihe /
yargiyan ocī. ere juwe haha ī jalin. yang ming sing ninuī nadan haha ī dorgī duin haha ī /
jalin. ere mingfun hahaī jalin de. musei funcebufi bisire. hūwangmiwaī juhūn ī men taī de /
tehe jang el ilan haha. tiyesipuī beyede tehe joo liyang si juwe haha. ere sunja haha be. /

23 do

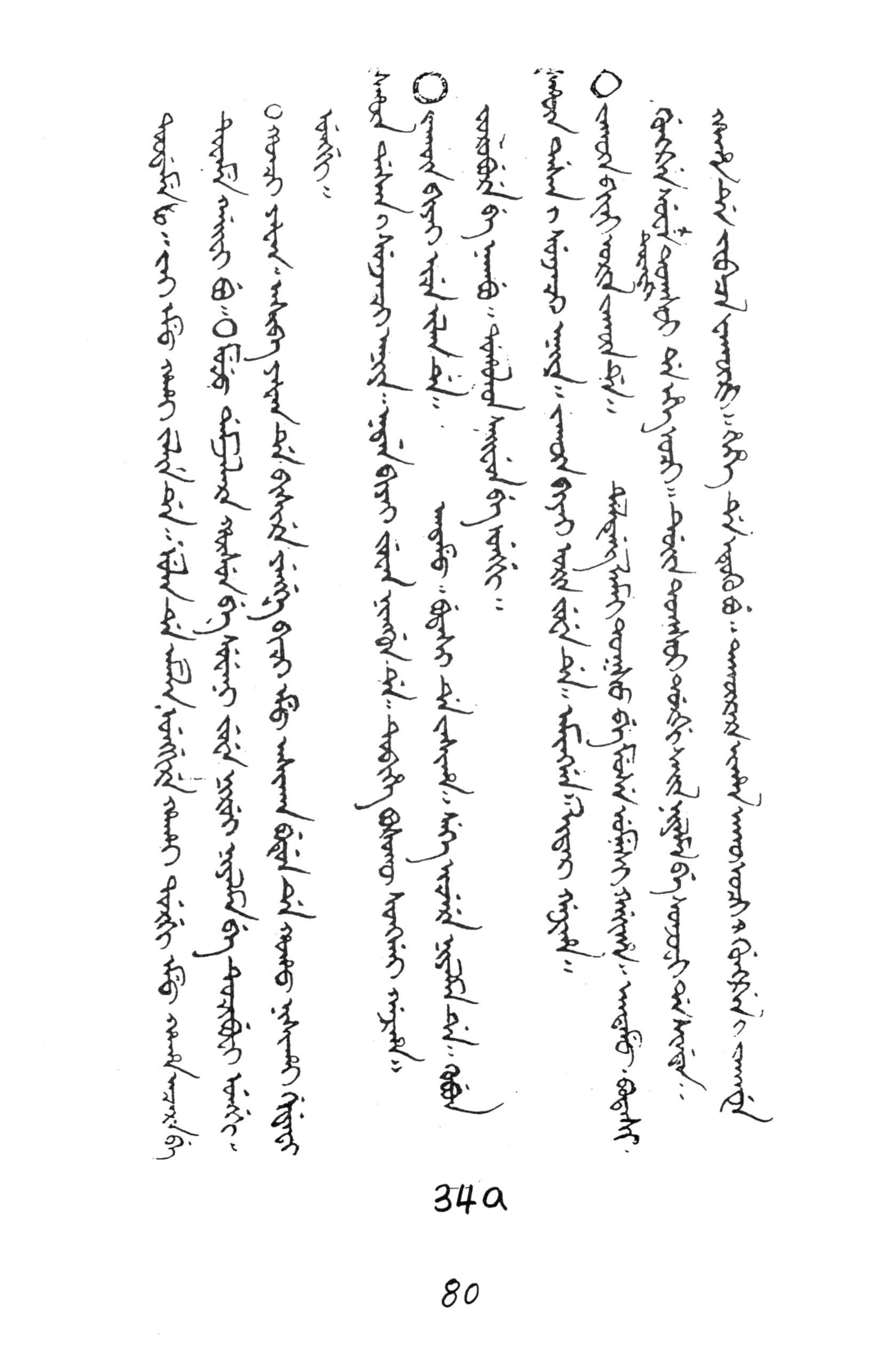

toodame bu. jaī emu hahaī jalīn de. ula de amala
unggire hahai dorgī emu haha acara be /
tuwame gaifī bu. / O mucu damjalara hūsun be suweni
juwe niruī niyalma be tucibufi unggi. /
O homci yafan. asiba yafan de bisire yengge bicī emu
asikan budun de hoho nisihai gidafi /
ungi /
ījishūn dasan ī sunjacī aniya. madan biyaī juwan
ninggun de. tubihe bošokū songgai gajiha. (31) O
jakūn biyai ice ilan de. antamu. butasī de jasiha.
seke icere niyalma de kubun /
furubure be nakabu. doholom saīfun be unggi. /
ījishūn dasan ī sunjacī aniya. jakūn biyai orin juwe
de amingga. litari gajīha. /
(32) O jakūn biyaī orin jakūn de. deldeng lamaī
tokso be muse umesī gaiha. antamu. butasī. /
gungg'an suwe tuwafī toksoī de ehe ocī duin toksoī
dorgi sain niyalma be somjofi da sinda. /
haha de jibca fakūri. hehe de etuku bu. takūrara
ihan akū ocī gungg'an i jakade /

34b

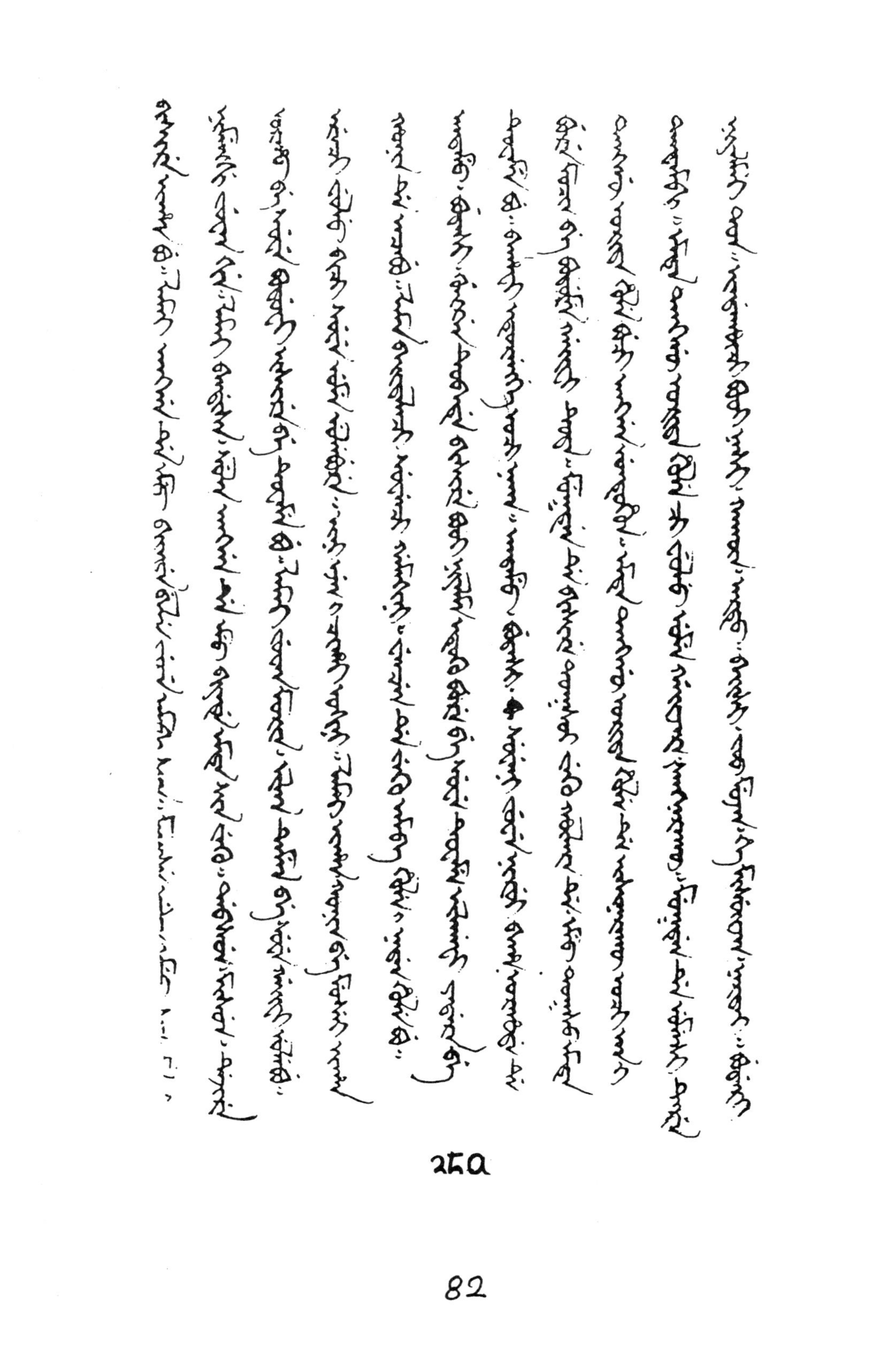

25a

bisire ihan bu. lamai angga de emu biyade bele juwe amba sin. maise ufa emu sin. malanggū /
nimenggi juwan gin. lamai bandisa. sula angga de emu biyade emte sin jeku. dabsun misun. dejire /
orho be suwe bodofi isire be tuwame bu. lamai juwan morin ilan temen be suwe gaifi ulebu. /
ereci fulu bici suwe ume ulebure. ini ejen i cihai okini. lamai ihan. homin be musei ihan /
homin de acabu. lama baitalaci suwenci gamakini. wenen de jeku amba hule i nadan hule bu. /
antamu. butasi. gunggʻan tubade bisire booi niyalma etuku bure be suwe tuwame ilgafi yadara be /
tuwame bu. bahafi eturengge oci naka. antamu. butasi suweni juwe nirui baha orhoda de /
bure mocin be bodome gaifi tuta. mukden de bisire toksoi jeku hūlara de. emu tokso emte /
tanggū orita hule buci angga untuhun. emte tanggū orita hule de isinaraku oci an i /
tantambi. emte tanggū orita hule ci fulu ume gaijara šamgnarakū. mukden de umesi tere /
niyalmai ton. indahūci booi nasi. kakūn. artu baisi. joo mujan. he misuijan. martai budari /

356

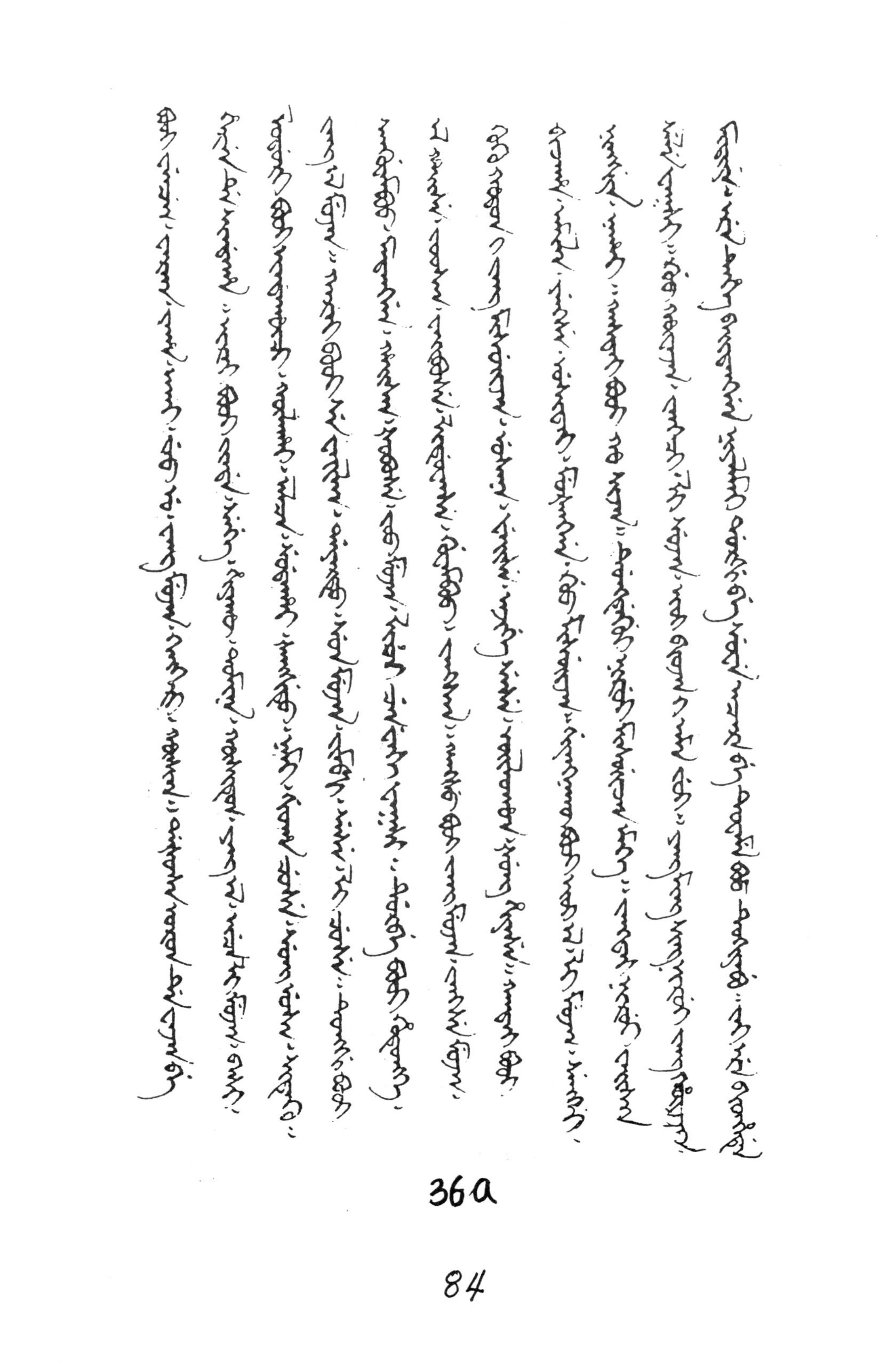

booi woncan warka. yaha anai. jeo u. wang mujan. kengkeri.
hūsima. dašosa orom de wajan be /
heren de sindaha. irai booi jinda. sege. hiyahū. tomina.
hūsitun. yang el. ice li mujan. basi. /
lodori booi indahūci. kūlahai alca. sudahai šanggitu.
nami. gioha cuse. sung use. siteku. /
jang el mujan. karai booi se wailan. dayartu. sun mujan.
jimpi. sese. li cuse. tunggi booi /
sangguwamboo. matangga. haisan šobose. joo mujan. lioi
con wehe faksi. durbe booi hutungge. /
el haise. joosan. waibose. liduwansa. guwamboo. jangsan.
hangšu booi jang mujan. jangse mujan. /
kuku hoton i jang misuijan. usana. feise. ajige sese.
oilohon. šung hiyase. kantai booi /
bijaha. amila yengse. usitai. mušangga. g'oo misuijan.
giyangmakū booi ioi el. li mujan. senggi. /
minggiya. nahai. kastai booi hu sijan. dungdegui nirui
misuijan emke. jangtai nirui waisan /
sele faksi g'oo hūwajan. jangci. li sunja ioi biojan i
ama jui. yang ming sing nirui jang hūwajan. /
mitiye. ere tehe baitangga niyalmai dorgi be suwe
acara be tuwame boo tukiyabu. jai ere bithede /

366

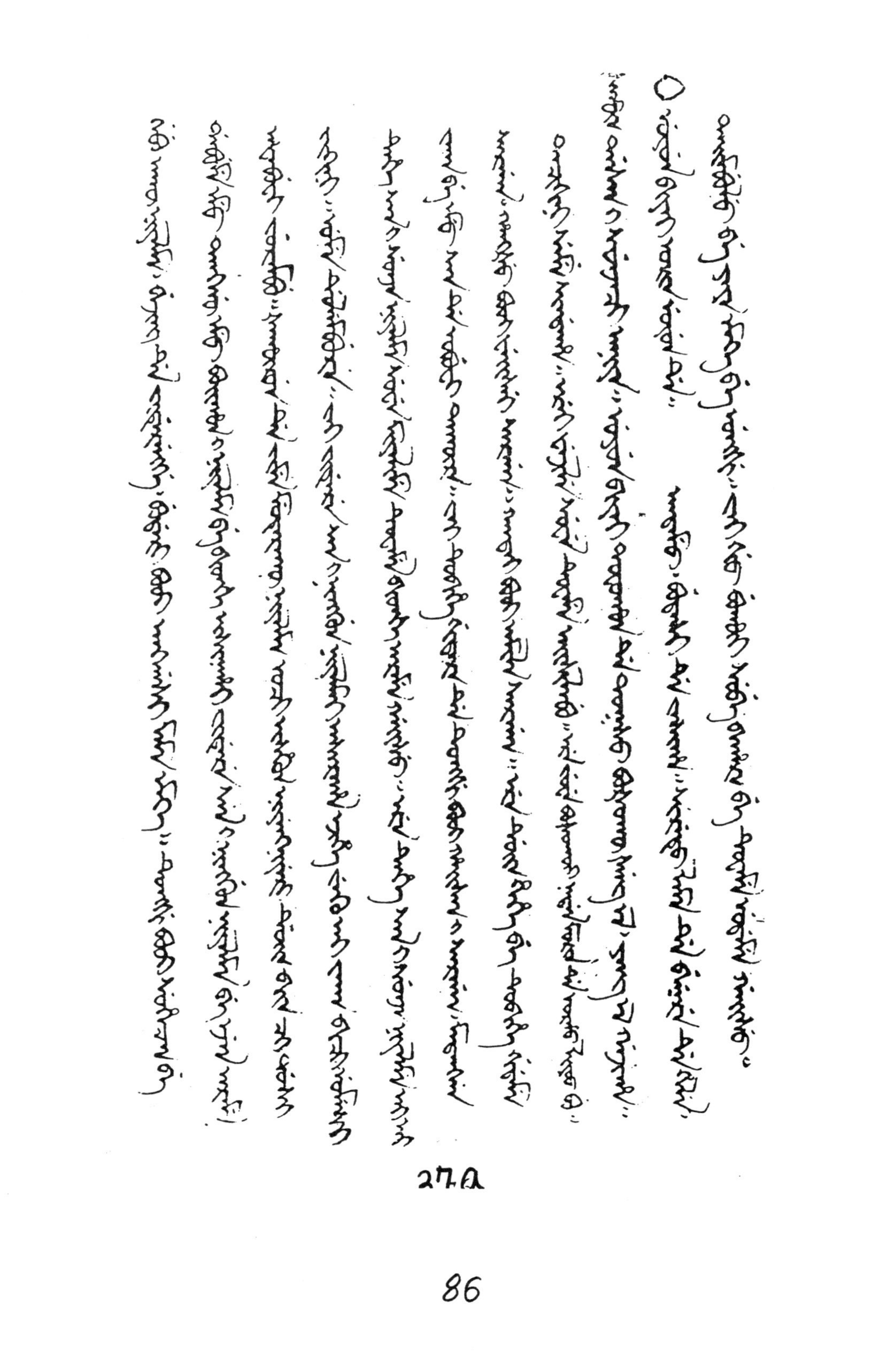

gebu akū niyalma. bejing de jiderengge. budari booi anggasi mama emke. tunggi booi suhecen be /
dabume emu tanggū emu boihon i niyalma be bithe isinahai jidere san i mingğun niyalma be ejen arame /
afabufi jurambu. šahūrun de jime muterakū niyalma oci ishun niyengniyeri duin biya ci dosi /
jikini. ume dulembure. jai jidere san i mingğun niyalmai asaraha ejehe jeku ai jaka bici umesi /
tehe san i sunja niyalma suwe miyalime tuwame bithe arame gaisu. ere tehe san i sunja niyalma ai ai /
jaka be emu san de obufi takūra. jai tubihe gidara de tunggi booi haisan i sargan. matangga /
sargan. hangšu booi feisei sargan. kantai booi amila sargan. ere duin hehe be tubihe gidame /
tacikini seme sindaha. erei fejile suwe tuwame aisilabu. ere juwe bošokūi nadan morin de orho liyoo bu. /
ijishūn dasan i sunjaci aniya. uyun biyai tofohon de tokso bošokū šeng el. yang el gajiha. /
(33) O uyun biyai orin uyun de. antamu. butasi de jasiha siretu lama de benere de hele. /
taimbulu be yaya emke be unggi. jai gio buhūi sube bahara be tuwame udame gaisu. /

377b

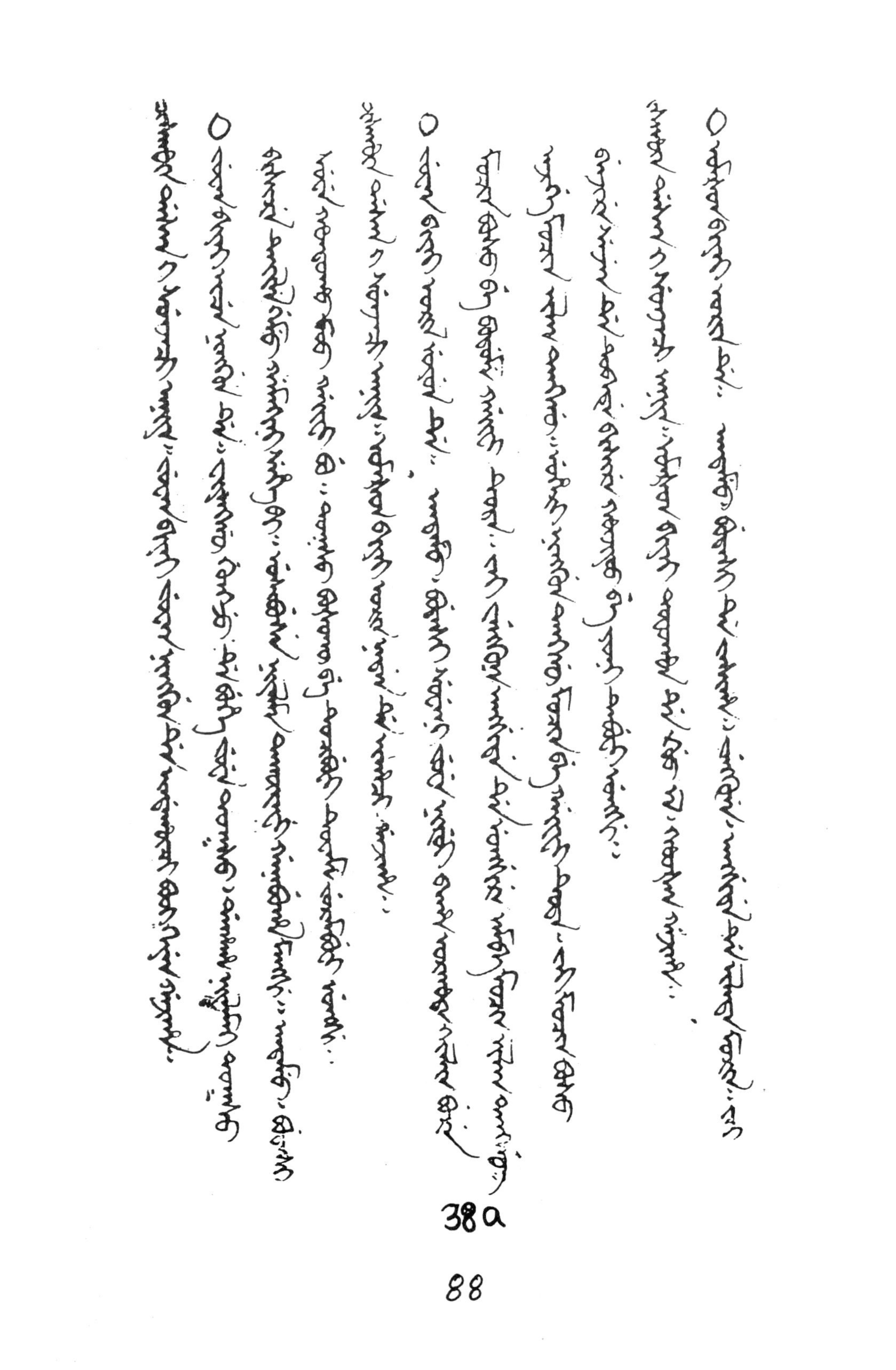

ījishūn dasan ī sunjacī aniya. juwan biyai juwan ninggun de indahūcī booī keyen gajiha./
(34) O juwan biyai ice ninggun de. fiyanggū gungju de buhe juwe tokso. dahaha niyalmaī tokso/
bisire teile gemu gamakini sehe bī. usibuse niyalma takūrafī ganabuha manggi. antamu. butasi./
suwe hontoho moo gaifi bu. tokso bošokū be tucibufī tuwame jurambufi unggi/
ījishūn dasan ī sunjacī aniya omšon biyai orin nadan de ihacī gajiha./
(35) O juwan biyai orin uyun de. antamu. butasi suwenī juwe niruī baha orhoda ī jalin bure/
mocin boso be bodome gaifi tuta. jai jengkume anggida de unggire amba mocin ilan tanggū/
ajige mocin ilan tanggū. uheri ninggun tanggū mocin be gaifi tuta. jai mocin boso/
benjire sejen de tubade bisire hūjiyoo be yonī tebufī unggi./
ījishūn dasan ī sunjacī aniya. omšon biyai tofohon de g'oo el. hoošan gajiha./
(36) O omšon biyai orin de. antamu. butasī de jasiha. jengkume. anggida de ilata morin. jai/

38b

duin uksin i niyalma de juwete morin. sejen tohoho morin
ninggun. uheri orin morin de/
gunggan i jakade bisire toksoi orho liyoo ulebu. genehe
duin uksin i niyalma toksoi boode/
genefi tuwame toksoi hūsun i ulebukini. ere ninggun
niyalmai angga de bele bu. juhūn de/
gamara bele inu bu. dabsun ninju gin bu. jai amba
mocin ilan tanggū ajige mocin ilan tanggū/
uheri ninggun tanggū mocin be bufi unggi. /
ijishūn dasan i sunjaci aniya. jorhon biyai juwan juwe
de jengkune anggida gajiha. /

39b

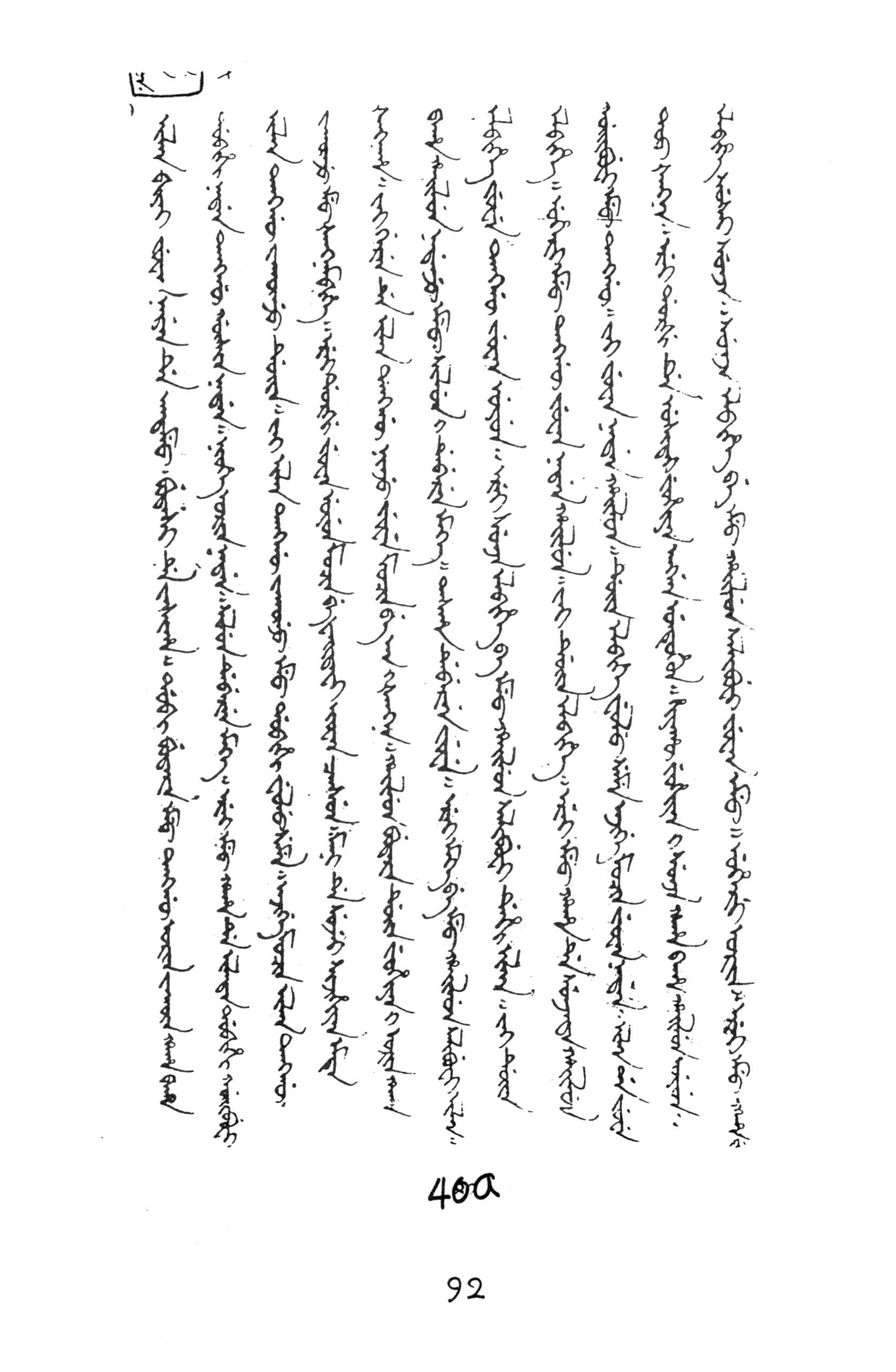

(31) ilan biyai juwan nadan de antamu. butasi de jasiha.
dobi butara emu tanggū orin jakūn haha baha /
dobihi nadan tanggū gūsin nadan. niohe orin nadan. silun
deberen emke. erei emu haha de ilata dobihi gūibufi /
ilan tanggū jakūnju duin. jai ilan tanggū jakūnju
emu dobihi fulu seme. ajige mocin ilan tanggū. /
jakūnju emu šangnambihe. erei dorgi juwan uyun mocin
be faitafi iowan cansun. mani de sujei sijihiyan emte /
šangnaha. jai geren de ilan tanggū ninju juwe mocin be
an i šangna. hailun butara duin juhiyan i orin haha /
baha hailun nadanju emu. silun i deberen emke. tasha
deberen juwe. erei emke be emu hailun salibufi ilan. /
elbihe juwe tanggū juwan uyun. erei sunja elbihe be
emu hailun salibufi dehi ilan. jai duin /
elbihe. uheri emu tanggū juwan nadan hailun. jai duin
elbihe. erei emu haha de sunjata hailun /
goibufi emu tanggū. jai juwan nadan hailun. duin elbihe
fulu seme ajige mocin juwan nadan ilan da juwe /
too šangna erei dorgi de usitai juhiyan angga untuhun.
hiyahū juhiyan i sunja haha baha hailun uyun. /
elbihe susai sunja. elbihe be emu hailun salibufi juwan
emu. uheri orin. erei emu haha de /

40b

sunjata goibuci jai sunja hailun ekiyehun seme tofohon
šusiha tanta fujin i yamun de ulin i mucengge eme bi./
ganaha de unggi. emu gūsa de amba mocin samsu juwe
minggan. ajige mocin samsu juwe minggan. muwa /
boso juwe minggan. uheri ninggun minggan jodobu. jangtai
nirui homci uyere faksi lan pi beyebe /
dabume juwe haha. ma pi beyebe dabume juwe haha.
ere duin haha be ceni jabduha be tuwame unggi./
ihada booi niyalma be ini eshen de buhe bihe sere.
ihada niyalma ganaha de unggi. weihe dube./
fufuha sibiya weihe. beri ibegen de simaci ojoro be
sonjofi. ya jideke ildun i sejen de unggi./
(38) ijishūn dasan i ningguci aniya./
O duin biyai ice de. antamu. butasi de jasiha. ulai
miyalma de orhoda jalin burengge. guribu juhiyan i /
orhoda juwan duin gin jakūn yan. erei emu gin de
jodoho amba mocin juwete bodome orin uyun mocin./
dudai juhiyan i orhoda jakūn gin sunja yan. erei
emu gin de juwete mocin bodome juwan ninggun mocin
juwe da emu /
gala. ecibu juhiyan i orhoda juwan duin gin juwan yan.
ere emu gin de juwete mocin bodome orin uyun mocin/

416

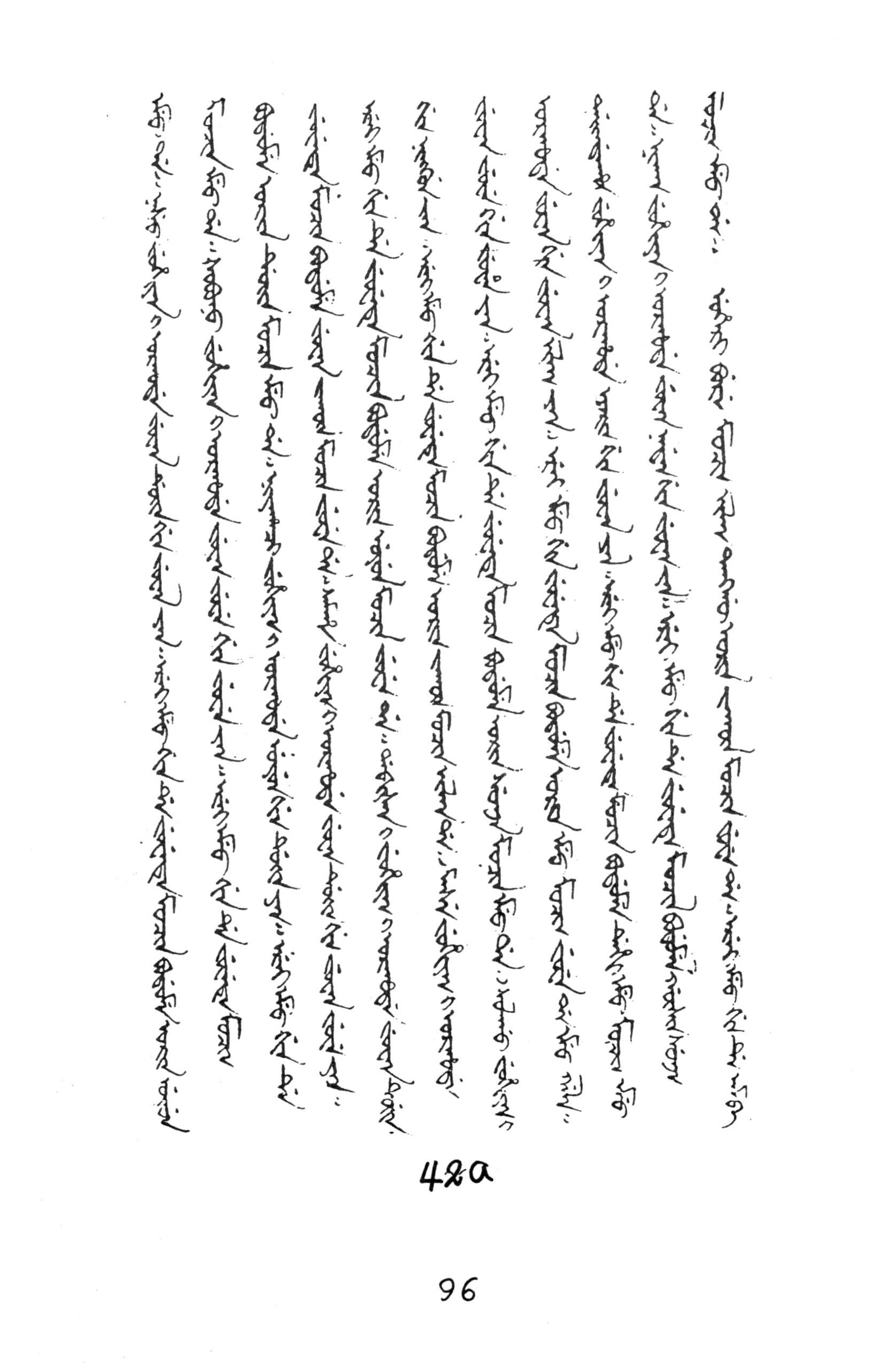

emu da. nasu juhiyan i orhoda juwan duin gin juwan yan.
erei emu gin de juwete mocin bomdome orin uyun/
mocin emu da. šobomo juhiyan i orhoda juwan gin juwe yan.
erei emu gin de juwete mocin/
bodome orin duin mocin emu da. niyahaci juhiyan i
orhoda uyun gin duin yan. erei emu gin de /
juwete mocin bodome juwan jakūn mocin juwe da.
samha juhiyan i orhoda juwan duin gin juwan juwe yan. /
erei emu gin de juwete mocin bodome orin uyun mocin
juwe da. dabišan i juhiyan i orhoda juwan duin/
gin ninggun yan. erei emu gin de juwete mocin bodome
orin jakūn mocin ilan da. mase juhiyan i orhoda /
juwan juwe gin juwan yan. erei emu gin de juwete mocin
bodome orin sunja mocin emu da. solgo juhiyan i /
orhoda juwan gin juwan ilan yan erei emu gin juwete
mocin bodome orin emu mocin juwe da emu gala. /
daindaha juhiyan i orhoda odin gin juwan yan. erei emu
gin de juwete mocin bodome dehi emu mocin emu /
da. nikan juhiyan i orhoda juwan nadan gin juwan yan.
erei emu gin de juwete mocin bodome gūsin sunja /
mocin emu da. uheri bure mocin ilan tanggū orin jakūn
mocin juwe da. erei emu gin de amba/

42b

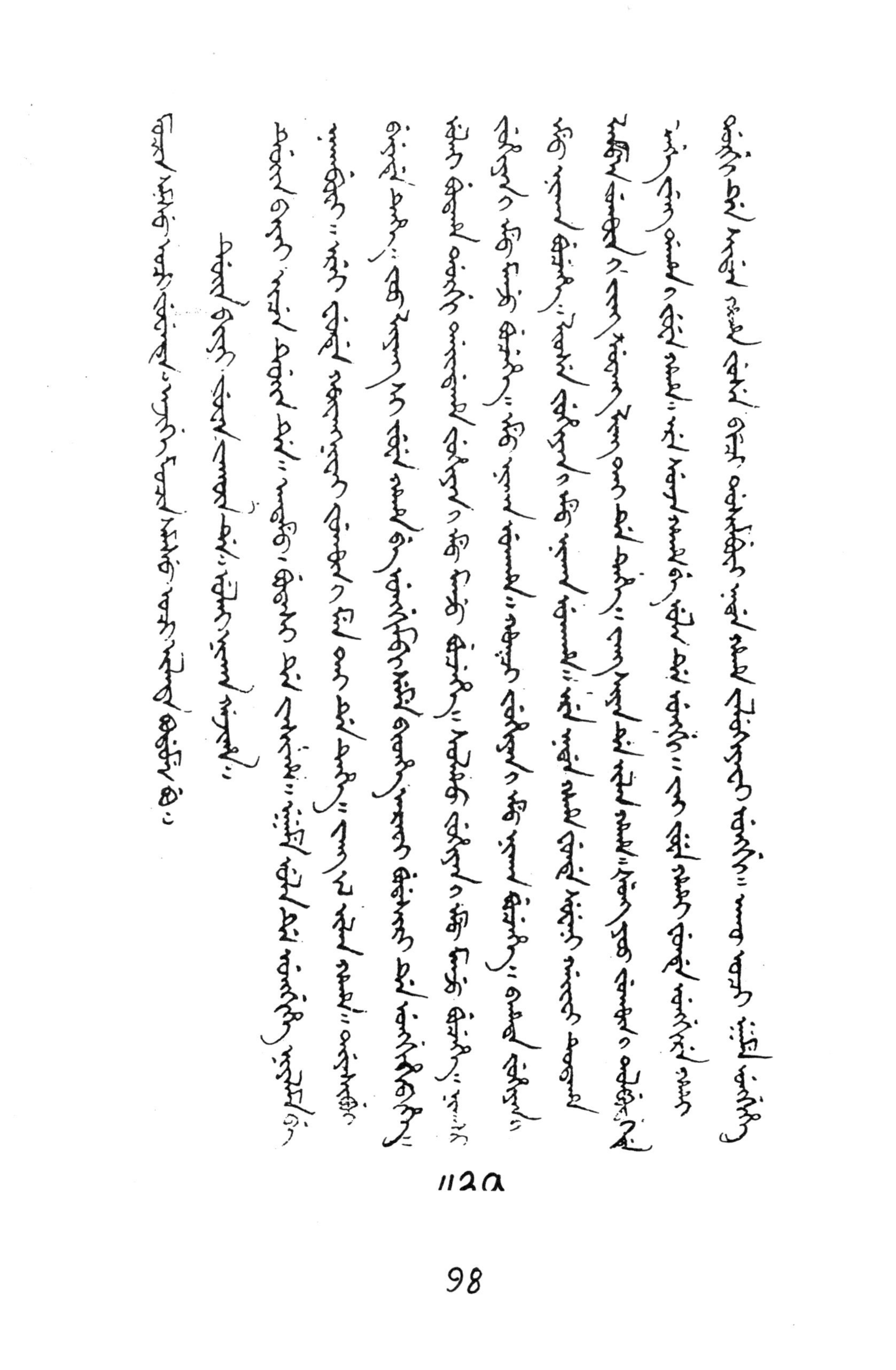

[illegible]

112a

mocin samsu oci juwete. ajige mocin samsu oci ilata bodome bu. /
duin biyai juwan jakūn de. ulai nikan gajiha. /
(39) O duin biyai ice duin de. antamu. butasi de jasiha. neneme ula de unggihe niyalma be /
makabufi. erei funde hūwangniwai juhūn imen tai de tehe. jang el ilan haha. tiyesipui /
beyede tehe. joo liyang si juwe haha be unggimbi seme bithe arafi budasiri de unggihebithe. /
ulai butha dorgi daindaha juhiyan i emu manju bucehe. solho juhiyan i emu manju bucehe. nikasi /
juhiyan i emu manju bucehe. emu nikan ukaha. hokci juhiyan i emu nikan bucehe. bahata juhiyan i /
emu nikan bucehe. liose juhiyan i emu nikan ukaha. ere nadan haha funde suweni gaifi tutaha /
lampan juhūn i jing ts'uwang ling tai de tehe. wang siyan de ilan haha. šung yoo juhūn i tolputai de /
tehe jeng dahan i juwe haha. ere sunja haha be ula de unggi. jai juwe hahai funde unggire hahai /
dorgi de sidan haha juse bici dosimbufi nadan haha jalukiyafi unggi. akū oci neneme unggihe /

436

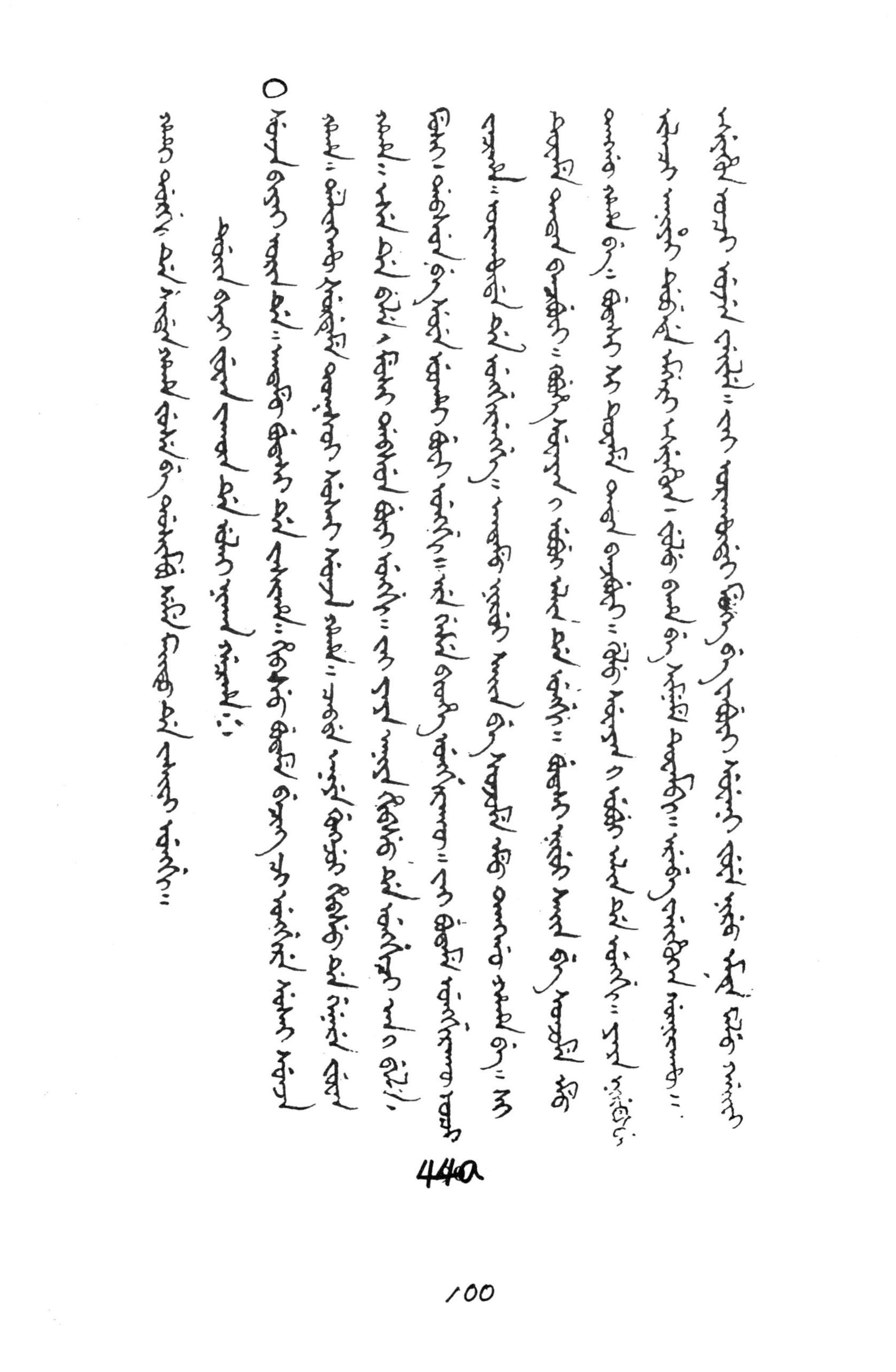

44a

hahai dorgi de sidan haha juse be dosimbu seme maitu de
jasifi unggi. /
duin biyai juwan jakūn de ulai nikan gajiha /
(40) O sunja biyai orin de. antamu butasi de jasiha.
hibsu butame bejing ci unggire susai sunja /
haha. dalingho šurdeme toksoi susai sunja haha. cabda
eniye gungjui hibsu de genere juwan /
haha de bele musi dabsun bufi unggi. jai yaya aniya
hibsu de unggici an i bele /
musi. dabsun be suwe uthai bufi unggi. ere gese bithe
unggirakū. jai butame unggirakū. oci /
wajiha. orahūda de unggirengge. antamu mirui saim be
somjome emu tanggū haha be. si /
tuwame tatan banjibufi. kubuhe suwayan i ubui alin
de unggi. butasi mirui saim be somjome emu /
tanggū haha be. butasi si tuwame tatan banjibufi. gulu
suwayan i ubui alin de unggi. yaya miru be /
ilaci aniyai dubede emgeri ekiyehun. fulu baha be
simneme tuwambi. erebe weihuken gūnirahū /
ekiyehun oci ujen weile. jai orhodai muke be fabufi
suweni juwe miru emte malu gaifi /

44b

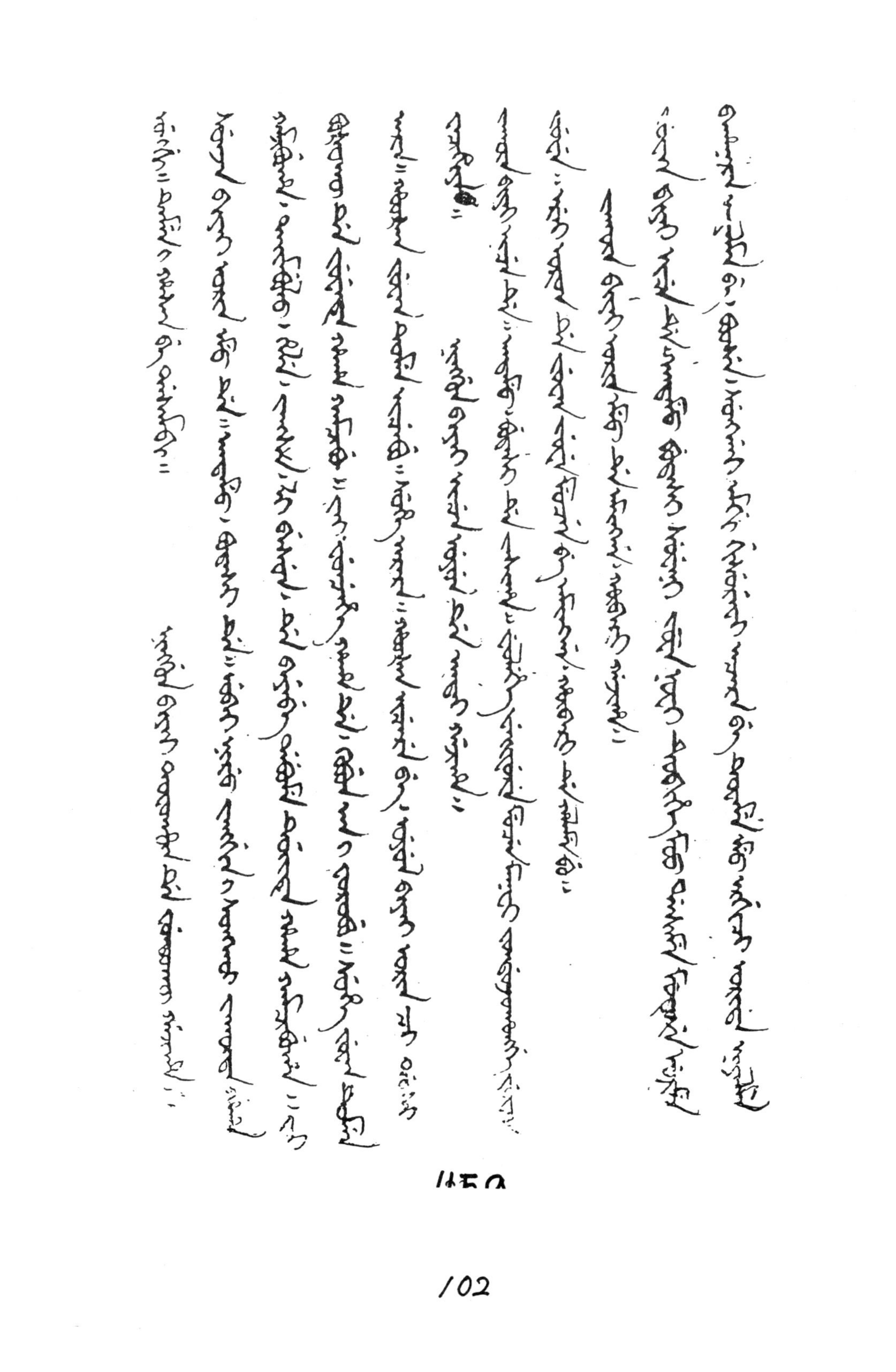

unggi. temen i hasan be dasambi. minggun biyai tofohon de funtukū gajiha.
(41) O sunja biyai orin emu de. antamu. butasi de. ubai niru janggin i songkoi jakūn haha/
Kamjibuha. taimbulo. hele. jangsy. li besun. de beyebe dabume duite haha Kamcibuha. jai/
bošokū de juwete haha Kamcibu. jai funcehe haha de. kubun an i forobu. suhe juwan tumen/
ara. hoošan juwan tumen icebu. suhe arara. hoošan icere be. uyun biyai orin ci dosi/
wacihiya. minggun biyai ice uyun de antai gajiha./
(42) O jakūn biyai ice de. antamu. butasi de jasiha. fulehe feifure mucen manafi fondojohongge juwan/
juwe. erei oron de juwan juwe mucen be amingga. hūbari de halame bu./
jakūn biyai orin emu de amingga. hūbari gajiha./
(43) O juwan biyai ice de. antamu butasi suweni juwe nofi tubihe moo dasame mutere ujime/
bahanara niyalma be boose. sunggai emgi gisurefi acara be tuwame emu ergici orita niyalma/

456

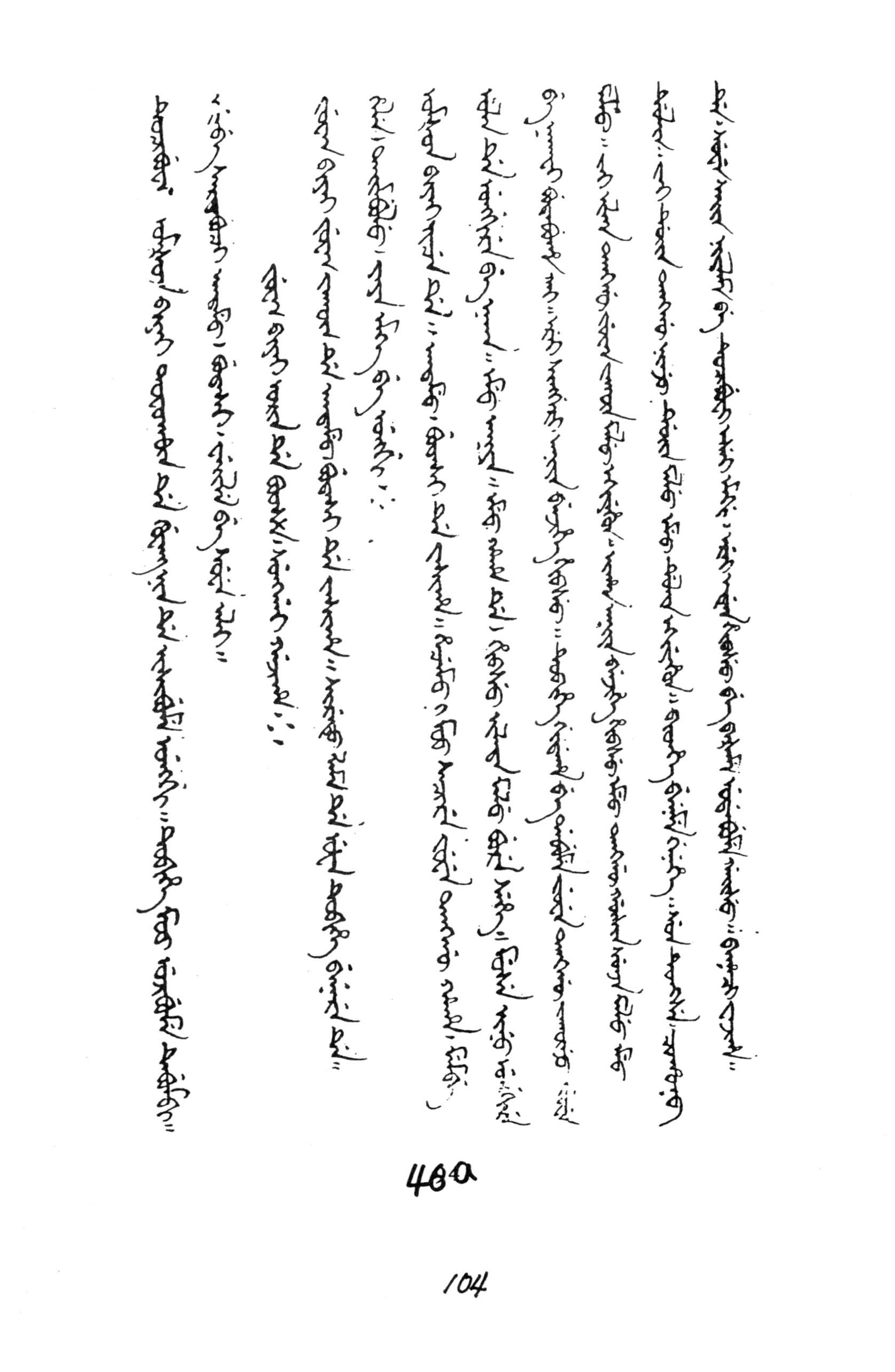

48a

tucibufī omšom biyai tofohon de guwang nim de isibume unggi. tubihe moo ujibume tebumbi. /
erebe sartabucī antamu. butasī weile be suwe alī. /
juwan bīyai orin de boosy. sunggai gajiha. /
(44) O juwan biyai juwan jakūn de antamu. butasī de jasiha. sīretu lama de ufa tubihe benere de. /
hele. taimbulu. yaya emke be unggī. /
(45) O omšom biyai ice de. antamu. butasi de jasiha. hecemu i moo sacire juwe tanggū haha membe /
ula de unggire be naka. emu aniya. emu haha de. hibsu ilata malu bure sehe. muse inu unggire /
be nakafī butabuha kai. ereī singgerī aniya benjihe hibsu. tubīhe gīdaha be dabume juwe tanggū jakūnju juwe /
malu. jaī ilan tanggū juwan jakūn malu ekīyehun. ihan aniya benjihe hibsu emu tanggū gūsin sunja malu emu /
dulin. jai duin tanggū ninju duin malu emu dulin ekīyehun. bithe beneme genehe. sun tungse. cohono /
de. suwe saim niyalma be tucibufī esei emgi. ereī eden hibsu be bašame udabume gaisu. bahacī wajiha /

466

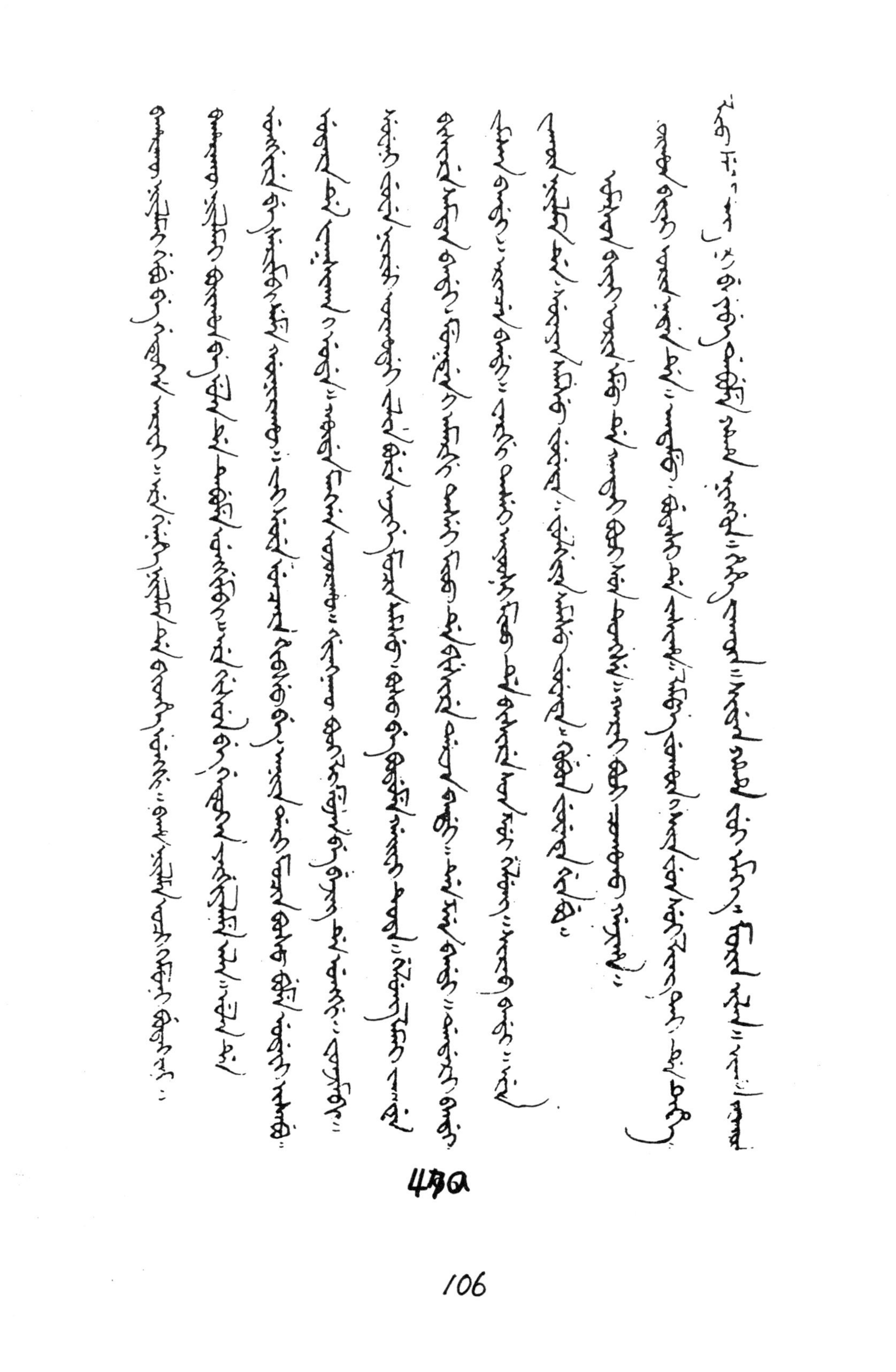

[illegible]

baharakū niyalmai gebu be getuken arafi. ere genehe
niyalma de bithe unggi. baha niyalma oci kemuni butakini./
baharakū niyalmai boihon be ula de tebume unggimbi. ere
gisun be getuken yargiyalame ala. ula de /
unggire be šerimbi seme gūnirahū. jai suwe uncara hibsu be.
amiya dari mocin boso bume udafi isabu./
utara de faksikan i uda. hūda mangga ojorahū giyangnakū
booi li mujan be bejing de unggi. fonjimbi./
suweni juwe nirui orhodai jalin bure ajige mocin samsu.
boso be bodome gaifi tuta. gelung lama jakade/
bisire samtan bandi. mukden i amargi tasei mioo de
bisire darja bandi den ts'en bandi. dandari bandi. /
jamsan bandi. erincen bandi. wargi tasei ayoosi mioo
de bisire son ts'ui gelung. sirab bandi. ere/
jakūn niyalma de. suwayan samsu juwete. fulgiyan samsu
juwete. kubun juwete jin bu. /
omšom biyai orin emu de kantai booi sun tungse. karai
booi cohomo gajiha. /
(46) O jorhom biyai orin nadan de. antamu. butasi
de jasiha lampa juhūn i siya fun sui ling tai de tehe./
lio .... i beyebe dabume haha ninggun. hehe jakūn.
sidan haha jui emke. morin ilan. ihan jakūn. /

47b

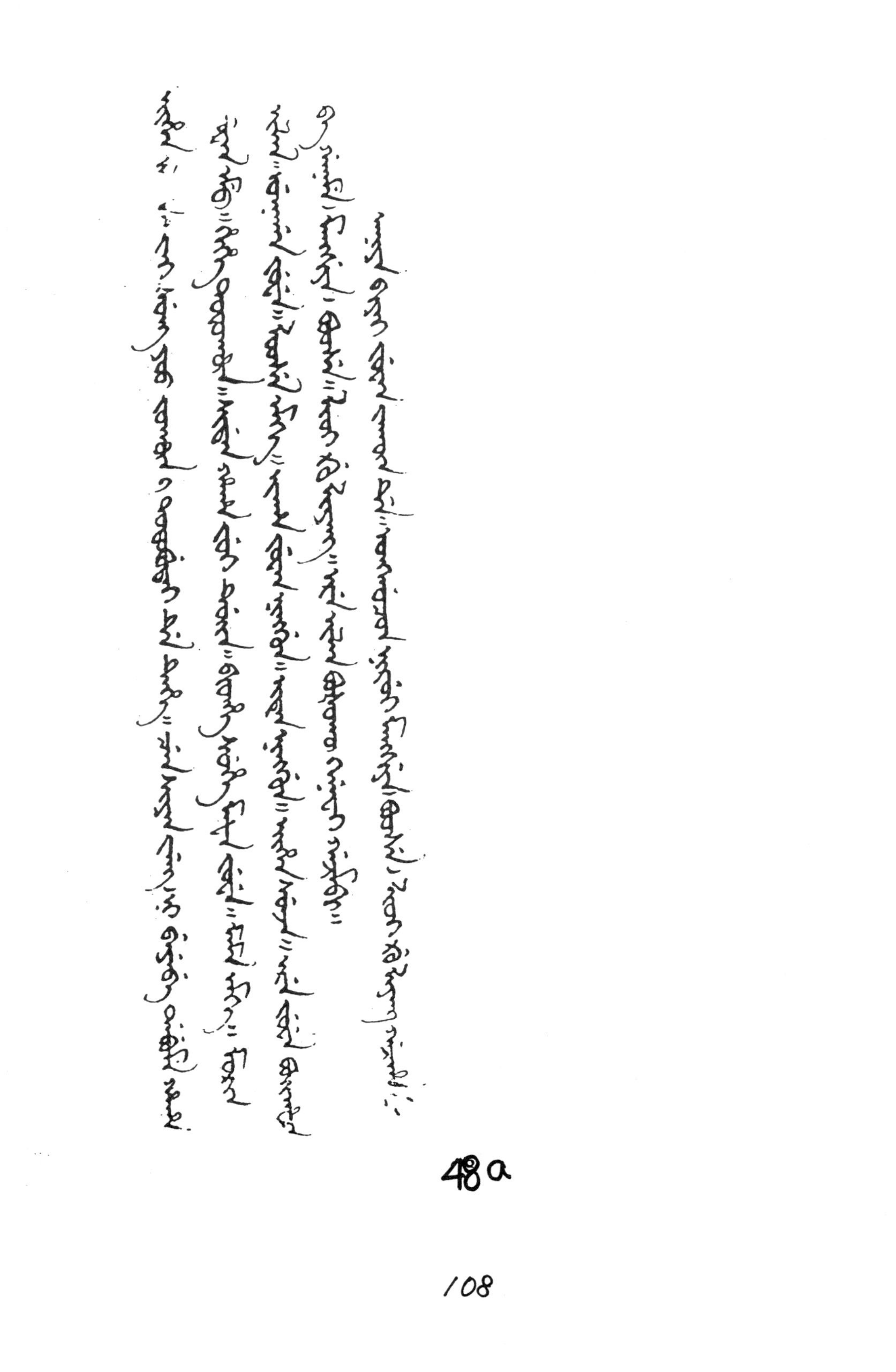

eihen ..... jai šung yoo johūn i totobutai de tehe. cen siyan jeng ni beyebe dabume haha /
(j)uwan emu. hehe tofohon. sidan haha jui duin. bithe suhe mafa juwe. mama emke. morin /
ilan. unagan juwe. loose emke. ihan juwan ninggun. iten ninggun. eihen sunja. ere juwe boihon /
be ganame. manggiya. boose. lioi g'o liyang. ere ilan bošokū genefi gajimbi. /
aniya biyai juwan jakūn de. onggocon mirui manggiya. boose. lioi g'o liyang gajiha. /

486

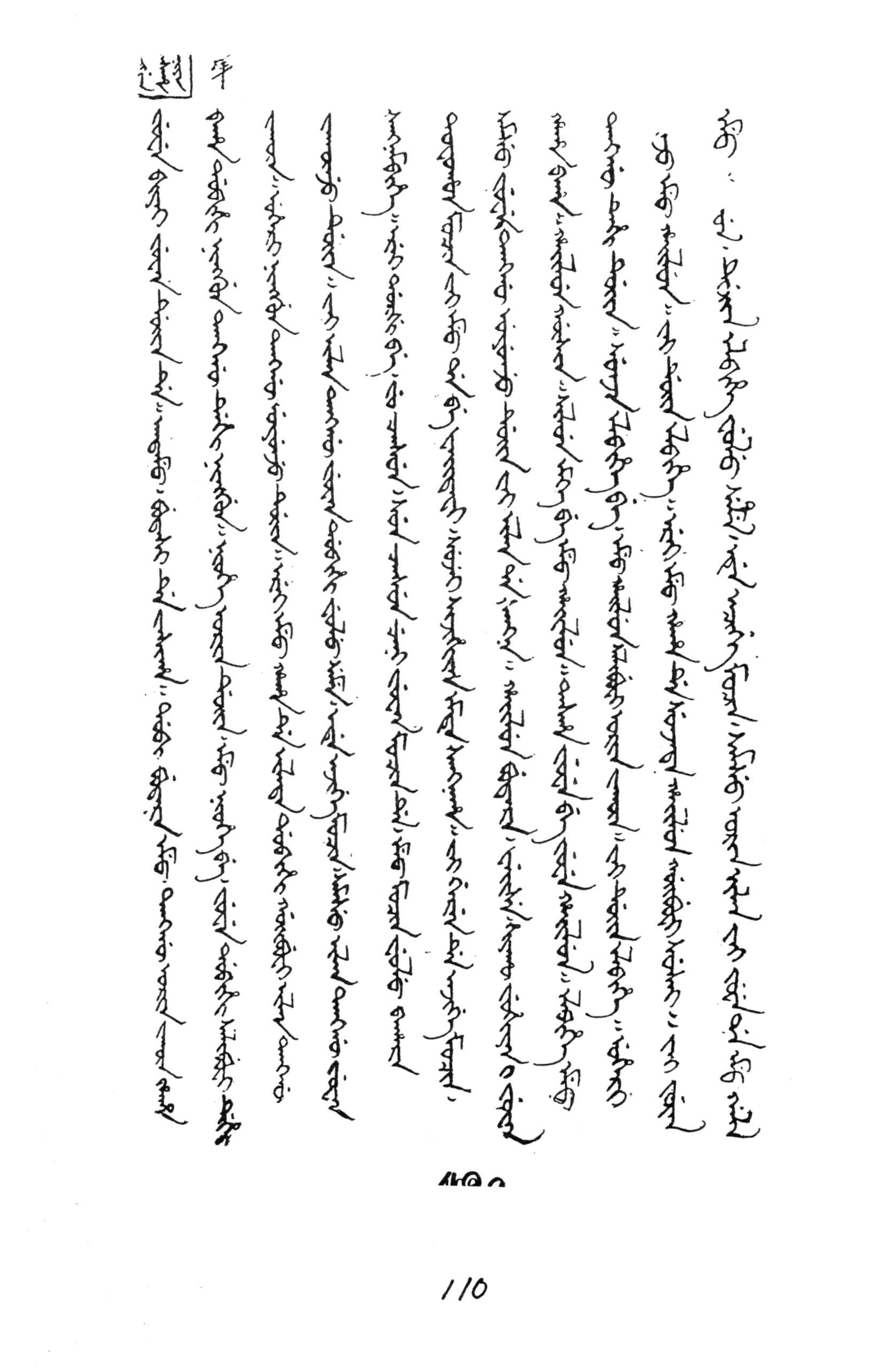

šanggiyan tasha aniya (47) juwe biyai juwan duin de. antamu. butasi de jasiha. dobi butara emu tanggū orin jakūn haha/
baha dobihi minggun tanggū dehi minggun. niohe orin duin. emu niohe be. juwe dobihi salibufi dehi/
jakūn. uheri minggun tanggū uyunju duin. erei emu haha de ilata dobihi goibufi ilan tanggū/
jakūnju duin. jai ilan tanggū juwan dobihi fulu seme. ede ajige mocin. samsu ilan tanggū juwan/
šangnambihe. erei dorgi be. ju cansun. sun cansun ceni juwan mocin de. emu mocin fulu bahara/
tofohon mocin jai emu da be faitafi. sujei sijihiyan emte šangnaha. jai geren de ajige mocin./
samsu juwe tanggū uyunju duin jai ilan da šangna.
hailun butara. feise hiyahū juhiyan i juwan/ haha
baha. hailun gūsin. silun emke be emu hailun. tasha juwe be juwe hailun. elbihe emu/
tanggū dehi duin sunja elbihe. emu hailun salibufi orin jakūn jai duin elbihe. uheri/
ninju emu hailun. jai duin elbihe. erei emu haha de sunjata hailun goibufi susai. jai juwan/
emu hailun. duin elbihe fulu seme. ede ajige mocin. samsu orin ilan jai juwe da emu gala/

49b

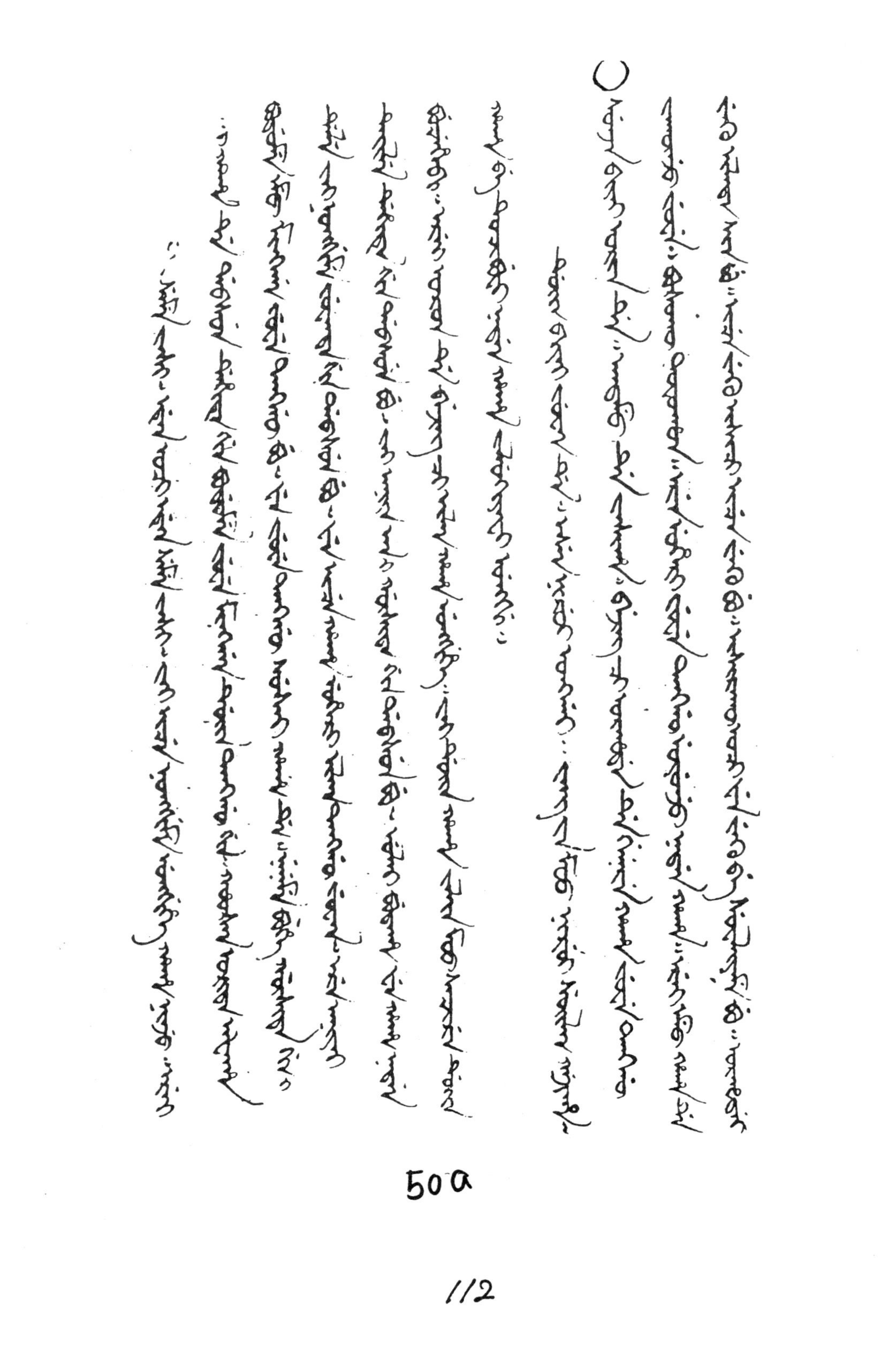

seme jasi. eden ocī eden seme jasi. jai ice nonggime
unggihe haha ninju. ereī /
emu haha de dabsun dehite gin bodome juwe minggan
duin tanggū gin. hoošan orita afaha /
bodome emu minggan juwe tanggū bu. fe juwe tanggū
susaī haha de. neneme buhe gūsita gīm i /
dele jai nonggīme juwanta gin dabsun bu. fe ice haha uherī
ilan tanggū juwan. ere aniyai /
teile dehite gin dabsun bu. jai aniya an i gūsita gin dabsi
bu. ulaī butha fe haha nadan /
bucehebī. ereī orom de bejing cī ilan haha unggīhe. jaī
duīn haha jalin moo acire duin /
haha be tucibufī nadan haha jatukiyafī unggī. /
duin biyaī juwan de. esen niruī onggaī. jang ja moo niruī
suilan gajiha. /
(50) ○ sunja biyaī orin de. antamu de jasiha. bejing cī
orhoda de genere haha juwe tanggū /
jakūnju juwe bošokū tofohon. ere uherī juwe tanggū
uyunju nadan haha. ereī emu haha de /
jeku ilata sin bu. ice jeku isici ice jeku bu. isirakū
ocī fe jeku be suwaliyame bu orhondaī /

50b

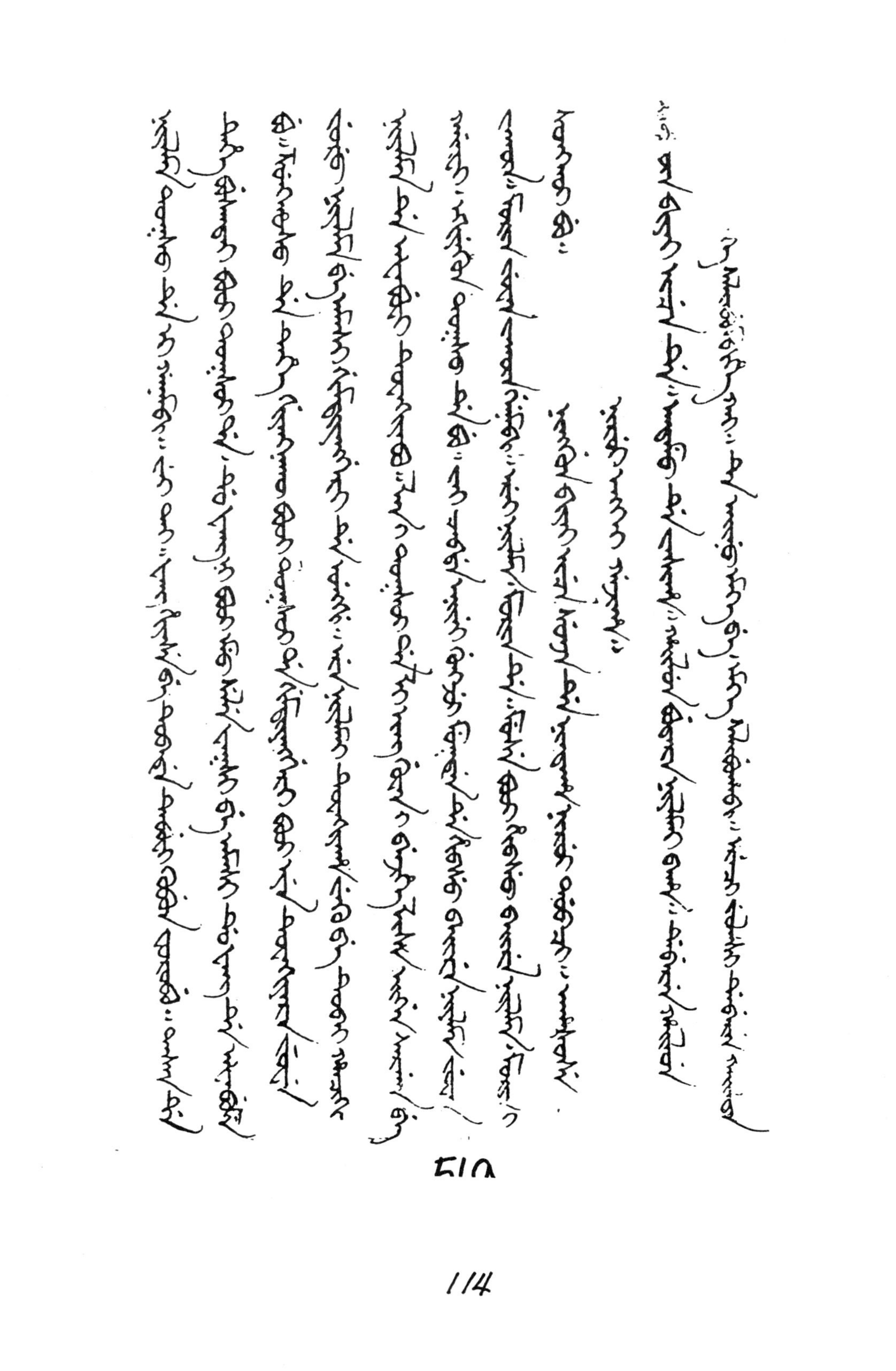

510

miyalma tokso de ī ganambi. jai tai. fang hiyase be
tubade tebufi kubun forobu. tasan de /
tehe busantai booī toksoī da. du fang ni booī emu sele
faksī be amasī du fang de afabume /
bu. ts'unghoso de tehe giyangnakū booī toksoī da
gimtiyanggeri booī eye tuwakiyara juwe /
juru miyalma be amasī gimtiyanggeri de unggī. ere miyalmai
tuwakiyaha jeku be tubaī hanciki /
miyalma de afabufi tuwakiyabu. lan ī toksoī da li ing guwan
ī benjihe lisy eigen sargan be /
gaifi. ekiyehun tokso de bu. jaī cabda eniyeī gunjuī mukden
de hibsu baire miyalma juwan /
jakūn. morin juwan jakūn genembi. ereī miyalma, morin
de. muse booī hibsu baire miyalma morin ī /
songkoī bu. minggun biyaī ice sunja de nimtaha niruī dobci.
ahašose /
miruī engkeī gajiha./
(51) jakūn biyaī ice de. antamu de jasiha. hailun butara
miyalmaī baha. deberen hailun /
.... salibumbīhe kaī. te aimu emke be. emke
salibuhabi. erecī julesī deberen hailun /

51b

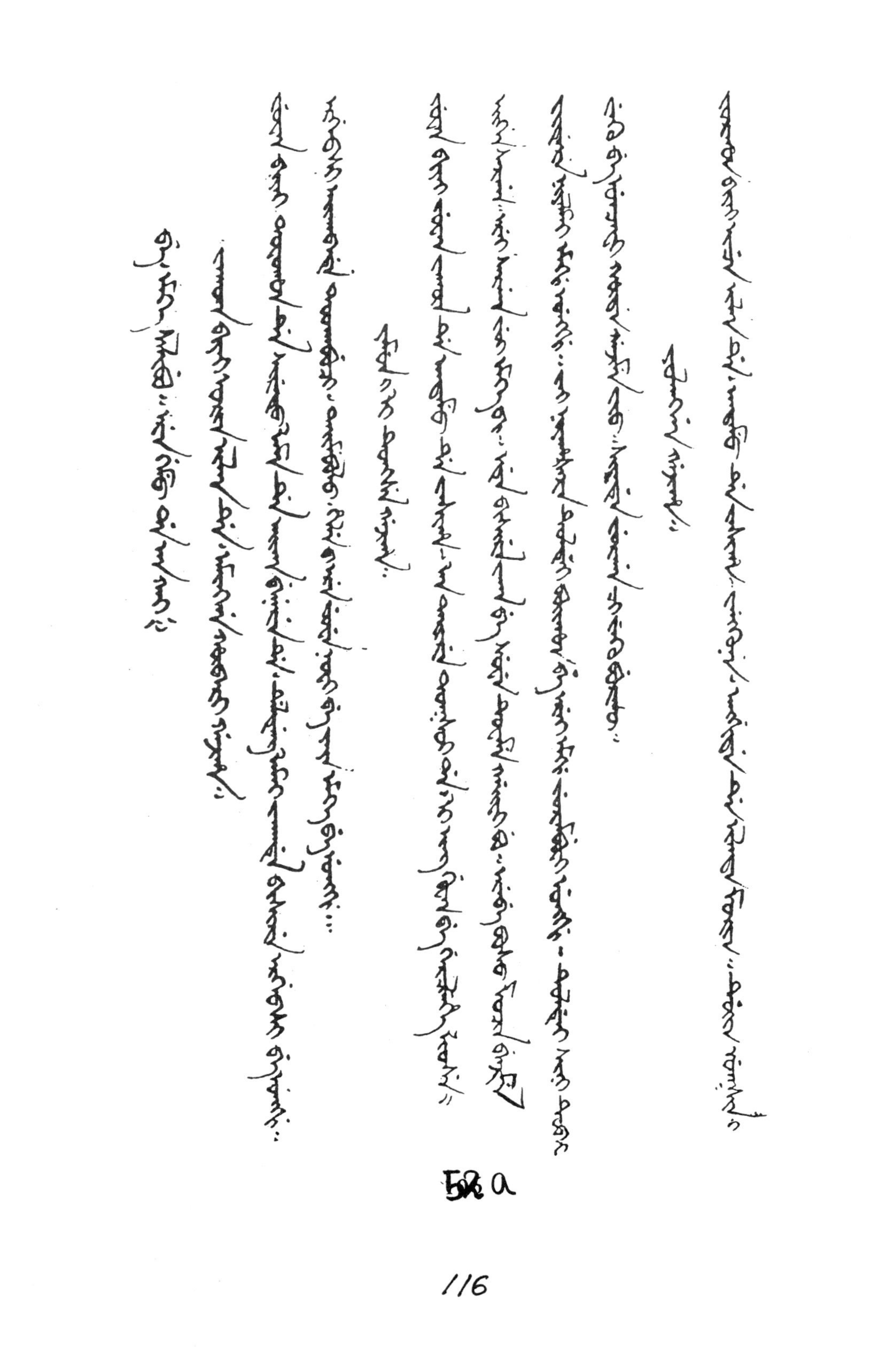

........be. emke salibu. ere gemu da an kaī. /
jakūn biyaī orin ilan de. amingga hūbari gajiha. /
(52) juwan biyaī tofohon de siretu lama de aika benere de. deldeng lamaī jakade bisire ergebsī be unggi. /
ergebsī aīkabade tookabucī. taimbulo. hele ere juwe nofī be yaya emke be unggi. /
yamun i lī tungse gajiha. /
(53) juwan biyaī juwan jakūn de antamu de jasiha. lan tarire toksoī da. li ing guwan be gercīlehe liose. /
eigen sargan. ereī sargan juī emke bī. ede bisire jaka be suwe tuwame gaīfī bu. erebe boso mocin benjime /
jidere miyalmaī emgī unggi. jaī niyahašara tuldeī boihon be ereī emgī jurambufī unggi. tuldeī sinī tubaī /
jeku be uncafī hūda gajime jio sinde jurgan cī jeku burakū. /
yolangga gajiha. /
jorhom biyaī ice ilan de. antamu de jasiha. jengkune. anggida de ilata morin duin uksin i /

526

年

[illegible]

niyalma de juwete morin. jai sejen tohoho ninggun morin. ere
uheri orin morin de gungg'an i jakade /
bisire toksoi orho liyoo ulebu. genehe duin uksin i niyalmai
angga de bele bu. jai juhūn de gamara / bele. dabsun nimju gin.
jodoho amba mocin jakūn tanggū. uhure muwa boso juwan
ninggun bu. /
jorhon biyai orin sunja de jengkume anggida gajiha. /
šahūn gūlmahūn aniya
(55) aniya biyai ice duin de g'o ci tun de tehe. giyahūn
maktara pan se u i juwe haha de ulhoma /
gaijara be nakabuha. emu aniya amba giyahūn duin gaimbi.
jai sain amba giyahūn fulu bahaci inu benjikini. ere benjirede. /
uksin i niyalma be dahabume unggi. erei boigon be aniya
janggiluse de guribu. jai fujin i yamun de. fe /
hangsi de baitalara ulhoma be. antamu si baifi bu. aniya biyai
orin sunja de. /
nimahai meng cansun gajiha. /
(56) ...... biyai tofohon de. butasi sargan be. ini dancan i
niyalma ganame unggihebi. antamu si tuwame hehei /
...... hehe de. hahai jaka be haha de faksalame bufi
unggi. /

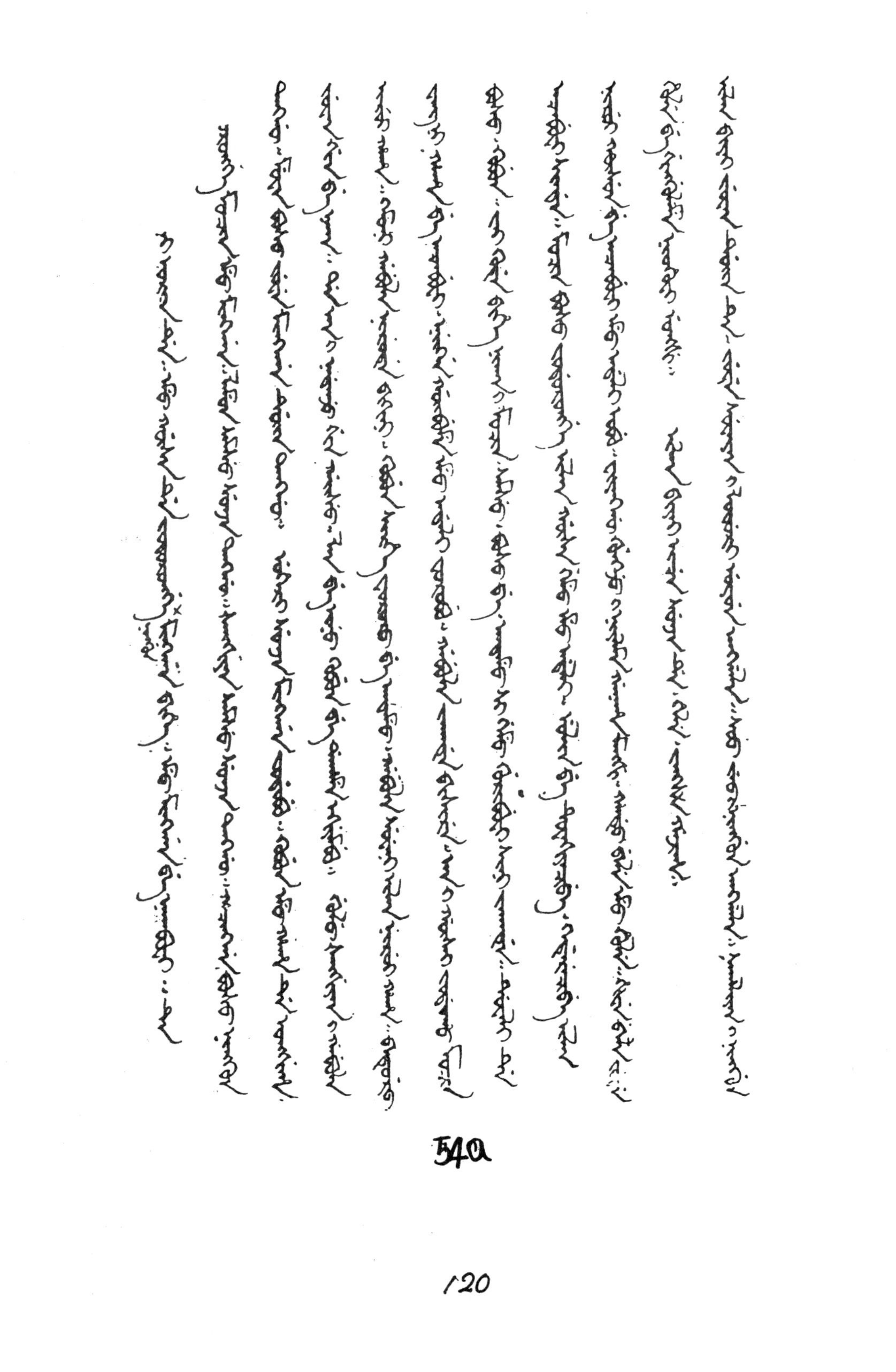

540a

(57) ...... ni orin de. emu gūsa de jodorongge niggun minggan bihe. emu minggan be nakabufi. te/
jodorongge mocin emu minggan. lamun samsu sunja tanggū. šanggiyan samsu sunja tanggū. hacingga boso ninggun/ tanggū. muwa boso juwe minggan duin tanggū. uheri sunja minggan jodobu. kubun emu haha de nonggiha./
juwan gin be naka. da an i nadanju gin gaisu. lan be inu kubun be dahame ekiyembu. gulu sanggiyan i gabula/ nirui haha. kemuni gabula nirude bikini. kubun sirhe fororo be antamu gabula suweni ilan nirui haha. baturu/ wang ni haha be acabufi. neigen goibume emu adali forobu. gabula jakade bisire. an i gūsai jodoho mocin/ boso. kubun. jai kude bihe nikan i mocin. samsu. boso be antamu si gemu guribufi simi jakade. duwali de/ acabufi simda. mocin boso jodorongge ilan gūsa gemu emu adali. ulin be tuwakiyacibe. kederecibe ilan/ nirui hūsun be acabufi emu adali obu. fiyanggū gungju i niyalma gamaha manggi. handu bele emu hule hife bele juwe/
hulu be gingguleme niohufi unggi. ilan biyai ice sunja de. hele. jangsy gajiha. /
(58) ilan biyai juwan duin de. juwe suwayan i lodori uyun anggala. soo jeo i ninggun anggala. sahaliyan i ninggun/

54b

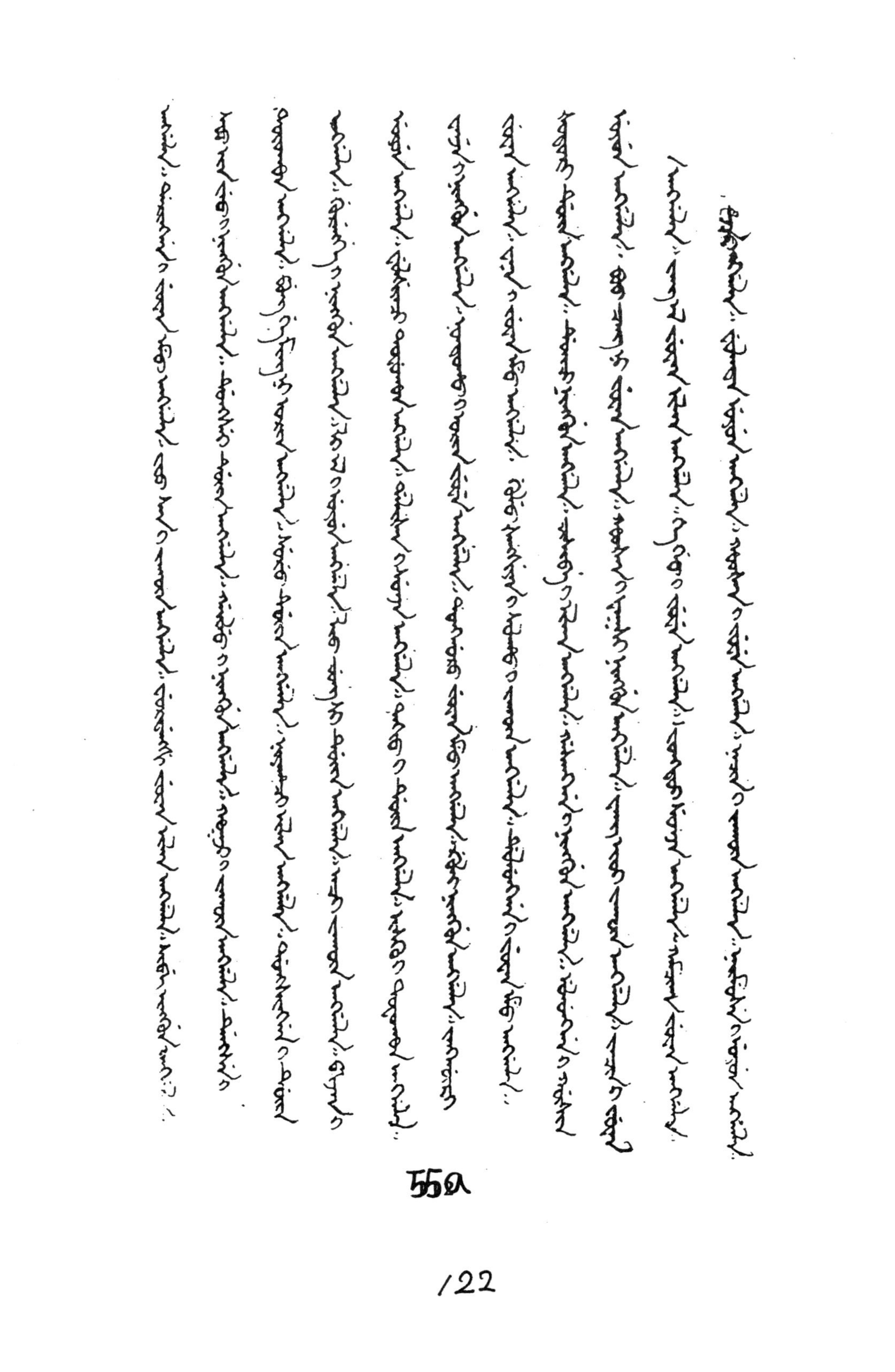

[illegible]

anggala. daringga i juwan emu anggala. joo san i jakūn anggala. furdangge juwan ilan anggala. sibe ninggun anggala. /
Soo in jeo i ninggun anggala. dungsei duin anggala. gailu i ninggun anggala. hokji i jakūn anggala. dangse i /
tofohon anggala. pung ge ming ni orin aggnala. suru duin anggala miyahaci ilan anggala. dongsingga i duin /
anggala. gurengge i ninggun anggala. li el i uyun anggala. lio cung si duin anggala. aci jakūn anggala. pijan i /
uyun anggala. fulgiyaci tofohon anggala. dališan i sunja anggala tekio i duin anggala. isku i tofohon anggala. /
Wanje i ninggun anggala. montoho i orin juwe anggala. donggori juwan emu anggala. g'olai ninggun anggala. jangguri /
juwan anggala. Wana i juwan emu anggala. gulu šanggiyan i solho i jakūn anggala. dulungga i juwan emu anggala. /
šotori duin anggala. duici ninggun anggala. cisiba i ilan anggal gasangga i ninggun anggala. ulungga i gūsin /
uyun anggala. boo cang ni juwan anggala. hoošan i faksi ninggun anggala. wang ioi jakūn anggala. jacin i juwan /
.........anggala. jang el juwan ilan anggala. he geo i juwe anggala jongtoi sunja anggala. Kamciha juwan anggala. /
..................anggala. fulata uyun anggala. hoošan i juwe anggala. nacin i jakūn anggala. naimuse i uyun anggala /

55b

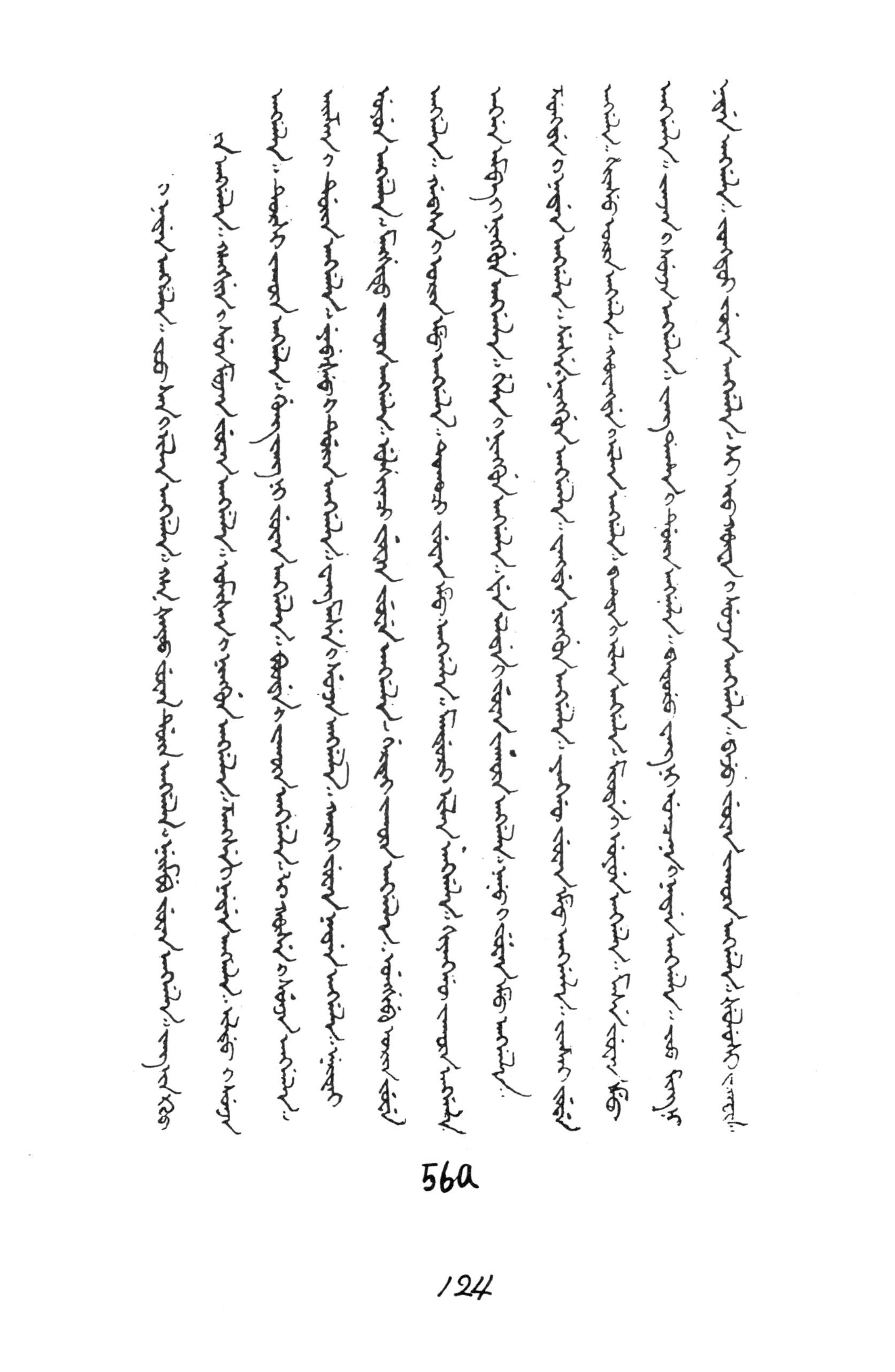

……ī nadan anggala joo san ī ilan anggala. han šayoo juwan duin anggala. neīmbu juwan anggala. jang in k'oo /
………anggala. hangkiye ī sun mujan juwan anggala. omišan ī ninggun anggala. dzangse ī nadan anggala. idu ī sunja /
anggala. tursī jakūn anggala. gurg jang nī juwan anggala booda ī jakūn anggala. lī hūse ī sunja anggala. /
aidzan ī duin anggala. yebešeo ī duin anggala. wang mase ī sunja anggala. karaī juwan nadan anggala. merteī /
uyun anggala. manggitu jakūn anggala. ulgiyacī juwan juwe anggala. gerteī jakūn anggala. unggibu orin juwe /
anggala. gabsa ī orin emu anggala. tohocī juwan emu anggala. mandurī ilan anggala. kīyanggū jakūn anggala. /
angga amba ī ninggun anggala. gela ī ninggun anggala. fe alda ī juwan jakūn anggala. namu ī juwan emu anggala. /
dzungda ī nadan anggala. sese ī ninggun anggala. wangda ninggun anggala. yanggū juwan emu anggala. jidzaī juwe /
anggala. hiyasu orin anggala. hūwangda ī ilan anggala. bahata ī ilan anggala. mioda ī uyun anggala. mase juwan emu /
anggala. janjan ī sunja anggala. jang dahan ī duin anggala. baturu wang nī uncana ī nadan anggala. yoo ming nī /
nadan anggala. jongtoī juwan anggala. sī io hūwa ī sunja anggala. baju juwan jakūn anggala. šulusī jakūn /

56b

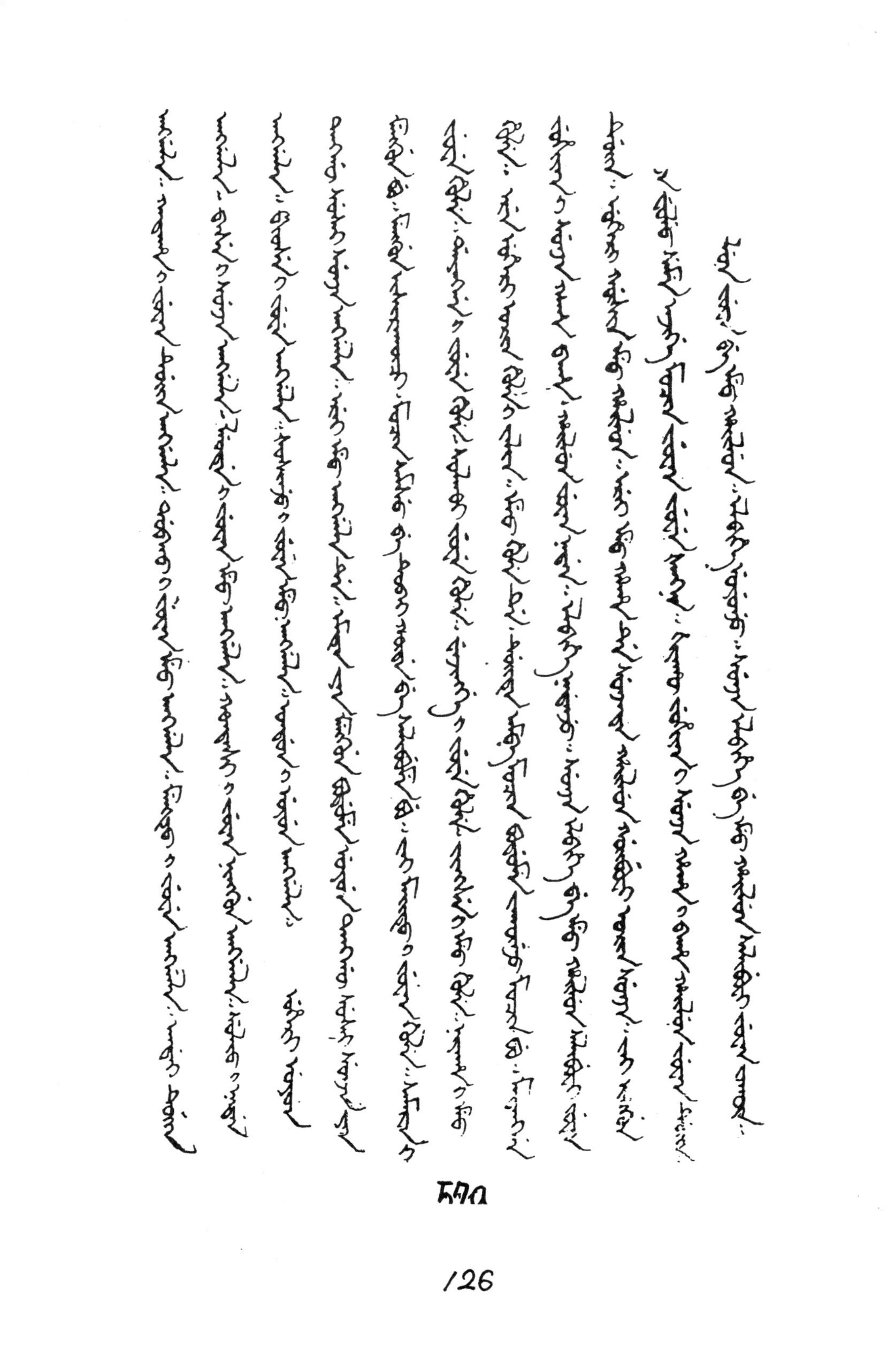

anggala. Kataha i juwan duin anggala. dobko ī juwan emu anggala
mengtu ī juwe anggala. andaī duin /
anggala. base ī sunja anggala. leode ī juwan emu anggala.
homtasi ·i juwan minggun anggala. sulio i nadan /
anggala. piose ī juwe anggala. šosinju ī juwan emu anggala. ondon
ī uyun anggala. uherī uyun /
tanggū susaī sunja anggala. ereī emu anggala de. emte yan
menggun bodome uyun tanggū susaī sunja yan /
menggun bu. menggun isīrakūcī. mocin samsu be tubaī hūda
be salibume bu. jaī maitu ī juwan hule. samara ī /
juwe hule. dayangga ī juwe hule. solhoī juwe hule. wejingge ī
juwe hule. jingse ī emu hule. miyahan ī emu /
hule. ere uherī orin hule ī jalin. emu hule de. duite amba
mocin bodome jakūnju mocin bu. matangga /
juhiyan i sunja haha baha. hailun juwan nadan. elbihe
nadanju. sunja elbihe be emu hailun salibufī juwan /
tuin uherī gūsin emu hailun. ereī emu haha de sunjata
hailun goībufī orin sunja. jaī minggun /
hailun fulu seme ajige mocin juwan juwe šangna. hiyahū
i sunja haha i baha hailun juwan duin. /
·········· juwe be emu hailun. elbihe uyunju. sunja elbihe
be emu hailun salibufī juwan jakūn. /

576

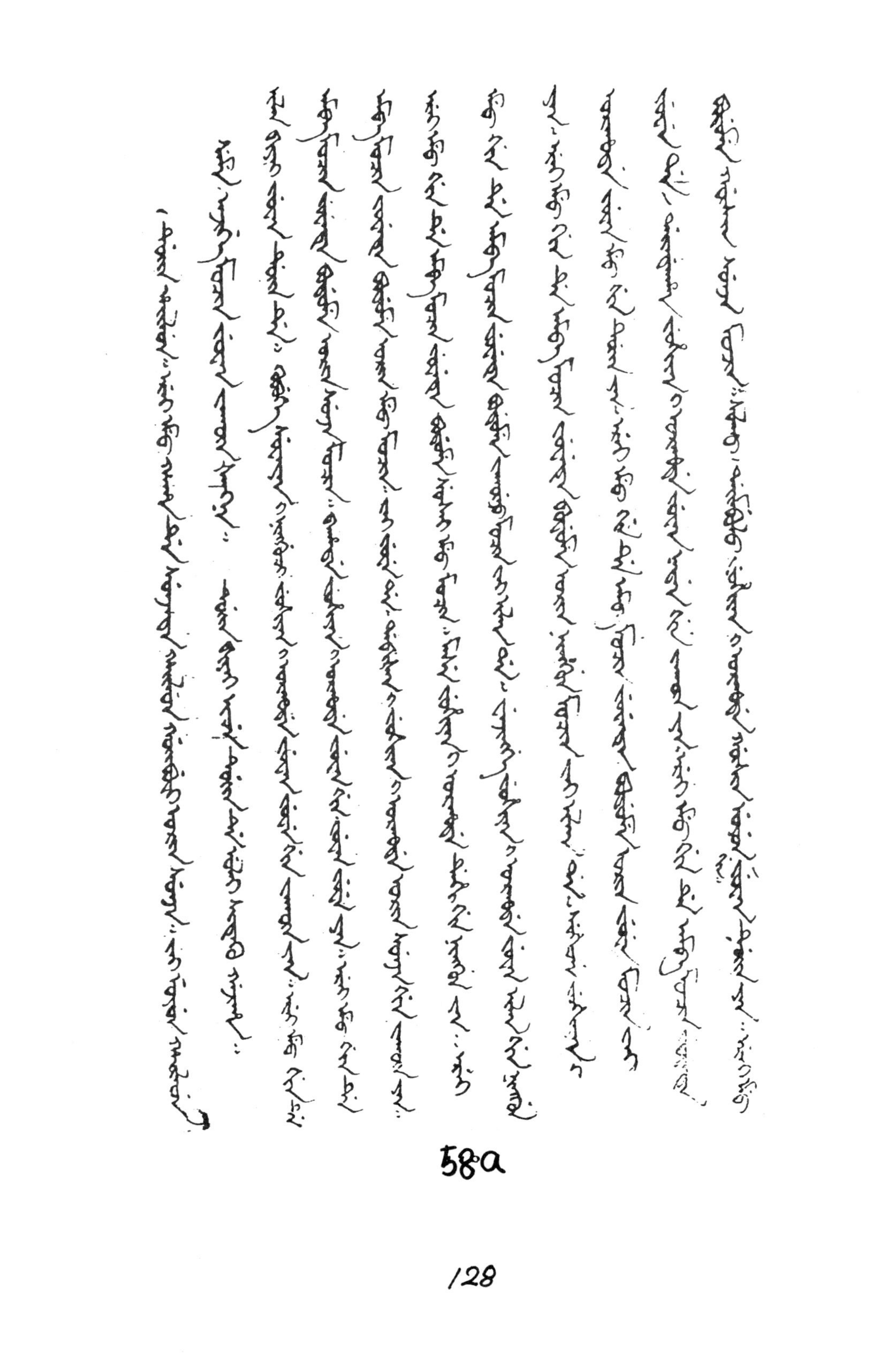

..........duin hailun. erei emu haha de sunjata hailun goibufi
orin sunja. jai uyun hailun /
fulu.seme. ajige mocin juwan jakūn šangna. duin biyai
ice duin de ulai siteku gajiha. /
(59) ilan biyai juwan duin de. kubuhe suwayan i ningguci
juhiyan i orhoda juwan juwe gin jakūn yan. erei emu gin de /
amba mocin juwete bodome orin sunja mocin. bahada
juhiyan i orhoda juwan gin juwan juwe yan. erei emu gin de /
amba mocin juwete bodome orin emu mocin. jai juwe da.
dabišan i juhiyan i orhoda orin sunja gin jakūn yan. /
erei emu gin de amba mocin juwete bodome susai emu mocin.
mase juhiyan i orhoda. dehi gin ninggun yan. erei /
emu gin de amba mocin juwete bodome jakūnju mocin
jai ilan da. wejingge juhiyan i orhoda juwan ilan gin
ninggun /
yan. erei emu gin de amba mocin juwete bodome orin ninggun
mocin jai ilan da. suhecen juhiyan i /
orhoda juwan emu gin duin yan. erei emu gin de amba mocin
juwete bodome orin juwe mocin jai /
juwe da. daindahan juhiyan i orhoda juwan nadan gin
jakūn yan. erei emu gin de amba mocin juwete /
bodome gūsin sunja mocin. solho. daimbulu juhiyan i
orhoda gūsin uyun gin. juwan duin yan erei emu /

58b

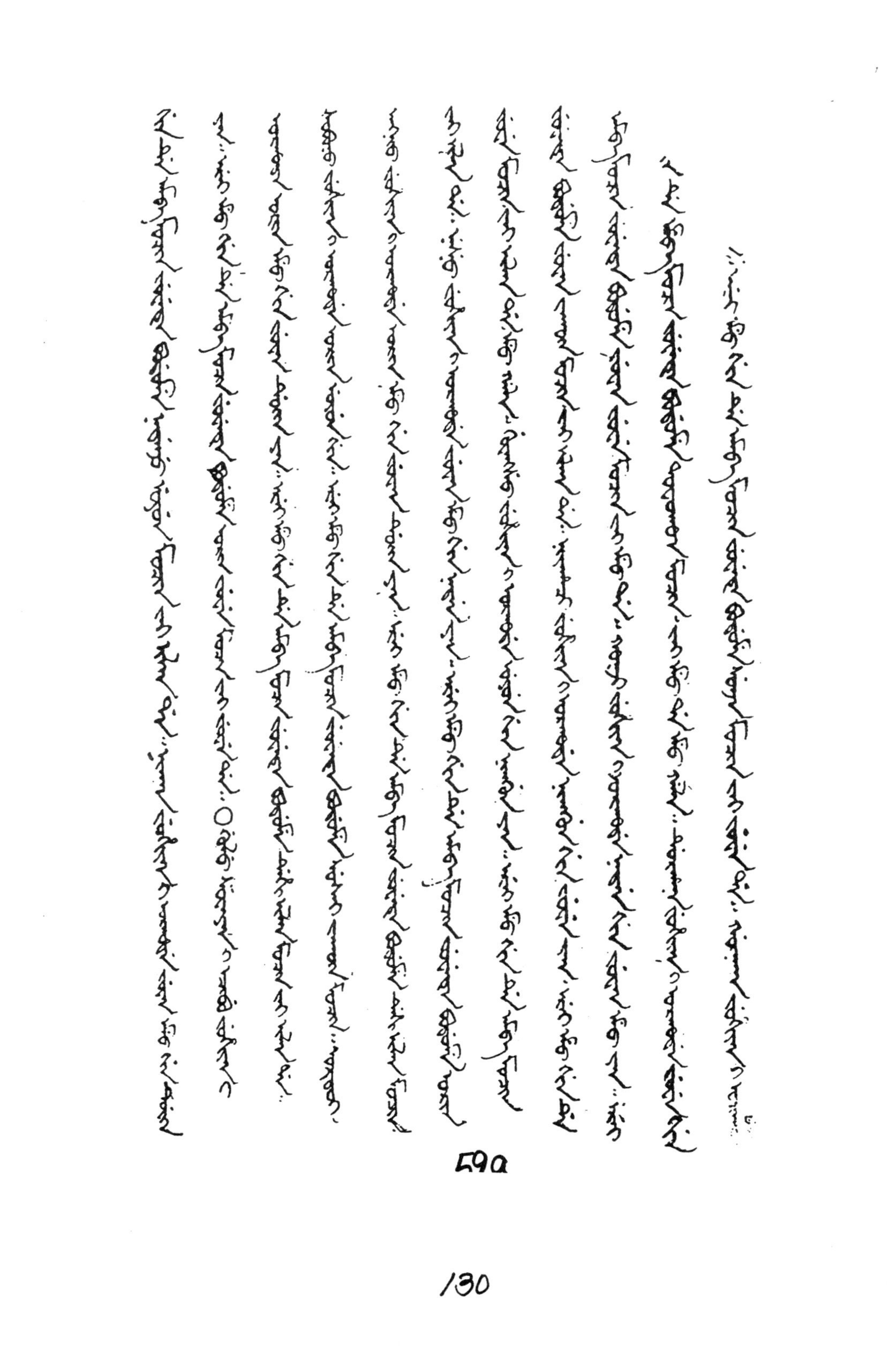

59a

gin de amba mocin juwete bodome nadanju uyun mocin. jai ilan da. nikan juhiyan i orhoda juwan emu gin duin / yan. erei emu gin de amba mocin juwete bodome orin juwe mocin jai juwe da. O gulu suwayan i ecibu juhiyan i / orhoda orin emu gin juwan duin yan. erei emu gin de amba mocin juwete bodome dehi ilan mocin jai ilan da. /
šobono juhiyan i orhoda orin uyun gin. erei emu gin de amba mocin juwete bodome susai jakūn mocin. ortoi. /
angmio juhiyan i orhoda orin emu gin juwan duin yan. erei emu gin de amba mocin juwete bodome dehi ilan mocin. /
jai ilan da. nasu juhiyan i orhoda juwan emu gin nadan yan. erei gin de amba mocin juwete bodome orin /
juwe mocin jai ilan da. emu gala. guwangsu juhiyan i orhoda uyun gin ninggun yan. erei emu gin de amba mocin / juwete bodome juwan jakūn mocin. jai ilan da. miyahaci juhiyan i orhoda ninggun gin juwe yan. erei emu gin de / amba mocin juwete bodome juwan juwe mocin jai emu da. hokji juhiyan i orhoda nadan gin juwan emu yan. erei / emu gin de amba mocin juwete bodome tofohon mocin. jai emu da emu gala. durhana juhiyan i orhoda juwe gin / .... erei emu gin de amba mocin juwete bodome sunja mocin jai juwe da. gūnaka juhiyan i orhoda /

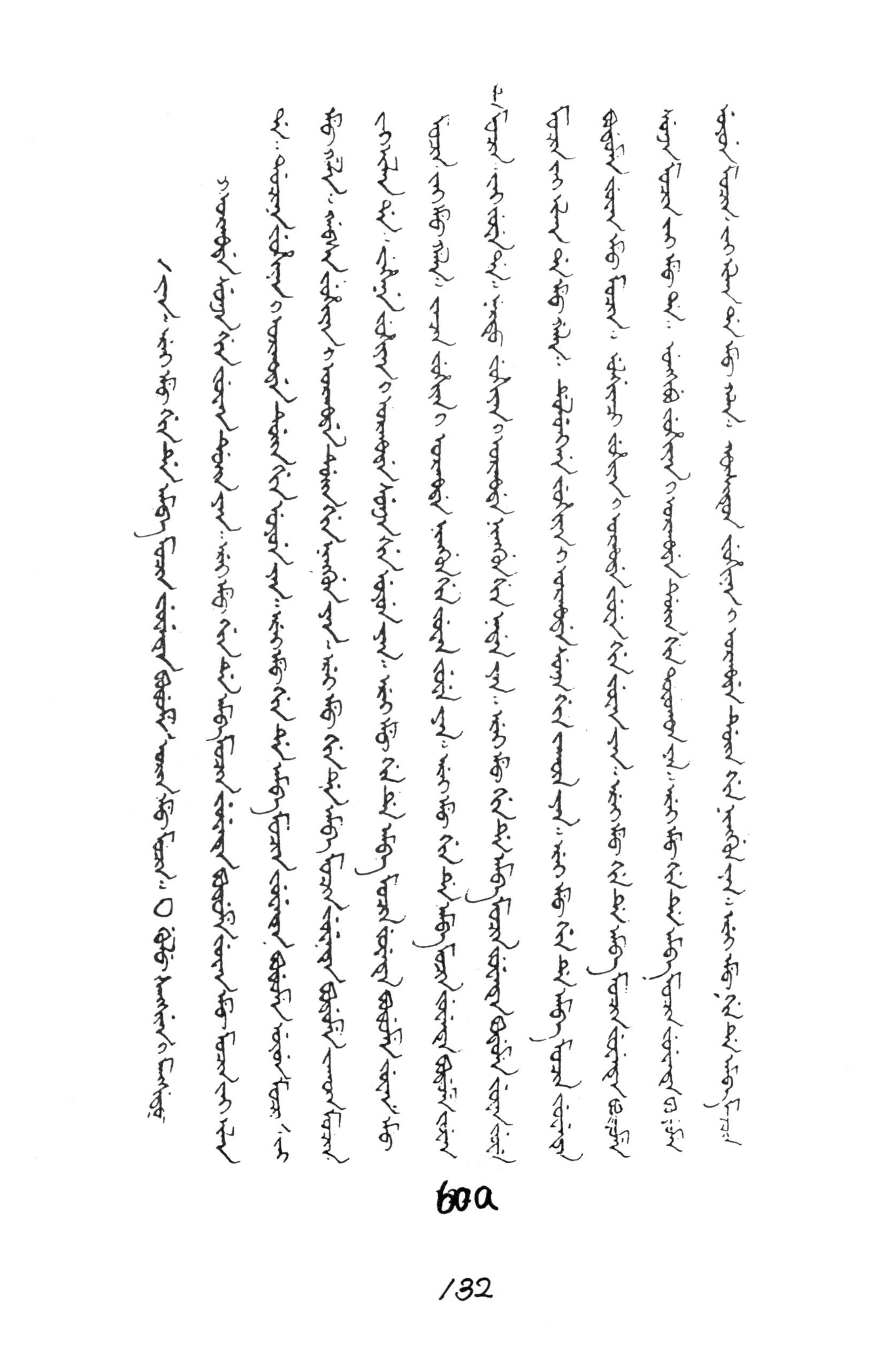

60a

..............yan. erei emu gin de amba mocin juwete bodome
orin emu mocin. O gulu šanggiyan i manggitu /
.... juhiyan i orhoda sunja gin juwan duin yan. erei emu
gin de amba mocin juwete bodome juwan emu mocin jai ilan /
da. docina juhiyan i orhoda duin gin uyun yan. erei emu gin de
amba mocin juwete bodome uyun mocin. jai /
emu gala. gabsa juhiyan i orhoda duin gin ninggun yan. erei emu
gin de amba mocin juwete bodome jakūn mocin /
jai ilan da. yehene juhiyan i orhoda sunja gin uyun yan.
erei emu gin de amba mocin juwete bodome juwan emu /
mocin. jai emu gala. jacin juhiyan i orhoda ninggun gin
juwan juwe yan. erei emu gin de amba mocin juwete
bodome juwan /
ilan mocin. jai juwe da. nartu juhiyan i orhoda ninggun gin
nadan yan. erei emu gin de amba mocin juwete bodome juwan juwe/
mocin jai ilan da emu gala. dulungga juhiyan i orhoda sunja gin
jakūn yan. erei emu gin de amba mocin juwete /
bodome juwan emu mocin. ulgiyaci juhiyan i orhoda juwe gin
juwan yan. erei emu gin de amba mocin juwete bodome /
sunja mocin jai emu da. ungkibu juhiyan i orhoda duin gin
tofohon yan. erei emu gin de amba mocin juwete bodome /
uyun mocin. jai ilan da. emu gala. hūsitun juhiyan i orhoda duin
gin ninggun yan. erei emu gin de amba mocin /

60b

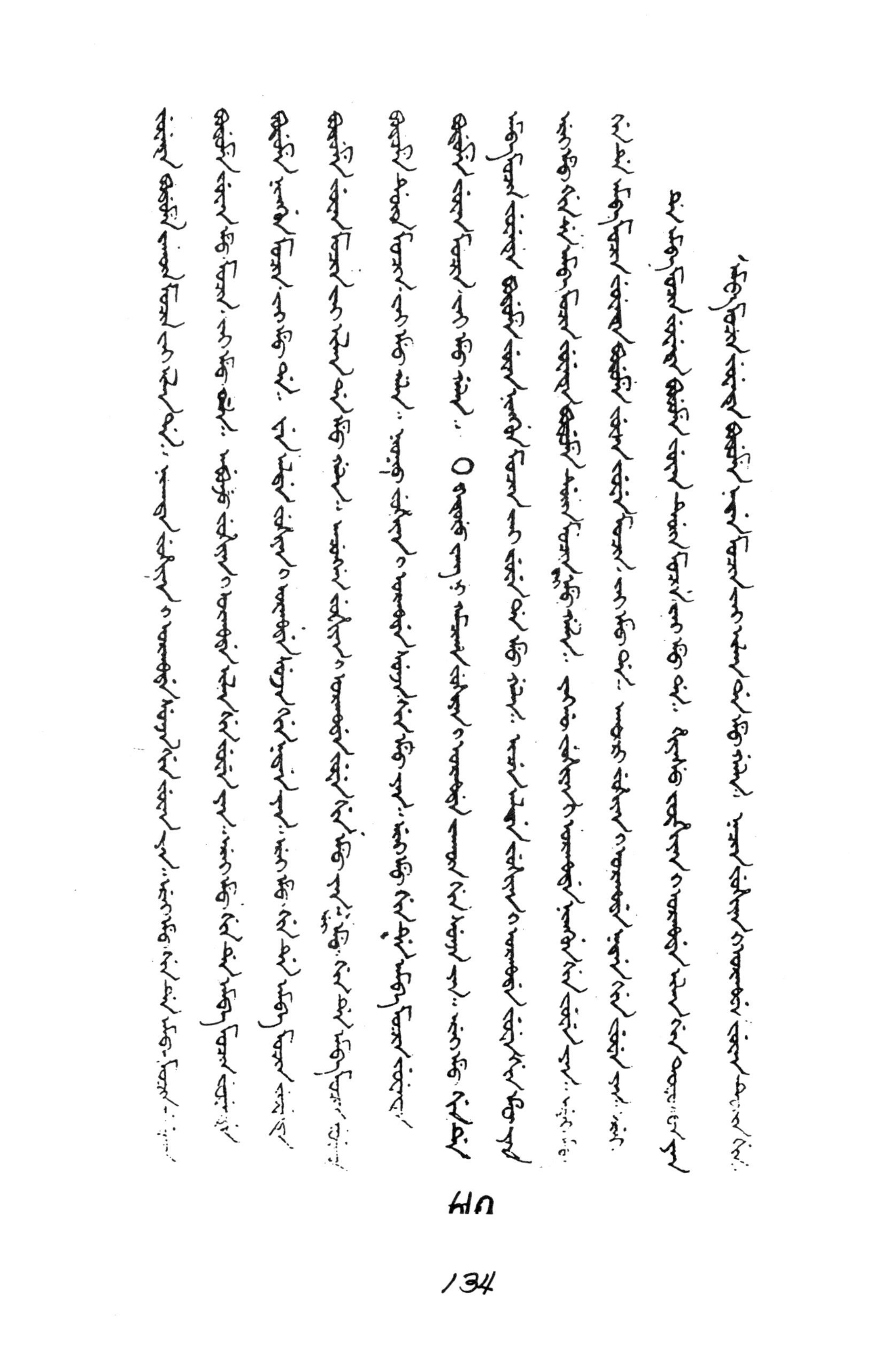

juwete bodome jakūn mocin jai ilan da. nikata juhiyan i
orhoda sunja gin juwan yan. erei emu gin de amba mocin juwete/
bodome juwan emu mocin. jai emu da. abunju juhiyan i orhoda
ilan gin juwe yan. erei emu gin de amba mocin juwete /
bodome ninggun mocin. jai emu da. fe alda juhiyan i orhoda
sunja gin nadan yan. erei emu gin de amba mocin juwete /
bodome juwan mocin jai ilan da emu gala. ancungga juhiyan
i orhoda juwe gin emu yan. erei emu gin de amba mocin juwete/
bodome duin mocin. jai emu gala. niomio juhiyan i orhoda sunj
gin emu yan. erei emu gin de amba mocin juwete/
bodome juwan mocin jai emu gala. O baturu wang ni kamciho
juhiyan i orhoda jakūn gin sunja yan. erei emu gin de /
amba mocin juwete bodome juwan ninggun mocin jai juwe
da emu gala. ice alda juhiyan i orhoda juwe gin emu yan. /
erei emu gin de amba mocin juwete bodome duin mocin jai emu
gala. yanggū juhiyan i orhoda ninggun gin juwe yan. erei emu /
gin de amba mocin juwete bodome juwan juwe mocin. jai emu d
ahūri juhiyan i orhoda nadan gin juwe yan. erei /
emu gin de amba mocin juwete bodome juwan duin mocin. jai
emu da. hiyasu juhiyan i orhoda ilan gin tofohon yan. /
erei emu gin de amba mocin juwete bodome nadan mocin
jai ilan da emu gala. macin juhiyan i orhoda juwan
duin gin. /

66b

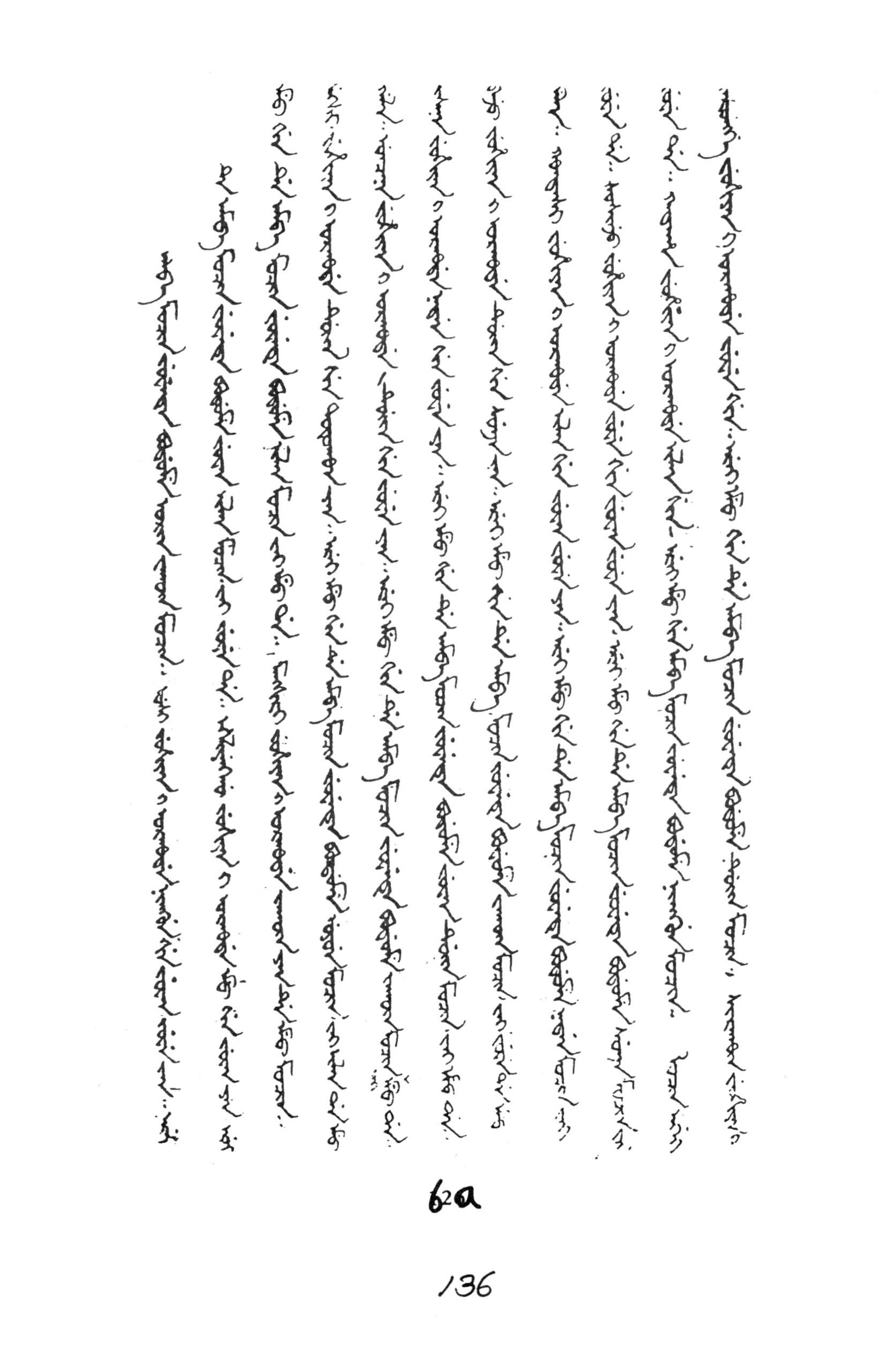

erei emu ginde amba mocin juwete bodome orin jakūn mocin. usi juhiyan i orhoda minggun gin juwan juwe yan. erei /
emu gin de amba mocin juwete bodome juwan ilan mocin. jai juwe da eheiiyenggū juhiyan i orhoda emu gin juwan yan. erei /
emu gin de amba mocin juwete bodome ilan mocin jai emu da. mangkiri juhiyan i orhoda jakūn yan de emu mocin. /
seksi juhiyan i orhoda duin gin tofohon yan. erei emu gin de amba mocin juwete bodome uyun mocin. jai ilan da emu /
gala uncana juhiyan i orhoda duin gin juwe yan. erei emu gin de amba mocin juwete bodome jakūn mocin jai emu da. /
isana juhiyan i orhoda nadan gin juwe yan. erei emu gin de amba mocin juwete bodome juwan duin mocin jai emu da. /
baju juhiyan i orhoda duin gin sunja yan. erei emu gin de amba mocin juwete bodome jakūn mocin. jai juwe da emu /
gala. hontasi juhiyan i orhoda ilan gin juwan juwe yan. erei emu gin de amba mocin juwete bodome nadan mocin jai /
juwe da. šo: sinju juhiyan i orhoda juwe gin juwan juwe yan. erei emu gin de amba mocin juwete bodome sunja mocin jai /
juwe da. kataha juhiyan i orhoda ilan gin. erei emu gin amba mocin juwete bodome ninggun mocin. locin agei /
jerungge juhiyan i orhoda juwe gin. erei emu gin de amba mocin juwete bodome duin mocin. sirahūn juhiyan i /

62b

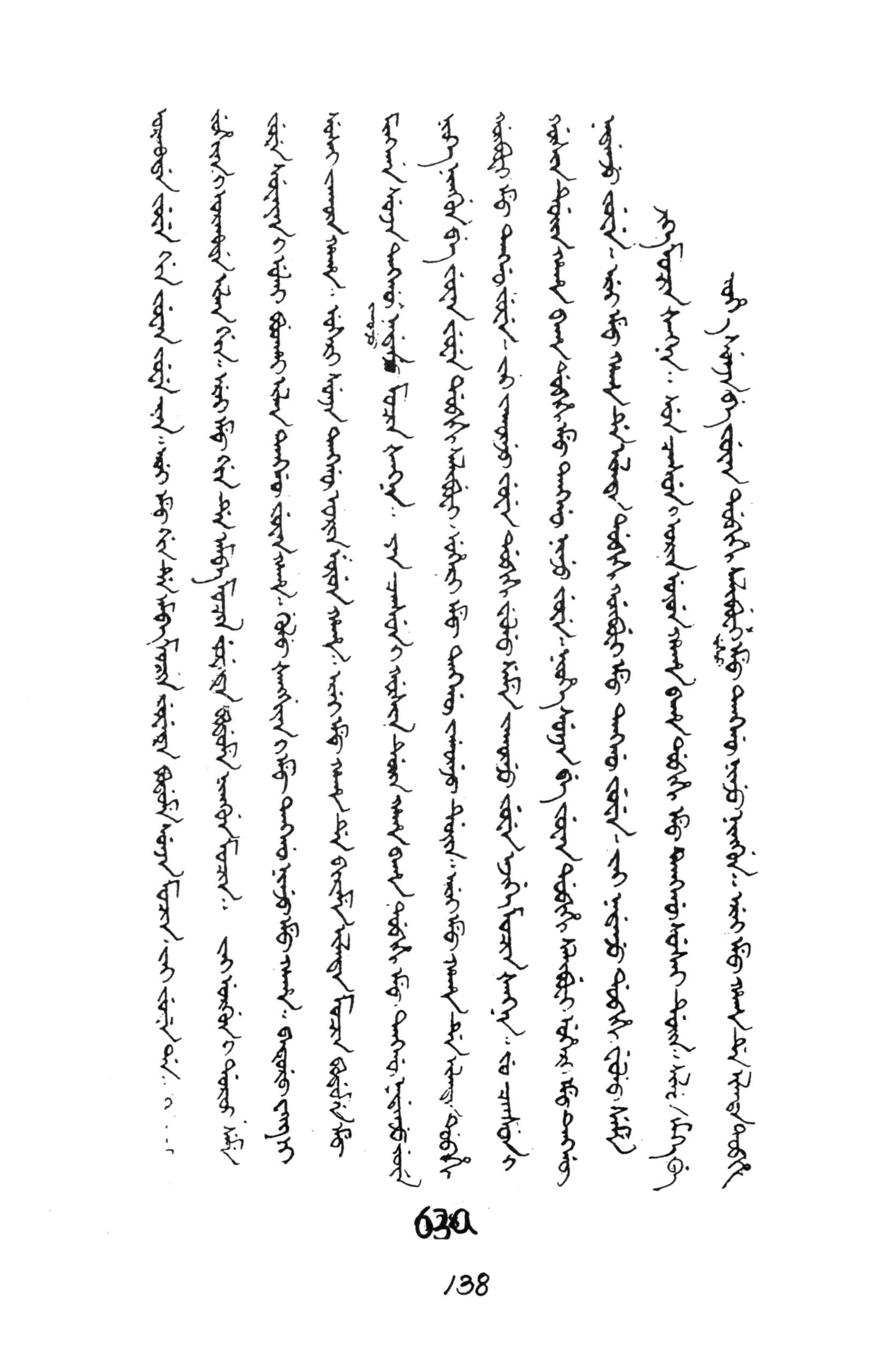

orhoda juwe gin juwan juwe yan. erei emu gin de amba mocin juwete bodome sunja mocin. jai juwe da. dartai /
juhiyan i orhoda ilan gin. erei emu gin de amba mocin juwete bodome ninggun mocin. jai urgun i dorgi seme /
juwe suwayan i ulai buthai ilan tanggū juwan haha. gulu šanggiyan i emu tanggū ninju emu haha. katuru wang ni /
susai jakūn haha. uheri sunja tanggū orin uyun haha. erei emu haha de birame ilate mocin bodome emu /
minggan sunja tanggū jakūnju nadan mocin šangna. yan cansun i gūsin duin haha baha dobihi emu tanggū nadanju juwe. /
niohe ninggun be juwan juwe dobihi salibufi. uheri emu tanggū jakūnju duin. erei emu haha de ilata dobihi /
goibufi emu tanggū juwe. jai jakūnju juwe dobihi fulu seme jakūnju juwe ajige mocin šangna. ju cansun i /
gūsin duin haha baha dobihi emu tanggū ninju juwe. niohe sunja be juwan dobihi salibufi uheri emu tanggū /
nadanju juwe. erei emu haha de ilata dobihi goibufi emu tanggū juwe. jai nadanju dobihi fulu seme /
nadanju ajige mocin šangna. sun cansun i orin uyun haha baha dobihi emu tanggū susai duin. silun emke be /
-------- sunja be juwan dobihi salibufi uheri emu tanggū ninju ninggun. erei emu haha de ilata dobihi /

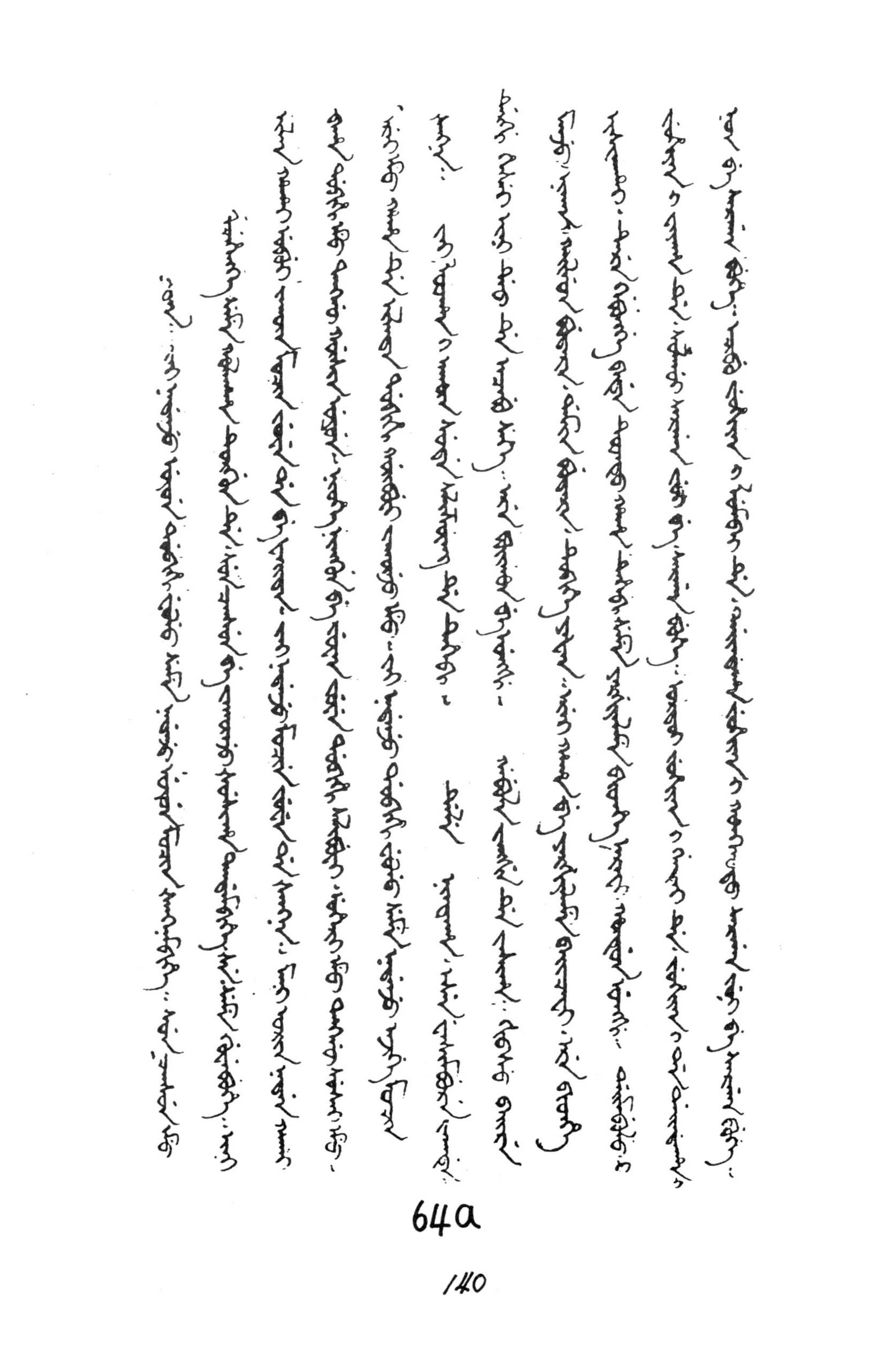

goibufī jakūnju madan. jai madanju uyun dobihi fulu seme
madanju uyun mocin šangnambihe. sun cansun emu /
·········bucehengge seme hūlhaha turgun de. sun cansun be
jakūnju šusiha tandambihe. še seme guwebuhe. ini /
ilan hahai ubui jakūn mocin juwe da be faita jaī madanju
mocin juwe da šangna. manī orin madan hahai /
baha dobihi emu tanggū gūsin uyun. niohe minggum be juwan
juwe dobīhi salibufī. uheri emu tanggū susai emu. /
ereī emu haha de ilata dobīhi goibufī jakūnju emu. jaī
madanju dobīhi fulu seme madanju ajige mocin /
šangna. jaī loohan ī ahūn suda salidzujang de tehebī. dele
nimtaha. esen. wesimbure jakade. /
dergī hesei inī deo de acabu sehe. ere boihon be unggī.
gabula janggīn de jasiha. hibsu baire /
manju nikan nailum butara. damin butara. tubihe yafan. ereī
haha be yargīyalame baicafī. ere bīthe /
isimahaī tere gebungge bade tuttu haha tehebī seme
yargīyalame bīthe arafī hūdun unggī. daimbulu ī /
juhiyan ī fiyaha de. solgoī sargan juī be. sargan buhe. ortoī
juhiyan ī geoteī de. juhiyan ī da daīndahan ī /
mon be sargan buhe. ecību juhiyan ī lumbaī de. daindahan
juhiyan ī honggoto sargan juī be sargan buhe. /

64b

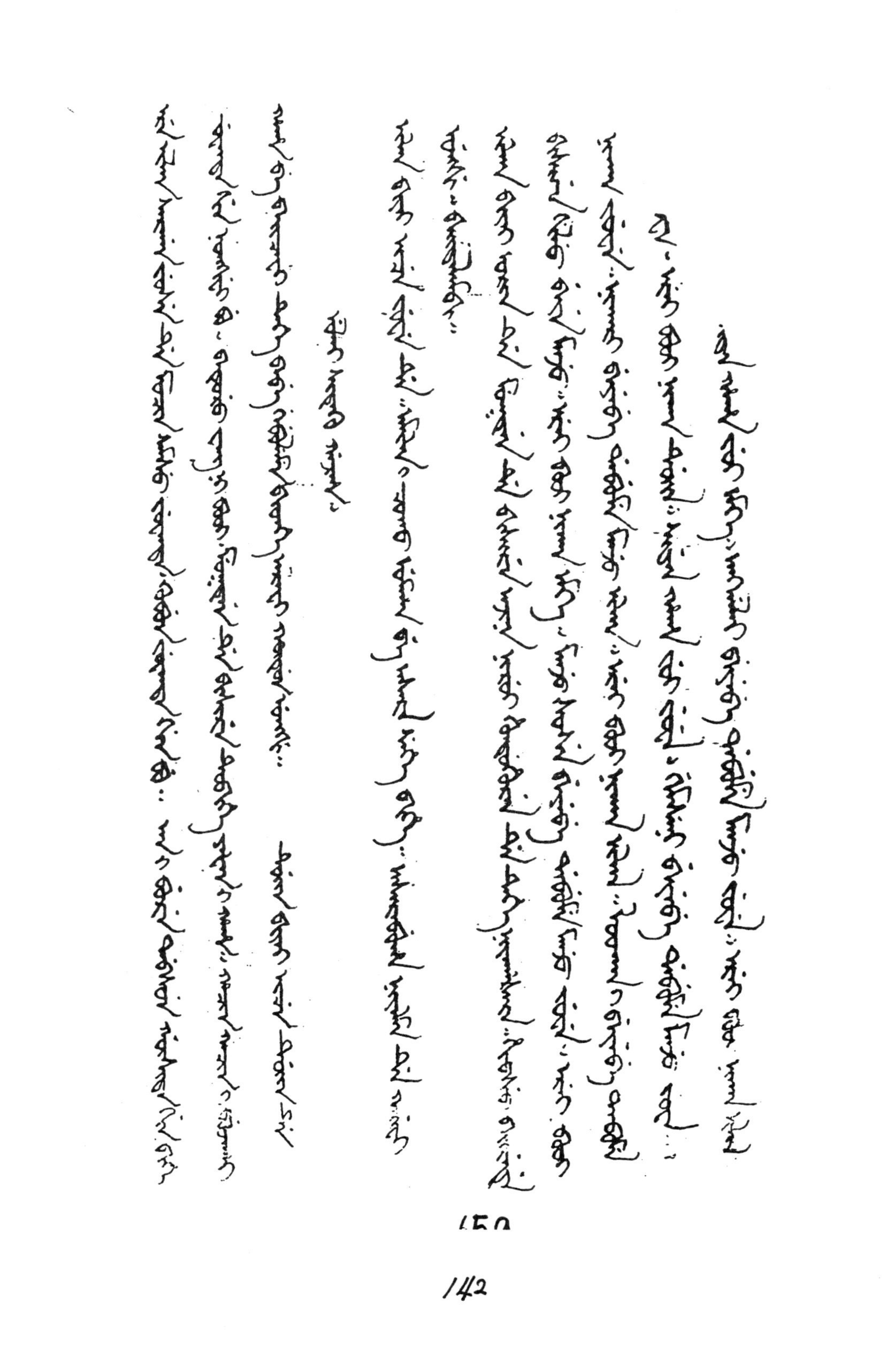

ere ilan sargan juse de macin samsu juwanta. kubun juwanta gin bu. an i bure dabum gūsita gin bihe. /
juwanta gin unggifi bu. baturu wang ni booi. mukden de bisire tubihe yafan i haha. hacin hacin i buthai /
haha be baicafi tehe babe gebuleme bithe arafi hūdun unggi. duin biyai ice duin de /
ulai siteku gajiha. /
(60) ilan biyai ice juwe de. amila i coko umaha be asara sehe bihe. asarabuha niyalma de gaifi /
unggi. baitalambi. /
(61) ilan biyai orin de. mukden de bisire ajima nirui hunduhuren de tehe niyahašara. hibsu bairede /
bisire gilu beye manju. erei booi nikan emke. manju šose beyebe dabume manju juwe. erei booi /
nikan juwe. nikari beyebe dabume manju ilan. erei booi nikan ilan lookan i beyebe dabume /
.........erei booi nikan duin. sidan haha jui juwe. gemseni beyebe dabume manju juwe. erei /
...........sidan haha jui emke. anggalai beyebe dabume manju juwe. erei booi nikan ilan. /

656

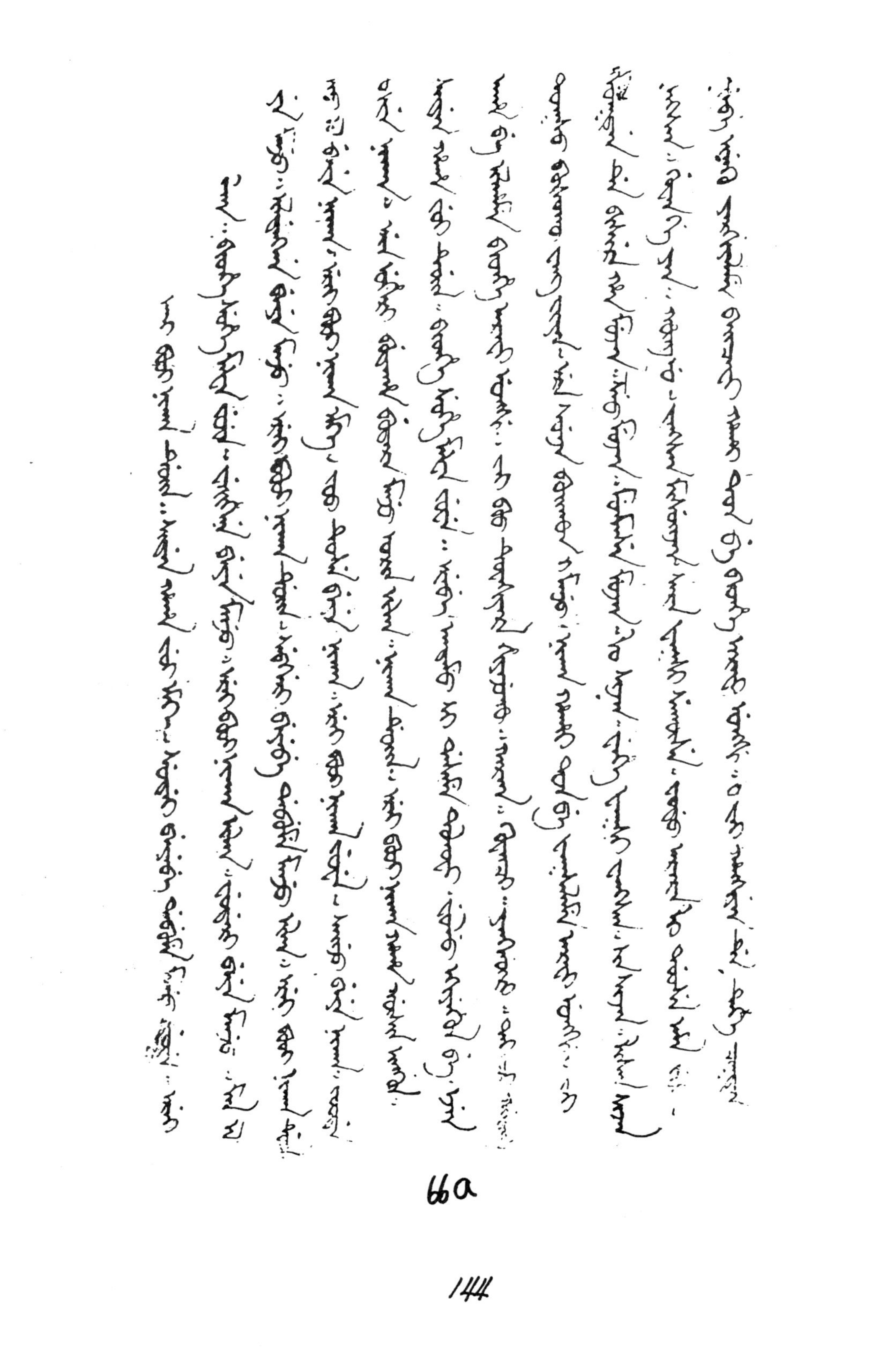

erei booi nikan duin. sidan haha jui emke. sudei beyebe
dabume manju juwe. erei /
·········bithe suhe mafa juwe. weihone beye manju. erei booi
nikan ilan. fudari beye manju. man el /
ye manju. ildangga beye manju. erei booi nikan duin.
sebseri dabume manju ilan. erei booi nikan duin. /
·······el beye nikan. erei booi nikan emke. joo tuse
beye nikan. erei booi nikan juwe. saiju nikan. jooda /
beye nikan. ere uheri butaha butara manju orin ilan.
nikan duin. erei booi nikan haha gūsin ninggun. /
sidan haha jui duin. bithe suhe mafa juwe. erebe antamu
si dasame tolofi. fulu ekiyehun be. ejen /
aha be ilhame bithe arafi unggi. jai boo tuwakiyara
hiyajuhū karka. guwanci. yanggūri tai ci gaiha /
tokso bošokū wang jiyan. ere sunja boihon i manju. nikan
hahai ton be faksalame arafi unggi. jai /
mukden de bisire han mujan. dzeo mujan. mumase mujan
lu sijan. wehe faksi wangsan. Žin sijan. lisan sijan. /
·········magsan. guwan ge yan. hūng u jangsan misuijan.
sara faksi sehūse. fodo arara li doose ama jui /
······ineku yargiyalame baicafi hahai ton be bithe
arafi unggi. O jai hangkiyen de tehe cikten /

66b

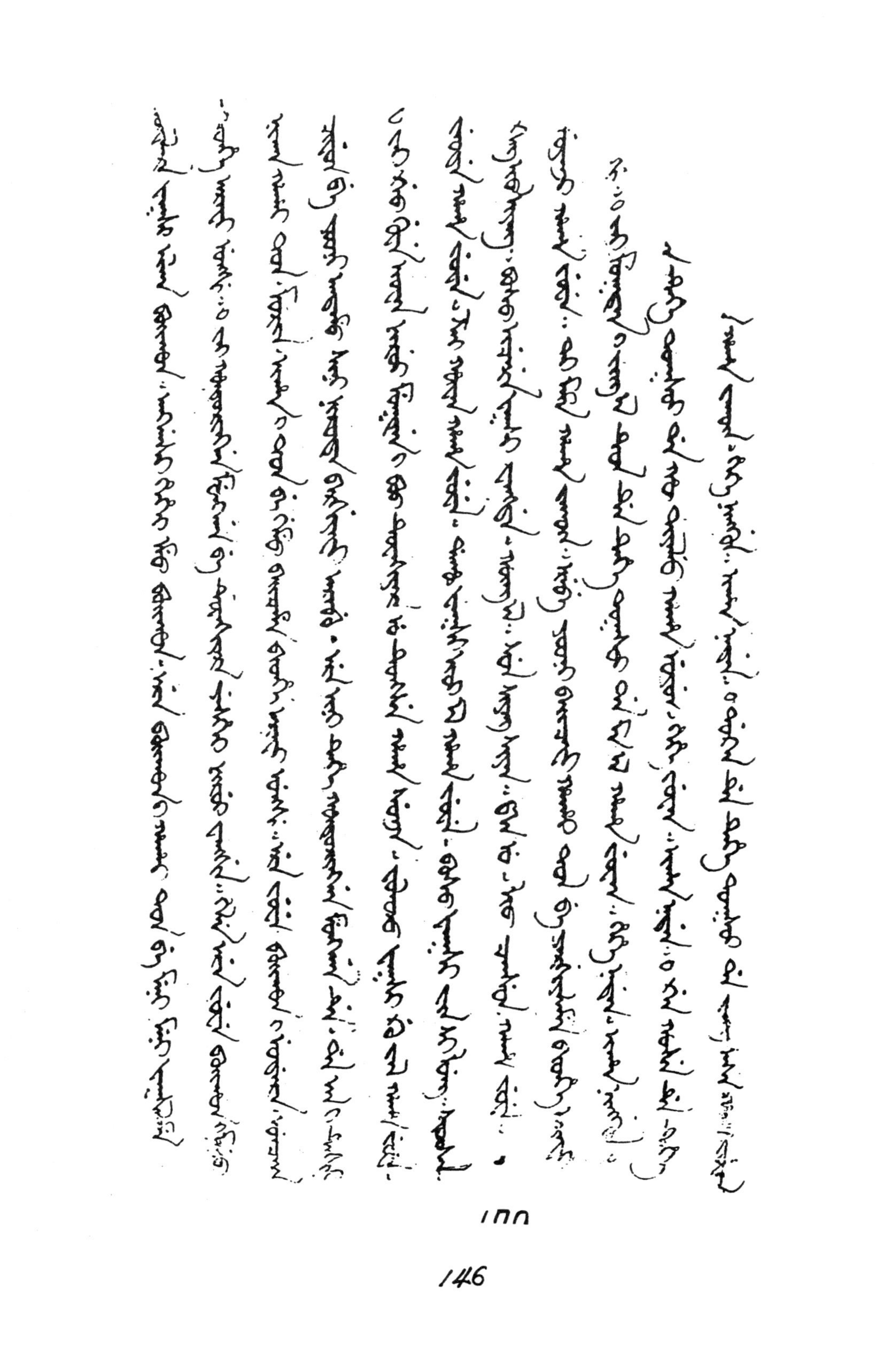

....
walara faksī īlan boihon. anggasi hehei emu boihon. ere boihon ī hahai ton be meni meni faksalame /
bīthe arafi unggi. O jai hūturingga mungga be tuwakiyara yeshei mirui wanggin. hele ere juwe boihon ī manju / nikan hahai ton. morin. ihan ī ton be gemu baicame bithe arafi unggi. ere juwe boihon ī udara. uncara /
cifun be yooni antamu sini mirude bargiyafi arabu. ere ini tehe hūturingga mungga de. da an ī tekini /
O jai g'ao guwe iowan mirui mukden ī boo tuwakiyara u tungse haha sunja. foloro faksī g'c jal haha juwe. / jeoda haha juwe. dzai hūwan haha juwe. dahū faksī ioi el haha juwe. boso faksī jim si lung. sioisan. /
k'ang io liyang boso icere faksī wangda. hūng el. sun siyang siyan. pan u. lio cansun haha juwe. /
uyanji haha juwe. taī mama haha jakūn. erebe yooni baicaf hahai ton be yargiyalame bithe arafi /
unggi. O jai mukden ī jing el tun de tehe tokso da ma el haha juwan. hehe nadan. ihan ninggun. /
..........tehe tokso da hū tiyalu haha uyun. hehe juwan. ihan nadan. O g'an hose de tehe /
.......haha jakūn hehe ninggun. ihan nadan. O dok'an de tehe tokso da jang žase haha juwan /

676

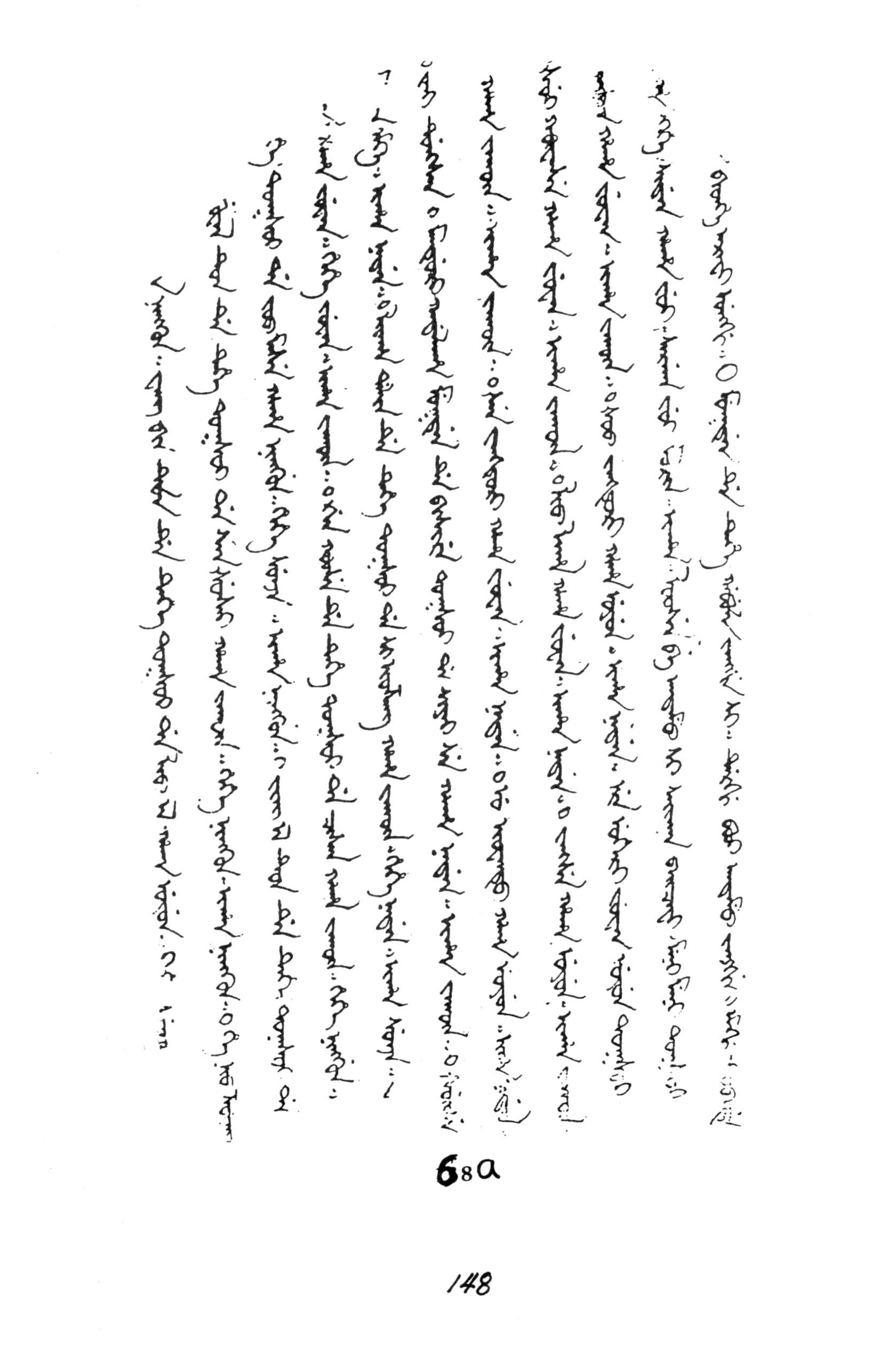

68a

minggun. wang bin tun de tehe toksoi da lio el haha uyun...../
.......guwan tun de tehe toksoi da san šusai haha jakūn.
hehe minggun. ihan minggun. O he nio dzuwang /
.......tehe toksoi da joo mase haha minggun. hehe sunja.
ihan minggun. O jing el tun de tehe toksoi da /
.........haha juwan. hehe juwan. ihan jakūn. O g'an hoose de
tehe toksoi da casan haha jakūn hehe minggun. /
morin emke ihan nadan. O lioha dalim de tehe toksoi da si
iodzang haha jakūn hehe nadan. ihan sunja. /
O jai dungsan i manduri kadalaha mukden de bisire toksoi
da siyai se haha nadan. ihan jakūn O šuise /
haha jakūn ihan jakūn. O šen jangturi haha juwan.
ihan nadan. O u iowantu haha uyun. ihan nadan. /
O šui hūwase haha juwan. ihan jakūn. O lio laha haha
juwan. ihan nadan. O jangse haha uyun. ihan jakūn. /
.....haha juwan. ihan jakūn O šoo jangturi haha uyun.
ihan nadan. ere uheri juwan uyun toksoi /
haha. hehe. sidan haha jui. sargan jui. morin. ihan. loose
be antamu si saikan baicafi. meni toksoi /
........bithe arafi unggi. O mukden de tehe gabula
janggin si. dergi booi antamu janggin i emgi tubade /

68b

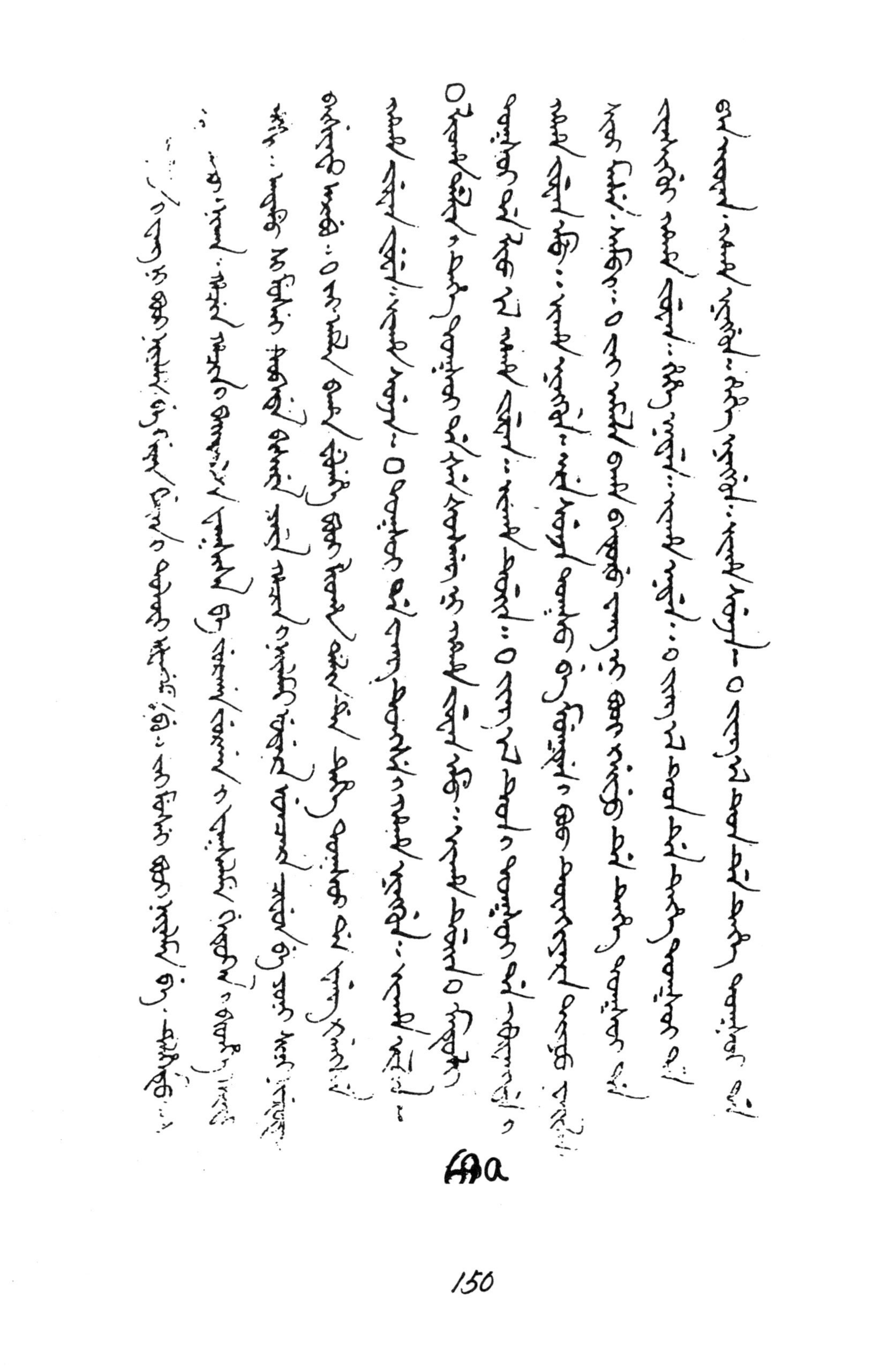

63a

ī wang nī booī miyalma be giyan giyan i tolofī afabume bu.
jai museī booī miyalma be. delhetu. sin /
------nikan. hacin hacin ī baitangga faksisa be jurgan jurgan
ī faksalame getuken ī bithe arafī /
unggī. antamu si museī tubade bisire yaya hacin ī miyalmaī
udara uncara cifun be yonī simī mirude /
bargīyafī arabu. O jaī amala baha fulehe booī lioha dalin
de tehe toksoī da feng gangse /
haha juwan juwe. ihan sunja. O toksoī da wang tungse ī
haha minggun. ihan ilan. /
O lioha dalin ī tehe toksoī da šen šoseng nī haha juwan
emu. ihan duin. O matulī /
toksoī da lio el haha juwan. ihan duin. O jing el tun ī
toksoī da hūwangde ī /
haha juwan emu. ihan minggun. ere sunja tokso be mukden
ī boo tuwakiyara tiyoo wailan. /
sioī mase. sambī. O jaī amala baha baturu wang nī booī
gaiju de tehe toksoī da /
jinsigui haha juwan. hehe nadan. ihan nadan. O jing el
tun de tehe toksoī da /
pan iowan. haha minggun. hehe minggun. ihan sunja. O
jing el tun de tehe toksoī da /

696

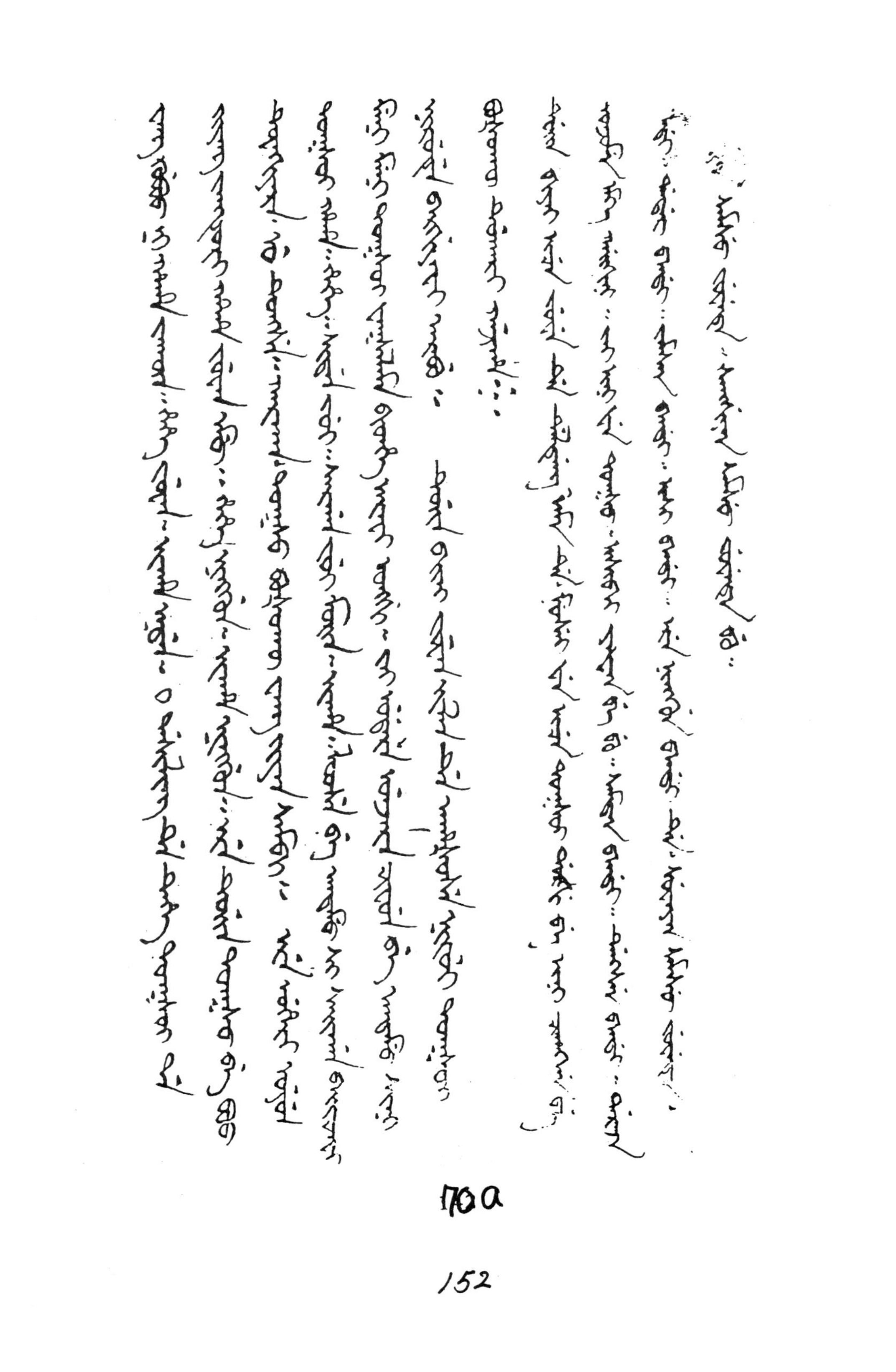

wang g'oboo ni haha jakūn. hehe juwan. ihan madan. O
dasiling de tehe toksoi da/
jiyang jangturi haha juwan emu. hehe minggun. ihan
minggun ere duin tokso be boo/
tuwakiyara. u tungse. karkan. tokso bošokū wang jing sambi
ere uheri uyun/
toksoi haha. hehe. sidan jui. sargan jui morin. ihan. loose
be antamu si saigan baicafi/
meni meni toksoi faksalama bithe arafi unggi. jai
udara uncara cifun be antamu simi/
nirude bargiyafi arabu. duin biyai juwan ilan de
ahašose mirui toksoi/
bošokū dukari gajiha./
(62) duin biyai ice juwe de delden lama de. musei fe ice
toksoi dorgi be ini cihangga be./
somjome emke gaikini. jai ini fe tokso. asibai yafan be bu.
samtan bandi. dengsen bandi. darja/
bandi. dandar bandi. jamsan bandi. isi bandi. ere
minggun bandi de suwayan samsu juwete./
fulgiyan samsu juwete. šanggiyan samsu juwete bu./

170b

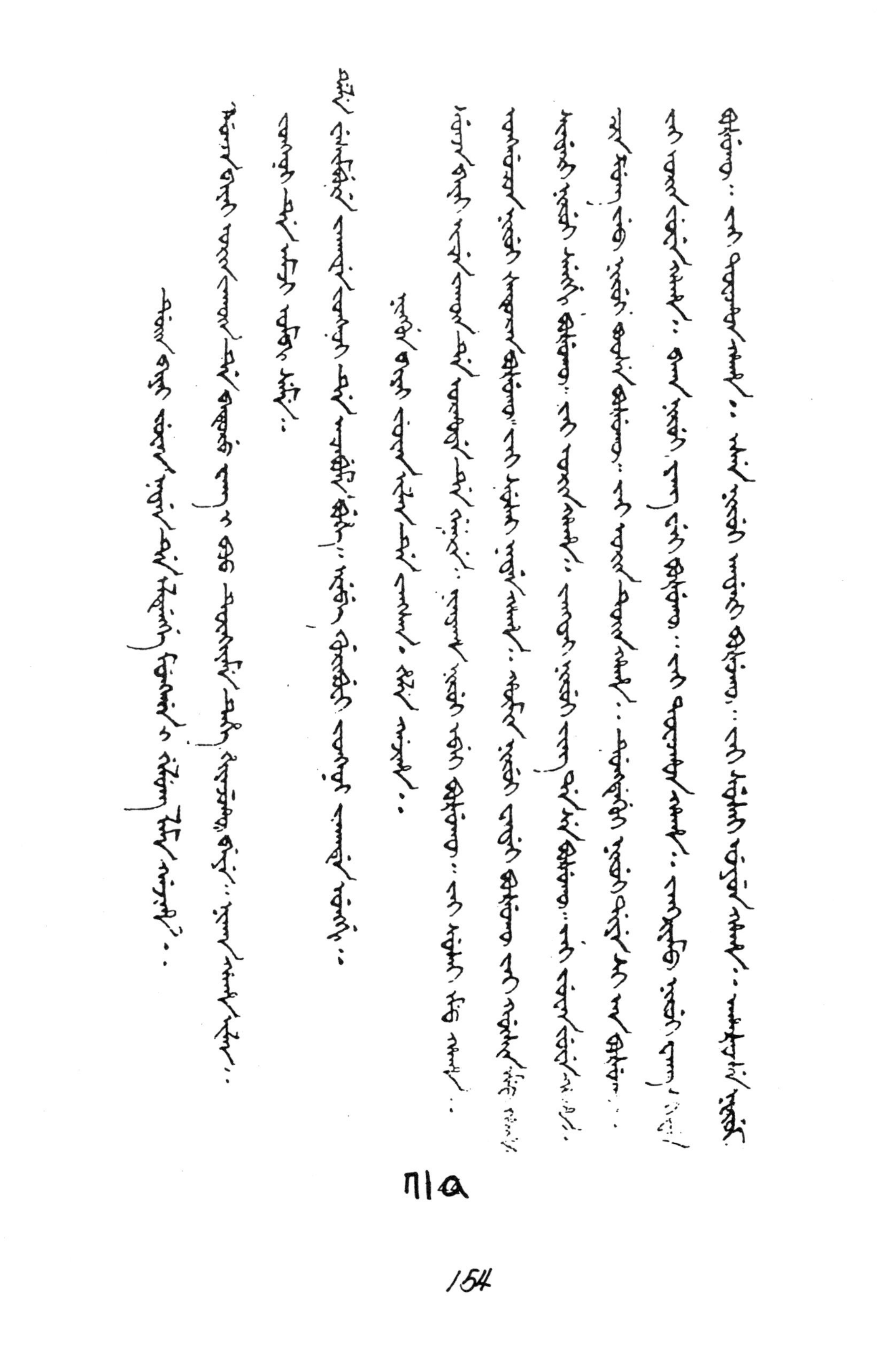

duin biyai juwan madan de eldengge mumgga i gelung lama gajiha./
(63) sunja biyai orin jakūn de baturu wang i boo tuwakiyame tehe hiyajuhū beye. mikan haha ilan./
jongnoi de amji ombi seme./
dele wesimbure jakade jongnoi de acabume buhe. erebe guribufi jongnoi jakade unggi./
minggun biyai juwan ilan de jangsan. hele gajiha./
(64) sunja biyai ice jakūn de orhoda de genere. mintaha miru ebei bošokū. jai susai emu haha./
onggolon mirui šaturan bošokū jai susai madan haha. hūmi mirui wadai bošokū jai gūsin eum haha./
simdari mirui senggi bošokū. jai orin haha. jangtai miru jing da se bošokū. jai juwan juwe haha./
cin dzung jeo mirui boose bošokū. jai orin duin haha. dungdegui mirui diye si an bošokū./
jai orin juwe haha. baka mirui yang wei bošokū. jai tofoh haha. jangjiyamo mirui wang si wen/
bošokū. jai tofohon haha. esen mirui andari bošokū. jai susai uyun haha. ahašose mirui /

71b

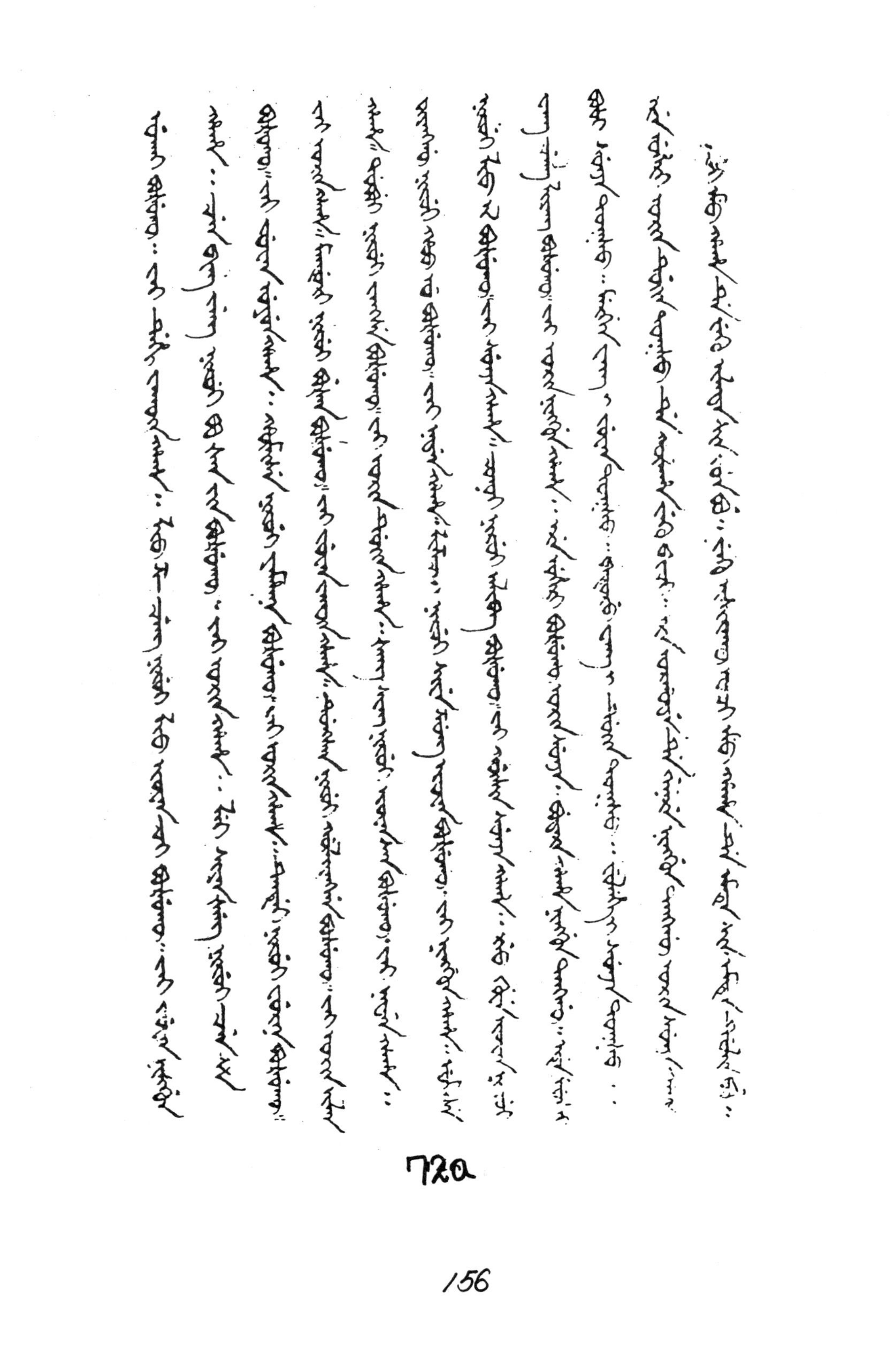

720a

ukaī bošokū. jaī dehi jakūn haha. lio ts' ceng nirui lio iowan
cī bošokū. jaī juwan ninggun /
haha. cen bing jeng nirui po šan jin bošokū. jaī orin haha.
leī siyan šeng nirui cen sya /
bošokū. jaī juwan uyun haha. hūmise nirui yamhana bošokū.
jaī orin haha. tendeī nirui furna bošokū. /
jaī orin haha. manduri nirui bušan bošokū. jaī juwan jakūn
haha. dungsan nirui gūliyangga bošokū jaī orin ilan /
haha. dobuī nirui jangse bošokū. jaī orin duin haha. šang
sing nirui iowan san bošokū. jaī nadan haha. /
fiyanggū nirui hoo u bošokū. jaī nadan haha. lidzcang nirui
siye dzung iowan bošokū. jaī ninggun haha. unase/
nirui lio el bošokū. jaī sunja haha. comoī nirui aliba bošokū.
jaī gūsin sunja haha. g'ao guwe iowan nirui /
wang ceng liyang bošokū. jaī orin ninggun haha. ere uherī
bošokū orin sunja. butara haha ninggun tanggū. ede musei /
booī sunja tokso. mergen wang ī juwan tokso. baturu wang ī
duin tokso. fulehe ī sunja tokso. /
ere uheri orin duin tokso de hūlaha jeku bicī. ere orhoda
de genere ninggun tanggū orin sunja haha /
..........emu haha de jeku ilata sin jun bu. jeku
isīrakū ocī emu haha de emte sin. emte dulin bu. /

72b

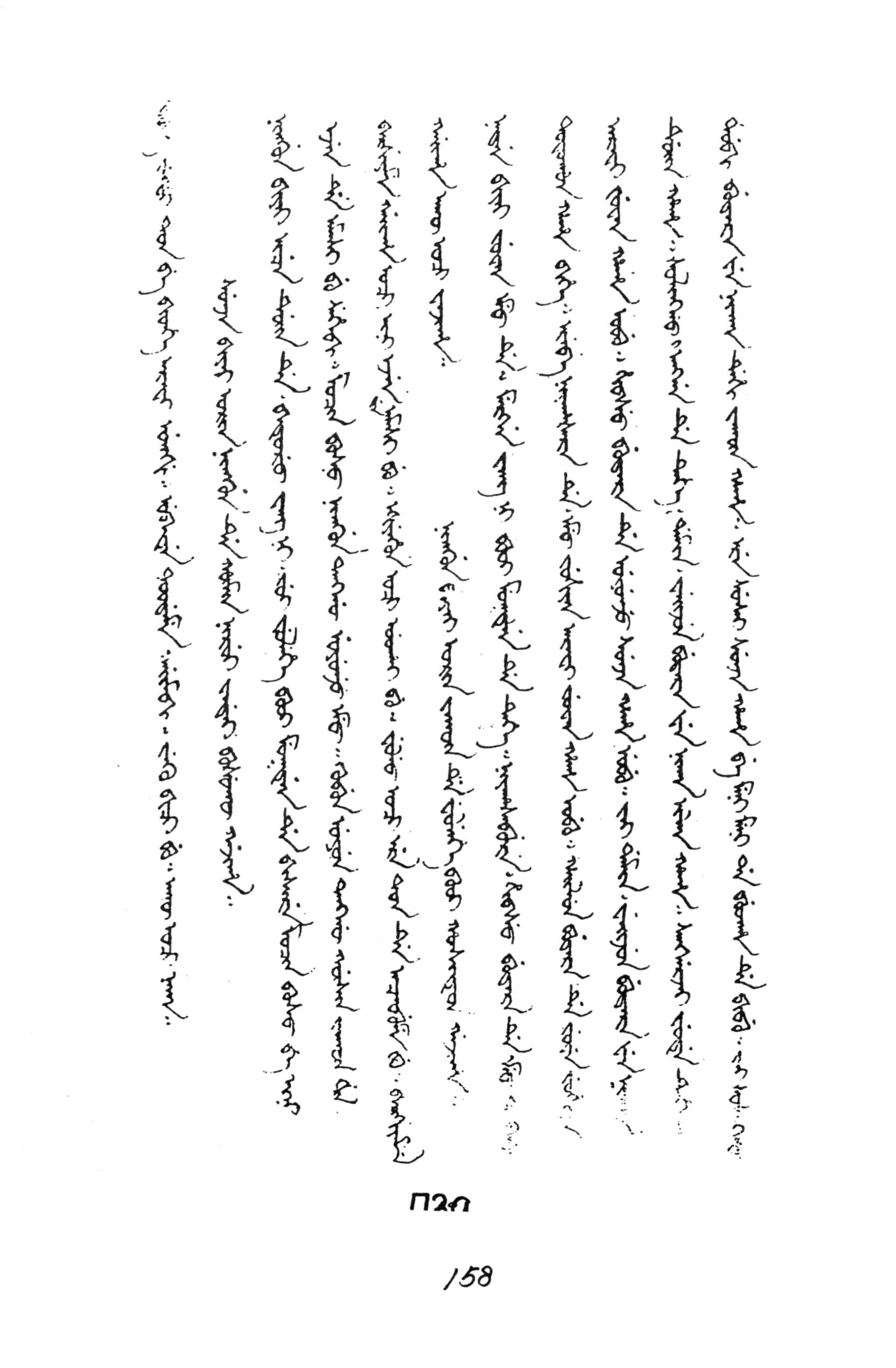

.......jekuī tom be bithe arafī unggī. ubade toodame
gaimbī. jeku bicī bu. akū ocī naka. /
sunja biyai orin minggun de hūmin nirui wadai bošokū
gajiha. /
(65) minggun biyai ice duin de. baturu wang nī jui fulehe booi
mukden de bisire mocin boso be inī /
ejen de amasī bu sehebī. mocin boso minggun tanggū uyunju
emu. kubun uyun tanggū gūsin jakūn gin. /
bargiyame gaiha ocī inī ejen de amasī bu. ekiyehun ocī
uthai bu. fulu ocī ere ton de acabume bu. bargiyame /
gaiha akū ocī wajiha. minggun biyai orin jakūn de fulehe
booi hūsitun gajiha. /
(66) nadan biyai juwan emu de. mergen wang ni booi mukden
de tehe. niyahašabure. hibsu butara de emu tanggū. /
tofohon haha bihe. erebe niyahašara de. emu juhiyan arafi
juwan haha obu. hailun butara de juwe juhiyan /
arafi juwan haha obu. hibsu butara de uyunju sunja ubu.
jai damin. weijun butara fe nikan /
duin haha. šolingho de tehe. damin. weijun butara fe nikan
ilan haha. sanggarjai fude tehe. /
dobi butara fe nikan dehi jakūn haha. ere susai
sunja haha be meni da butha de bibu. jai šolingho /

736

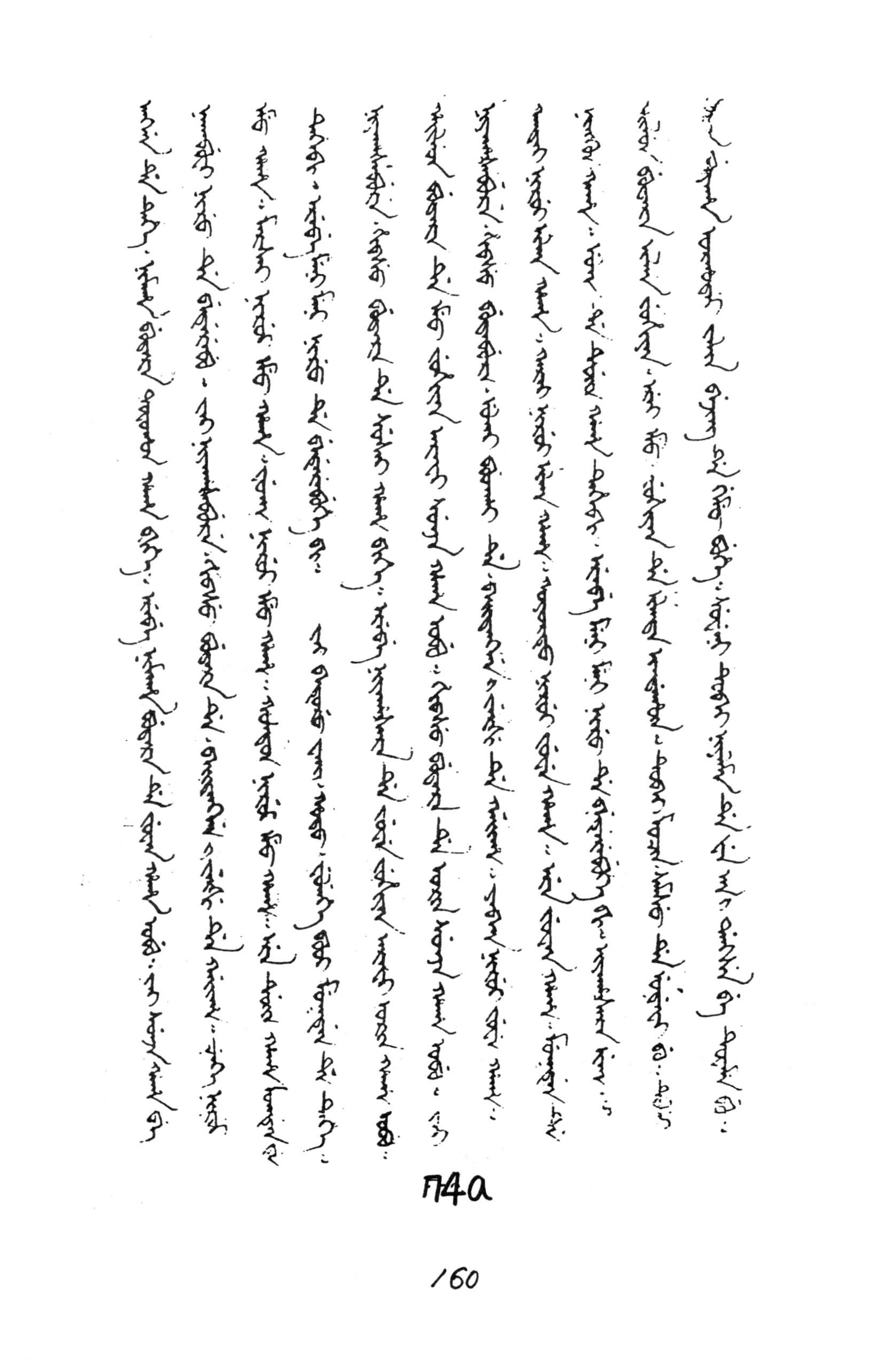

[illegible]

174a

angga de tehe. nimaha butara tofohon haha bihe. erebe nimaha butara de juwan haha obu. jai sunja haha be/ nakabufi niru de bederebu. jai niyahašabure. hibsu butara de. baitangga i jergi de gaiha. ceke mirui/ emu haha. marsai mirui emu haha. fuka mirui emu haha. holdon mirui emu haha. ere duin haha mukden de/ tehebi. erebe meni meni niru de bederebuhe bi. jai baturu wang hoto. fulehe booi mukden de tehe./ niyahašabure. hibsu butara de susai haha bihe. erebe niyahašara de juwe juhiyan arafi orin haha obu./ hailun butara de emu juhiyan arafi sunja haha obu. hibsu butara de orin sunja haha obu. jai/ niyahašabure hibsu butabure. ulai buthai de. baitangga jergi de gaiha. yabka mirui juwe haha./ kantai mirui ilan haha. karai mirui ilan haha. koyortu mirui juwe haha. ere juwan haha. mukden de/ minggun haha. ula de duin haha tehebi. erebe meni meni niru de bederebuhe bi niyahašara ilan juhiyan./ hailun butara ilan juhiyan. erei emu juhiyan de ilata indahūn tubai mocin. samsu de udafi bu. duleke/ aniya butaha orhodai jalin bejing de gemu buhe. suweni tubai niyalma de fe an i dangse be tuwame bu./

174b

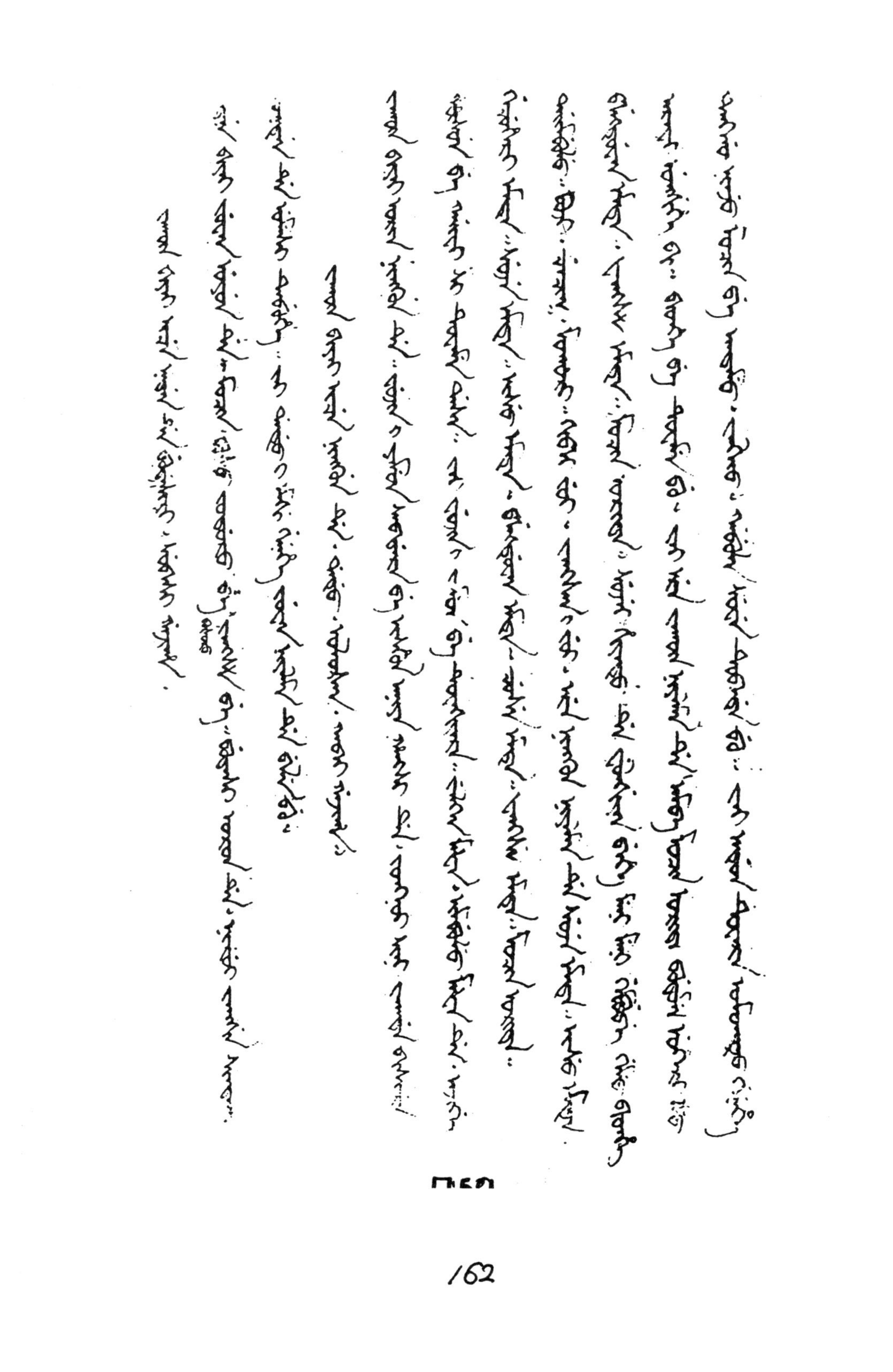

jakūn biyai ice nadan de budasiri. subasi gajiha. /
(67) nadan biyai juwan uyun de mocin. boso jodoro be
bošoro jansya be. butasi orom de. mirui janggin sintaha /
mukden de umesi tebuhe. jai dabu i emgi genehe juwan
niyalma de bele bu. /
jakūn biyai ice ninggun de. dadu. ološan. kabai gajiha. /
(68) jakūn biyai orin ninggun de. fujin i yamun sabdara
be ishun aniya hangsi de. jongnoi simi jakade bisire /
hūsun be gaifi si tuwame dasa. jai fujin i yamun be
tuwakiyara. jelken mafa. imbulu mafa de. ajige /
gecuheri emte. suje emte. isu emte. pengduwan emte cuse
emte. fangse emte. mocin orita. /
daimbulu. boji. cecik. mohori. kipai jui. jangsan i jui. ere
ninggun niyalma de suje emte. isu emte. /
pengduwan emte. fangsy emte. mocin orita. sujei hiyatu
de fulgiyan behe meni meni gebube gemu bithe /
arafi unggihe bi. bithe be tuwame bu. jai ere jakūn
niyalma de amba mocin orita bodome uheri emu /
tanggū minju mocin be antamu. janglio. gabula suwe
tubade bu. jai adun tuwara omoktu genehe /

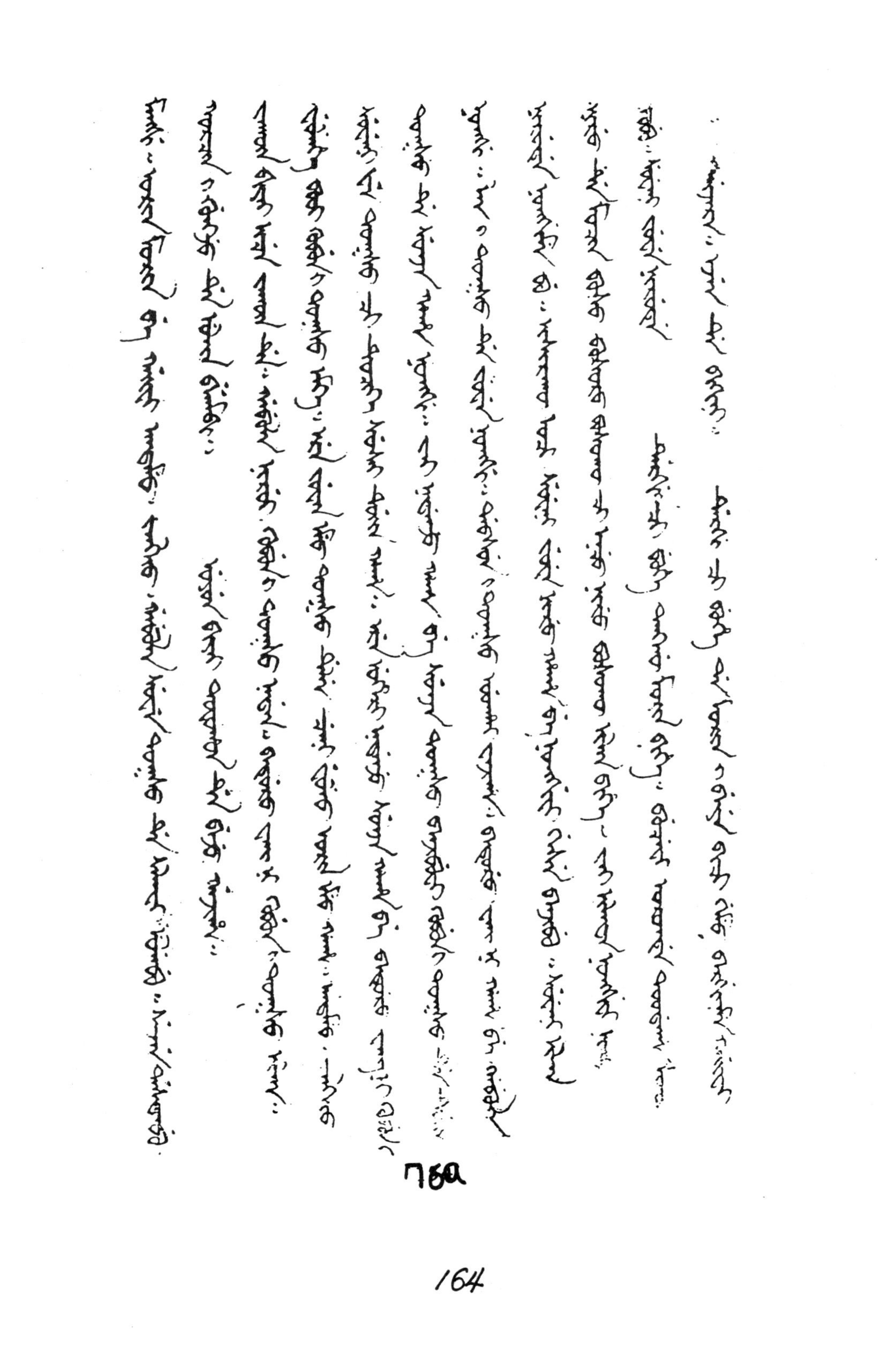

baturu wang ī orin uyun morin. emu loosa. gabula ī
ninju uyun morin de acabufi atula. ubacī atun /
tuwara niyalma genehe manggī. afabume bu. jaī lama
de museī tokso cī yali gaifi bure. museī hūdaī /
niyalma cī yali gaifī bure be naka. lama inī tokso cī gaiha
niongniyaha. coko. ulgiyan be jekini. /
jaī inī hūdaī niyalma cī gaiha juwan yan menggun de
udame jekini. daimbulu. hele. li besun. ere īlan /
niyalma ceni jabdure be tuwame jikini. jang siong. jin
yan. wang sihūwa. wang ji kui ere duin /
duin niyalma beye be mukden de umesī tebuhe. ere
duin niyalmaī jusei be bejing de gajifī. da niru /
de tolombī. bakū be mama ī giran ī jakade umesī tebuhe. yafan
tokso. hūdaī niyalma. moro fila /
cī aname bakū de afabufī. gunggan sī tuwaša. jakūn de
miruī janggin jang siong gajiha. /
(10) uyun biyaī ice de amila guwan de bisire duin mafa de.
mocin ī tuku. boso ī doko emte sijigiyan bu. /
jaī minggun juse de. lamun boso ī tuku. boso ī doko ī
emte sijigiyan bu. /
uyun biyaī orin de kūtahaī gajiha. /

177b

manggi. orin morin be gaifi antamu. janglio. gabula suwe
tokso de salafi ulebu. sejen dastabu. /
Korcin i gungju de ulin benembi. uyun biyai tofohon
de beju gajiha. /
(6P) jakūn biyai ice jakūn de. gabula nirui Kubun i tokso
madan. baturu wang ni Kubun i tokso ilan. /
fulehe booi Kubun i tokso emke. ere juwan emu tokso
dele ceni fulu orin emu haha. antamu. janglio /
suweni fe tokso ci tucike susai duin haha. ere uheri
madanju sunja haha be baturu wang ni kubun i /
tokso de sunja haha unggi. jai madanju haha be sunja
tokso banjibufi Kubun i tokso de duin /
unggi lan i tokso de juwe unggi. dabsun i tokso uthai
wajiha. baturu wang ni haha be gabula /
nirude. uggime bu. isiraku oci suweni juwe niru haha
be unggifi gese banjibu. suweni ilan /
niru de mocin boso bošoro bošokū li encu niru bošokū
ilan bihe. jai ilata nomggifi ninggun /
obu. suweni juwe nirude dergi ci buhe tanggū morin bihe.
bucefi oronde toodaha morin /
.... ejen de bikimi. dergi ci buhe da morin i beye
bici gemu bargiyame gaifi /

76b

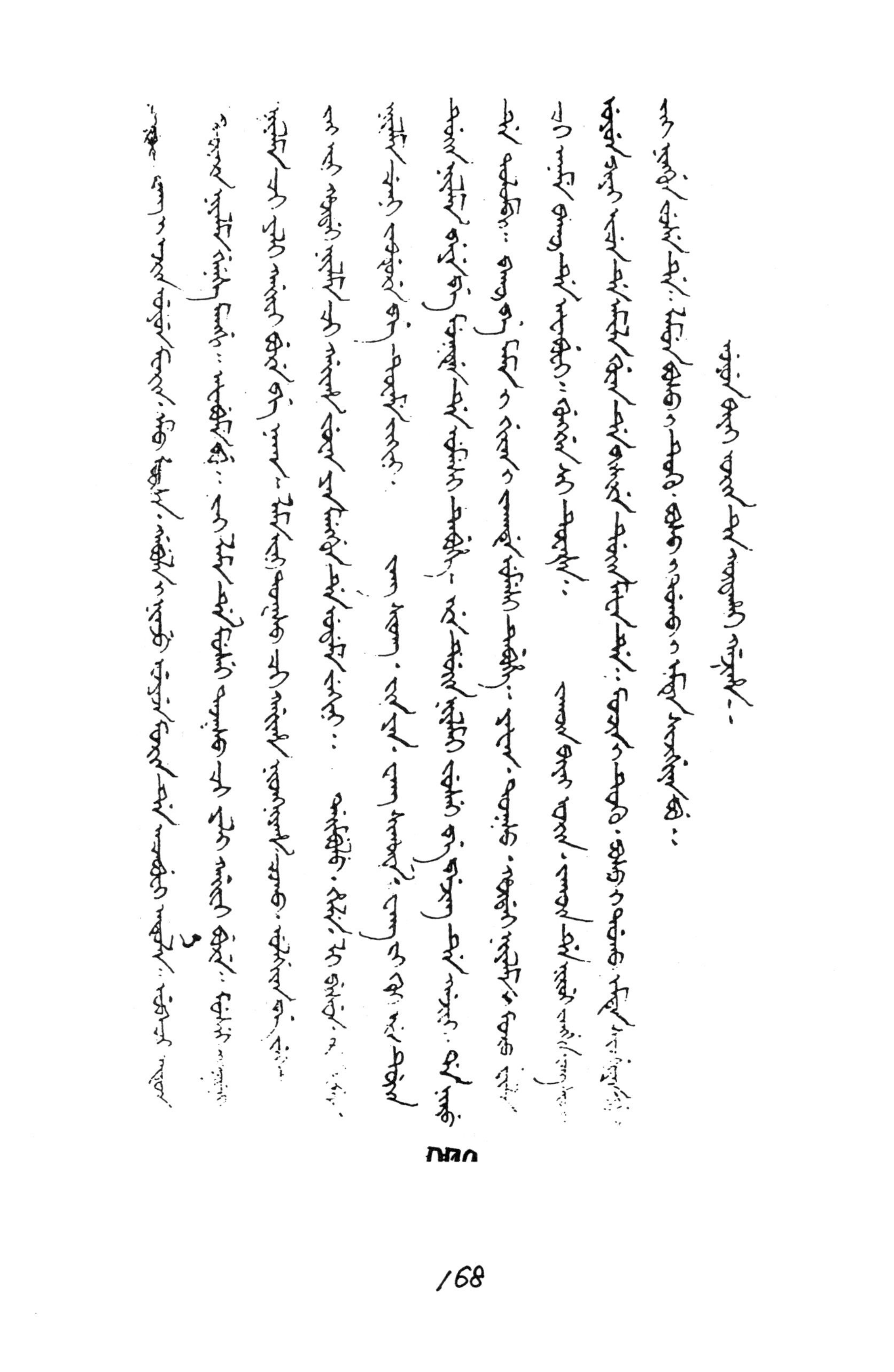

「同文類解」解題

同文類解는 滿洲語에 關한 教科書 一種인데 內容上의 體制는 다음과 같다.

同文類解 目錄

（上卷）

天文・時令・地理・人倫・人品・身體・容貌・氣息・性情・言語・動靜・人事・宮室・官職・官府・城郭・文學・武備・軍器・政事・禮度・樂器・孕産・梳洗・服飾・飮食

（下卷）

田農・米穀・菜蔬・果品・疾病・醫藥・喪葬・寺觀・佃漁・器具・匠器・舟車・鞍轡・算數・珍寶・布帛・買賣・爭訟・刑獄・國號・戲玩・罵辱・飛禽・走獸・水族・昆蟲・樹木・花草・雜語.

또한 內容은 漢字語의 語彙를 먼저 紹介하고서 그 語彙에 對한 韓國語譯 그리고 그 韓國語譯에 對한 滿洲語의 韓音譯의 順序도 翻譯하였다.

그리고 語錄解를 다시 옮겨 一部를 紹介하면 다음과 같다.

（語錄解）

be 把字 將字 卽을 字意 又以字 用字 卽 써字意 又合字 教字 卽으로 字意 又也字 如云將 他領了去 terebe gaifi gene, 以何爲根本 ai be fulehe da obumbi 師傅設了教稱去 sefu simbe gene sehe 如接虛語用 已然 赤然音 俱可接 be 字 其 i ni de me ci fi 等 虛字之下 不可用 be 字 若係整語如 bayan wesihun 之類 直用 be 字 又有連寫者 必

deri 自字, 從字, 由字 卽으로셔 字意也 在字尾用之 此 ci 字 詞義實在 乃實解 起字也 如云 自外邊 tulergideri 從縫子裏 jakaderi 由驛站 giyamun deri

tala tele tolo 皆由彼至此之詞 至於字, 到字 卽도록 字意也如 isitala tutala 之類 若遇整語 則用 O字承之 如 otolo 之類是也

gala gele 用語句末 猶未字 尙未字 卽 못ᄒᆞ여셔 字意 與 unde de 義同 如云未完 wajinggala 未出 tucinggele

cuka cuke 作可傷可痛之可字意也 與 ombi 字稍異 如可憂曰 jobocuka 可怕曰 gelecuke

tetendere 作旣然是之旣字 在句尾用 乃設言未然之語 如云我旣然在此 bi ubade bici tetendere

凡聯字內 在 ang eng ing 頭字下 聯寫 ga 字念 아 go 字念 오 gu 字念 우 ge 字念 어 gi 字 이 giya 字念 야 giye 字念 여 此等字 若在別者頭兒字下相聯 不可照此讀念

凡 i 字 若隨在 an en in 頭兒下 念니 隨在別者頭兒字下 俱念이 獨是 ang eng ing 頭兒字下 不可用 i 字 只用 ni 字 再 a e i 頭兒字下有聯寫 i 字者 與單寫義同 別者頭兒字下 聯寫不得 只可單寫 在下隨用

漢學譽整官
前 正 洪大成
前 正 朴道貫
前 正 邊 憲
清學譽整官
前判官 金振夏 兼監印
書寫官
前判官 崔重呂
行判官 皮載祿
前主簿 李東億
前副奉事 李寅德

前參奉　金漢翼

副司勇　金漢奎

副司勇　崔重逸

副司勇　金旋瑞

前　御　金漢盛

監印官

前奉事　林齊栢

前參奉　李城 兼書寫

또한 同文類解는 約 6000餘 語彙가 있으며 朴恩用 敎授와 金東昭 敎授가 이 方面에 硏究한 一面을 우리는 엿 볼 수 있다.

아뭏든 이 册子는 國語學的인 面이나 滿洲語를 硏究하는 比較 言語學者에게는 아주 重要한 資料임은 틀림없다.

그리고 體系的으로 分野別로 조직적으로 羅列하여서 오늘날 우리에게 言語學을 硏究하는 데 큰 편리함도 주고 있는 매우 중요한 書籍이다.

前副奉事李寅德
前叅奉金漢翼
副司勇金漢奎
副司勇崔重逸
副司勇金履瑞
前銜　金漢盛
監印官
前奉事林齊栢
前叅奉李　城　監書寫

漢學讐整官

前　正洪大成

前　正朴道貫

前　正邉　憲

清學讐整官

前判官金振夏 兼監印

書寫官

前判官崔重呂

行判官皮載禄

前主簿李東億

對如流星知舊物名字多所證定提
擧大宗伯李公周鎮
筵白開刊俾用於課試即能致之講
習日有成䟽則是書之有功豈不大
歟同學譯㤼官金振夏書寫官崔
重呂於是役也終始不惓而申乞漢
相退加校訂寔得其精皆可嘉也已
書以識之卷末
戊辰冬月行副司直安命說題

清學舊有所謂物名是乃口耳
鄙傳一小冊也業是者病其訛謬
而莫或正之且百年矣本學訓長
玄同樞文恒慨然有意於斯乃清
文鑑大清全書同文廣彙等書專
心用工殫以正之閱六寒暑而編成
焉名之曰同文類解上自天文地理
人事百用下至鱗虫草木雜語俚談
各自分門彙類而釋之雖細且多
而條理不亂習此書者與彼人接應

語錄解 終

二百八十

凡[Manchu]字。若隨在[Manchu][Manchu][Manchu]頭兒下。念ㅓ。隨在別者頭兒字下。俱念이。獨是[Manchu][Manchu][Manchu][Manchu]頭兒字下。不可用[Manchu]字。只用[Manchu]字。再[Manchu][Manchu][Manchu]頭兒字下。有聯寫[Manchu]字者。與單寫義同。別者頭兒字下。聯寫不得。只可單寫。在下隨用。

意也與[Manchu] [Manchu]義同。如云。[Manchu]未完 [Manchu]未出

[Manchu]

二百七十八

[Manchu] [Manchu]作可傷可痛之可字意也。與[Manchu]字稍

異。如可憂曰[Manchu]可怕曰[Manchu]

[Manchu]作既然是之旣字。在句尾用。乃設言未然

之語。如云。我旣然在此[Manchu] [Manchu] [Manchu] [Manchu]

凡聯字內在[Manchu] [Manchu] [Manchu]頭字下聯寫[Manchu]字念

아。[Manchu]字念오。[Manchu]字念우。[Manchu]字念어。[Manchu]字念이。[Manchu]

字念아。[Manchu]字念어。此等字若在別者頭兒字下

相聯。不可照此讀念。

同文類解上

天文

天道 하ᄂᆞᆯ ○압카
蒼天 ㅣㅣ ○뇨혼 압카
天文 ㅣㅣ ○압캐 슈
天變 ㅣㅣ ○압캐 쿠부린
天變了 ㅣㅣᄒᆞ다 ○압카 어허러허
天河 은하슈 ○숭가리 비라
天涯 하ᄂᆞᆯㅅᄀᆞ ○압캐 부런
日頭 ᄒᆡ ○슌
日光 ᄒᆡㅅ빗 ○슌 이 얼던
日出 ᄒᆡ나다 ○슌 투치커
日頭上了 ᄒᆡ돗다 ○슌 묵더커
日矬 ᄒᆡ기우다 ○슌 울후허 一云슌 걸빙허
日暈 ᄒᆡㅅ모로ᄒᆞ다 ○슌 콰라하
日珥 ᄒᆡ귀엿골ᄒᆞ다 ○슌 샤나하비
日蝕 ㅣㅣᄒᆞ다 ○슌 점비
日頭落了 ᄒᆡ디다 ○슌 투허커

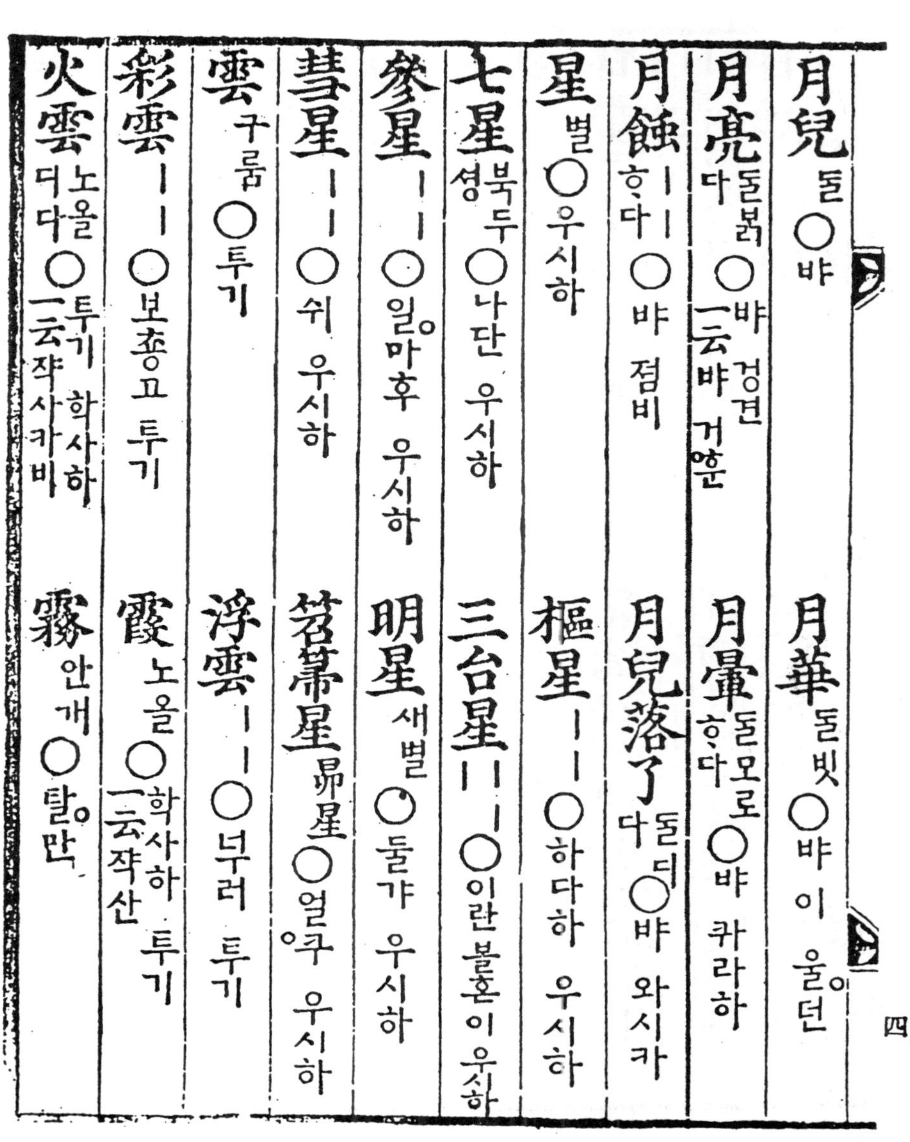

月兒 ᄃᆞᆯ ○바

月華 ᄃᆞᆯ빗 ○바이 울。던

月亮 ᄃᆞᆯᄇᆞᆰ다 ○바 걍련 一云바 거얀

月暈 ᄃᆞᆯ모로ᄒᆞ다 ○바 캬라하

月蝕 ㅣㅣᄒᆞ다 ○바 졈비

月兒落了 ᄃᆞᆯ디다 ○바 와시카

星 별 ○우시하

樞星 ㅣㅣ ○하다하 우시하

七星 븍두셩 ○나단 우시하

三台星 ㅣㅣㅣ ○이란 불혼이 우시하

參星 ㅣㅣ ○일。마후 우시하

明星 새별 ○둘갸 우시하

彗星 ㅣㅣ ○쉬 우시하

笤帚星 昴星 ○얼。쿠 우시하

雲 구룸 ○투기

浮雲 ㅣㅣ ○너부러 투기

彩雲 ㅣㅣ ○보춍고 투기

霞 노올 ○학사하 一云쟉산

火雲 노올디다 ○투기 학사하 一云쟉사카비

霧 안개 ○탈。만

四

下霧 안개 디다 ○탈。마카

霧濃 안개 조옥ᄒᆞ다 ○룩 슈머 탈。마카

雷 우레 ○악잔 ○又霹靂

雷鳴 우레ᄒᆞ다 ○악 쟘비

天鼓鳴 天動ᄒᆞ다 ○압카 둘검비

雷打了 벽녁ᄒᆞ다 ○악잔 다림비

電 번게 ○탈。칸

打閃 번게ᄒᆞ다 ○탈。캼비

雨 비 ○아가

雨點 비 듯다 ○아가 삼담비

下雨 비 오다 ○아 감비

細雨 ㅣ ㅣ ○셜 슈러 아가

雨霏霏 비 부ᄉᆞᆯ부ᄉᆞᆯ 오다 ○부수 부수 아감비

驟雨 쇠나기 ○와국 와선 와국 와선 이 아가

傾盆雨 비 붓ᄃᆞ시 오다 ○ᅌᅩᆼ 커러머 아감비 一云 투라머 아감비

霖雨 댱마 ○실커 아가

下霖雨 댱마 디다 ○실커더머 아감비

天杠 무지게 ○뇨。론 一云 볼。문

虹現 무지게 셔다 ○뇨。론 고차카

虹消 무지게 ᄉᆞ다 ○뇨。론 삼시하

露水 이슬 ○ 시렁기

下露水 이슬오다 ○ 시렁기 와시카

霜 서리 ○ 거쳔

霜打了 서리티다 ○ 거쳔 거쳠비

霜早 서리이ᄅᆞ다 ○ 거쳔 얼。더

霜晩 서리늦다 ○ 거쳔 시타하

花霜 산고ᄃᆡᄒᆞ다 ○ 숭거빙 又毛髮에 성에다

雪 눈 ○ 니망기

雪花 눈ㅅ발 ○ 랍산

下雪 눈오다 ○ 니마람비

米雪 ᄊᆞ눈 ○ 사츄

氷雹 무뤼 ○ 보노

下雹子 무뤼오다 ○ 보놈비

風 ᄇᆞ람 ○ 어둔

起風 ᄇᆞ람니다 ○ 어둔 덕더허

刮風 ᄇᆞ람부다 ○ 어둔 담비

風住 ᄇᆞ람머즉ᄒᆞ다 ○ 어둔 토로교

風息 ᄇᆞ람자다 ○ 어둔 나카하

旋窩風 호로래ᄇᆞ람 ○ 수 어둔

東開了 동트다 ○ 아관 쟈카라하

晨光現 먼동트다 ○울。더커

曉頭 새벽 ○걸시 벌시

天亮了 새다 ○거러커

平明 ㅣㅣ ○거ᅌᅮᆫ 거러커

太陽 별 ○뱌갼

暎射 히ㅅ빗쏘이다 ○보소쇼

照了 빗취다 ○얼。디커

影兒 그림자 ○헐。먼

陰 그늘 ○섭드리

背陰處 음달 ○실。먼

天陰 하ᄂᆞᆯ흐리다 ○압카 툴。ᅌᅮ섬비

晴了 개다 ○가。라카

時令

春 봄 ○녕녀리

夏 녀름 ○쥬와리

秋 ᄀᆞ올 ○보로리

冬 겨울 ○투워리

日 날 ○이넝기

今日 오ᄂᆞᆯ ○어넝기

今朝 오ᄂᆞᆯ아ᄎᆞᆷ ○어러 치마리

昨日 어제 ○식서

明日 ᄂᆡ일 ○치마하 이녕기

翌日 이튼날 ○재 이녕기

前日 그젓긔 ○챠낭기

後日 모ᄅᆡ ○쵸로

大後日 글픠 ○재 쵸로

終日 ᄒᆡ디도록 ○슌 투허러

日長 ᄒᆡ기다 ○이녕기 상카비

日短 ᄒᆡ뎌ᄅᆞ다 ○이녕기 보호론

日後 ㅣㅣ ○아마가 이녕기

初一站 초ᄒᆞᄅᆞ ○이쳐 이녕기

十五站 보롬날 ○토보혼 이녕기

上弦 첫조곰 ○워시훈 이 혼토호

下弦 후ᄉᆞ조곰 ○와시훈 이 혼토호

盡頭 그뭄 ○구신 이녕기

月盡 ᄃᆞᆯ그무다 ○바 마나라

大盡 ᄃᆞᆯ크다 ○바 암반

小盡 ᄃᆞᆯ젹다 ○바 오소혼

年 ᄒᆡ ○아냐

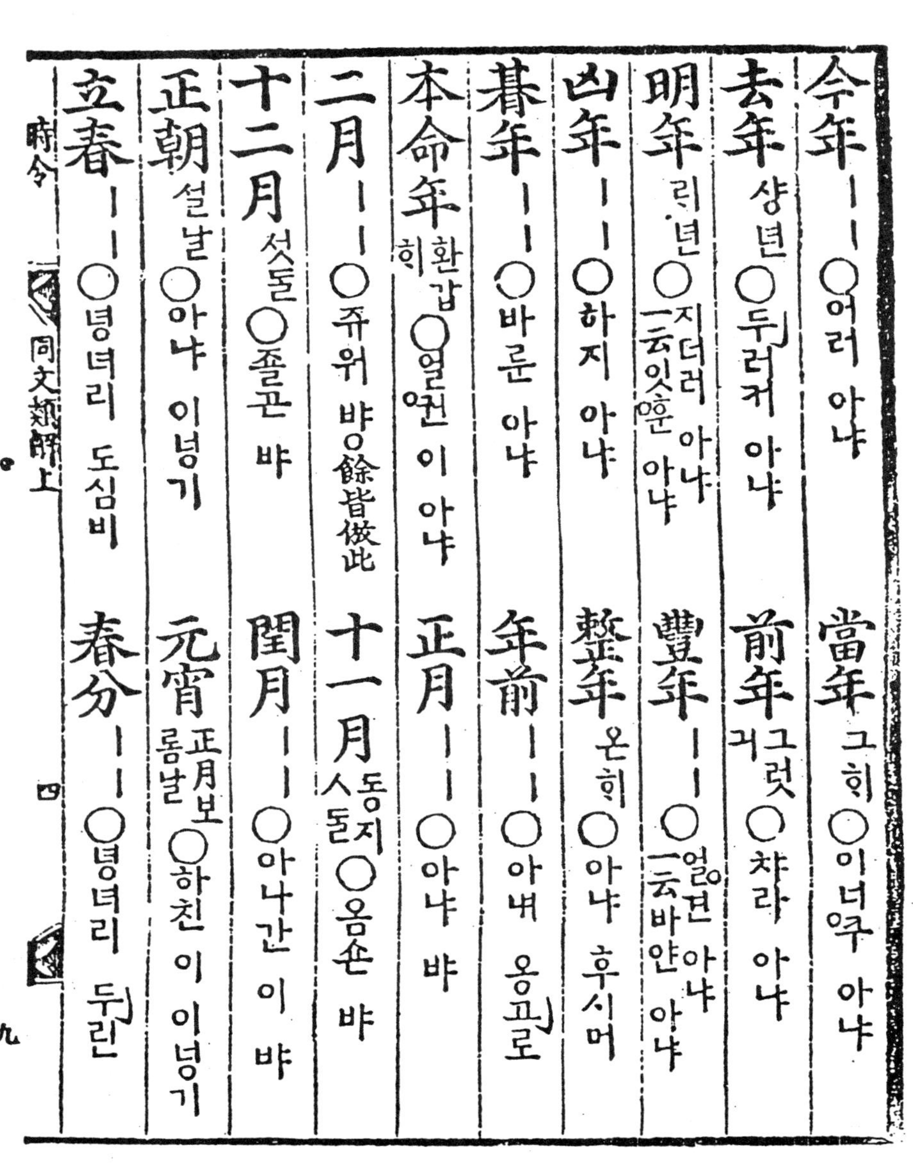

今年 ㅣㅣ ○어러 아냐
當年 그희 ○이너쿠 아냐
去年 샹년 ○두러커 아냐
前年 그럿긔 ○차라 아냐
明年 릐년 ○지더러 아냐 一云잇쇼훈 아냐
豐年 ㅣㅣ ○얼견 아냐 一云바얀 아냐
凶年 ㅣㅣ ○하지 아냐
整年 온희 ○아냐 후시머
朞年 ㅣㅣ ○바룬 아냐
年前 ㅣㅣ ○아내 옹고로
本命年 환갑희 ○얼연이 아냐
正月 ㅣㅣ ○아냐 뱌
二月 ㅣㅣ ○쥬워 뱌 餘皆倣此
十一月 동지ㅅ돌 ○옴숀 뱌
十二月 섯돌 ○졸곤 뱌
閏月 ㅣㅣ ○아나간이 뱌
正朝 설날 ○아냐 이녕기
元宵 正月보롬날 ○하친이 이녕기
立春 ㅣㅣ ○녕녀리 도심비
春分 ㅣㅣ ○녕녀리 두린

清明ㅣㅣ○항시○又寒食

芒種ㅣㅣ○망 올호 우서넘비 一云매스 우럼비

端午ㅣㅣ○순재 배 순쟈

初伏ㅣㅣ○수츙가 부

中伏ㅣㅣ○두림바 부

末伏ㅣㅣ○와지마 부

處暑ㅣㅣ○할흔 버드럼비

仲秋節 츄석○쟈쿤배 톱오혼

冬至ㅣㅣ○투워리 턴

臘八 납향 날○놀온 이 이넝기

除夕ㅣㅣ○버 얌지

時節ㅣㅣ○분

時 셰○어린

刻ㅣ○거

朝夕ㅣㅣ○얌지 치마리

早朝 아참○치마리

早了 이르다○얼더

白日 白晝○이넝기 순

晌午 낫○이넝기 두린

晩晌 늣다○피다하

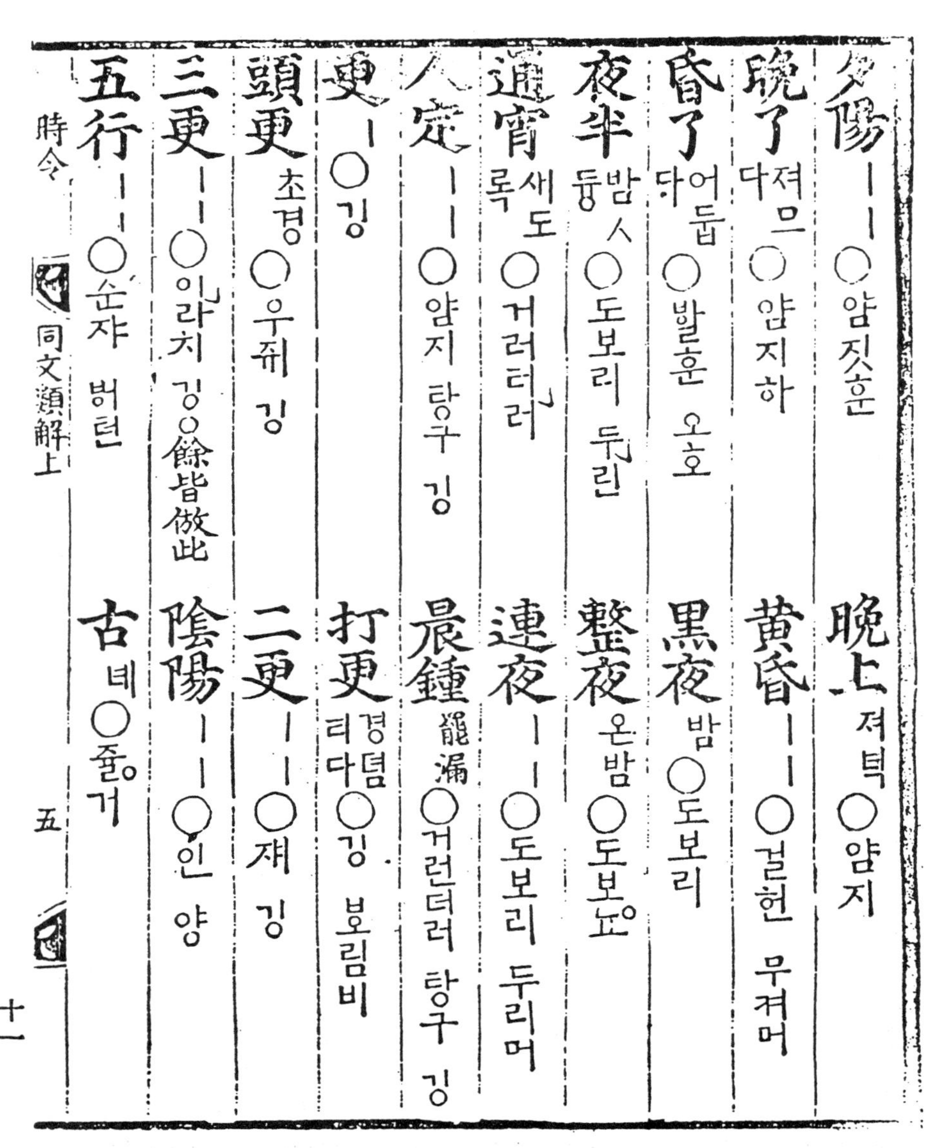

夕陽 ㅣㅣ ○암짓훈 晩上 져녁 ○얌지

曉了 져므다 ○얌지하 黃昏 ㅣㅣ ○걸헌 무겨머

昏了 어둡다 ○발훈 오호 黑夜 밤 ○도보리

夜半 밤ㅅ듕 ○도보리 두린 整夜 온밤 ○도보쇼

通宵 새도록 ○거러더러 連夜 ㅣㅣ ○도보리 두리머

人定 ㅣㅣ ○얌지 탕구 깅 晨鐘 罷漏 ○거런더러 탕구 깅

更 ○깅 打更 경뎜티다 ○깅 보림비

頭更 초경 ○우쥐 깅 二更 ㅣㅣ ○재 깅

三更 ㅣㅣ ○이라치 깅○餘皆倣此 陰陽 ㅣㅣ ○인 양

五行 ㅣㅣ ○순자 버런 古 녜 ○줄○거

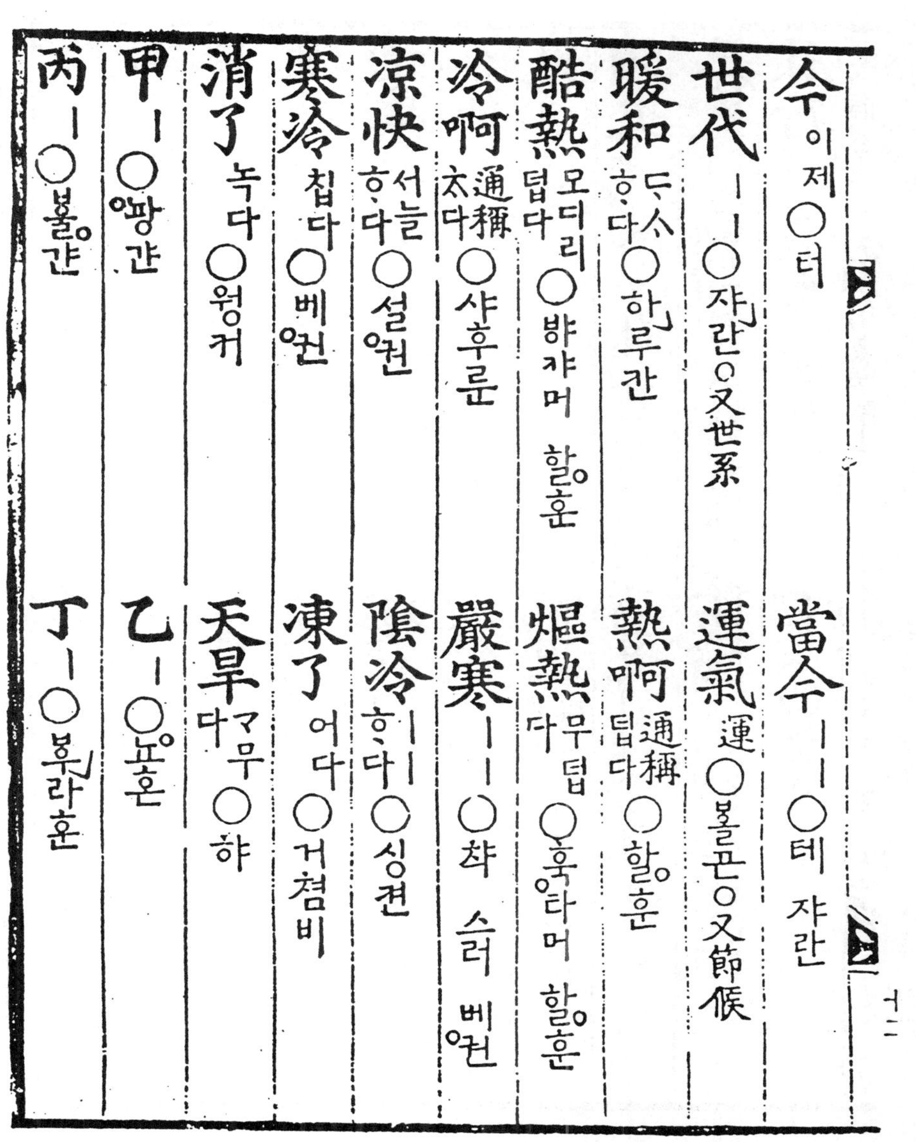

今 이제 ○터
當今 ㅣㅣ ○테 자란

世代 ㅣㅣ ○자란○又世系
運氣 運 ○볼끈○又節候

暖和 드스ᄒᆞ다 ○하루관
熱啊 通稱 덥다 ○할훈

酷熱 모디리덥다 ○뱌갸머 할훈
熅熱 무덥다 ○훅타머 할훈

冷啊 通稱 차다 ○샤후룬
嚴寒 ㅣㅣ ○챠 스러 베연

涼快 서늘ᄒᆞ다 ○설연
陰冷 ᄒᆞ다ㅣㅣ ○싱견

寒冷 칩다 ○베연
凍了 어다 ○거쳠비

消了 녹다 ○웡커
天旱 마무다 ○햐

甲 ㅣ ○야방갼
乙 ㅣ ○뇨혼

丙 ㅣ ○볼갼
丁 ㅣ ○부라훈

十二

425

地理

戊ㅣ○솨얀 己ㅣ○소혼

庚ㅣ○샹갼 辛ㅣ○샤훈

壬ㅣ○사하랸 癸ㅣ○사하훈

子ㅣ○싱거리 丑ㅣ○이한

寅ㅣ○탓하 卯ㅣ○굴。마훈

辰ㅣ○무두리 巳ㅣ○메허

午ㅣ○모린 未ㅣ○호닌

申ㅣ○보뇨 酉ㅣ○쵸코

戌ㅣ○인다훈 亥ㅣ○울。갼

地頭 ᄯᅡ ○나

地理 ｜｜○나 이 갼

地脈 ｜｜○나 이 쥰

地凸 ᄯᅡ두두록ᄒᆞ다 ○나 누약

地凹 ᄯᅡ우묵ᄒᆞ다 ○나 누하란

地皮 峭起 ᄯᅡ소올더다 ○나 부러너허비

地廣 ᄯᅡ광활ᄒᆞ다 ○바 러리

光礮地 뮌ᄯᅡ ○캉타훈·바

沙石地 사셕만잇ᄂᆞᆫᄯᅡ ○용간 워허 노호바

陷泥地 즌퍼리 ○리바쿠

泥濘 즈다 ○리밥비

地動 디진ᄒᆞ다 ○나 아ᄉᆞᆼ샴비

去處 곧 ○바○又十里之里

山 ｜○아린

山峯 뫼ㅅ봉 ○아린 이 무루

山岡 뫼ㅅ부리 ○아린 이 지둔

山坡 뫼ㅅ비탈 ○아린 이 머버허

山谷 뫼ㅅ골 ○아린 이 호로

嶺頭 재 ○다바간○又고개

窰 굴헝 ○요호론

十四

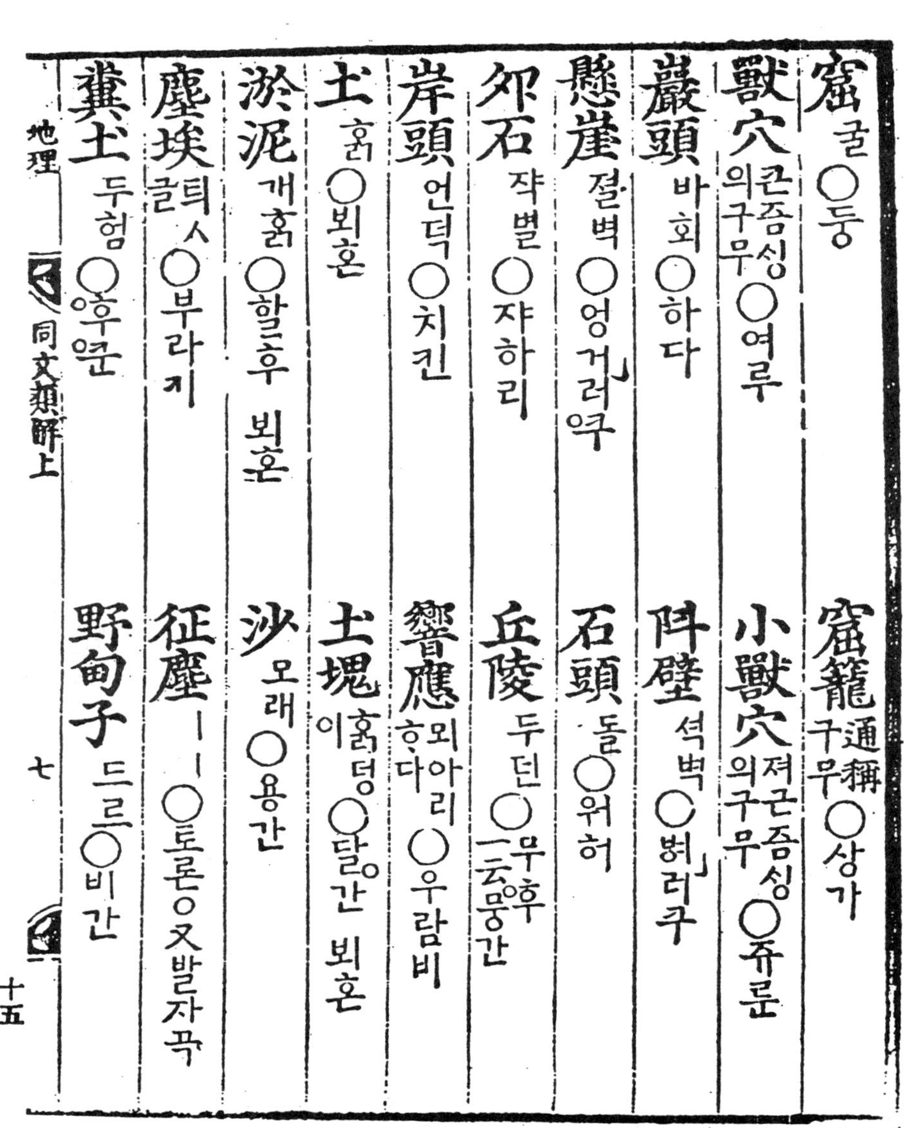

窟 굴 ○둥

窟籠 通稱 구무 ○상가

獸穴 큰즘싱의구무 ○여루

小獸穴 져근즘싱의구무 ○쥬룬

巖頭 바회 ○하다

陡壁 셕벽 ○벼러쿠

懸崖 절벽 ○엉거러쿠

石頭 돌 ○워허

斜石 쟉별 ○쟈하리

丘陵 두던 ○무후 一云뭉간

岸頭 언덕 ○치컨

響應 뫼아리ᄒᆞ다 ○우람비

土 ᄒᆞᆰ ○뵈혼

土塊 ᄒᆞᆰ덩이 ○달간 뵈혼

淤泥 개ᄒᆞᆰ ○할亡후 뵈혼

沙 모래 ○용간

塵埃 틧ᄭᅳᆯ ○부라기

征塵 ㅣㅣ ○토론 又발자곡

糞土 두험 ○야후연군

野甸子 드르 ○비간

平啊 평ᄒᆞ다 ○너친
險啊 험ᄒᆞ다 ○학산
高啊 놉다 ○뎐
低啊 ᄂᆞᆺ다 ○방가라
江 ㅣ ○걍
海 바다 ○머더리
湖 ㅣ ○후
潭 소 ○쥬텨 一云 퉁우
海島子 셤 ○툰
川 내 ○비라
溪 시내 ○빌간
池塘 못 ○오모
澤 웅덩이 ○하리
堰 ㅣ ○다란
津頭 ᄂᆞᄅᆞ ○도곤
灘裏 여흘 ○이탄
浦 개 ○쥽키
馬頭 션창 ○다룬
井 우믈 ○후친
淘井 우믈츠다 ○후친 쇼돔비

421

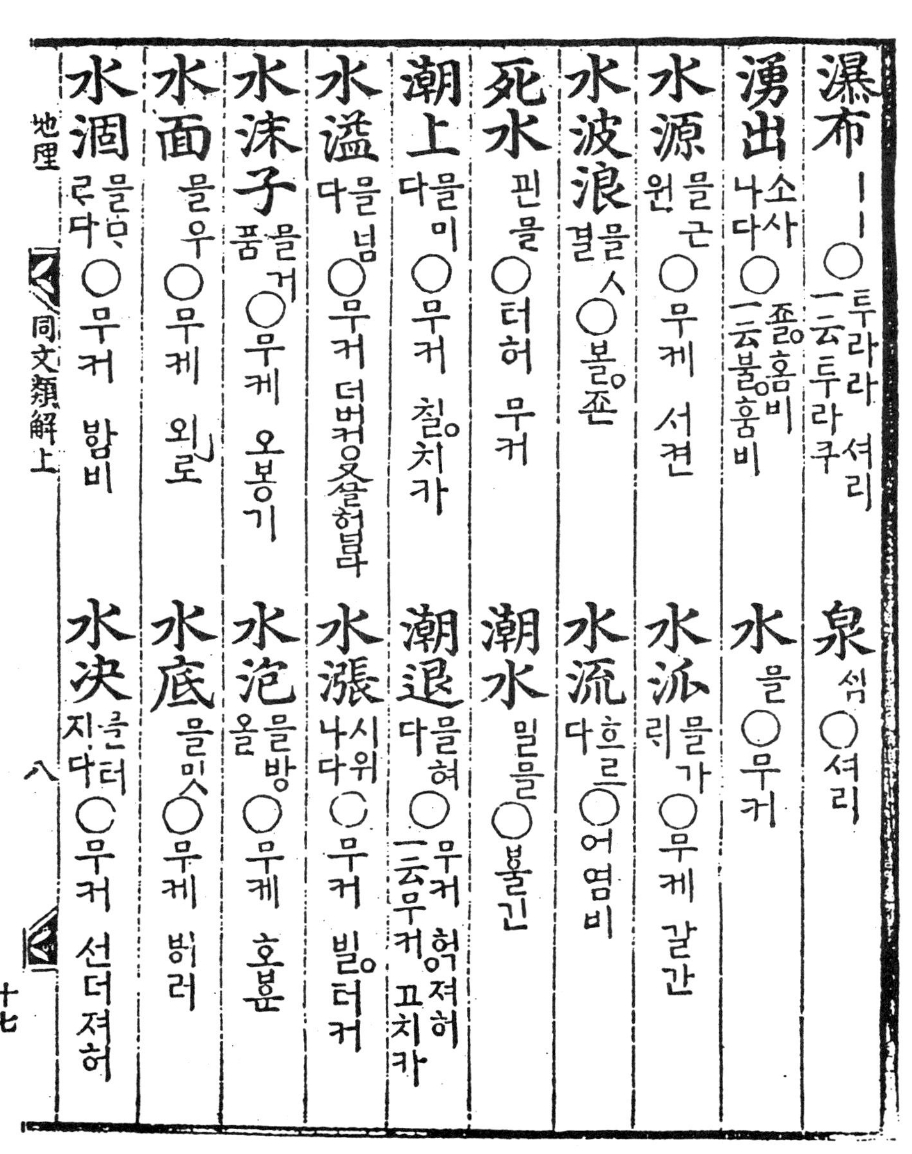

瀑布 ㅣㅣ ○투라라 셔리 一云 투라쿠

泉 쉼 ○셔리

湧出 소사나다 ○죨홈비 一云 불홈비

水 믈 ○무커

水源 믈근원 ○무케 셔켠

水派 믈가리 ○무케 갈간

水波浪 믈ㅅ결 ○볼존

水流 흐르다 ○어염비

死水 괸믈 ○터허 무커

潮水 밀믈 ○불긴

潮上 믈미다 ○무커 칠치카

潮退 믈혀다 ○무커 헉져허 一云 무커 끄치카

水溢 믈넘다 ○무커 더버커오쥴허브

水漲 시위나다 ○무커 빌터커

水沫子 믈거품 ○무케 오봉기

水泡 믈방올 ○무케 호분

水面 믈우 ○무케 외로

水底 믈밋 ○무케 빙러

水涸 믈ᄆᆞᄅᆞ다 ○무커 밤비

水決 큰믈터지다 ○무커 선더져허

決水 믈트다 ○무커 선더럼비

注水 믈븟다 ○무커 도람비

傾水 믈쏫다 ○무커 쉬탐비

灌水 믈흘리다 ○무커 훙커럼비

歪水 믈쓰다 ○무커 왜담비

水撒了 믈업티다 ○무커 시삼비

溝 키쳔 ○우란

捺了 플항츠다 ○왈담비

深 깁다 ○슈민

淺 엿다 ○미치햔

清 몱다 ○겅텬 ○又 볽다

濁 흐리다 ○두랑기

浮 쓰다 ○덕덤비

沉 좀기다 ○이룸비

渡水 건너다 ○돔비

泅水 헤음ᄒᆞ다 ○설。빔비

氽水 무조믜악ᄒᆞ다 ○부림비

淹了 싸디다 ○성서럼비

牲口泅水 즘싱헤음ᄒᆞ다 ○녀럼비

氷 어름 ○쥬허

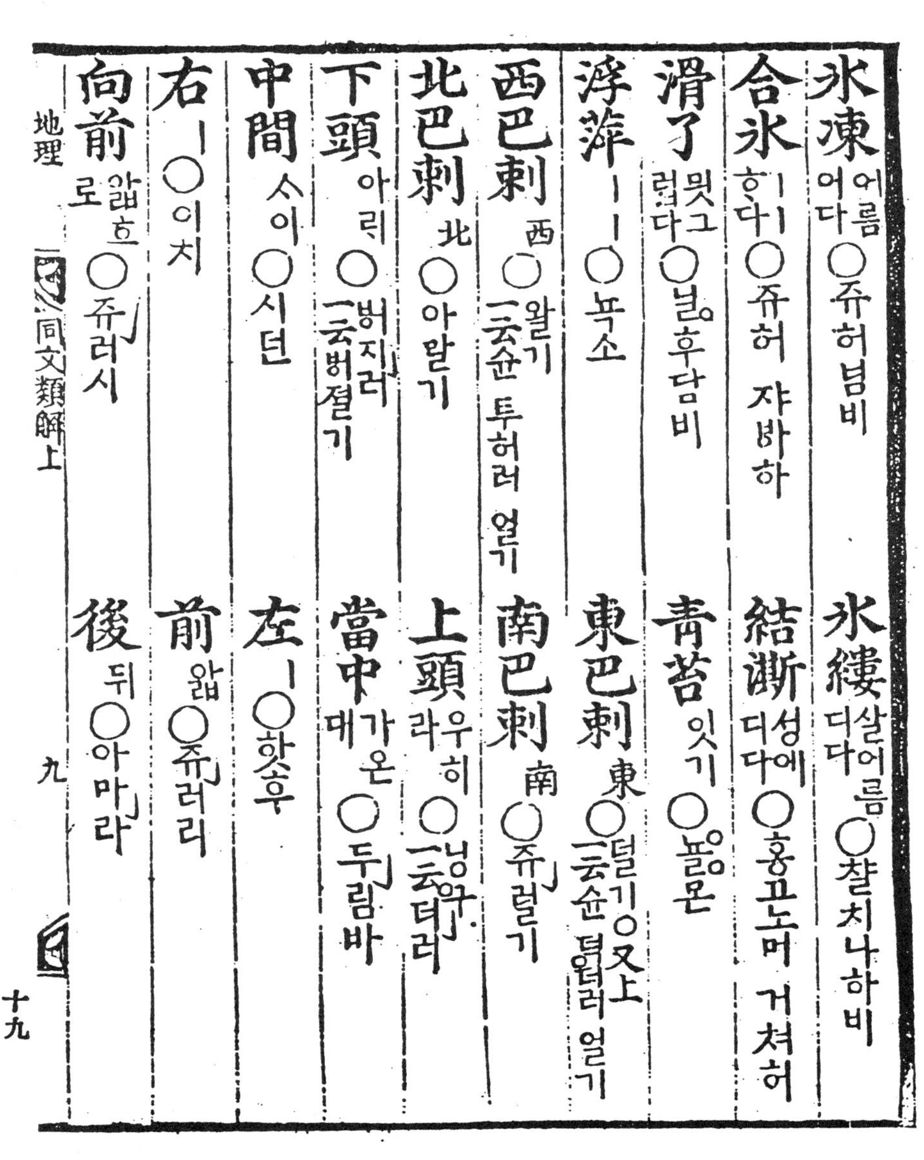

冰凍 어름 어다 ○쥬허 넘비
冰縷 살어름 디다 ○찰치나하비
合冰 ᄒᆞ다 ○쥬허 쟈바하
結凘 성에 디다 ○홍고노머 거쳐허
滑了 믯그럽다 ○닐ᄒᆞ담비
青苔 잇기 ○뇰온
浮澌 ㅣㅣ ○녹소
東巴剌 東 ○덜기 又上 一云쥰 뎌뤄러 얼기
西巴剌 西 ○알기 一云쥰 투허러 얼기
南巴剌 南 ○쥬럴기
北巴剌 北 ○아랄기
上頭 우히 ○닝우 一云더러
下頭 아릭 ○버지러 一云버절기
當中 가온대 ○두림바
中間 ᄉᆞ이 ○시뎐
左 ㅣ ○하숙
右 ㅣ ○이치
前 압 ○쥬러리
向前 압흐로 ○쥬러시
後 뒤 ○아마라

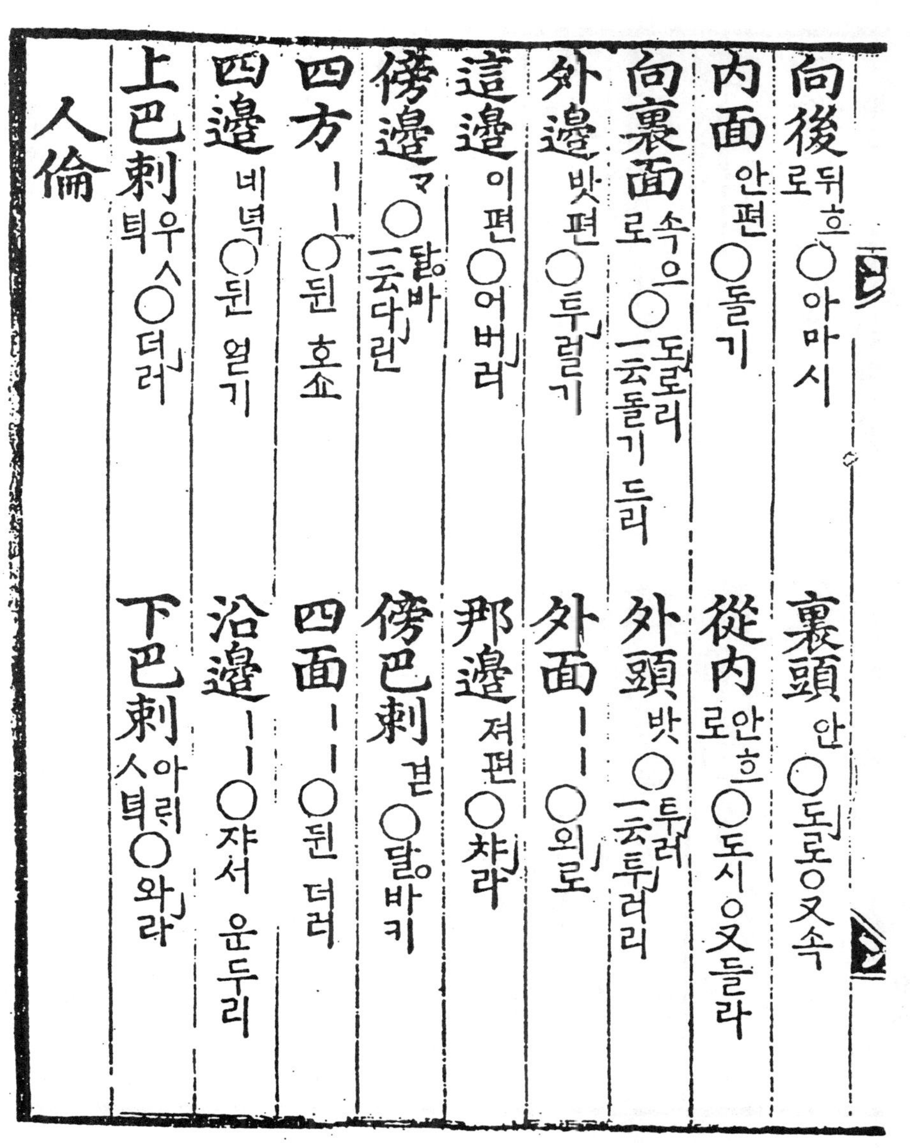

向後 뒤ᄒᆞ로 ○아마시 　裏頭 안 ○도로 ○又속

內面 안편 ○돌기 　從內 안ᄒᆞ로 ○도시 ○又들라

向裏面 속ᄋᆞ로 ○도로리 一云돌기 드리 　外頭 밧 ○투러 一云투러리

外邊 밧편 ○투럴기 　外面 ｜｜ ○외로

這邊 이편 ○어버러 　那邊 져편 ○챠라

傍邊 ᄀᆞ ○닯바 一云다란 　傍巴剌 겯 ○닯바기

四方 ｜｜ ○뒨 호쇼 　四面 ｜｜ ○뒨 더러

四邊 네녁 ○뒨 얼기 　沿邊 ｜｜ ○쟈서 운두리

上巴剌 웃ㅅ텩 ○더러 　下巴剌 아랫ㅅ텩 ○와라

人倫

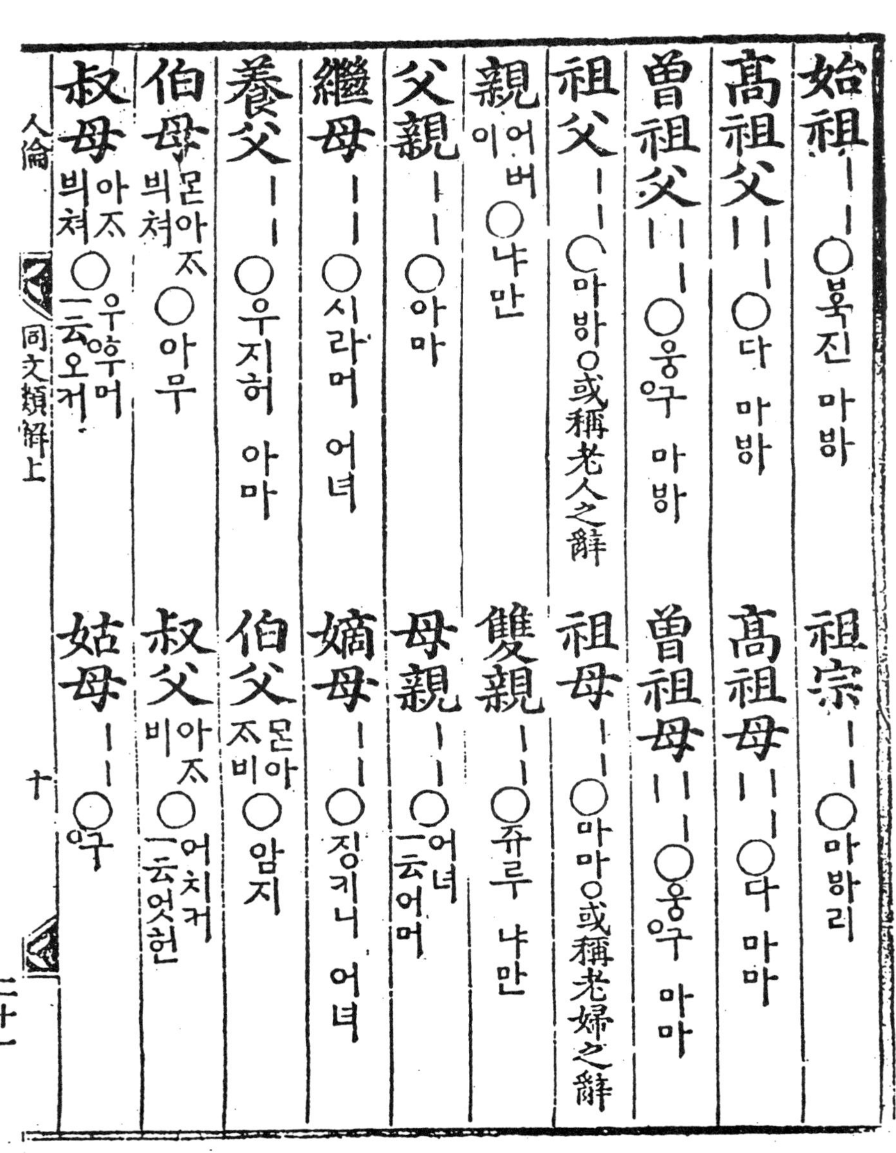

始祖 ——○복진 마바
祖宗 ——○마바리

高祖父 ——○다 마바
高祖母 ——○다 마마

曾祖父 ——○웅우 마바
曾祖母 ——○웅우 마마

祖父 ——○마바○或稱老人之辭
祖母 ——○마마○或稱老婦之辭

親 어버이 ○나만
雙親 ——○쥬루 나만

父親 ——○아마
母親 ——○어녀 一云어머

繼母 ——○시라머 어녀
嫡母 ——○징키니 어녀

養父 ——○우지허 아마
伯父 몬아자비 ○암지

伯母 몬아자븨쳐 ○아무
叔父 아자비 ○어치커 一云어싀헌

叔母 아자븨쳐 ○우후머 一云오커
姑母 ——○약구

姑夫 姑母夫 ○구부

當家的 지아비 ○에건

正娘子 쳐 ○살간

後妻 ㅣㅣ ○시라머 개하 살간

出娘子 棄妻ᄒᆞ다 ○살간 호곰비

娘家 쳐가 ○단챤 이 보

哥哥 형 ○아훈

兄弟 아ᅌᆞ ○더

嫂子 형의쳐 ○아샤

小嬸 아ᅌᆞ의쳐 ○우헌

姐姐 몬누의 ○어윤 一云거거

姐夫 몬믜부 ○어부

妹子 아ᅌᆞ누의 ○논

妹夫 아ᅌᆞ믜부 ○머여

兒子 ᄌᆞ식 ○쥐

男子 아ᄃᆞᆯ ○하하 쥐

媳婦 며ᄂᆞ리 ○우룬

女兒 ᄯᆞᆯ ○살간 쥐 又계집아ᄒᆡ

女婿 사회 ○호지혼

贅婿 드린사회 ○도순 디 호지혼

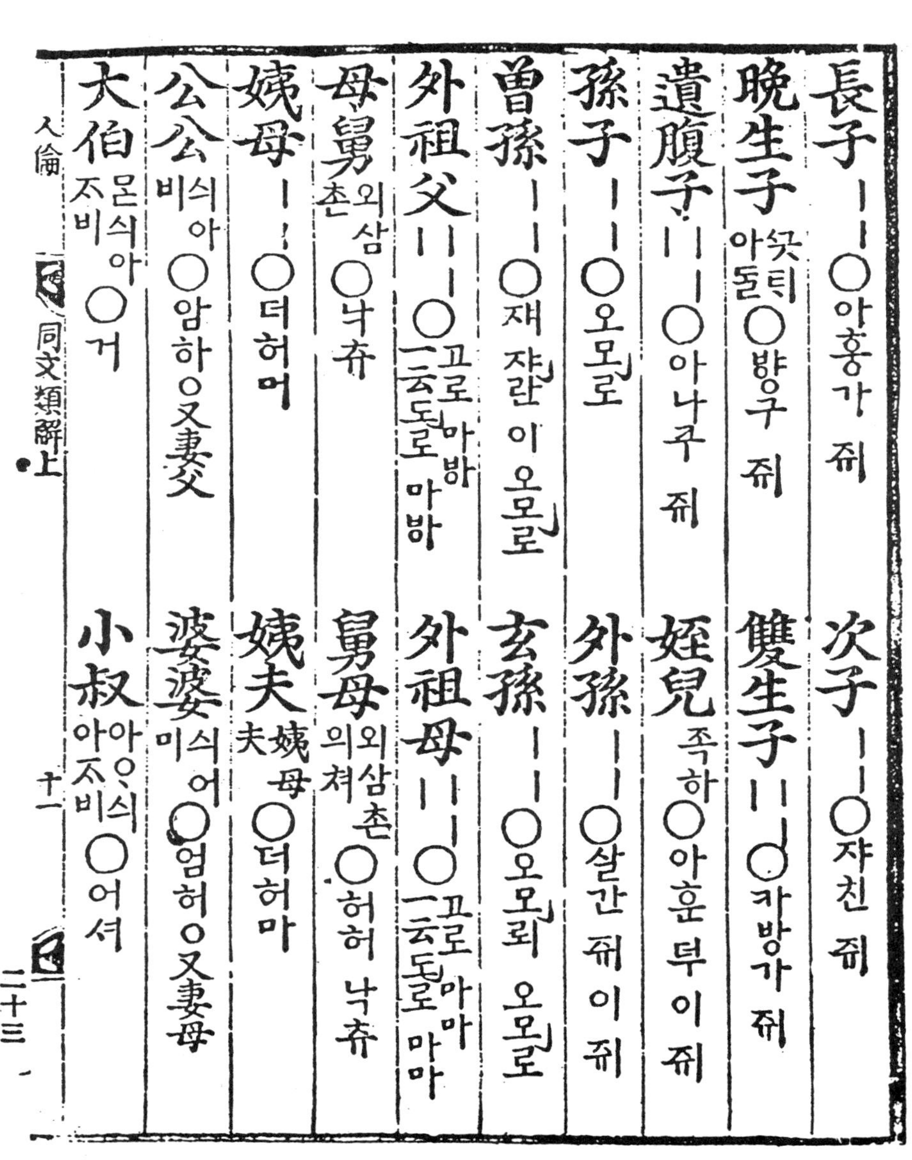

長子 ㅣㅣ ○아홍가 쥬
次子 ㅣㅣ ○자친 쥬
晩生子 낫티아돌 ○방구 쥬
雙生子 ㅣㅣ ○카방가 쥬
遺腹子 ㅣㅣ ○아나쿠 쥬
姪兒 족하 ○아훈무이 쥬
孫子 ㅣㅣ ○오모로
外孫 ㅣㅣ ○살간 쥬이 쥬
曾孫 ㅣㅣ ○재 쟈란 이 오모로
玄孫 ㅣㅣ ○오모뢰 오모로
外祖父 ㅣㅣ ○고로마바 一云도로 마바
外祖母 ㅣㅣ ○고로마마 一云도로 마마
母舅 외삼촌 ○낙츄
舅母 외삼촌의쳐 ○허허 낙츄
姨母 ㅣㅣ ○더허머
姨夫 姨母夫 ○더허마
公公 식아비 ○암하 ○又妻父
婆婆 식어미 ○엄허 ○又妻母
大伯 몯식아조비 ○거
小叔 아ᄋᆞ식아조비 ○어셔

人倫 同文類解上 十一 二十三

414

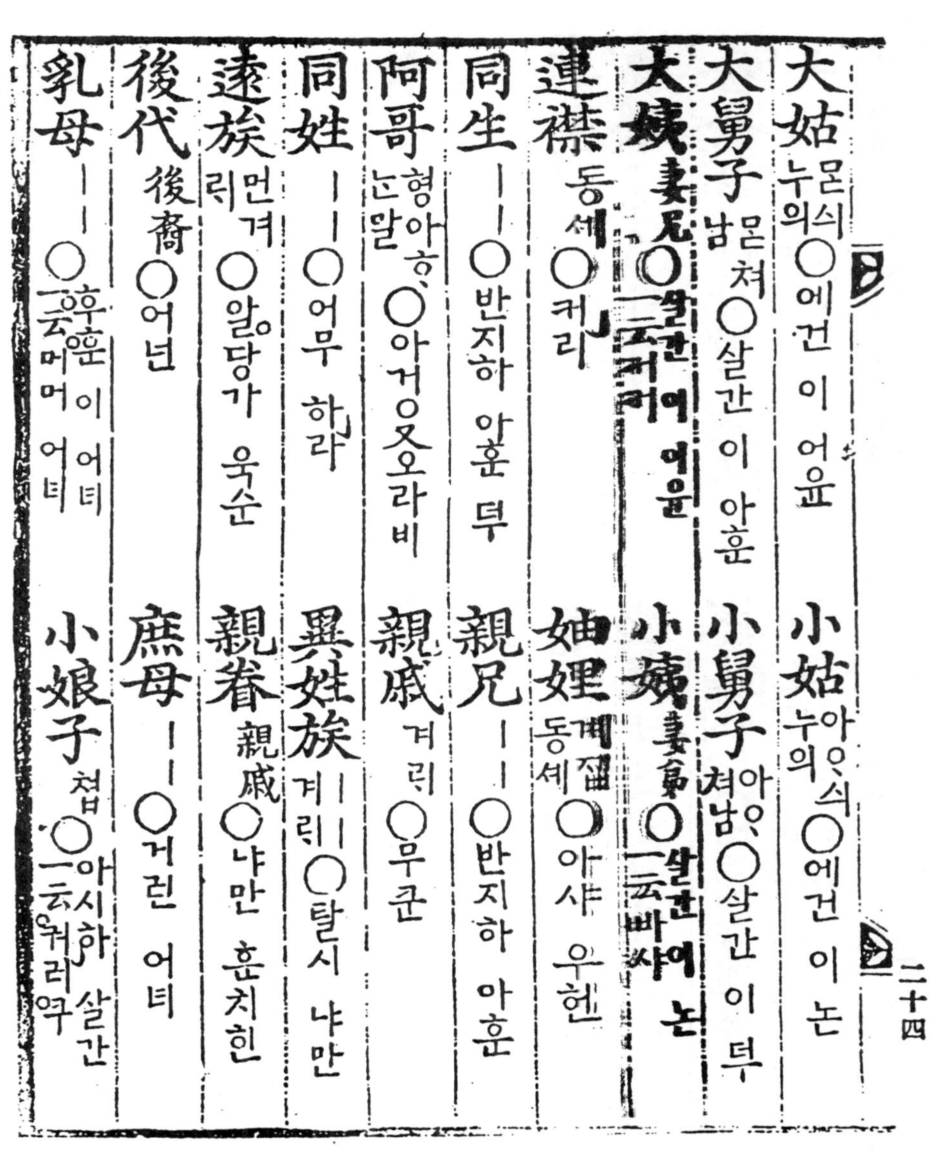

大姑 몬싀누의 ○에건이어윤　　小姑 아ᄋᆞ싀누의 ○에건이논

大舅子 몬쳐남 ○살간이아훈　　小舅子 아ᄋᆞ쳐남 ○살간이뎌

大姨 妻兄 ○살간에어윤 一云커커　　小姨 妻弟 ○살간에논 一云싸샤

連襟 동세 ○커리　　妯娌 계집동세 ○아샤우헌

同生 ─ ○반지하아훈뎌　　親兄 ─ ○반지하아훈

阿哥 형아ᄒᆞᆫ논말 ○아거ᄋᆞᆺ오라비　　親戚 겨릐 ○무균

同姓 ─ ○어무하라　　異姓族 겨릐 ○탈시냐만

遠族 먼겨릐 ○알ᄋᆞ당가욱순　　親眷 親戚 ○냐만훈치힌

後代 後裔 ○어년　　庶母 ─ ○거린어텨

乳母 ─ ○후훈이어텨 一云머머어텨　　小娘子 첩 ○아시하살간 一云커리야

二十四

4113

傰傍兒子 접아돌 ○ 달바키쥐
婚家 사돈 ○ 사둔
尊長 ㅣㅣ ○ 웅가 쟌란
等輩 항뎐 ○ 어무 쟌란
孩子 童子 ○ 부야 쥐
孩子們 아희들 ○ 쥬서
朋友 벋 ○ 약쥬
路伴 길벋 ○ 안다
交友 벋사피다 ○ 약쥬람비
深交結 기피사피다 ○ 방림비
夥計 동모 ○ 호키
同年們 同類 ○ 두와리
姓 ㅣ ○ 하라
名子 일홈 ○ 귀부
同名 ㅣㅣ ○ 칠바
表字 조 ○ 투겨허 거부
別號 ㅣㅣ ○ 쵸오

人品

人 사ᄅᆞᆷ○냘。마

聖人 ㅣㅣ○언두링거 냘。마

賢人 ㅣㅣ○새사

君子 ㅣㅣ○암바사 새사

士 션비○빋헤 냘。마

名士 ㅣㅣ○거붕거 빋헤 냘。마

隱士 ㅣㅣ○소미하 새사

烈士 ㅣㅣ○지링가 새사

烈女 ㅣㅣ○쟈랑가 허허

秀才 ㅣㅣ○슈새

英雄 ㅣㅣ○바투루 캬칸

奸雄 ㅣㅣ○쟈링가 캬칸

豪傑 ㅣㅣ○캬칸

壯士 ㅣㅣ○수버퉁거

壯丁 ㅣㅣ○칙시카 하하

大丈夫 ㅣㅣㅣ○하하시 一云망가 하하

有道人 법도잇ᄂᆞᆫ사ᄅᆞᆷ○도롱고

太醫 의원○대부

畫官 畫員○니루러 냘。마

筭手 산원○보도로 냘。마

二十六

人品 同文類解上

相士 상보ᄂᆞᆫ사ᄅᆞᆷ ○치라 타카라 냥마
地士 디관 ○봉쉬 투와라 냥마
漢子 ᄉᆞ나희 ○하하
農夫 ㅣ ㅣ ○우신이 하하
匹夫 ㅣ ㅣ ○엄터리 하하
寡婦 ㅣ ㅣ ○앙가시 허허
小心人 조심ᄒᆞᄂᆞᆫ사ᄅᆞᆷ ○거러수
矜勢人 셰쓰ᄂᆞᆫ사ᄅᆞᆷ ○더머시
打扮人 비오ᄂᆞᆫ사ᄅᆞᆷ ○먀미샤쿠
執繆人 우기ᄂᆞᆫ이 ○무리쿠

筭卦的 졈ᄒᆞᄂᆞᆫ사ᄅᆞᆷ ○와카 투와라 냥마
民家 ᄇᆡᆨ셩 ○일건
女人 계집 ○허허
閑人 ㅣ ㅣ ○수라 냥마
鰥夫 ㅣ ㅣ ○요긘 하하
精細人 조셔ᄒᆞᆫ사ᄅᆞᆷ ○캄치쿠
有記性的 총ᄒᆞᆫ사ᄅᆞᆷ ○어져수
奢侈人 샤치ᄒᆞᄂᆞᆫ사ᄅᆞᆷ ○맘갸쿠
奇性的 긔괴ᄒᆞᆫ이 ○알둥가
村俗人 무디ᄒᆞᆫ이 ○알바투

十三 二十七

肯羞人 붓그림ᄐᆞᄂᆞᆫ사ᄅᆞᆷ ○기루투

嘴碎人 존말ᄒᆞᄂᆞᆫ사ᄅᆞᆷ ○거졍기

糊塗人 흐린사ᄅᆞᆷ ○홀ᅌ히투

太監 고쟈 ○태갼

買賣人 시뎡 ○후더 냘ᅌ마

匠人 ㅣㅣ ○봐시 或지간

泥水匠 미쟝이 ○니쉬 봐시

縧匠 ᄯᅴ쟝이 ○후러 봐시

水手 사공 ○찬 슈루러 냘ᅌ마

漁夫 ㅣㅣ ○니마하 부타라 냘ᅌ마

肯忘人 니좀헐ᄒᆞᆫ사ᄅᆞᆷ ○옹고수

反覆人 ㅣㅣ ○우바샤쿠

探知人 ㅣㅣ ○머더시

商賈 ㅣㅣ ○후다샤라 냘ᅌ마

樂工 아공 ○ᅌ쿠문 이 냘ᅌ마

木匠 지위 ○무쟌

冶匠 대뎡 ○히쟈 이 냘ᅌ마

獵户 산쟝이 ○분해 냘ᅌ마

溜夫 격군 ○할기더 우샤라 후순

樵夫 나모ᄒᆞᄂᆞᆫ사ᄅᆞᆷ ○모 사치러 냘ᅌ마

二十八

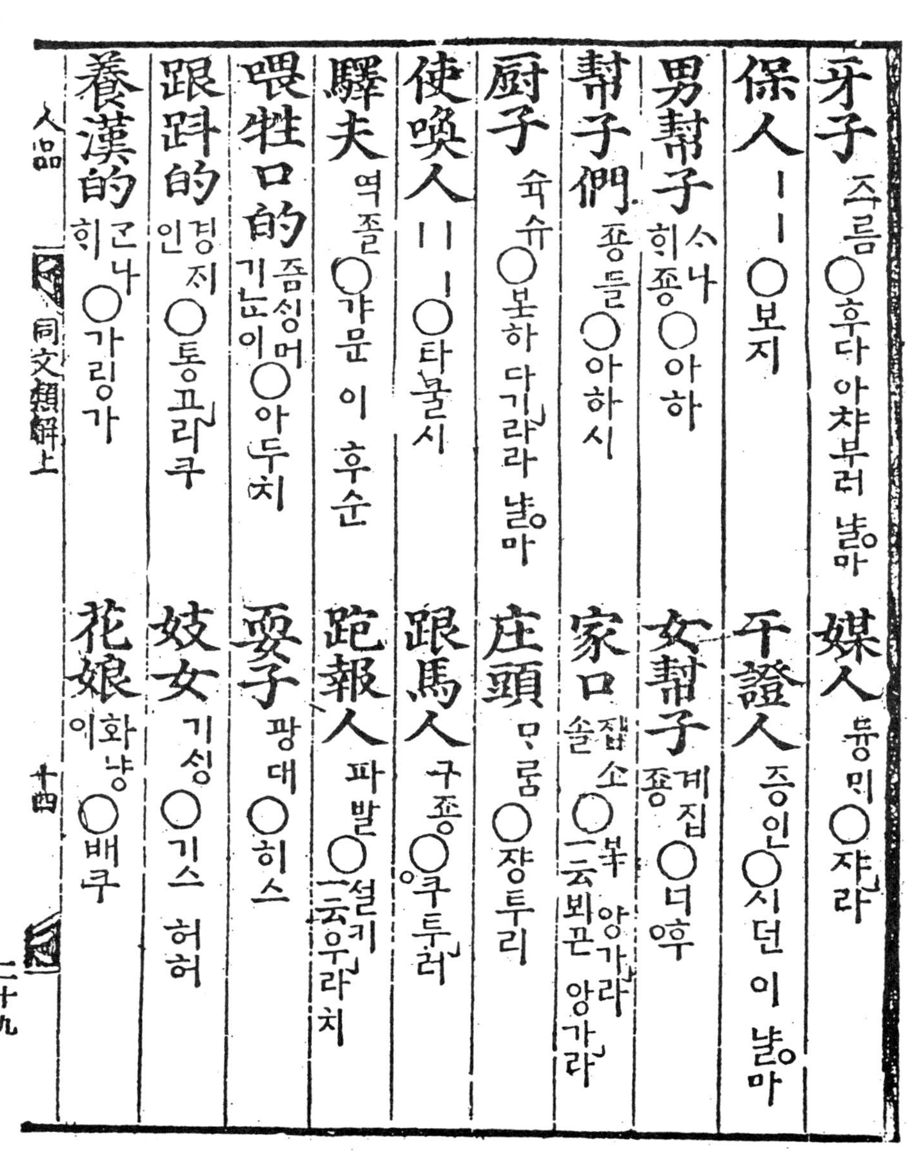

牙子 즈름 ○후다 아챠부러 냘ᄋ마
媒人 듕미 ○쟈라

保人 ㅣㅣ ○보지
干證人 증인 ○시던 이 냘ᄋ마

男幇子 소나희 죵 ○아하
女幇子 계집 죵 ○너후

幇子們 죵들 ○아하시
家口 잡소 솔 ○부 앙가라 一云뵈끈 앙가라

厨子 슉슈 ○보하 다기라라 냘ᄋ마
庄頭 모롬 ○쟝투리

使喚人 ㅣㅣ ○타쿨시
跟馬人 구죵 ○쿠투러

驛夫 역졸 ○갸문 이 후순
跑報人 파발 ○설기 一云우라치

喂牲口的 즘싱머기ᄂᆞᆫ이 ○아두치
耍子 광대 ○히스

跟趺的 경지인 ○통고라쿠
妓女 기싱 ○기스 허허

養漢的 ᄀᆞᆫ나희 ○가링가
花娘 이화냥 ○배쿠

人品 同文類解上 十四 二十九

刺客 ㅣㅣ ○벙러러 안타하

僱工 이교공 ○투리허 후순

屠户 빅당 ○울ㅇ하 와라 놀ㅇ마

叫化子 지거ㅇ ○교호토

身體

身子 몸 ○버여 ㅇ或스스로

頭 마리 ○우쥬

頭腦 마리ᄉ골 ○벙히

額顱 니마 ○셩긴

顖門 쉿구무 ○교로

爭食窩 니통소 ○소비

髮際 살쩍 ○슈루

頭髮 마리털 ○부녀허

辮子 호송치 ○손쵸호

鬢子 샹토 ○쇼숀

分道子 마림자 ○서현

臉鶻 낫 ○더러

兩臉骨 광대새 ○불ㅇ친

腮頰 뺨 ○샥샤하

三十

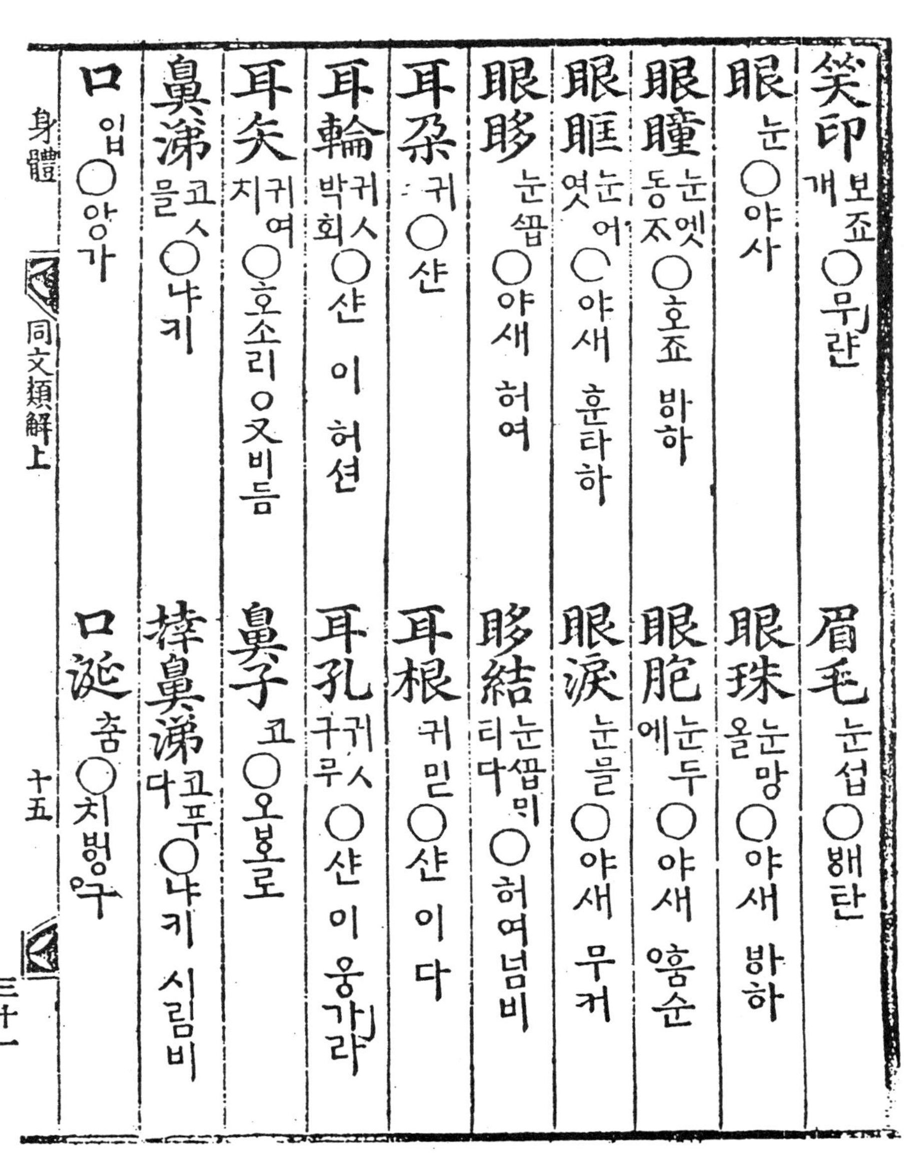

笑印 보조개 ○무랸

眉毛 눈섭 ○배란

眼 눈 ○야사

眼珠 눈망올 ○야새 바하

眼瞳 눈엣동ᄌᆞ ○호죠 바하

眼胞 눈두에 ○야새 옹훔순

眼眶 눈어엿 ○야새 훈타하

眼淚 눈믈 ○야새 무커

眼眵 눈곱 ○야새 허여

眵結 눈곱믜티다 ○허여넘비

耳朶 귀 ○샨

耳根 귀밋 ○샨 이다

耳輪 귀ㅅ박회 ○샨 이 허션

耳孔 귀ㅅ구무 ○샨 이 웅가라

耳矢 귀여지 ○호소리 ○又비듬

鼻子 코 ○오뽀로

鼻涕 코ㅅ믈 ○냐키

擤鼻涕 코프다 ○냐키 시림비

口 입 ○앙가

口涎 춤 ○치벙구

身體　同文類解上　十五　三十一

吐沫 춤밧다 ○치버럼비

粘痰 담 ○달훈 치벙우

嘴唇 입시울 ○워먼

牙根 니ㅅ무음 ○우만

咽喉 목구무 ○빌하

下頦 톡 ○선쳐허

脖項 더수기 ○메번

肩膀 엇게 ○메런

肐子窩 겨드랑 ○오호 一云오

手 손 ○가라

稀涎 몸근춤 ○오봉기 一云시렁기

喀痰 담밧다 ○커심비

牙齒 니 ○워허

舌頭 혀 ○이렁우

重舌 목졋 ○일마하 一云거쿠

鬍子 나롯 ○사루

頦頭 목 ○몽끈

臂 풀 ○답시

肐膊 풀똑 ○가래 마얀

手腕 손목 ○가래 쟈란

手背 손ㅅ등 ○ 가래 ㅇ후루

手掌 손비당 ○ 가래 방랑구

手紋 손ㅅ금 ○ 가래 힐건

拳頭 주머귀 ○ 누쟌

手指 손가락 ○ 가래 심ㅇ훈 一云 가래 숨ㅇ훈

搿指 엄지가락 ○ 벌허 심ㅇ훈

指人指 둘재가락 ○ 모쵸 심ㅇ훈 一云 죠리러 심ㅇ훈

長指 당가락 ○ 두림배 심ㅇ훈

無名指 ㅣㅣ ○ 거부 아쿠 심ㅇ훈

小指 ㅣㅣ ○ 뱡구 심ㅇ훈

贅指 녹가락 ○ 하ᄫᅵ라쿠 심ㅇ훈

手指甲 손톱 ○ 히타훈

手虎口 범아귀 ○ 방쥬ㅇ又손쌋

胷膛 가숨 ○ 퉁건

妳膀子 졋통 ○ ㅇ후ㅇ훈 이 칠ㅇ친

妳頭子 졋곡지 ○ ㅇ후ㅇ훈 이 투미하

妳子 졋 ○ ㅇ후ㅇ훈

摘妳子 졋쪄다 ○ ㅇ후ㅇ훈 시림비

心窩 명치 ○ 나만 쟈카

脊背 등 ○ ᄫᅵ사

腰身 허리 ○다라 一云다라마
軟腰 존허리 ○춈부리

肚子 비 ○허버리
肚臍子 빗곱 ○우렁우

外胯 궁둥이 ○두
臂子 볼기 ○우라

腿子 다리 ○숙사하
大腿 신다리 ○부히

小腿 죵아리 ○볼보
曲膝 무룹 ○툽갸

脚 발 ○번허
脚背 발ㅅ등 ○번헤 우무훈

脚跟 발뒤측 ○약여
脚掌 발바당 ○번헤 방탄

骨頭 뼈 ○기랑기
骨節 ㅣㅣ ○기랑기 쟈란

脊樑骨 등마룻뼈 ○세러
肋條骨 가리뼈 ○엽치

接膝骨 쟝긔뼈 ○수두
踝子骨 복쇼아뼈 ○가츄하 기랑기

骨髓 ㅣㅣ ○ 움간 슈기

皮子 通稱 가족 ○ 수쿠

肌膚 숨 ○ 야리

毛孔 털구무 ○ 부녀허 선

筋 힘ㅅ줄 ○ 수버

臟腑 오장눅부 ○ 두하 도

心 념통 ○ 나만

肺子 부화 ○ 우부후

肝花 간 ○ 바훈

脾 만화 ○ 더리훈

胃 양 ○ 어거지거

肚子膽 쓸게 ○ 실히

腸子 챵즈 ○ 두하

腰子 콩풏 ○ 봇호

尿胞 오좀통 ○ 시부루

魂 넉혼 ○ 바양가

魄 넉 ○ 오론

精神 ㅣㅣ ○ 오리 시먼 又津液

血 피 ○ 성기

血道 피ㅅ대 ○ 성기 쥰

脉 ㅣ ○수다라 汗 ᄯᆞᆷ ○네

肛門 항문 ○방쥬후 髱髱 陽物 ○죠죠

夘胞 불 ○우하라 夘子 불알 ○진지하

八子 陰門 ○벼벼 夘毛 陰毛 ○사부라

屎 오좀 ○시커 撒屎 오좀누다 ○시뎜비

巴白 ᄯᅩᆼ ○하무 出恭 ᄯᅩᆼ누다 ○함탐비 一云투려 거넘비

容貌

形容 ㅣㅣ ○알분 一云둘순 形樣 몰골 ○무루

貌樣 ㅣㅣ ○기루 美 아롬답다 ○새칸 ○又잘ᄒᆞ다

俊美 기자ᄒᆞ다 ○호치콘 俊秀 ᄒᆞㅣ다 ㅣ ○부쥬룽가

三十六

魁偉 어거롬다 ○암바링구
光潔 通稱조출ᄒᆞ다 ○긴치한

超羣 出衆ᄒᆞ다 ○츌ᅌᅩ로쿄비
穆穆 거륵ᄒᆞ다 ○얼ᅌᅥᆼ거

容顔 얼굴 ○치라
姿色 ᄂᆞᆺ고은빗 ○치라 뱐

姸 곱다 ○호쟈
妙 묘ᄒᆞ다 ○압시 호쟈

嬌態 ㅣㅣ ○피만
醜 추ᄒᆞ다 ○보치허 一云얼순

面麻 얽다 ○마스
面麻稠 박박얽다 ○컬거너허비

面有紋 ᄂᆞᆺ치살디다 ○더러 슈방나합비
身子高 킈크다 ○버여 던

身矮 킈젹다 ○버여 방카라
胖啊 ᄉᆞᆯ씨다 ○탈훈

胖的 ᄉᆞᆯ씬이 ○야라항가 一云야링가
瘦 여위다 ○툴가

軟弱 ㅣㅣᄒᆞ다 ○너러 又軟ᄒᆞ다
弱 ㅣᄒᆞ다 ○야다랑구

壽 ㅣ ○쟈라분

年紀 나 ○서

幼 어리다 ○아지건

長成 ㅣㅣᄒᆞ다 ○무투하비

壯 ㅣᄒᆞ다 ○카튠

豪強 ㅣㅣ ○어령기

老了 늙다 ○삭다

年老 나만타 ○서바하 一云서더오호

須白 ㅣㅣᄒᆞ다 ○알사리 샤라카비

衰 ㅣᄒᆞ다 ○어버러커비 一云와시카

短命 ㅣㅣᄒᆞ다 ○알ᄋᆞ다시 거너허

同庚 동갑 ○어무 아냐

少 졈다 ○아시하

嫩瞧 졈어뵈다 ○아시하키

強 ㅣᄒᆞ다 ○어투ᅌ훈

向老 늙어가다 ○서 바루 오호

老蒼 ㅣㅣᄒᆞ다 ○호로키

鬢白 셰다 ○샤라카비

白髮 허여게셰다 ○샤훈 샤라카비

憔悴 ㅣㅣᄒᆞ다 ○마쵸하비

三十八

龜腰 등곱다 ○쇼요호비

耳聾 귀먹다 ○샨 지거연

眼病昏 눈흐리다 ○야사 둣훈

眼拙 눈브듸다 ○야사 발ᅌ바

瘊子 김의 ○더레 발툰

面垢 낫치셕 ○더레 볼톤

氣息

氣息 숨 ○열건

氣 긔운 ○숙둔○又김

打噯咈 트림ᄒᆞ다 ○거거럼비

老悖回 망녕젓다 ○외보쿄비

斜眼 눈흙븨다 ○야사 햐리 一云개카다

眼昏 눈어둡다 ○야사 더리거

黑子 사마괴 ○삼하

雀瘢 주근깨 ○멀선

瞼臟 낫더럽다 ○더러 후마라카비

出氣 숨쉬다 ○열건 갬비

元氣 ㅣㅣ ○다 숙둔

打嚏 피기ᄒᆞ다 ○죠홈비

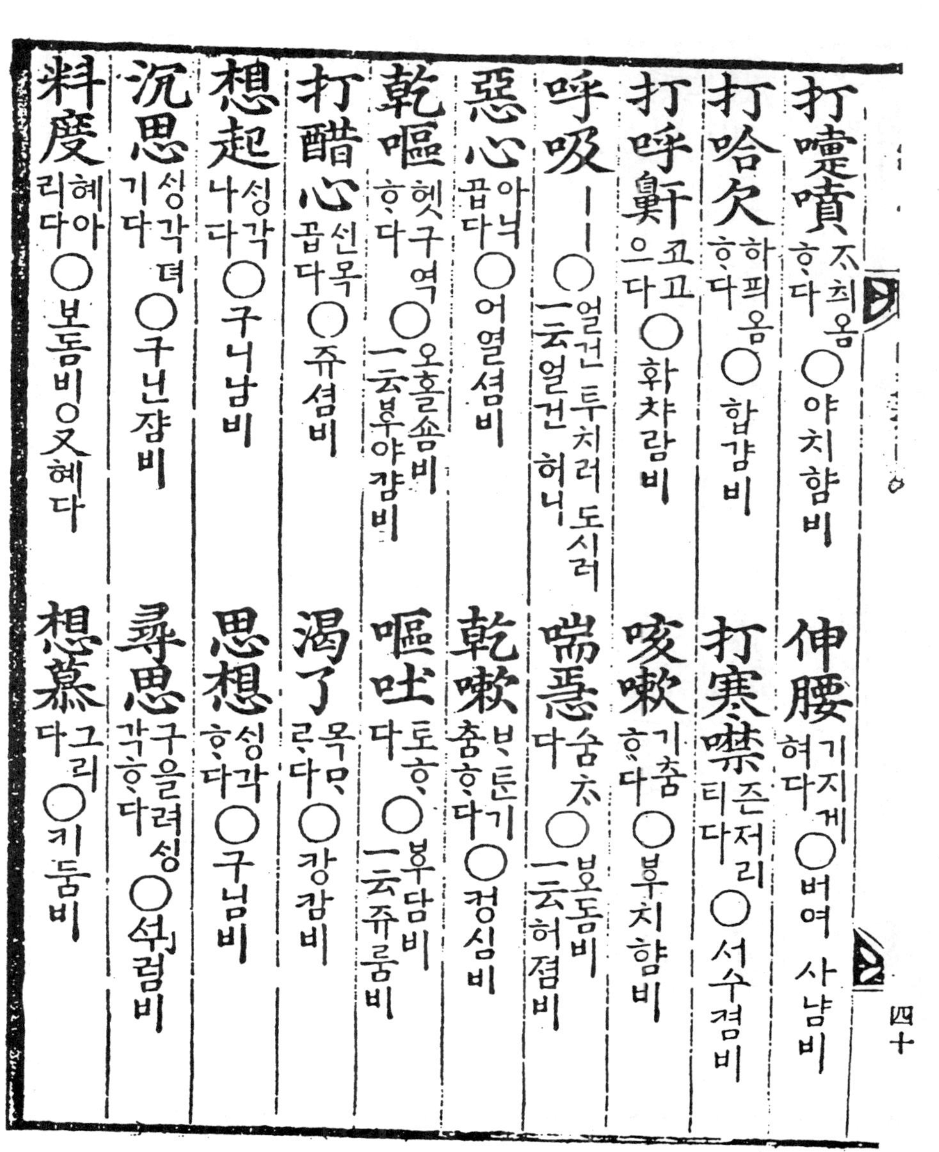

打嚏噴 ᄌᆞᄎᆡ옴ᄒᆞ다 ○야치함비

伸腰 기지게혀다 ○버여 사냠비

打哈欠 하픠옴ᄒᆞ다 ○합걍비

打寒噤 즌저리티다 ○서수겸비

打呼鼾 코고으다 ○화차람비

咳嗽 기춤ᄒᆞ다 ○부치햠비

呼吸 ㅡㅡ ○얼건 투치러 도시러 一云얼건 허니

喘息 숨ᄎᆞ다 ○보도홈비 一云허졈비

惡心 아니곱다 ○어열셤비

乾嗽 ᄇᆞ튼기춤ᄒᆞ다 ○경심비

乾嘔 헛구역ᄒᆞ다 ○오홀솜비 一云부야걍비

嘔吐 토ᄒᆞ다 ○부담비 一云쥬룸비

打醋心 신목곱다 ○쥬셤비

渴了 목ᄆᆞᄅᆞ다 ○캉캄비

想起 ᄉᆡᆼ각나다 ○구니남비

思想 ᄉᆡᆼ각ᄒᆞ다 ○구님비

沉思 ᄉᆡᆼ각뎌기다 ○구닌걈비

尋思 구을려ᄉᆡᆼ각ᄒᆞ다 ○셔럼비

料度 혜아리다 ○보돔비○又혜다

想慕 그리다 ○키둠비

3911

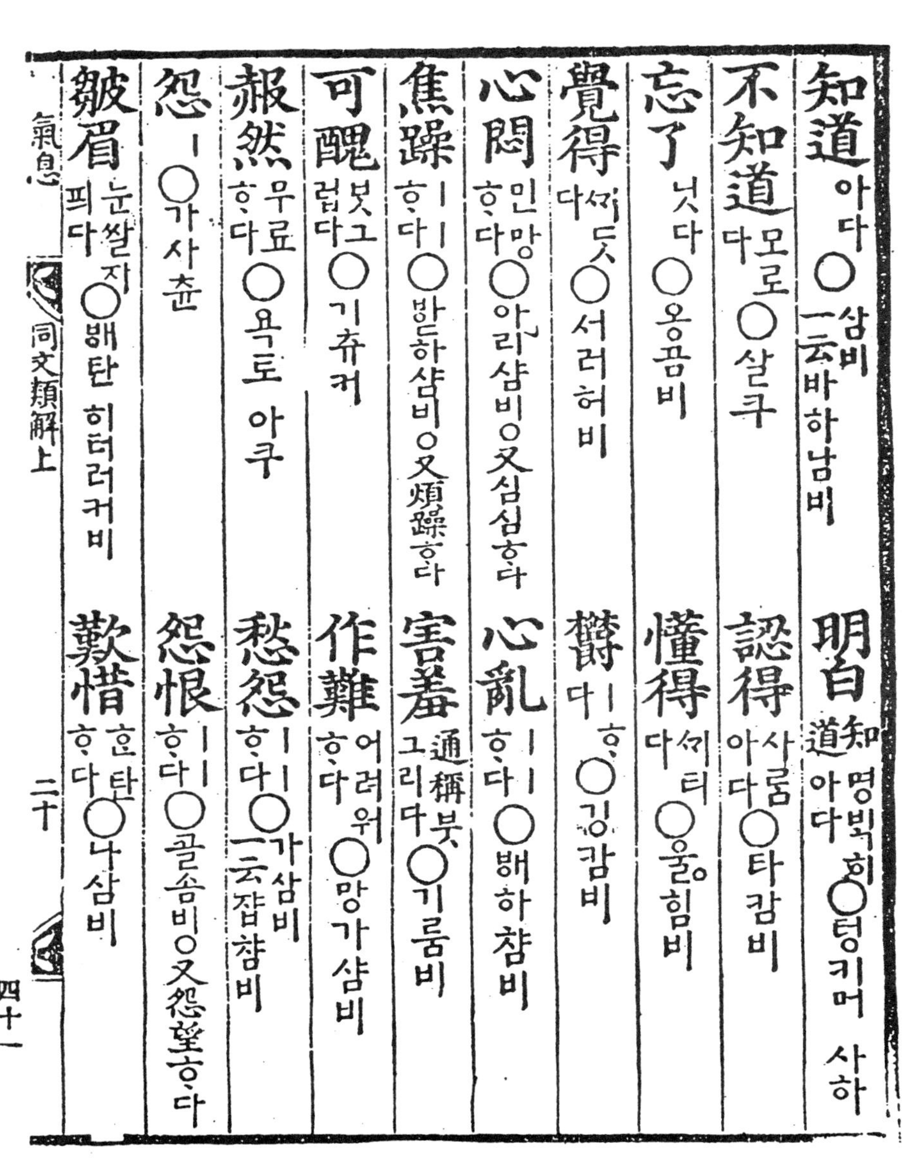

知道 아다 ○삼비 一云바하남비

不知道 모로다 ○살쿠

忘了 닛다 ○옹픔비

覺得 씨ᄃᆞᆺ다 ○서러허비

心悶 민망ᄒᆞ다 ○아리샴비 ○又심심ᄒᆞ다

焦躁 ㅣㅣᄒᆞ다 ○밧하샴비 ○又煩躁ᄒᆞ다

可醜 보긔 더럽다 ○기츄커

赧然 무료ᄒᆞ다 ○욕토 아쿠

怨 ㅣ ○가사츈

皺眉 눈쌀 ᄶᅵ프다 ○배탄 히더러커비

明白 知道 명뵉히 아다 ○텽키머 사하

認得 사ᄅᆞᆷ 아다 ○타캄비

懂得 씨티다 ○울。힘비

瞢 ㅣ ᄒᆞ다 ○깅캄비

心亂 ㅣㅣᄒᆞ다 ○배하챰비

害羞 通稱 븟그리다 ○기룸비

作難 어려워ᄒᆞ다 ○망가샴비

愁怨 ㅣㅣᄒᆞ다 ○가삼비 一云잡참비

怨恨 ㅣㅣᄒᆞ다 ○골솜비 ○又怨望ᄒᆞ다

歎惜 ᄒᆞ탄ᄒᆞ다 ○나삼비

氣息 同文類解上 二十

四十一

歎息 ㅣㅣᄒᆞ다 ○서지렴비　嗚呼 ㅣㅣ ○애

嗒嗟 차탄ᄒᆞ다 ○칩심비　恐怕 저퍼ᄒᆞ다 ○올。홈비

怕 두리다 ○거렴비　惶怯 ㅣㅣᄒᆞ다 ○바치하 샹빙又着急ᄒᆞ다

慙愧 핀잔젓다 ○열터섭비　心跳 가ᄉᆞᆷ도곤도곤ᄒᆞ다 ○냐만 툭심비

嚇一跳 ᄭᅮᆷ쪽ᄭᅮᆷ쪽 ○카치햐 카치햐　驚訝 ㅣㅣᄒᆞ다 ○서수렴비

吃驚 놀라다 ○교롬비　驚呆 놀라어리다 ○버렴비

驚跳 도도리치다 ○독도라하　快心 ᄆᆞᄋᆞᆷ의훤ᄒᆞ다 ○서라하 一云컨ᄎᆞ허

屁 방긔 ○보　放屁 방긔ᄒᆞ다 ○보톰비

性情

天性 ㅣㅣ ○바넌。又性禀　生性 삼긴품 ○반지태 一云바니태

四十二

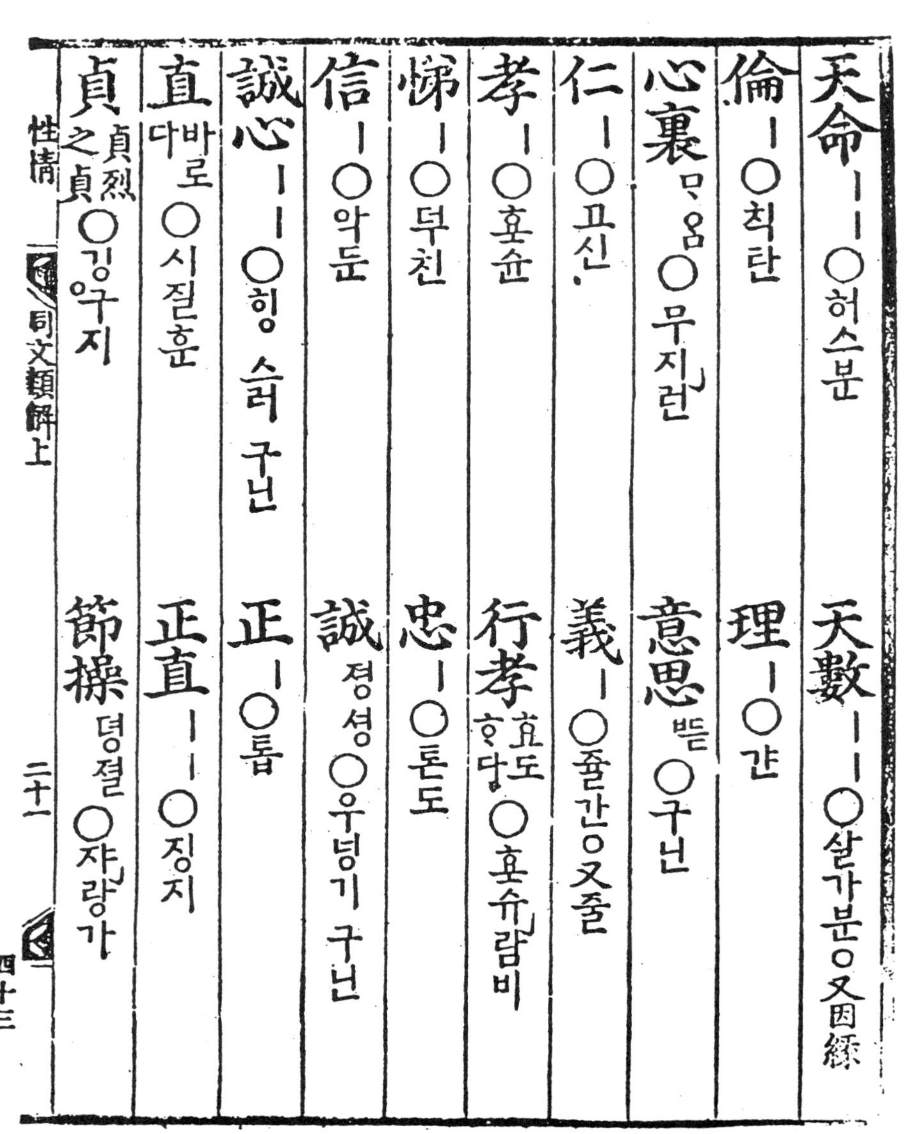

天命 ㅣㅣ ○허스분

倫 ㅣ ○칙탄

心裏 ᄆᆞᄋᆞᆷ ○무지련

仁 ㅣ ○고신

孝 ㅣ ○효슌

悌 ㅣ ○뒤친

信 ㅣ ○악둔

誠心 ㅣㅣ ○힝 슈러 구넌

直 바로 다 ○시질훈

貞 貞烈之貞 ○깅우지

天數 ㅣㅣ ○삽가분○又因緣

理 ㅣ ○갼

意思 ᄠᅳ든 ○구넌

義 ㅣ ○쥴간○又쥴

行孝 효도 ᄒᆞ다 ○효슈람비

忠 ㅣ ○톤도

誠 졍셩 ○우녕기 구넌

正 ㅣ ○툽

正直 ㅣㅣ ○징지

節操 뎡졀 ○쟈랑가

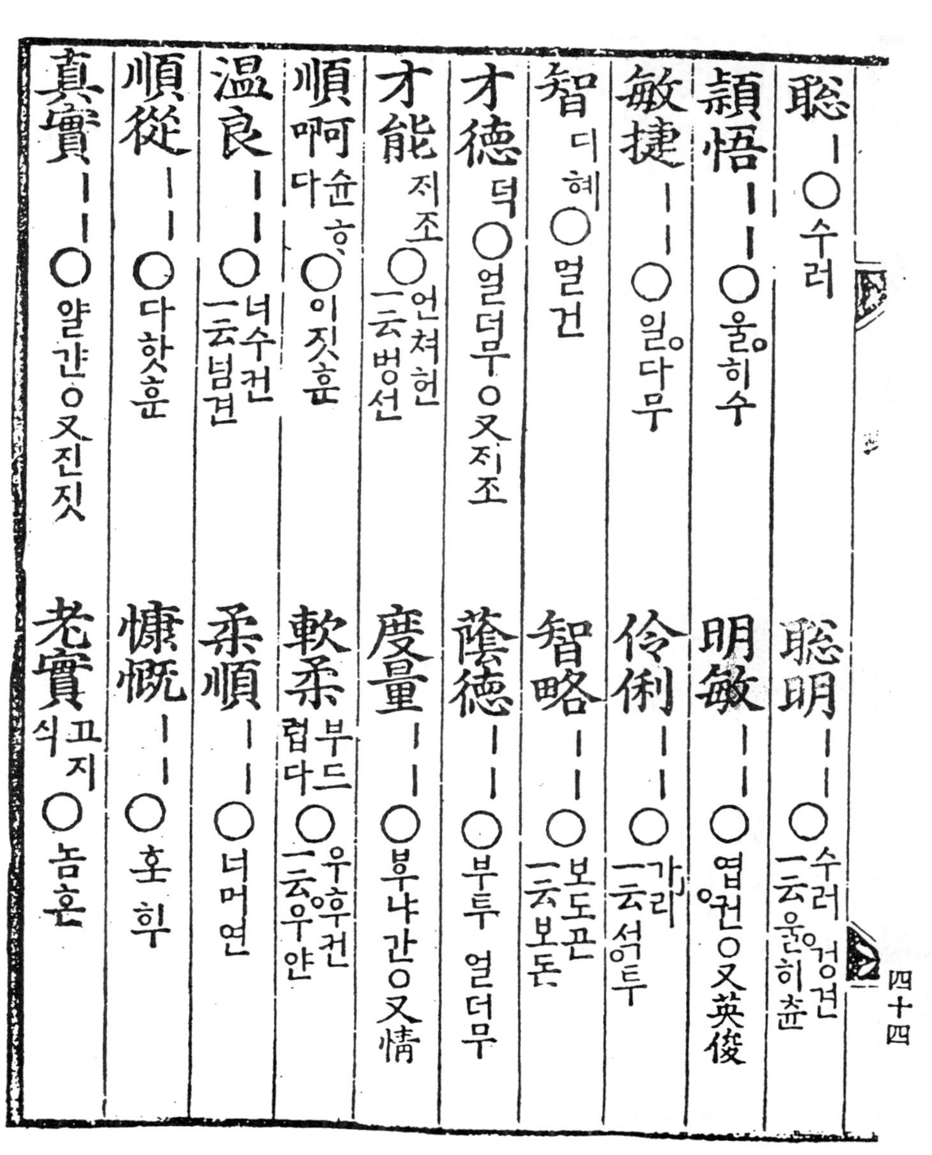

聰 ㅣ ○수러

穎悟 ㅣㅣ ○울。히수

敏捷 ㅣㅣ ○일。다무

智 디혀 ○멀건

才德 덕 ○얼더무○又직조

才能 지조 ○언쳐헌 一云벙선

順啊 슌ᄒᆞ、 다 ○이짓훈

溫良 ㅣㅣ ○너수건 一云님견

順從 ㅣㅣ ○다핫훈

眞實 ㅣㅣ ○얄간○又진짓

聰明 ㅣㅣ ○수러 경견 一云울。훈히츈

明敏 ㅣㅣ ○엽건○又英俊

伶俐 ㅣㅣ ○가리 一云석。투

智略 ㅣㅣ ○보도끈 一云보돈

蔭德 ㅣㅣ ○부투 얼더무

度量 ㅣㅣ ○부나간○又情

軟柔 부드럽다 ○우후。권 一云우얀

柔順 ㅣㅣ ○너머연

慷慨 ㅣㅣ ○호 휘

老實 고지식 ○놈흔

四十四

393

周密 ㅣㅣ ○비신

雍和 화 ○화랴순

慇懃 ㅣㅣ ○합치햔

乾淨 조찰타 ○볼。고

儉朴了 ㅣㅣᄒᆞ다 ○말。후샴비

何忍 ᄎᆞᆷ아 ○졈피

喜歡 깃거ᄒᆞ다 ○울。군졈비

怒 셩 ○지리

息怒 셩머즉ᄒᆞ다 ○지리 토로코

面發紅 ᄂᆞᆺ븕키다 ○더러 부라라카비 一云부랄쟝비

沉重 진듕ᄒᆞ다 ○우젼

和同 ㅣㅣᄒᆞ다 ○아챠람비

清廉 ㅣㅣ ○한쟈 一云히챤

純朴 ㅣㅣ ○우구루 ○又純色

忍住 ᄎᆞᆷ다 ○키림비

喜 ㅣ ○울。군

不悅 깃거아니타 ○여버러라쿠

惱了 셩내다 ○지리 반징비 一云지리담비

變色 ㅣㅣᄒᆞ다 ○치라 알。쟈하

固執 ㅣㅣᄒᆞ다 ○머머럼비

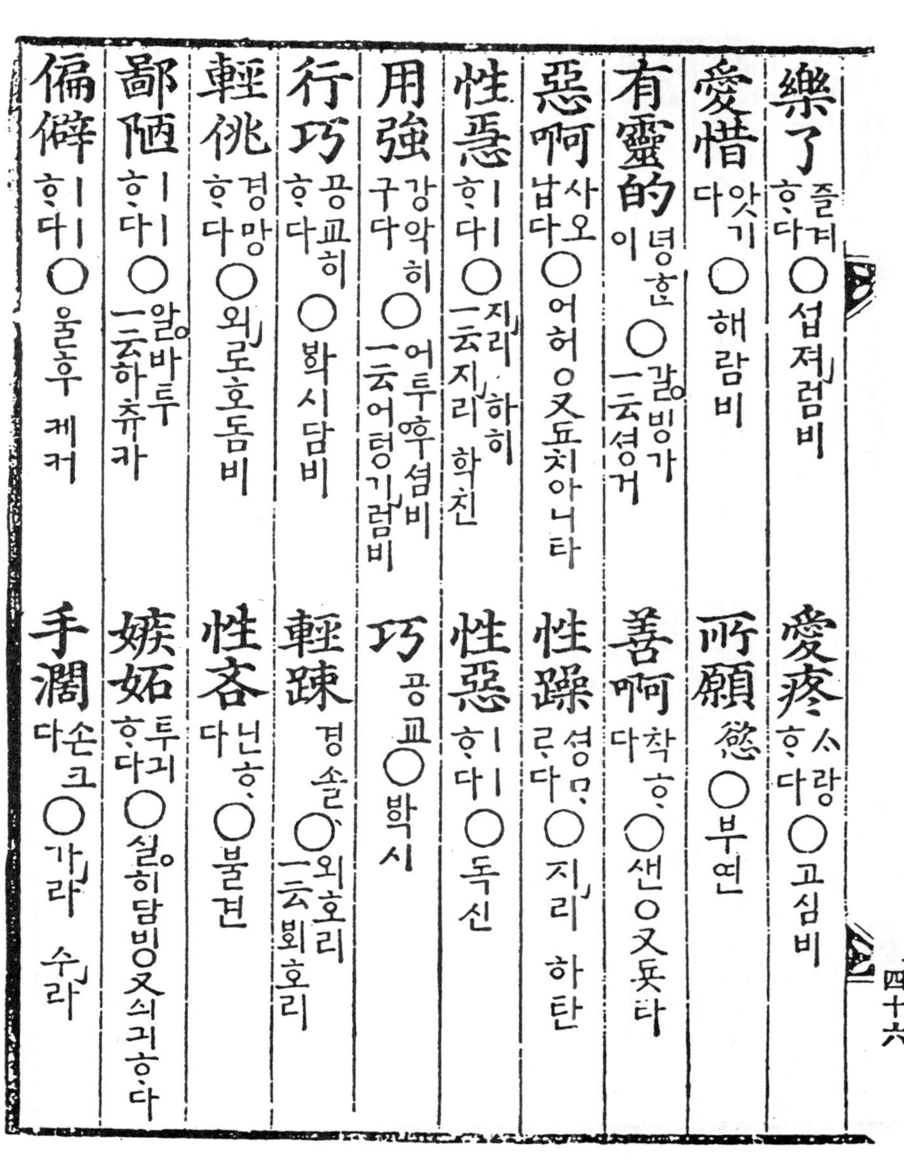
樂了 즐겨ᄒᆞ다 ○섭져럼비
愛疼 ᄉᆞ랑ᄒᆞ다 ○고심비
愛惜 앗기다 ○해람비
所願 慾 ○부연
有靈的 녕ᄒᆞᆫ이 ○갈。빙가 一云셩거
善啊 착ᄒᆞ다 ○샌ㅇ又둔타
惡啊 사오납다 ○어허ㅇ又됴치아니타
性躁 셩ᄆᆡᄅᆞ다 ○지리 하탄
性惡 ㅣㅣᄒᆞ다 ○지리 하히 一云지리 햑친
性惡 ㅣㅣᄒᆞ다 ○독신
用強 강악히구다 ○어투ᄒᆞ후셤비 一云어렁기럼비
巧 공교 ○박시
行巧 공교히ᄒᆞ다 ○박시담비
輕疎 경솔ᄒᆞ다 ○외호리 一云뫼호리
輕佻 경망ᄒᆞ다 ○외로호돔비
性吝 닌ᄒᆞ다 ○불견
鄙陋 ㅣㅣᄒᆞ다 ○알。바투 一云하츄카
嫉妬 투긔ᄒᆞ다 ○실。히담빙ㅇ又싀긔ᄒᆞ다
偏僻 ㅣㅣᄒᆞ다 ○울ᄒᆞ후 케커
手濶 손크다 ○가라 수라

四十六

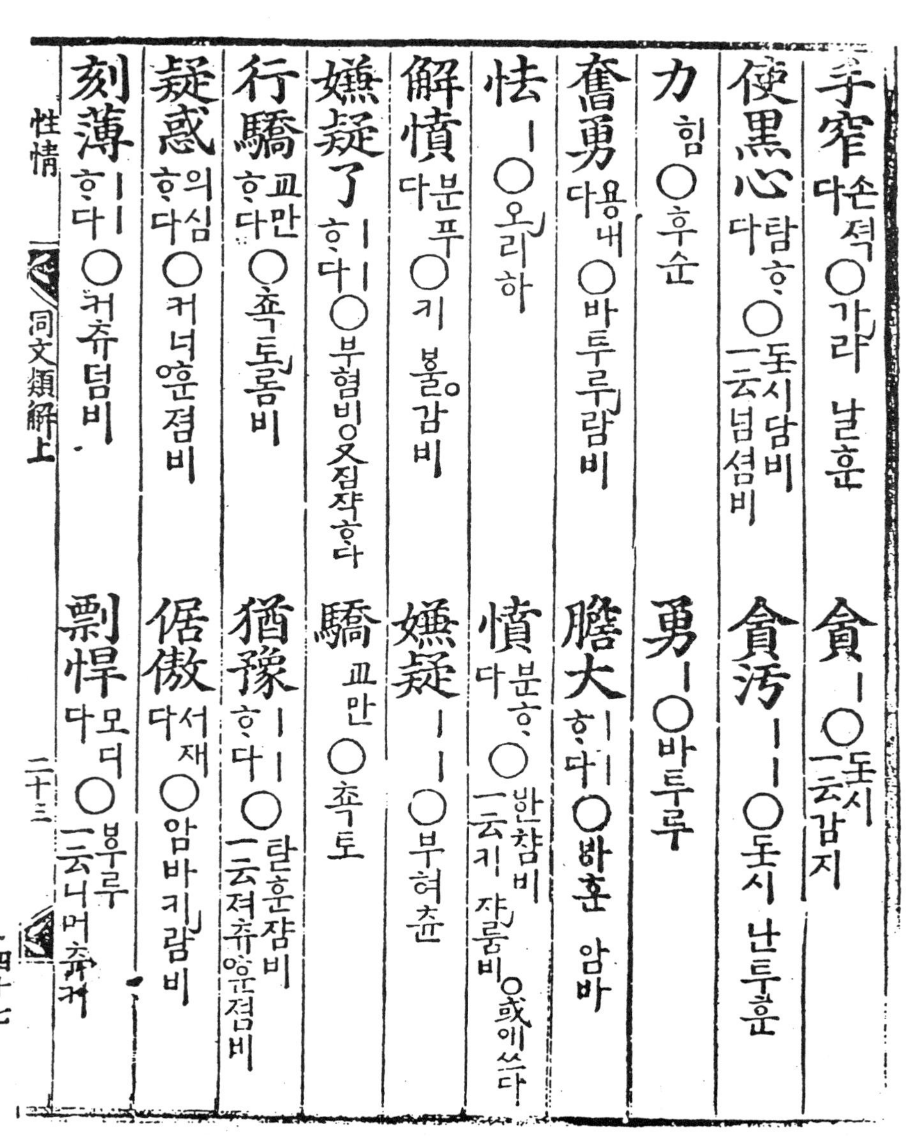

手窄 손젹다 ○가라 날훈
使黑心 탐ᄒᆞ다 ○도시담비 一云념셤비
力 힘 ○후순
奮勇 용내다 ○바투루람비
怯 ㅣ ○오리하
解憒 분푸다 ○기 불。감비
嫌疑了 ㅣㅣㅣᄒᆞ다 ○부혐비○又짐쟉ᄒᆞ다
行驕 교만ᄒᆞ다 ○촉도롬비
疑惑 의심ᄒᆞ다 ○커너얀졈비
刻薄 ㅣㅣᄒᆞ다 ○커츄덤비
貪 ㅣ ○도시 一云감지
貪汚 ㅣㅣ ○도시 난투훈
勇 ㅣ ○바투루
膽大 ㅣㅣᄒᆞ다 ○바훈 암바
憒 분ᄒᆞ다 ○반참비 一云기 쟈룸비○或에쓰다
嫌疑 ㅣㅣ ○부혀츈
驕 교만 ○촉토
猶豫 ㅣㅣᄒᆞ다 ○랄훈쟘비 一云져츄얀졈비
倨傲 서재다 ○암바키람비
剽悍 모디다 ○붕루루 一云니머츄커
性情
同文類解上
二十三
四十七

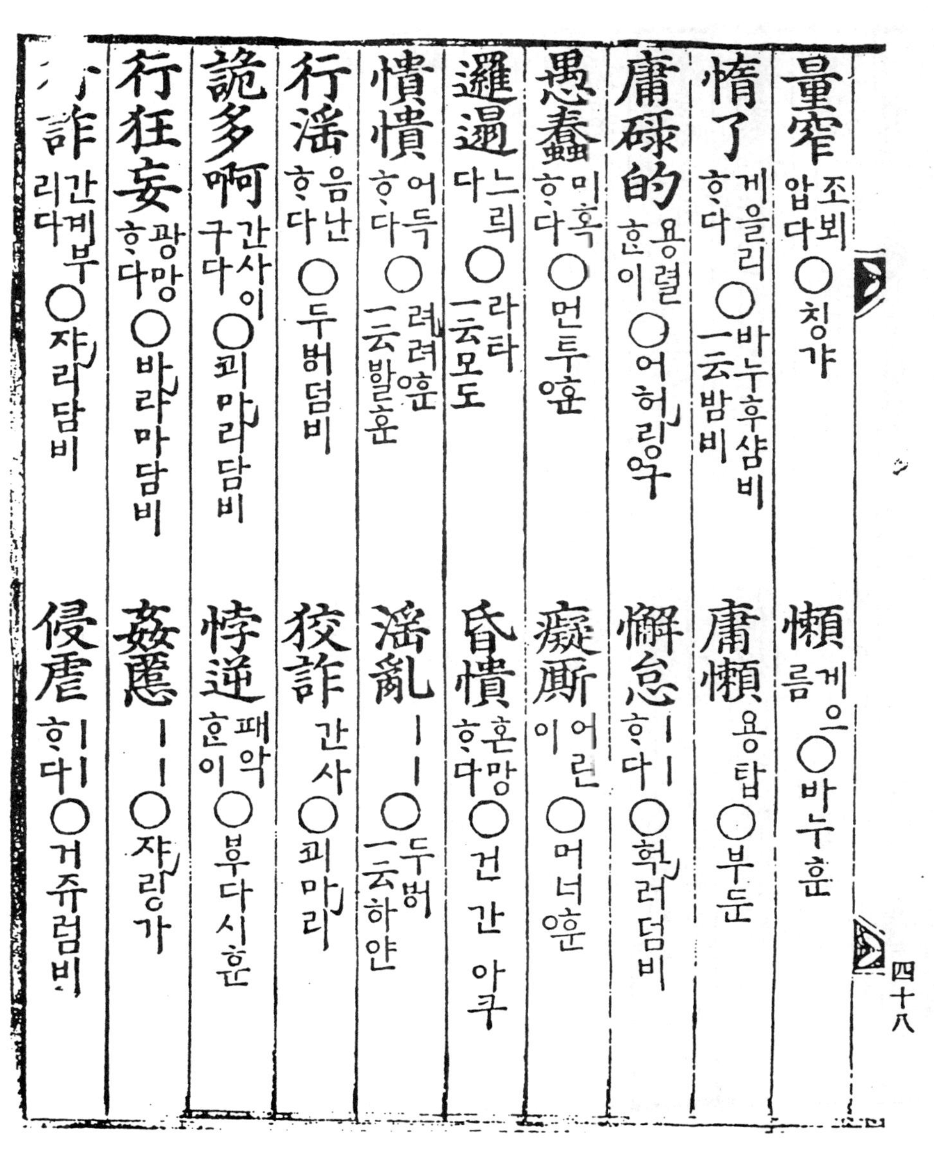
量窄 조뵈압다 ○칭갸
懶 게으름 ○바누훈
惰了 게을리ᄒᆞ다 ○바누후샾비 一云밤비
庸懶 용탑 ○부둔
庸碌的 용렬ᄒᆞᆫ이 ○어허리ᇰ우
懈怠 ㅣㅣᄒᆞ다 ○햑러덤비
愚蠢 미혹ᄒᆞ다 ○먼투훈
癡厮 어린이 ○머너훈
邋遢 느릐다 ○라타 一云모도
昏憒 혼망ᄒᆞ다 ○건 간 아쿠
憒憒 어득ᄒᆞ다 ○려려훈 一云발훈
淫亂 ㅣㅣ ○두버 一云하얀
行淫 음난ᄒᆞ다 ○두버덤비
狡詐 간사 ○괴마리
詭多啊 간사이구다 ○괴마라담비
悖逆 패악ᄒᆞᆫ이 ○부다시훈
行狂妄 광망ᄒᆞ다 ○바라마담비
姦慝 ㅣㅣ ○쟈랑가
行詐 간계부리다 ○쟈라담비
侵虐 ㅣㅣᄒᆞ다 ○거쥬럼비

四十八

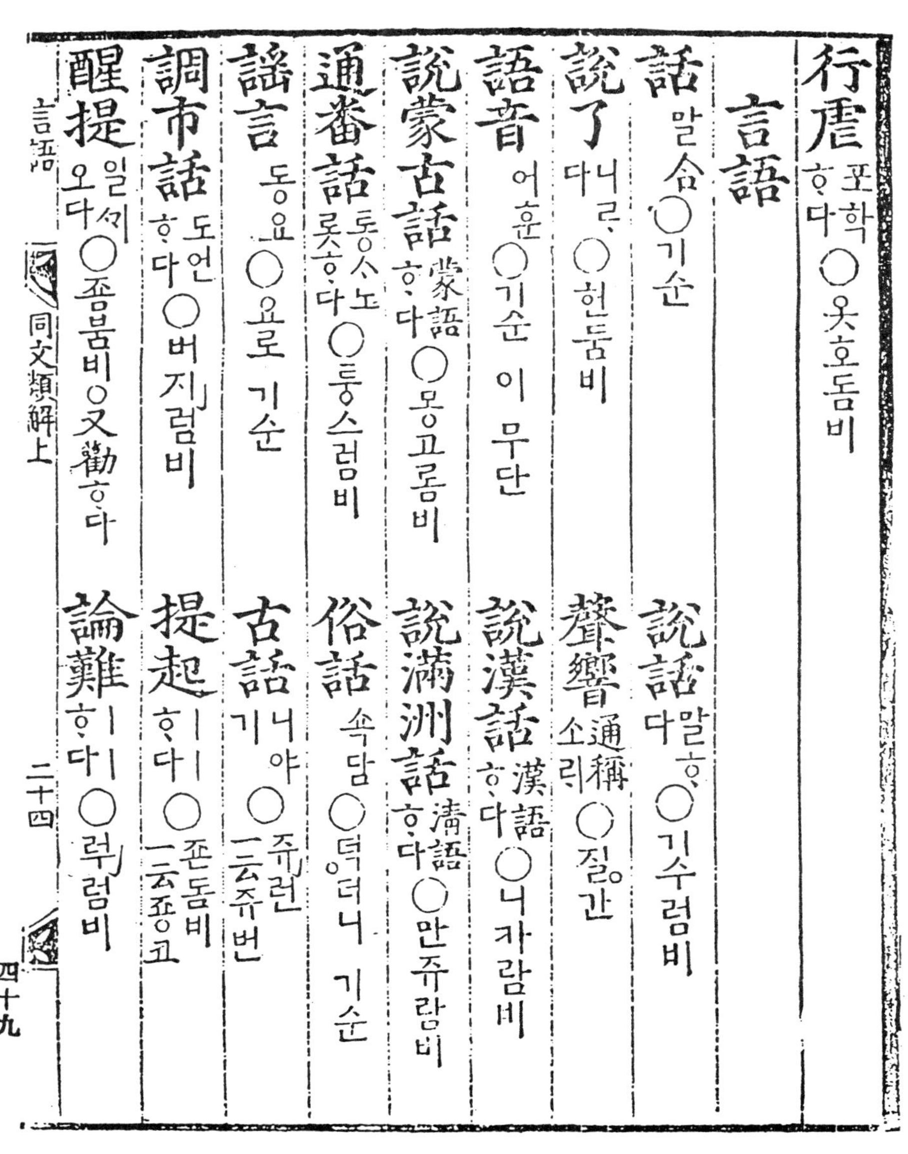

行雇 조학ᄒᆞ다 ○ 옷호돔비

言語

話 말ᄉᆞᆷ ○ 기순

說話 말ᄒᆞ다 ○ 기수럼비

說了 니ᄅᆞ다 ○ 헌둠비

聲響 通稱소리 ○ 질。간

語音 어훈 ○ 기순 이 무단

說漢話 漢語ᄒᆞ다 ○ 니카람비

說蒙古話 蒙語ᄒᆞ다 ○ 몽고롬비

說滿洲話 淸語ᄒᆞ다 ○ 만쥬람비

通番話 통ᄉᆞ노롯ᄉᆞᄒᆞ다 ○ 퉁스럼비

俗話 속담 ○ 여더니 기순

謠言 동요 ○ 요로 기순

古話 니야기 ○ 쥬런 一云쥬번

調市話 도언ᄒᆞ다 ○ 버지럼비

提起 ㅣㅣᄒᆞ다 ○ 쥰돔비 一云죵고

醒提 일ᄭᆡ오다 ○ 죱붐비 ○又勸ᄒᆞ다

論難 ㅣㅣᄒᆞ다 ○ 뤄럼비

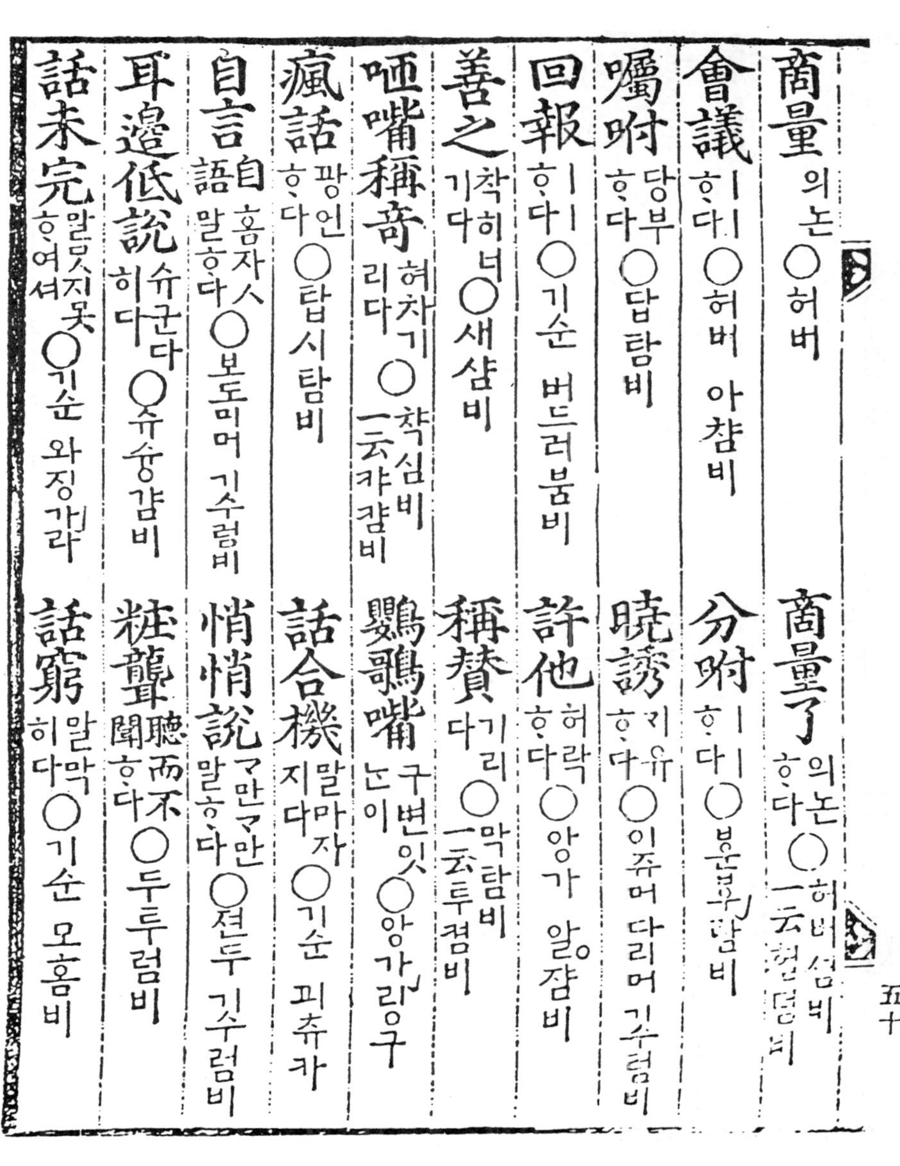

商量 의논 ○허버

商量了 의논ᄒᆞ다 ○허버섬비 一云헌뎡비

會議 ㅣㅣᄒᆞ다 ○허버 아챰비

分附 ㅣㅣᄒᆞ다 ○분부탐비

囑咐 당부ᄒᆞ다 ○답탐비

曉諭 리유ᄒᆞ다 ○이쥬머 다리머 기수럼비

回報 ㅣㅣᄒᆞ다 ○기순 버드러붐비

許他 허락ᄒᆞ다 ○앙가 알。걈비

善之 착히너기다 ○새샴비

稱賛 기리다 ○막탐비 一云투겸비

哂嘴稱奇 혀차기리다 ○착심비 一云캬걈비

鸚鵡嘴 구변잇논이 ○앙가랑구

瘋話 광인ᄒᆞ다 ○탑시탐비

話合機 말마자지다 ○기순 피츄카

自言自語 홈자ㅅ말ᄒᆞ다 ○보도미머 기수럼비

悄悄說 마만마만말ᄒᆞ다 ○젼두 기수럼비

耳邊低說 슈군다히다 ○슈슝걈비

粧聾 聽而不聞ᄒᆞ다 ○두투럼비

話未完 말ᄉᆞᆷ시지못ᄒᆞ여셔 ○기순 와징가라

話窮 말막히다 ○기순 모홈비

五十

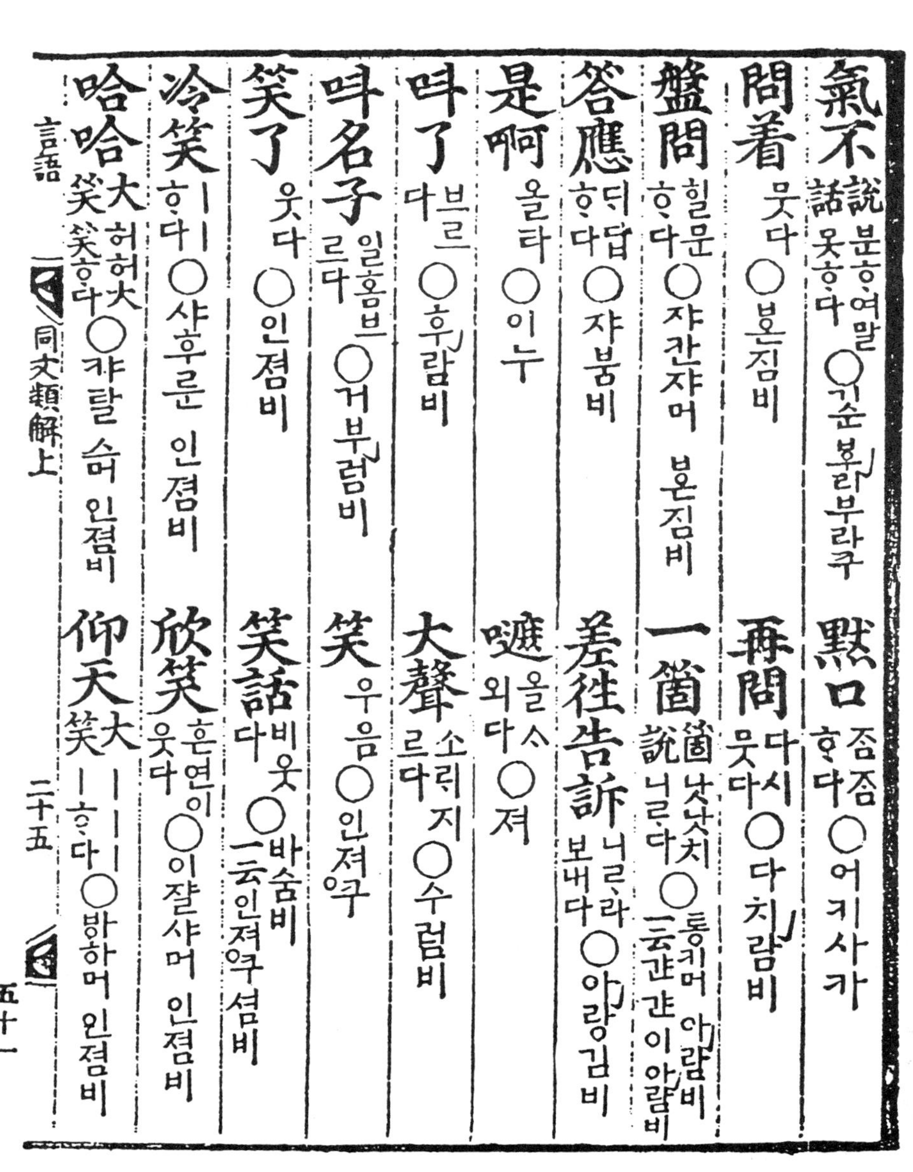

氣不說話 분ᄒᆞ여 말 못ᄒᆞ다 ○긔순 보리부라쿠

默口 줌줌ᄒᆞ다 ○어키사카

問着 뭇다 ○본짐비

再問 다시 뭇다 ○다치람비

盤問 힐문ᄒᆞ다 ○쟈간쟈머 본짐비

一箇箇說 낫낫치 니ᄅᆞ다 ○통키머 아람비 一云 갼갼이 아람비

答應 ᄃᆡ답ᄒᆞ다 ○쟈붐비

差往告訴 니ᄅᆞ라 보내다 ○아랑김비

是啊 올타 ○이누

嗻 올ᄉᆞ외다 ○져

叫了 브ᄅᆞ다 ○후람비

大聲 소ᄅᆡ지ᄅᆞ다 ○수럼비

叫名子 일홈 브ᄅᆞ다 ○거부럼비

笑 우음 ○인져쿠

笑了 웃다 ○인졈비

笑話 비웃다 ○바숨비 一云 인져쿠 셤비

冷笑 ||ᄒᆞ다 ○샤후룬 인졈비

欣笑 흔연이 웃다 ○이잘샤머 인졈비

哈哈大笑 허허 大笑ᄒᆞ다 ○캬탈 슈머 인졈비

仰天大笑 ||ᄒᆞ다 ○방하머 인졈비

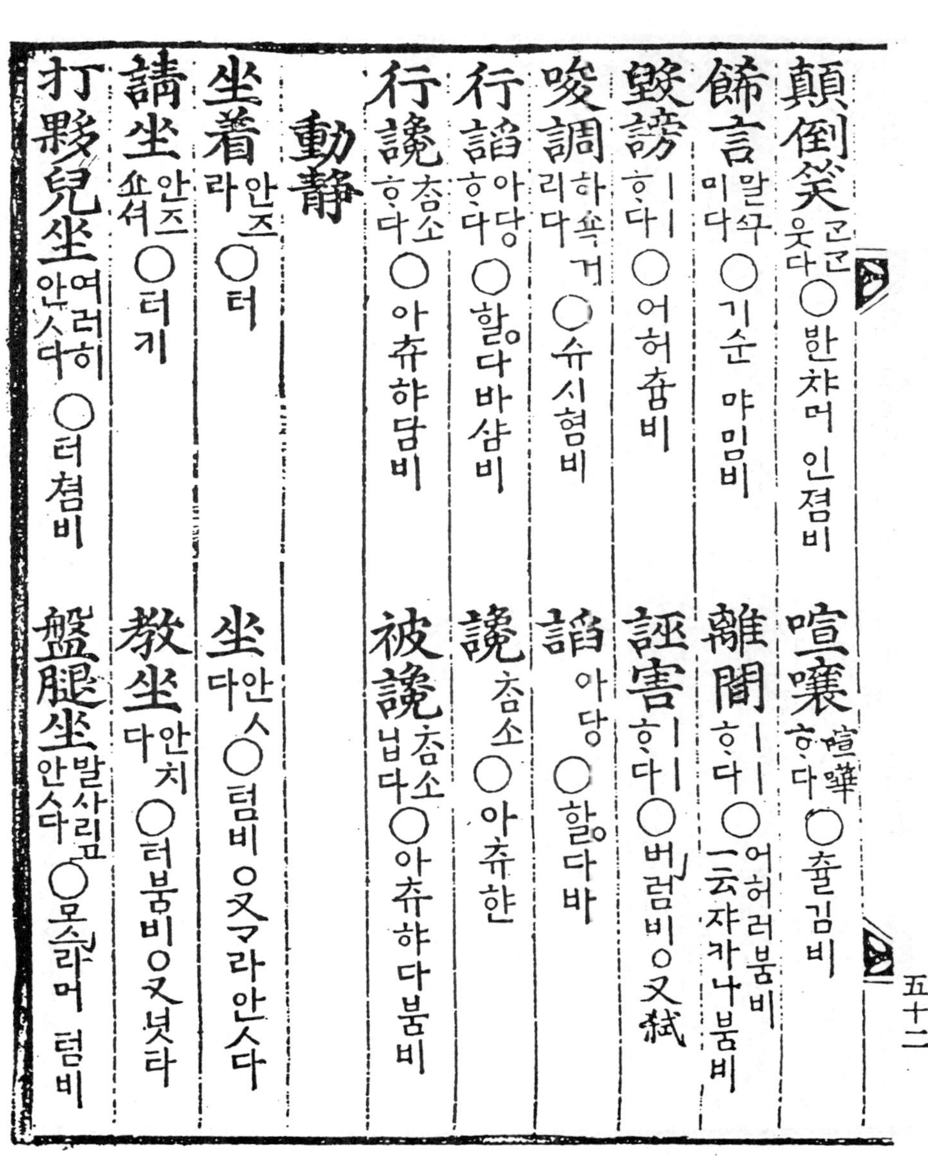

顚倒笑 근근웃다 ○반쟈머 인졈비
喧嚷 喧嘩ᄒᆞ다 ○츌김비

餙言 말ᄭᅮ미다 ○기순 마밈비
離間 ᄒᆞ다 ○어허러붐비 一云쟈카나붐비

毁謗 ᄒᆞ다 ○어허츔비
誣害 ᄒᆞ다 ○버럼비○又弑

唆調 하쇽거리다 ○슈시혐비
諂 아당 ○할다바

行諂 아당ᄒᆞ다 ○할다바샴비
讒 ᄎᆞᆷ소 ○아츄한

行讒 ᄎᆞᆷ소ᄒᆞ다 ○아츄햐담비
被讒 ᄎᆞᆷ소닙다 ○아츄햐다붐비

動靜

坐着 안즈라 ○터
坐 안ㅅ다 ○텀비○又마라안ㅅ다

請坐 안즈쇼셔 ○터기
敎坐 안치다 ○터붐비○又녓다

打髁兒坐 여러히안ㅅ다 ○터쳠비
盤腿坐 발사리고안ㅅ다 ○모스라머 텀비

385

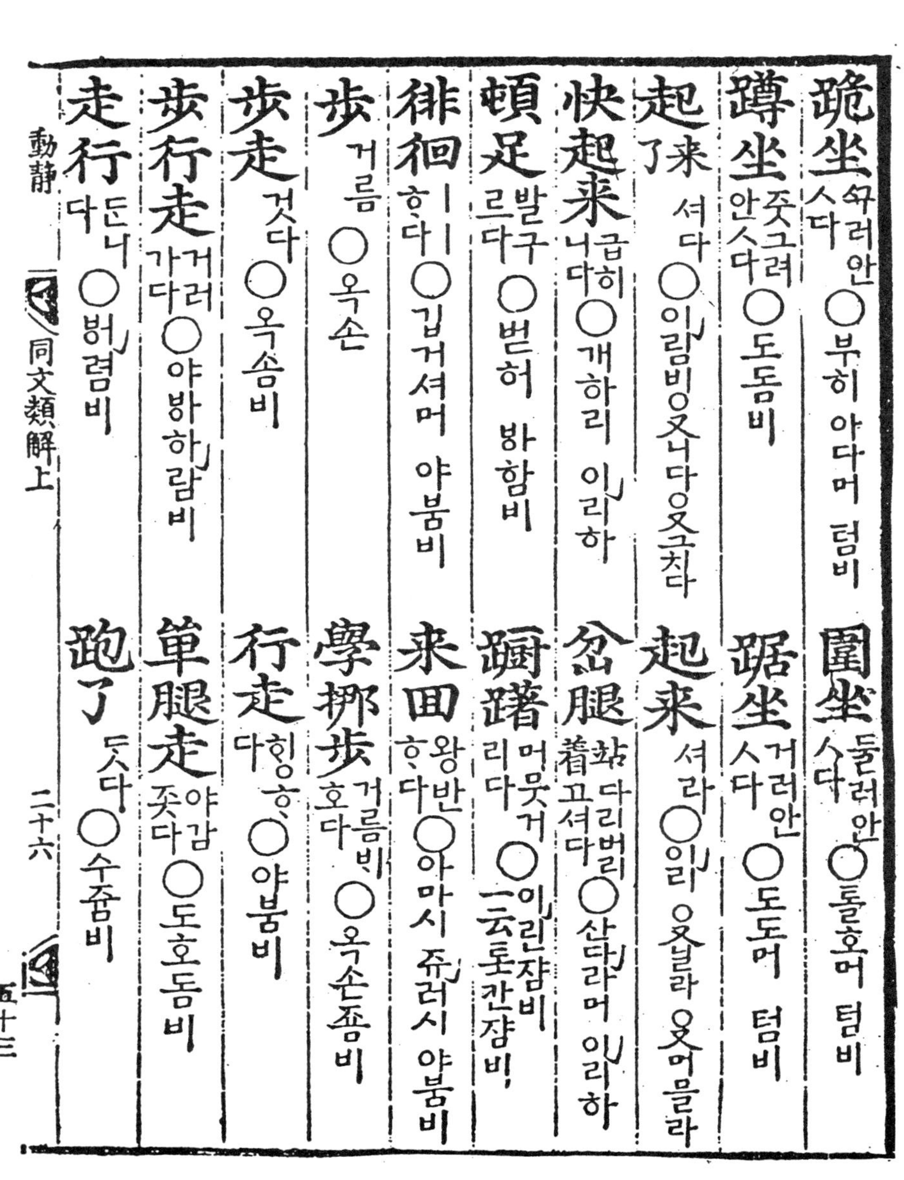

跪坐 ᄭᅮ러안ㅅ다 ○부히 야다머 텀비
圍坐 둘러안ㅅ다 ○톨호머 텀비
蹲坐 줏그려안ㅅ다 ○도돔비
踞坐 거러안ㅅ다 ○도도머 텀비
起来 셔다 ○이람비 又니다 又그치다
起来 셔라 ○이리 又닐라 又머믈라
快起来 급히니다 ○개하리 이리하
岔腿 다리버리着고셔다 ○산다라머 이리하
頓足 발구르다 ○번허 방함비
躕躇 머뭇거리다 ○이린잠비 一云토간쟝비
徘徊 ᄒᆞ다 ○깁거셔머 야붐비
来回 왕반ᄒᆞ다 ○아마시 쥬러시 야붐비
步 거름 ○옥손
學挪步 거름비호다 ○옥손좀비
步走 것다 ○옥솜비
行走 힝ᄒᆞ다 ○야붐비
步行走 거러가다 ○야방하람비
單腿走 야감줏다 ○도호돔비
走行 ᄃᆞᆫ니다 ○버려비
跑了 ᄃᆞᆺ다 ○수쥼비

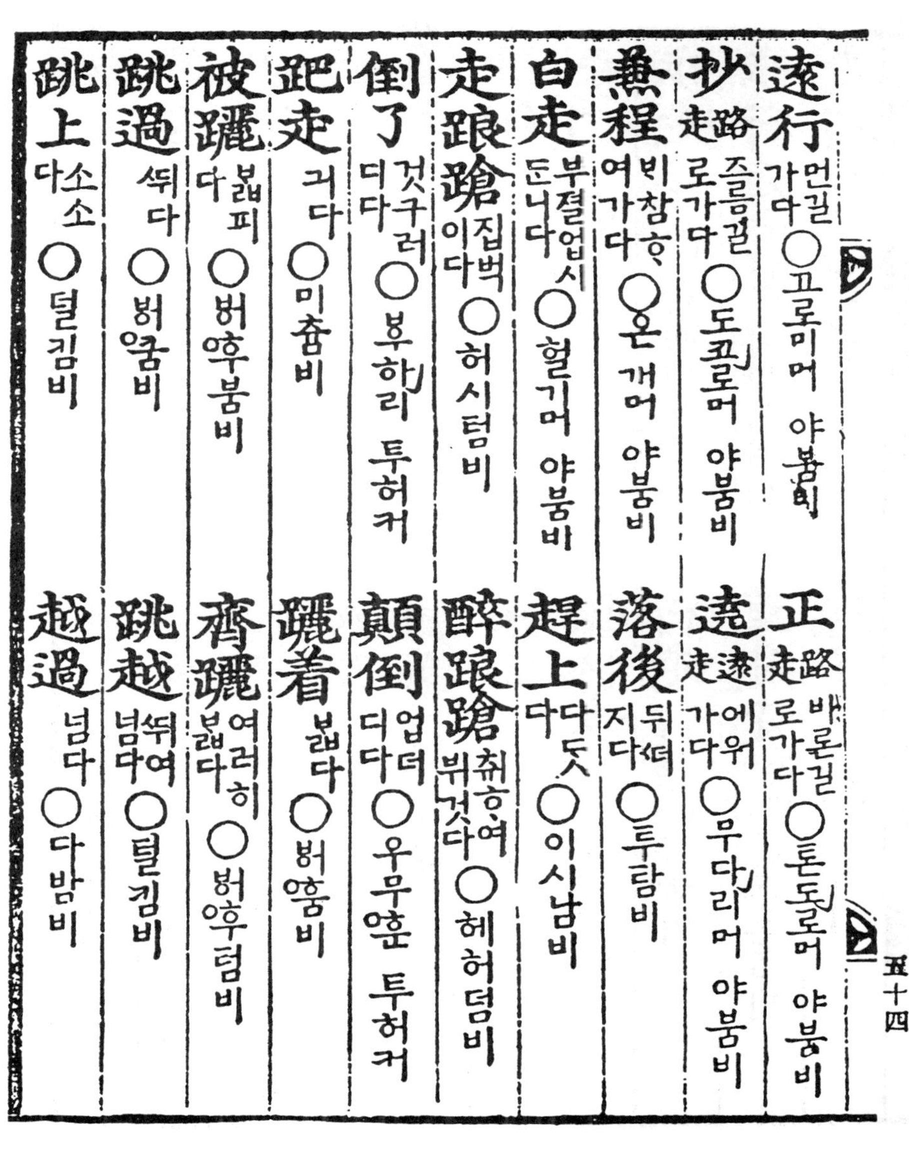

遠行 먼길 가다 ○고로미머 야붐비

抄路走 즈름길로 가다 ○도쿄로머 야붐비

兼程 비참ᄒᆞ여 가다 ○온 개머 야붐비

白走 부절업시 ᄃᆞᆫ니다 ○헐기머 야붐비

走踉蹌 집벅이다 ○허시텀비

倒了 것구러디다 ○부하리 투허커

跁走 긔다 ○미춈비

被躧 ᄇᆞᆲ피다 ○버후붐비

跳過 ᄯᅱ다 ○버욹비

跐上 소소다 ○털김비

正路走 바론길로 가다 ○톤도로머 야붐비

遶遠走 에워 가다 ○무다리머 야붐비

落後 뒤ᄯᅥ지다 ○투담비

趕上 다ᄃᆞᆺ다 ○이시남비

醉踉蹌 취ᄒᆞ여 뷔것다 ○헤허뎜비

顛倒 업더디다 ○우무훈 투허커

躧着 ᄇᆞᆲ다 ○버훔비

齊躧 여러히 ᄇᆞᆲ다 ○버후덤비

跳越 ᄯᅱ여넘다 ○털김비

越過 넘다 ○다밤비

五十四

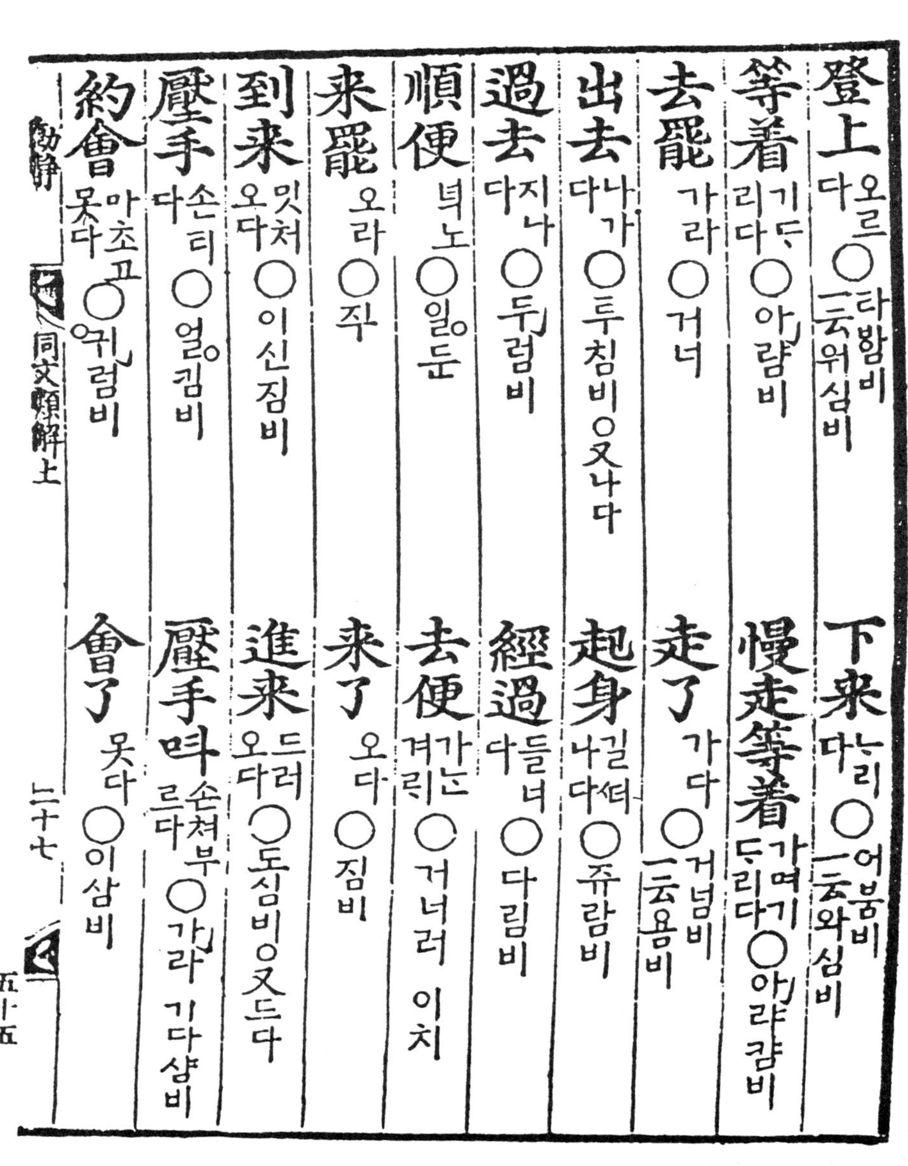

登上 오르다 ○다밤비 一云위심비　下来 나리다 ○어붐비 一云와심비

等着 기ᄃᆞ리다 ○아량비　慢走等着 가며기ᄃᆞ리다 ○아랴캄비

去罷 가라 ○거너　走了 가다 ○거념비 一云욤비

出去 나가다 ○투침비 又나다　起身 길ᄯᅥ나다 ○쥬람비

過去 지나다 ○두렴비　經過 들녀다 ○다림비

順便 녀노 ○일。둔　去便 가는겨리 ○거너러 이치

来罷 오라 ○쟉　来了 오다 ○짐비

到来 밋처오다 ○이신짐비　進来 드러오다 ○도심비 又드다

壓手 손티다 ○얼。김비　壓手𠯏 손쳐부르다 ○가라기다샴비

約會 마조코못다 ○。귀렴비　會了 못다 ○이삼비

動靜　同文類解上　二十七　五十五

靠着 지혀다 ○니검비○又依止ᄒᆞ다
歪靠 시즈리다 ○괘담비

歇歇 쉬다 ○터염비 一云얼검비
歇陰凉 그늘에쉬다 ○섭드리럼비

乘凉 서늘진듸안ᄌᆞ다 ○설여거셤비
乏了 ᄀᆞᆺ부다 ○샤담비

困乏了 곤ᄒᆞ다 ○츄쿰비
臥着 눕다 ○더둠비○又자다

教臥 누이다 ○더두붐비○又재오다
通脚臥 발막아눕다 ○벋허러머 더둠비

仰臥 졋바져눕다 ○온죠혼 더둠비
俯臥 업더눕다 ○우무슈훈 더둠비

側臥 녑흐로눕다 ○달。방ᄉᆞ훈 더둠비
臥轉身 누어몸두로혀다 ○울붐비

睡頭 좀 ○아무
睡的狠 좀겹다 ○아무 망가

睡聡 좀귀ᄇᆞᆰ다 ○아무 셔투
打盹 조으다 ○아무 샤부람비

點頭 마리그덕이다 ○우쥬 거허셤비
抵頭 마리수기다 ○우쥬 기담비

五十六

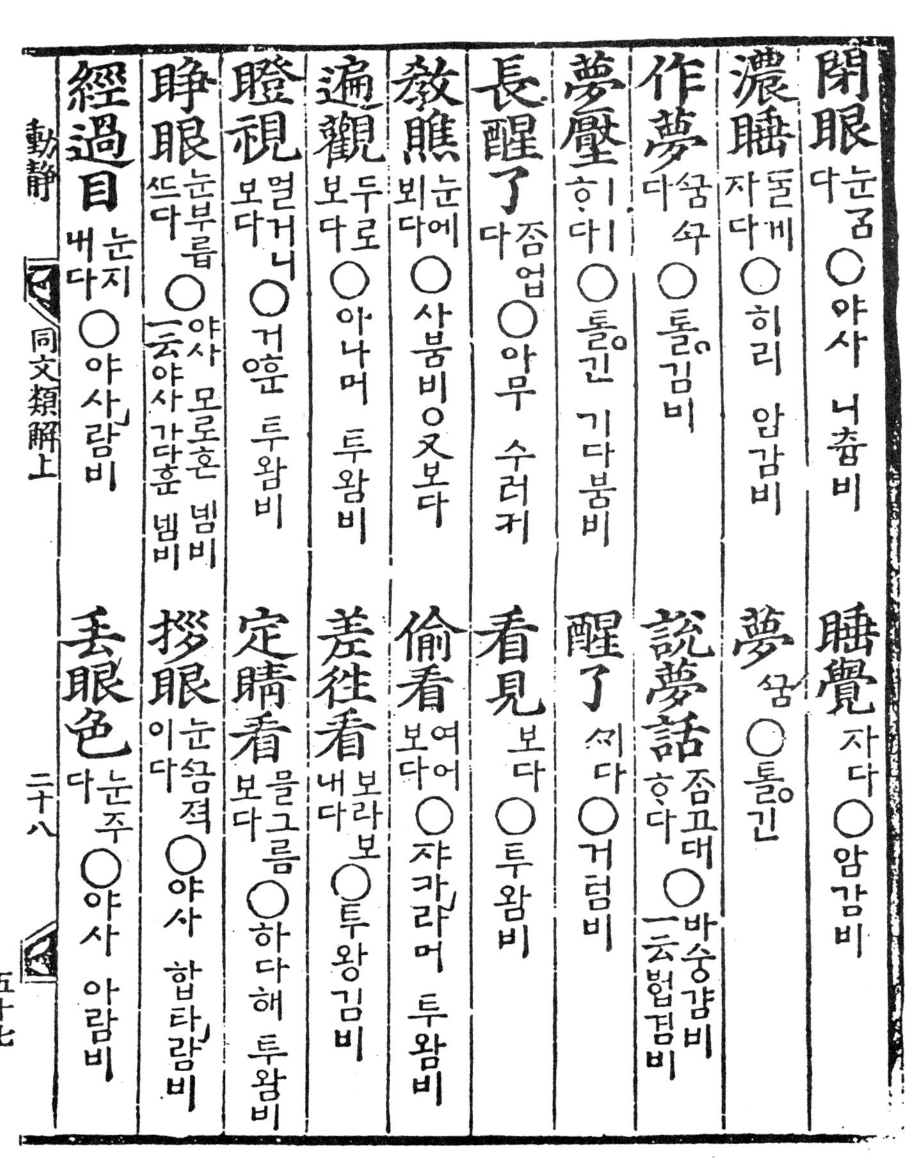

閉眼 눈ᄀᆞᆷ다 ○야사 니츔비

濃睡 ᄃᆞᆫ게 자다 ○히리 암감비

作夢 ᄭᅮᆷ ᄭᅮ다 ○톨。김비

夢魘 ㅣㅣᄒᆞ다 ○톨。긴 기다붐비

長醒了 ᄌᆞᆷ업다 ○아무 수러커

敎瞧 눈에 뵈다 ○사붐비 又 보다

遍觀 두로 보다 ○아나머 투왐비

瞪視 멀거니 보다 ○거ᄒᆞᆫ 투왐비

睜眼 눈부릅ᄯᅳ다 ○야사 모로혼 넴비 一云 야사 가다훈 넴비

經過目 눈지내다 ○야사 람비

睡覺 자다 ○암감비

夢 ᄭᅮᆷ ○톨。긴

說夢話 ᄌᆞᆷ꼬대ᄒᆞ다 ○바숭걈비 一云 법겸비

醒了 ᄭᆡ다 ○거덤비

看見 보다 ○투왐비

偷看 여어보다 ○쟈카라머 투왐비

差往看 보라 보내다 ○투왕김비

定睛看 믈그름 보다 ○하다해 투왐비

擠眼 눈ᄭᅳᆷ젹이다 ○야사 합타람비

丟眼色 눈주다 ○야사 아람비

擠眼 눈ᄀᆡ다 ○야사 니츄샴비 一云야사 지버럼비

窺探 기웃거리다 ○커러쳠비 一云히라챰비

瞭望 ᄇᆞ라보다 ○카람비

瞧看 흘긔여보다 ○히라머 투왐비

左看右看 左右顧視ᄒᆞ다 ○회라 챰비

翻白眼看 희번득여보다 ○샤린쟘비

眼花生 눈에아ᄌᆞ랑이나다 ○야사 일하남비

張口 입버리다 ○앙가 쟙비

聽見 듯다 ○돈짐비

風聞 ㅣㅣ으로듯다 ○우라히라머 돈짐비

仔細看 ᄌᆞ셰히보다 ○친치람비

探瞧 흘긋보다 ○샴비

仰看 우러러보다 ○할가샴비

回頭看 돌쳐보다 ○회라람비

回看 도라보다 ○아마시 투왐비

依俙看 의희이보다 ○부루 바라 샤붐비

日晃眼 힛눈에ᄇᆞ의다 ○야사 졀기셤비

閉口 입다므다 ○앙가 미밈비

耳聰 귀ᄇᆞᆰ다 ○샨 갈비

打聽 듯보다 ○우라히람비

五十八

379

動了 움즈기다 ○아쓰샴비

推了 밀치다 ○아남비 又 밀위다

旋轉 두로다 ○슐뎜비

彎轉 휘듯다 ○숭결ᅌ졈비

被拿住 잡히이다 ○남붐비

撫摩 어르문지다 ○비숩비

兩手掬 우희여쥐다 ○오호룝비

抱了 안다 ○터버렴비

擲了 뿔매ᄒᆞ여더디다 ○바함비

撇了 뿔매ᄒᆞ다 ○덩검비

搖動 흔드다 ○아칭걈비

轉向 두루혀다 ○마림비

展轉 구을리다 ○부허셤비

拿着 잡다 ○쟈밤비 或 가지다

搜摩 더듬다 ○힙킴비

揉摩 通稱 부븨다 ○몬짐비

拿弄 쥐무로다 ○쟈방샴비

自脫落 절로노하ᄇᆞ리다 ○투리붐비

挿了 심거박다 ○텅킴비

抛了 더지다 ○막탐비

甩了 ᄇᆞ리다 ○와럅비
丢了 일타 ○와랴붐비

得了 얻다 ○바함비
撒一撒 ᄲᅳ리다 ○솜비

逢着 만나다 ○우챠람비
撞着 마조티다 ○퉁가람비

相衝 닥ᄃᆞ리다 ○칼참비
會見 만나보다 ○아참비○又和合ᄒᆞ다

教見 뵈게ᄒᆞ다 ○아챠붐비○又마초다
遲緩 ㅣㅣᄒᆞ다 ○얼허셤비

從容 ㅣㅣ ○얼허 누한
慢慢的 쳔쳔이 ○얼허퀀 一云만다

遲了 더듸다 ○피담비○又오래다
搬移 옴다 ○우림비

搬移了 옴기다 ○우리붐비
留宿 ㅣㅣᄒᆞ다 ○인덤비

住下處 하쳐ᄒᆞ다 ○타탐비
離了 ᄯᅥ나다 ○호콤비

離家 집ᄯᅥ나다 ○보 알쟘비
離別 ㅣㅣᄒᆞ다 ○덜험비

六十

377

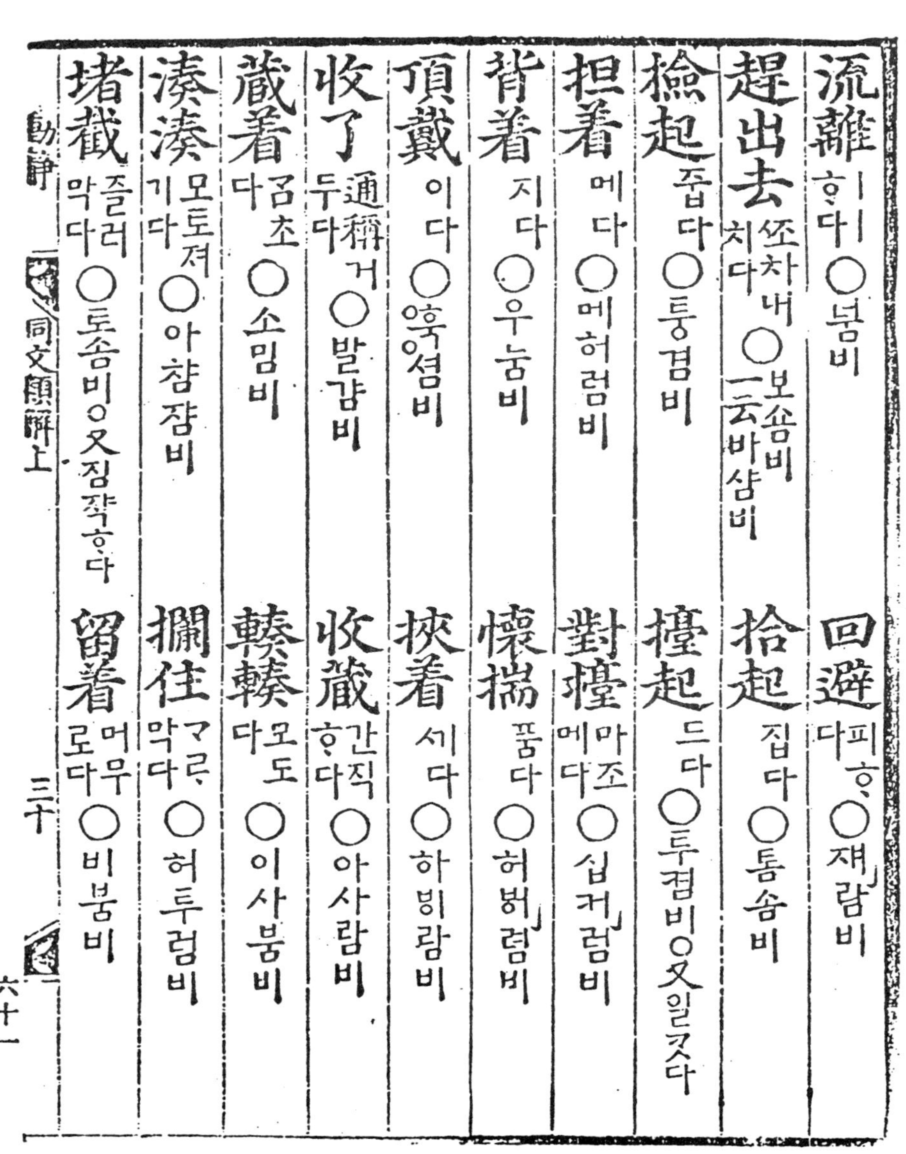

流離 ᄒᆞ다 ○ 념비

回避 피ᄒᆞ다 ○ 재람비

趕出去 쪼차내치다 ○ 보솜비 一云 바삼비

拾起 집다 ○ 톰솜비

撿起 줍다 ○ 퉁겸비

撞起 드다 ○ 두켬비 ○ 又 일ᄀᆞᆺ다

担着 메다 ○ 메허렴비

對撞 마조메다 ○ 십커렴비

背着 지다 ○ 우눔비

懷揣 품다 ○ 허ᄫᅥ렴비

頂戴 이다 ○ 훅셤비

夾着 세다 ○ 하ᄫᅵ람비

收了 通稱 거두다 ○ 발걈비

收藏 간직ᄒᆞ다 ○ 아사람비

藏着 ᄀᆞᆷ초다 ○ 소밈비

轃轃 모도다 ○ 이사붐비

湊湊 모도져기다 ○ 아참쟘비

攔住 마ᄅᆞ막다 ○ 허투렴비

堵截 즐러막다 ○ 토솜비 ○ 又 짐작ᄒᆞ다

留着 머무로다 ○ 비붐비

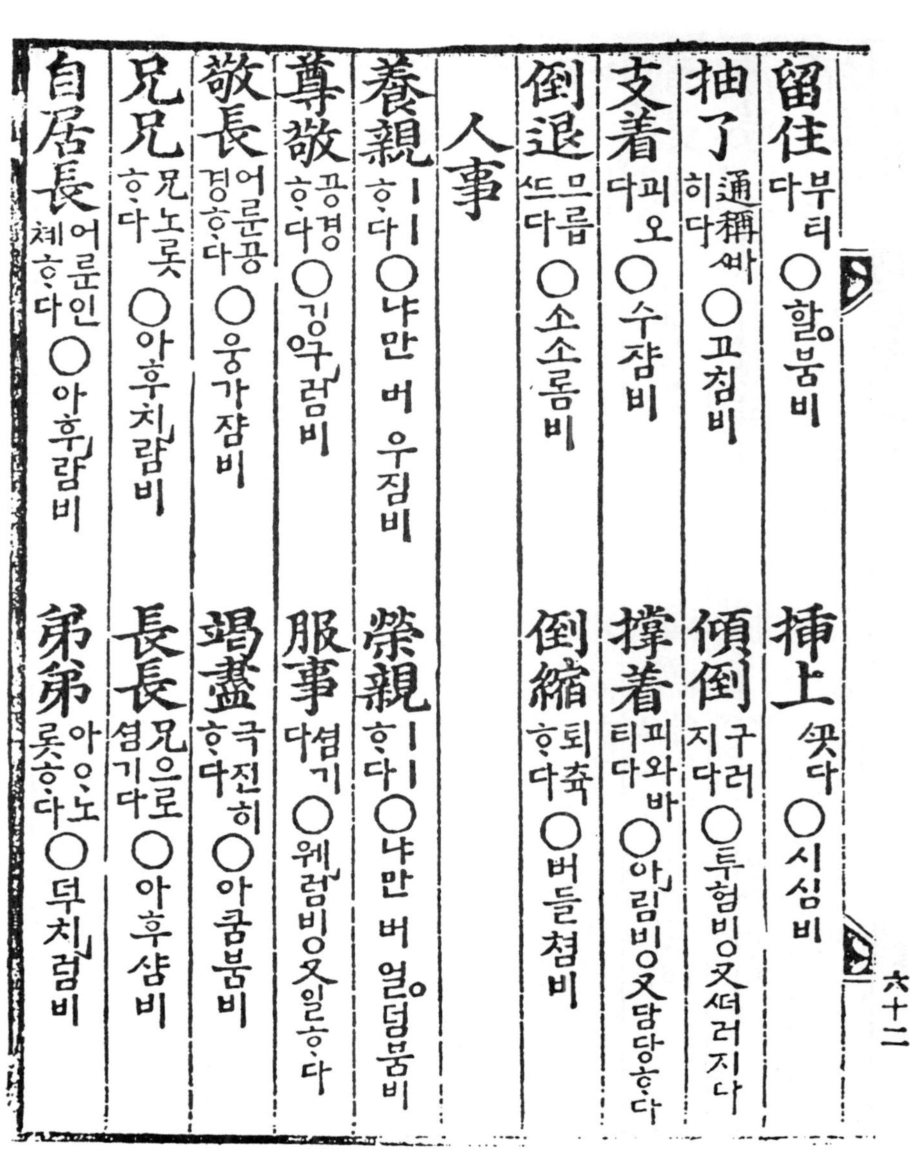

留住 부티다 ○할。붐비

揷上 꼿다 ○시심비

抽了 通稱빠히다 ○고침비

傾倒 구러지다 ○투험비○又셔러지다

支着 괴오다 ○수쟘비

撐着 괴와바티다 ○아림비○又당당ᄒᆞ다

倒退 므릅쓰다 ○소소롬비

倒縮 퇴축ᄒᆞ다 ○버들쳠비

人事

養親 ㅣㅣᄒᆞ다 ○냐만 버 우짐비

榮親 ㅣㅣᄒᆞ다 ○냐만 버 얼。덤붐비

尊敬 공경ᄒᆞ다 ○깅우럼비

服事 섬기다 ○웨럼비○又일ᄒᆞ다

敬長 어룬공경ᄒᆞ다 ○웅가쟘비

竭盡 극진히ᄒᆞ다 ○아쿰붐비

兄兄 兄노릇ᄒᆞ다 ○아후치람비

長長 兄으로섬기다 ○아후샴비

自居長 어룬인체ᄒᆞ다 ○아후람비

弟弟 아ᄋᆞ노릇ᄒᆞ다 ○두치럼비

六十二

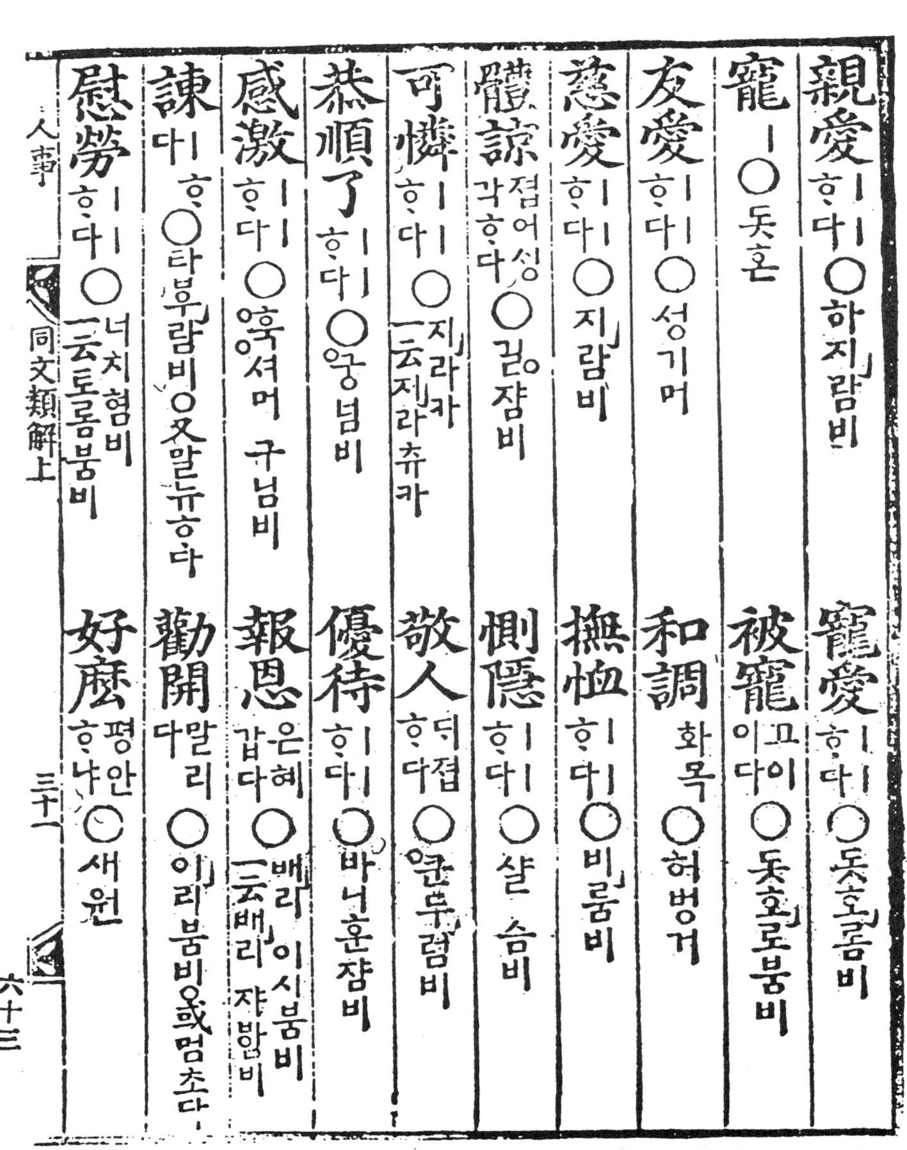

親愛ᄒᆞ다 ○하지람비

寵 ○돗혼

友愛ᄒᆞ다 ○성기머

慈愛ᄒᆞ다 ○지람비

體諒 졈어ᄉᆡᆼ각ᄒᆞ다 ○길ᄋ쟘비

可憐ᄒᆞ다 ○지라카 一云 지라츄카

恭順了ᄒᆞ다 ○ᅌᅮᆼ넘비

感激ᄒᆞ다 ○ᅘᅮᆨ셔머 구님비

諫ᄒᆞ다 ○타부람비 又 말뉴ᄒᆞ다

慰勞ᄒᆞ다 ○너치험비 一云 토롬붐비

寵愛ᄒᆞ다 ○돗호롬비

被寵 괴이다 ○돗호로붐비

和調 화목 ○허벙거

撫恤ᄒᆞ다 ○비룸비

惻隱ᄒᆞ다 ○샬 슴비

敬人 ᄃᆡ졉ᄒᆞ다 ○쿤두렴비

優待ᄒᆞ다 ○바너훈쟘비

報恩 은혜갑다 ○배리 이시붐비 一云 배리 쟈밥비

勸開 말리다 ○이리붐비 或 멈초다

好歷 평안ᄒᆞ냐 ○새 원

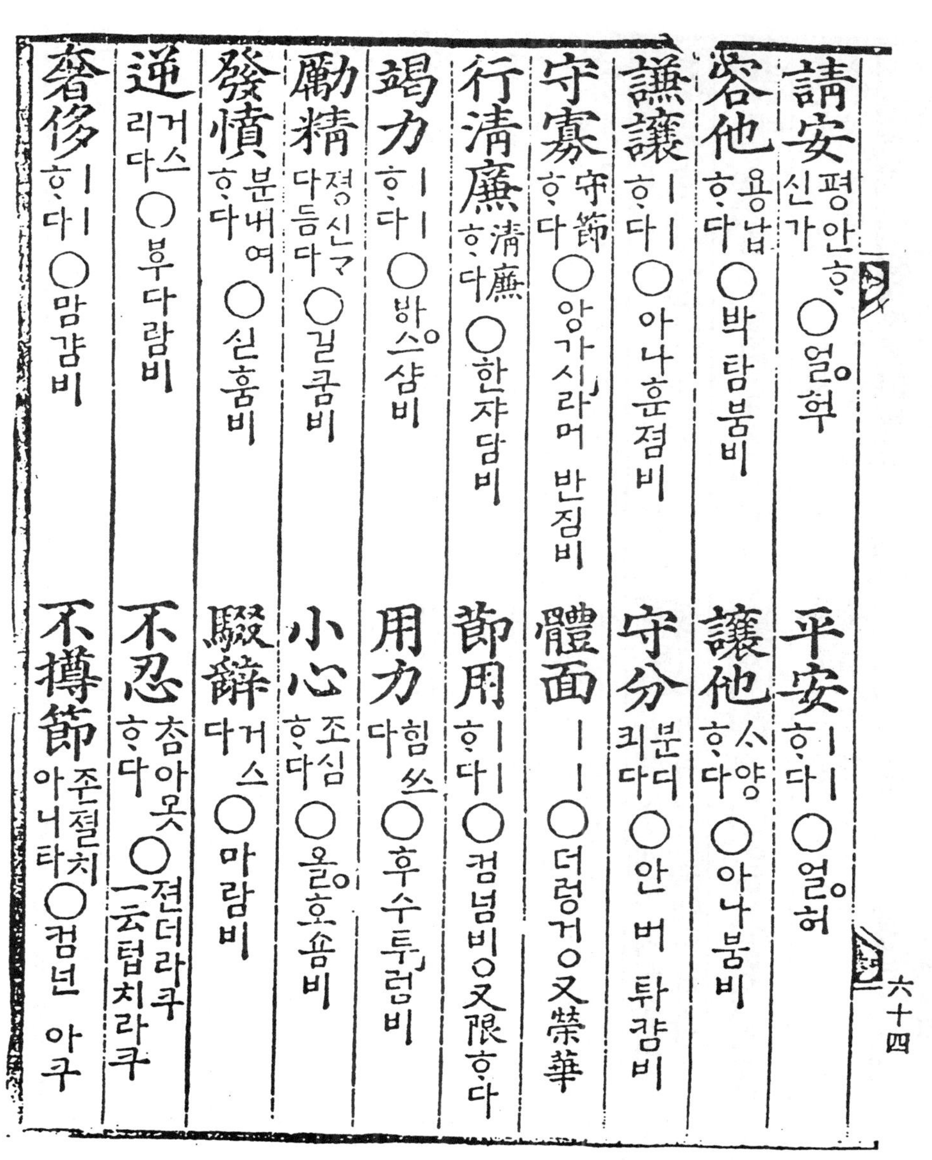

請安 평안ᄒᆞ신가 ○얼ᄋᆞᆫ혀
容他 용납ᄒᆞ다 ○바담붐비
謙讓 ㅣㅣᄒᆞ다 ○아나훈졈비
守寡 守節ᄒᆞ다 ○앙가시라머 반짐비
行淸廉 淸廉ᄒᆞ다 ○한쟈담비
竭力 ㅣㅣᄒᆞ다 ○바ᄉᆞᆼ샴비
勵精 졍신ᄀᆞ다듬다 ○길쿰비
發憤 분내여ᄒᆞ다 ○신훔비
逆 거스리다 ○부다람비
奢侈 ㅣㅣᄒᆞ다 ○맘걍비

平安 ㅣㅣᄒᆞ다 ○얼ᄋᆞᆫ혀
讓他 ᄉᆞ양ᄒᆞ다 ○아나붐비
守分 분ᄃᆡ킈다 ○안 버 튀캼비
體面 ㅣㅣ ○더렁거○又榮華
節用 ㅣㅣᄒᆞ다 ○컴넘비○又限ᄒᆞ다
用力 힘쓰다 ○후수투럼비
小心 조심ᄒᆞ다 ○올ᄋᆞᆫ호솜비
駁辭 거스다 ○마람비
不忍 ᄎᆞᆷ아못ᄒᆞ다 ○젼더라쿠 一云텹치라쿠
不撙節 준절치아니타 ○컴넌 아쿠

六十四

373

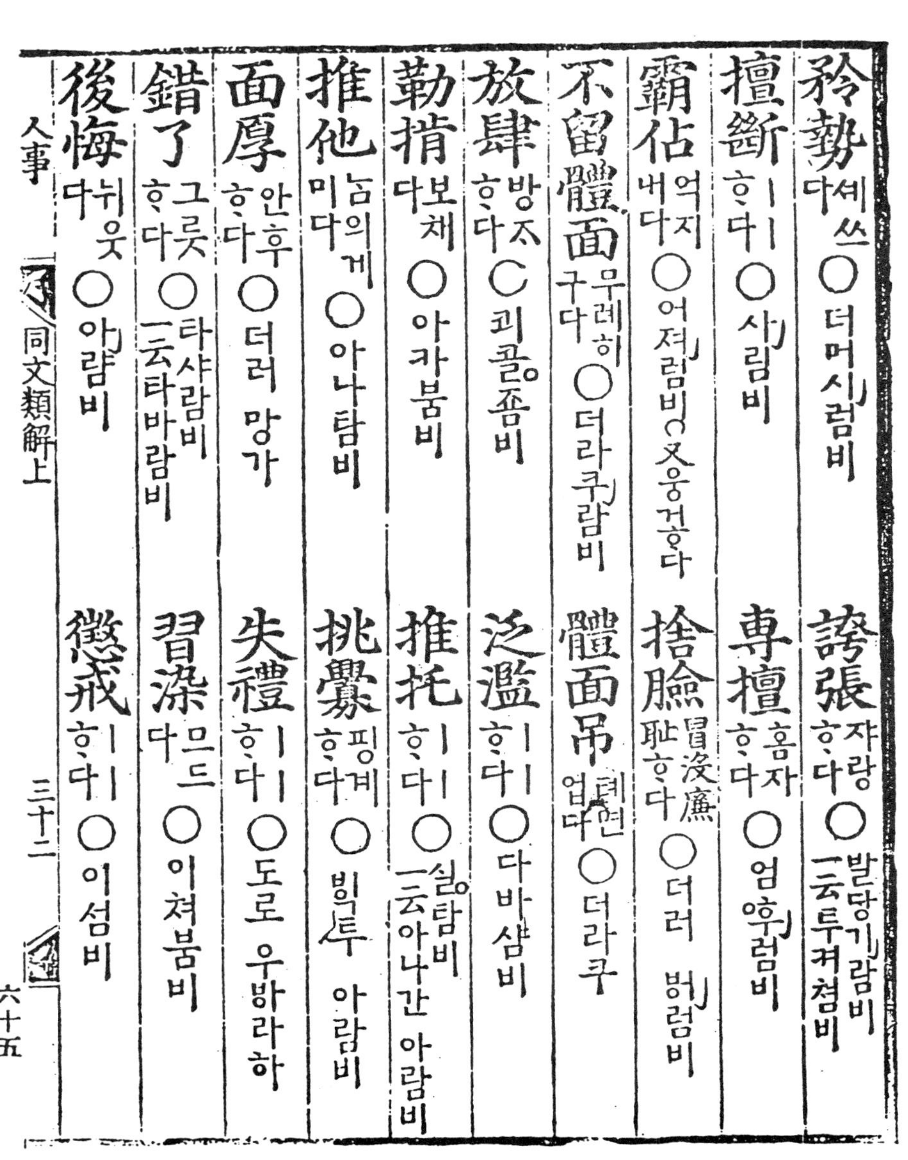
矜勢 셰쓰다 ○ 더머시럼비
擅斷 ᄒᆞ다 ○ 사림비
覇佔 억지내다 ○ 어져림비 又 웅거ᄒᆞ다
不留體面 무례히구다 ○ 더라쿠람비
放肆 방ᄌᆞᄒᆞ다 ○ 괴콜좀비
勒掯 보채다 ○ 아카붐비
推他 놈의게미다 ○ 아나탐비
面厚 안후ᄒᆞ다 ○ 더러 망가
錯了 그릇ᄒᆞ다 ○ 타샤람비 一云 타바람비
後悔 뉘웃다 ○ 아람비
誇張 쟈랑ᄒᆞ다 ○ 발당기람비 一云 투거첨비
專擅 ᄒᆞᆷ자ᄒᆞ다 ○ 엄우럼비
捨臉 冒沒廉恥ᄒᆞ다 ○ 더러 버럼비
體面吊 톄면업다 ○ 더라쿠
泛濫 ᄒᆞ다 ○ 다바샴비
推托 ᄒᆞ다 ○ 실탐비 一云 아나간 아람비
挑釁 핑계ᄒᆞ다 ○ 빙의투 아람비
失禮 ᄒᆞ다 ○ 도로 우바라하
習染 므드다 ○ 이쳐붐비
懲戒 ᄒᆞ다 ○ 이섬비

人事 同文類解上 三十二 六十五

起戒 경계 ○ 탈가츈

用強 악쓰다 ○ 캉캬샴비

逼迫 丨丨ᄒᆞ다 ○ 얼거렴비 一云 하빙람비

輕視 멸시ᄒᆞ다 ○ 외호리람비

不理人 괴수치아니타 ○ 헐서라쿠 一云 요힌다라쿠

胡使了 남용ᄒᆞ다 ○ 다바붐비 一云 다바람비

費 허비 ○ 방야분

遮飾臉 ᄂᆞᆺ마리와ᄒᆞ다 ○ 방나람비

哄誘 ᄭᅬ오다 ○ 오스솜비

遺漏 丨丨ᄒᆞ다 ○ 머러붐비

撿舉 丨丨ᄒᆞ다 ○ 카다람비

嚇他 저히다 ○ 셔림비

小看 업슈이너기다 ○ 기다샴비 一云 부시후람비

不算 혜지아니타 ○ 다부라쿠

沒情分 정업다 ○ 두연 一云 안두후리

費了 허비ᄒᆞ다 ○ 방얌비

外飾 것ᄭᅮ미다 ○ 교호돔비

推惡 그른일ᄂᆞᆷ의게미다 ○ 래담비

誘騙 ᄭᅬ와소기다 ○ 에더렴비 又 두로다

漏泄 丨丨ᄒᆞ다 ○ 빌검붐비

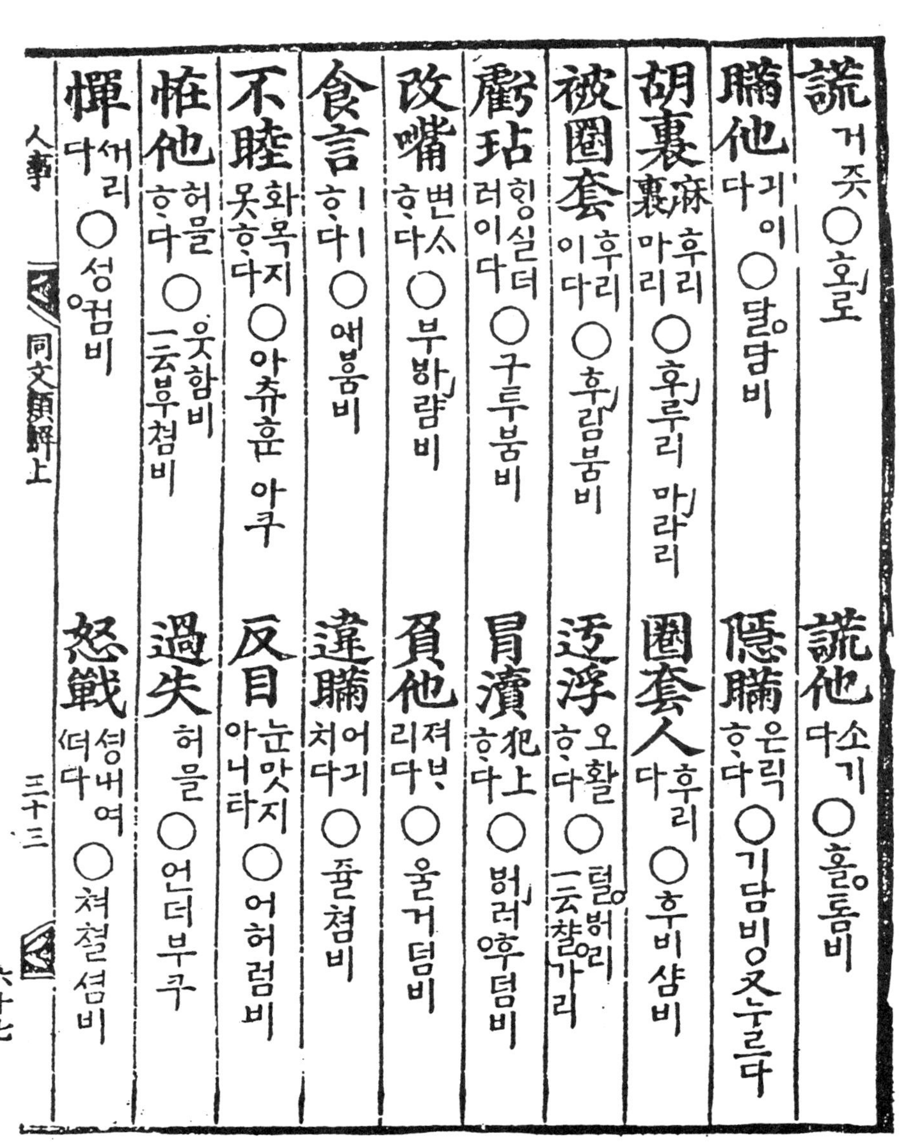

謊 거즛 ○ 호릐로

瞞他 긔이다 ○ 달。담비

胡裏麻裏 후리마리 ○ 후루리 마라리

被圈套 후리이다 ○ 후람붐비

虧玷 힝실더러이다 ○ 구투붐비

改嘴 변소ᄒᆞ다 ○ 부방럄비

食言 ㅣㅣᄒᆞ다 ○ 애붐비

不睦 화목지못ᄒᆞ다 ○ 아츄훈 아쿠

恠他 허물ᄒᆞ다 ○ 웃함비 一云부우쳠비

憚 써리다 ○ 성。겸비

謊他 소기다 ○ 홀。돔비

隱瞞 은릭ᄒᆞ다 ○ 기담빙 又 누ᄀᆞ르다

圈套人 후리다 ○ 후비샴비

迂浮 오활ᄒᆞ다 ○ 털。버리 一云찰。가리

冒瀆 犯上ᄒᆞ다 ○ 버려우후덤비

負他 져ᄇᆞ리다 ○ 울거덤비

違瞞 어긔치다 ○ 쥴쳠비

反目 눈맛지아니타 ○ 어허럼비

過失 허물 ○ 언더부쿠

怒戰 셩내여ᄯᅥ다 ○ 쳐쳘셤비

人事 同文類解上 三十三

六十七

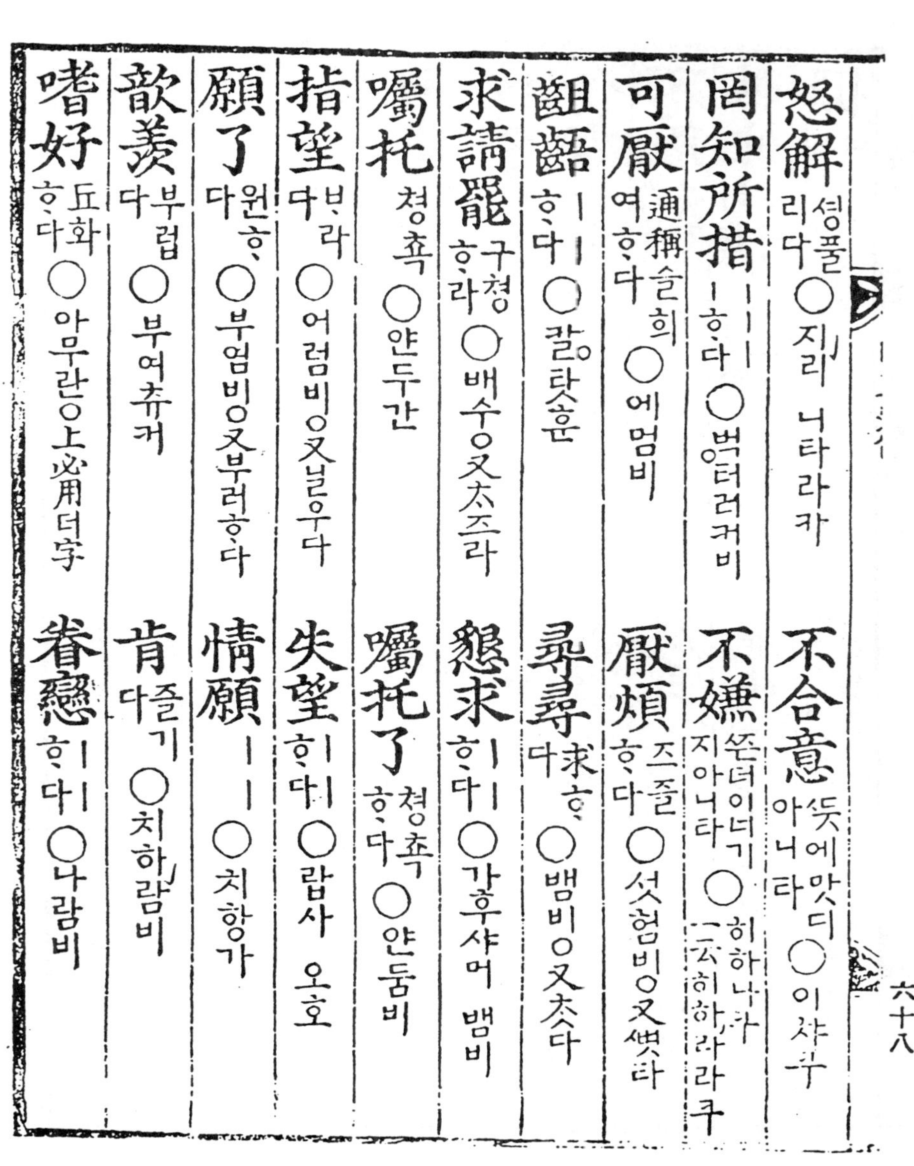

恕解 셩플리다 ○지리 나타라카

罔知所措 ㅣㅣㅣㅣᄒᆞ다 ○벅더러커비

可厭 通稱슬희여ᄒᆞ다 ○에멈비

齟齬 ㅣㅣᄒᆞ다 ○갈ᄋᆞ타ᄉᆞ훈

求請罷 구쳥ᄒᆞ라 ○배수○又太즈라

囑托 쳥쵹 ○얀두간

指望 ᄇᆞ라다 ○어럼비○又닐우다

願了 원ᄒᆞᆫ다 ○부염비○又졉부러ᄒᆞ다

歆羨 부럽다 ○부여츄커

嗜好 됴화ᄒᆞ다 ○아무란○上必用더字

不合意 ᄯᅳ데맛디아니타 ○이샤쿠

不嫌 쓴더이너기지아니타 ○히하나라 一云히하라라쿠

厭煩 즈즐ᄒᆞ다 ○섯험비○又샏ᄉᆞ타

尋尋 求ᄒᆞ다 ○뱀비○又太ᄉᆞ다

懇求 ㅣㅣᄒᆞ다 ○가후샤머 뱀비

囑托了 쳥쵹ᄒᆞ다 ○얀둠비

失望 ㅣㅣᄒᆞ다 ○랍사 오호

情願 ㅣㅣ ○치향가

肯 즐기다 ○치하람비

眷戀 ㅣㅣᄒᆞ다 ○나람비

六十八

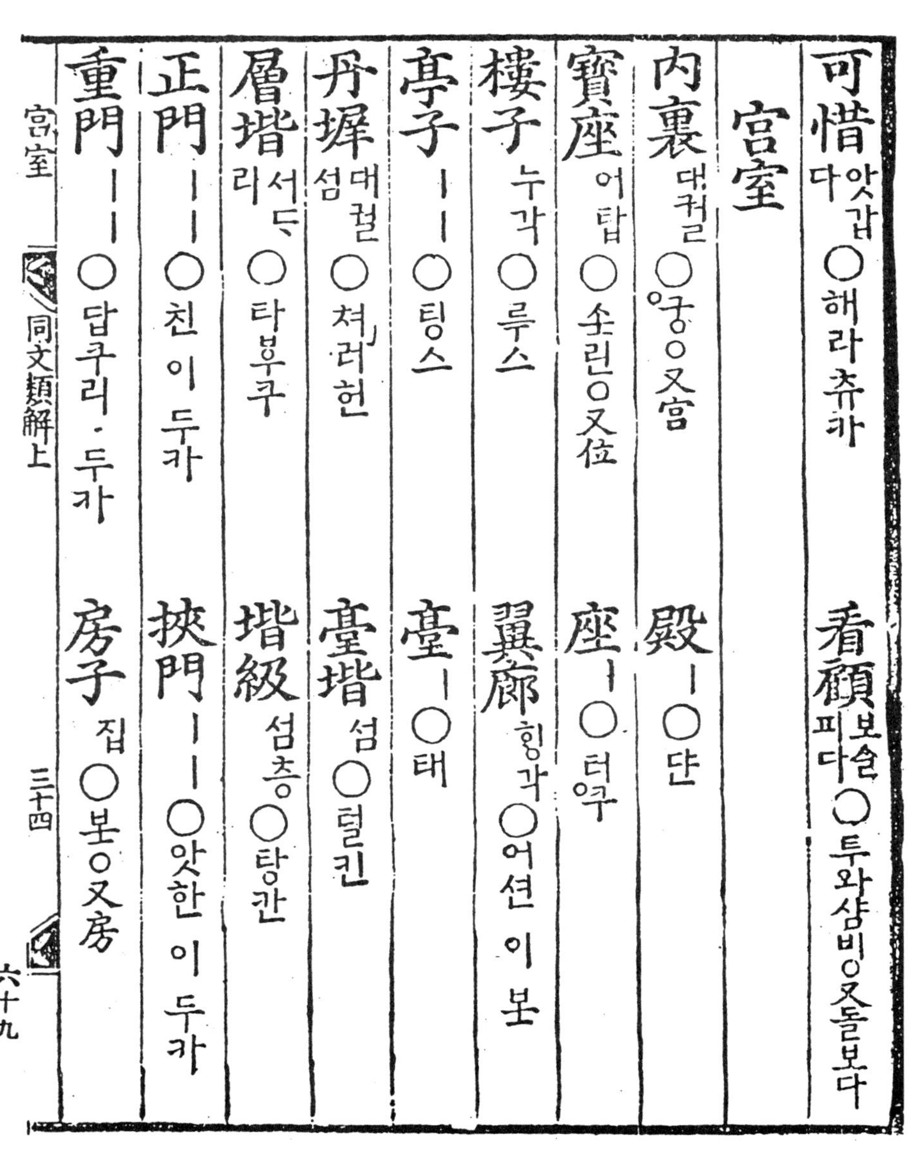

可惜 앗갑다 ○해라츄카

看顧 보숣피다 ○투와샴비○又돌보다

宮室

內裏 대궐 ○궁○又宮

殿 ㅣ○뎐

寶座 어탑 ○소린○又位

座 ㅣ○터우

樓子 누각 ○루스

翼廊 힝각 ○어션이보

亭子 ㅣㅣ○팅스

臺 ㅣ○태

丹墀 대궐섬 ○쳐러헌

臺階 섬 ○뎔킨

層階 서드리 ○타부쿠

階級 섬층 ○탕간

正門 ㅣㅣ○친이두카

挾門 ㅣㅣ○앗한이두카

重門 ㅣㅣ○답쿠리·두카

房子 집 ○보오○又房

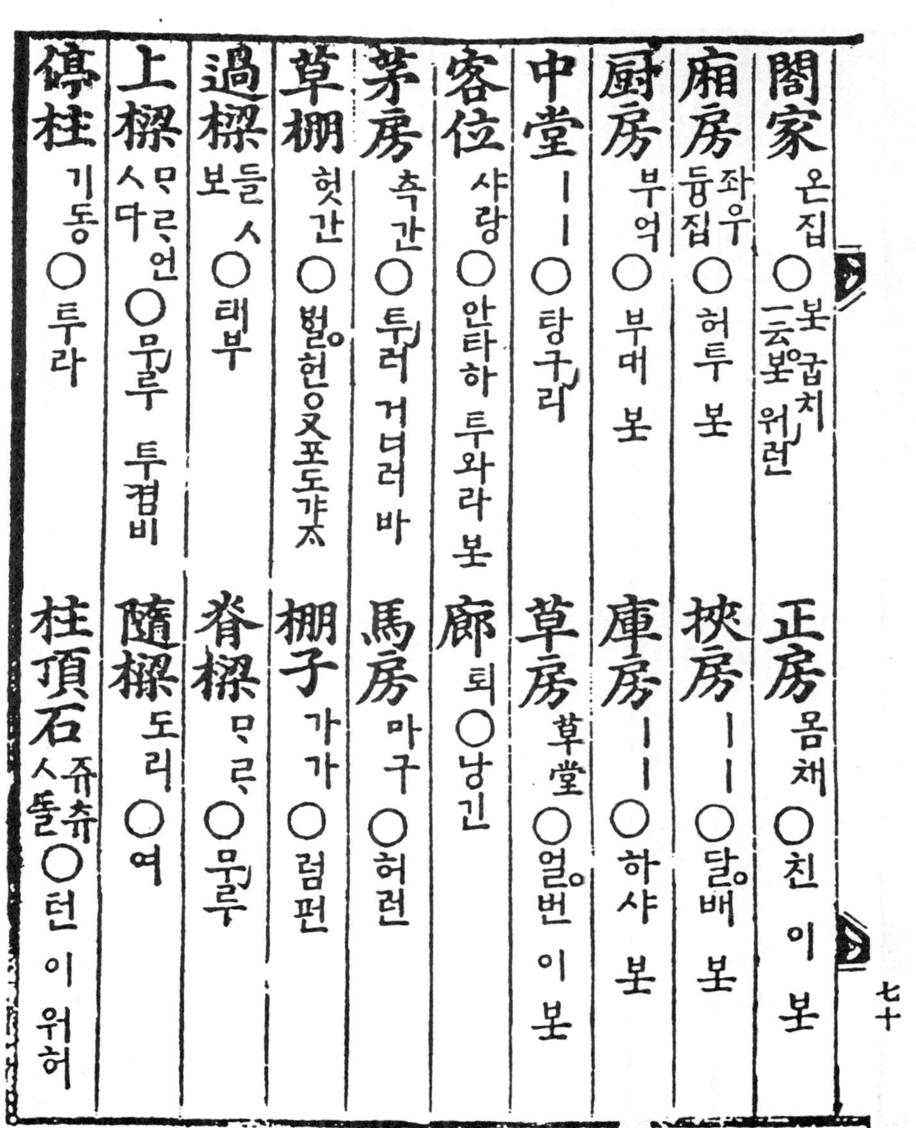

閣家 온집 ○보곱치 一云보위런

正房 몸채 ○친 이 보

廂房 좌우듕집 ○허투 보

挾房 ㅣㅣ ○달。배 보

厨房 부억 ○부머 보

庫房 ㅣㅣ ○하샤 보

中堂 ㅣㅣ ○탕구리

草房 草堂 ○얼。번 이 보

客位 샤랑 ○안타하 투와라 보

廊 퇴 ○낭긴

茅房 측간 ○투러 거더러 바

馬房 마구 ○허련

草棚 헛간 ○벌。헌○又포도갸ᄌᆞ

棚子 가가 ○럼편

過樑 들ㅅ보 ○태부

脊樑 ᄆᆞᄅᆞ ○무루

上樑 ᄆᆞᄅᆞ언ㅅ다 ○무루 투겸비

隨樑 도리 ○여

停柱 기동 ○투라

柱頂石 쥬츄ㅅ돌 ○턴 이 위허

七十

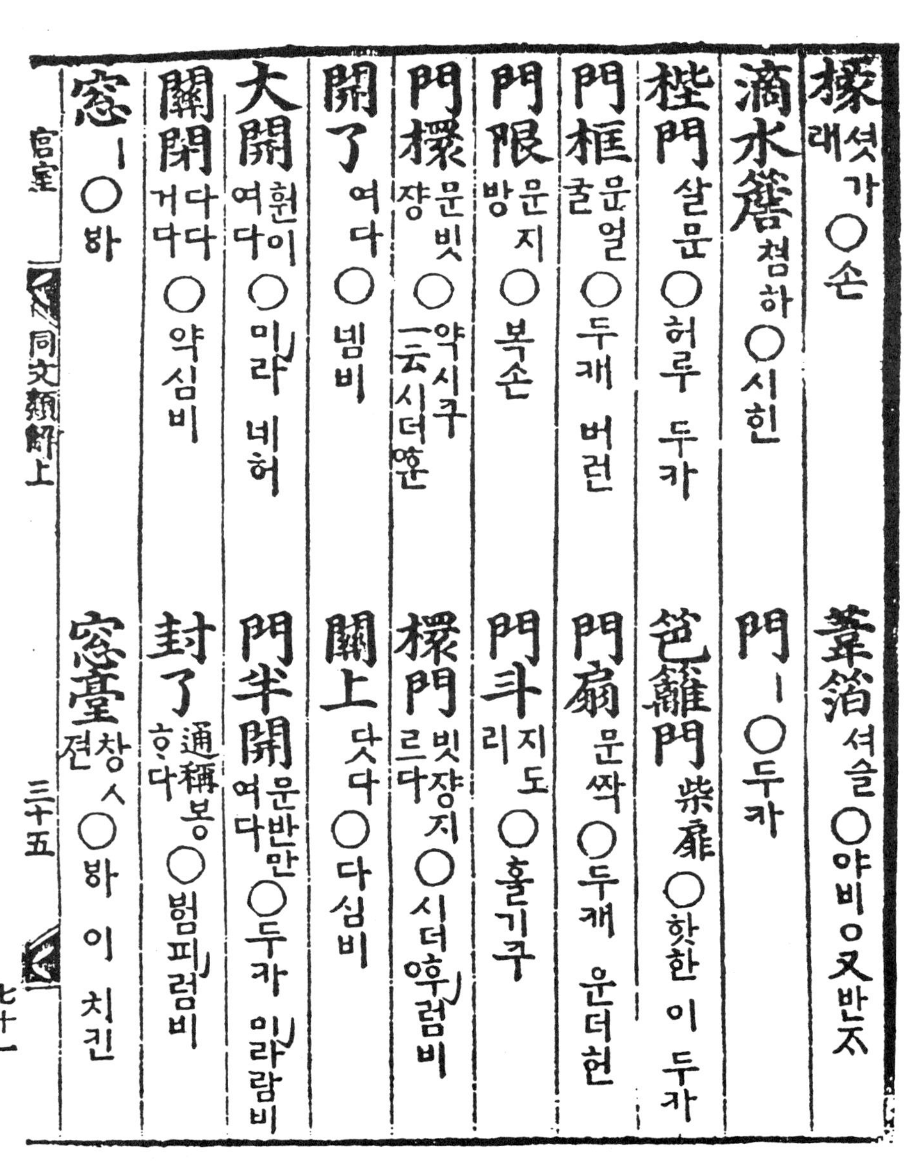

椽 셧가래 ○손

葦箔 셔슬 ○야비ㅇ 又반즈

滴水簷 쳠하 ○시힌

門ㅣ ○두카

柈門 살문 ○허루 두카

笆籬門 柴扉 ○핫한 이 두가

門框 문얼굴 ○두재 버런

門扇 문짝 ○두재 운더헌

門限 문지방 ○복손

門斗 도지리 ○훌기쿠

門檏 문빗장 ○약시쿠 一云시더얀

檏門 빗장지르다 ○시더야후럼비

開了 여다 ○넘비

關上 닷다 ○다심비

大開 훤이여다 ○미라 네허

門半開 문반만여다 ○두카 미라람비

闌閑 다다거다 ○약심비

封了 通稱 봉ᄒᆞ다 ○범피럼비

窓ㅣ ○바

窓臺 창ㅅ젼 ○바 이 치긴

窓櫺 창셰살 ○방 이 둥허

窓橫櫺 창ᄀᆞ룻살 ○방 이 시 더훈

支窓 창버티오다 ○방 투겸비

放窓 창지오다 ○방 신담비

户 지게 ○우져 又房門

門鸛嘴 빗목 ○시힌 서러

釘鎖 걸새 ○담잔 서러

牌樓 ㅣㅣ ○패루

欄干 ㅣㅣ ○절연

曲欄干 ㅣㅣㅣ ○무다랴라 절연

底塘板 마루 ○락투 又다락

炕 구돌 ○나한

一間 ᄒᆞᆫ간 ○어무 갼

竈口 솟아귀 ○쟌

烟洞 굴뚝 ○후란

地窨 움 ○욱둔 보

尾竈 벽굽눈굴 ○요

藩籬 울섭 ○뱃하

籬笆 바조 ○하ㅅ한

壁 ᄇᆞ람ㅅ벽 ○바지란

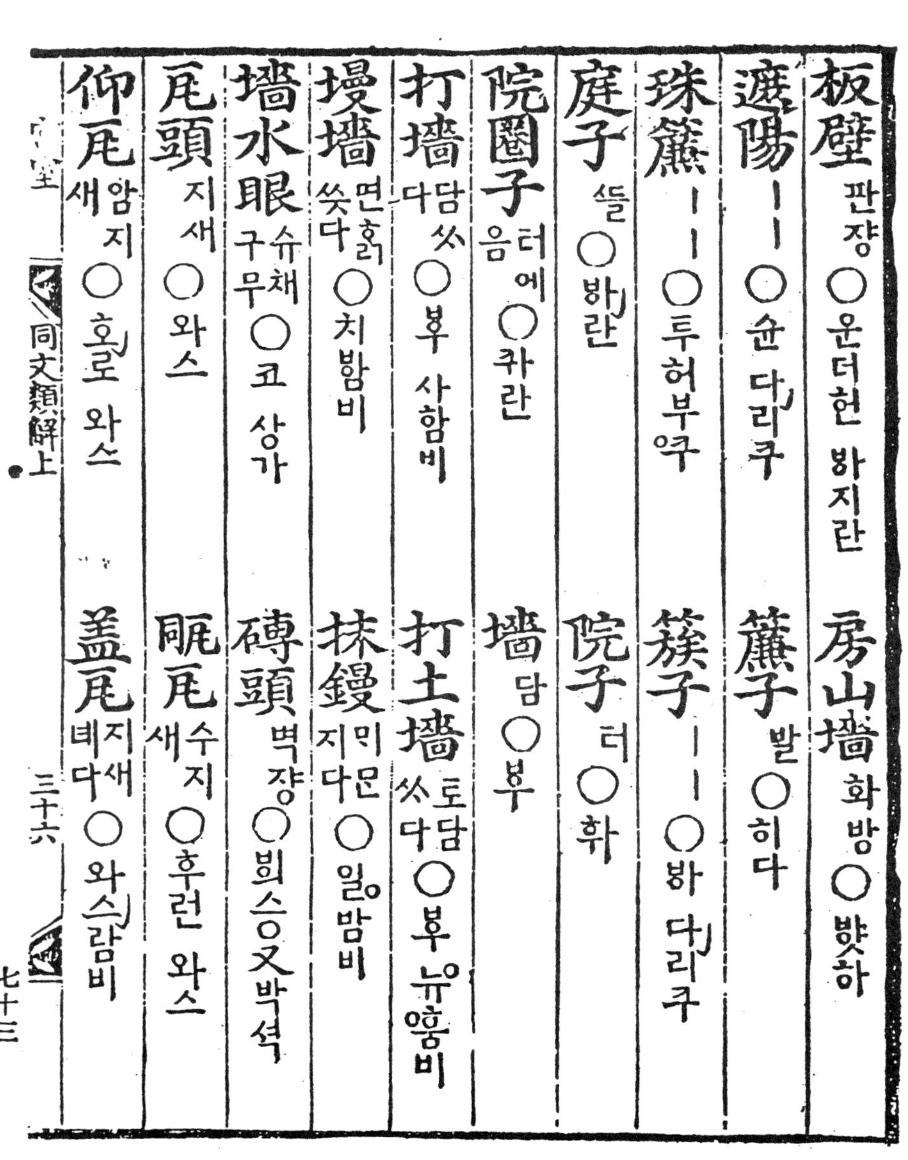

板壁 판쟝 ○ 운더헌 밝지란

遮陽 ㅣㅣ ○ 쇼 다리쿠

珠簾 ㅣㅣ ○ 투허부야쿠

庭子 뜰 ○ 밝란

院圈子 터에 음 ○ 카란

打墻 담 싸다 ○ 부 사함비

墁墻 면회 쓰다 ○ 치밤비

墻水眼 슈채 구무 ○ 코 상가

尾頭 지새 ○ 와스

仰尾 암지새 ○ 호로 와스

房山墻 화방 ○ 뱟하

簾子 발 ○ 히다

簇子 ㅣㅣ ○ 밝 다리쿠

院子 터 ○ 한

墻 담 ○ 부

打土墻 토담 싸다 ○ 부 뉴훔비

抹鏝 미믄 지다 ○ 일밤비

磚頭 벽쟝 ○ 븨스 又 박셕

瓪尾 수지새 ○ 후런 와스

盖尾 지새 네다 ○ 와스람비

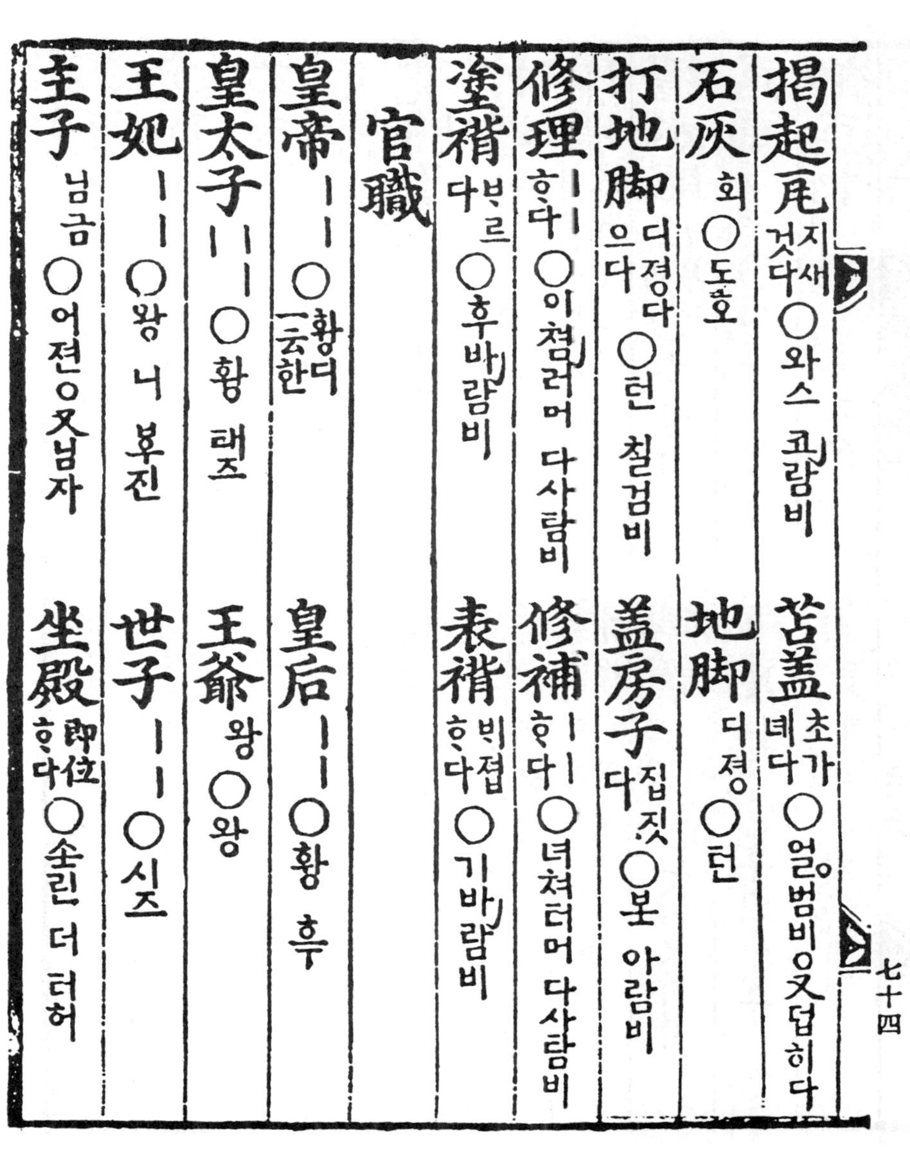

揭起尾 지새것다 ○와스 쾨람비

苫蓋 초가녜다 ○얼。범비。又덥히다

石灰 회 ○도호

地脚 디졍 ○던

打地脚 디졍으다 ○던 칠검비

蓋房子 집짓다 ○보 아람비

修理 ㅣㅣᄒᆞ다 ○이쳠러머 다사람비

修補 ㅣㅣᄒᆞ다 ○녀쳐더머 다사람비

塗褙 ᄇᆞ르다 ○후바람비

表褙 빅접ᄒᆞ다 ○기바람비

官職

皇帝 ㅣㅣ ○황디 一云한

皇后 ㅣㅣ ○황 후

皇太子 ㅣㅣㅣ ○황 태즈

王爺 왕 ○왕

王妃 ㅣㅣ ○왕 니 부진

世子 ㅣㅣ ○시즈

王子 님금 ○어젼。又님자

坐殿 即位ᄒᆞ다 ○소린 더 더허

七十四

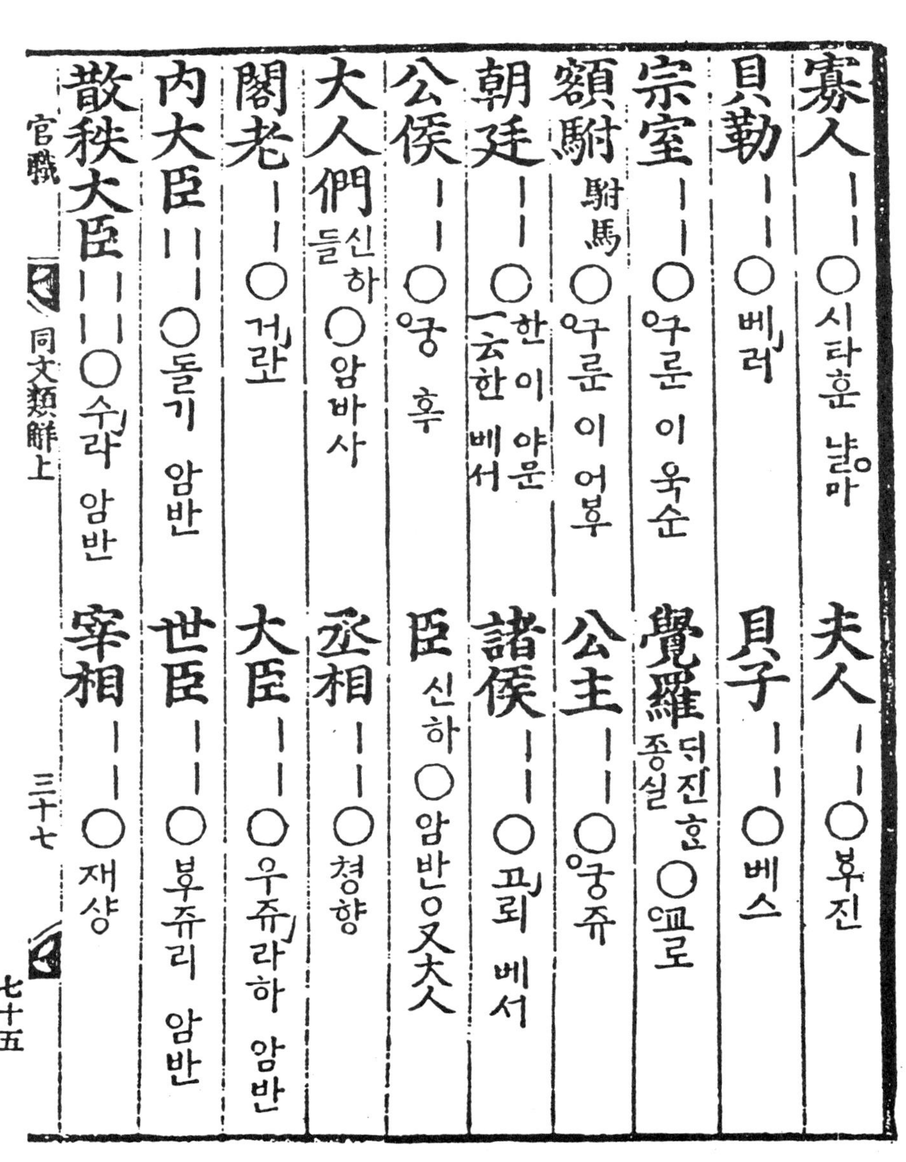

寡人 ㅣㅣ ○시타훈 냐마　　夫人 ㅣㅣ ○부진

貝勒 ㅣㅣ ○베러　　貝子 ㅣㅣ ○베스

宗室 ㅣㅣ ○우룬 이 옥순　　覺羅 더진호 종실 ○교로

額駙 駙馬 ○우룬 이 어부　　公主 ㅣㅣ ○궁쥬

朝廷 ㅣㅣ ○한 이 야문 一云 한 베서　　諸侯 ㅣㅣ ○고뢰 베서

公侯 ㅣㅣ ○궁 후　　臣 신하 ○암반 又大人

大人們 신하들 ○암바사　　丞相 ㅣㅣ ○청향

閣老 ㅣㅣ ○거란　　大臣 ㅣㅣ ○우쥬라하 암반

內大臣 ㅣㅣ ○돌기 암반　　世臣 ㅣㅣ ○부쥬리 암반

散秩大臣 ㅣㅣ ○수라 암반　　宰相 ㅣㅣ ○재샹

官職　同文類解上　三十七　七十五

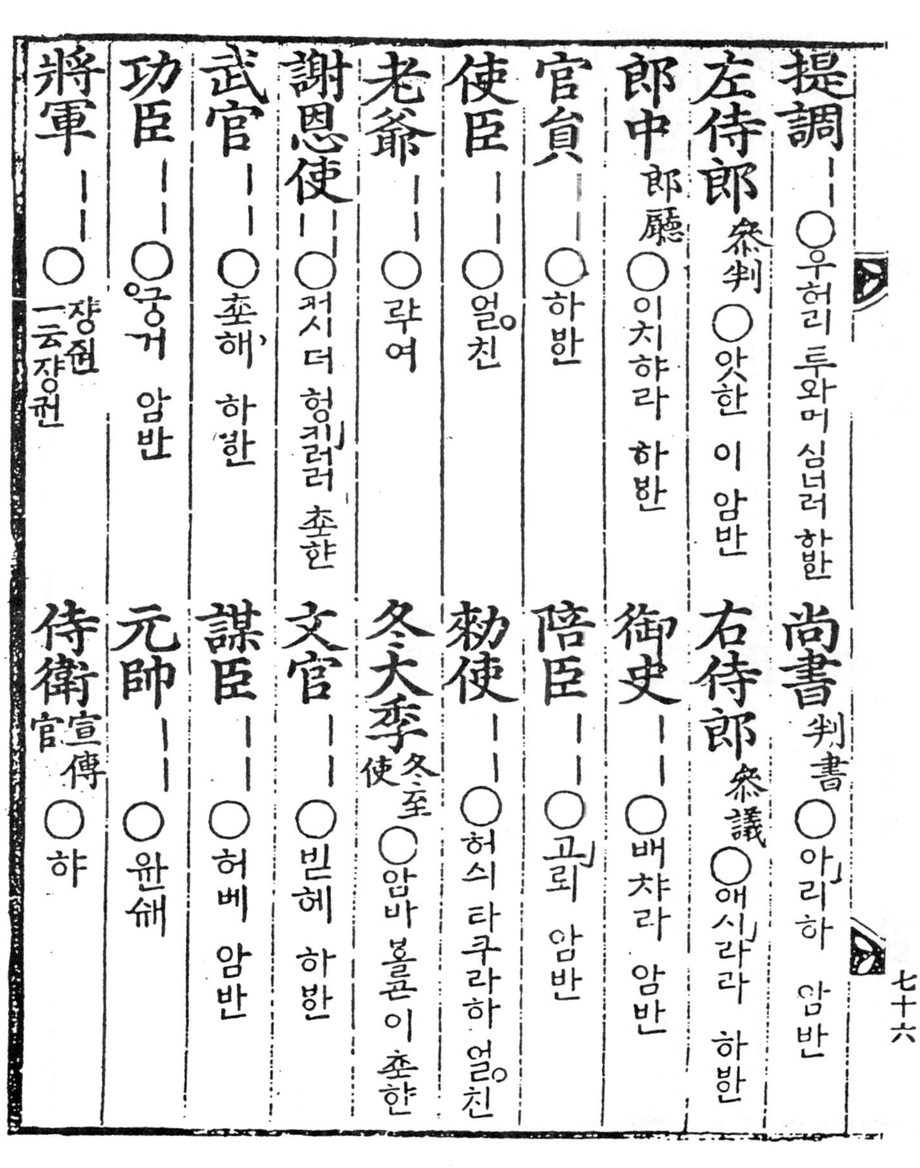

提調 ○우허리 투와머 심너러 하반

尚書 判書 ○아리하 암반

左侍郎 叅判 ○앗한 이 암반

右侍郎 叅議 ○애시라라 하반

郎中 郎廳 ○이치하라 하반

御史 ○배챠라 암반

官員 ○하반

陪臣 ○고뢰 암반

使臣 ○얼。친

勅使 ○허싀 타쿠라하 얼。친

老爺 ○랴여

冬大季 冬至使 ○암바 볼촌이 초한

謝恩使 ○껴시더 헝킈러러 초한

文官 ○빈헤 하반

武官 ○초해 하한

謀臣 ○허베 암반

功臣 ○웅거 암반

元帥 ○왼쇄

將軍 ○쟝쥔 一云쟝권

侍衛 宣傳官 ○햐

七十六

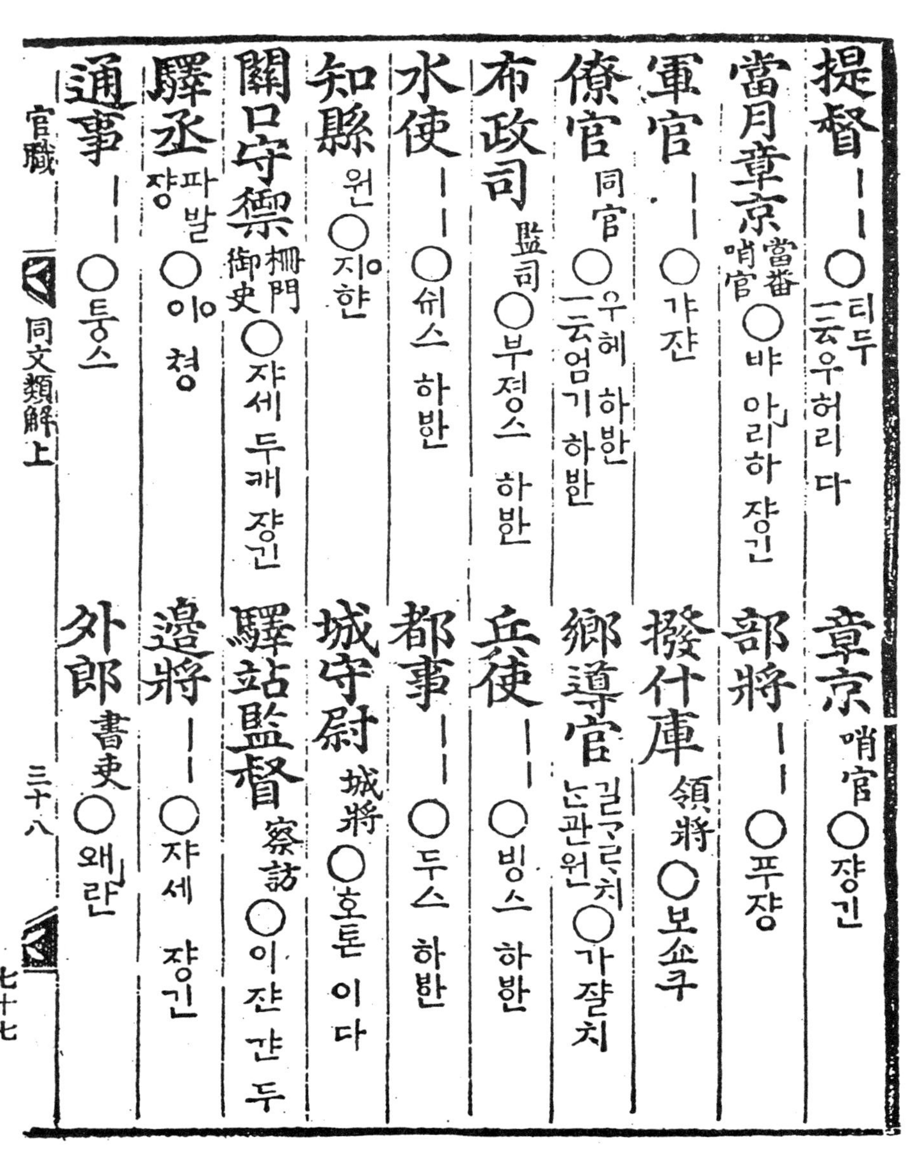
提督 ─ ○티두 一云우허리다
章京 哨官 ○쟝긴
當月章京 當番哨官 ○바 아리하 쟝긴
部將 ─ ○푸쟝
軍官 ─ ○가잔
撥什庫 領將 ○보쇼쿠
僚官 同官 ○우헤 하반 一云엄기 하반
鄕導官 길ᄀᆞᄅᆞ치ᄂᆞᆫ관원 ○가쟐치
布政司 監司 ○부졍스 하반
兵使 ─ ○빙스 하반
水使 ─ ○쉬스 하반
都事 ─ ○두스 하반
知縣 원 ○지햔
城守尉 城將 ○호톤 이다
關口守禦 柵門御史 ○쟈세 두캐 쟝긴
驛站監督 察訪 ○이쟌 갼두
驛丞 파발쟝 ○잉 청
邊將 ─ ○쟈세 쟝긴
通事 ─ ○퉁스
外郎 書吏 ○왜란

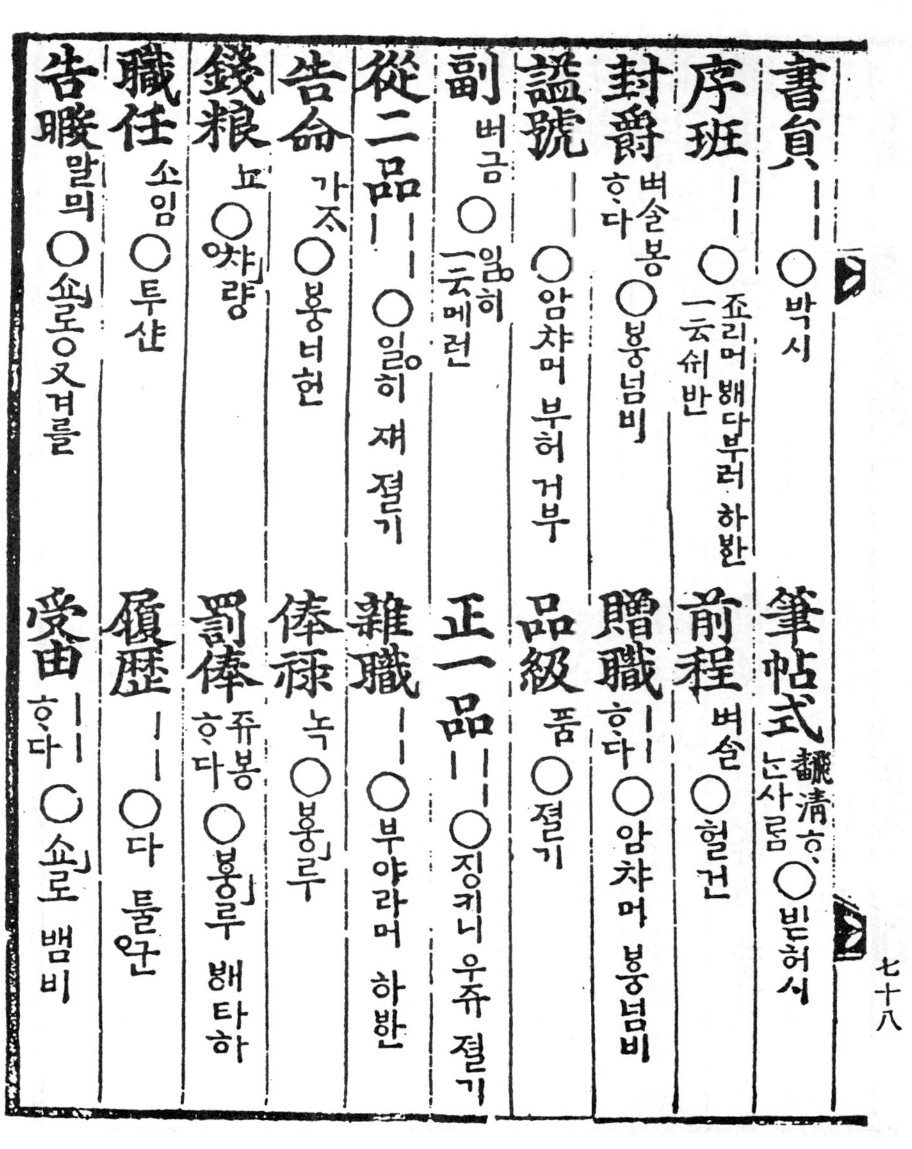

書眞 ——○박시

筆帖式 繙淸ᄒᆞᆫ 사ᄅᆞᆷ ○빗허시

序班 ——○죠리머 배다부러 하반 一云쉬반

前程 벼슬 ○헐건

封爵 벼슬봉ᄒᆞ다 ○봉넘비

贈職 ᄒᆞ다 ——○암챠머 봉넘비

謚號 ——○암챠머 부허 거부

品級 품 ○절기

副 버금 ○일ᄒᆞ히 一云메런

正一品 ——○징키니 우쥬 절기

從二品 ——○일ᄒᆞ히 재 절기

雜職 ——○부야라머 하반

告命 가ᄌᆞ ○봉너헌

俸祿 녹 ○봉ᄒᆞ루

錢粮 뇨 ○챠량

罰俸 쥬봉ᄒᆞ다 ○봉ᄒᆞ루 배타하

職任 소임 ○투샨

履歷 ——○다 툴운

告暇 말믜 ○쇼로 又겨를

受由 ᄒᆞ다 ——○쇼로 뱀비

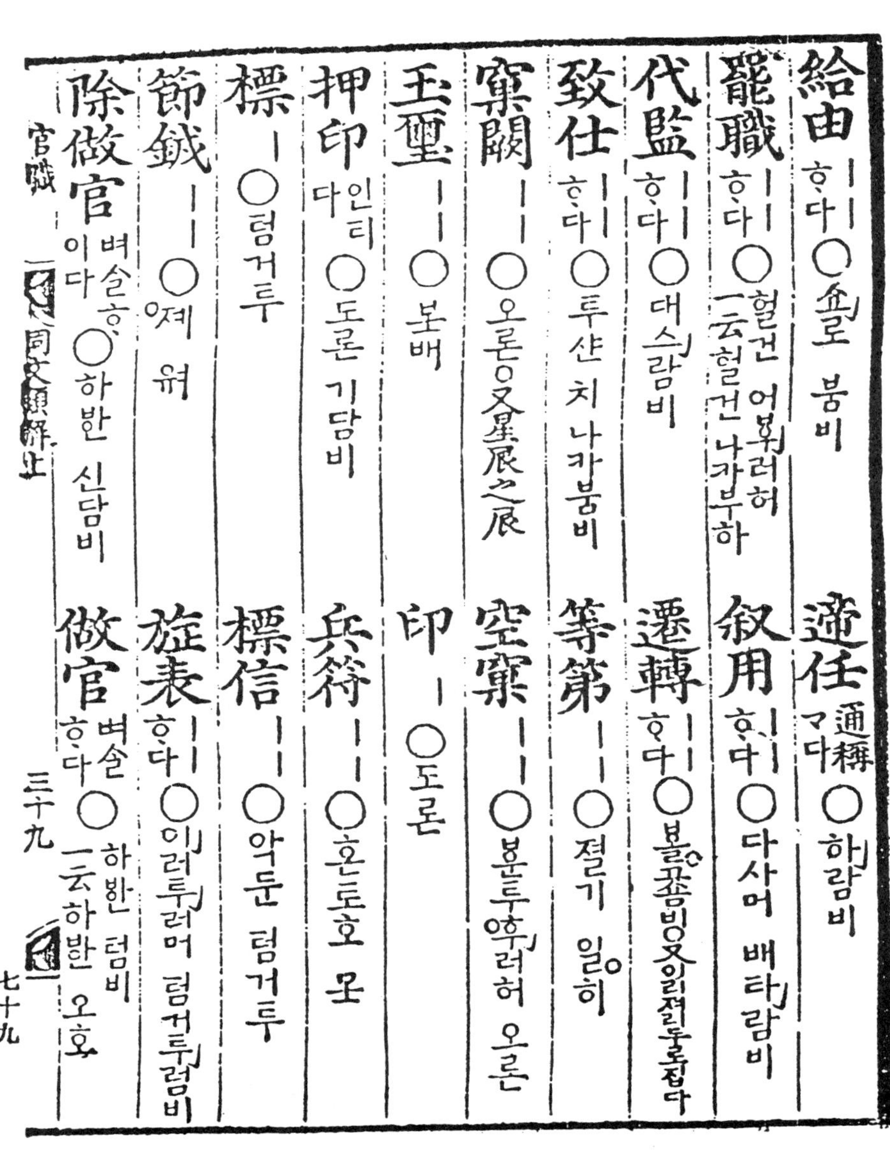

給由 ᄒᆞ다 ○쇼로 붐비

罷職 ᄒᆞ다 ○헐건 어뷔러허 一云헐건 나카부하

代監 ᄒᆞ다 ○대스람비

致仕 ᄒᆞ다 ○투샨 치 나카붐비

窠闕 ○오론○又星辰之辰

玉璽 ○보배

押印 인티다 ○도론 기담비

標 ○텸거투

節鉞 ○ᄋᆢ졔 워

除做官 벼슬ᄒᆞ이다 ○하반 신담비

適任 通稱마다 ○하람비

叙用 ᄒᆞ다 ○다사머 배타람비

遷轉 ᄒᆞ다 ○볼곰비○又일리졀두로잡다

等第 ○절기 일히

空窠 ○분투후러허 오론

印 ○도론

兵符 ○혼도호 모

標信 ○악둔 텸거투

旌表 ᄒᆞ다 ○이러투러머 텸거투렴비

做官 벼슬ᄒᆞ다 ○하반 텸비 一云하반 오호

官府

衙門 마을 ○야문

議政府 ― ○허베 암반이 야문

內閣 ―― ○돌기 야문

吏部 吏曹 ○하반 이 쥴간

戶部 戶曹 ○뵈끈 이 쥴간

禮部 禮曹 ○도로론 이 쥴간

兵部 兵曹 ○쵸해 쥴간

刑部 刑曹 ○베더러 쥴간

工部 工曹 ○웨러러 쥴간

都察院 司憲府 ○우허리버배쟈라 야문

國子監 成均館 ○워커 즈간 야문

欽天監 觀象監 ○긴 탼 갼 야문

上駟院 司僕寺 ○덜기 알둔이 야문

鴻臚寺 通禮院 ○훙루스 야문

光祿寺 禮賓寺 ○강루스 야문

太醫院 內醫院 ○태 이 완 야문

廳事 대텅 ○팅 야문

官舍 긱샤 ○알반 이 봉

倉 ｜ ○창　　廩 ｜ ○챠힌

庫 ｜ ○으쿠　　地窨 곡식녓ᄂᆞᆫ움 ○이여

城郭

國 나라 ○으구룬　　宗廟 ｜｜ ○마바리 묘

社稷 ｜｜ ○셔 지　　通國 온나라 ○으구룬이 ○굽치 一云 우루수 우룬

城子 셩 ○허쳔 ○或 邑　　堡 져근셩 ○호론

都城 ｜｜ ○두 허쳔 一云 거무러허 허쳔　　京城 셔울 ○깅 허쳔

山城 ｜｜ ○산 친　　甕城 ｜｜ ○부 가

城垛子 셩가퀴 ○커리무　　城水門 ｜｜｜ ○굴 둔

垛口水眼 셩가퀴 다야 ○십쿠리　　關 ｜ ○불 단

關廂 셩문밧 좌우관 ○ ᄋ가리

吊橋 ᄯᅳᄂᆞᆫ ᄃᆞ리 ○ 투허부햐 쟌

烽火 ㅣㅣ ○ 홀ᅌ툰 투와

隘口 막힌 어귀 ○ 감나 앙가

府 외방 큰 마을 ○ 부

館驛 역 ○ 갸문

境界 디경 ○ 져쳔

部落 ㅣㅣ ○ 애만

閭閻 ㅣㅣ ○ 일건 이 발ᅌ가

原籍 본 ○ 수수 ○或故鄕

城濠 히ᄌ ○ 우란

墩臺 연ᄃᆡ ○ 홀ᅌ툰 태

敎場 습진 터 ○ 쟌챤

省 ㅣ ○ ᄀᆞ로

縣 고올 ○ 한

邊方 ㅣㅣ ○ 쟈서

界開 경계 뎡ᄒᆞᆫ 목칙 ○ 비러건

隣 이오 지 ○ 아다기

故鄕 ㅣㅣ ○ 터수 바 一云 부쥬리 바

鄕村 싀골 ○ 가샨

八十二

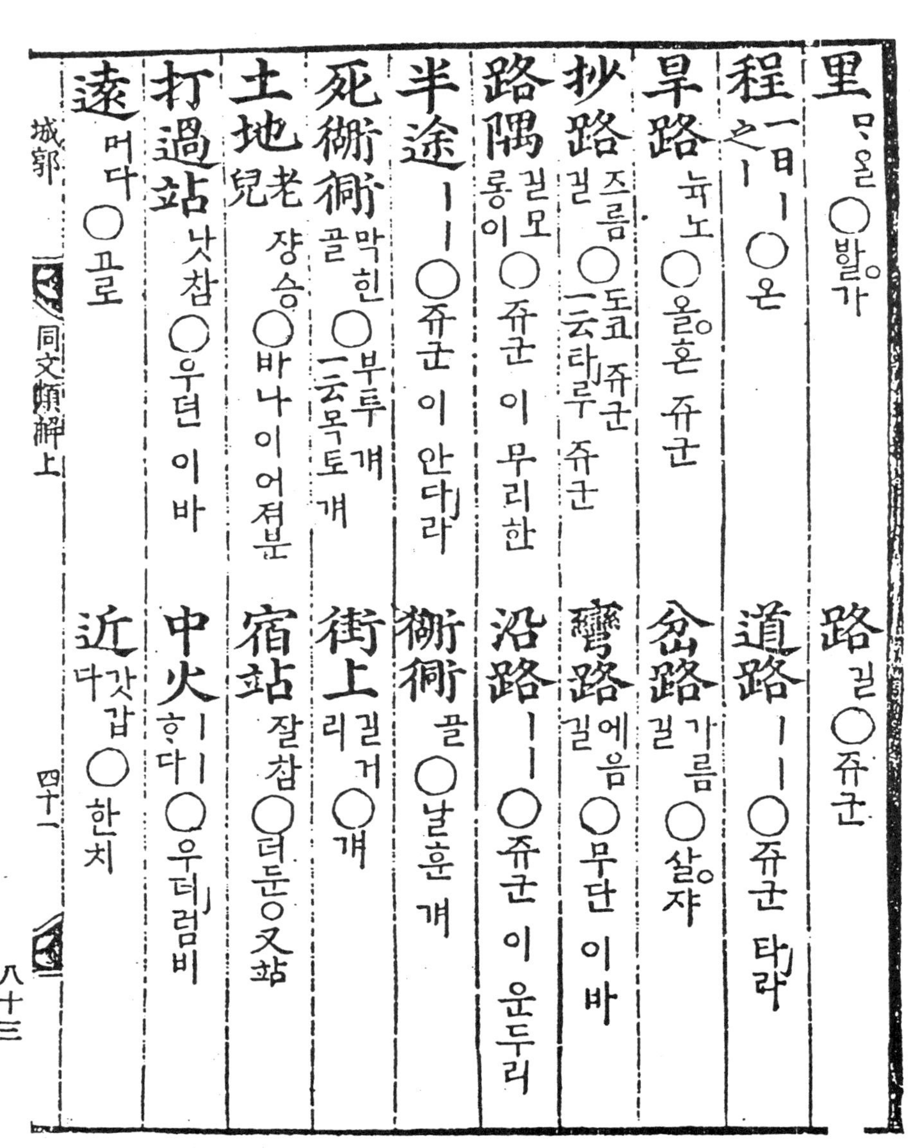

里 ᄆᆞ올 ○발가
路 길 ○쥬군
程 一日ㅣ 之ㅣ ○온
道路 ㅣㅣ ○쥬군 타라
旱路 뉵노 ○올혼 쥬군
岔路 가름길 ○살쟈
抄路 즈름길 ○도쿄 쥬군 一云타루 쥬군
彎路 에음길 ○무단 이바
路隅 길모롱이 ○쥬군 이 무리한
沿路 ㅣㅣ ○쥬군 이 운두리
半途 ㅣㅣ ○쥬군 이 안다라
衚衕 골 ○날훈 개
死衚衕 막힌골 ○부투개 一云목토개
街上 길거리 ○개
土地老兒 쟝승 ○바나이어젼분
宿站 잘참 ○러둔 又站
打過站 낫참 ○우뎐 이바
中火 ᄒᆞ다 ㅣㅣ ○우더럼비
遠 머다 ○고로
近 갓갑다 ○한치

遠方 먼곳 ○끄로키　近方 갓가온곳 ○한치키

集 장 ○후다 이사라바　市上 져제 ○후대바 一云쿄

柵欄 리문 ○하타리　橋 ᄃᆞ리 ○쿄

搭橋 ᄃᆞ리 놋다 ○쿄 참비　獨木橋 외나모ᄃᆞ리 ○투한

跳過橋 징검ᄃᆞ리 ○타한　架子門 柵門 ○갸스 두카

鳳凰城 ㅣㅣㅣ ○봉황 청 호톤 一云부하찬　盛京 瀋陽 ○묵던

山海關 ㅣㅣㅣ ○샤나해　北京 ㅣㅣ ○비징

南京 ㅣㅣ ○난징　中原 ㅣㅣ ○중완

蒙古地方 ㅣㅣㅣㅣ ○몽고 타라

文學

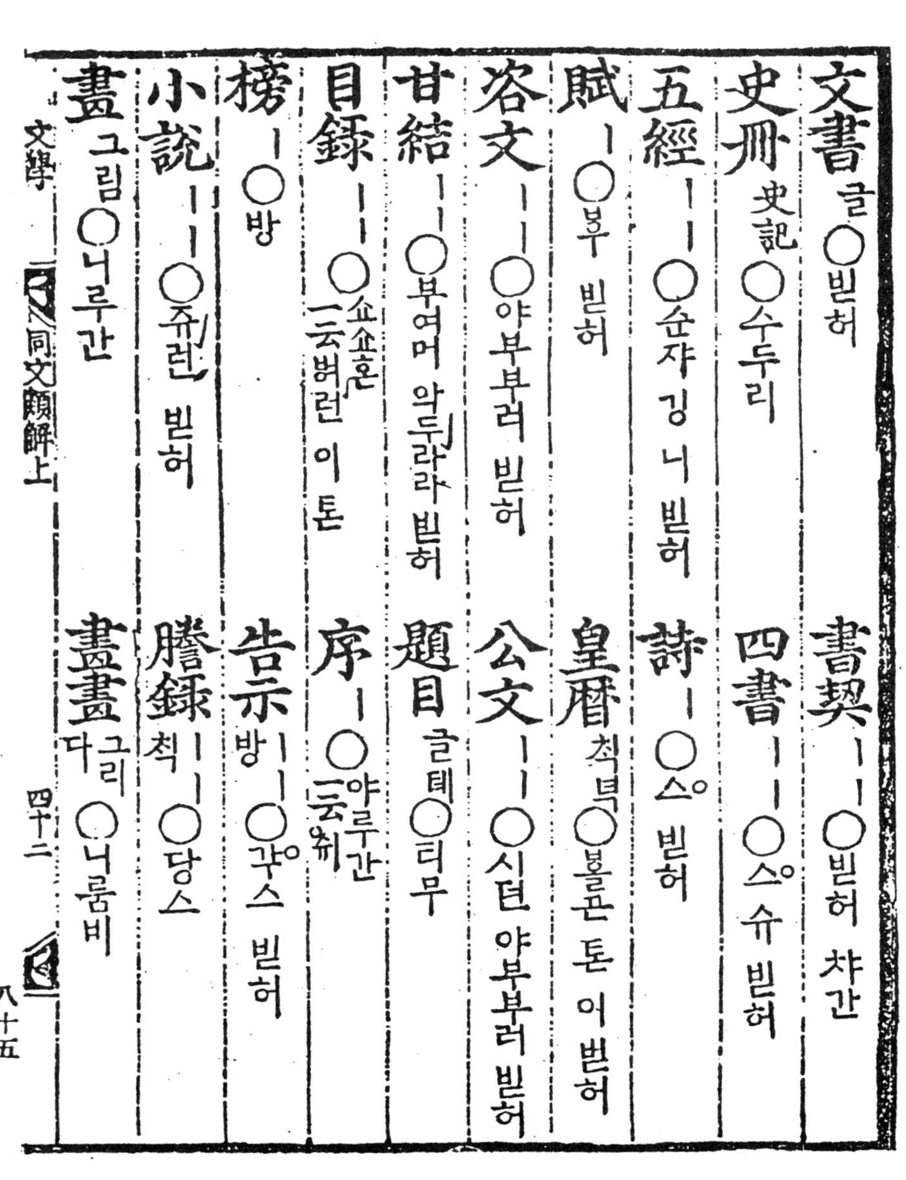

文書 글 ○빈허

書契 ㅣㅣ ○빈허 챠간

史冊 史記 ○수두리

四書 ㅣㅣ ○ᄉᆞᆼ 슈 빈허

五經 ㅣㅣ ○순쟈 깅 니 빈허

詩 ㅣ ○ᄉᆞᆼ 빈허

賦 ㅣ ○부 빈허

皇曆 책북 ○볼폰 톤 이 빈허

咨文 ㅣㅣ ○야 부부러 빈허

公文 ㅣㅣ ○시뎐 야부부러 빈허

甘結 ㅣㅣ ○부여머 악두라 빈허

題目 글톄 ○티무

目錄 ㅣㅣ ○쇼쇼혼 一云버런 이 톤

序 ㅣ ○야루간 一云쉬

榜 ㅣ ○방

告示 방ㅣㅣ ○갸ᇰ스 빈허

小說 ㅣㅣ ○쥬런 빈허

謄錄 책ㅣㅣ ○당스

畫 그림 ○니루간

畫畫 그리다 ○니룸비

文學 同文類解上 四十二

八十五

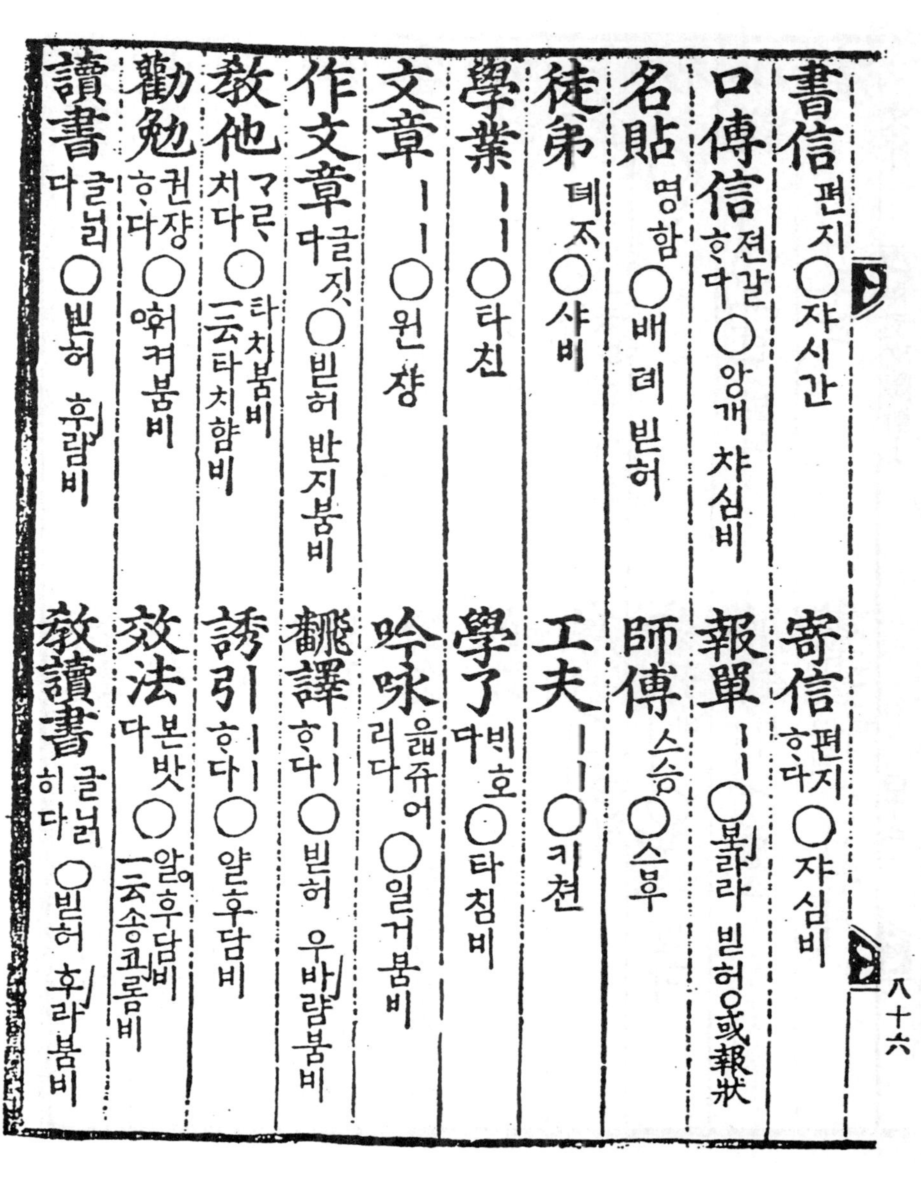

書信편지○자시간 寄信편지ᄒᆞ다○쟈심비

口傳信젼갈ᄒᆞ다○앙개 챠심비 報單ㅣㅣ○봐라 빋허又或報狀

名貼명함○배례 빋허 師傅스승○스우

徒弟뎨조○샤비 工夫ㅣㅣ○키쳔

學業ㅣㅣ○타친 學了비호다○타침비

文章ㅣㅣ○원 쟝 吟咏읇쥬어리다○일거붐비

作文章글짓다○빋허 반지붐비 飜譯ㅣㅣᄒᆞ다○빋허 우바랴붐비

教他ᄀᆞᄅᆞ치다○타치붐비 一云타치함비 誘引ㅣㅣᄒᆞ다○얄후담비

勸勉권쟝ᄒᆞ다○ᄋᆞ허겨붐비 效法본밧다○얄후담비 一云숑쾨롬비

讀書글닑다○빋허 후람비 教讀書글닑히다○빋허 후라붐비

八十六

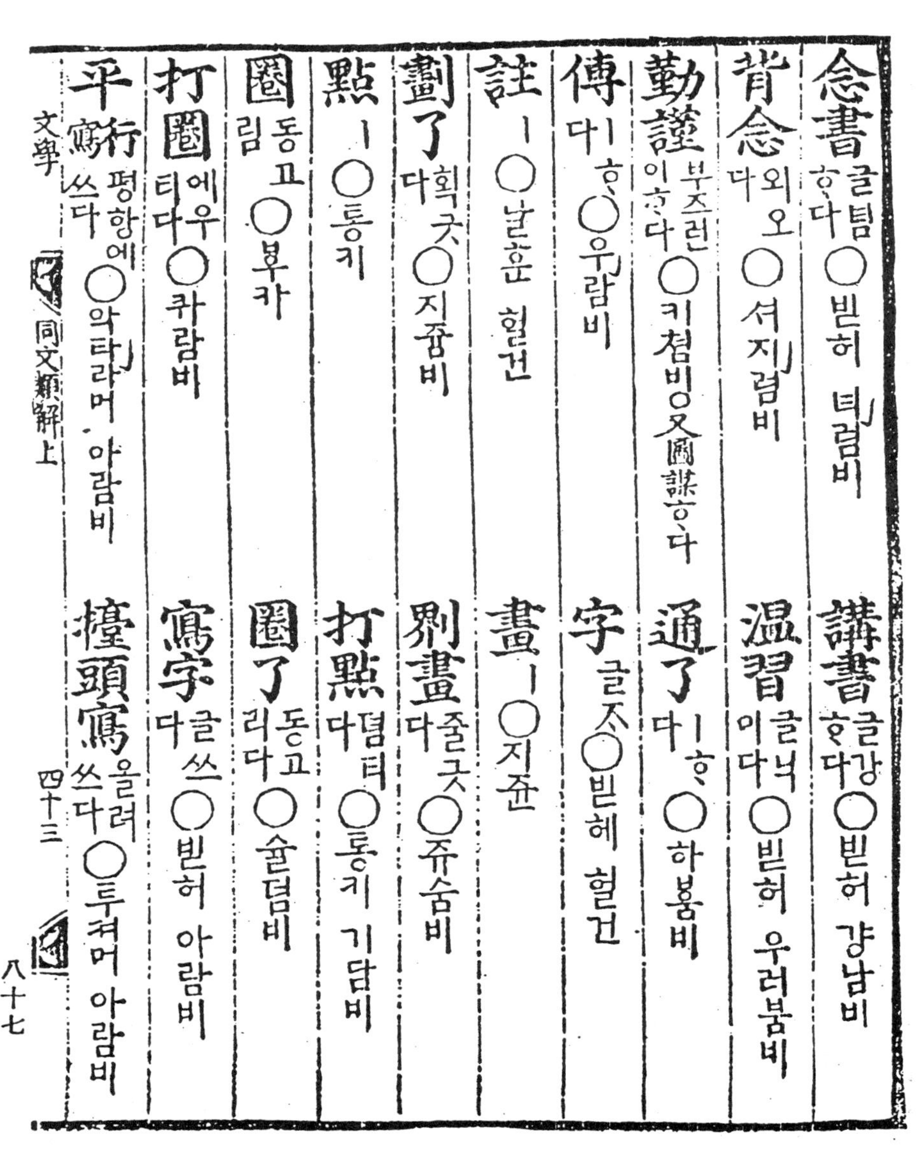

念書 글닑ᄒᆞ다 ○빋허 티럼비

講書 글강ᄒᆞ다 ○빋허 걍남비

背念 외오다 ○서지럼비

溫習 글닉이다 ○빋허 우러붐비

勤謹 부즈런이ᄒᆞ다 ○키첨비 又 圖謀ᄒᆞ다

通了 ㅣᄒᆞ다 ○하붐비

傳 ㅣᄒᆞ다 ○우람비

字 글ᄌᆞ ○빋헤 헐건

註 ㅣ ○날훈 헐건

畫 ㅣ ○지쥰

劃了 획긋다 ○지즘비

㓠畫 줄긋다 ○쥬숨비

點 ㅣ ○통키

打點 뎜티다 ○통키 기담비

圈 동고림 ○부카

圈了 동고리다 ○숩뎜비

打圈 에우티다 ○쿠람비

寫字 글쓰다 ○빋허 아람비

平行寫 평항에 쓰다 ○악타라머 아람비

擡頭寫 올려쓰다 ○투쳐머 아람비

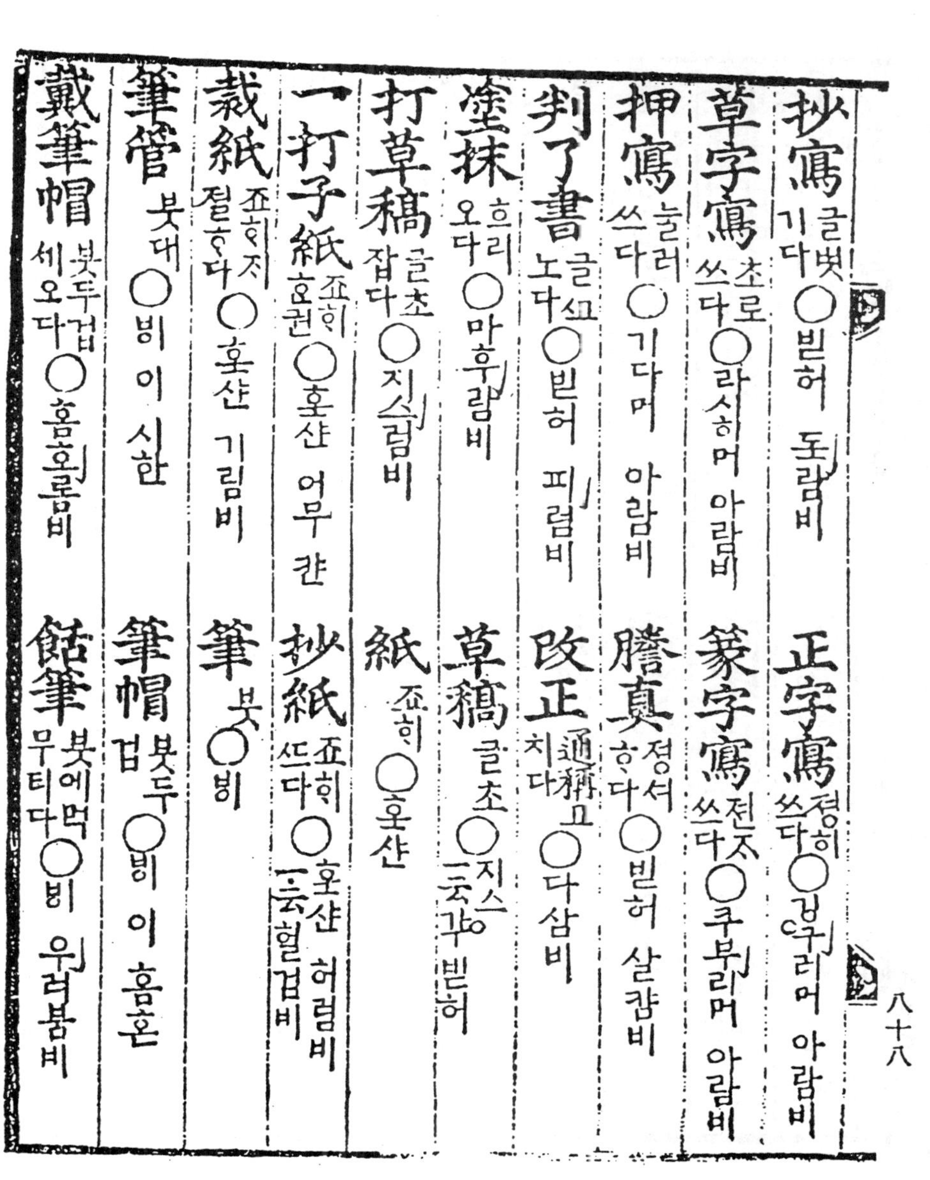

抄寫 글벗기다 ○빈허 도람비
正字寫 정히쓰다 ○강구리머 아람비

草字寫 초로쓰다 ○라싀ᄒᆞ머 아람비
篆字寫 전조쓰다 ○쿠무리머 아람비

押寫 눌러쓰다 ○기다머 아람비
謄眞 정셔ᄒᆞ다 ○빈허 살캄비

判了書 글쇼노다 ○빈허 피렴비
改正 通稱 고치다 ○다삼비

塗抹 흐리오다 ○마후람비
草稿 글초 ○지스 一云 갸ᄋᆞ 빈허

打草稿 글초잡다 ○지스럼비
紙 죠히 ○호샨

一打子紙 죠히ᄒᆞᆫ권 ○호샨 어무 칸
抄紙 죠히쓰다 ○호샨 허렴비 一云 헐겁비

裁紙 죠ᄒᆡ즈 질ᄒᆞ다 ○호샨 기림비
筆 붓 ○비

筆管 붓대 ○비 이 시한
筆帽 붓두겁 ○비 이 홈온

戴筆帽 붓두겁 세오다 ○홈오롬비
餂筆 붓에 먹 무티다 ○비 우러붐비

八十八

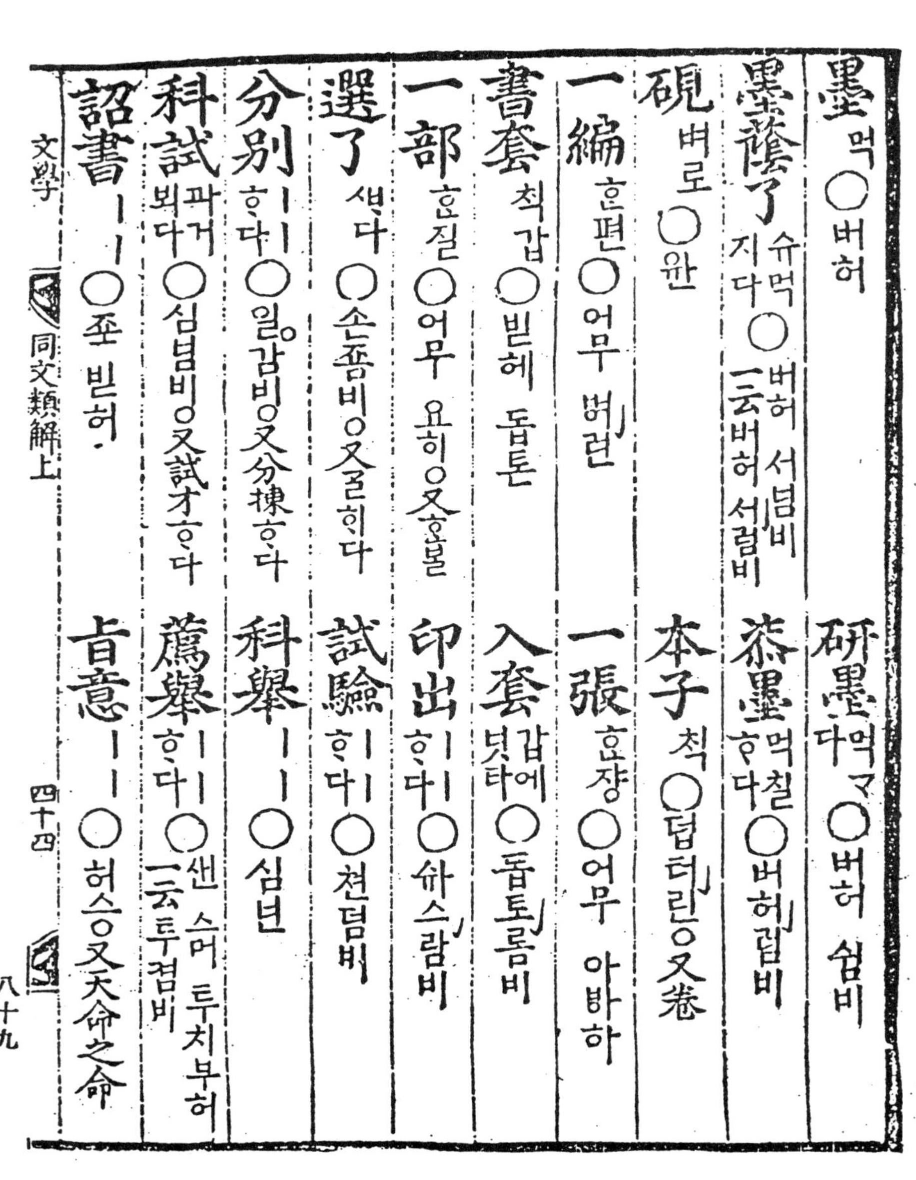
墨 먹 ○버허 研墨 먹ᄀᆞ다 ○버허 쇱비

墨䕺了 슈먹지다 ○버허 서덤비 一云버허 서럼비 搽墨 먹칠ᄒᆞ다 ○버허렵비

硯 벼로 ○완 本子 척 ○뎝더린 又卷

一編 ᄒᆞᆫ편 ○어무 벼련 一張 ᄒᆞᆫ장 ○어무 아바하

書套 칙갑 ○빈헤 돕톤 入套 갑에 녀타 ○돕토롬비

一部 ᄒᆞᆫ질 ○어무 요히 又ᄒᆞᆫ볼 印出 ᄒᆞ다 ㅣㅣ ○슈스람비

選了 ᄲᆡ다 ○손좀비 又곰히다 試驗 ᄒᆞ다 ㅣㅣ ○쳔뎜비

分別 ᄒᆞ다 ㅣㅣ ○일。감비 又分揀ᄒᆞ다 科擧 ㅣㅣ ○심번

科試 과거뵈다 ○심뎜비 又試才ᄒᆞ다 薦擧 ᄒᆞ다 ㅣㅣ ○ᄉᆡᆫ 슈머 투치부허 一云투겸비

詔書 ㅣㅣ ○죠 빈허 旨意 ㅣㅣ ○허스 又天命之命

文學 同文類解上 四十四

八十九

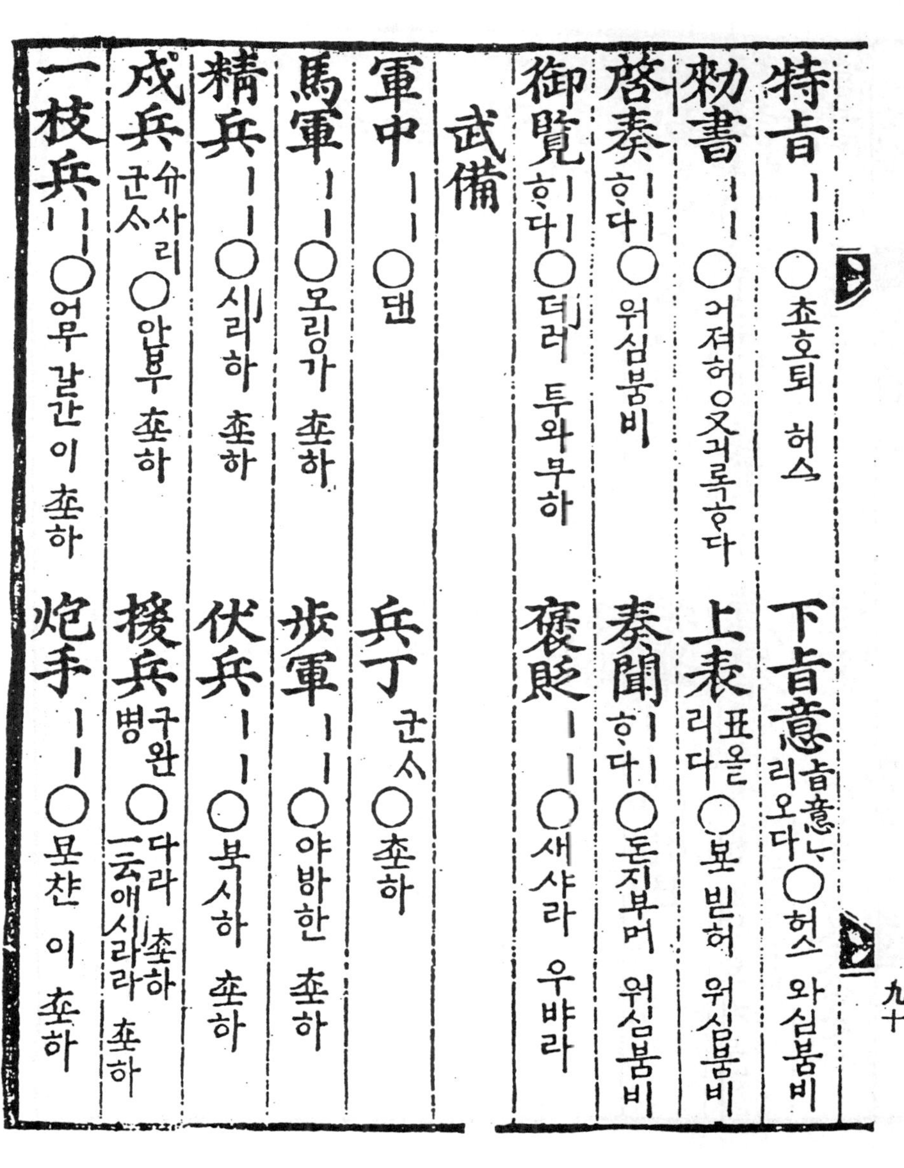

特旨 ㅣㅣ ○쵸호뫼 허스

下旨意 旨意나리오다 ○허스 와심붐비

勑書 ㅣㅣ ○거져허○又긔록ᄒ다

上表 표올리다 ○뵤 빈허 위심붐비

啓奏ᄒ다 ㅣㅣ ○위심붐비

奏聞ᄒ다 ㅣㅣ ○돈지부머 위심붐비

御覽ᄒ다 ㅣㅣ ○더러 투와무하

褒貶 ㅣㅣ ○새샤라 우뱌라

九十

武備

軍中 ㅣㅣ ○댄

兵丁 군ᄉ ○쵸하

馬軍 ㅣㅣ ○모링가 쵸하

步軍 ㅣㅣ ○야밤한 쵸하

精兵 ㅣㅣ ○시리하 쵸하

伏兵 ㅣㅣ ○북시하 쵸하

戍兵 슈사리군ᄉ ○압부 쵸하

援兵 구완병 ○다라 쵸하 一云애시라라 쵸하

一枝兵 ㅣㅣ ○어무 갈간이 쵸하

炮手 ㅣㅣ ○뵤챤 이 쵸하

347

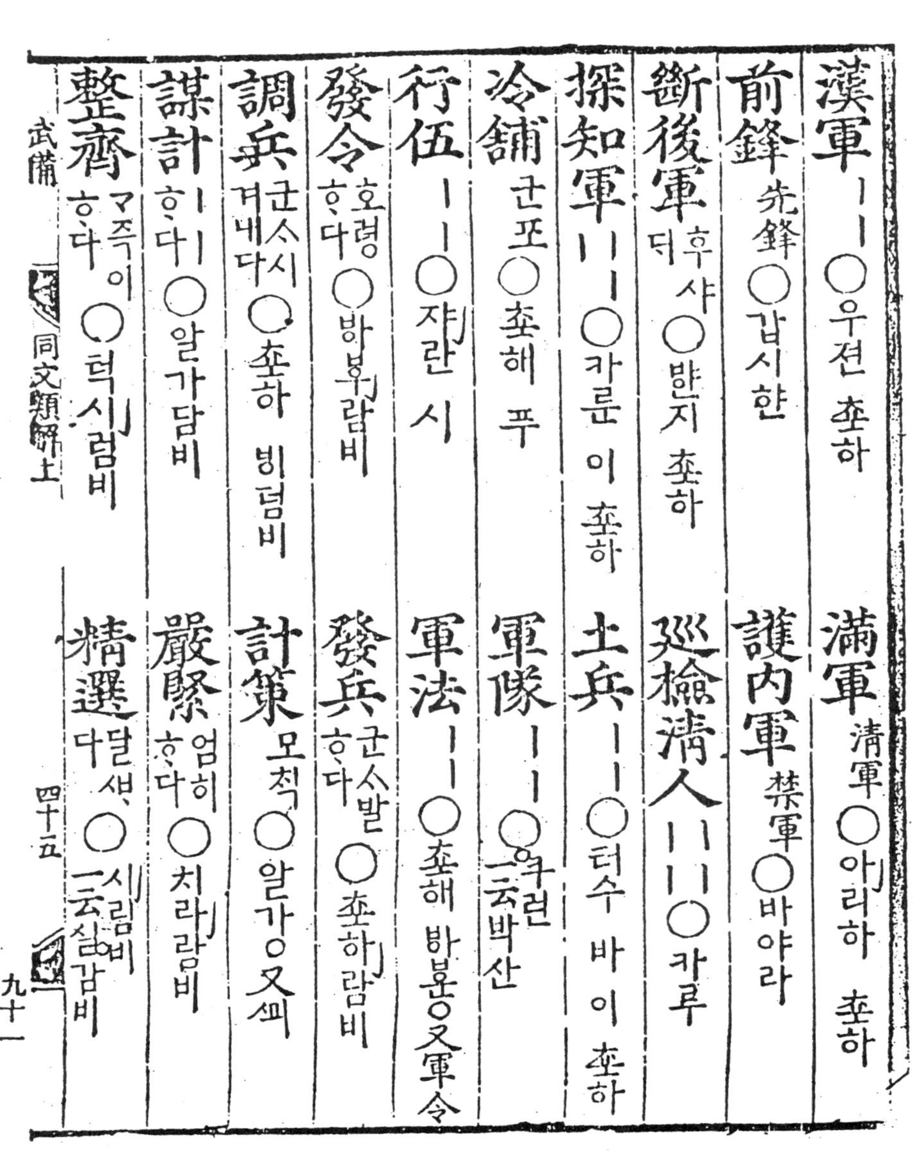

漢軍 ㅣㅣ ○우젼 초하

前鋒 先鋒 ○갑시한

斷後軍 후샤디 ○반지 초하

探知軍 ㅣㅣ ○카룬 이 초하

冷舖 군포 ○초해 푸

行伍 ㅣㅣ ○쟈란 시

發令 호령ᄒᆞ다 ○방부람비

調兵 군ᄉᆞ시겨내다 ○초하 빙덤비

謀計 ㅣㅣᄒᆞ다 ○알가담비

整齊 ᄆᆞ즉이ᄒᆞ다 ○터시람비

滿軍 清軍 ○아리하 초하

護內軍 禁軍 ○바야라

巡檢清人 ㅣㅣㅣㅣ ○카루

土兵 ㅣㅣ ○터수 바이 초하

軍隊 ㅣㅣ ○우런 一云박산

軍法 ㅣㅣ ○초해 바분 又軍令

發兵 군ᄉᆞ발ᄒᆞ다 ○초하람비

計策 모칙 ○알가 又쯰

嚴緊 엄히ᄒᆞ다 ○치라람비

精選 달샏다 ○시림비 一云실감비

預備 ㅣㅣᄒᆞ다 ○범험비 一云토솜비

令守 직희오다 ○투캬붐비

排陣 진티다 ○배단 배담비 一云잉 이리하

營ㅣ ○잉 一云캬란

埋伏 ㅣㅣᄒᆞ다 ○북심비

餌誘 홑여내다 ○거더붐비 一云얄캄비

圍着 에워ᄊᆞ다 ○캄비○又막다

侵犯 ㅣㅣᄒᆞ다 ○수츔비

攻戰 싸호다 ○아밤비

血戰 피나게싸호다 ○성기러머 아밤비

守了 직희다 ○투캼비

陣ㅣ ○배단○又儀仗

習陣 ㅣㅣᄒᆞ다 ○초하 우러붐비

拒他 막ᄌᆞ르다 ○서럼섬비 一云이서럼비

敵人 ㅣㅣ ○바타

征伐 ㅣㅣᄒᆞ다 ○대람비

吶喊 아오셩ᄒᆞ다 ○개참비

侵擾 침노ᄒᆞ다 ○능븜비

相戰 서로싸호다 ○아반둠비

混戰 어우러져싸호다 ○부머러머 아밤비

九十二

挾攻 셔티다 ○하비다머 아밤비

敵他 더적ᄒᆞ다 ○박치람비○又對ᄒᆞ다

抗禦 ㅣㅣᄒᆞ다 ○얼졈비

衝突 세티다 ○비럼비

突入 ᄯᅮ르지르다 ○녹훔비 一云본도롬비

追趕 ᄯᆞ로다 ○발감비 一云암챰비

趕不上 ᄯᆞ라밋지못ᄒᆞ다 ○암챠치 암부하쿠

掩襲 ㅣㅣᄒᆞ다 ○순다람비

擊破 파ᄒᆞ다 ○기다하○又陣겁칙ᄒᆞ다

厮殺 크게죽이다 ○암바라머 왐비

坑殺 뭇질러죽이다 ○캬리머 왐비

殺他 죽이다 ○왐비

刺了 지르다 ○토콤비

砍了 버히다 ⊙사침비

捍後 뒤홀막다 ○아마라 뱐지람비

擾亂 ㅣㅣᄒᆞ다 ○불김비

敗走 ᄃᆞ라나다 ○부루람비

散了 흐터지다 ○삼시하

勝了 이긔다 ○어뎜비

負了 못이긔다 ○아나붐비 一云개붐비

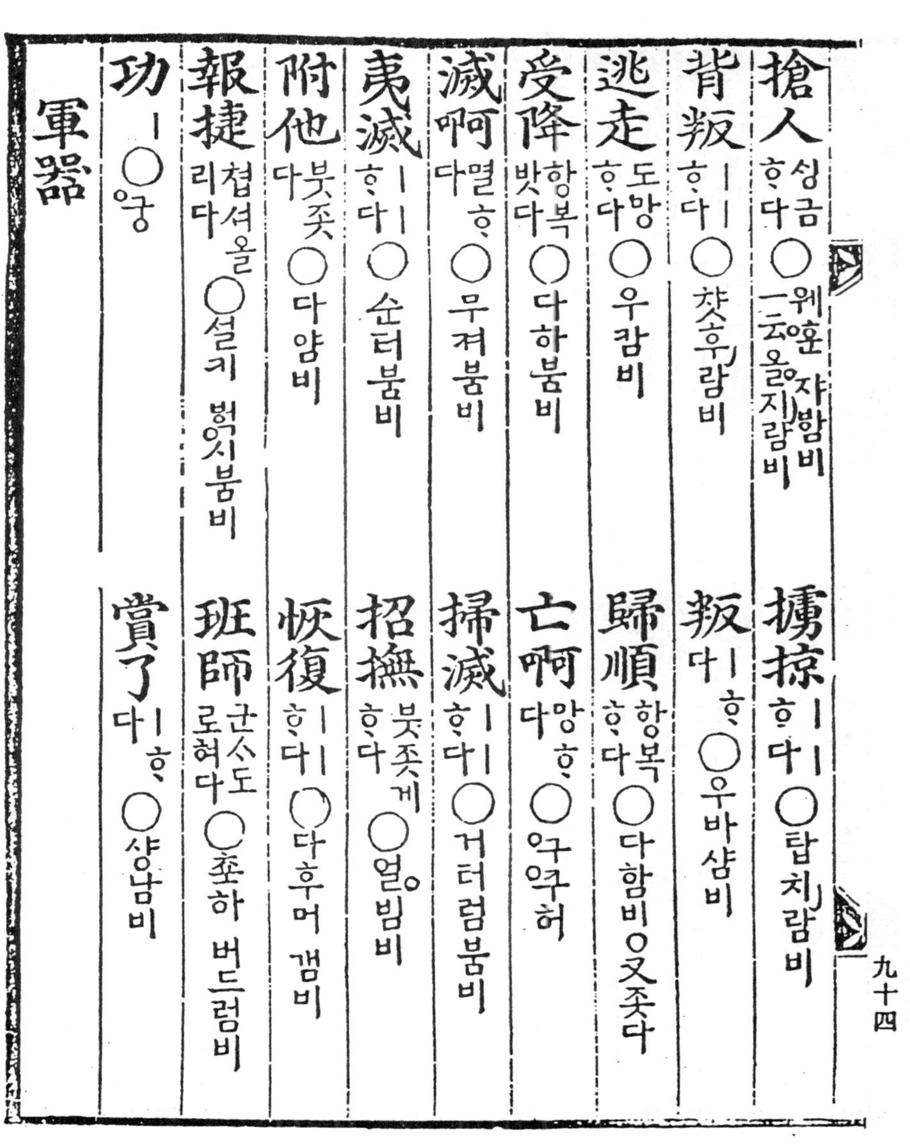

搶人 싱금ᄒᆞ다 ○위훈 쟈밤비 一云 올ᄋᆞ지람비

背叛 ㅣㅣᄒᆞ다 ○챠ᄉᆞ후람비

逃走 도망ᄒᆞ다 ○우감비

受降 항복받다 ○다하붐비

滅啊 멸ᄒᆞ다 ○무져붐비

夷滅 ㅣㅣᄒᆞ다 ○순더붐비

附他 븟좃다 ○다얌비

報捷 쳡셔올리다 ○설키 벅ᄋᆞ시붐비

功 ㅣ ○ᄋᆞ궁

擄掠 ㅣㅣᄒᆞ다 ○탑치람비

叛 ㅣᄒᆞ다 ○우바샴비

歸順 항복ᄒᆞ다 ○다함비 ○又좃다

亡啊 망ᄒᆞ다 ○ᄋᆞ구ᄋᆞ쿠허

掃滅 ㅣㅣᄒᆞ다 ○거터럼붐비

招撫 븟좃게ᄒᆞ다 ○얼ᄋᆞ빔비

恢復 ㅣㅣᄒᆞ다 ○다후머 갬비

班師 군ᄉᆞ도로혀다 ○쵸하 버드럼비

賞了 ㅣᄒᆞ다 ○샹남비

軍器

九十四

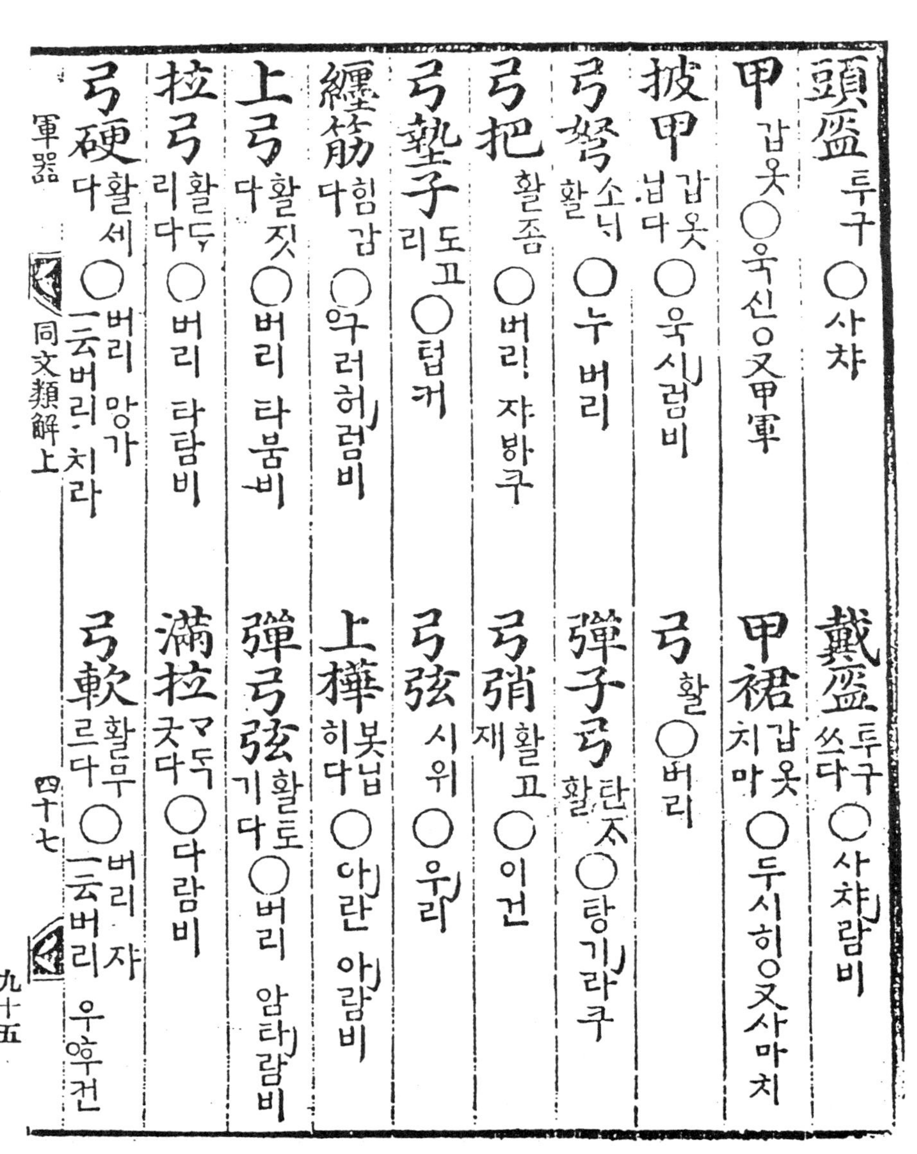

頭盔 투구 ○사챠

戴盔 투구쓰다 ○사챠람비

甲 갑옷 ○욱신 ○又甲軍

甲裙 갑옷치마 ○두시히 ○又사마치

披甲 갑옷닙다 ○욱시럼비

弓 활 ○버리

弓弩 소뇌활 ○누버리

彈子弓 탄ᄌᆞ활 ○탕기라쿠

弓把 활좀 ○버리 쟈방쿠

弓弰 활고재 ○이건

弓墊子 도고리 ○텁커

弓弦 시위 ○우라

纏筋 힘감다 ○우러허럼비

上樺 봇닙히다 ○아란 아람비

上弓 활짓다 ○버리 타붐비

彈弓弦 활토기다 ○버리 암타람비

拉弓 활ᄃᆞ리다 ○버리 타람비

滿拉 ᄆᆞ독ᄀᆞᆺ다 ○다람비

弓硬 활세다 ○버리 망가 一云버리 치라

弓軟 활무르다 ○버리 쟈 一云버리 우야권

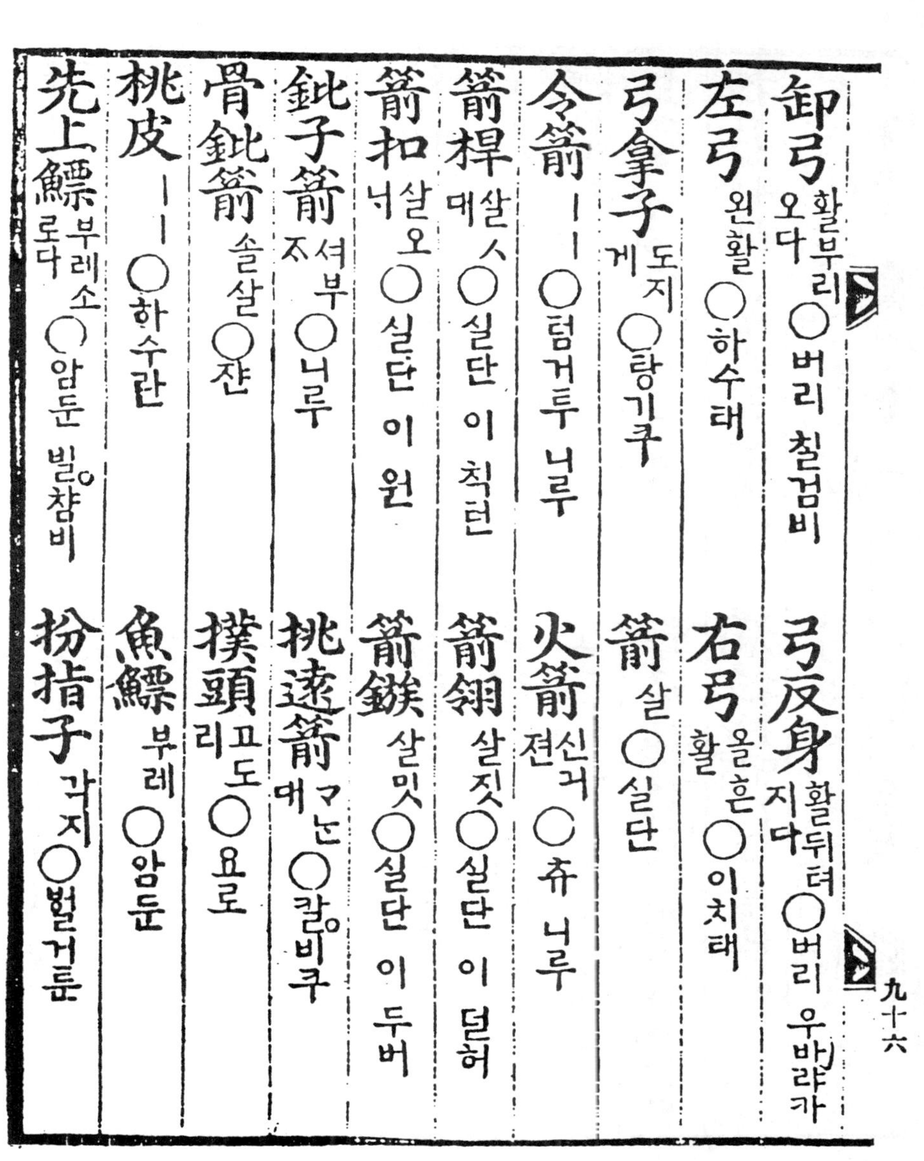

卸弓 활부리오다 ○버리 칠검비

弓反身 활뒤뎌지다 ○버리 우바랴가

左弓 왼활 ○하수태

右弓 올흔활 ○이치태

弓拿子 도지게 ○랑기쿠

箭 살 ○실단

令箭 ㅣㅣ ○텀거투 니루

火箭 신거젼 ○츄 니루

箭桿 살ㅅ대 ○실단 이 칙터

箭翎 살짓 ○실단 이 덜허

箭扣 살오늬 ○실단 이 원

箭鏃 살밋 ○실단 이 두버

鈚子箭 셔부조 ○니루

挑遠箭 마논대 ○칼。비쿠

骨鈚箭 솔살 ○쟌

撲頭 끄도리 ○요로

桃皮 ㅣㅣ ○하수란

魚鰾 부레 ○암둔

先上鰾 부레소로다 ○암둔 빌。챰비

扮指子 각지 ○벌거둔

九十六

341

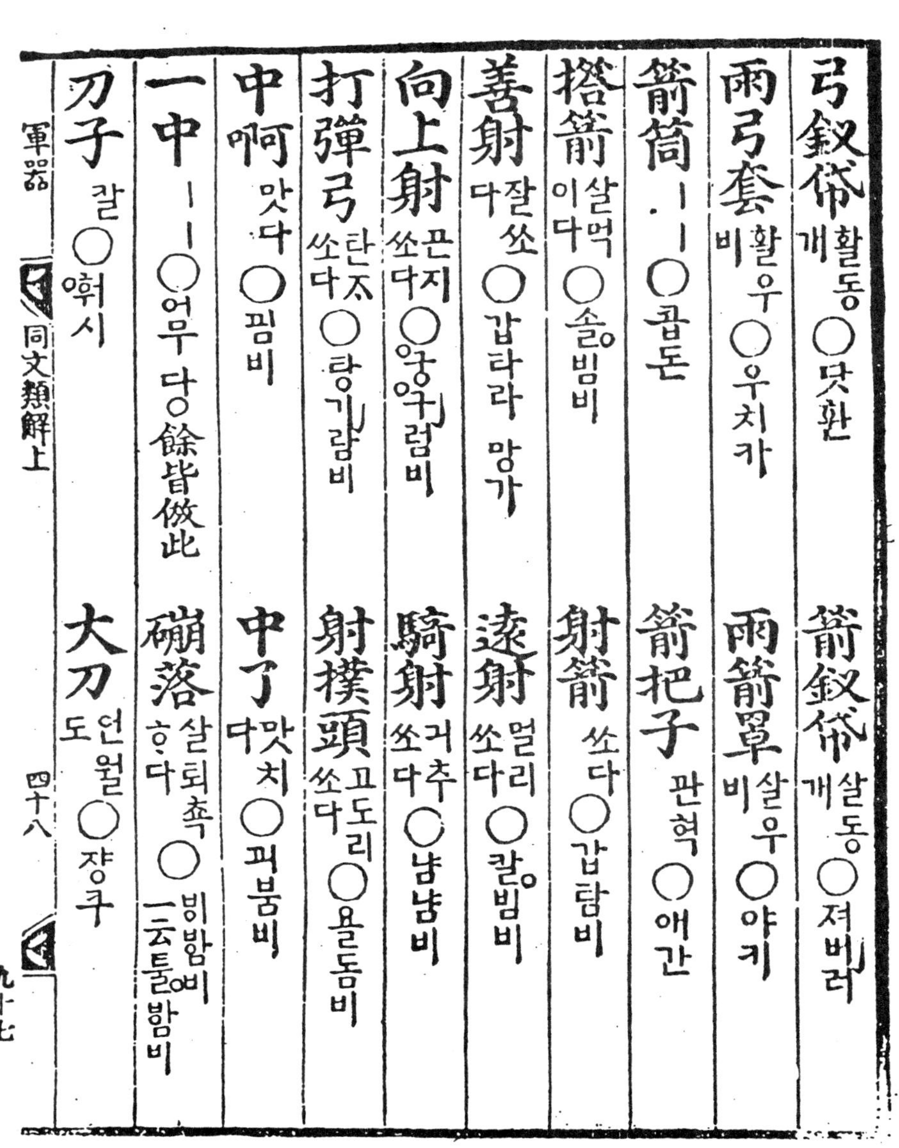

弓鈫俗 활동개 ○ 믓환

箭鈫俗 살동개 ○ 저버러

雨弓套 활우비 ○ 우치카

雨箭罩 살우비 ○ 야키

箭筒 ㅣㅣ ○ 콥돈

箭把子 관혁 ○ 애간

搭箭 살먹이다 ○ 솔。빔비

射箭 쏘다 ○ 갑담비

善射 잘쏘다 ○ 갑라라 망가

遠射 멀리쏘다 ○ 칼。빔비

向上射 끈지쏘다 ○ 옹우럼비

騎射 거추쏘다 ○ 냠냠비

打彈弓 탄조쏘다 ○ 탕기람비

射撲頭 고도리쏘다 ○ 욜돔비

中啊 맛다 ○ 핌비

中了 맛치다 ○ 퍼붐비

一中 ㅣㅣ ○ 어무 당 餘皆倣此

磞落 살퇴쵹ᄒᆞ다 ○ 빙밤비 一云 툴밤비

刀子 갈 ○ 와쉬시

大刀 언월도 ○ 쟝쿠

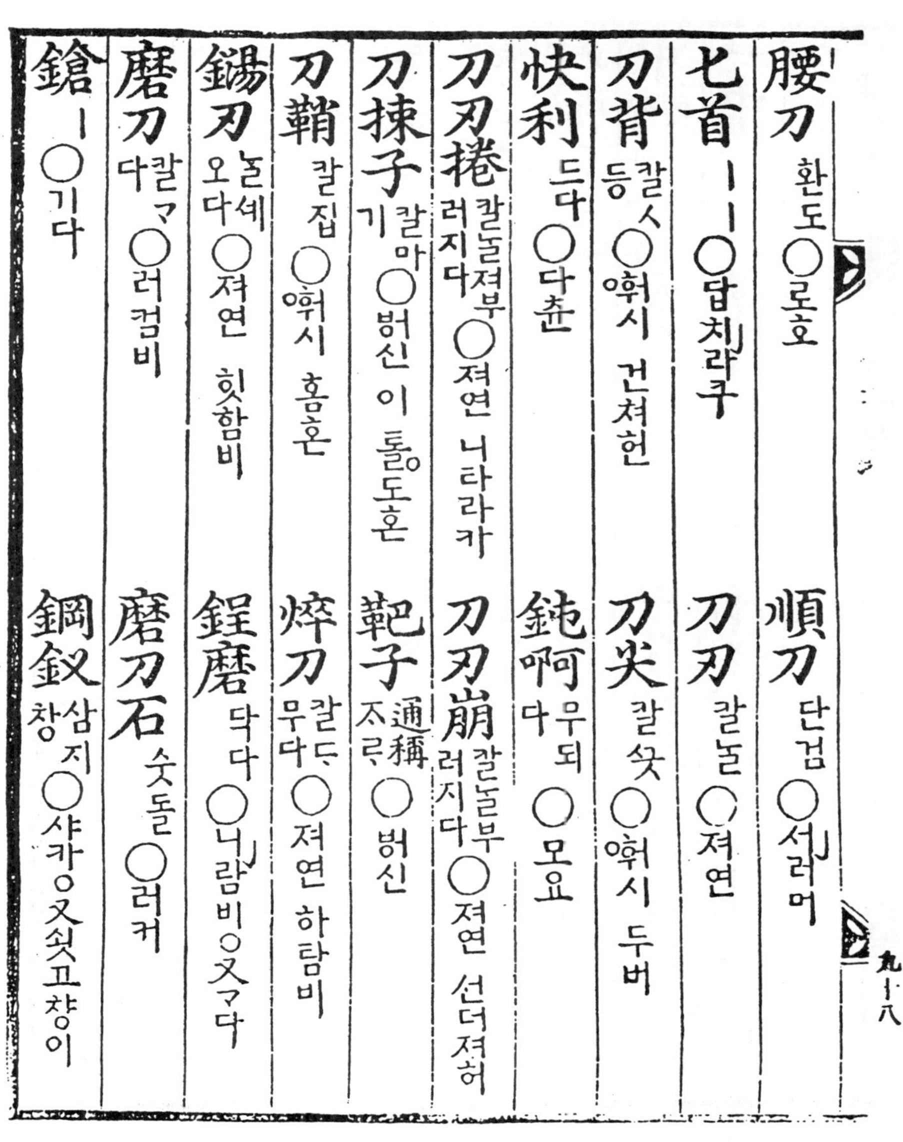

腰刀 환도 ○로호

順刀 단검 ○서러머

匕首 ㅣㅣ ○답치라쿠

刀刃 칼ᄂᆞᆯ ○져연

刀背 칼ㅅ등 ○야휘시 건쳐헌

刀尖 칼ᄭᅳᆺ ○야휘시 두버

快利 드다 ○다춘

鈍啊 무되다 ○모요

刀刃捲 칼ᄂᆞᆯ져부러지다 ○져연 나라라카

刀刃崩 칼ᄂᆞᆯ부러지다 ○져연 선더져허

刀抹子 칼마기 ○버신 이 돌。도흔

靶子 通稱 ᄌᆞᄅᆞ ○버신

刀鞘 칼집 ○야휘시 홈흔

焠刀 칼ᄃᆞ무다 ○져연 하탐비

鍚刃 ᄂᆞᆯ세오다 ○져연 힛함비

鋥磨 닥다 ○니람비。又ᄀᆞ다

磨刀 칼ᄀᆞ다 ○러검비

磨刀石 숫돌 ○러거

鎗 ㅣ ○기다

鋼釵 삼지창 ○샤카。又쇠ᄉᆞ고챵이

九十八

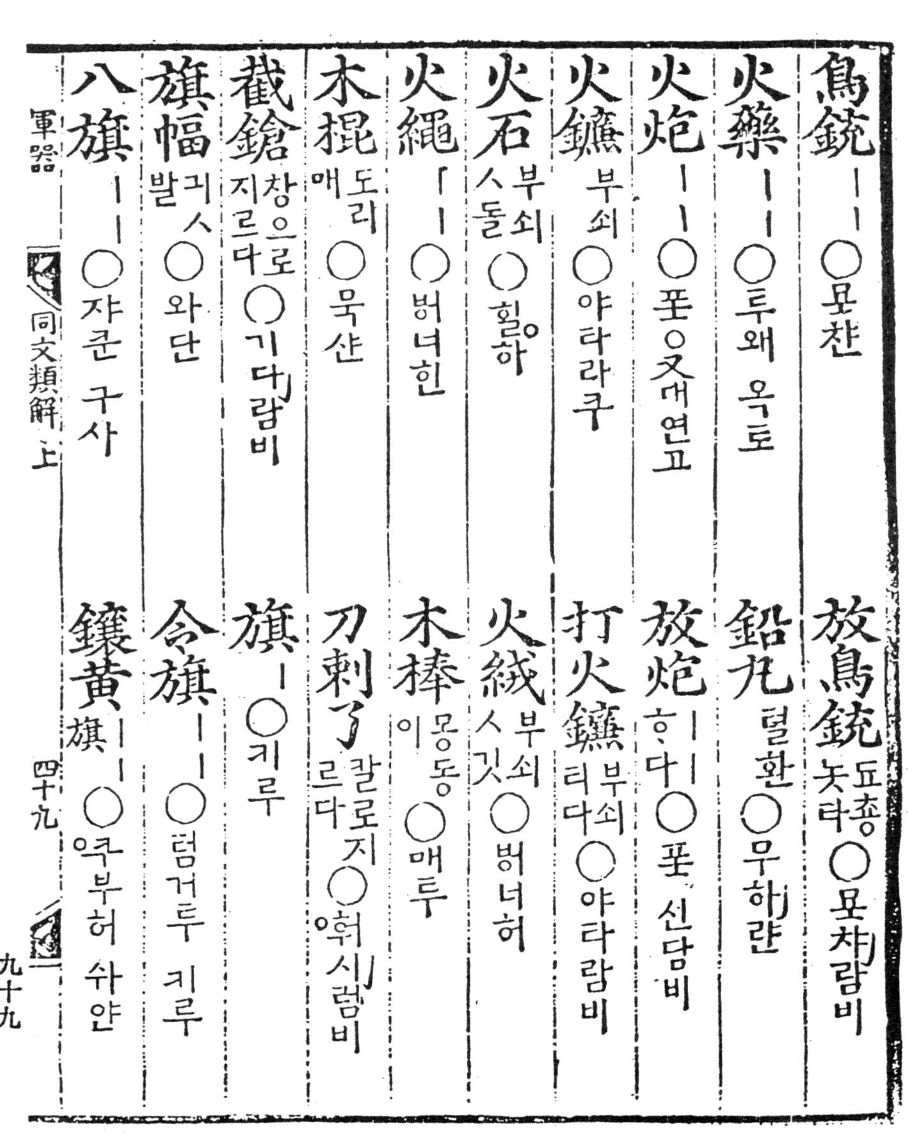

鳥銃 ㅣㅣ ○모찬

火藥 ㅣㅣ ○투왜 옥토

火炮 ㅣㅣ ○포 ○又 대연교

火鐮 부쇠 ○야타라쿠

火石 부쇠ㅅ돌 ○휘하

火繩 ㅣㅣ ○버녀힌

木棍 도리매 ○묵샨

戳鎗 창으로 지르다 ○기다람비

旗幅 긔ㅅ발 ○와단

八旗 ㅣㅣ ○쟈쿤 구사

放鳥銃 됴춍 노타 ○묘챠람비

鉛丸 텰환 ○무하랸

放炮 ㅣㅣ ᄒᆞ다 ○포 신담비

打火鐮 부쇠 티다 ○야타람비

火絨 부쇠ㅅ깃 ○버녀허

木棒 몽동이 ○매투

刀刺了 칼로 지르다 ○야시럼비

旗 ㅣ ○키루

令旗 ㅣㅣ ○럼거루 키루

鑲黃旗 ㅣㅣ ○쿠부허 쉬얀

九十九

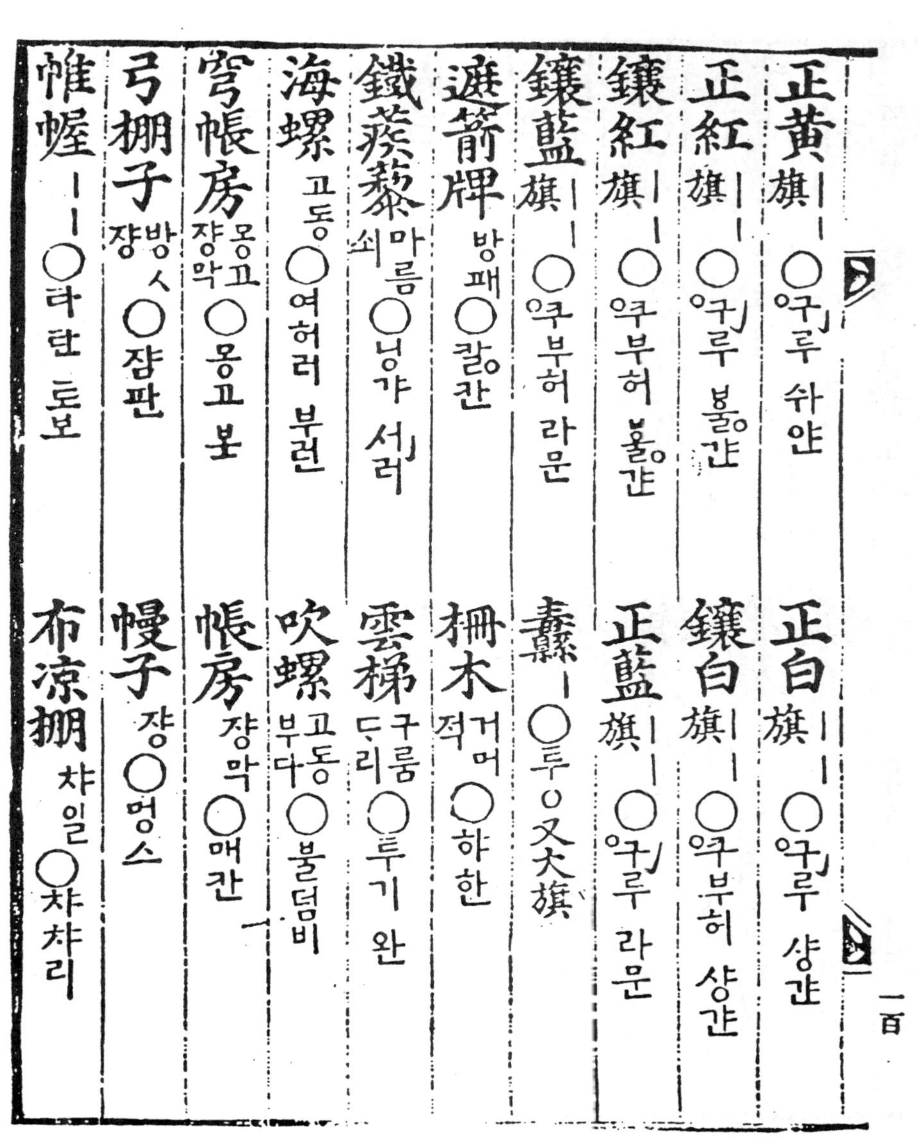

正黃旗ㅣㅣ ○구루 쉬얀
正紅旗ㅣㅣ ○구루 불간
鑲紅旗ㅣㅣ ○쿠부허 불간
鑲藍旗ㅣㅣ ○쿠부허 라문
遮箭牌 방패 ○칼간
鐵蒺藜 마름쇠 ○닝갸 서러
海螺 고동 ○여허러 부런
穹帳房 몽고장막 ○몽고 보
弓棚子 방ㅅ장 ○잠판
帷幄ㅣㅣ ○다단 토보

正白旗ㅣㅣ ○구루 샹간
鑲白旗ㅣㅣ ○쿠부허 샹간
正藍旗ㅣㅣ ○구루 라문
纛ㅣ ○투 又大旗
柵木 거머적 ○하한
雲梯 구룸다리 ○투기 완
吹螺 고동부다 ○불덤비
帳房 장막 ○매간
幔子 장 ○멍스
布涼棚 차일 ○차차리

一百

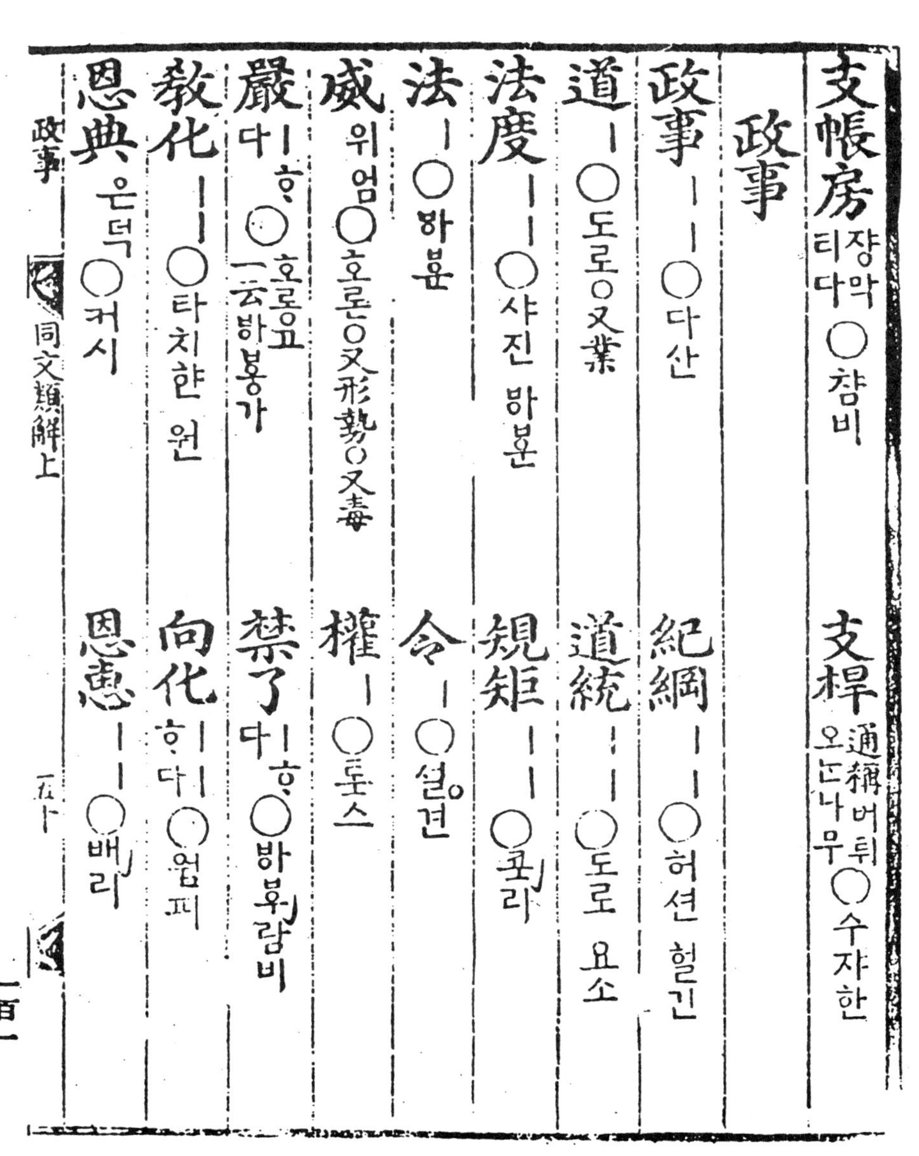

支帳房 쟝막티다 ○참비　支桿 通稱버퉈 오ㄷ나무○수쟈한

政事

政事 ㅣㅣ○다산　紀綱 ㅣㅣ○허션 헐긴

道 ㅣ○도로○又業　道統 ㅣㅣ○도로 요소

法度 ㅣㅣ○샤진 바분　規矩 ㅣㅣ○쿠리

法 ㅣ○바분　令 ㅣ○설。견

威 위엄○호론○又形勢○又毒　權 ㅣ○툰스

嚴 다ㅣ호○호롱됴 一云방붕가　禁了 다ㅣ호○방부람비

敎化 ㅣㅣ○타치한 원　向化 호다ㅣㅣ○웝피

恩典 은덕○커시　恩惠 ㅣㅣ○배리

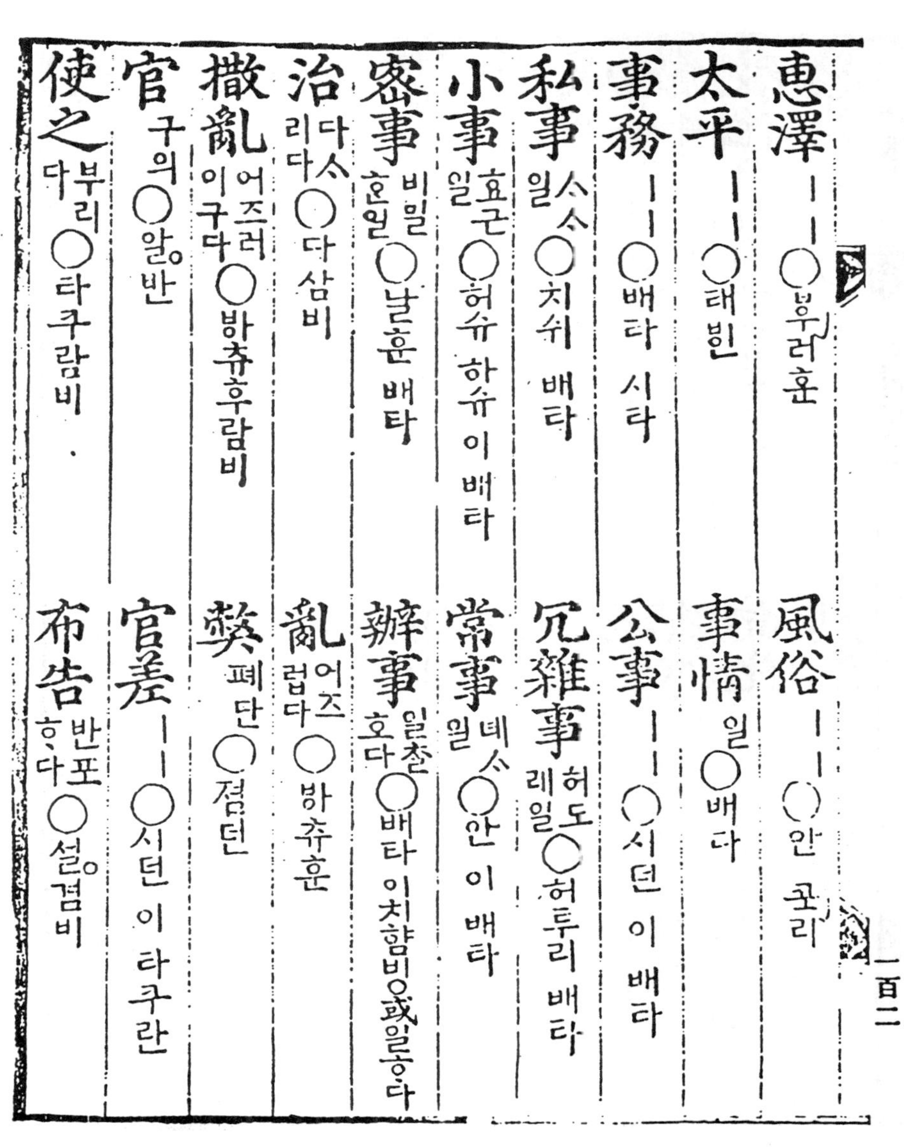

惠澤 ㅣㅣ ○ 부러훈

風俗 ㅣㅣ ○ 안 골리

太平 ㅣㅣ ○ 태빈

事情 일 ○ 배다

事務 ㅣㅣ ○ 배다 시타

公事 ㅣㅣ ○ 시던 이 배타

私事 소ᄉᆞ일 ○ 치쉬 배타

冗雜事 허도레일 ○ 허두리 배타

小事 효근일 ○ 허슈 하슈 이 배타

常事 뎨ᄉᆞ일 ○ 안 이 배타

密事 비밀혼일 ○ 날훈 배타

辨事 일춘호다 ○ 배타 이치함비○或일ᄒᆞ다

治 다ᄉᆞ리다 ○ 다삼비

亂 어즈럽다 ○ 방츄훈

撒亂 어즈러이구다 ○ 방츄후람비

弊 폐단 ○ 졈던

官 구의 ○ 알。반

官差 ㅣㅣ ○ 시던 이 라쿠란

使之 부리다 ○ 타쿠람비

布告 반포ᄒᆞ다 ○ 설。겸비

一百二

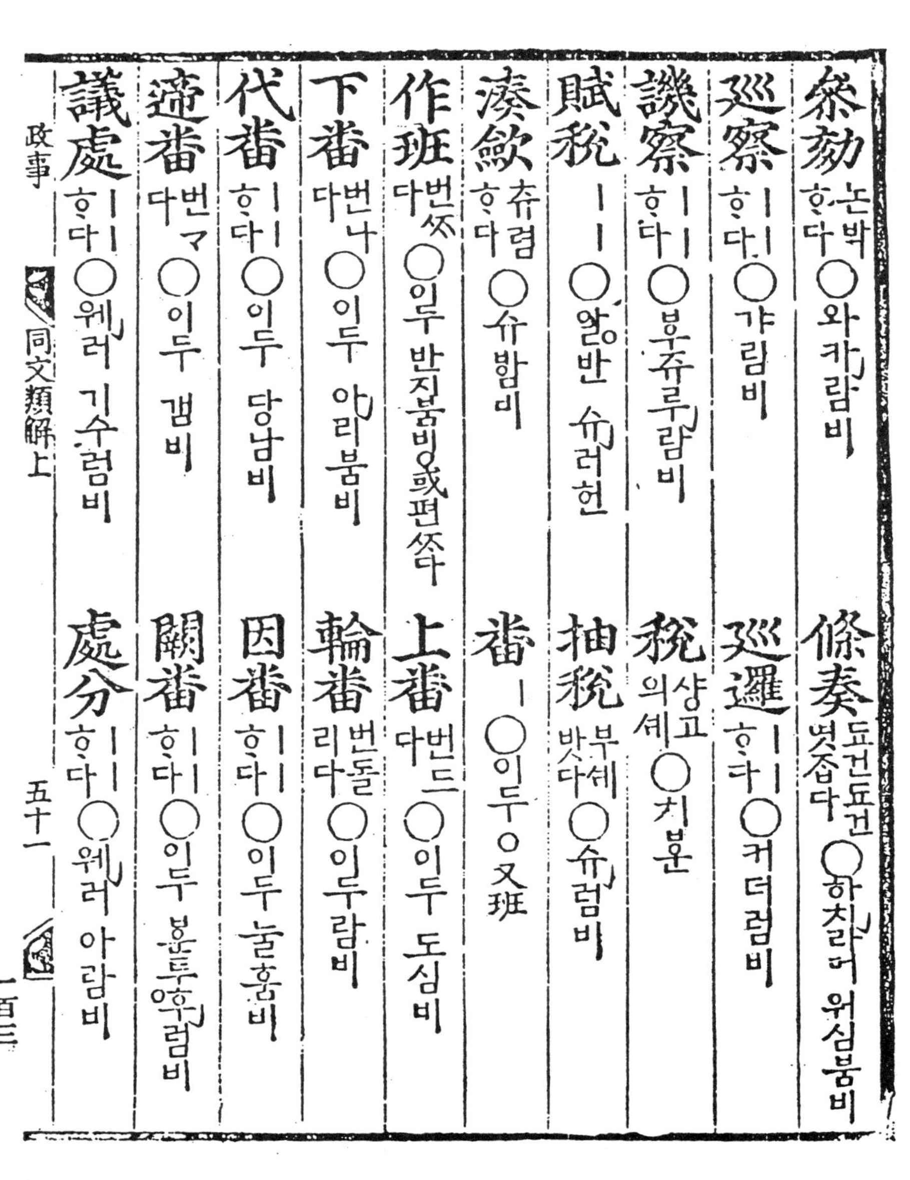

叅劾 논박ᄒᆞ다 ○ 와카람비

巡察 ᄒᆞ다ㅣㅣ ○ 갸람비

譏察 ᄒᆞ다ㅣㅣ ○ 부쥬루람비

賦稅 ㅣㅣ ○ 얄ᄒᆞᆫ반 슈러헌

湊歛 츄렴ᄒᆞ다 ○ 슈밤비

作班 번ᄯᅩ다 ○ 이두 반진붐비 或 펀ᄶᅮ

下番 번나다 ○ 이두 아리붐비

代番 ᄒᆞ다ㅣㅣ ○ 이두 당남비

遆番 번ᄀᆞ다 ○ 이두 갬비

議處 ᄒᆞ다ㅣㅣ ○ 웨러 기수럼비

條奏 됴건됴건 엳ᄌᆞᆸ다 ○ 하치라머 워심붐비

巡邏 ᄒᆞ다ㅣㅣ ○ 커더럼비

稅 샹고의셰 ○ 키분

抽稅 부셰받다 ○ 슈럼비

番 ㅣ ○ 이두 ○ 又班

上番 번드다 ○ 이두 도심비

輪番 번돌리다 ○ 이두람비

因番 ᄒᆞ다ㅣㅣ ○ 이두 눈훔비

關番 ᄒᆞ다ㅣㅣ ○ 이두 븡투허럼비

處分 ᄒᆞ다ㅣㅣ ○ 웨러 아람비

處置 ||ᄒᆞ다 ○이치하며 가맘비

照例 젼례대로 ○쟈오리 송쾨

禮度

禮 | ○도로론

行禮 녜ᄒᆞ다 ○도로롬비 一云도로 아람비

拱手 풀장지르다 ○가라 조람비

鞠躬 ||ᄒᆞ다 ○버여 머훔비

作揖 읍ᄒᆞ다 ○챤쥬람비

磕頭 절ᄒᆞ다 ○헝키럼비

再拜 ||ᄒᆞ다 ○다히며 헝키럼비

侍 뫼시다 ○얼섭비 一云앗한 더터허

跪 ᄭᅮ다 ○냐쿠람비

俯伏 ||ᄒᆞ다 ○야후줌비

謝恩 ||ᄒᆞ다 ○커시 더 헝키럼비

賀喜 하례 ○울운 이 도로

作謝 샤례ᄒᆞ다 ○바니하 붐비 一云비니하 아람비

生受 안심치 아니타 ○바니하

進 나오다 ○이범비

退 무르다 ○버르럼비 又도라오다

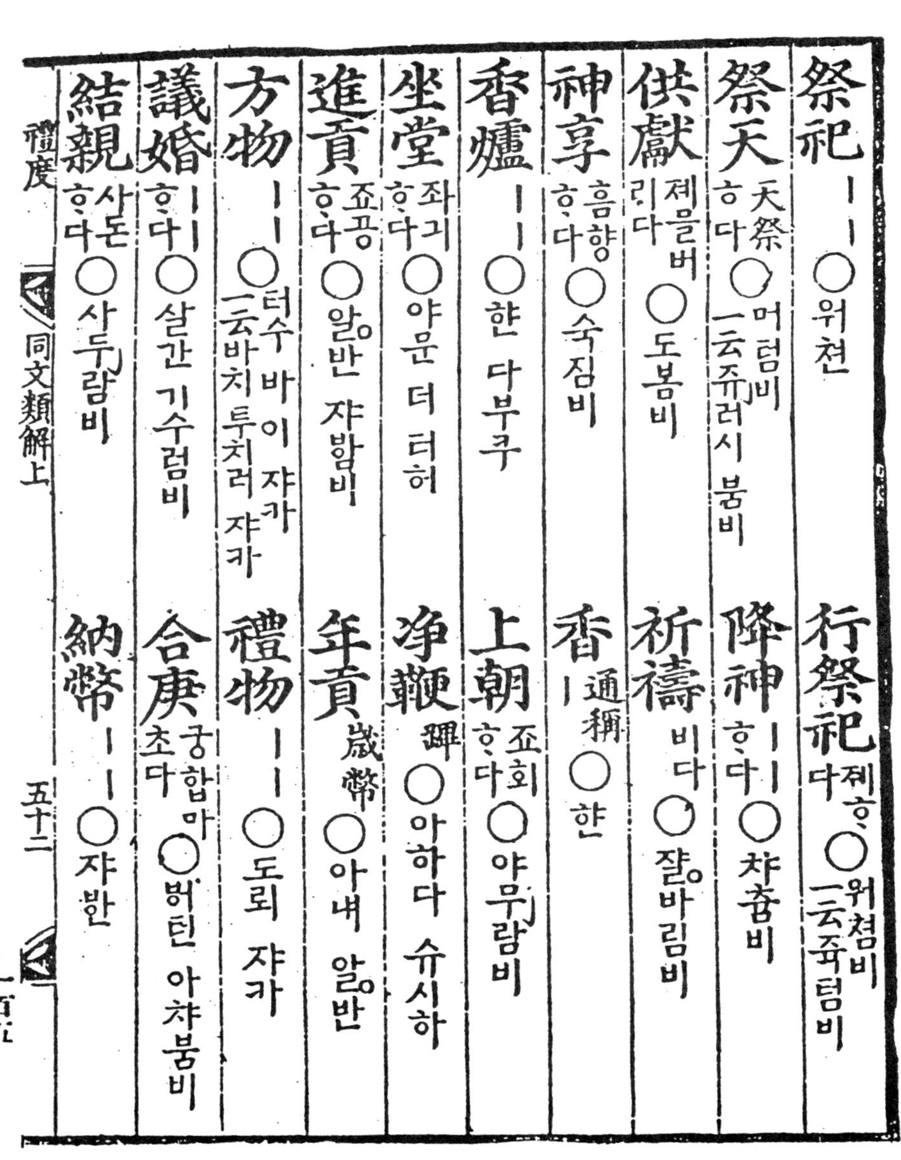

祭祀 ㅣㅣ ○위쳔
祭天 天祭ᄒᆞ다 ○머럼비 一云쥬러시 붐비
供獻 졔믈버리다 ○도봄비
神享 흠향ᄒᆞ다 ○숙짐비
香爐 ㅣㅣ ○한 다부쿠
坐堂 좌긔ᄒᆞ다 ○야문 더 더허
進貢 죠공ᄒᆞ다 ○알。반 쟈밤비
方物 ㅣㅣ ○터수 바이 쟈카 一云바치 투치러 쟈카
議婚 ㅣㅣᄒᆞ다 ○살간 기수럼비
結親 사돈ᄒᆞ다 ○사두람비

行祭祀 졔ᄒᆞ다 ○위쳠비 一云쥬텀비
降神 ㅣㅣᄒᆞ다 ○챠춤비
祈禱 비다 ○쟐。바림비
香 ㅣ 通稱 ○한
上朝 죠회ᄒᆞ다 ○야무람비
淨鞭 蹕 ○아하다 슈시하
年貢 歲幣 ○아내 알。반
禮物 ㅣㅣ ○도뢰 쟈카
合庚 궁합마초다 ○벼턴 아챠붐비
納幣 ㅣㅣ ○쟈반

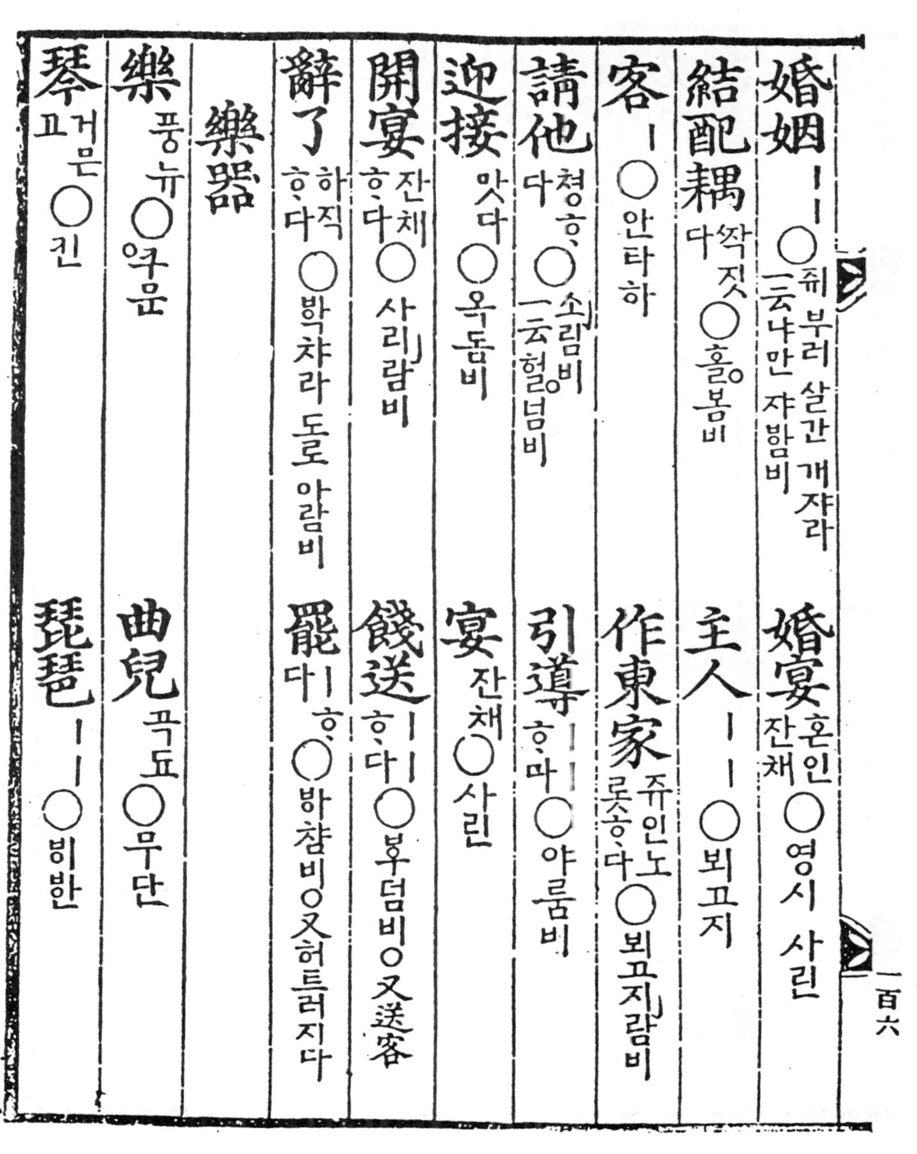

婚姻 ㅣㅣ ○ 쥐부러 살간 개쟈라 一云 나만 쟈밤비

婚宴 혼인 잔채 ○ 영시 사린

結配耦 짝짓다 ○ 홀。봄비

主人 ㅣㅣ ○ 뵈꼬지

客 ㅣ ○ 안타하

作東家 쥬인노릇ᄒᆞ다 ○ 뵈꼬지람비

請他 청ᄒᆞ다 ○ 소림비 一云 헐。넘비

引導 ㅣㅣᄒᆞ마 ○ 야룸비

迎接 맛다 ○ 옥돔비

宴 잔채 ○ 사린

開宴 잔체ᄒᆞ다 ○ 사리람비

餞送 ㅣㅣᄒᆞ다 ○ 부덤비 ○ 又送客

辭了 하직ᄒᆞ다 ○ 박쟈라 도로 아람비

罷 ㅣᄒᆞ다 ○ 방참비 ○ 又허트러지다

樂器

樂 풍뉴 ○ 약문

曲兒 곡됴 ○ 무단

琴 거믄고 ○ 긴

琵琶 ㅣㅣ ○ 비반

一百六

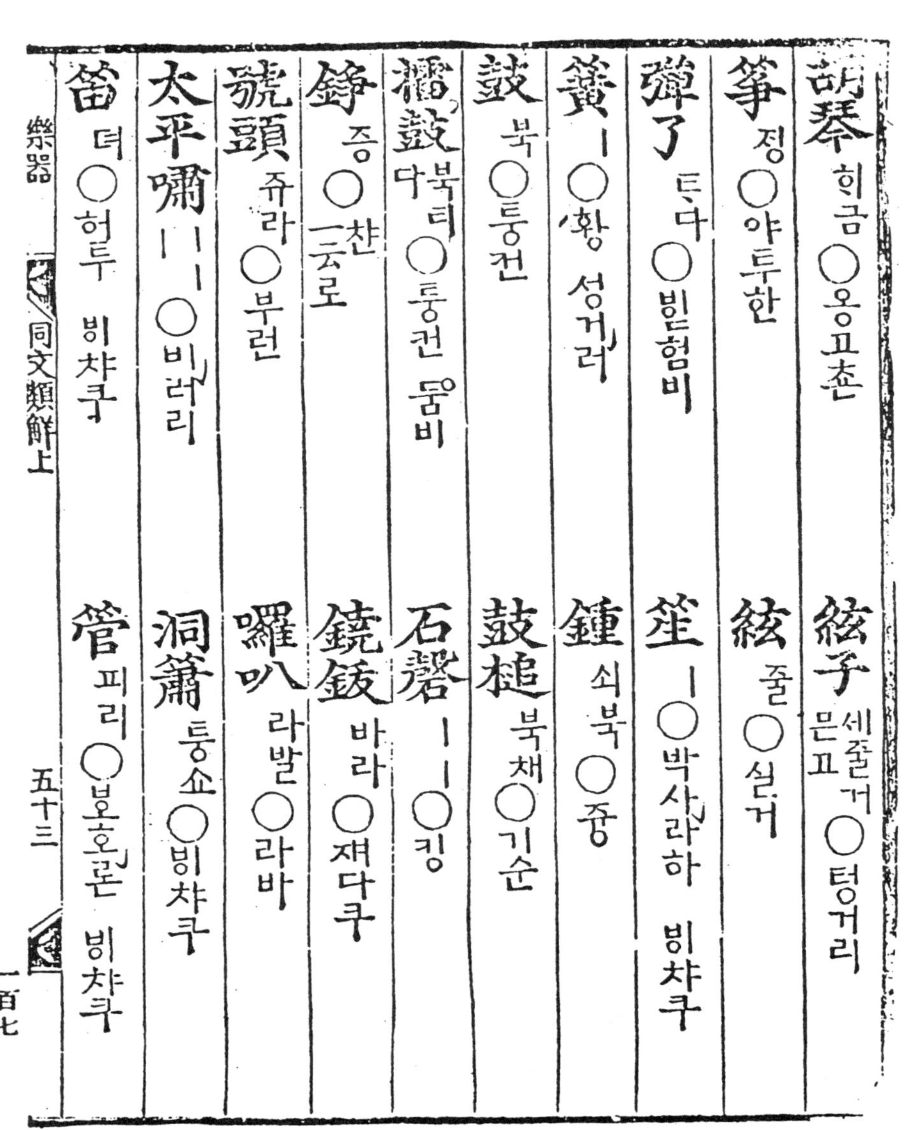

胡琴 호금 ○ 옹코촌

箏 정 ○ 야두한

彈了 투다 ○ 빗험비

簧 ㅣ ○ 황 성거러

鼓 북 ○ 퉁건

鞀鼓 북다듸 ○ 퉁건 둥비

錚 증 ○ 찬 一云 로

號頭 쥬라 ○ 부런

太平嘯 ㅣㅣㅣ ○ 비러리

笛 뎌 ○ 허투 비챠쿠

絃子 세줄거믄고 ○ 텅거리

絃 줄 ○ 실거

笙 ㅣ ○ 박사라하 비챠쿠

鍾 쇠북 ○ 중

鼓槌 북채 ○ 기순

石磬 ㅣㅣ ○ 킹

鐃鈸 바라 ○ 재다쿠

囉叭 라발 ○ 라바

洞簫 퉁쇼 ○ 비챠쿠

管 피리 ○ 보호론 비챠쿠

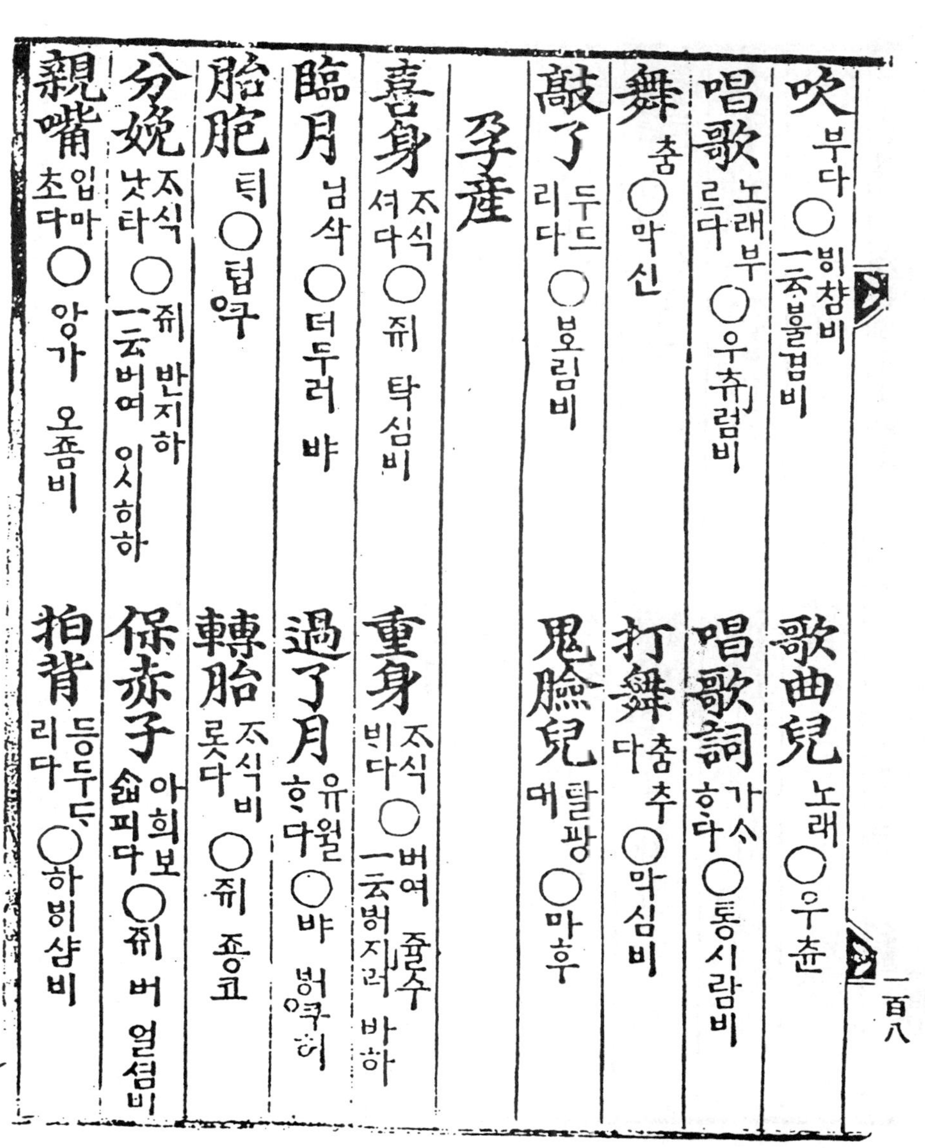

吹 부다 ○빙참비 一云 불굼비

唱歌 노래부르다 ○우츄럼비

舞 춤 ○막신

敲了 두드리다 ○보림비

孕産

喜身 조식셔다 ○쥐 탁심비

臨月 남삭 ○더두러 뱌

胎胞 티 ○텁약

分娩 조식낫타 ○쥐 반지하 一云 버여 이시히하

親嘴 입마초다 ○앙가 오좀비

歌曲兒 노래 ○우춘

唱歌詞 가ᄉᆞᄒᆞ다 ○통시람비

打舞 춤추다 ○막심비

鬼臉兒 탈팡대 ○마후

重身 조식빈다 ○버여 줄주 一云 벙지러 바하

過了月 유월ᄒᆞ다 ○뱌 벙약허

轉胎 조식비롯다 ○쥐 죵쿄

保赤子 아희보쇼피다 ○쥐 버 얼섬비

拍背 등두ᄃᆞ리다 ○하빙샵비

一百八

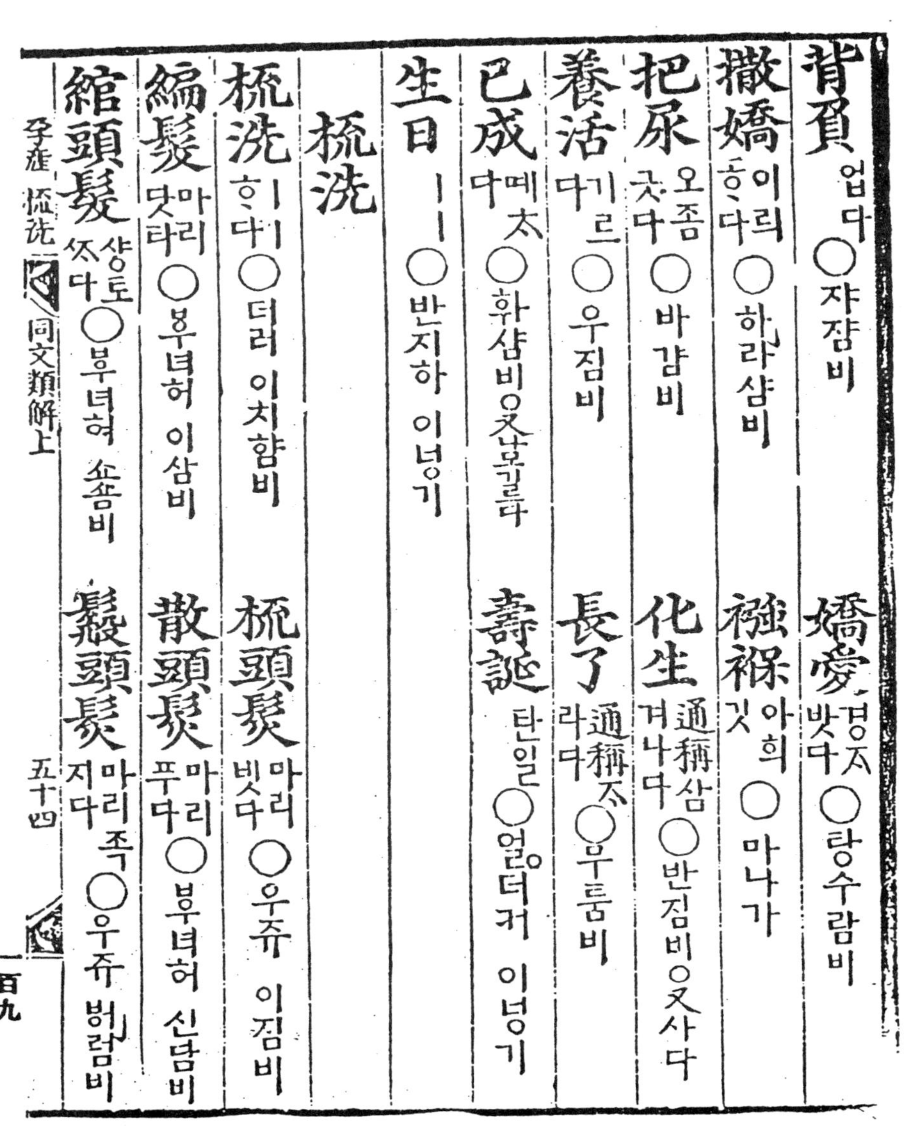

背負 업다 ○쟈잠비　　嬌愛 경ᄌᆞ밧다 ○랑수람비

撒嬌 이리ᄒᆞ다 ○하라샴비　　襁褓 아희깃 ○마나가

把尿 오좀굿다 ○바갸비　　化生 通稱삼겨나다 ○반짐비○又사다

養活 기ᄅᆞ다 ○우짐비　　長了 通稱ᄌᆞ라다 ○무룸비

已成 떼太다 ○하샴비○又나모길다　　壽誕 탄일 ○얼더거 이넝기

生日 ㅣㅣ ○반지하 이넝기

梳洗

梳洗 ㅣㅣᄒᆞ다 ○더리 이치함비　　梳頭髮 마리빗다 ○우쥬 이짐비

編髮 마리ᄯᅡ다 ○부녀허 이삼비　　散頭髮 마리프다 ○부녀허 신뎜비

綰頭髮 샹토ᄶᅳ다 ○부녀허 ᄉᆈ솜비　　鬆頭髮 마리족지다 ○우쥬 벙럼비

假髮 ᄃᆞ릐 ○시라쿠

篦子 춤빗 ○멀히

漱口 양치물ᄒᆞ다 ○앙가 실。걍비

洗臉 ᄂᆞᆺ싯다 ○더러 오봄비

粉 ㅣ ○분

粧飾 단장 ○먀미간

簪子 빈혀 ○시빙쿠 一云세스

耳墜子 귀엿골 ○안츈

鑷子 족집게 ○타타쿠

耳挖子 귀우개 ○샨 벙더쿠

梳子 어리빗 ○이지분

剃頭 마리삭다리 ○우쥬 부십비

刷牙 샤ᄌᆞ ○웨허 다사쿠

胰子 비노 ○시사 우바

胰脂 ㅣ ㅣ ○뱐○又곤지

首帕 마리슈건 ○슈바

揷簪 빈혀쏫다 ○시빔비

釧子 쫄쇠 ○섬권

戒指 가락지 ○여키분

鏡子 거울 ○부러야쿠

一百十

照鏡 거울보다 ○부러약셤비

粧飾了 단장ᄒᆞ다 ○마밈비

文飾 빗나게ᄭᅮ미다 ○양스람비

絟脚 발동히다 ○벋허 보힘비

服飾

紗帽 ㅡㅡ ○얏항가 마하라

冠 ㅡ ○마하라 ○又마흐래

凉帽子 갓 ○보로

草帽子 초갓 ○서겨약

帽子 감토 ○캄투

頂子 딩조 ○딩스

帽纓子 마흐래상모 ○솔손

冠纓 갓신 ○절견

網子 망건 ○왕스

遮臉皮 볼씨 ○마후

衣裳 옷 ○어투약

衣服 ㅡㅡ ○어투약 아두

朝服 ㅡㅡ ○도릐 어투약

團領 관듸 ○얼우머

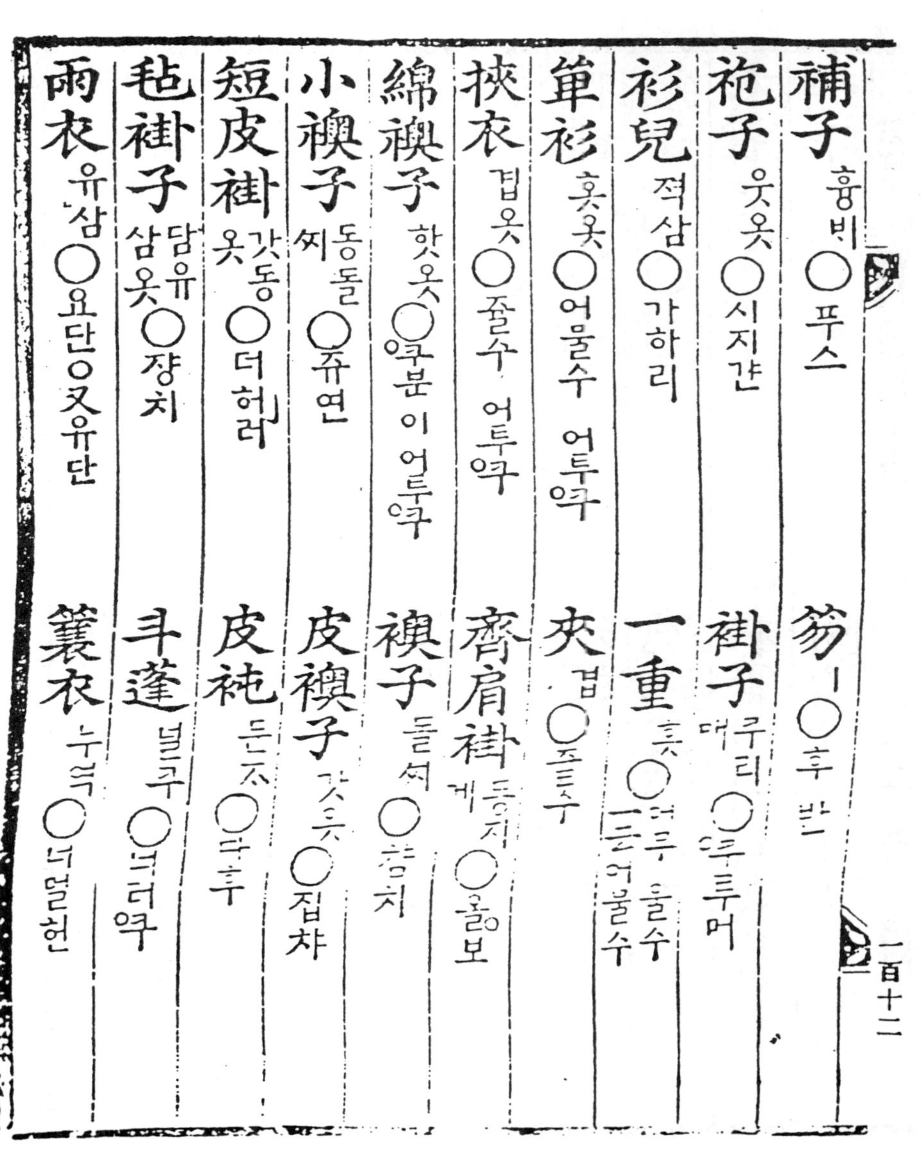

補子 훙비 ○푸스

袍子 웃옷 ○시지간

衫兒 젹삼 ○가하리

單衫 홋옷 ○어물수 어투약

挾衣 겹옷 ○졀수 어투약

綿襖子 핫옷 ○쿠분이 어투약

小襖子 동돌 쐬 ○쥬연

短皮褂 갓동 옷 ○더허러

毡褂子 담유 삼옷 ○쟝치

雨衣 유삼 ○요단○又유단

笏 ｌ ○후 반

褂子 대쿠 리 ○쿠루머

一重 홋 ○어루 울수 一云어물수

夾 겹 ○졀수

齊肩褂 동지 게 ○울보

襖子 돌셔 ○쵸치

皮襖子 갓옷 ○집챠

皮襯 든조 ○다후

斗蓬 별쿠 ○너더약

蓑衣 누역 ○너덜헌

一百十二

345

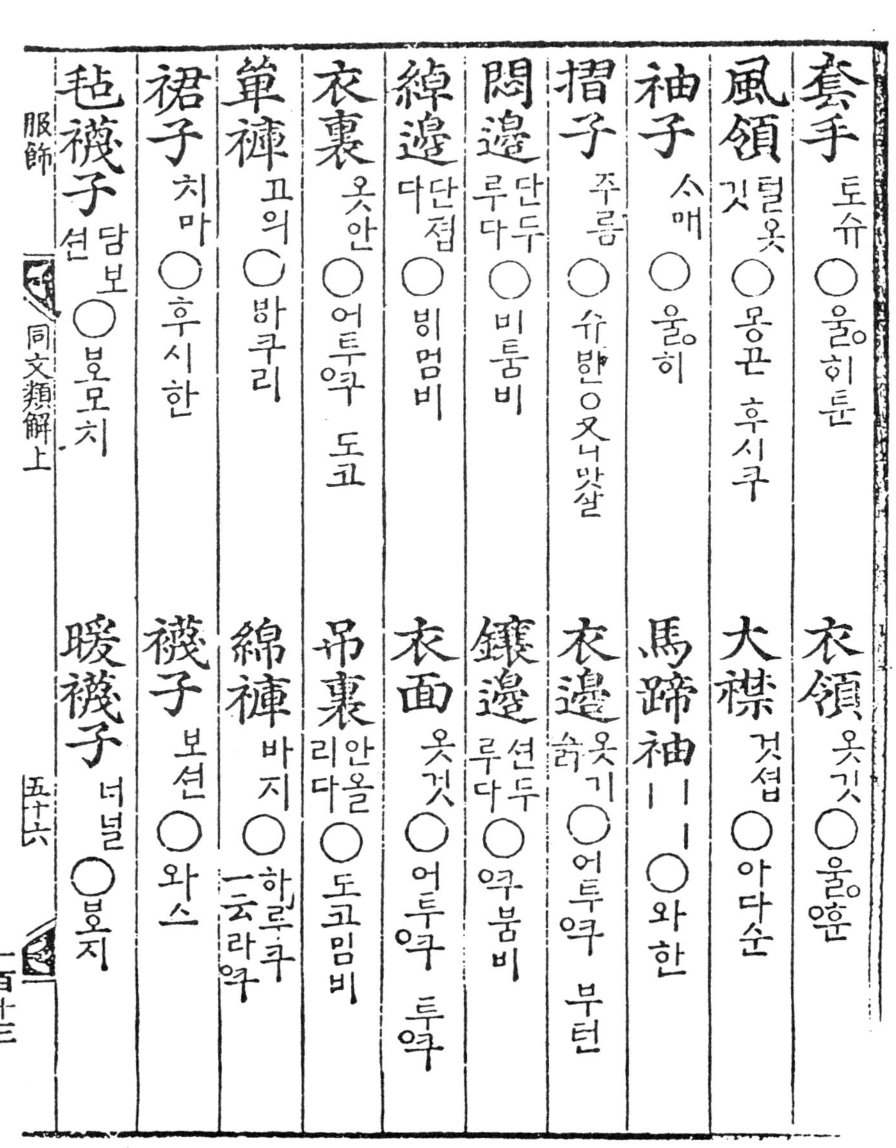

套手 토슈 ○울히툰
衣領 옷깃 ○울훈
風領 털옷깃 ○몽곤 후시쿠
大襟 것섭 ○아다순
袖子 소매 ○울히
馬蹄袖 ㅣㅣ ○와한
摺子 주룸 ○슈반 又 냐맛살
衣邊 옷기슭 ○어투약 부턴
闊邊 단두루다 ○비툼비
鑲邊 선두루다 ○약붐비
縇邊 단접다 ○빙멈비
衣面 옷것 ○어투약 투약
衣裏 옷안 ○어투약 도쿄
吊裏 안올리다 ○도코밈비
單褲 고의 ○방쿠리
綿褲 바지 ○하루쿠 一云 라약
裙子 치마 ○후시한
襪子 보션 ○와스
毡襪子 담보션 ○보모치
暖襪子 너널 ○보지

裁縫 바ᄂᆞ질 ○우비러 타부라

裁了 ᄆᆞᄅᆞ다 ○배탐비

使剪子 가의질ᄒᆞ다 ○하사람비

紉針 바늘귀세다 ○서밈비

縫了 호다 ○우빔비

草縫 ᄉᆞᆺ다 ○시섬비

補綻 깁다 ○녀쳠비

衲一衲 누비다 ○삽심비

繡了 슈놋타 ○셔럼비

新 새 ○이쳐

新的 새것 ○이청거

刷新 새롭게ᄒᆞ다 ○이쳠럼비

舊丨 ○버

舊的 녯것 ○뻥거

舊了 녜다 ○버려거

縐縮 구긔다 ○쇼욤비

醃汚了 무더더럽다 ○회람비

弊壞 헤여지다 ○마남비 又 달타

破透了 뚜러지다 ○본도좀비

裂了 ᄶᅴ여지다 ○부더점비

一百十四

343

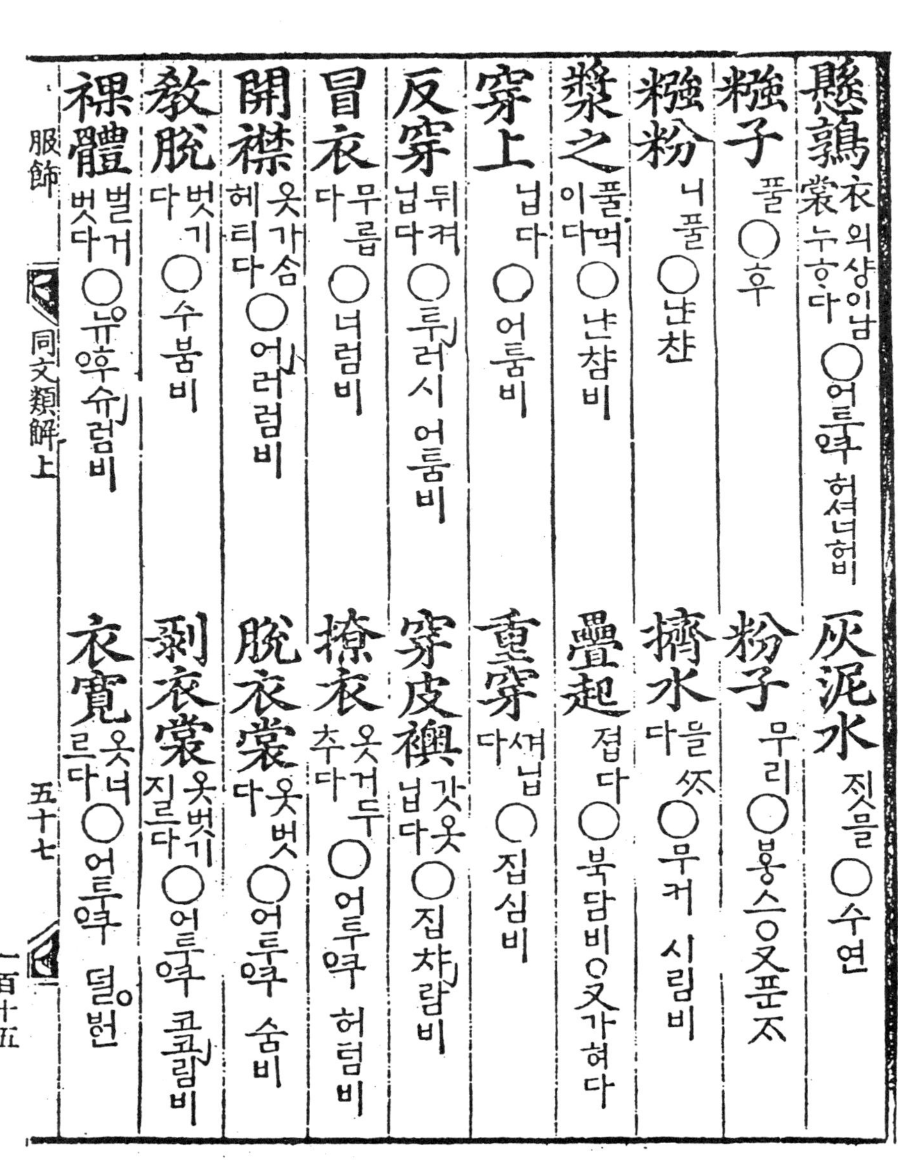

懸鶉 衣裳의상이남누ᄒᆞ다 ○어루약 허셔너허비

糨子 풀 ○후

糨粉 니풀 ○난챤

漿之 풀먹이다 ○난참비

穿上 닙다 ○어룸비

反穿 뒤쳐닙다 ○투러시 어룸비

冒衣 무릅다 ○너럼비

開襟 옷가슴헤티다 ○어러럼비

教脫 벗기다 ○수붐비

裸體 벌거벗다 ○뉴우 슈럼비

灰泥水 짓믈 ○수연

粉子 무리 ○붕스 又푼즈

擠水 믈ᄶ다 ○무커 시림비

疊起 접다 ○북담비 又가혀다

重穿 셔닙다 ○집심비

穿皮襖 갓옷닙다 ○집챠람비

撩衣 옷거두추다 ○어루약 허덤비

脫衣裳 옷벗다 ○어루약 숨비

剝衣裳 옷벗기질르다 ○어루약 코콜럼비

衣寬 옷너르다 ○어루약 덜번

衣窄 옷좁다 ○어투약 캬키

帶子 띄 ○우며순

品帶 ㅣㅣ ○도뢰 우며순

帶版子 띄ㅅ돈 ○도한

束帶 띄띄다 ○우며럼비 一云이며럼비

褌帶子 허리띄 ○쿨。킨

總子 수울 ○수버허 又화두

扢搭 미듭 ○맘핀

旒絲 ㅣㅣ ○쉬허

打結子 미좁밋다 ○똠치람비 一云곡짐비

挽結 밋다 ○맘핌비 一云방림비

纓子 선 ○구란

自抽窄 주다 ○이쿰비

撙了 주리다 ○입캄비

鈕子 단쵸 ○토혼

鈕扣 암단쵸 ○허허 토혼

扣鈕 단쵸씨오다 ○토호밈비

數珠 념쥬 ○어리허

面紗 ㅣㅣ ○인지리

手巾 ㅣㅣ ○붕약

一百十六

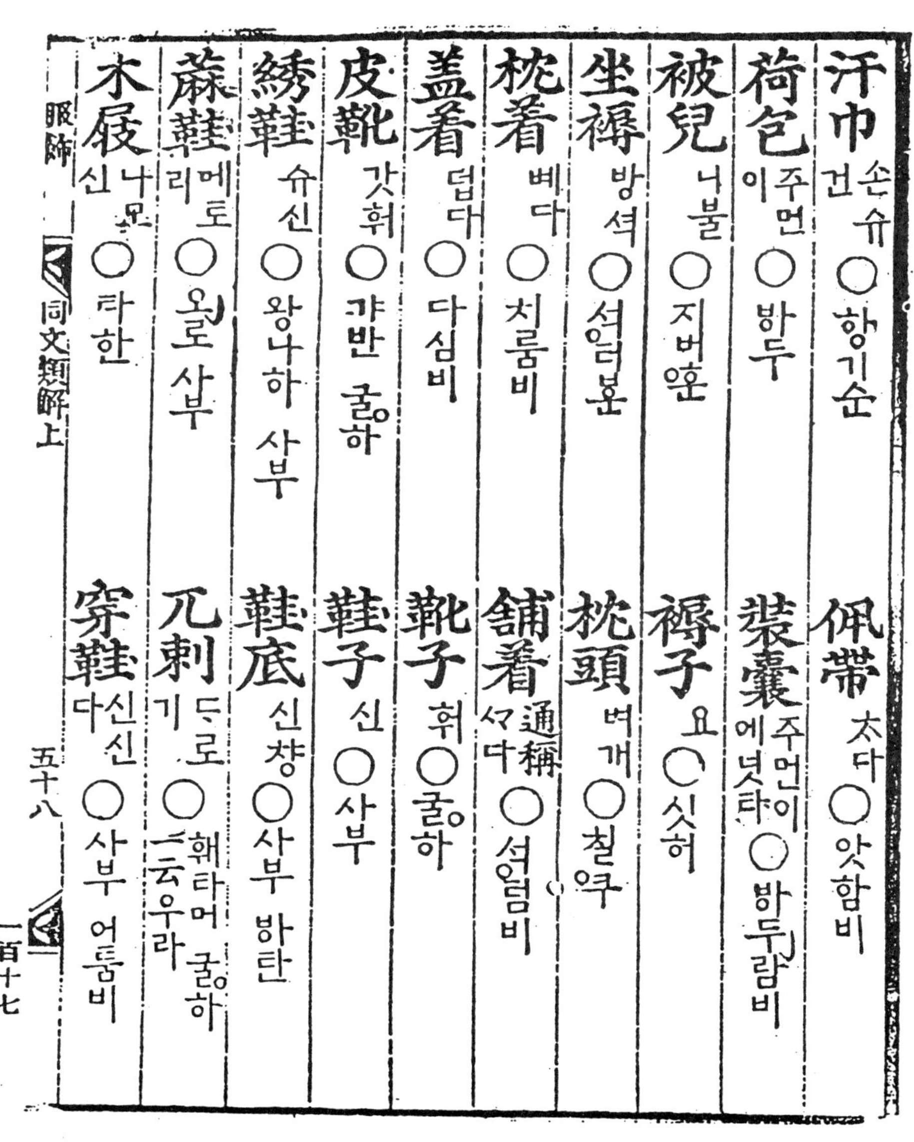

汗巾 손슈건 ○항기순

荷包 주먼이 ○방두

被兒 니불 ○지버운

坐褥 방셕 ○셔얼분

枕着 베다 ○치룸비

蓋着 덥다 ○다심비

皮靴 갓휘 ○갸반 골하

綉鞋 슈신 ○왕나하 사부

蔴鞋 메토리 ○올로 사부

木屐 나모신 ○타한

佩帶 츠다 ○앗함비

裝囊 주머니에 녀타 ○방두람비

褥子 요 ○시허

枕頭 벼개 ○칠우

鋪着 通稱 ᄭᆞᆯ다 ○셔엄비

靴子 휘 ○골하

鞋子 신 ○사부

鞋底 신챵 ○사부 방탄

兀剌 드로기 ○훠타머 골하 一云우라

穿鞋 신신다 ○사부 어툼비

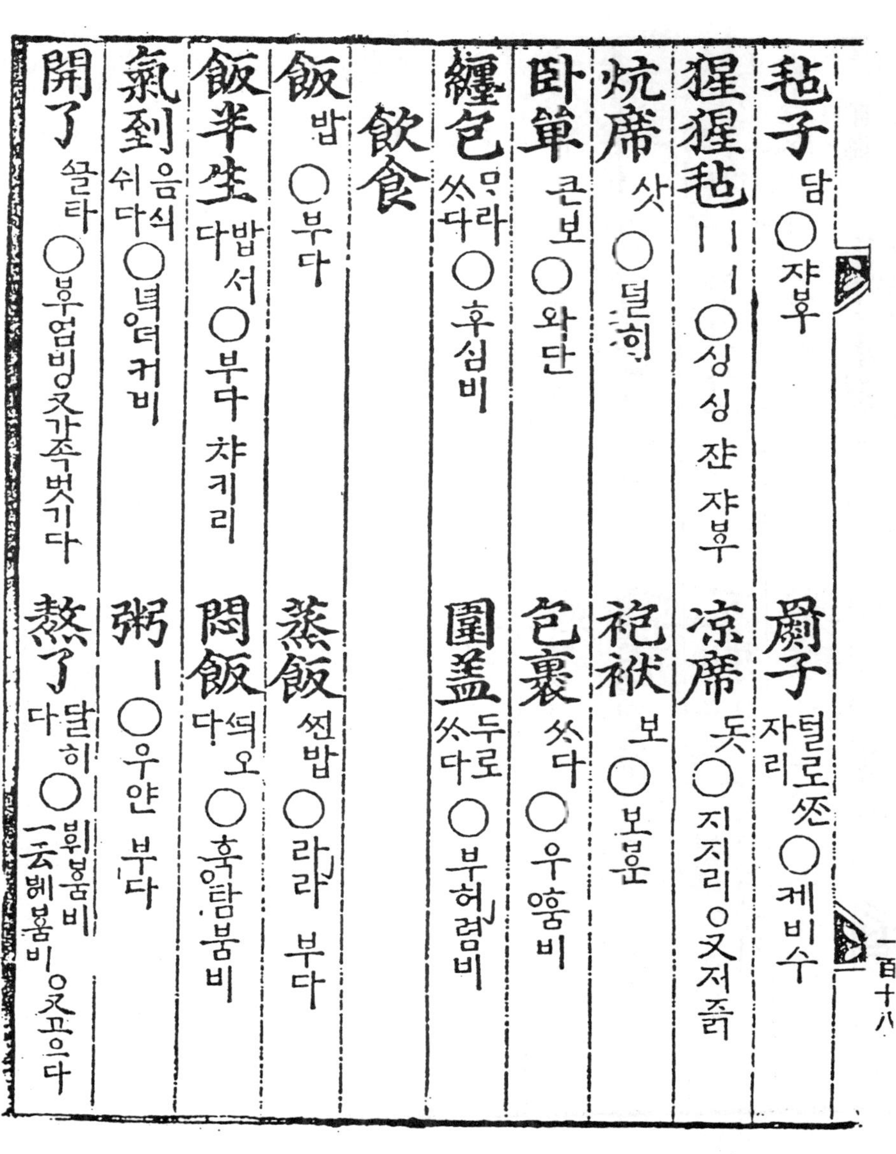

毡子 담 ○쟈부

罽子 털로짠자리 ○게비수

猩猩毡 ‖ ○싱싱잔쟈부

凉席 돗 ○지지리 又저즤

炕席 삿 ○덜히

袍袱 보 ○보불

卧單 큰보 ○와단

包裹 싸다 ○우웅비

纏包 ᄆᆞ라싸다 ○후심비

圍盖 두로싸다 ○부허렴비

飲食

飯 밥 ○부다

蒸飯 쩐밥 ○라라부다

飯半生 밥서다 ○부다쟈키리

悶飯 뜸드리다 ○훅담붐비

氣到 음식쉬다 ○뎌여커비

粥 ‖ ○우얀부다

開了 ᄭᅳᆯ타 ○부엄빙 又가족벗기다

熬了 달히다 ○뷔붐비 一云베붐비 又고으다

一百十八

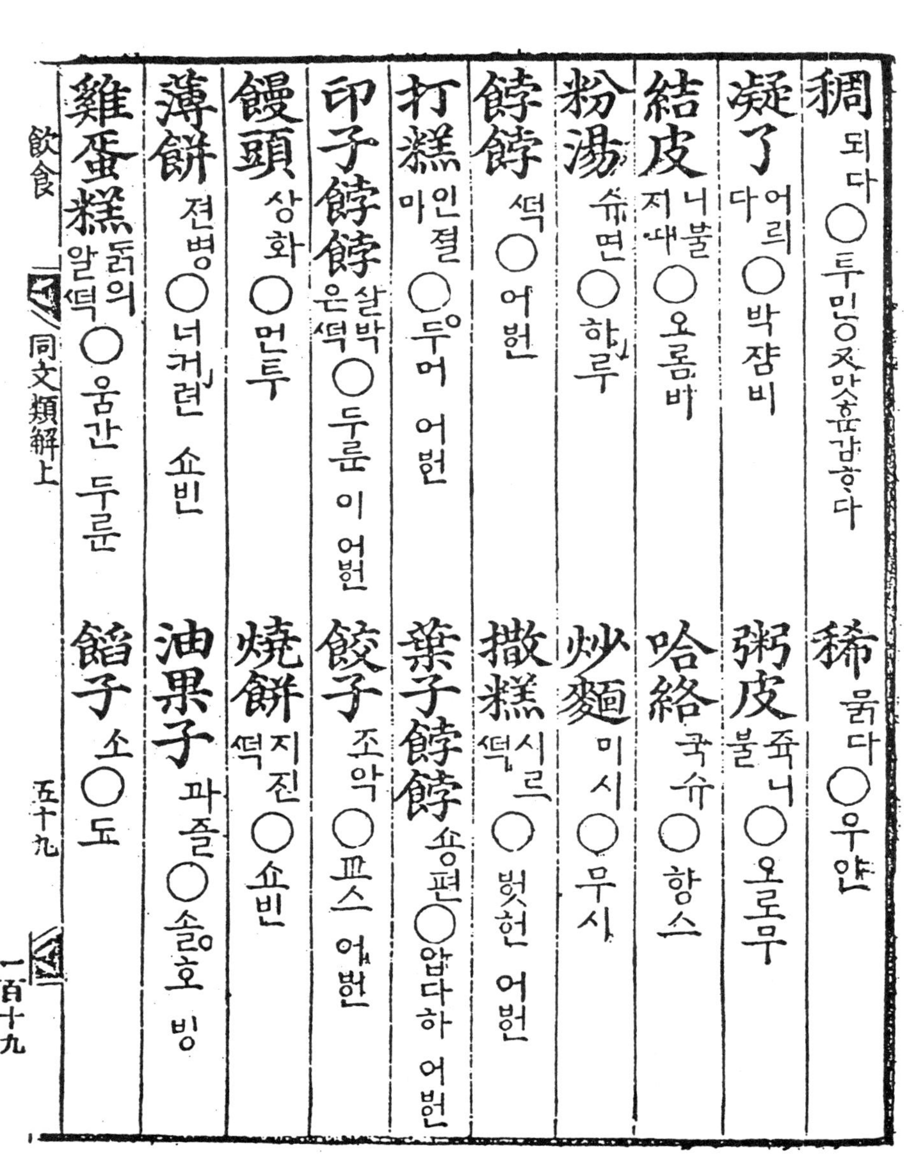

稠 되다 ○투민 ᄌᆞ망ᄉᆞᆷ감ᄒᆞ다

凝了 어릐다 ○박쟘비

結皮 니블지때 ○오롬비

粉湯 슈면 ○할루

餑餑 ᄯᅥᆨ ○어번

打糕 인절미 ○두어 어번

印子餑餑 살박은ᄯᅥᆨ ○두룬 이 어번

饅頭 상화 ○먼투

薄餅 전병 ○너커련 쇼빈

雞蛋糕 ᄃᆞᆰ의알ᄯᅥᆨ ○움간 두룬

稀 묽다 ○우얀

粥皮 죽니블 ○오로무

哈絡 국슈 ○항스

炒麵 미시 ○무시

撒糕 시르ᄯᅥᆨ ○벗헌 어번

葉子餑餑 숑편 ○압다하 어번

餃子 조악 ○교스 어번

燒餅 지진ᄯᅥᆨ ○쇼빈

油果子 과즐 ○솔호 빙

餡子 소 ○도

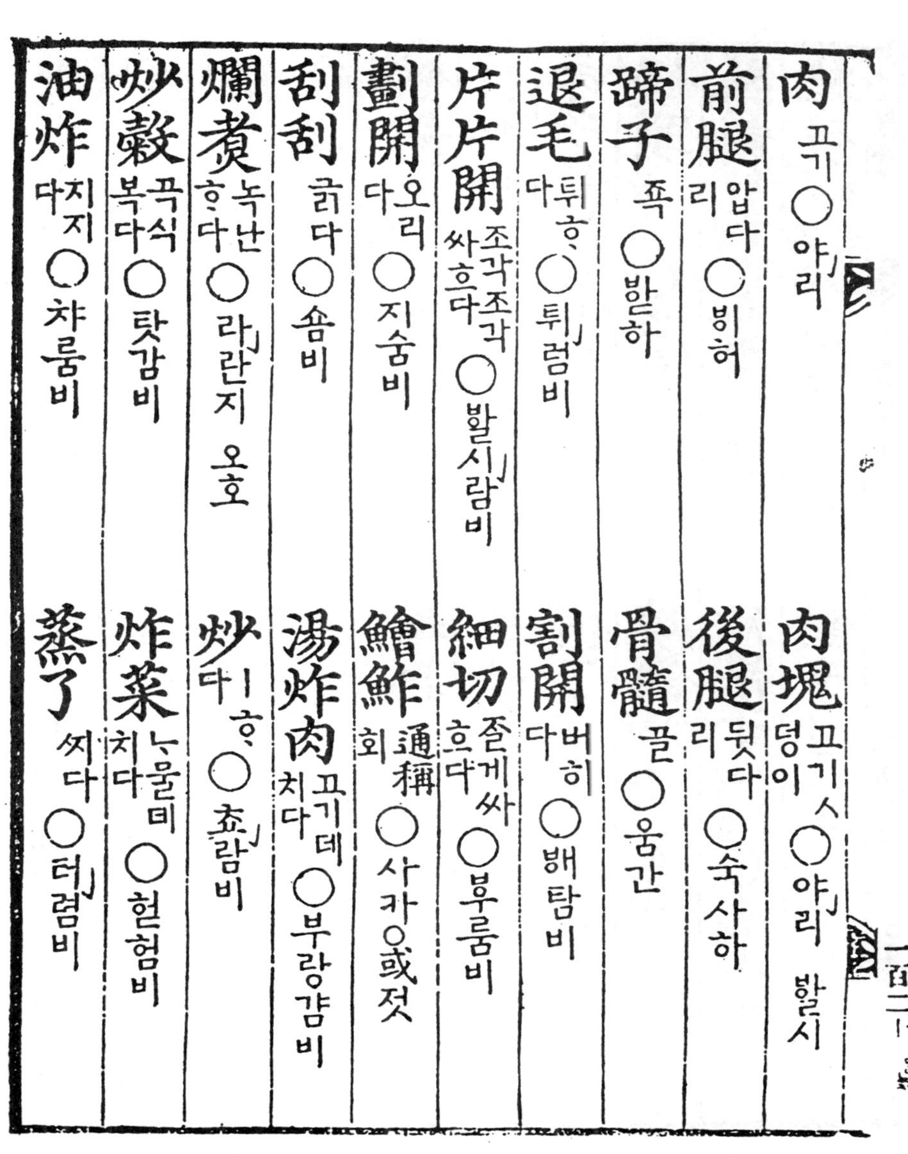

肉 고기 ○야리

肉塊 고기ㅅ덩이 ○야리 발시

前腿 압다리 ○비허

後腿 뒷다리 ○숙사하

蹄子 족 ○발한하

骨髓 골 ○웅간

退毛 튀ᄒᆞ다 ○튀럼비

割開 버히다 ○배탐비

片片開 조각조각싸ᄒᆞ다 ○발시람비

細切 ᄌᆞᆯ게싸ᄒᆞ다 ○부룸비

劃開 오리다 ○지숨비

鱠鮓 通稱회 ○사카 或젓

刮刮 긁다 ○솜비

湯炸肉 고기데치다 ○부랑갼비

爛煮 녹난ᄒᆞ다 ○라란지 오호

炒 ᄒᆞ다 ○쵸람비

炒穀 곡식복다 ○탓감비

炸菜 ᄂᆞ물데치다 ○헌험비

油炸 지지다 ○차룸비

蒸了 ᄶᅵ다 ○터럼비

一百二十

煮了 숢다 ○ 부줌비

燒了 굽다 ○ 쇼롬비

烤烘 쬐야 몰뢰오다 ○ 뱡쿰비

攤蛋 알붓다 ○ 타람비

攪了 석다 ○ 슈랑비 一云 우춤비

和麵 반쥭ᄒᆞ다 ○ 우바 쉽비

生的 ᄂᆞᆯ것 ○ 어순 又 선것

黃酒 술 ○ 누러

醴酒 감쥬 ○ 나라

末淋酒 만믈 ○ 시샤 알키

烙爆 通稱 복다 ○ 보람비

燎了 그슬리다 ○ 부치하람비

烤焦 ᄂᆞᆺ다 ○ 학사카비 又 솔고읍다

和攪 ᄐᆞ다 ○ 아챠붐비 又 應ᄒᆞ다

攪混 버무리다 ○ 부머럼비 一云 쿤훔비

攪和 ᄆᆞ다 ○ 바람비

熟了 通稱 닉다 ○ 우러허

燒酒 ｜｜ ○ 알키

濁酒 ｜｜ ○ 방하라 누러

釃一釃 걸르다 ○ 헐멈비 又 밧다

燒酒粕 쇼쥬ㅅ즈의 ○ 바쥬　酒糟 지강 ○ 엉슌○又믜온놈

酒麯 누룩 ○ 약후○又메조　酒釅 술맛되다 ○ 누러 하탄

酒龍多 술무눅다 ○ 누러 니탄　醉了 ㅣᄒᆞ다 ○ 속톰비

有酒意 취ᄒᆞ시다 ○ 누러 더 바하부합비　狼醉了 너취ᄒᆞ다 ○ 허퍼러커비

使酒人 쥬졍ᄒᆞᄂᆞᆫ사ᄅᆞᆷ ○ 쉬약투　撒酒風 쥬졍ᄒᆞ다 ○ 쉬ᅌᅮᆷ비

酒醒了 술씨다 ○ 누러 수붐비　酒鬼 쥬망 ○ 속토쿠

飯菜 반찬 ○ 보하　酒菜 안쥬 ○ 새쿠

豆腐 ㅣㅣ ○ 드부　空湯 고기슐믄믈 ○ 시러

肉醬 ㅣㅣ ○ 샤슌　湯 通稱국 ○ 샤시한

茶 차 ○ 채　清茶 ㅣㅣ ○ 걍견 채

一百二十二

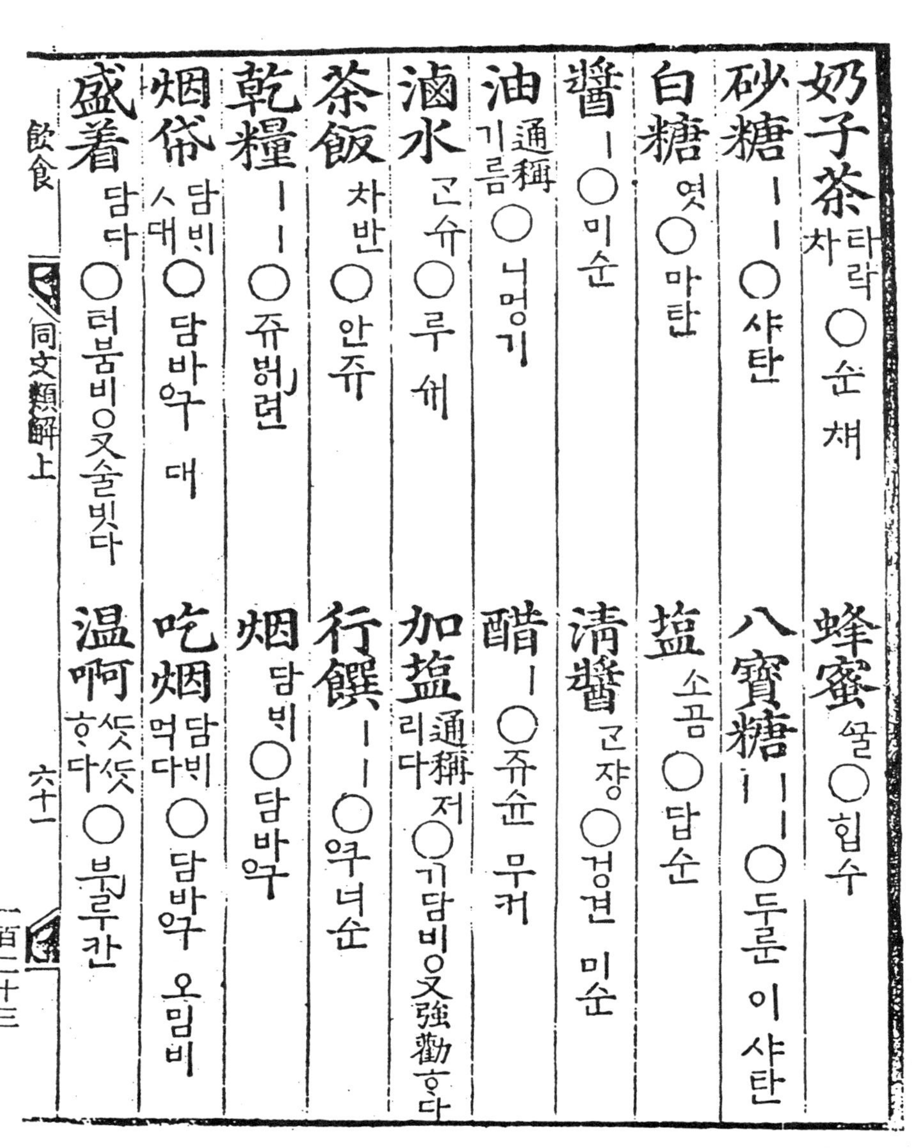

奶子茶 타락차 ○순 채

蜂蜜 꿀 ○힙수

砂糖 ㅣㅣ ○샤탄

八寶糖 ㅣㅣㅣ ○두룬 이 샤탄

白糖 엿 ○마탄

塩 소곰 ○답순

醬 ㅣ ○미순

淸醬 곤장 ○검견 미순

油 通稱기름 ○니멍기

醋 ㅣ ○쥬숸 무커

滷水 곤슈 ○루 쉬

加塩 通稱저리다 ○기담비 又強勸ᄒᆞ다

茶飯 차반 ○안쥬

行饌 ㅣㅣ ○야커 녀숸

乾糧 ㅣㅣ ○쥬번련

烟 담빈 ○담바쿠

烟俗 담빈ᄉ대 ○담바쿠 대

吃烟 담빈먹다 ○담바쿠 오밈비

盛着 담다 ○터붐비 又술빗다

温呵 ᄯᅳᆺᄯᅳᆺᄒᆞ다 ○부루칸

温些 밍근ᄒᆞ다 ○분츄훈

熅一熅 더이다 ○원졈비

撈了 건지다 ○허럼비 一云와람비

水渣滓 물ᄶᅴ ○무케 악샨

味 맛 ○암탄

滋味 ㅣㅣ ○암탄 심턴

酸 싀다 ○쥬슈훈

苦 쓰다 ○고시혼

醎 ᄧᆞ다 ○하투훈

澁 ᄠᆞᆲ다 ○빅어츄훈

凊了 식다 ○샤후람비

淘沙 이다 ○워럼비 又치오다

泔水 ᄠᅳ물 ○수란

瀝溜 쎠오다 ○서겸비

有味的 맛나다 ○암탕가

變味 ㅣㅣᄒᆞ다 ○암탄 귀랴카비

甜 ᄃᆞᆯ다 ○쟌츄훈

辣 밉다 ○불긴

淡 승겁다 ○니탄

香 고소다 ○와 샌

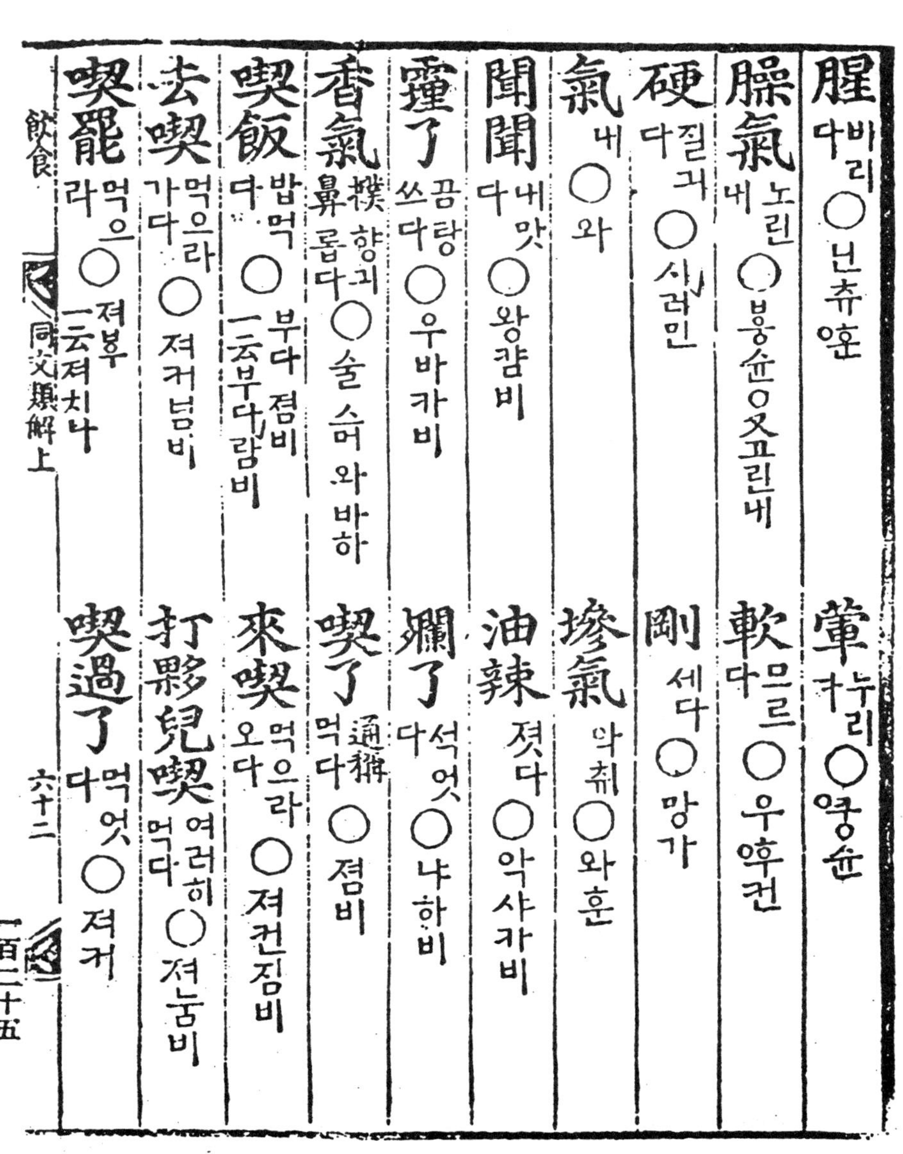

腥 비리다 ○ 닌츄훈
葷 누린 ○ 영슌

臊氣 노린내 ○ 붕슌 ○ 又 쇼린내
軟 므르다 ○ 우후컨

硬 질긔다 ○ 사러민
剛 세다 ○ 망가

氣 내 ○ 와
慘氣 악취 ○ 와훈

聞聞 내맛다 ○ 왕캼비
油辣 졋다 ○ 악샤카비

霉了 곰팡쓰다 ○ 우바카비
爛了 석엇다 ○ 냐하비

香氣 撲鼻 향긔롭다 ○ 술 슈머 와 바하
喫了 通稱 먹다 ○ 졈비

喫飯 밥먹다 ○ 부다 졈비 一云 부다람비
來喫 먹으라오다 ○ 져컨짐비

去喫 먹으라가다 ○ 져커넘비
打夥兒喫 여러히먹다 ○ 져눔비

喫罷 먹으라 ○ 져부 一云 져치나
喫過了 먹엇다 ○ 져커

給他喫 먹이다 ○ 우러붐비

嘗嘗 맛보다 ○ 암타랄비

請嘗 자오쇼셔 ○ 앙가 이시

含着 먹음다 ○ 아숨비

齩了 무다 ○ 샘비

嚼了 씹다 ○ 냥굼비

齦了 너흐다 ○ 나폼비

齦喫 ᄯᅳᆺ어먹다 ○ 거둠비

餂 할ㅅ다 ○ 이럼비

吮 ᄲᆞ다 ○ 시밈비

呑下 ᄉᆞᆷ세다 ○ 누검비

囫圇呑 ᄉᆞᆯ셕ᄉᆞᆷ세다 ○ 부랼비

哈了 마시다 ○ 오밈비

抽哈 드리그어마시다 ○ 우겸비 一云우시혐비

一口哈 ᄒᆞᆫ숨에마시다 ○ 어무 얼권이 오미하

一口 ᄒᆞᆫ먹음 ○ 어무 망가

打夥兒哈 여러히마시다 ○ 오미참비

口饞 입ᄃᆞ다 ○ 앙가 가부라

口不饞 입맛업다 ○ 앙가 비순

食廉 입뎌르다 ○ 앙가 히찬

一百二十六

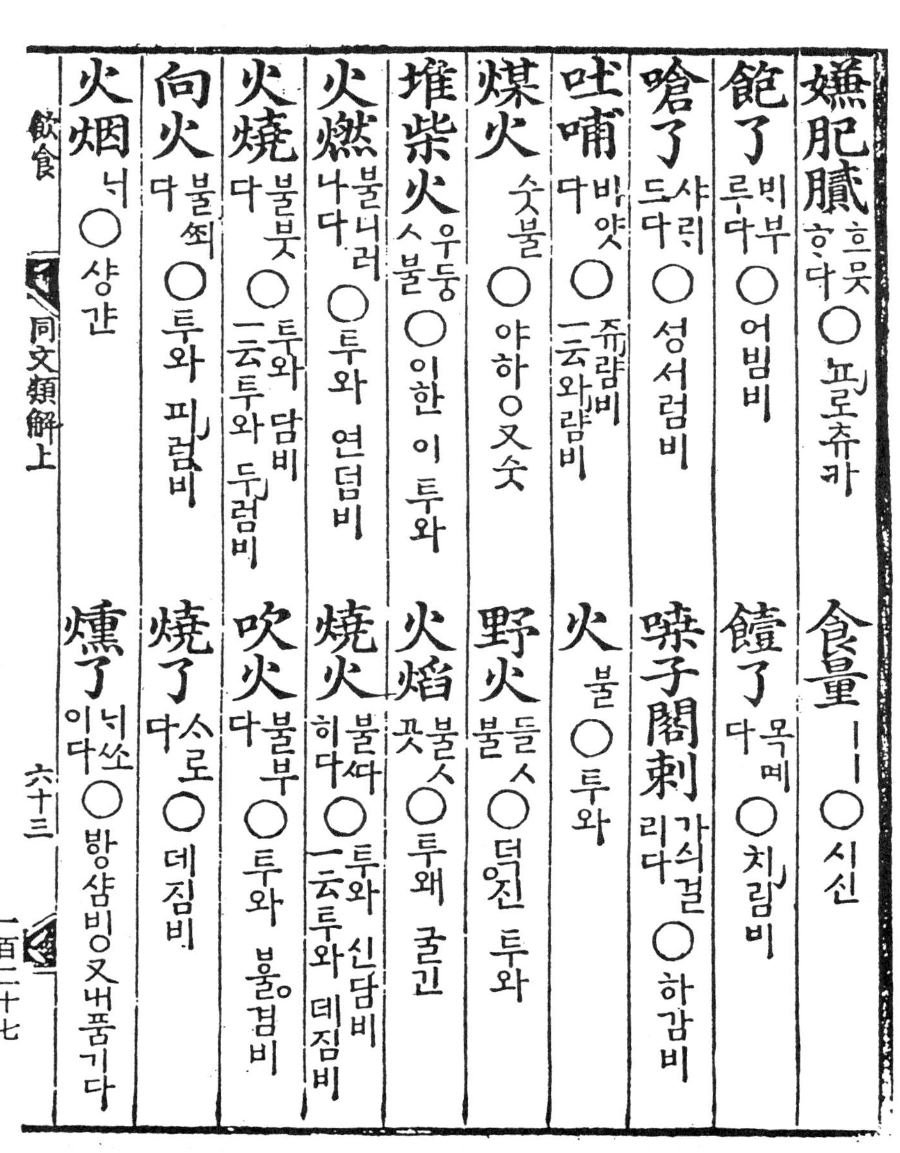

嬚肥膩 흐믓ᄒᆞ다 ○ 뇨로츄카

食量 ㅣㅣ ○ 시신

飽了 ᄇᆡ부루다 ○ 어빔비

饐了 목메다 ○ 치림비

嗆了 사ᄅᆡ드다 ○ 성서럼비

嗉子閣刺 가싀걸리다 ○ 하감비

吐哺 비앗다 ○ 쥬람비 一云 와람비

火 불 ○ 투와

煤火 숫불 ○ 야하 ○又 숫

野火 들ㅅ불 ○ 더이진 투와

堆柴火 우둥ㅅ불 ○ 이한 이 투와

火焰 불ㅅ곳 ○ 투왜 굴긘

火燃 불니러나다 ○ 투와 연덤비

燒火 불ᄯᅢ히다 ○ 투와 신담비 一云 투와 데짐비

火燒 불붓다 ○ 투와 담비 一云 투와 두럼비

吹火 불부다 ○ 투와 불ㆁ겸비

向火 불쬐다 ○ 투와 피럼비

燒了 ᄉᆞ로다 ○ 데짐비

火烟 닉 ○ 샹갼

燻了 닉쏘이다 ○ 방샴비 ○又 버품기다

灰 지 ○ 부렁기 灰塵 몬지 ○ 요롱기

成燼 ᄉᆞ희다 ○ 길ᇰ감비 石炭 ㅣㅣ ○ 워허 야하

竈煤 그으름 ○ 얄ᇰ망기 鍋煤 거믜양 ○ 야쿠

同文類解上終

同文類解目錄

下卷

一百三十

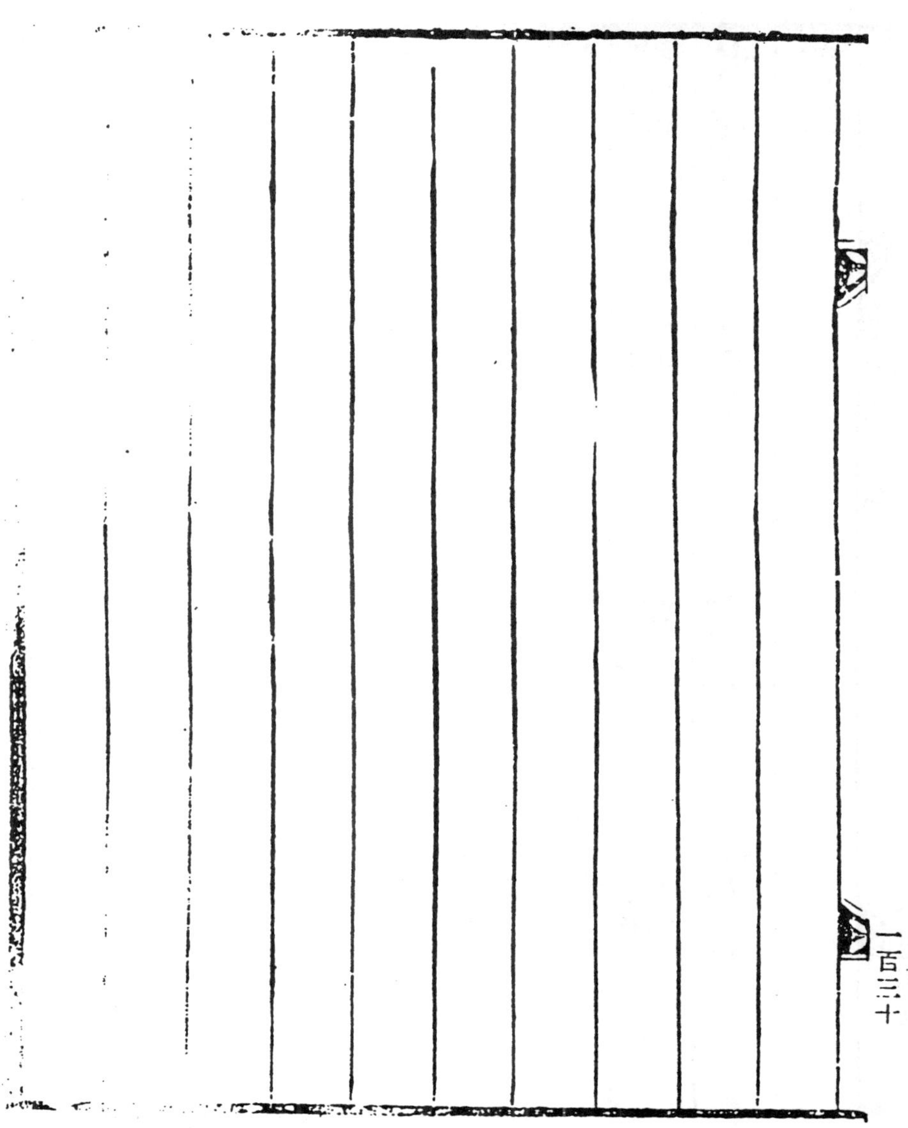

同文類解下

田農

旱田 밧 ○우신

水田 논 ○무케 우신 一云한두 치스

井田 ㅣㅣ ○쟈힌 이 우신

好田 됴흔받 ○휘키 우신

薄田 됴티아닌받 ○힝거 우신

廢田 ᄇᆞ린받 ○와랴하 우신

耕田 받가다 ○타림비

開荒 받니로다 ○숙사람비

䎱田 받뒤혀다 ○우신 우바샴비

一晌田 ᄒᆞᆫ나잘가리 ○어무 치말리 우신

菜田 ᄂᆞ믈받 ○치스

荒地 달호지아닌ᄯᅡ ○도란 이바

畝畆 ㅣㅣ ○우신 이 뎔허

阡陌 ㅣㅣ ○우쟌 야루

頃畆 이랑 ○이룬

庄地 롱소 ○톡소 一云투리

打糧場 마당 ○ 져 방란

種子 通稱 씨 ○ 우스

撒種子 씨 쎗타 ○ 우섬비

芽 움 ○ 알순

苗 삭 ○ 알간

發芽 삭 나다 ○ 알가남비

栽了 通稱 시므다 ○ 터붐비

培本 붓도도다 ○ 훅셤비

漸漸長 졈졈 즈라다 ○ 볼호런비

發穗 곡식 픠다 ○ 져쿠 난만 이리하

穗子 이삭 ○ 쉬허

穗長 이삭 즈라다 ○ 쉬허 넘비

穗合漿 믈이 드다 ○ 져쿠 수치런비

穗垂 고개 수기다 ○ 수하라가비

實了 여무다 ○ [illegible]눔비

豆角 고토리 ○ 호호

結角兒 고토리 미티다 ○ 호호놈비

早穀 이른 곡식 ○ 부룰루 져쿠

晩穀 느즌 곡식 ○ 나다 져쿠

穀楂子 그르 ○ 허오허

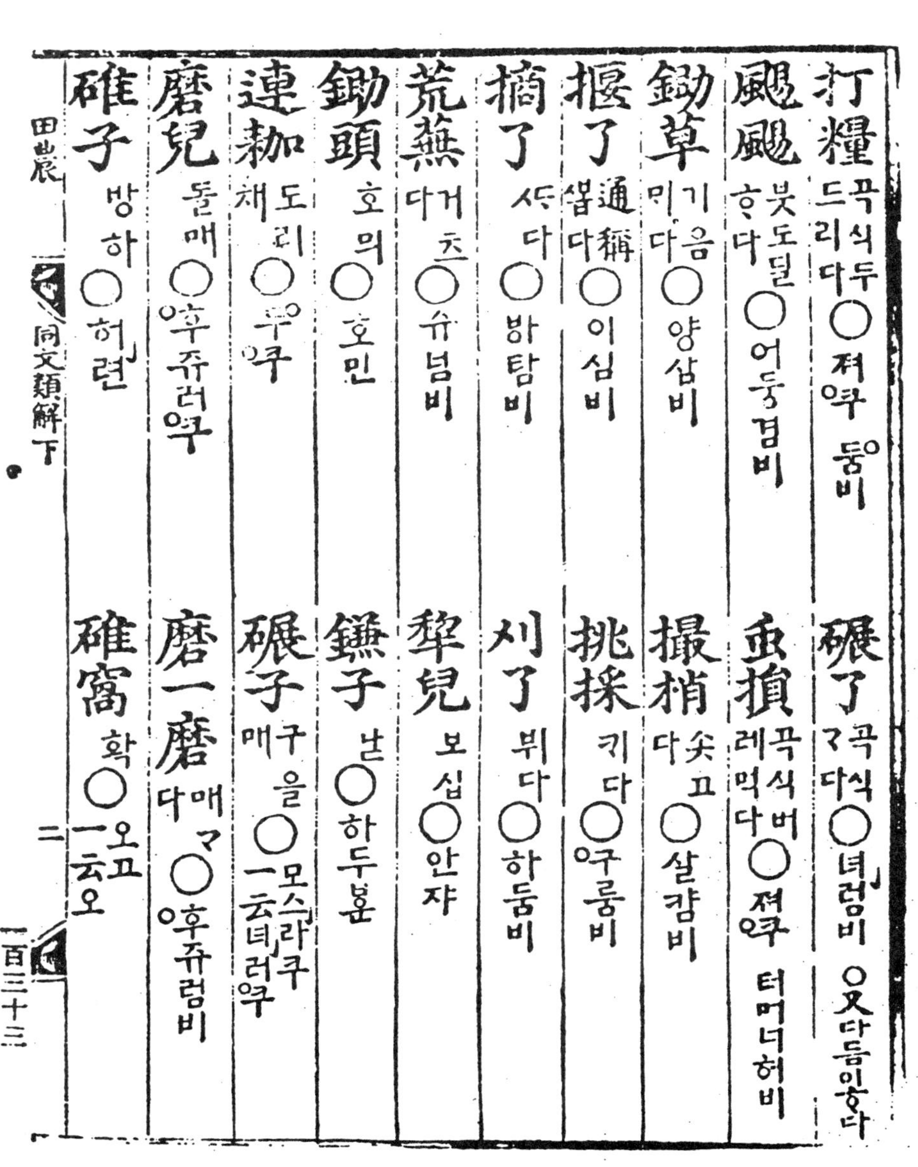

打糧 곡식두드리다 ○ 져랴 둗비

碾了 곡식ᄀᆞ다 ○ 녀렴비 ○又다듬이ᄒᆞ다

颺颺 붓도뎔ᄒᆞ다 ○ 어둥겸비

蟲損 곡식버레먹다 ○ 져약 터머너허비

鋤草 기음미다 ○ 양삼비

撮梢 尖ㅍ다 ○ 살캄비

擾了 通稱 셤다 ○ 이심비

挑揉 키다 ○ ᄋᆞ구룸비

摘了 ᄯᆞ다 ○ 바탐비

刈了 뷔다 ○ 하둠비

荒蕪 거츠다 ○ 슈넘비

犂兒 보십 ○ 안쟈

鋤頭 호믜 ○ 호민

鐮子 낟 ○ 하두훈

連耞 도리채 ○ 무ᄋᆞ쿠

碾子 구을매 ○ 모스라쿠 一云 텨러ᄋᆞ쿠

磨兒 돌매 ○ ᄋᆞ후쥬러ᄋᆞ쿠

磨一磨 매ᄀᆞ다 ○ ᄋᆞ후쥬럼비

碓子 방하 ○ 허련

碓窩 확 ○ 오ㅍ 一云 오

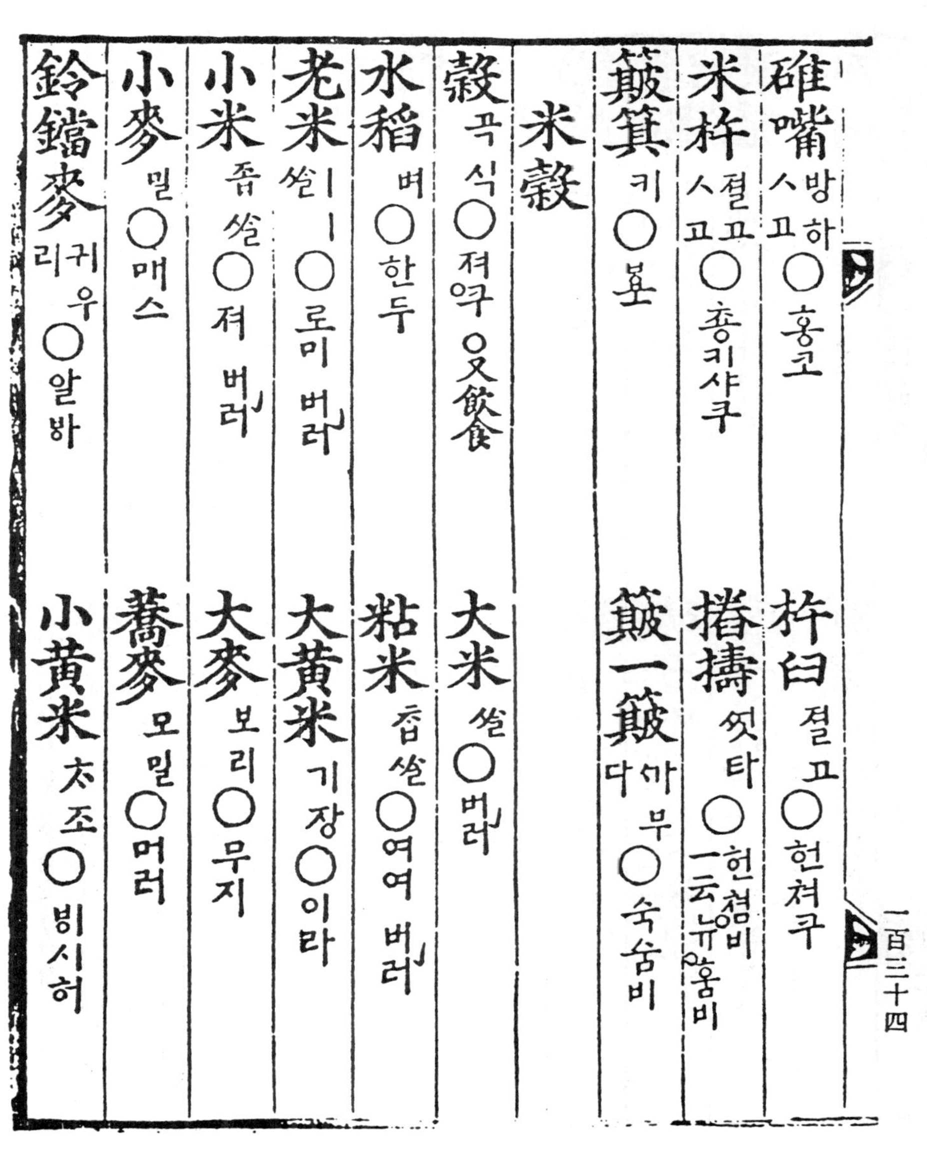

碓嘴 방하ㅅ고 ○홍코
杵臼 절고 ○헌쳐쿠

米杵 절고ㅅ고 ○죵키샤쿠
搯擣 찟타 ○헌쳠비 一云뉴앙움비

簸箕 키 ○뵤
簸一簸 까부다 ○숙숨비

米穀

穀 곡식 ○져약 又飮食
大米 쌀 ○버러

水稻 벼 ○한두
粘米 촙쌀 ○여여 버러

老米 쌀ㅣ ㅣ ○로미 버러
大黃米 기장 ○이라

小米 좁쌀 ○져 버러
大麥 보리 ○무지

小麥 밀 ○매스
蕎麥 모밀 ○머러

鈴鐺麥 귀우리 ○알바
小黃米 太조 ○빙시허

一百三十四

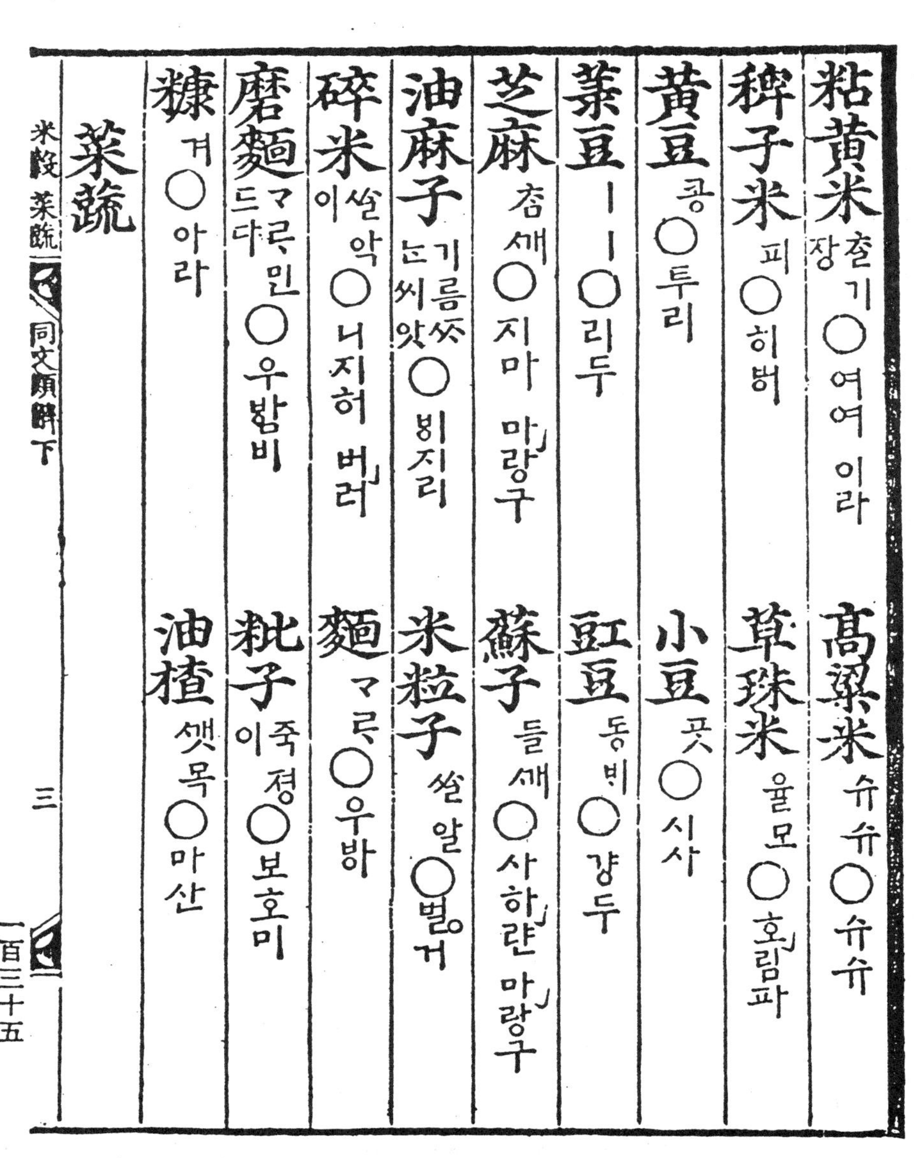

粘黃米 찰기장 ○여여 이라

高粱米 슈슈 ○슈슈

稗子米 피 ○히버

草珠米 율모 ○호림파

黃豆 콩 ○투리

小豆 ᄑᆞᆺ ○시사

菉豆 ㅣ ㅣ ○리두

豇豆 동비 ○강두

芝麻 참ᄭᆡ ○지마 마랑구

蘇子 들ᄭᆡ ○사하란 마랑구

油麻子 기름ᄭᆡ 는씨앗 ○비지리

米粒子 ᄡᆞᆯ알 ○벌거

碎米 ᄡᆞᆯ악이 ○니지허 버러

麵 ᄀᆞᄅᆞ ○우바

磨麵 ᄀᆞᄅᆞ 민드다 ○우밤비

粃子 쥭정이 ○보호미

糠 겨 ○아라

油楂 셋목 ○마산

菜蔬

菜 ᄂᆞ믈 ○소기 ○又치

蘿蔔 무우 ○믈ᄋᆞ사

蔓菁 쉿무우 ○먼지

生薑 「ㅣ ○걍

芥子 계ᄌᆞ ○할기 소기 이 우스

葱菜 파 ○어루

大蒜 마ᄂᆞᆯ ○산다

薤菜 부치 ○셩야구러

小根菜 돌랑귀 ○마챠

黃苽 외 ○나산 흥귀

冬苽 동화 ○칠야쿠 흥귀

茄子 가지 ○하시

水茄子 슈가지 ○무게 하시

芹菜 미나리 ○긴타라

白菜 비ᄎᆡ ○배스 一云라부 소기

生菜 ᄉᆡᆼ치 ○나무

拳頭菜 고사리 ○복타라

海菜 머육 ○카넌

海帶菜 다ᄉᆞ마 ○베허

芥菜 갓 ○할기 소기

一百三十六

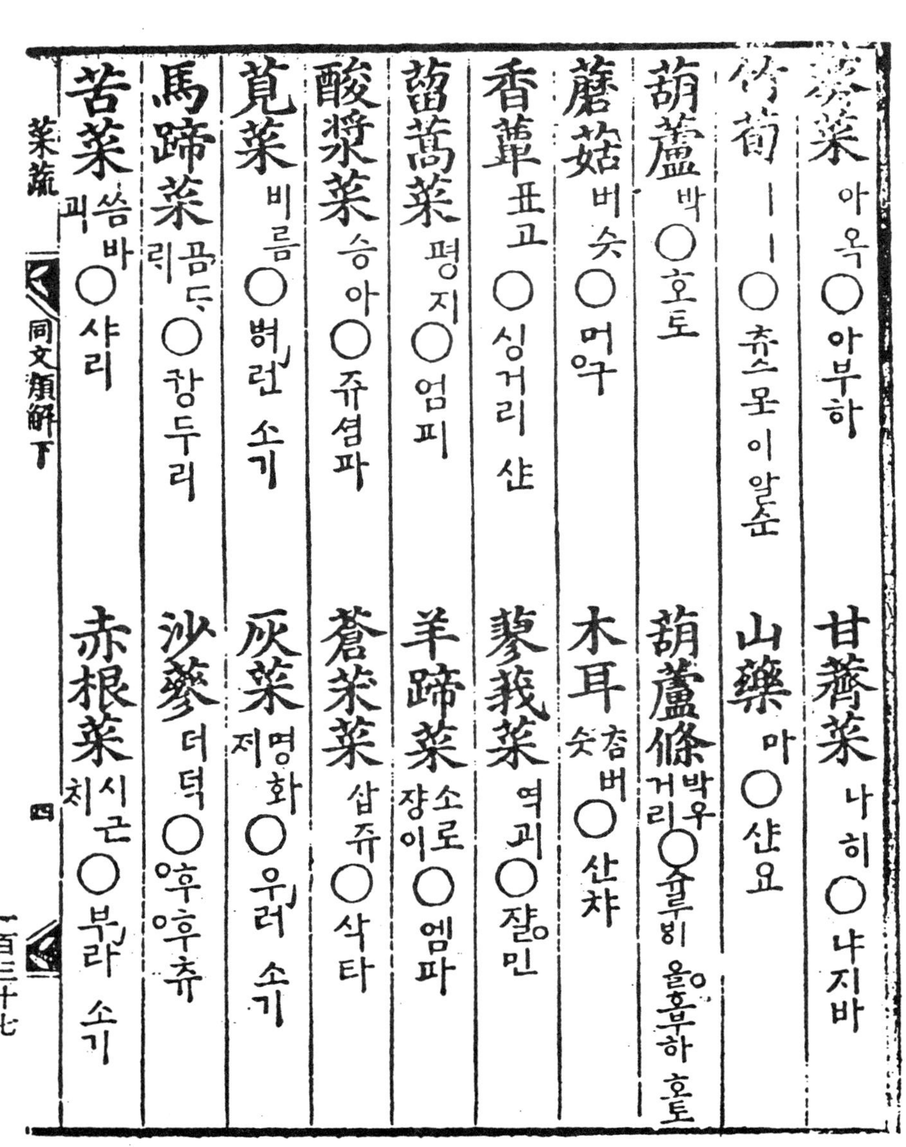

葵菜 아옥 ○아부하

甘薺菜 나히 ○나지바

竹筍 ㅣㅣ ○츄스모 이 알순

山藥 마 ○샨요

葫蘆 박 ○호토

葫蘆條 박오거리 ○숄후비 올오후하 호토

蘑菇 버슷 ○머오구

木耳 남기버슷 ○산챠

香蕈 표고 ○싱거리 샨

蓼莪菜 여괴 ○쟐민

茼蒿菜 평지 ○엄피

羊蹄菜 소로쟝이 ○엠파

酸漿菜 승아 ○쥬셤파

蒼朮菜 삽쥬 ○삭타

莧菜 비름 ○버런 소기

灰菜 명화지 ○우러 소기

馬蹄菜 곰드리 ○캉두리

沙參 더덕 ○ᄋᆞ후ᄋᆞ츄

苦菜 씀바괴 ○샤리

赤根菜 시근치 ○부라 소기

菜蔬 同文類解下 四 一百三十七

豆芽菜 콩기름 ○알수부하 투리

醎菜 침ᄎᆡ ○나산

醬苽子 장앗디이 ○쟝콴

絲苽 수세외 ○메허투 흥거

紫菜 ᄎᆞ조기 ○즈채

薄荷 ㅣㅣ○발。사

苦蕒 도랏 ○톡토바

果品

果子 과실 ○투비허○又여름

龍眼 ㅣㅣ○룽얀

荔芰 ㅣㅣ○리지

橙子 등졍 ○쳔스

金橘 귤 ○킨쥐

佛手 ㅣㅣ○보셔

柑子 ㅣㅣ○간스

柚子 ㅣㅣ○우스

柹子 감 ○모이하시 一云 쉬얀하시

柹餠 곳감 ○하시 샤탄

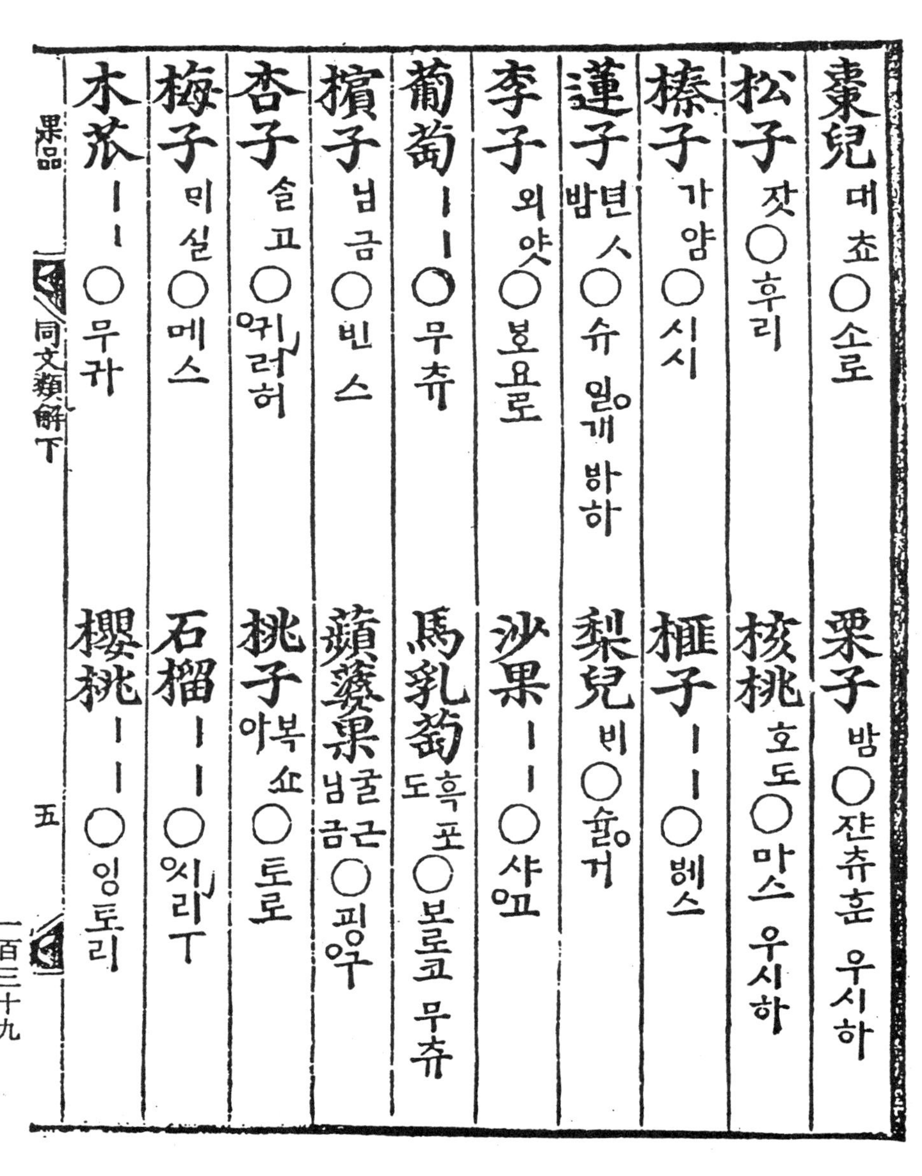

棗兒 대쵸 ○소로
栗子 밤 ○잔츄훈 우시하
松子 잣 ○후리
核桃 호도 ○마스 우시하
榛子 가얌 ○시시
榧子 ㅣㅣ ○뷔스
蓮子 련ㅅ밤 ○슈 일ᄋ개 바하
梨兒 비 ○슐ᄋ거
李子 외얏 ○보요로
沙果 ㅣㅣ ○샤ᄋᄑ
葡萄 ㅣㅣ ○무츄
馬乳萄 흑포도 ○보로코 무츄
檳子 님금 ○빈스
蘋蔢果 굴근님금 ○핑우
杏子 슬고 ○ᄋ귀러허
桃子 복쇼아 ○토로
梅子 미실 ○메스
石榴 ㅣㅣ ○ᄋ시리ᅮ
木瓜 ㅣㅣ ○무캬
櫻桃 ㅣㅣ ○잉도리

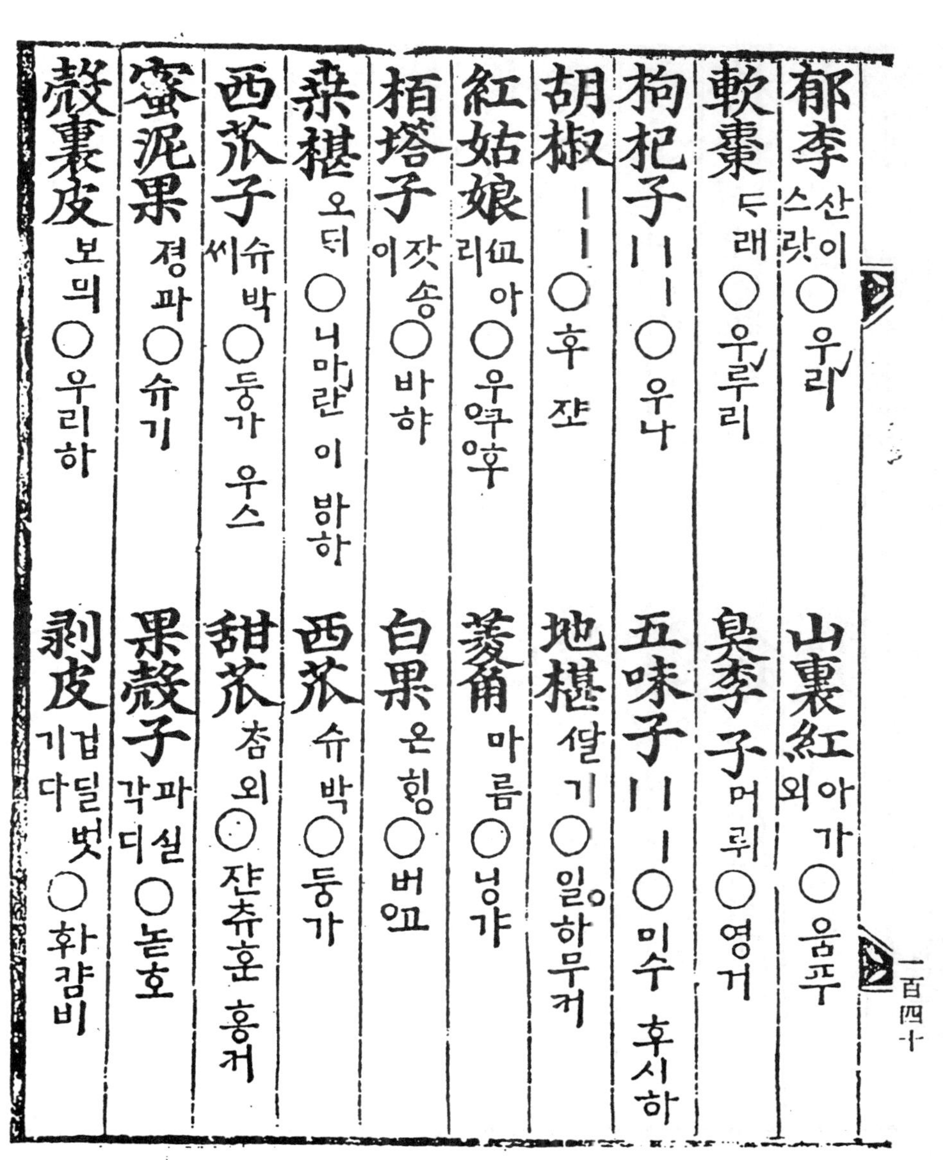

郁李 산이스랏 ○우리
山裏紅 아가외 ○운쭈
軟棗 ᄃᆞ래 ○우루리
臭李子 머뤼 ○영거
枸杞子 ㅣㅣㅣ ○우나
五味子 ㅣㅣㅣ ○미수 후시하
胡椒 ㅣㅣ ○후 쟌
地椹 ᄯᅡᆯ기 ○일하무거
紅姑娘 ᄯᅡ아리 ○우약야후
菱角 마름 ○닝갸
栢塔子 잣송이 ○바햐
白果 은힝 ○버꾜
桑椹 오ᄃᆡ ○니마란 이 바하
西苽 슈박 ○둥가
西苽子 슈박씨 ○둥가 우스
甜苽 ᄎᆞᆷ외 ○쟌츄훈 훙거
蜜泥果 졍파 ○슈기
果殼子 파실각디 ○논호
殼裏皮 보믜 ○우리하
剝皮 겁질벗기다 ○환갼비

一百四十

317

磕開 ᄶᆡ다 ○ 캬랑비

結子 ᄡᅵᄆᆡ티다 ○ 방하남비

空殼子 通稱븬주거리 ○ 우루○오춘알

果生虫 버레나다 ○ 우야하나하

疾病

病 ㅣ ○ 니머쿠

害病 병알타 ○ 니멈비 一云빈탐비

呻吟 ㅣㅣᄒᆞ다 ○ 니둠비

身子不快 몸셩치못ᄒᆞ다 ○ 버여 치하쿠

咽喉吊了 목젓지다 ○ 커약 투허커

果核子 ᄡᅵ파실 ○ 방하

去核子 ᄡᅵᄇᆞᄅᆞ다 ○ 방하 쥬랑비

結粃子 븬주걸디다 ○ 우루더허비

韮薹子 어우렁이 ○ 카바

病了 병드다 ○ 니머쿠러허비

病人 병든사ᄅᆞᆷ ○ 니머쿵거

勉强 강잉ᄒᆞ다 ○ 카툰잠비

喉聾 失音ᄒᆞ다 ○ 허러 부루붐비

害鼻淵 곳불ᄒᆞ다 ○ 왕갸나하비

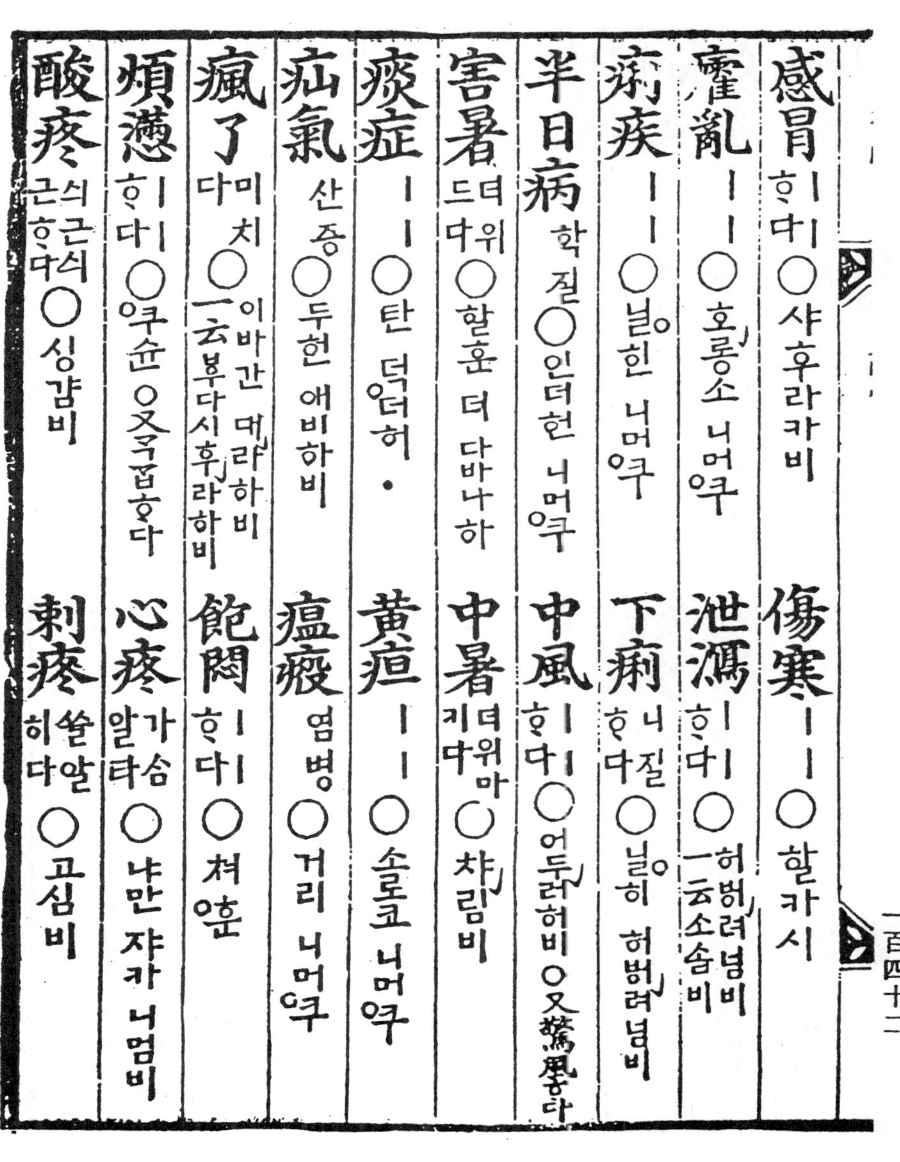

感冒ㅣㅣᄒᆞ다 ○샤후라카비

霍亂ㅣㅣ ○호롱소 니머쿠

痢疾ㅣㅣ ○닐ᄋ힌 니머쿠

半日病 학질 ○인더헌 니머쿠

害暑 더위드다 ○할훈 더 다바나하

痰症ㅣㅣ ○탄 덕ᄋ더허 ·

疝氣 산증 ○두헌 애비하비

瘋了 미치다 ○이바간 대랴하비 一云부다시후라하비

煩懣ㅣㅣᄒᆞ다 ○우쿠슌 ○又무쿠숩ᄒᆞ다

酸疼 싀근싀근ᄒᆞ다 ○싱갸비

傷寒ㅣㅣ ○할카시

泄瀉ㅣㅣᄒᆞ다 ○허버러녀비 一云소숌비

下痢 니질ᄒᆞ다 ○닐ᄋ히 허버러녀비

中風ㅣㅣᄒᆞ다 ○어두러허비 ○又驚風ᄒᆞ다

中暑 더위마기다 ○챠림비

黃疸ㅣㅣ ○솔로코 니머쿠

瘟疫 염병 ○거리 니머쿠

飽悶ㅣㅣᄒᆞ다 ○셔윤

心疼 가슴알타 ○냐만 쟈카 니멈비

刺疼 ᄡᆞ알히다 ○고심비

一百四十二

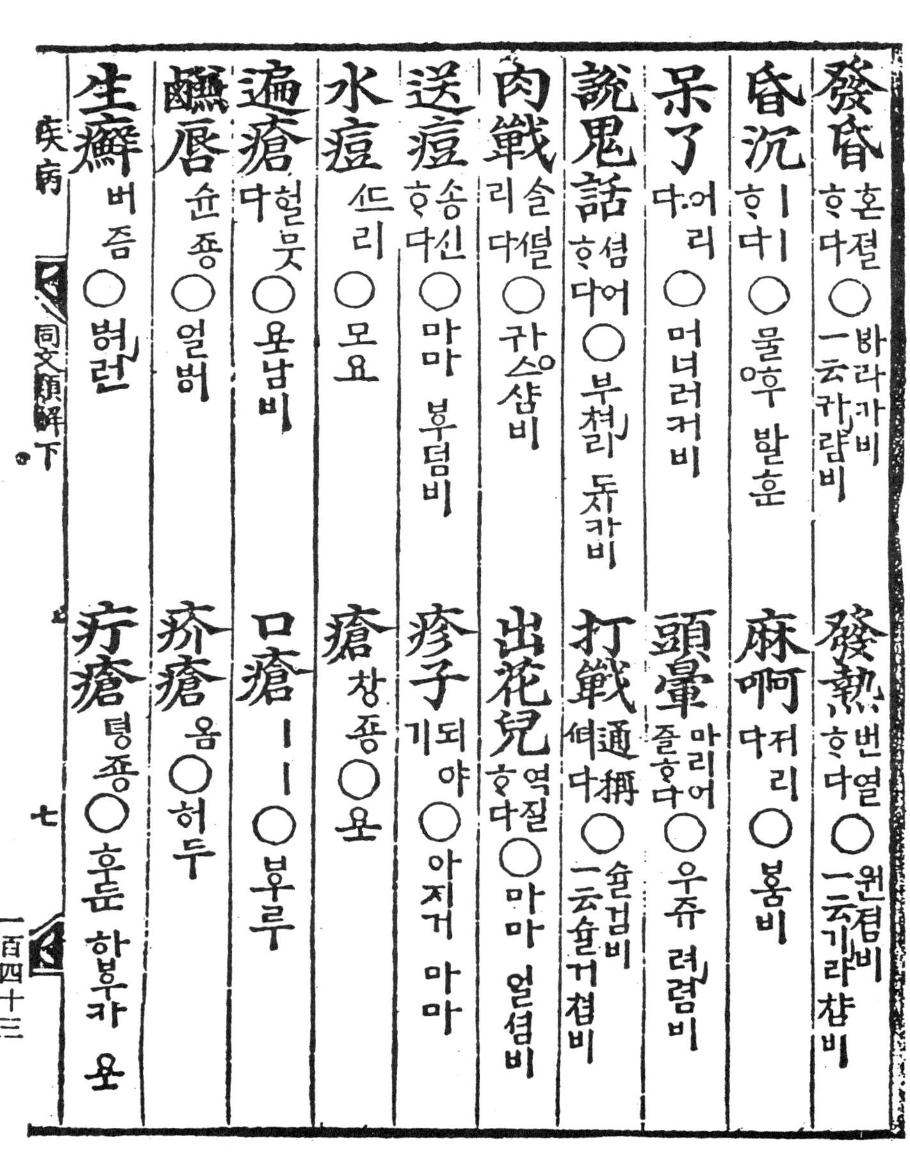

發昏 혼졀ᄒᆞ다 ○ 바라가비 一云 가랍비
發熱 번열ᄒᆞ다 ○ 원텹비 一云 기라챱비

昏沉 ㅣㅣᄒᆞ다 ○ 물우 발훈
麻痾 저리다 ○ 봄비

呆了 어리다 ○ 머너러거비
頭暈 마리어즐ᄒᆞ다 ○ 우쥬 려럼비

說鬼話 셤어ᄒᆞ다 ○ 부쳐리 도쟈카비
打戰 通稱 셔다 ○ 슐검비 一云 슐거쳡비

肉戰 술ᄯᅥᆯ리다 ○ 각스샴비
出花兒 역질ᄒᆞ다 ○ 마마 얼셤비

送痘 송신ᄒᆞ다 ○ 마마 부뎜비
疹子 되야기 ○ 아지거 마마

水痘 ᄯᅳ리 ○ 모요
瘡 창죵 ○ 오

遍瘡 헐믓다 ○ 오남비
口瘡 ㅣㅣ ○ 부루

鼈唇 슌죵 ○ 얼버
疥瘡 옴 ○ 히두

生癬 버즘 ○ 버런
疔瘡 뎡죵 ○ 후둔 하부카 오

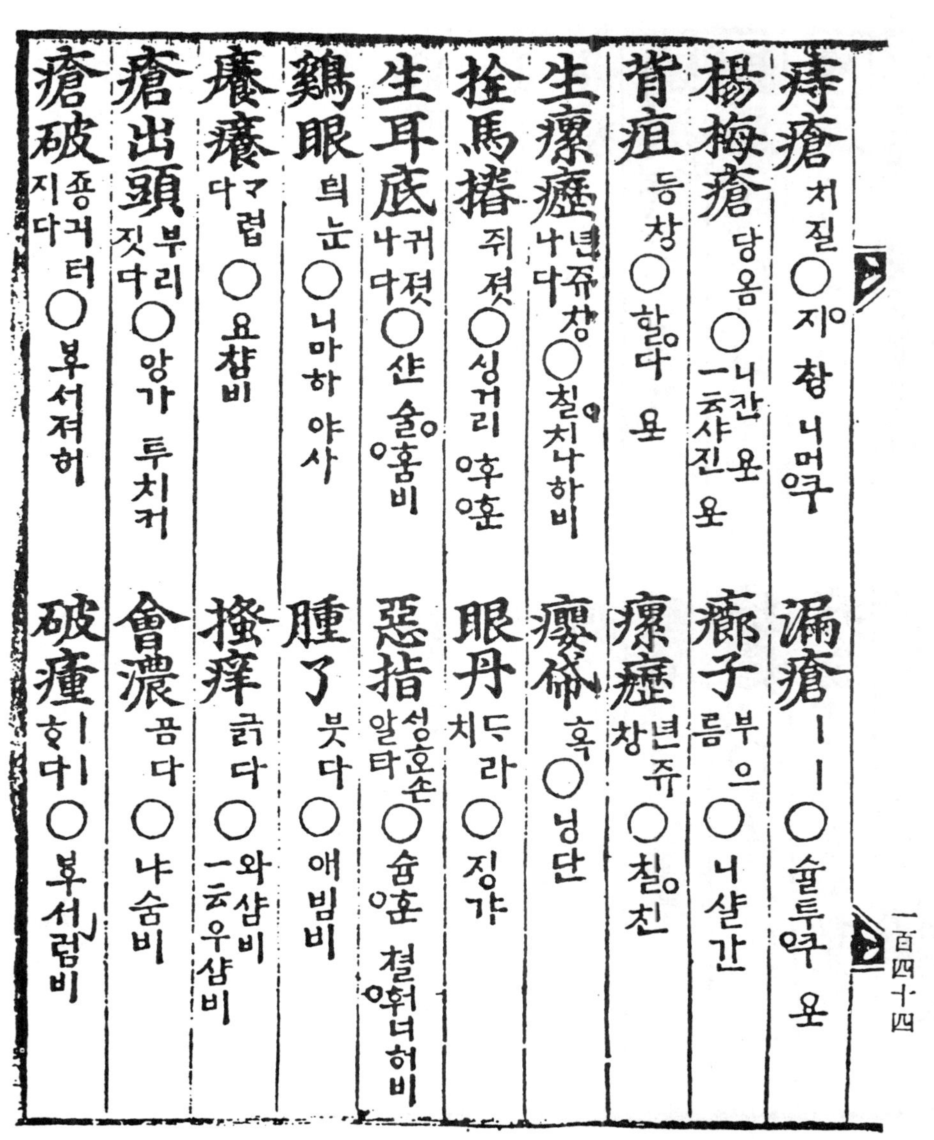

痔瘡 치질 ○지 창 니머약 요
漏瘡ㅣㅣ ○숟투약 요

楊梅瘡 당옴 ○니간 요 一云사진 요
癤子 부스름 ○니샨간

背疽 등창 ○할다 요
瘰癧 련쥬창 ○칠친

生瘰癧 련쥬창나다 ○칠치나하비
瘿瘤 혹 ○닝단

拴馬揸 쥐졋 ○싱거리 약훈
眼丹 다라치 ○징갸

生耳底 귀젓나다 ○샨 숟 홈비
惡指 셩혼손알타 ○숨훈 철허너허비

鷄眼 틔눈 ○니마하 야사
腫了 붓다 ○애빔비

癢癢 가렵다 ○요참비
搔癢 긁다 ○와삼비 一云우삼비

瘡出頭 부리짓다 ○앙가 투치거
會膿 곰다 ○냐숨비

瘡破 죵긔터지다 ○부서져허
破瘇ㅣㅣᄒᆞ다 ○부서럼비

一百四十四

313

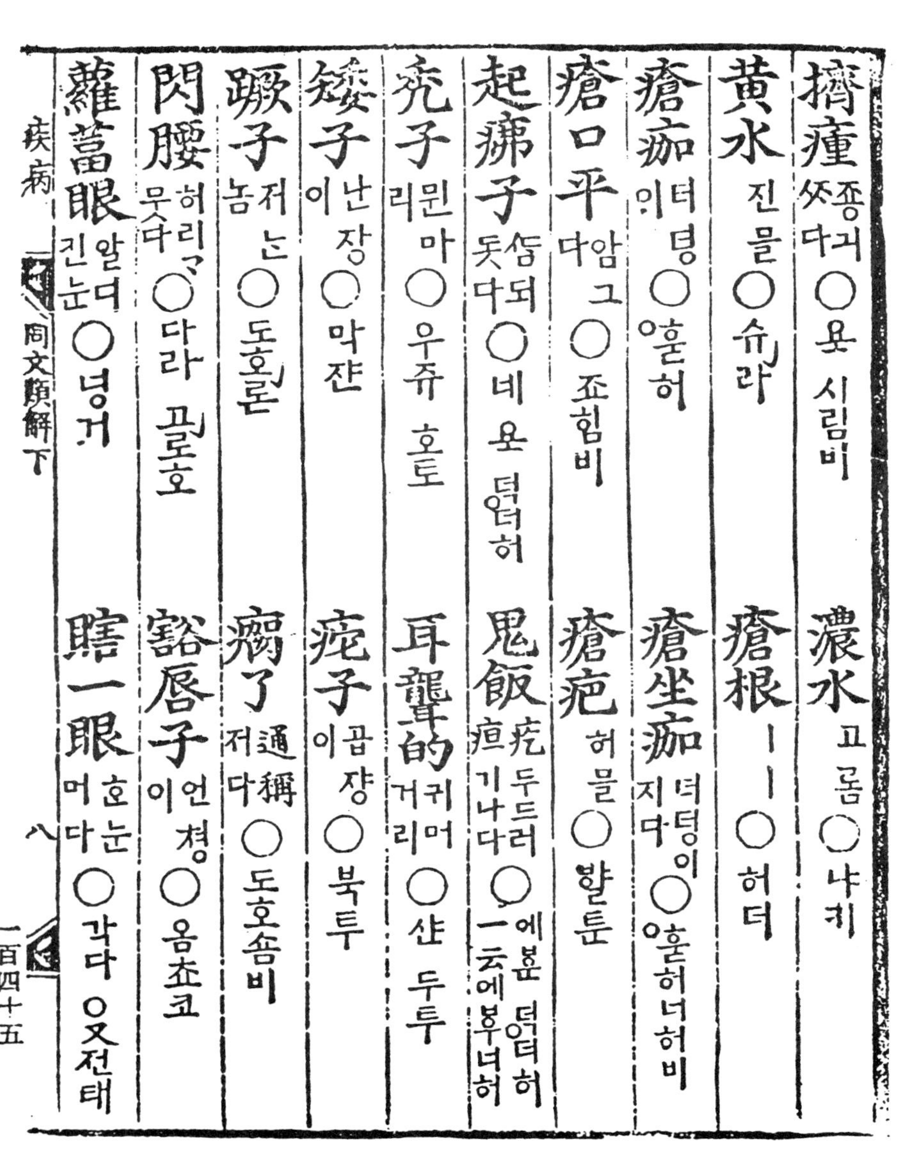

疾病　同文類解下　八　一百四十五

擠瘇 종긔ᄧᅩ다 ○ 욘 시림비

黃水 진 물 ○ 슈라

瘡痂 터딩이 ○ 오훌허

瘡口平 암그다 ○ 죠힘비

起痱子 ᄯᆞᆷ되돗다 ○ 네 욘 덕더허

疣子 뮌마리 ○ 우쥬 호토

瘊子 난장이 ○ 막쟌

蹶子 저는 놈 ○ 도호론

閃腰 허리ᄀ무수다 ○ 다라 끄로호

蘿蔔眼 알더긴눈 ○ 넝거

濃水 고롬 ○ 냐키

瘡根 ㅣㅣ ○ 허더

瘡坐痂 더딍이지다 ○ 오훌허 너허비

瘡疤 허물 ○ 발툰

鬼飯疙瘩 두드러기나다 ○ 에봉 덕더허 一云에봉우너허

耳聾的 귀머거리 ○ 샨 두투

瘂子 이곰쟝 ○ 북투

瘸了 通稱 저다 ○ 도호솜비

豁唇子 언쳥이 ○ 옴쵸코

瞎一眼 호눈머다 ○ 각다 又전태

3/2

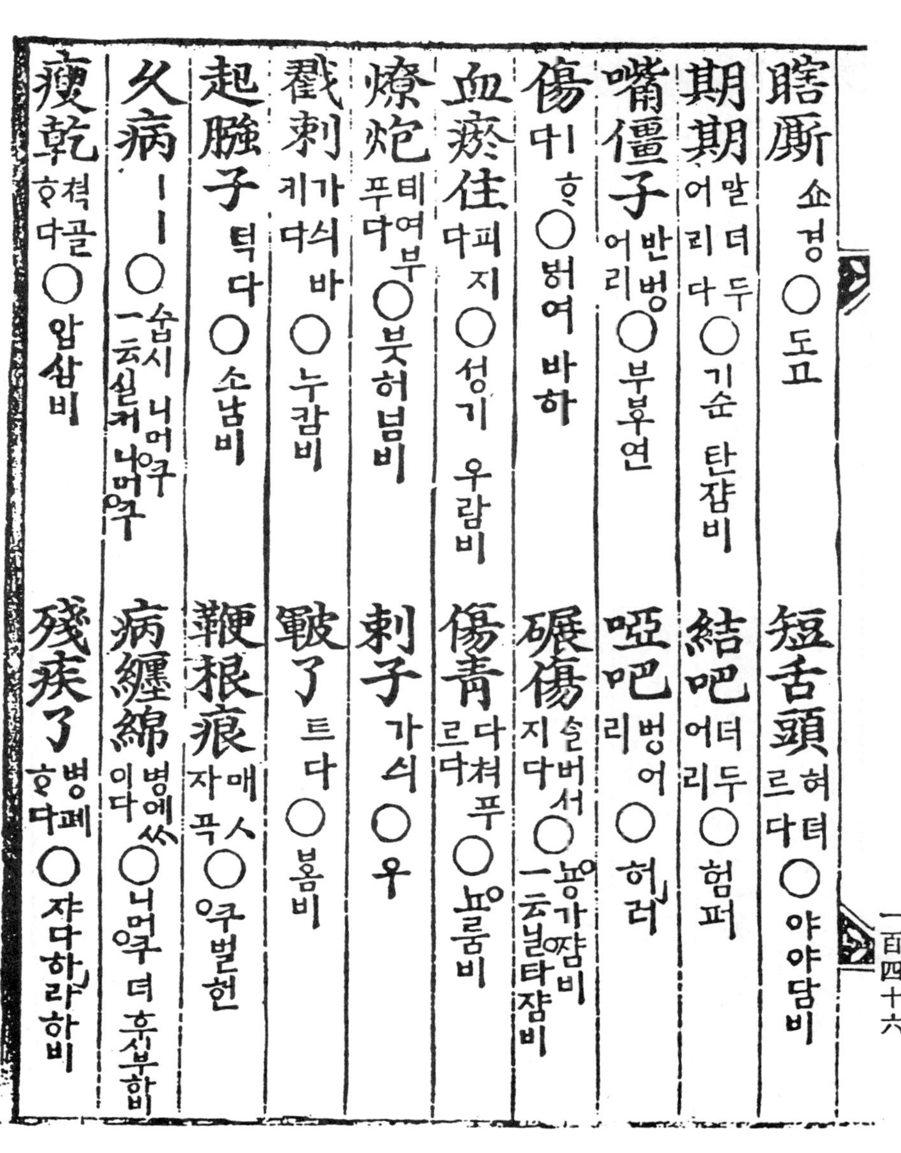

瞎廝 쇼경 ○ 도고

期期 말더두어리다 ○ 기순 탄쟘비

嘴僵子 반벙어리 ○ 부부연

傷 ᄃᆡ ᄒᆞ ○ 버여 바하

血瘀住 피지다 ○ 셩기 우람비

燎炮 데여부프다 ○ 붓허넘비

戳剌 가싀바키다 ○ 누캄비

起臃子 톡다 ○ 소놈비

久病 ㅣㅣ ○ 숩시 니머우쿠 一云 실거 니머우쿠

瘦乾 격골ᄒᆞ다 ○ 암삼비

短舌頭 혀뎌르다 ○ 야야담비

結吧 더두어리 ○ 험퍼

啞吧 벙어리 ○ 허러

碾傷 ᄉᆞᆯ버서지다 ○ 봉가쟘비 一云 놀타쟘비

傷青 다쳐푸르다 ○ 노룸비

剌子 가싀 ○ 우

皴了 트다 ○ 봄비

鞭根痕 매ㅅ자곡 ○ 우쿠벌헌

病纏綿 병에싸이다 ○ 니머우쿠 더 후십부합

殘疾了 병폐ᄒᆞ다 ○ 쟈다하라하비

一百四十六

311

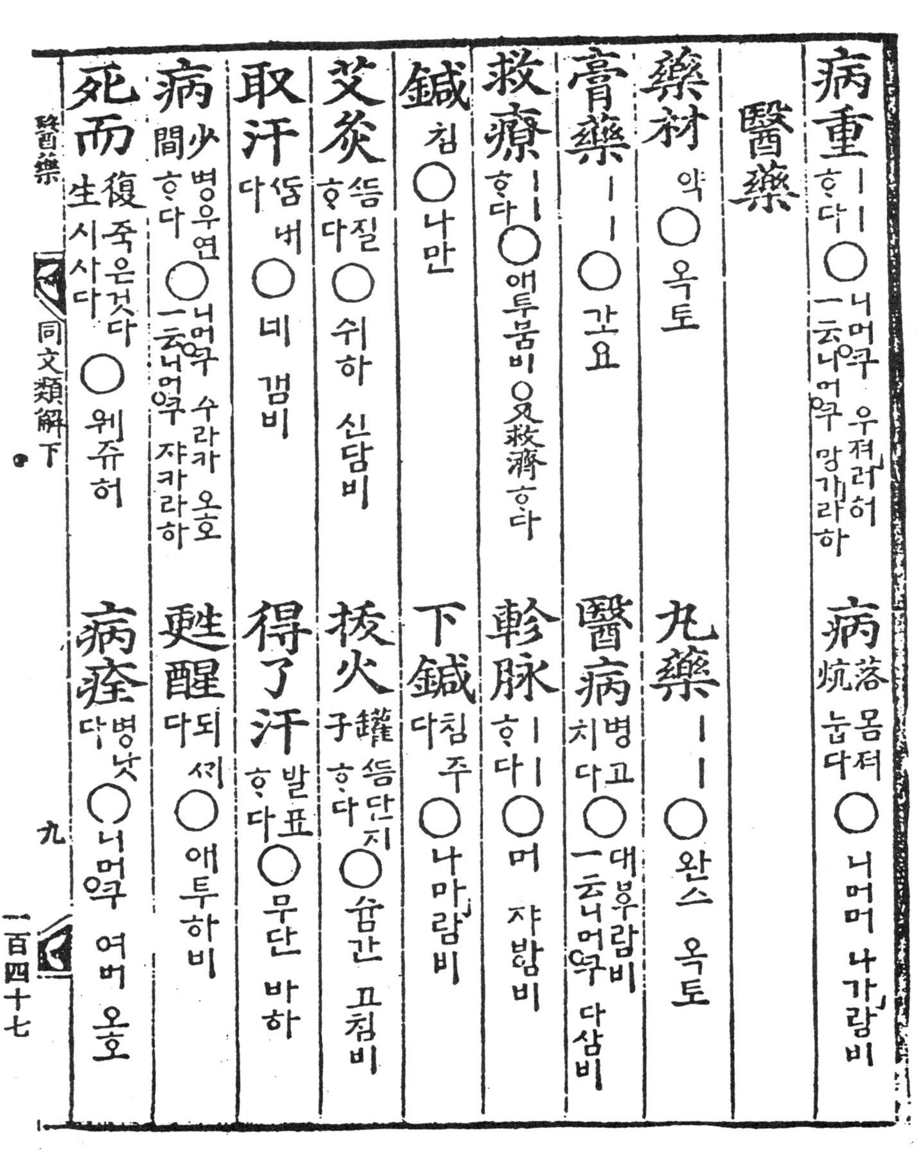

病重 ᄒᆞ다 | | ○ 니머쿠 우져러허 一云 나어쿠 망가라하
病落炕 몸져눕다 ○ 니머머 나가람비

醫藥

藥材 약 ○ 옥토
丸藥 | | ○ 완스 옥토

膏藥 | | ○ 갈요
醫病 병고치다 ○ 대부람비 一云 니머쿠 다삼비

救療 ᄒᆞ다 | | ○ 애투붐비 ○又救濟ᄒᆞ다
診脈 ᄒᆞ다 | | ○ 머 쟈밤비

鍼 침 ○ 나만
下鍼 침주다 ○ 나마람비

艾灸 뜸질ᄒᆞ다 ○ 쉬하 신담비
拔火鑵子 뜸단지ᄒᆞ다 ○ 숩간 교침비

取汗 뚬내다 ○ 너 갬비
得了汗 발표ᄒᆞ다 ○ 무단 바하

病少間 병우연ᄒᆞ다 ○ 니머쿠 수라카 오호 一云 니머쿠 쟈카라하
甦醒 되셔다 ○ 애투하비

死而復生 죽은것다시사다 ○ 위쥬허
病痊 병낫다 ○ 니머쿠 어버 오호

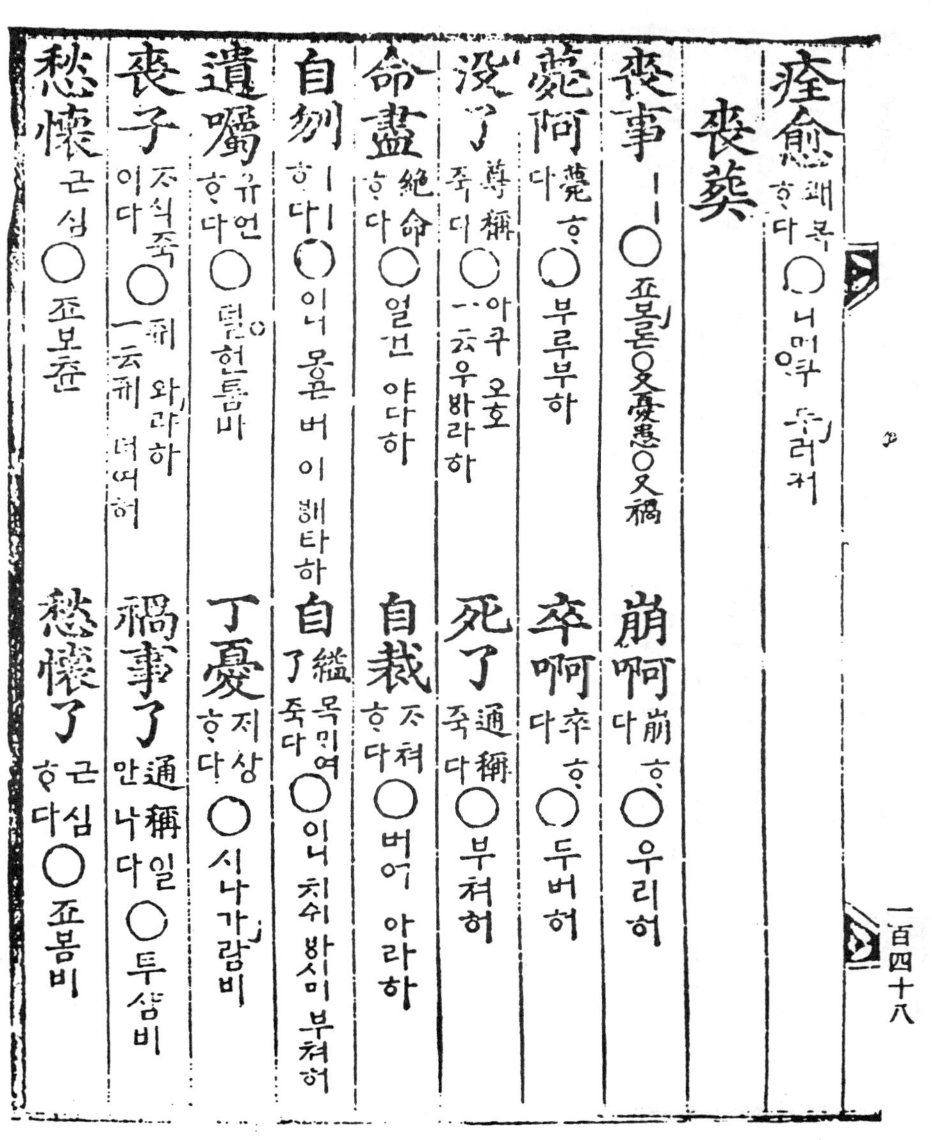

痊愈 ᄒᆞ다 쾌복 ○ 나 미얏 ᄃᆞ러ᄒᆡ

喪葬

喪事 ○ 죠ᄉᆞᆷ련 ○ 又憂患 ○ 又禍

崩啊 崩ᄒᆞ다 ○ 우리허

薨阿 薨ᄒᆞ다 ○ 부루부하

卒啊 卒ᄒᆞ다 ○ 두버허

沒了 尊稱 죽다 ○ 아쿠 오호 一云 우바라하

死了 通稱 죽다 ○ 부쳐허

命盡 絶命 ᄒᆞ다 ○ 얼번 야다하

自裁 조쳐 ᄒᆞ다 ○ 버어 아라하

自刎 ᄒᆞ다 ○ 이너 몽욘 버 이 뻬타하

自了 縊 목ᄆᆡ여 죽다 ○ 이너 치쉬 방시미 부쳐허

遺囑 유언 ᄒᆞ다 ○ 뎐헌 툼바

丁憂 저상 ᄒᆞ다 ○ 시나가람비

喪子 ᄌᆞ식죽이다 ○ 퀴 와라하 一云 퀴 더여허

禍事了 通稱 일 만나다 ○ 투삼비

愁懷 근심 ○ 죠보쥰

愁懷了 근심 ᄒᆞ다 ○ 죠봄비

一百四十八

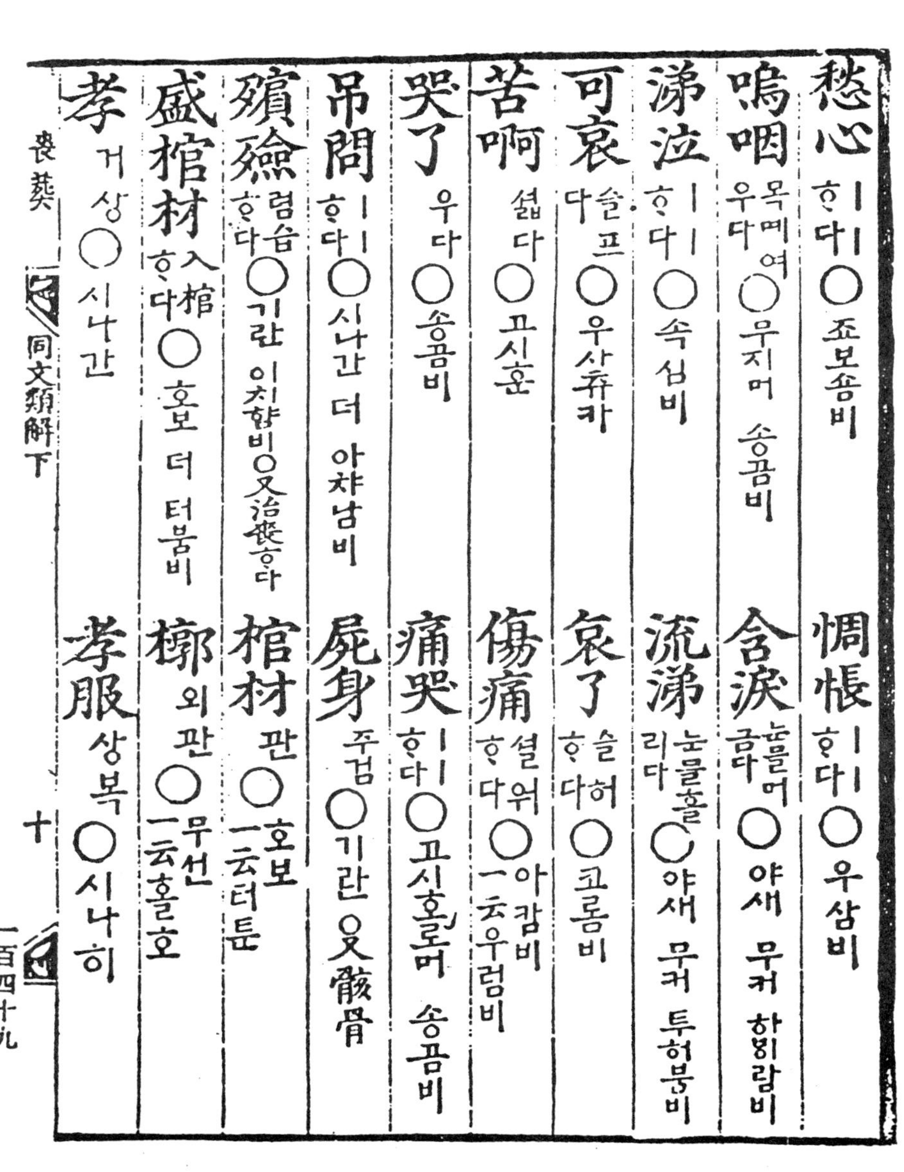

愁心 ㅣㅣᄒᆞ다 ○ 죠보솜비

嗚咽 목메여우다 ○ 무지머 송곰비

涕泣 ㅣㅣᄒᆞ다 ○ 속심비

可哀 슬프다 ○ 우샤슈카

苦啊 셟다 ○ 고시훈

哭了 우다 ○ 송곰비

吊問 ㅣㅣᄒᆞ다 ○ 시나간 더 아챠남비

殯殮 렴습ᄒᆞ다 ○ 기란 이치함비 ○ 又治喪ᄒᆞ다

盛棺材 入棺ᄒᆞ다 ○ 호보 더 터붐비

孝 거상 ○ 시나간

惆悵 ㅣㅣᄒᆞ다 ○ 우삼비

含淚 눈믈머금다 ○ 야새 무커 하ᄒᆡ람비

流涕 눈믈흘리다 ○ 야새 무커 투히붐비

哀了 슬허ᄒᆞ다 ○ 코롬비

傷痛 설워ᄒᆞ다 ○ 아캄비 一云우럼비

痛哭 ㅣㅣᄒᆞ다 ○ 고시호로머 송곰비

屍身 주검 ○ 기란 又骸骨

棺材 판 ○ 호보 一云터둔

槨 외판 ○ 무선 一云훌호

孝服 상복 ○ 시나히

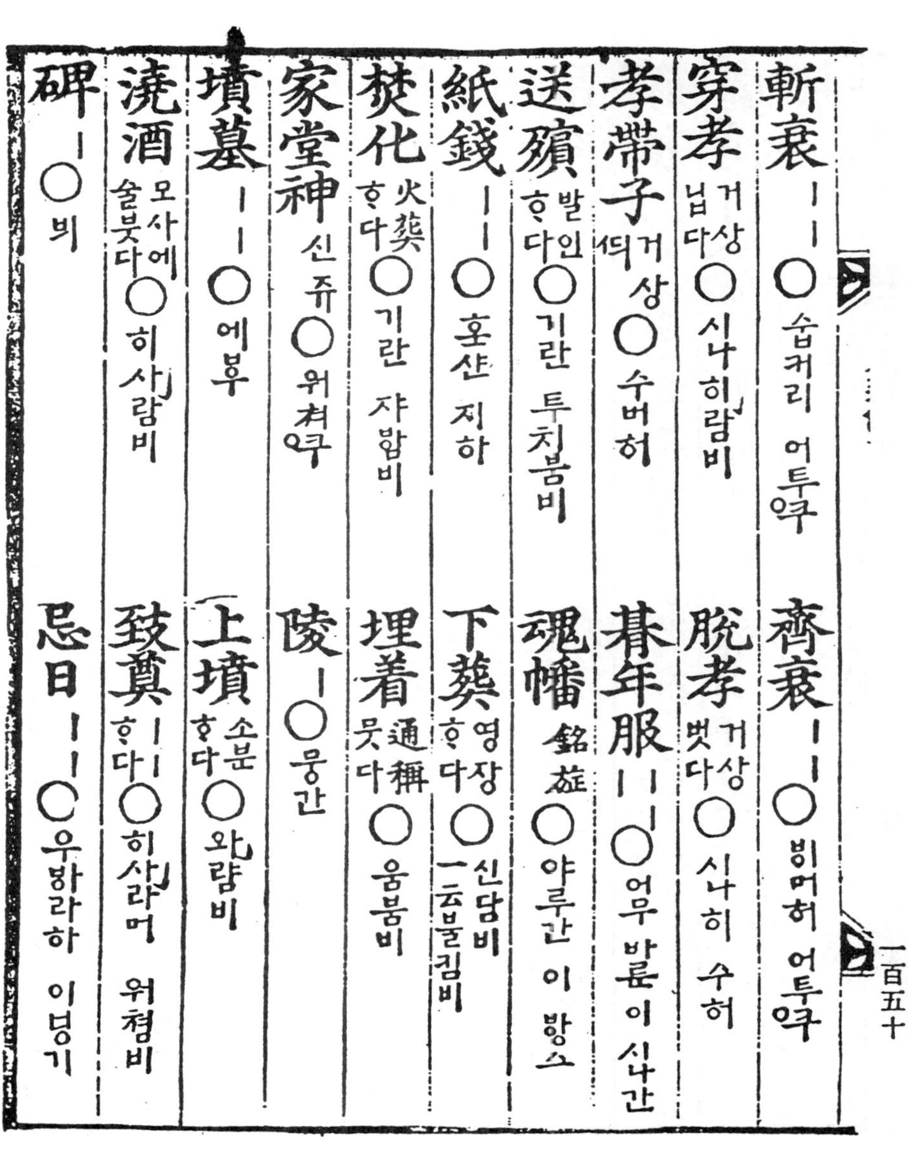

斬衰 ㅣㅣ ○ 숩쿼리 어투약
齊衰 ㅣㅣ ○ 비머허 어투약
穿孝 거상닙다 ○ 시나히람비
脫孝 거상벗다 ○ 시나히 수허
孝帶子 거상띄 ○ 수버허
朞年服 ㅣㅣ ○ 어무 바룬이 시나간
送殯 발인ᄒᆞ다 ○ 기란 투치붐비
魂幡 銘旌 ○ 야루간 이 방스
紙錢 ㅣㅣ ○ 호샨 지하
下葬 영장ᄒᆞ다 ○ 신담비 一云불김비
焚化 火葬ᄒᆞ다 ○ 기란 쟈밥비
埋着 通稱 뭇다 ○ 움붐비
家堂神 신쥬 ○ 위쳐쿠
陵 ㅣ ○ 뭉간
墳墓 ㅣㅣ ○ 에부
上墳 소분ᄒᆞ다 ○ 와람비
澆酒 모사에 술붓다 ○ 히사람비
致奠 ᄒᆞ다 ㅣㅣ ○ 히사라머 워쳠비
碑 ㅣ ○ 븨
忌日 ㅣㅣ ○ 우바라하 이넝기

一百五十

寺觀

寺院 뎔○스　廟堂 ㅣㅣ○묘

庵子 ㅣㅣ○안　塔兒 탑○수발한 一云수말한

壇 ㅣ○단　神鏡 명도○톨리

鈴子 방올○홍곤　搖鈴 ㅣㅣ○챵기라쿠 ○或木鐸

玉皇 ㅣㅣ○압캐 한　神仙 ㅣㅣ○언두리 날ᄋ마

閻羅王 ㅣㅣㅣ○일ᄋ문 한　龍王 ㅣㅣ○무두리 한

關聖帝 關王○ᄋ관 언두리　神 ㅣ○언두리

神靈 ㅣㅣ○언두리 톤도　現靈 령험 뵈다○소 표리하

土地神 ㅣㅣㅣ○바나지　山路神 셩황ᄉᆞ○벼ᄋ후 마마

佛爺 부텨 ○ 부치히

菩薩 ㅣㅣ ○ 푸사

塑像 소샹 ○ 어구런 一云 위런

佛法 ㅣㅣ ○ 부치히 샤진

和尚 즁 ○ 화샨

沙彌 샹지 ○ 반디

尼姑 승 ○ 우구스

道士 ㅣㅣ ○ 도스

居士 ㅣㅣ ○ 샤요

娶婆子 무당 ○ 사만

坐禪 불ㅅ도닥다 ○ 마치히 쟈밥비

合掌 ㅣㅣᄒᆞ다 ○ 갸긴 아람비

真呪 진언 ○ 탈니

念呪 진언ᄒᆞ다 ○ 탈니람비

念經 경닑다 ○ 도챤 후람비

上醮 지올리다 ○ 도챤 아람비

跳神 굿ᄒᆞ다 ○ 삼담비

布施 보시ᄒᆞ다 ○ 셔람비

喫齋 소ᄒᆞ다 ○ 샤요람비

齋戒 ㅣㅣᄒᆞ다 ○ 볼ᄋᆞ고밈비

洗澡 沐浴ᄒᆞ다 ○ 어비셤비
忌門 긔우ᄒᆞ다 ○ 탈감비

鬼 ㅣ ○ ᅌ후두
冤鬼 원혼 ○ 부처리

夜叉精 독갸이 ○ 부슈쿠
鬼火 독갑의불 ○ 발ᅌ쥰 이 투와

妖精 요피 ○ 이바간
邪星子 샤긔 ○ 염지

災 지앙 ○ 갓한
災異 지변 ○ 가뇨ᅌ

災變的 災變읫것 ○ 가뇽가
妖術 ㅣㅣ ○ 바

佃漁

打圍 산힝ᄒᆞ다 ○ 아바랑비 一云사하담비
放鷹 매놋타 ○ 갸훈 막탐비

叫鷹 매것다 ○ 보림비
鷹架 매갸ᄌᆞ ○ 도부쿠

架鷹 매밧다 ○ 갸훈 아림비
放狗 개놋타 ○ 냐하샴비

咳網 버무레 ○ 하

挾子 챠ᄋᆞ ○ 거지

活扣子 올감이 ○ 오홀죤

網 그믈 ○ 아수

網綱 그믈벼리 ○ 허션

張網 그믈티다 ○ 아수 투럼비

掛住 通稱걸리다 ○ 타하비

漁獵 ||ᄒᆞ다 ○ 부탐비 一云붚하샹비

編網 망얽다 ○ 야사하람비

釣竿 낙시ㅅ대 ○ 월며약

釣線 낙시줄 ○ 시진

釣鉤 낙시갈고리 ○ 더허

釣倒鬚 미늘 ○ 오탄

甜食 낙시밥 ○ 버 一云버턴

釣了 낙시질ᄒᆞ다 ○ 월몀비

魚梁 어살 ○ 워젼 一云방산 이런

魚筌 통발이 ○ 우약

器具

一百五十四

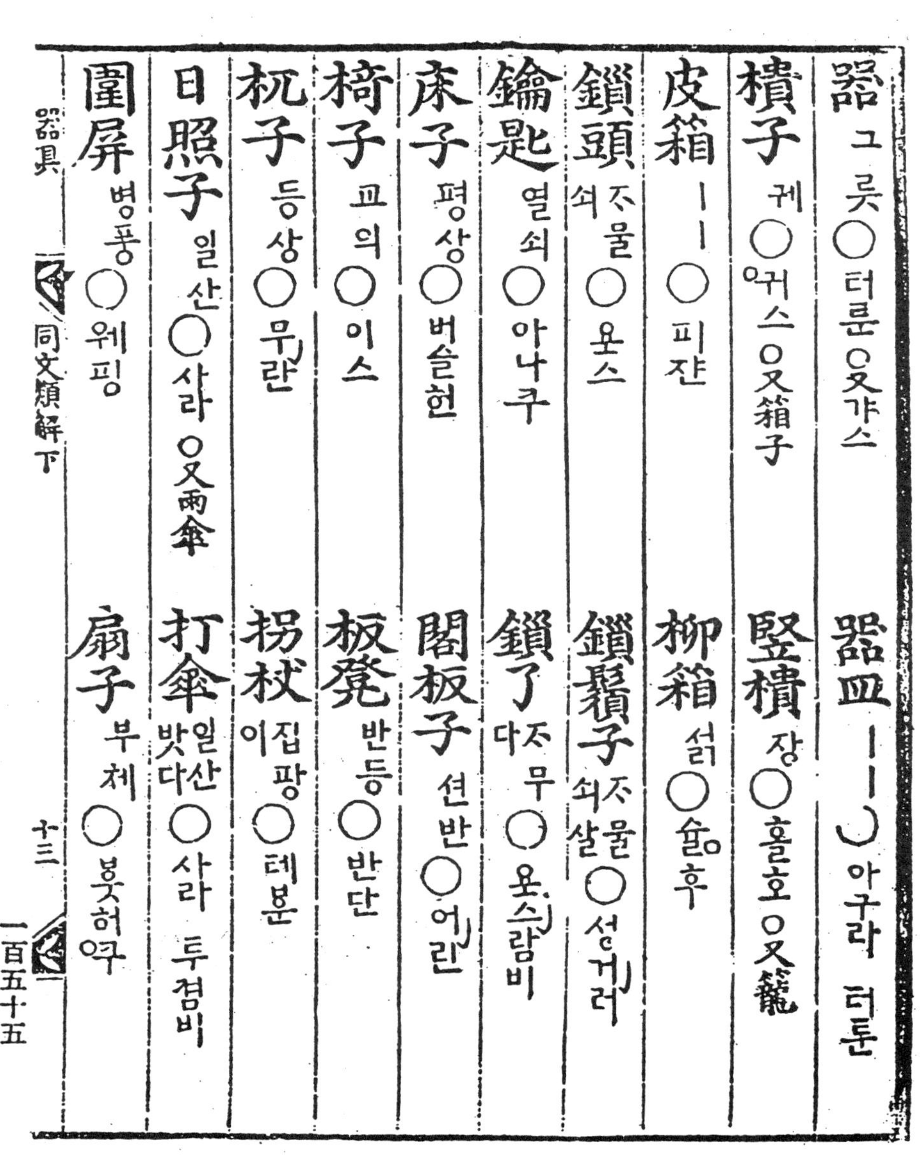

器 그릇 ○터룬 ○又갸스
器皿 ㅣㅣ ○아구라 터룬
櫃子 궤 ○궈스 ○又箱子
竪櫃 장 ○훌호 ○又籠
皮箱 ㅣㅣ ○피쟌
柳箱 섥 ○숢후
鎖頭 ᄌᆞ물쇠 ○요스
鎖鬚子 ᄌᆞ물쇠살 ○셜거러
鑰匙 열쇠 ○아나쿠
鎖了 ᄌᆞ무다 ○요스람비
床子 평상 ○버슬헌
閣板子 션반 ○어린
椅子 교의 ○이스
板凳 반등 ○반단
杌子 등상 ○무란
拐杖 집팡이 ○테분
日照子 일산 ○사라 ○又雨傘
打傘 일산밧다 ○사라 투점비
圍屛 병풍 ○웨핑
扇子 부체 ○붓허쿠

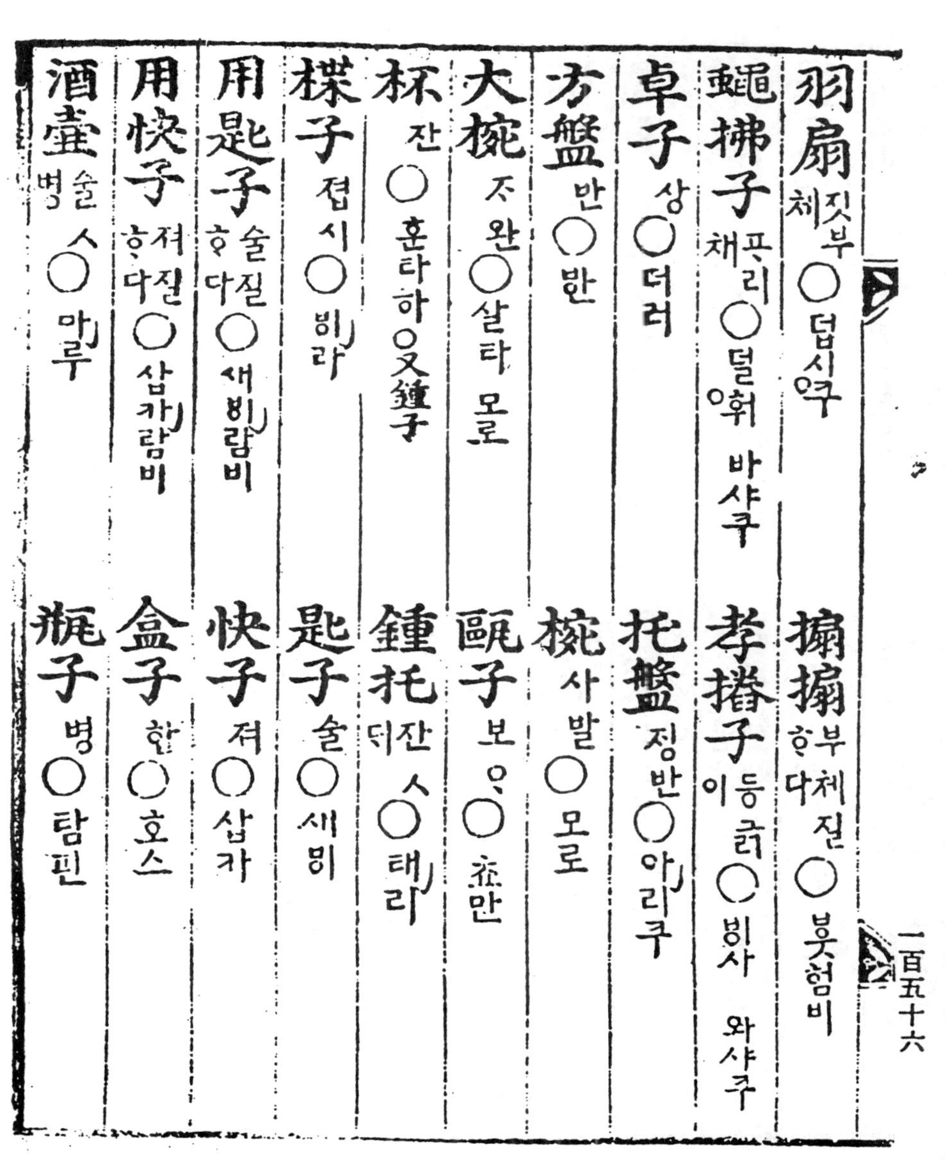

羽扇 깃부체 ○덥시여쿠

蠅拂子 프리채 ○덜ㅇ휘 바샤쿠

卓子 상 ○더러

方盤 반 ○반

大椀 ᄌᆞ완 ○살타 모로

杯 잔 ○훈타하 又鍾子

楪子 뎝시 ○비라

用匙子 술질ᄒᆞ다 ○새비람비

用快子 져질ᄒᆞ다 ○삽가람비

酒壺 술ㅅ병 ○마루

搧搧 부체질ᄒᆞ다 ○붓험비

孝擔子 등긁이 ○빗사 와샤쿠

托盤 징반 ○아리쿠

椀 사발 ○모로

甌子 보ᄋᆞ ○쵸만

鍾托 잔ㅅ대 ○태리

匙子 술 ○새비

快子 져 ○삽가

盒子 합 ○호스

瓶子 병 ○탐핀

一百五十六

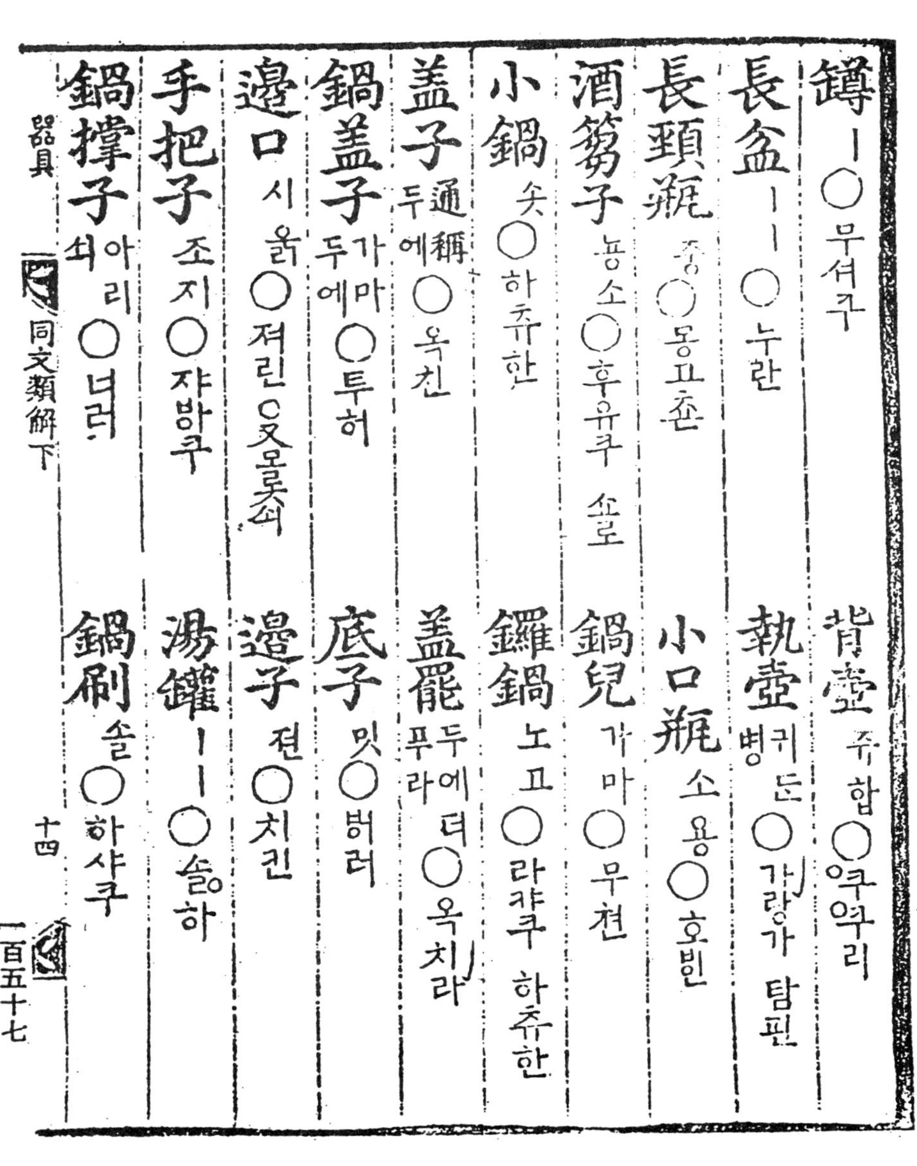

鐥ㅣ ○무서주
背壺 쥬합 ○우쿠우리

長盆ㅣㅣ ○누란
執壺 귀도병 ○가랑가 탐핀

長頸瓶 즁 ○몽고쥰
小口瓶 소용 ○호빈

酒鏇子 놋소 ○후유쿠 쇼로
鍋兒 가마 ○무쳔

小鍋 숏 ○하쥬한
鑼鍋 노고 ○라갸쿠 하쥬한

蓋子 通稱 두에 ○옥친
盖罷 두에더 푸라 ○옥치라

鍋盖子 가마두에 ○투허
底子 밋 ○버러

邊口 시울 ○져린 ○又모로쇠
邊子 젼 ○치킨

手把子 조지 ○자바쿠
湯罐ㅣㅣ ○숄호하

鍋撑子 아리쇠 ○너러
鍋刷 솔 ○하샤쿠

器具 同文類解下 十四 一百五十七

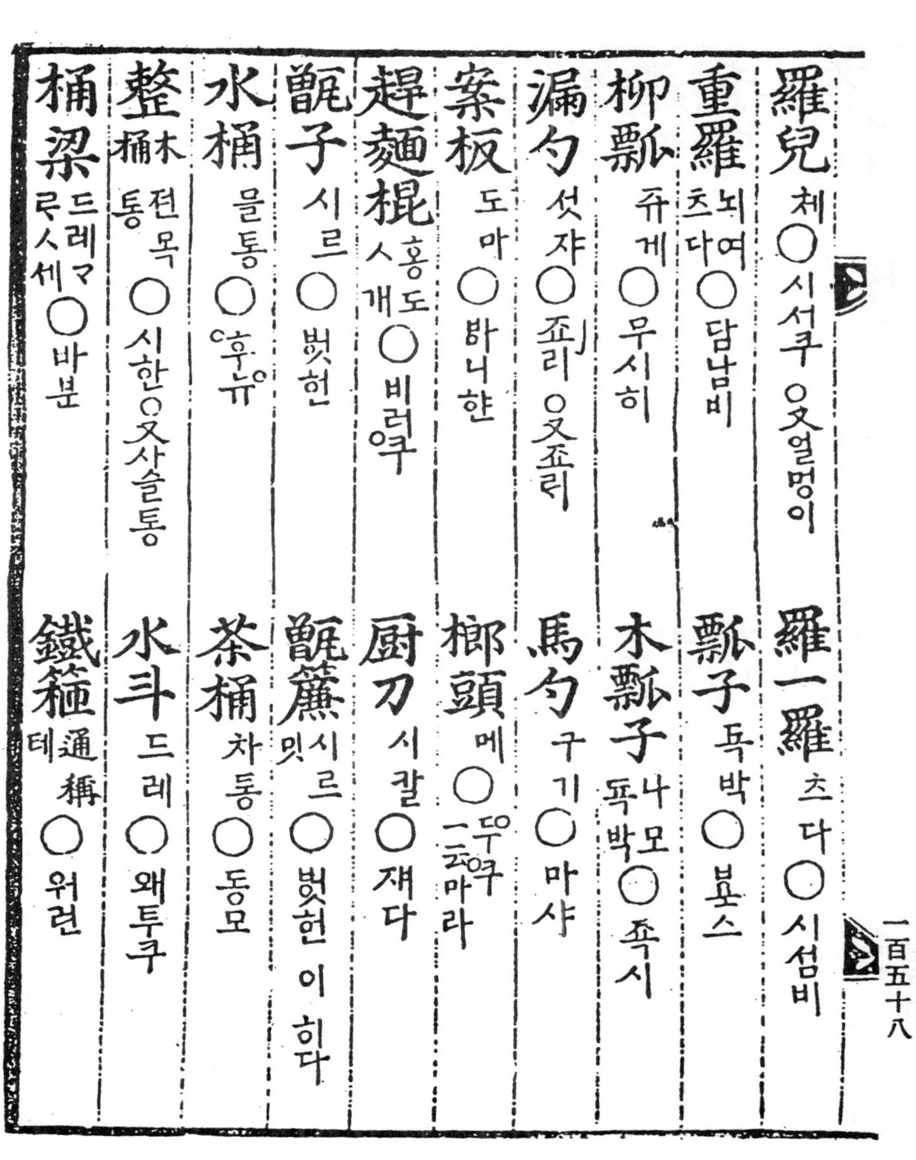

羅兒 체 ○시서쿠 ○又얼멍이

羅一羅 츠다 ○시섬비

重羅 뇌여츠다 ○담남비

瓢子 푝박 ○뵤스

柳瓢 쥬게 ○무시히

木瓢子 나모푝박 ○쪽시

漏勺 섯쟈 ○죠리 ○又죠리

馬勺 구기 ○마샤

案板 도마 ○바니한

榔頭 메 ○뚜우쿠 ○一云마라

趕麵棍 홍도ㅅ개 ○비러우쿠

厨刀 시칼 ○재다

甑子 시르 ○볏헌

甑簾 시르밋 ○볏헌 이 히다

水桶 믈통 ○우휴뉴

茶桶 차통 ○동모

整木桶 젼목통 ○시한 ○又사슬통

水斗 드레 ○왜투쿠

桶梁 드레말ㅅ세 ○바분

鐵箍 通稱테 ○워련

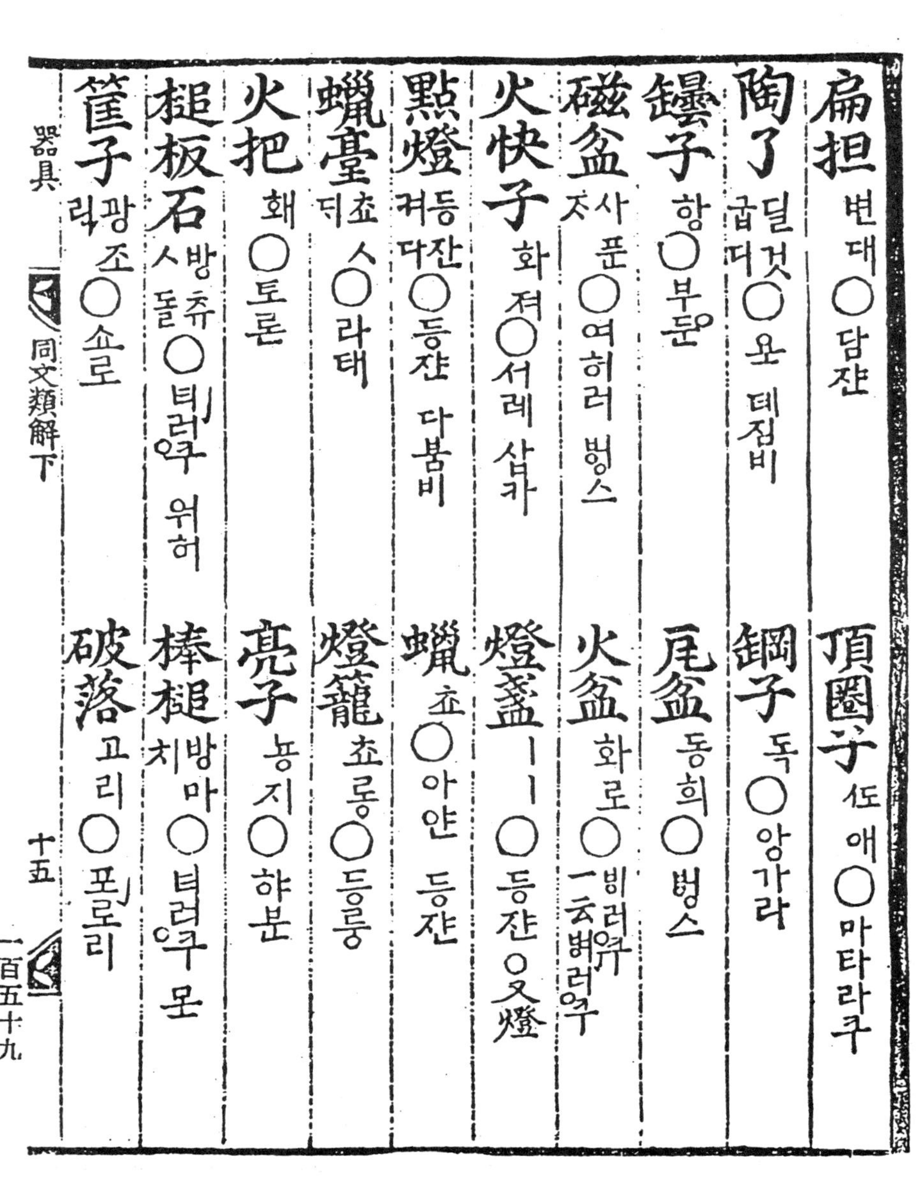

扁担 변대 ○ 담잔

陶了 덜것 굽다 ○ 오 데짐비

鏝子 항 ○ 부둔

磁盆 사픈 ○ 여히러 벙스

火快子 화져 ○ 서레 삽카

點燈 등잔 켜다 ○ 등쟌 다붐비

蠟臺 쵸ㅅ대 ○ 라대

火把 홰 ○ 토론

榿板石 방츄ㅅ돌 ○ 터러쿠 워허

筐子 광조리 ○ 쇼로

頂圈子 뎡애 ○ 마타라쿠

鋼子 독 ○ 앙가라

尾盆 동희 ○ 벙스

火盆 화로 ○ 빙러쿠 一云 벙러쿠

燈盞 ㅣㅣ ○ 등쟌 ○ 又燈

蠟 쵸 ○ 아얀 등쟌

燈籠 쵸롱 ○ 등룽

亮子 둉지 ○ 하분

棒槌 방마치 ○ 터러쿠 모

破落 고리 ○ 포로리

器具 同文類解 下 十五 一百五十九

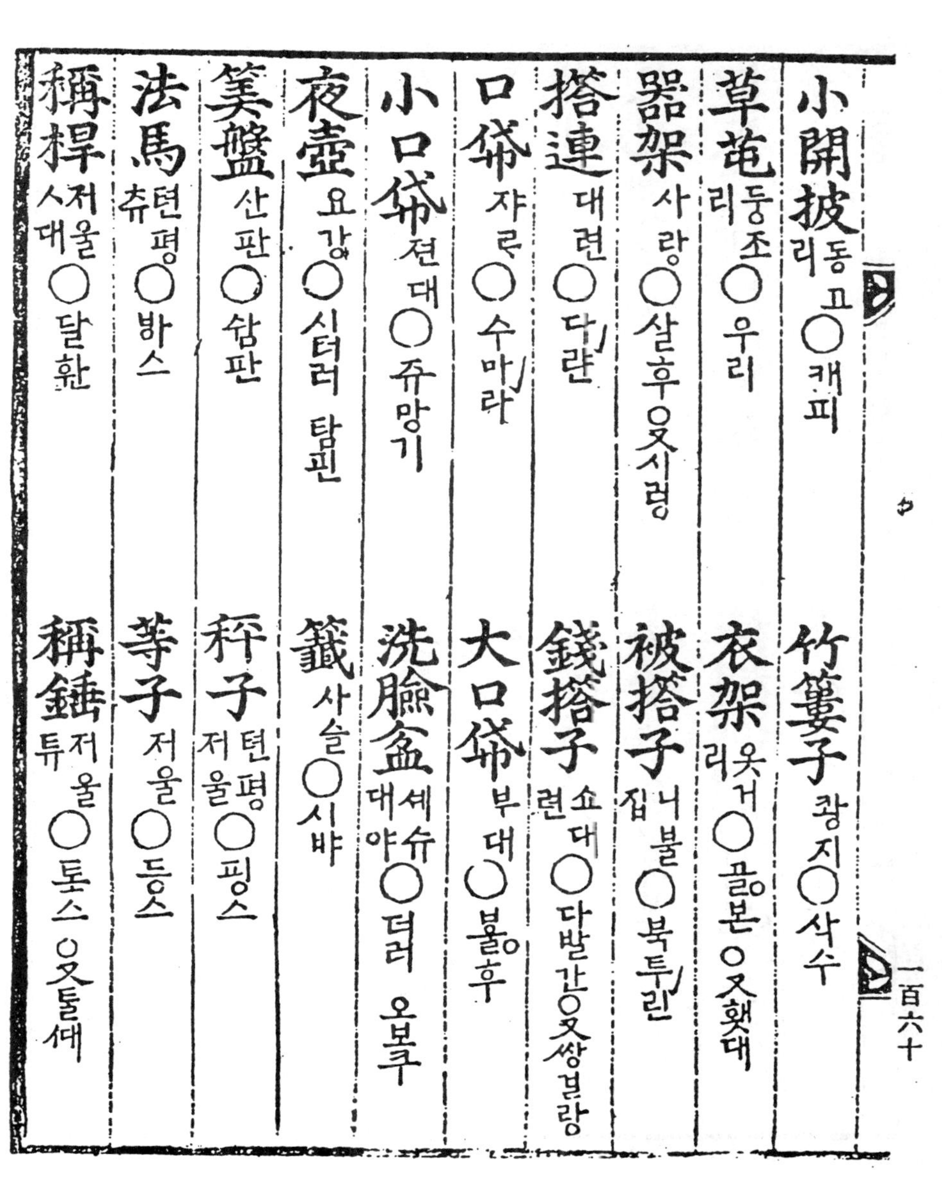
小開披 동고리 ○캐피
竹簍子 광지 ○삭수
草笣 둥조리 ○우리
衣架 옷거리 ○글본 ○又홧대
器架 사랑 ○살후 ○又시렁
被搭子 니불집 ○북투린
搭連 대련 ○다란
錢搭子 쇼대련 ○다발갇 ○又쌍ᄇᆞ랑
口袋 쟈ᄅᆞ ○수마라
大口袋 부대 ○불ᇰ후
小口袋 젼대 ○쥬망기
洗臉盆 세슈대야 ○더러 오보쿠
夜壺 요강 ○시터러 탐핀
籤 사슬 ○시바
筭盤 산판 ○삼판
秤子 텬평저울 ○핑스
法馬 텬평츄 ○방스
等子 저울 ○등스
稱桿 저울ㅅ대 ○달환
稱錘 저울튜 ○토스 ○又돌대

一百六十

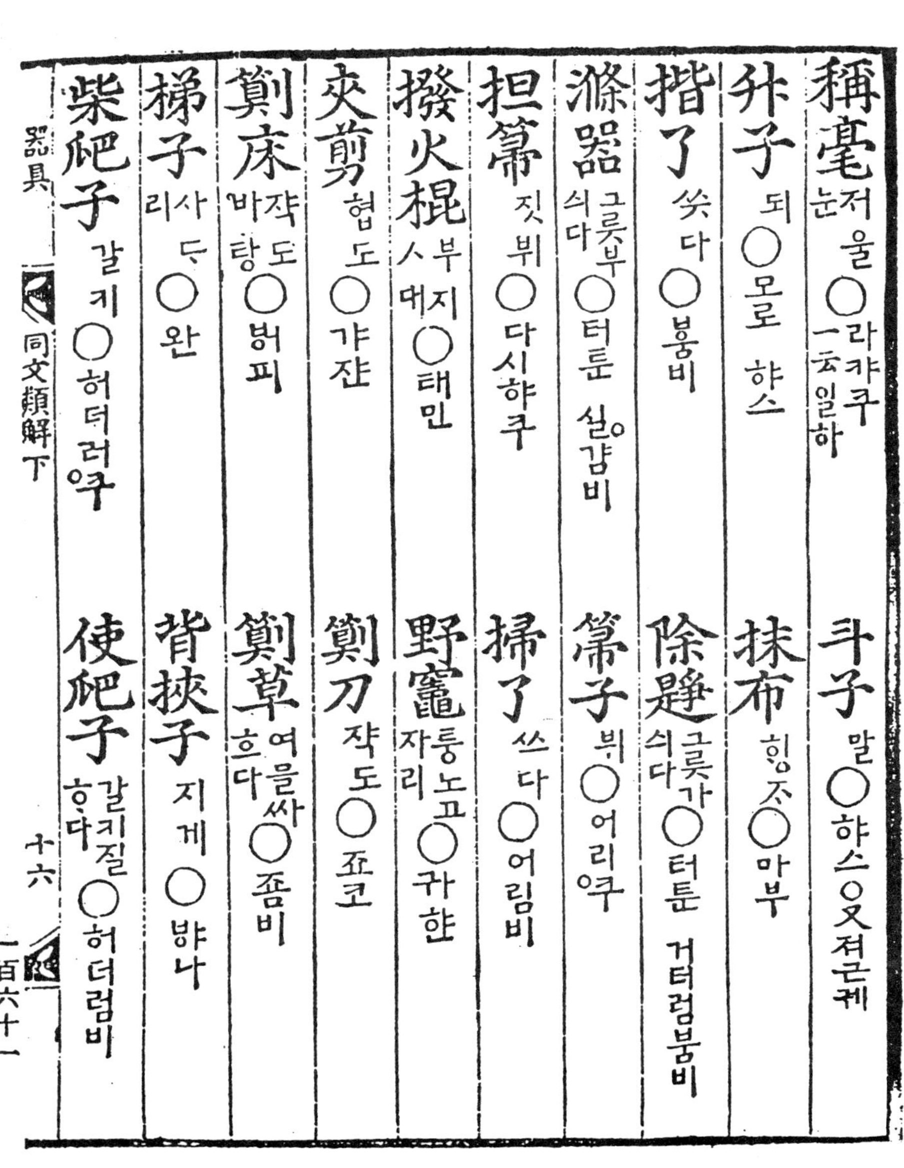

稱毫 저울눈 ○ 라캬쿠 一云 일하

斗子 말 ○ 하스ㅇ 又 져곤궤

升子 되 ○ 모로 햐스

抹布 힝즈 ○ 마부

揩了 씃다 ○ 붕비

除踭 그릇가싀다 ○ 터툰 거더럼붕비

滌器 그릇부싀다 ○ 터툰 실ㅇ걍비

箒子 뷔 ○ 어리ㅇ쿠

担箒 짓뷔 ○ 다시햐쿠

掃了 쓰다 ○ 어림비

撥火棍 부지ㅅ대 ○ 태민

野竈 통노고자리 ○ 쿼한

夾剪 협도 ○ 갸쟌

鍘刀 쟉도 ○ 죠코

鍘床 쟉도바탕 ○ 붜피

鍘草 여믈싸흐다 ○ 좀비

梯子 사ᄃᆞ리 ○ 완

背挾子 지게 ○ 뱌나

柴杷子 갈키 ○ 허더러ㅇ쿠

使杷子 갈키질ᄒᆞ다 ○ 허더럼비

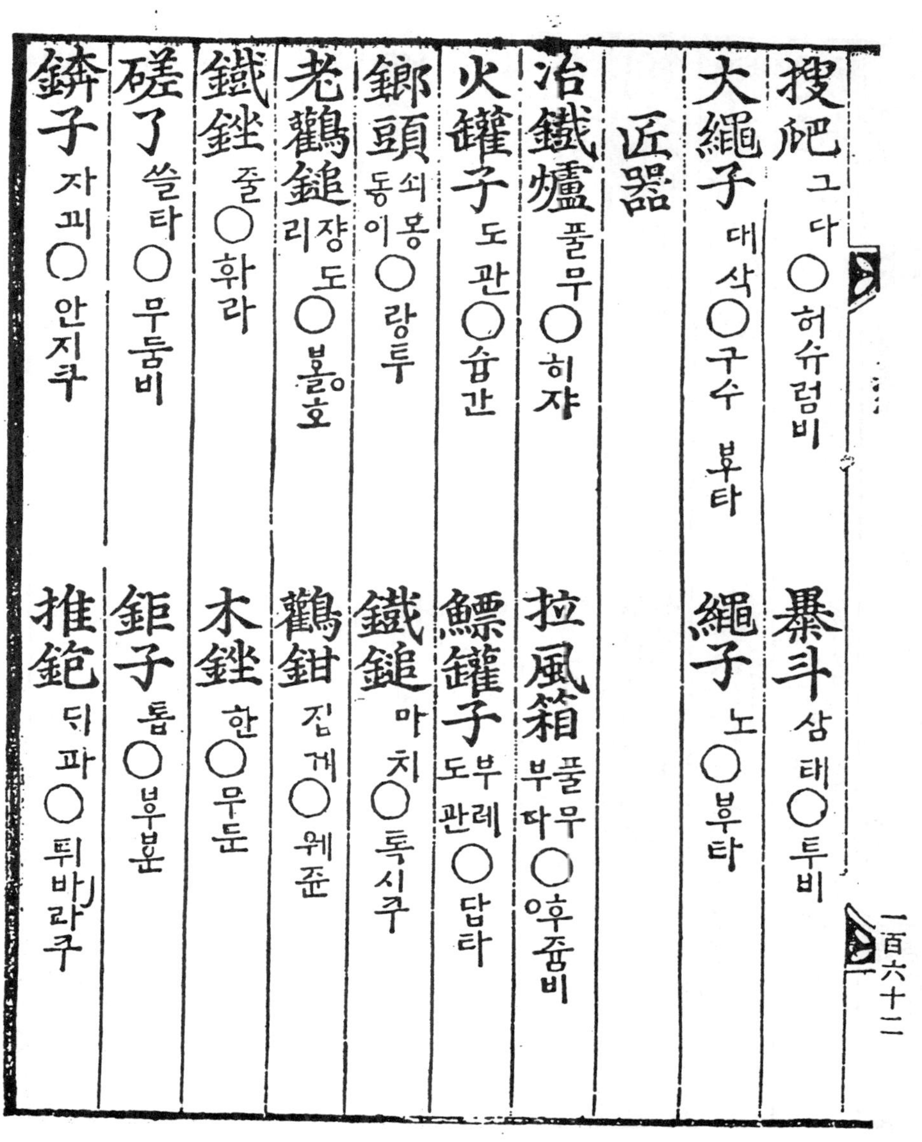

搜杷 그다 ○허슈럼비
纂斗 삼태 ○투비
大繩子 대삭 ○구수 부타
繩子 노 ○부타

匠器

冶鐵爐 풀무 ○히쟈
拉風箱 풀무부따 ○약후줌비
火罐子 도관 ○숍간
鏢罐子 부레도관 ○답타
鎯頭 쇠몽동이 ○랑투
鐵鎚 마치 ○톡시쿠
老鸛鎚 장도리 ○볼ㆁ호
鸛鉗 집게 ○웨쥰
鐵銼 줄 ○화라
木銼 한 ○무둔
磋了 쓸타 ○무둥비
鉅子 톱 ○부분
錛子 자괴 ○안지쿠
推鉋 ᄃᆡ파 ○튀바라쿠

一百六十二

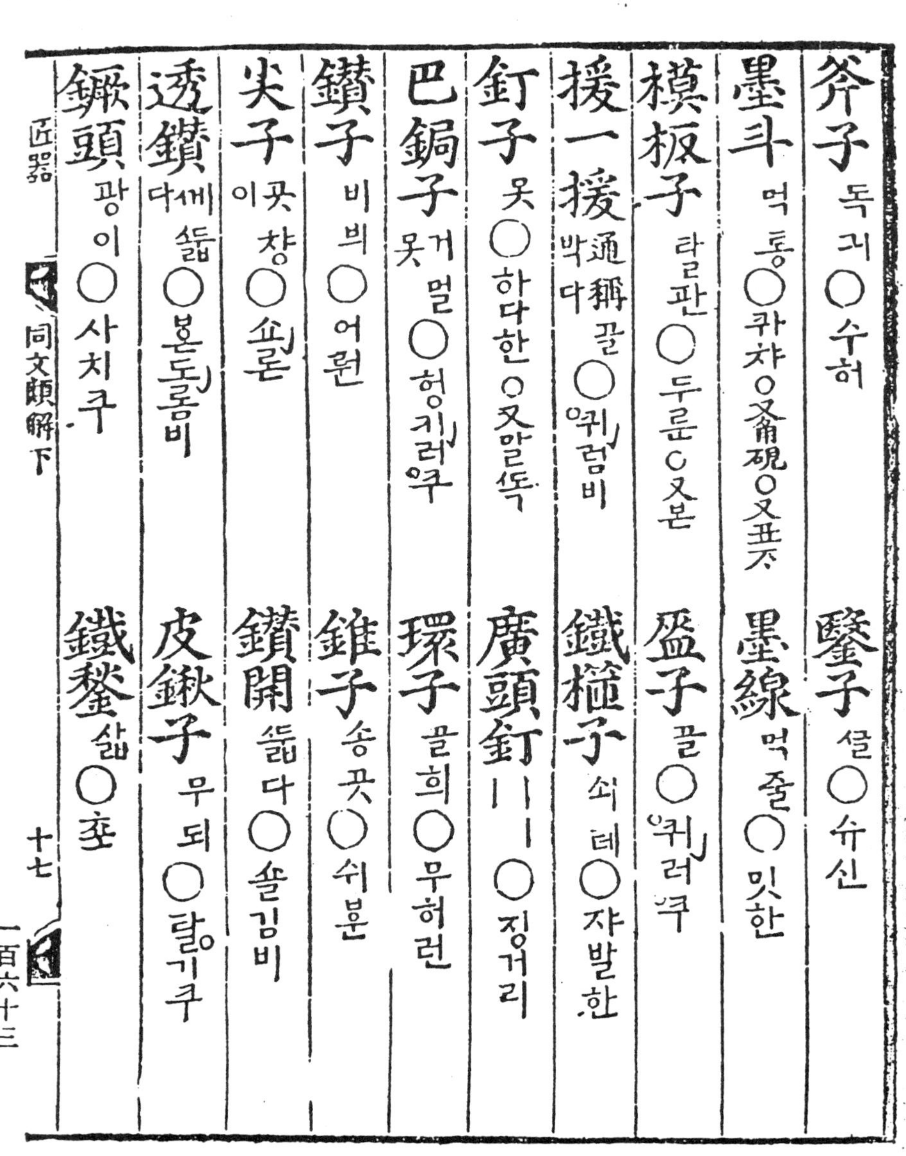

斧子 독긔 ○수허

鑿子 끌 ○슈신

墨斗 먹통 ○쿼쟈 ○又畚硯 ○又표즈

墨線 먹줄 ○밋한

模板子 탈판 ○두룬 ○又본

盔子 끌 ○워러쿠

掾一掾 通稱 끌 박다 ○워럼비

鐵榼子 쇠테 ○쟈발한

釘子 못 ○하다한 ○又말뚝

廣頭釘 〃〃 ○징거리

巴鍋子 거멀못 ○헝키러쿠

環子 골희 ○무허런

鑽子 비븨 ○어런

錐子 송곳 ○쉬분

尖子 이곳챵 ○쇼론

鑽開 뚧다 ○쇼김비

透鑽 다새 뚧 ○본도롬비

皮鍬子 무되 ○탈기쿠

鐝頭 광이 ○사치쿠

鐵鍫 삷 ○초

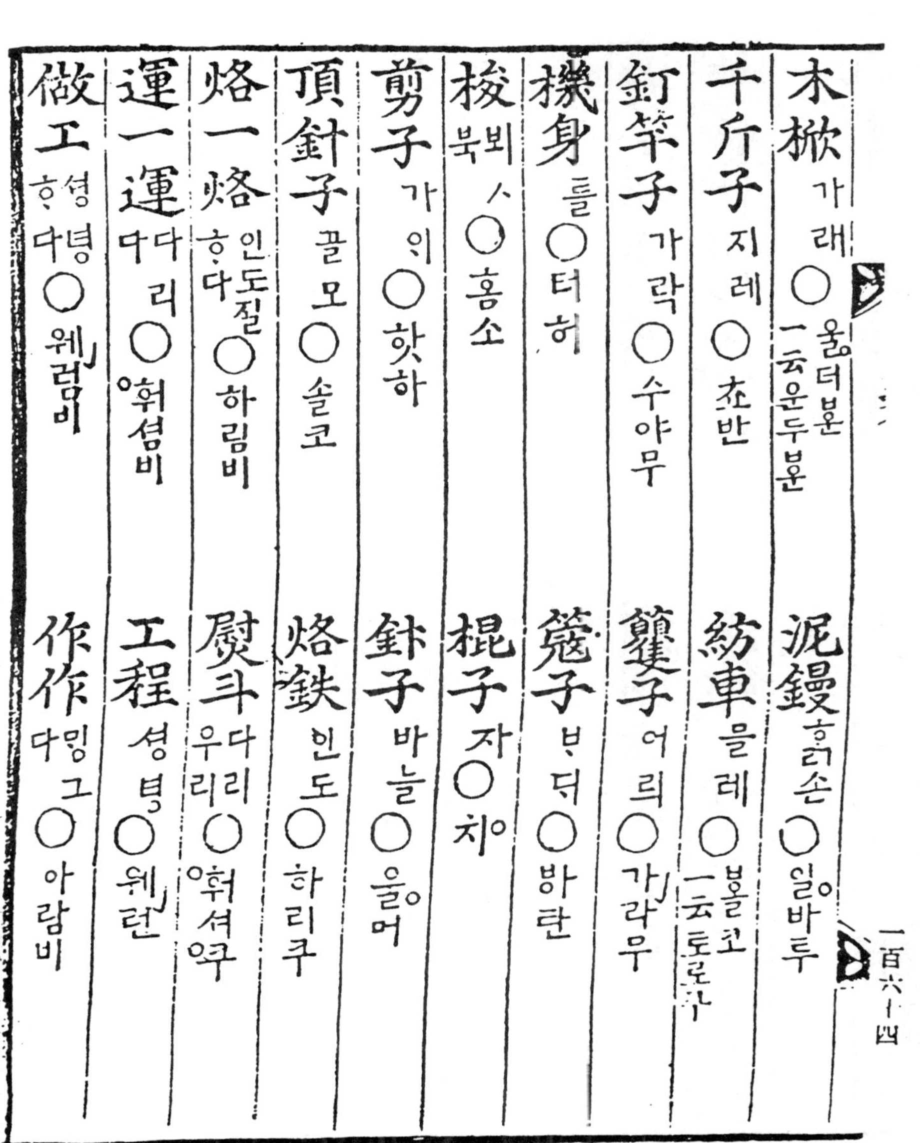
木杴 가래 ○ 올더분 一云운두분
千斤子 지레 ○ 쵸반
釘竿子 가락 ○ 수야무
機身 틀 ○ 터허
梭 뵈ㅅ북 ○ 홈소
剪子 가위 ○ 핫하
頂針子 골모 ○ 솔코
烙一烙 인도질ᄒᆞ다 ○ 하림비
運一運 다리ᄃᆞ다 ○ 휘셤비
做工 셩녕ᄒᆞ다 ○ 웨러머비

泥鏝 흙손 ○ 일바투
紡車 믈레 ○ 보올코 一云토로구
籰子 어릐 ○ 가라무
篾子 ᄇᆞ듸 ○ 방란
棍子 자ᄋᆡ ○ 치ㅇ
針子 바늘 ○ 울머
烙鐵 인도 ○ 하리쿠
熨斗 다리우리 ○ 휘셔쿠
工程 셩녕 ○ 웨련
作作 밍그다 ○ 아람비

一百六十四

刻了 ᄉᆡᆨ이다 ○ 보롬비

剮了 삭다 ○ 갸비

彎之 휘오다 ○ 오욤비

擦摳 우뷔다 ○ 코림비 一云 우훙비

鈒了 입ᄉᆞᄒᆞᆫ다 ○ 도심붐바

鑲嵌 금ᄉᆞ 얽다 ○ 갈ᄒᆞᆼ맘비

穿紉 ᄭᅦ다 ○ 우림비

銲了 ᄯᅢ다 ○ 항남비

陽刻 ᄒᆞᆫ다 ○ 쵸림비

煨彎 불ᄶᅬ여 휘오다 ○ 마랍비

鏇了 마리다 ○ 슈룸비 ○ 又 켜다

起花 조이ᄒᆞᆫ다 ○ 두ᄋᆞᆷ비

鎔化 노기다 ○ 웜붐비

拔鐵絲 텰ᄉᆞ 혀다 ○ 시빔비

鑄了 지오다 ○ 옹거럼비

舟車

船 비 ○ 촨

擺渡船 나로ᄉᆞ비 ○ 쟈히

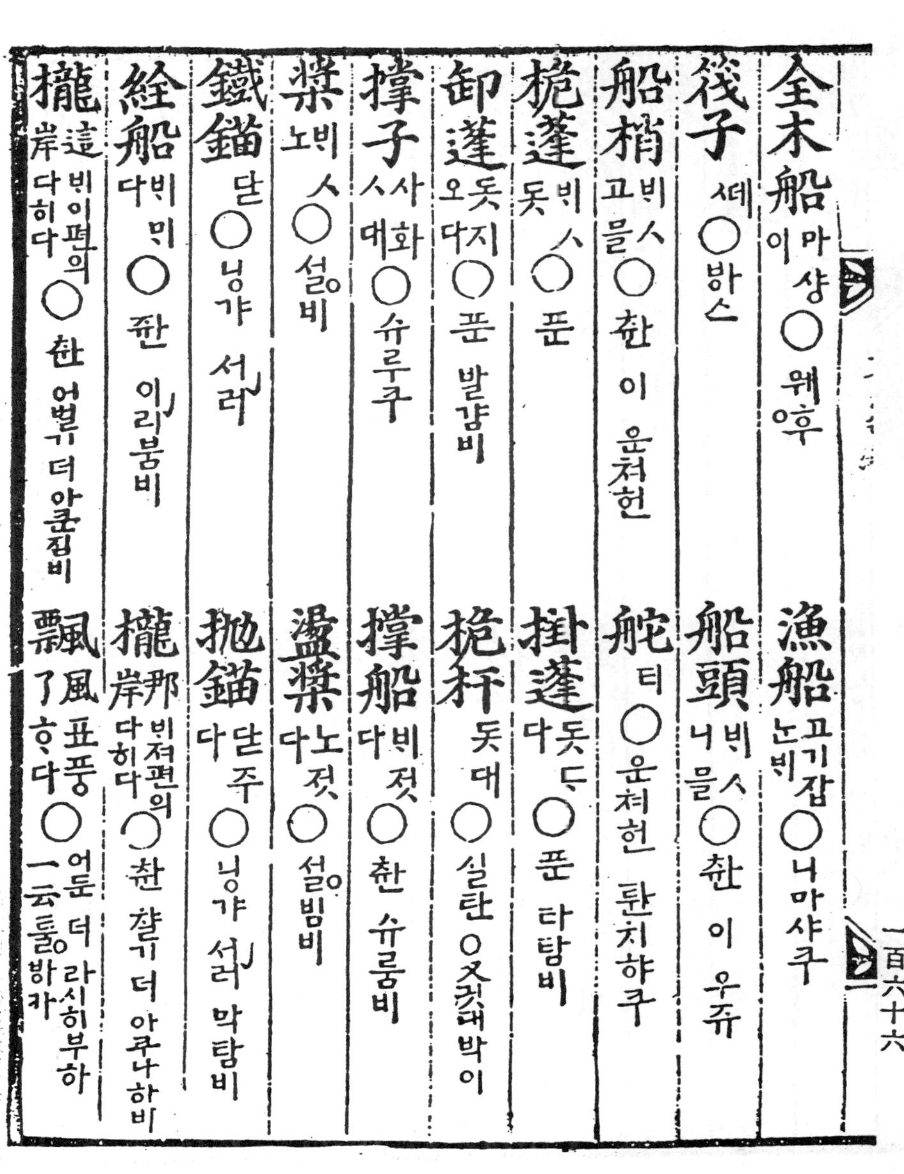

全木船 마샹이 ○ 웨후

漁船 고기잡논비 ○ 니마샤쿠

筏子 ᄯᅦ ○ 바스

船頭 비ㅅ니믈 ○ 촨 이 우쥬

船梢 비ㅅ고믈 ○ 촨 이 운쳐헌

舵 티 ○ 운쳐헌 툰치햐쿠

桅蓬 비ㅅ돗 ○ 푼

掛蓬 돗ᄃᆞ다 ○ 푼 타탐비

卸蓬 돗지오다 ○ 푼 발걈비

桅杆 돗대 ○ 실탄 ○又云대박이

撑子 사화ㅅ대 ○ 슈루쿠

撑船 비젓다 ○ 촨 슈룸비

槳 비ㅅ노 ○ 설ᅌ비

盪槳 노젓다 ○ 설ᅌ빔비

鐵錨 닫 ○ 닝갸 서러

抛錨 닫주다 ○ 닝갸 서러 막탐비

縴船 비ᄆᆡ다 ○ 촨 이리붐비

攏那岸 비저편의다히다 ○ 촨 챠ᄒᆡ 더 아쿠나하비

攏這岸 비이편의다히다 ○ 촨 어뷔ᄒᆡ 더 아쿤집비

飄風 風了 표풍ᄒᆞ다 ○ 어둔 더 라시히부하 一云 툴ᅌ바카

一百六十六

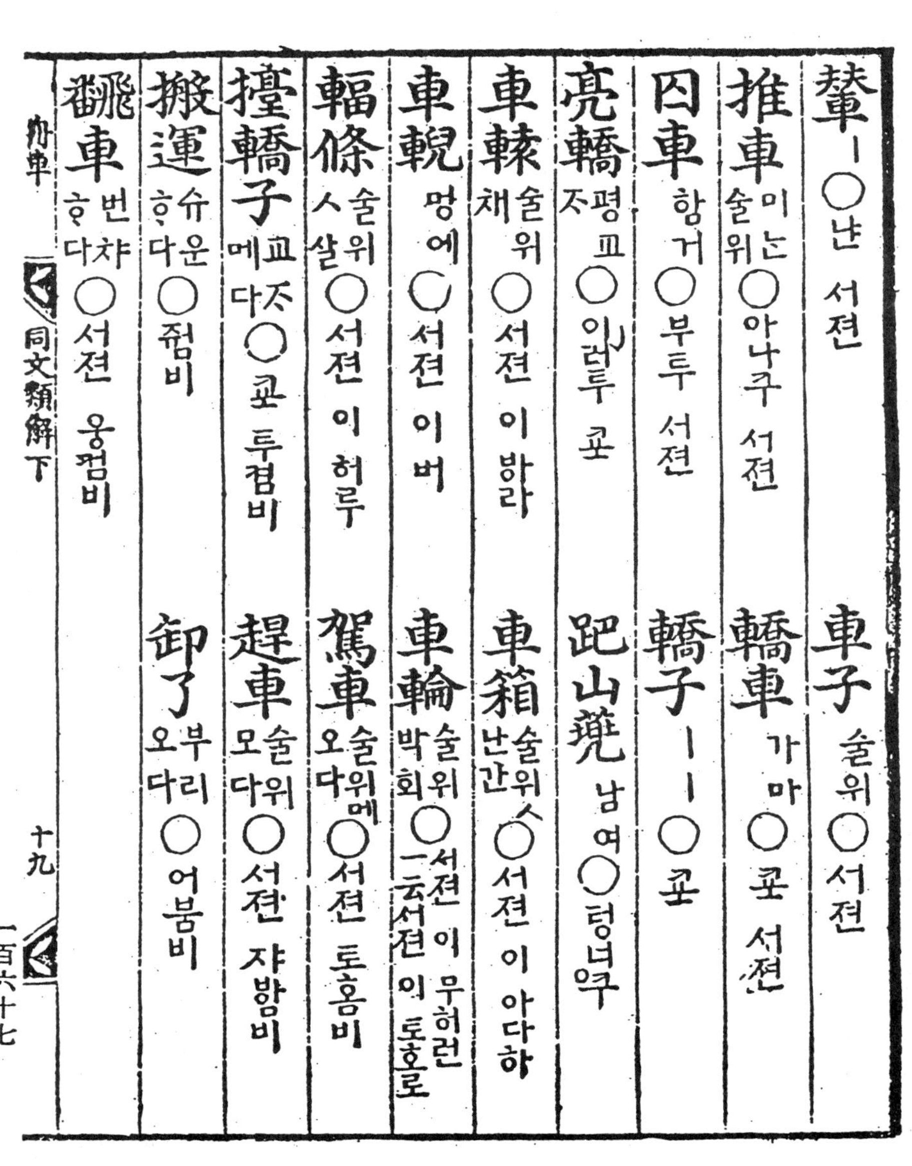

輦ㅣ ○ 냔 서젼

車子 술위 ○ 서젼

推車 미는 술위 ○ 아나쿠 서젼

轎車 가마 ○ 쿄 서젼

囚車 함거 ○ 부투 서젼

轎子 ㅣㅣ ○ 쿄

亮轎 평교ᄌᆞ ○ 이러투 쿄

跁山虎 남여 ○ 텅너쿠

車轅 술위채 ○ 서젼 이 방라

車箱 술위ㅅ 난간 ○ 서젼 이 아다하

車輗 멍에 ○ 서젼 이 버

車輪 술위 박회 ○ 서젼 이 무허런 一云 서젼 의 토호로

輻條 술위ㅅ살 ○ 서젼 이 허루

駕車 술위메오다 ○ 서젼 토홈비

擡轎子 교ᄌᆞ 메다 ○ 쿄 투켬비

趕車 술위 모다 ○ 서젼 쟈밤비

搬運 슈운ᄒᆞ다 ○ 줘비

卸了 부리오다 ○ 어붐비

飜車 번챠ᄒᆞ다 ○ 서젼 웅컴비

鞍轡

鞍子 기르마 ○ 엉거무

鞍鞽子 기르마가지 ○ 엉거무 불견

馱鞍 딤기르마 ○ 항개 엉거무

鞍座兒 소부리 ○ 솝올로

鞍甲兒 안갑 ○ 수쿠 이기다챤

鞍籠 ㅣㅣ ○ 기다챤

肚帶 ᄇᆡᆺ대 ○ 오론

馬韆 ᄃᆞ래 ○ 토호마

馬鐙 등ᄌᆞ ○ 투분

折舌 혀쇠 ○ 골기

攀胸 가슴거리 ○ 울ᅌ쿠머

鞦皮 후거리 ○ 쿠달한

轡頭 구레 ○ 하다라

籠頭 바구레 ○ 롱토

帶轡頭 구레시오다 ○ 한다라 얼루붐비

帶籠頭 바구레시오다 ○ 롱토롬비

摘轡頭 구레벗기다 ○ 하다라 갬비

退轡頭 구레벗다 ○ 하다라 물투럼비

嚼子 마함 ○ 죠진

退水環 마함 벗다 ○ 죠진 버 수다입비

扯手 혁 ○ 쥰ㅇ후

韁繩 곳비 ○ 얄ᄇᆞ훈 一云 칠ㅇ부리

緹胷 쥬락 ○ 칸달한

屜子 언치 ○ 남키

鞭子 채 ○ 슈시하

鞭穗 채열 ○ 슈시하 이 쉬허

挽手 채신 ○ 균ㅇ쟐한

打鞭子 채티다 ○ 슈시하람비

鞴鞍子 기르마 짓다 ○ 엉거무 토홈비

摘鞍子 기르마 벗기다 ○ 엉거무 갬비

絆 지달 ○ 시더리

絆了 지달 ᄡᅳ다 ○ 시더럼비

筭數

數兒 수 ○ 툰

數數 수혜다 ○ 톨롬비

屈指數 손곱아 혜다 ○ 심ㅇ훈 북다머 보돔비

一箇 ᄒᆞ나 ○ 어무

二箇 둘○쥬워
三箇 셋○이란
四箇 넷○뒨
五箇 다슷○순쟈
六箇 여슷○닝운
七箇 닐곱○나단
八箇 여둛○쟈쿤
九箇 아홉○우윤
一十 열○쟌
十五 열다슷○토보혼
二十 스믈○오런
三十 셜흔○구신
四十 마흔○더히
五十 쉰○수새
六十 여슌○닌쥬
七十 닐흔○나단쥬
八十 여든○쟈쿤쥬
九十 아흔○우윤쥬
一百 빅○탕구
一千 쳔○밍간

一百七十

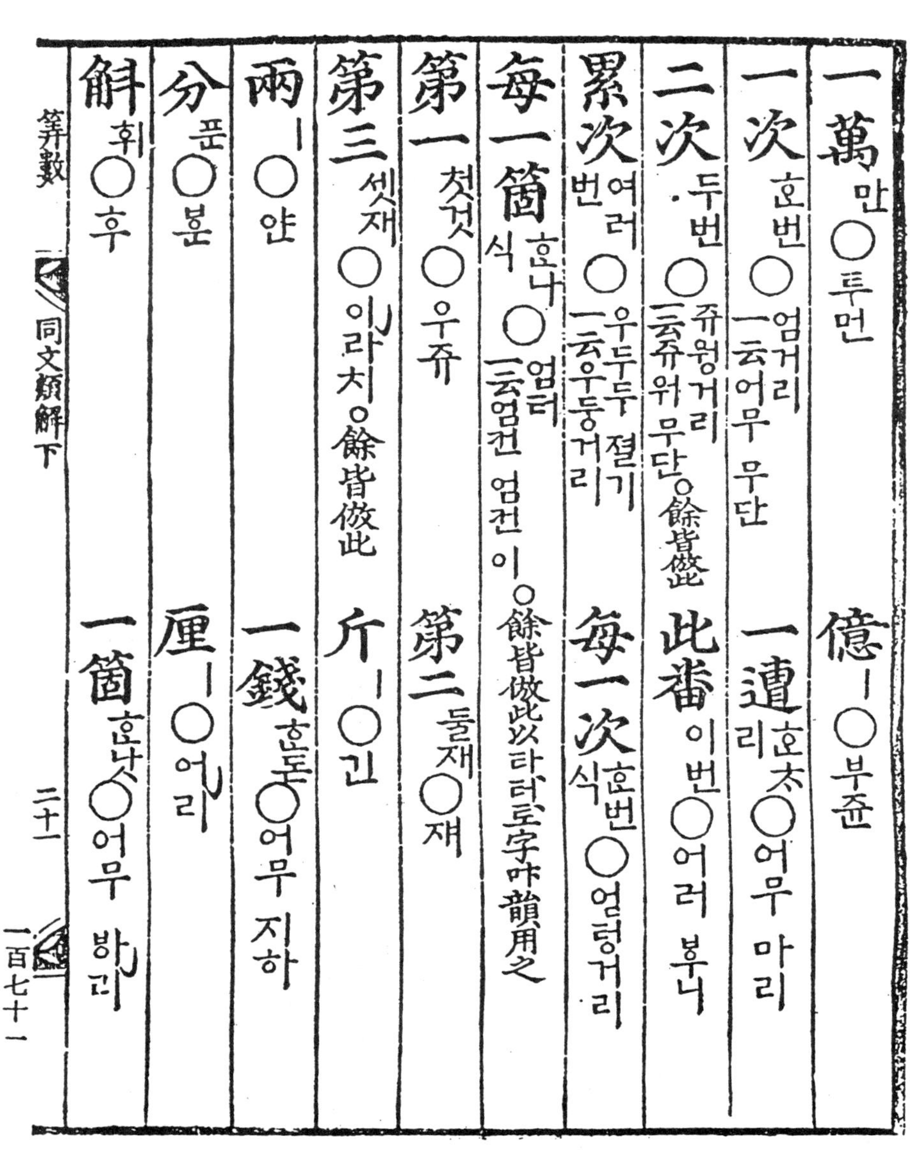

一萬 만 ○ 두먼
億 ㅣ ○ 부쥰

一次 ᄒᆞᆫ번 ○ 엄거리 一云어무 무단
一遭 ᄒᆞᆫ차리 ○ 어무 마리

二次 두번 ○ 쥬원거리 一云쥬위 무단 ○餘皆倣此
此番 이번 ○ 어러 부나

累次 여러번 ○ 우두두 절기 一云우둥거리
每一次 ᄒᆞᆫ번식 ○ 얼렁거리

每一箇 ᄒᆞ나식 ○ 엄러 一云엄쳔 엄쳔 이 ○餘皆倣此以타러로字作韻用之

第一 첫재 ○ 우쥬
第二 둘재 ○ 재

第三 세재 ○ 이라치 ○餘皆倣此
斤 ㅣ ○ 긴

兩 ㅣ ○ 얀
一錢 ᄒᆞᆫ돈 ○ 어무 지하

分 푼 ○ 분
厘 ㅣ ○ 어리

斛 휘 ○ 후
一箇 ᄒᆞ나 ○ 어무 바리

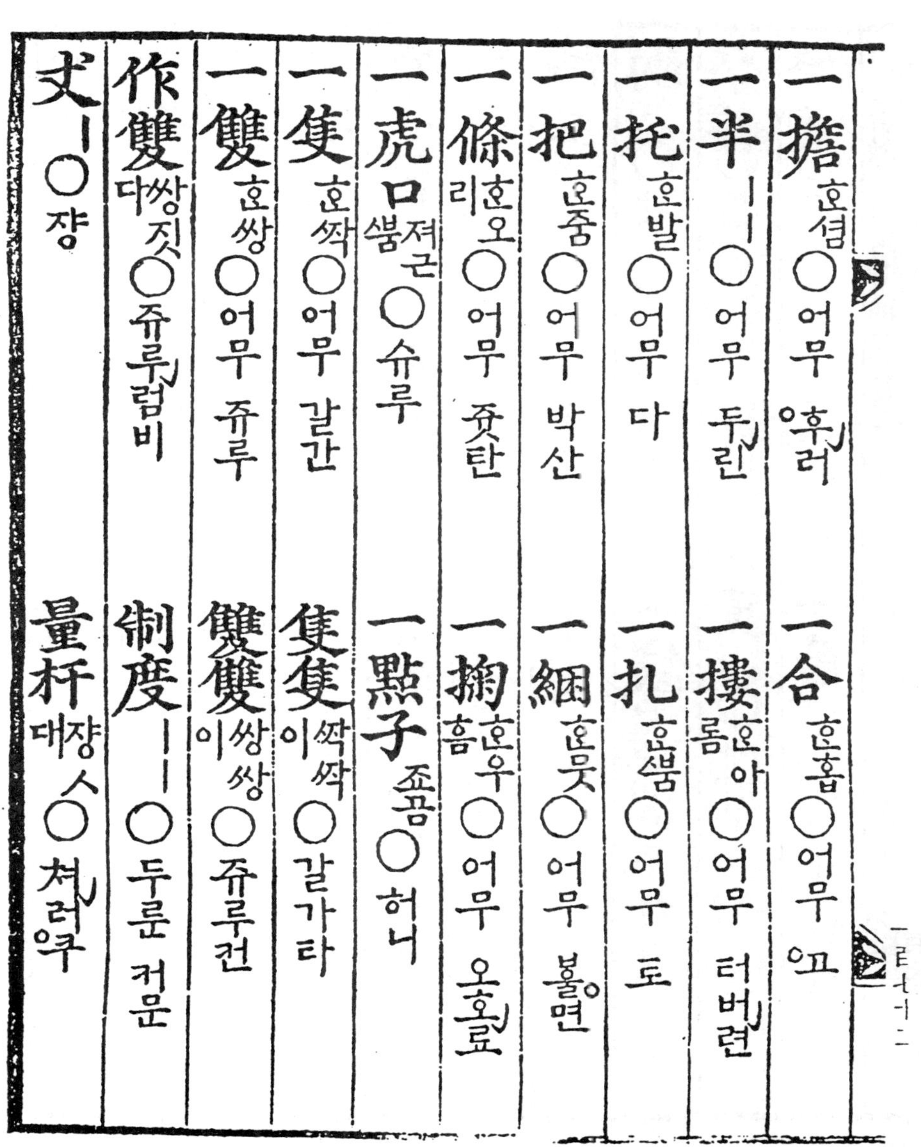

一擔 ᄒᆞᆫ셤 ○어무 우후러
一合 ᄒᆞᆫ홉 ○어무 ㅇㅍ

一半 ㅣㅣ ○어무 두런
一摟 ᄒᆞᆫ아름 ○어무 터버련

一托 ᄒᆞᆫ발 ○어무 다
一扎 ᄒᆞᆫ뼘 ○어무 토

一把 ᄒᆞᆫ줌 ○어무 박산
一綑 ᄒᆞᆫ뭇 ○어무 불。면

一條 ᄒᆞᆫ오리 ○어무 좃탄
一搠 ᄒᆞᆫ우흠 ○어무 오ᄒᆞ료

一虎口 져근뼘 ○슈루
一點子 죠곰 ○허니

一隻 ᄒᆞᆫ짝 ○어무 갈간
隻隻 짝짝이 ○갈가타

一雙 ᄒᆞᆫ쌍 ○어무 쥬루
雙雙 쌍쌍이 ○쥬루권

作雙 쌍짓다 ○쥬루럼비
制度 ㅣㅣ ○두룬 저문

丈 ㅣ ○쟝
量杆 쟝대ㅅ ○쳐러우쿠

一百七十二

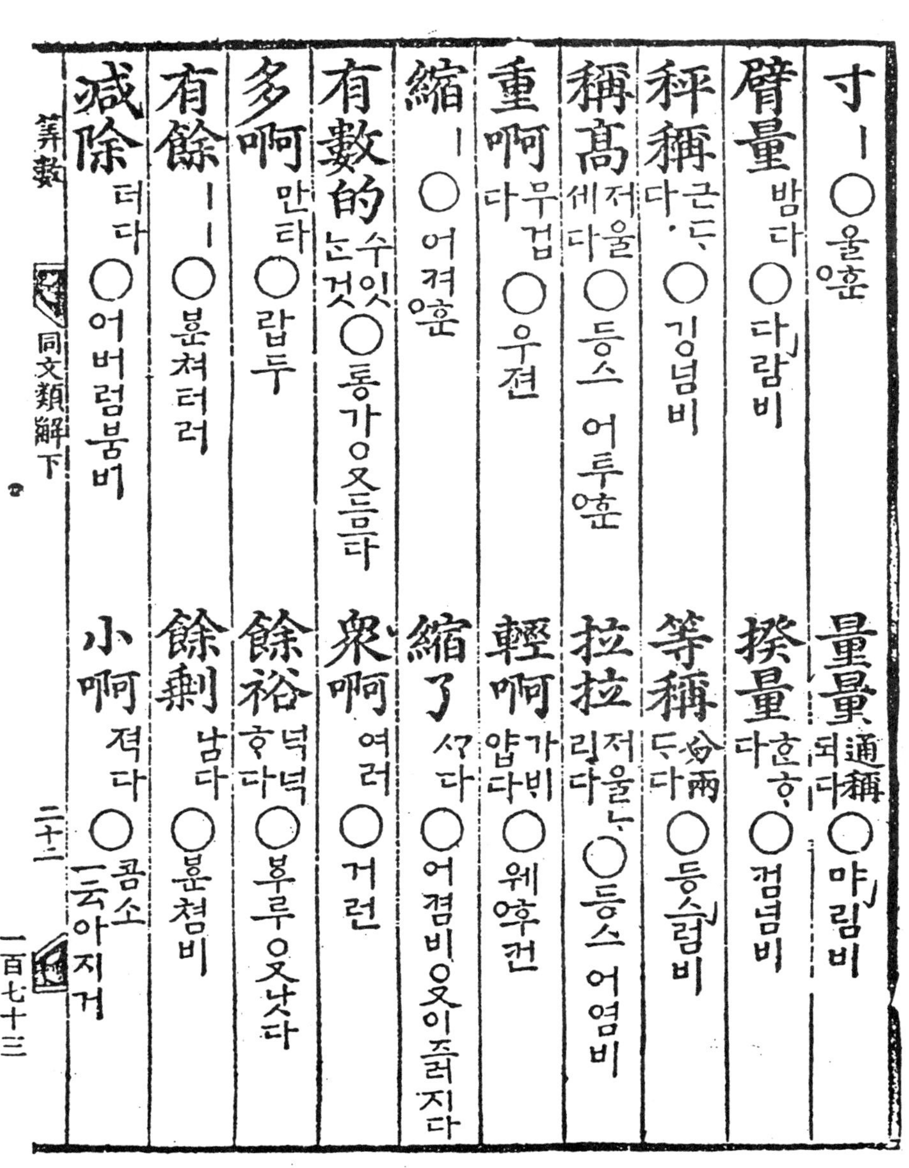

寸ㅣ ○울훈

量量ㆍ 되다 通稱 ○먀림비

臂量 밤다 ○다람비

揆量 ᄒᆞᆫᄒᆞ다 ○컴넘비

秤稱 근ᄃᆞ다 ○깅넘비

等稱 分兩ᄃᆞ다 ○등스럼비

稱高 저울세다 ○등스 어투훈

拉拉 저울ᄂᆞ리다 ○등스 어염비

重啊 무겁다 ○우젼

輕啊 가ᄇᆡ얍다 ○웨후컨

縮ㅣ ○어져훈

縮了 ᄉᆞᆺ다 ○어겸비 又 이 주러지다

有數的 수잇ᄂᆞᆫ 것 ○통가 又 조금다

衆啊 여러 ○거런

多啊 만타 ○랍두

餘裕 넉넉ᄒᆞ다 ○부루 又 낫다

有餘ㅣㅣ ○분쳐러

餘剩 남다 ○분쳠비

減除 더다 ○어버럼붐비

小啊 젹다 ○콤소 一云 아지거

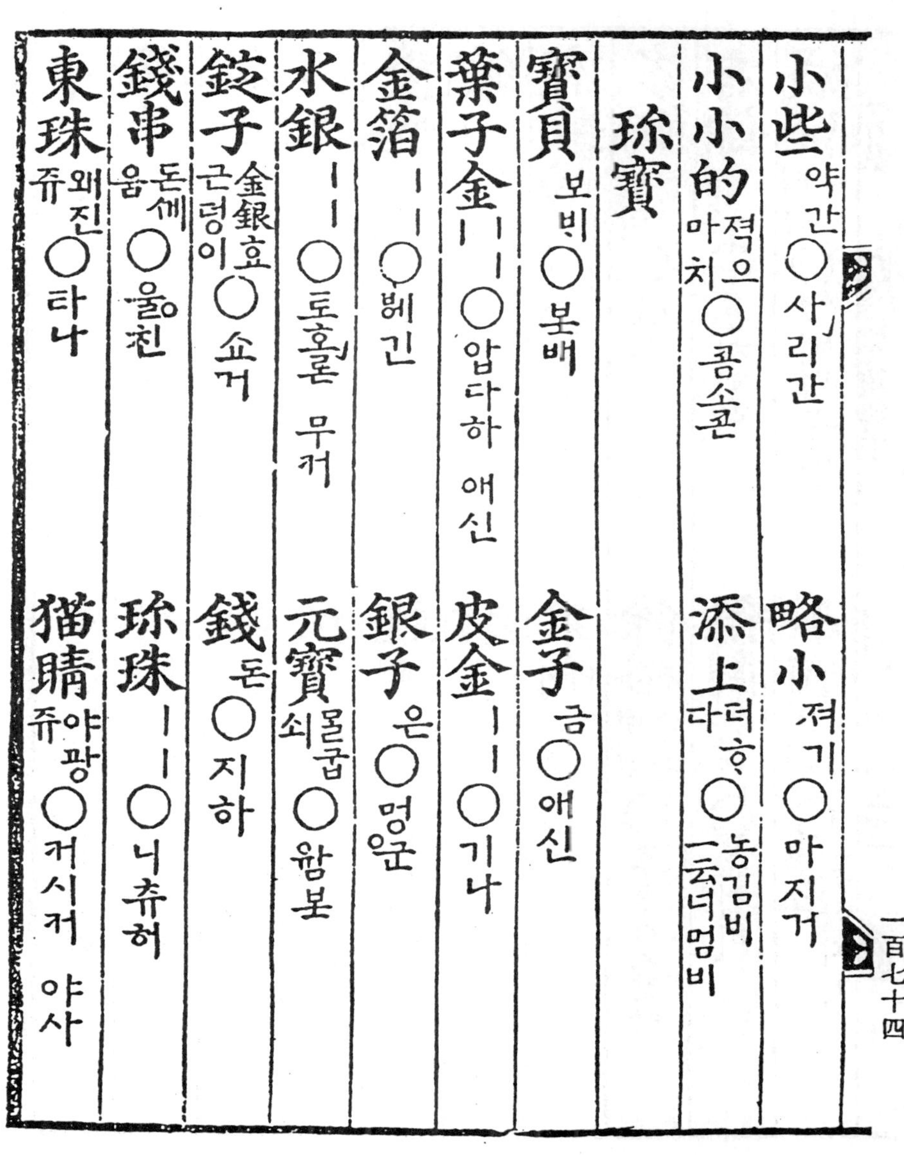
小些 약간 ○사리간　略小 져기 ○마지거
小小的 젹으마치 ○콤소콘　添上 더ᄒᆞ다 ○농김비 一云 너멈비
琭寶
寶貝 보빈 ○보배　金子 금 ○애신
葉子金 丨丨 ○압다하 애신　皮金 丨丨 ○기나
金箔 丨丨 ○베긴　銀子 은 ○멍군
水銀 丨丨 ○도호론 무커　元寶 몰곱쇠 ○왐보
錠子 金銀효근덩이 ○쇼거　錢 돈 ○지하
錢串 돈쎄윰 ○울친　琭珠 丨丨 ○니츄허
東珠 왜진쥬 ○다나　猫睛 야광쥬 ○거시거 야사

一百七十四

玉 ｜ ○ㅇ구
珊瑚 ｜｜ ○슈루
琥珀 ｜｜ ○후바
琉璃 ｜｜ ○애하 ㅇ구술
玻瓈 버리 ○보리
瑪瑙 마노 ○뱌한
蜜蠟 미라 ○미라
水晶 ｜｜ ○슈진 워허
寶石 ｜｜ ○보ㅇ시
犀角 ｜｜ ○시 이한이 웨허
玳瑁 ｜｜ ○대믜 ㅇ후루
象牙 ｜｜ ○수반 이 웨허
硨磲 쟈개 ○개카 마리
紅銅 구리 ○ㅇ관
黃銅 듀셕 ○테슌
白銅 빅퉁 ○샹갼 테슌 一云 샨투
鍮鐵 놋 ○시리
鐵 쇠 ○서러
鋼鐵 됴흔 쇠 ○간ㅇ 서러
熟鐵 니근 쇠 ○샤리 서러

錫鑞 납 ○토호룬

鉛 ㅣ ○탈챤

打鐵 쇠티다 ○답람비

鍊鐵 쇠니기다 ○셔링겸비 一云셔렴비

鐵銹 보믜 ○섭던○又동녹

銹了 보믜쓰다 ○섭더거비○又동녹슈

白礬 ㅣㅣ ○뷩슌

硫黃 셕뉴황 ○루 황

皮硝 망쵸 ○비 쇼

硼砂 ㅣㅣ ○봉사

朱砂 ㅣㅣ ○쥬사

銀珠 쥬홍 ○치누훈

砒礵 ㅣㅣ ○비 샹

佩玉 ㅣㅣ ○앗하하 우

松香 숑지 ○우쿠

黃蠟 밀 ○아얀

沉香 ㅣㅣ ○쳔 수 햔

白檀香 ㅣㅣㅣ ○버 탄 햔

紫檀香 ㅣㅣㅣ ○고로 모

麝香 ㅣㅣ ○쟈린

財物ㅣㅣ ○ 우린 一云우린 나단　用度ㅣㅣ ○ 배다란

布帛

緞子 대단 ○ 수져　蟒龍 단ㅣㅣ ○ 거츄허리

粧段ㅣㅣ ○ 쟝돤　閃段 션단 ○ 알하 ○又紋

羽段 짓비단 ○ 쳐커무　冒段ㅣㅣ ○ 감쿠

片金 금션단 ○ 길다시쿠　紬子 비단 ○ 츄스 又노쥬쥬

紡紬 방ᄉ쥬 ○ 방스　花紬 화방쥬 ○ 일항가 방스

綾子 능 ○ 링스　綃子 견 ○ 꽌스

生綃ㅣㅣ ○ 어ᄉ훈 꽌스　羅 깁 ○ 로

杭羅ㅣㅣ ○ 로 수져　紗ㅣ ○ 샤

縐紗 주사 ○둘둔

夏布 뵈 ○하반

葛布 ㅣㅣ ○죠돈

毛青布 청승삼 ○모친

三梭布 삼승 ○삼수

絲 실 ○실거

金絲 ㅣㅣ ○서서

纏絲 다레짓 ○헐김비

理理絲 실골히다 ○덩러러머 다삼비

線一縷 실혼가닭 ○어무 질김 又혼나음

綿紬 면쥬 ○면츄

苧布 모시 ○무슈리

大布 ㅣㅣ ○보소 又무명

印花布 화포 ○호배 보소

氈子 허즈 ○부녀슌

生絲 ㅣㅣ ○서 실거

練絲 실니기다 ○실거 우러붐비

絲亂 실얼킈다 ○실거 바참비

線 합션혼실 ○통고

絨線 슈ᄉ ○수버련

一百七十八

紡線 ᄌᆞᆺ다 ○보롬비 ○又도록켜다
抽絲 실혀다 ○실거 고침비

捻線 실뷔다 ○시버럼비 ○又소옴다듬
線纊 실테 ○현기투

線軸 실ᄭᅮ리 ○잇우
線上板 실감다 ○현침비

交擰 봐트다 ○무림비 ○又우기다
編絛 실로티다 ○훔비

凉花 소옴 ○약분
彈綿花 소옴ᄐᆞ다 ○약분 빈헙비

雪綿子 풀소옴 ○요한
蚕繭 곳티 ○보하

織了 ᄧᆞ다 ○죠돔비
打經 씨낫타 ○이잠비

打緯 놀낫타 ○워잠비
織𥨍 승새ᄆᆞᄂᆞ다 ○빙신

粗疎 승새굵다 ○서머훈
段邊子 식셔 ○허션

一疋 ᄒᆞᆫ필 ○어무더버리우 一云엄커
一幅 ᄒᆞᆫ복 ○어무더버

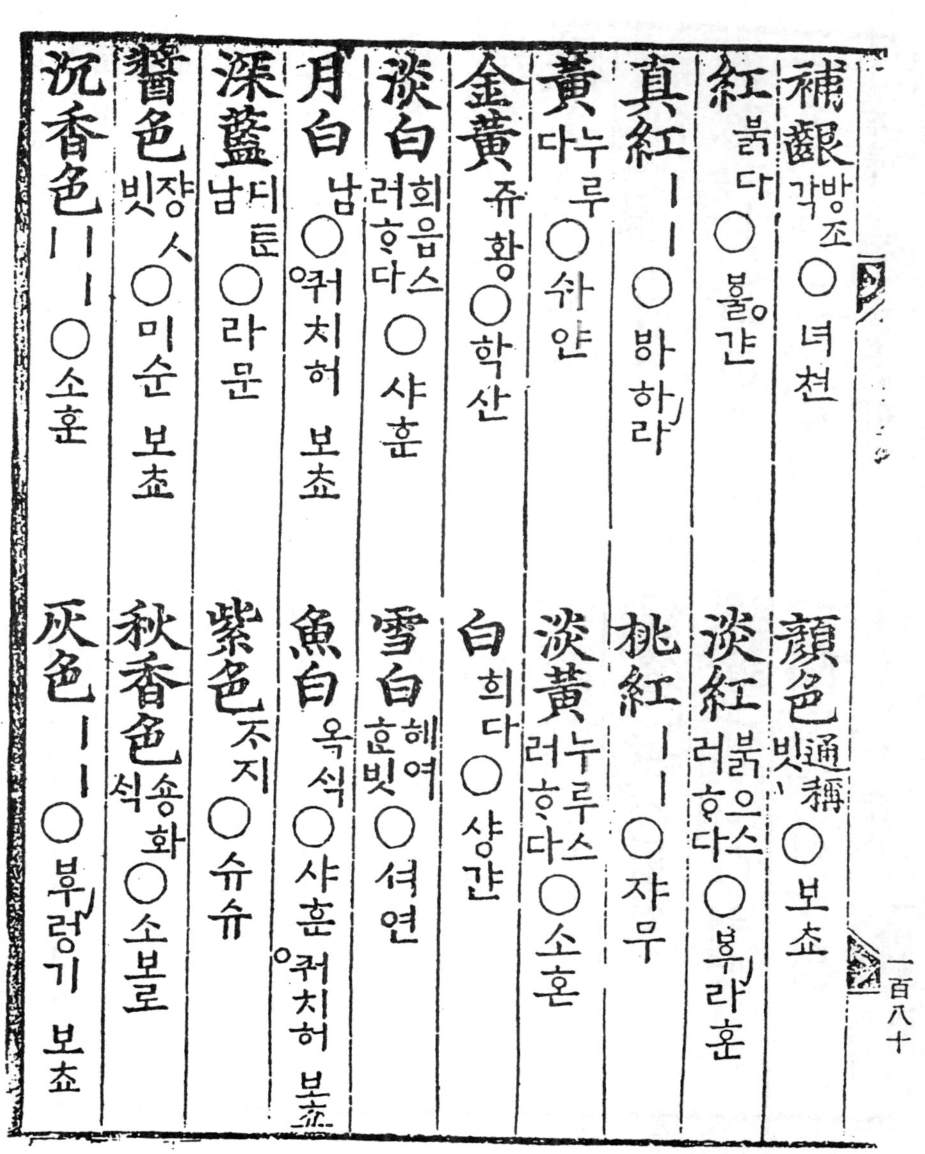

補齦 방조각 ○ 녀쳔
紅 붉다 ○ 불。간
眞紅 ㅣㅣ ○ 방하라
黃 누루다 ○ 쉬얀
金黃 쥬황。 ○ 학산
淡白 희읍스러ᄒᆞ다 ○ 샤훈
月白 남 ○ 。워치허 보쵸
深藍 디툰남 ○ 라문
醬色 쟝ㅅ빗 ○ 미순 보쵸
沉香色 ㅣㅣ ○ 소훈

顔色 빗 通稱 ○ 보쵸
淡紅 붉으스러ᄒᆞ다 ○ 부라훈
桃紅 ㅣㅣ ○ 쟈무
淡黃 누루스러ᄒᆞ다 ○ 소훈
白 희다 ○ 샹간
雪白 혜여ᄒᆞᆫ빗 ○ 셔연
魚白 옥식 ○ 샤훈 。워치허 보쵸
紫色 ᄌᆞ지 ○ 슈슈
秋香色 송화식 ○ 소보로
灰色 ㅣㅣ ○ 부렁기 보쵸

一百八十

綠 푸루다 ○ ㅇ놩갼

草綠 ㅣㅣ ○ 올회 보쵸

黑 검다 ○ 사하랸

鴉青 야청 ○ 야친

淡色 연빗 ○ 걸。변

有色的 빗난것 ○ 보춍고

光彩 ㅣㅣ ○ 길。라훈

耀目 빈의다 ○ 길。탈샴비

小藍 청디 ○ 견

柒 옷칠 ○ 치

淡綠 푸루스러ᄒᆞ다 ○ 뇨。훈

油綠 ㅣㅣ ○ 뇨。보로

淡黑 검으스러ᄒᆞ다 ○ 사하훈

深濃 디튼빗 ○ 투민

純色 ㅣㅣ ○ 불。진

有花的 문잇ᄂᆞᆫ것 ○ 일。항가

爔爛 ㅣㅣ ○ 길。타리 ㅇ뉴워리

打染 물드리다 ○ 이쳠비

染靛 반믈드리다 ○ 배부하람비

柒物 옷칠ᄒᆞ다 ○ 치럼비

油了 저루다 ○와검비
重油 가유ᄒᆞ다 ○탕걈비
塗擦 通稱칠ᄒᆞ다 ○이즘비

買賣

買了 사다 ○우담비
賣了 ᄑᆞ다 ○운참비
做買賣 흥졍ᄒᆞ다 ○후다샴비 一云 매마샴비
買去 사라가다 ○우다남비
來買 사라오다 ○우단짐비
價錢 갑 ○후다 ○又흥졍
價直 갑ᄊᆞ다 ○후다 사림비
價高 갑과ᄒᆞ다 ○후다 엉거럼비
價賣 갑노다 ○후다 망가
價相等 갑알맛다 ○후다 터허럼비
一倍 갑절 ○우부○又몸이○又分數
價賤 갑흔ᄒᆞ다 ○후다 쟈
狠賤 천디ᄒᆞ다 ○십샤 어버러거
吆喝着賣 워겨ᄑᆞ다 ○수람비

一百八十二

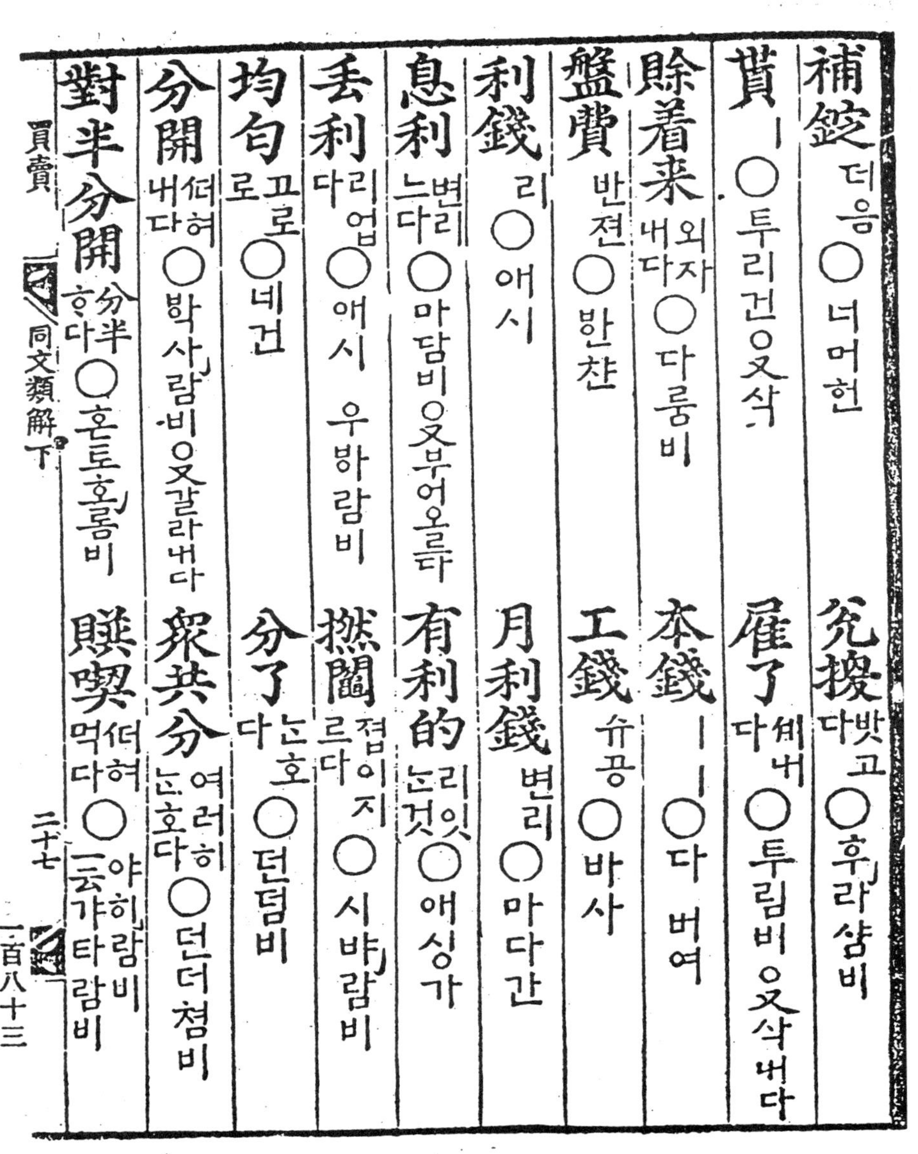

補錠 더음 ○ 너머헌
兊換 다밧고 ○ 후라삼비
貫 一 ○ 투리건 又 삭
雇了 셰내다 ○ 투림비 又 삭내다
賖着来 외자내다 ○ 다룸비
本錢 一一 ○ 다 버여
盤費 반젼 ○ 반챤
工錢 슈공 ○ 바사
利錢 리 ○ 애시
月利錢 변리 ○ 마다간
息利 변리느다 ○ 마담비 又 부어올라
有利的 리잇는것 ○ 애싱가
丢利 리업다 ○ 애시 우방람비
撚鬮 졉이지르다 ○ 시뱌람비
均匀 고로로 ○ 네건
分了 논호다 ○ 던덤비
分開 버혀내다 ○ 박사람비 又 갈라내다
衆共分 여러히논호다 ○ 던더쳠비
對半分開 分半ᄒᆞ다 ○ 혼토호롬비
賧喫 버혀먹다 ○ 야히람비 一云 갸타람비

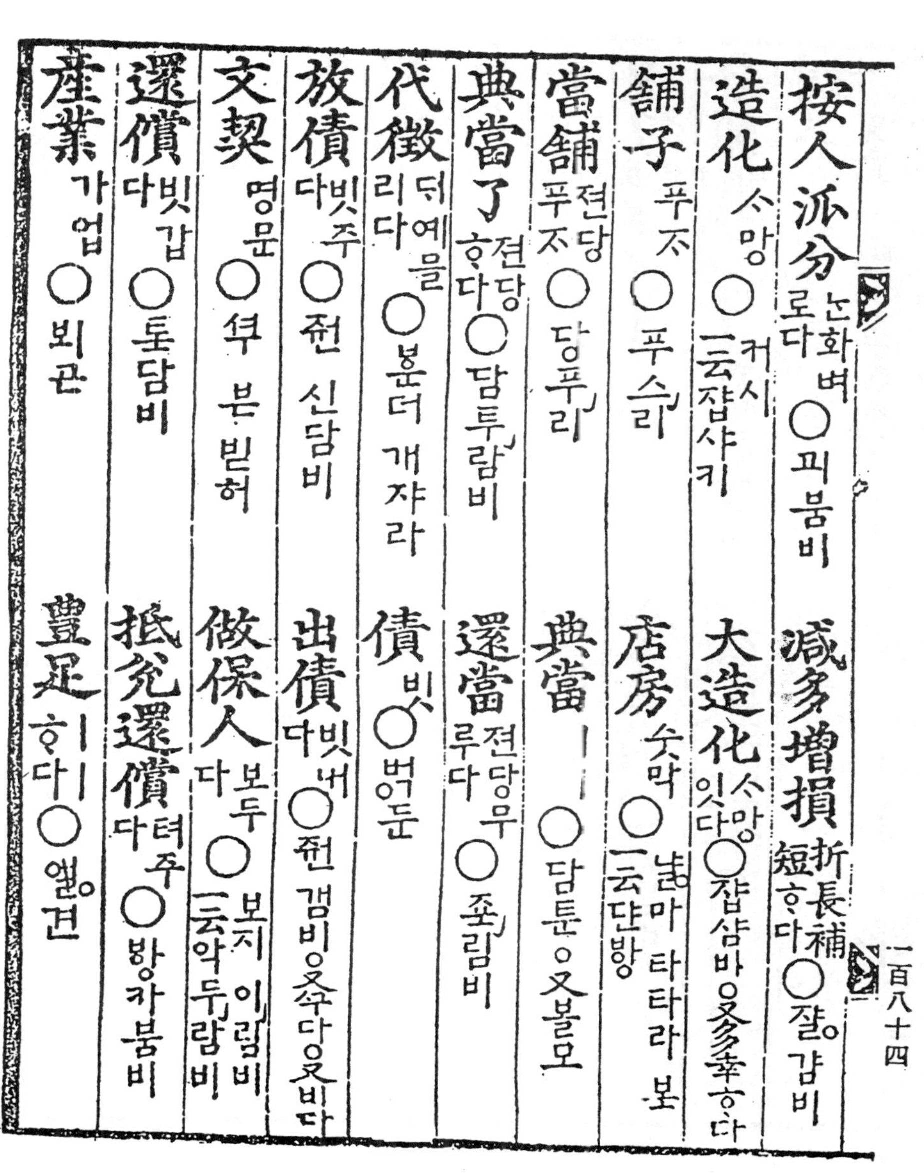

按人派分 논화며로다 ○괴붐비

造化 소망 ○커시 一云잡샤키

鋪子 푸조 ○푸슈리

當鋪 전당푸조 ○당푸리

典當了 전당ᄒᆞ다 ○담투람비

代徵 더예믈리다 ○붐더 개쟈라

放債 빗주다 ○쥔 신담비

文契 명문 ○셔 븐 빋허

還債 빗갑다 ○토담비

產業 가업 ○뵈곤

減多增損 折長補短ᄒᆞ다 ○잘。감비

大造化 소망잇다 ○잡삼바。又多幸ᄒᆞ다

店房 숫막 ○놀마 타타라 보 一云단방

典當 ㅣㅣ ○담툰。又볼모

還當 전당무루다 ○죠림비

債 빗 ○버이둔

出債 빗내다 ○쥔 갬비。又주다。又비다

做保人 보두다 ○보지 이람비 一云악두람비

抵兌還債 터주다 ○방카붐비

豐足 ㅣㅣᄒᆞ다 ○엘。견

一百八十四

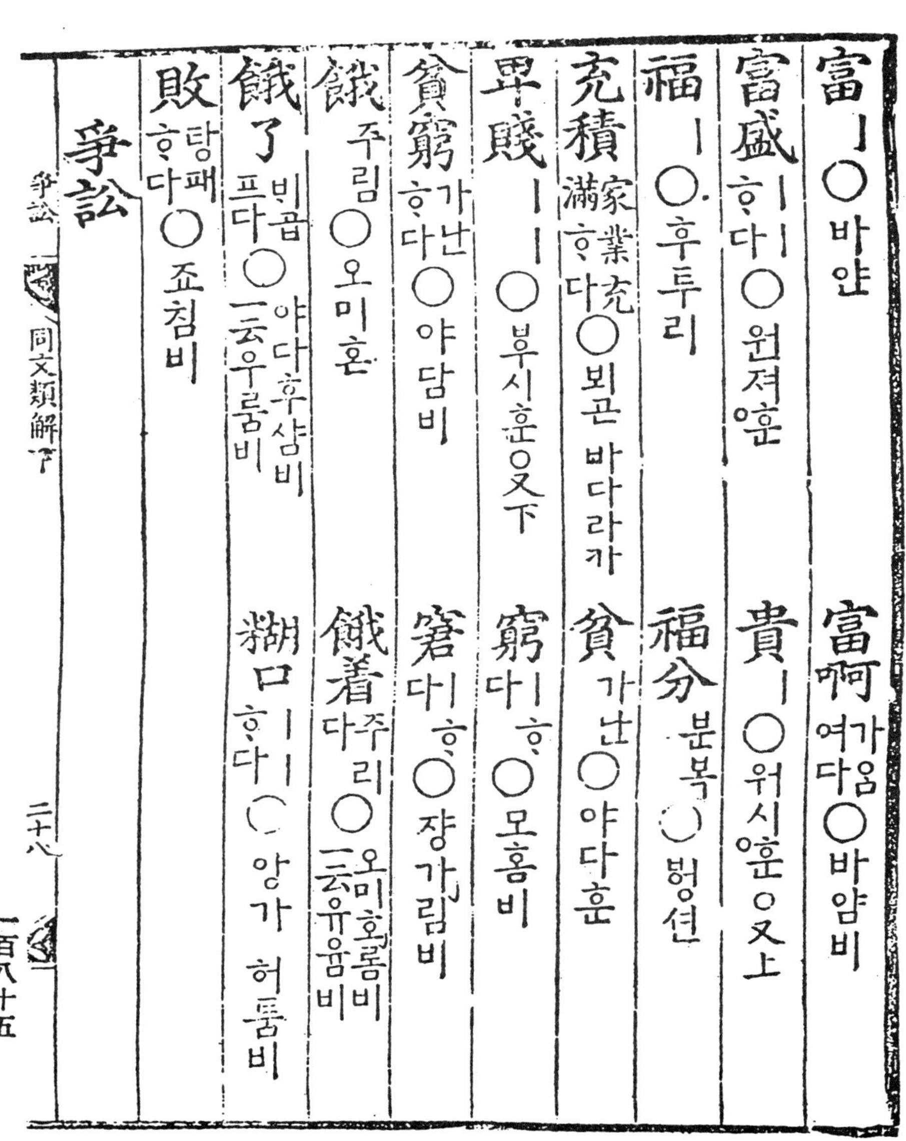

富 ㅣ ○바얀
富响 가옴여다 ○바얌비

富盛 ᄒᆞ다 ㅣㅣ ○원져훈
貴 ㅣ ○워시훈○又上

福 ㅣ ○후투리
福分 분복 ○벙연

充積 家業充滿ᄒᆞ다 ○뵈곤 바다라가
貧 가난 ○야다훈

卑賤 ㅣㅣ ○부시훈○又下
窮 ㅣᄒᆞ다 ○모홈비

貧窮 가난ᄒᆞ다 ○야담비
窘 ㅣᄒᆞ다 ○장가람비

餓 주림 ○오미혼
餓着 주리다 ○오미호롬비 一云유옴비

餓了 비곱ᄑᆞ다 ○야다후삼비 一云우룸비
糊口 ㅣㅣᄒᆞ다 ○앙가 허룸비

敗 당패ᄒᆞ다 ○죠침비

爭訟

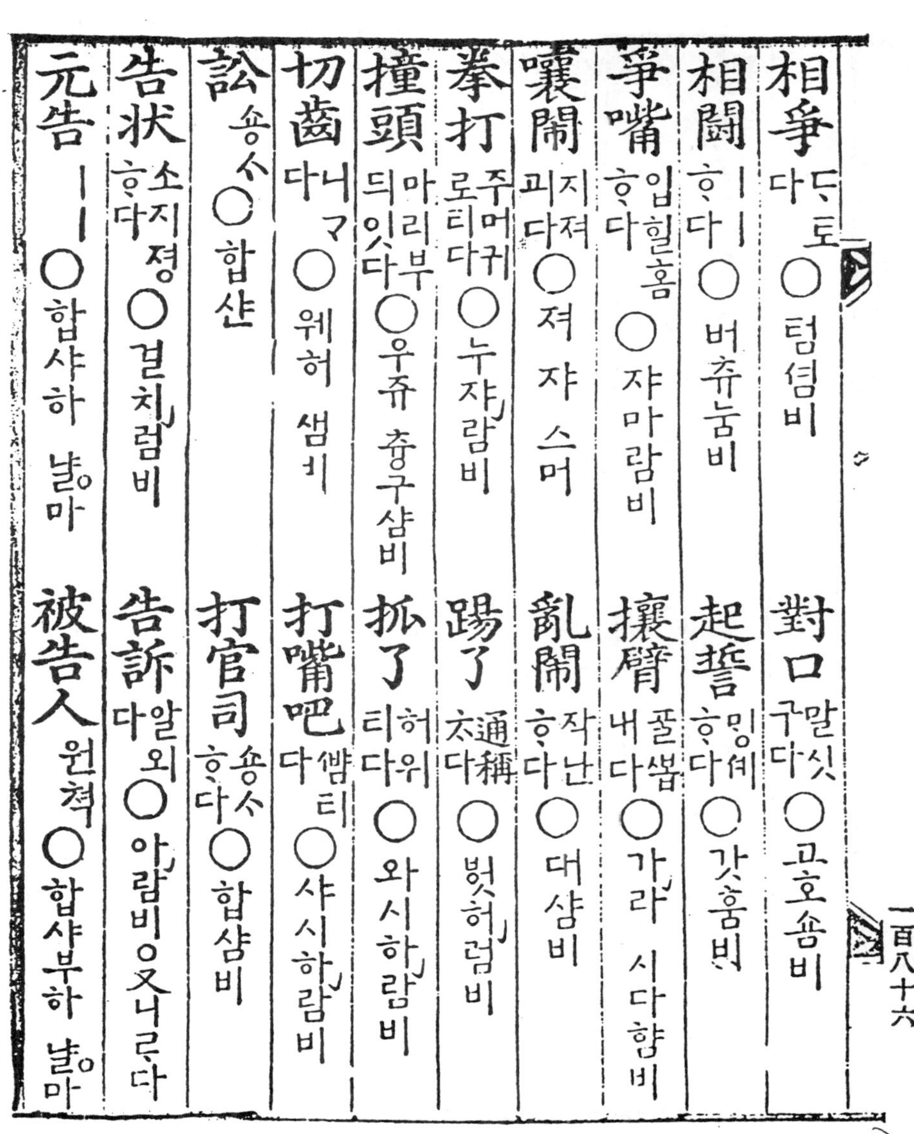

相爭 ᄃᆞ토다 ○ 텸졈비
相鬪 ㅣㅣᄒᆞ다 ○ 버츄눔비
爭嘴 입힐홈ᄒᆞ다 ○ 쟈마람비
嚷鬧 지져괴다 ○ 져 자 ᄉᆞ머
拳打 주머귀로티다 ○ 누쟈람비
撞頭 마리부듸잇다 ○ 우쥬 츙구샴비
切齒 니ᄀᆞ다 ○ 워허 샘비
訟 숑ᄉᆞ ○ 합샨
告狀 소지졍ᄒᆞ다 ○ 결치뎜비
元告 ㅣㅣ ○ 합샤하 날마

對口 말ᄉᆞ싯구다 ○ 고호솜비
起誓 밍셰ᄒᆞ다 ○ 갓훔비
攘臂 풀쌥내다 ○ 가라 시다합비
亂鬧 작난ᄒᆞ다 ○ 대샹비
踢了 通稱 太다 ○ 벗허뎜비
抓了 허위티다 ○ 와시하람비
打嘴吧 썀티다 ○ 샤시하람비
打官司 숑ᄉᆞᄒᆞ다 ○ 합샴비
告訴 알외다 ○ 아람비 又니ᄅᆞ다
被告人 원쳑 ○ 합샤부하 날마

一百八十六

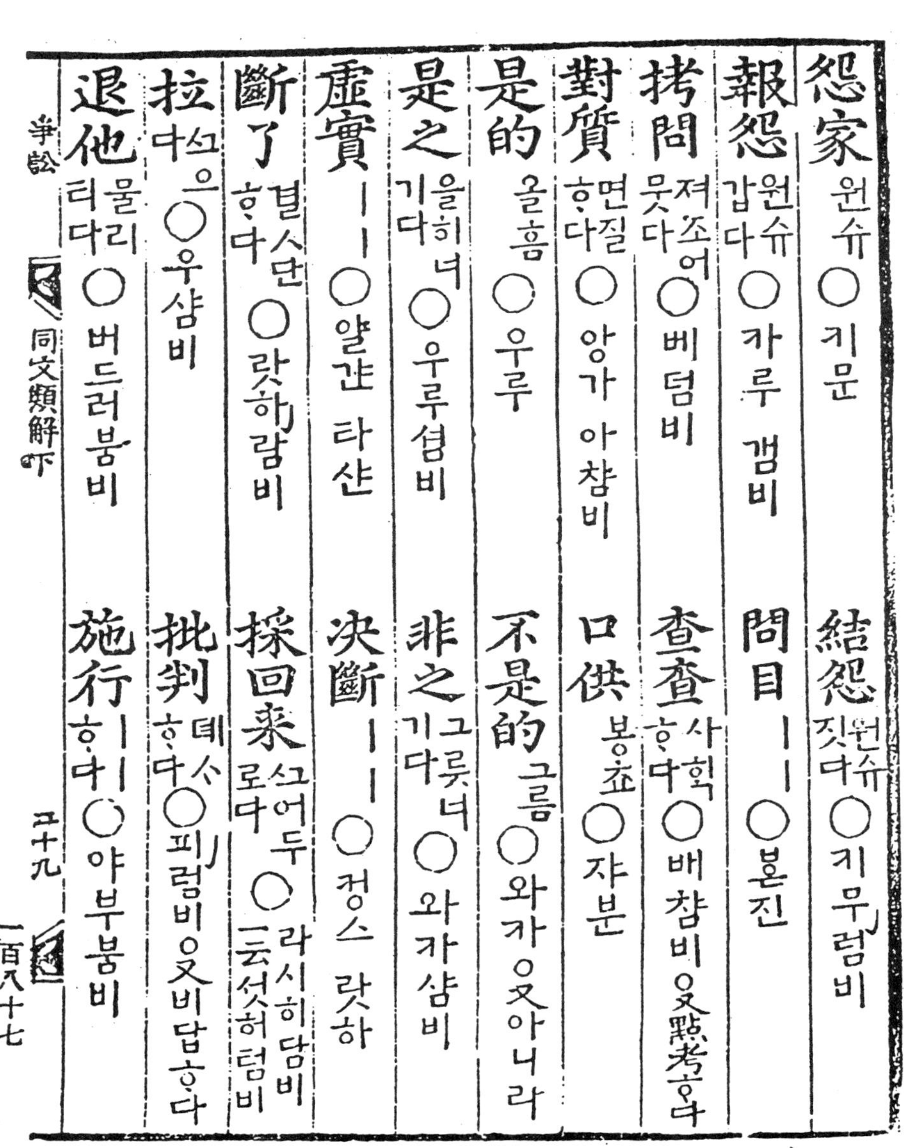

怨家 원슈 ○키문

報怨 원슈 갑다 ○가루 갬비

拷問 져조어 묻다 ○베덤비

對質 면질ᄒᆞ다 ○앙가 아참비

是的 올흠 ○우루

是之 올히너기다 ○우루셤비

虛實 ㅣㅣ ○얄갼 타샨

斷了 결단ᄒᆞ다 ○랏하람비

拉 ᄭᅳ으다 ○우샴비

退他 물리티다 ○버드러붐비

結怨 원슈 짓다 ○키무럼비

問目 ㅣㅣ ○본진

查査 사핵ᄒᆞ다 ○배참비 又點考ᄒᆞ다

口供 봉쵸 ○쟈분

不是的 그름 ○와가 又아니라

非之 그릇너기다 ○와가삼비

決斷 ㅣㅣ ○컹스 랏하

採回來 ᄉᆞ어두로다 ○라시히담비 又셔허텀비

批判 뎨ᄉᆞᄒᆞ다 ○피렴비 又비답ᄒᆞ다

施行 ㅣㅣᄒᆞ다 ○야부붐비

寃枉 이믜 ○ 무릿훈 一云쉬 아쿠
寃屈啊 이믜ᄒᆞ다 ○ 무리부하비 一云쉬 망가

伸枉 신원ᄒᆞ다 ○ 샤링걍비 又雪耻ᄒᆞ다
抽拿 通稱 혀드다 ○ 댤걍비

打 티다 ○ 탄담비
喫打 맛다 ○ 탄다붐비

罪他 죄주다 ○ 웨러 투허붐비
打賂 뇌믈쓰다 ○ 우린 심비 一云우린퉁비

徇私 ᄒᆞ다 ○ 치수럼바

刑獄

刑 형벌 ○ 어룬
用刑 형벌ᄒᆞ다 ○ 어루럼비

罰 ― ○ 쇼로
牢裏 獄 ○ 룬

罪 ― ○ 웨러
犯人 罪人 ○ 웨러어거 날마

逆賊 ―― ○ 부다라쟈 훌하
盜賊 ―― ○ 훌하

賊漢 도적놈 ○훌ㅇ하투
强盜 ㅣㅣ ○이러투 훌ㅇ하

竊盜 고모도적 ○부투 훌ㅇ하
竊取 도적ᄒᆞ다 ○훌ㅇ함비

搶了 앗다 ○두림비
被搶了 이앗기다 ○두리붐비

喫賊 도적맛다 ○훌ㅇ하붐비
現贓 장믈 ○도시다하 우린

搜撿 뒤다 ○쉬럼비
干犯 ㅣㅣᄒᆞ다 ○너침비

自首 ᄌᆞ현ᄒᆞ다 ○버여 투치붐비
杖 ㅣ ○쟝

杖打 쟝으로티다 ○쟝람비
笞 ㅣ ○치ㅇ

笞打 퇴로티다 ○치ㅇ럼비
板子 곤쟝 ○모

打尻骨 볼기티다 ○우라 둠비
挾棍 쥬리 ○갸반

挾挾棍 쥬리트다 ○갸바람비
敎疼 아프게ᄒᆞ다 ○니머붐비

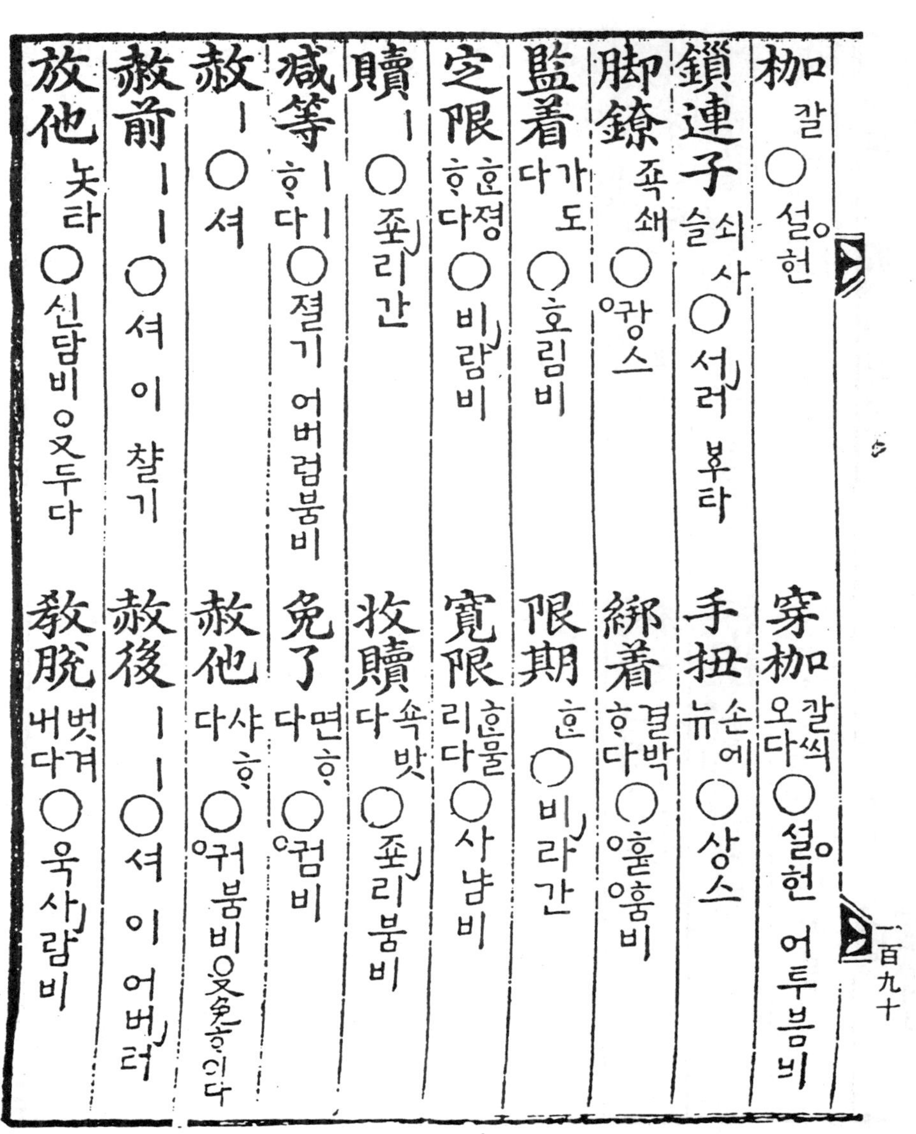
枷 갈 ○ 설。헌
穿枷 갈씌오다 ○ 설。헌 어투븜븨
鎖連子 쇠사슬 ○ 서러 부타
手扭 손에뉴 ○ 상스
脚鐐 족쇄 ○ 。광스
綁着 결박ᄒᆞ다 ○ 。훌。훔비
監着 가도다 ○ 。호림비
限期 ᄒᆞᆫ ○ 비라간
定限 ᄒᆞᆫ뎡ᄒᆞ다 ○ 비람비
寬限 ᄒᆞᆫ믈리다 ○ 사낭비
贖 ㅣ ○ 죠리간
收贖 속밧다 ○ 죠리붐비
減等 ㅣㅣᄒᆞ다 ○ 졀기 어버럼붐비
免了 면ᄒᆞ다 ○ 。컴비
赦 ㅣ ○ 셔
赦他 사ᄒᆞ다 ○ 。커붐비。又免ᄒᆞ이다
赦前 ㅣㅣ ○ 셔 이 찰기
赦後 ㅣㅣ ○ 셔 이 어버러
放他 놋타 ○ 신담비。又두다
教脫 벗겨내다 ○ 욱사람비

一百九十

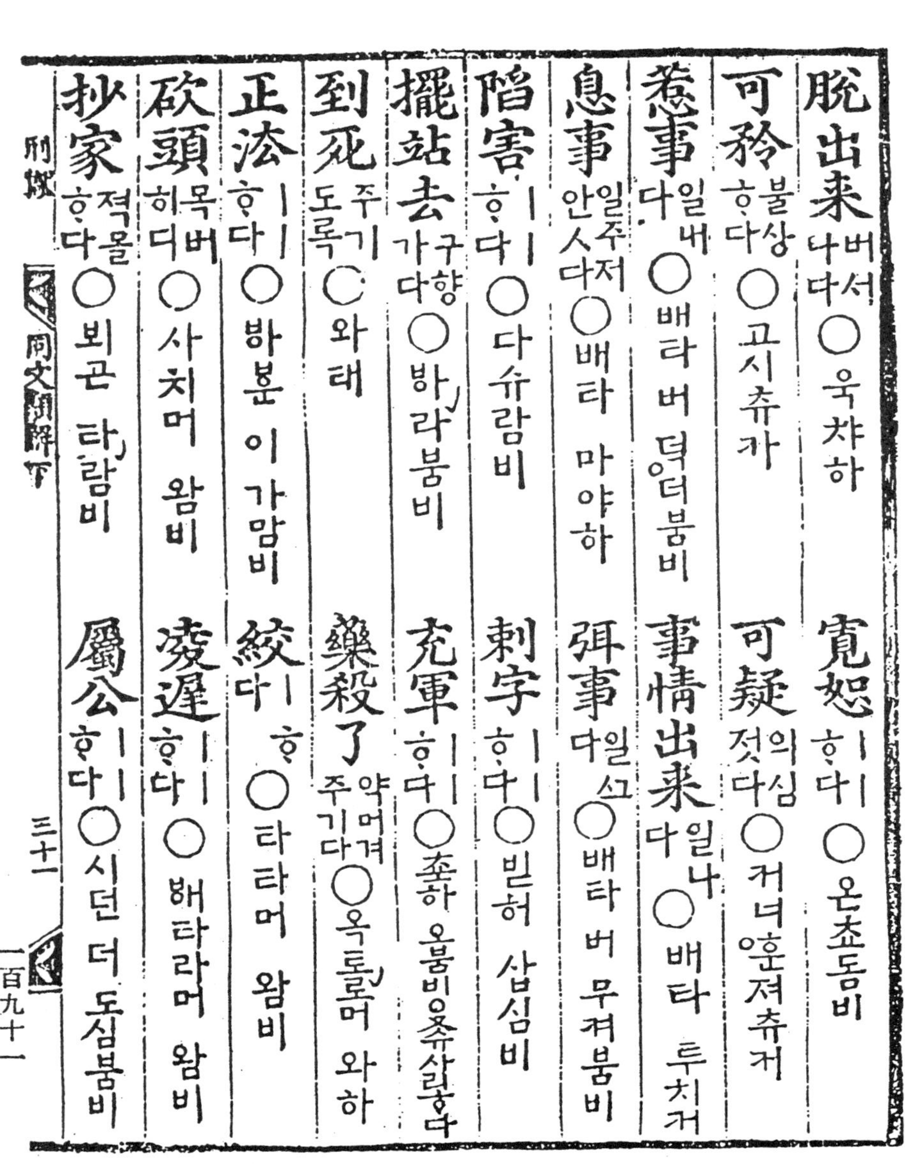

脫出來 버서나다 ○ 욱챠하

可矜 불샹ᄒᆞ다 ○ 고시츄가

惹事 일내다 ○ 배다버 덕더붐비

息事 일주저안ᄉᆞ다 ○ 배다 마야하

陷害 ㅣㅣᄒᆞ다 ○ 다슈람비

擺站去 구향가다 ○ 방라붐비

到死 주기도록 ○ 와래

正法 ㅣㅣᄒᆞ다 ○ 방분 이 가맘비

砍頭 목버히다 ○ 사치머 왐비

抄家 적몰ᄒᆞ다 ○ 뵈곤 타람비

寬恕 ㅣㅣᄒᆞ다 ○ 온쵸돔비

可疑 의심젓다 ○ 커너훈져츄거

事情出來 일나다 ○ 배다 투치거

弭事 일쓰다 ○ 배다버 무쳐붐비

刺字 ㅣㅣᄒᆞ다 ○ 빈허 삽심비

充軍 ㅣㅣᄒᆞ다 ○ 춍하 오붐비오츄삼랑ᄒᆞ다

藥殺了 약머겨주기다 ○ 옥로머 와하

絞 ㅣᄒᆞ다 ○ 타타머 왐비

凌遲 ㅣㅣᄒᆞ다 ○ 배타라머 왐비

屬公 ㅣㅣᄒᆞ다 ○ 시던더 도심붐비

國號

虞ㅣ○유

殷ㅣ○인

秦ㅣ○친

晉ㅣ○잔

唐ㅣ○탕

魯ㅣ○루

吳ㅣ○우

曹ㅣ○찬

陳ㅣ○천

夏ㅣ○햐

周ㅣ○쥭

漢ㅣ○한 一云니간

隋ㅣ○슈

宋ㅣ○숭

衛ㅣ○웨

越ㅣ○웨

鄭ㅣ○졍

蔡ㅣ○채

楚 ㅣ ○ 추　　趙 ㅣ ○ 쟈

魏 ㅣ ○ 위　　韓 ㅣ ○ 한

燕 ㅣ ○ 얀　　齊 ㅣ ○ 치

滕 ㅣ ○ 틍　　蜀 ㅣ ○ 수

元 ㅣ ○ 완　　明 ㅣ ○ 밍

朝鮮 ㅣㅣ ○ 쵸한　　高麗 ㅣㅣ ○ 솔호

滿洲 ㅣㅣ ○ 만쥬　　蒙古 ㅣㅣ ○ 몽고

倭子 왜 ○ 오즈　　㺚子 ㅣㅣ ○ 갈카 몽고

野人 ㅣㅣ ○ 쥬션 냘마

戲玩

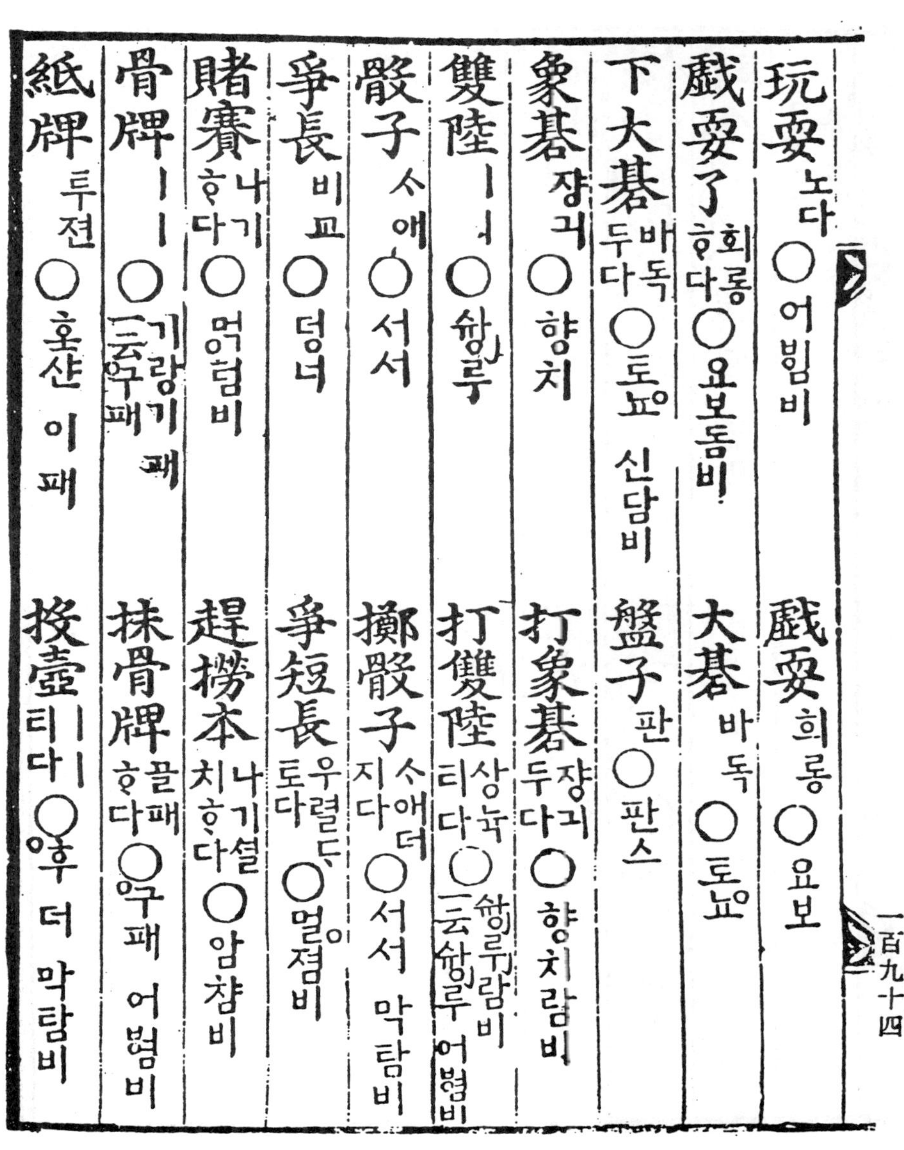

玩耍 노다 ○어빔비

戲耍 희롱 ○요보

戲耍了 희롱ᄒᆞ다 ○요보돔비

大碁 바독 ○토뇨

下大碁 바독두다 ○토뇨 신담비

盤子 판 ○판스

象碁 장긔 ○향치

打象碁 장긔두다 ○향치람비

雙陸 ㅣㅣ ○솽ᄅᆞ루

打雙陸 상뉵티다 ○솽ᄋᆞᆯ루ᄀᆞ람비 一云솽ᄋᆞᆯ루 어볌비

骰子 ᄉᆞ애 ○서서

擲骰子 ᄉᆞ애더지다 ○서서 막탐비

爭長 비교 ○덩녀

爭短長 우렬ᄃᆞ토다 ○멀졈이비

賭賽 나기ᄒᆞ다 ○머험비

趕撈本 나기설치ᄒᆞ다 ○암챰비

骨牌 ㅣㅣ ○기랑기패 一云우구패

抹骨牌 골패ᄒᆞ다 ○우구패 어볌비

紙牌 투젼 ○호산 이패

投壺 ㅣㅣ티다 ○우후 더 막탐비

一百九十四

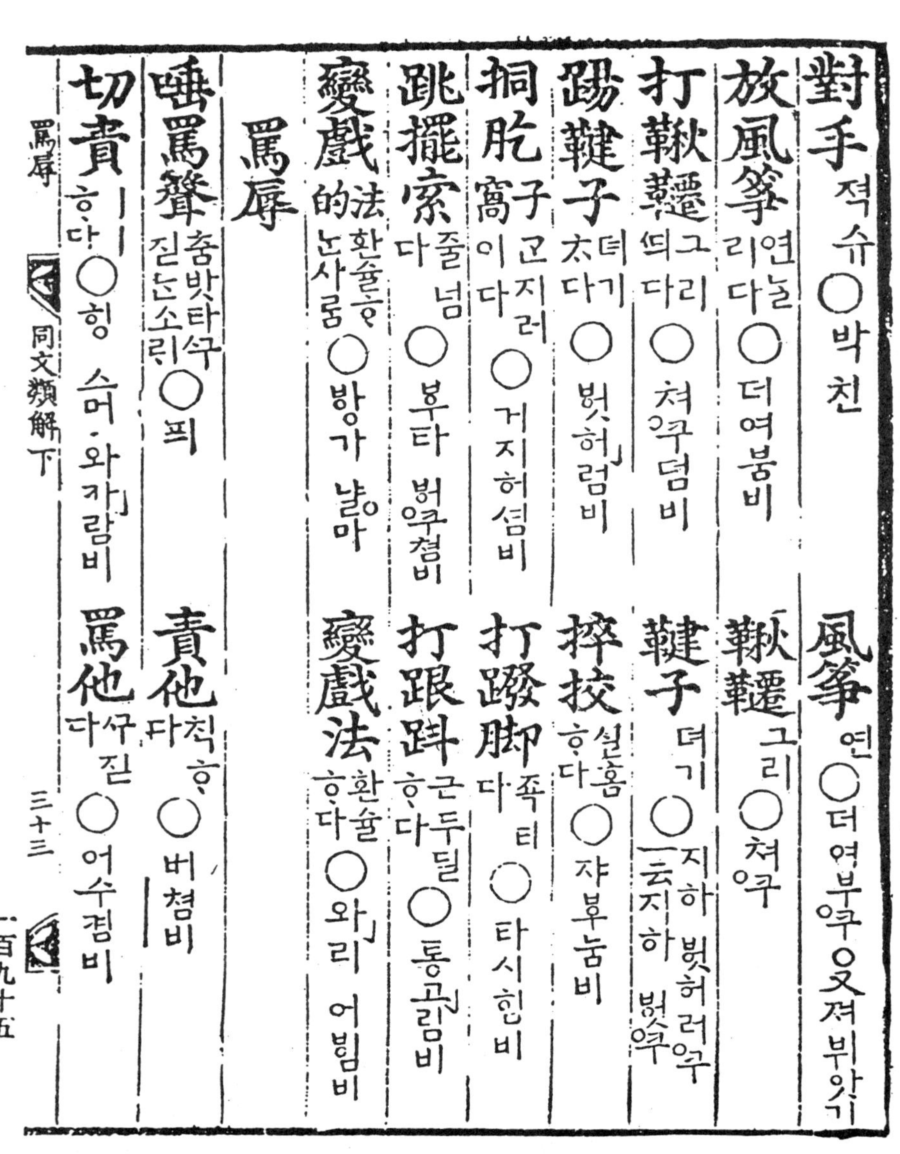

對手 젹슈 ○박친

風箏 연 ○더여부쿠 又 져부아기

放風箏 연늘리다 ○더여붐비

鞦韆 그리 ○쳐쿠

打鞦韆 그리띄다 ○쳐쿠뎜비

毽子 뎌기 ○지하 벗허러쿠 一云 지하 벗쿠

踢毽子 뎌기ᄎᆞ다 ○벗허럼비

摔跤 실홈ᄒᆞ다 ○쟈부눔비

挏肐子窩 고지러이다 ○거지허셤비

打蹬脚 족티다 ○타시힌비

跳擺索 줄넘다 ○부타 벙우쿠첨비

打跟蚪 근두딜ᄒᆞ다 ○통고림비

變戲法 환술ᄒᆞ다 ○와리 어범비

變戲法的 환술ᄒᆞᄂᆞᆫ사ᄅᆞᆷ ○방가 냥마

罵辱

唾罵聲 춤밧타ᄀᆞ진ᄂᆞᆫ소리 ○피

責他 칙ᄒᆞ다 ○비첨비

切責 ㅣㅣᄒᆞ다 ○힝 슈머 와가람비

罵他 ᄭᅮ진다 ○어수켬비

罵辱　同文類解下　三十三　一百九十五

罵話他 욕ᄒᆞ다 ○ 툼비

記恨 벼로다 ○ 셔염비

邪曲 ○ 묘시훈

心歪了 ᄆᆞᄋᆞᆷ기우다 ○ 왜우

嘴利害 부리사오납다 ○ 젹쇼

撒潑 패악히구다 ○ ᄋᆞᆼ광우샴비

惡他 뮈여ᄒᆞ다 ○ 우뱜비

可憎 뮙다 ○ 우뱌츄가

趂願 잘쾨셔니 ○ 상구샴비

僕役 죵ᄀᆞ치부리다 ○ 아하툼비

數落 수죄ᄒᆞ다 ○ 당심비

不肖 의젓디아니타 ○ 둘수기 아쿠 一云술훈 아쿠

恠詼的 괴망ᄒᆞ니 ○ 쾨통ㅍ

無㨾的 샹업다 ○ 무루 아쿠

光棍 무류비 ○ ᄋᆞᆼ광ᄋᆞᆫ

賤貨 몹시삼긴놈 ○ 부시

可惡的 뮈온것 ○ 우바다

可惡 파씸ᄒᆞ다 ○ 이뵨

作賤 쳔이부리다 ○ 아둥걍비

砍頭的 목버힐놈 ○ 와부루

一百九十六

王八子 淬 계집곤는 놈의씨 ○ 에후마 이 더비런

飛禽

禽 놀즘싱 ○ 갓하

鸞鳳 ㅣㅣ ○ 란 갓하

鳳凰 ㅣㅣ ○ 봉황

鳳雛 ㅣㅣ ○ 거루데

仙鶴 학 ○ 부러헌 一云 야다나

孔雀 ㅣㅣ ○ 토진

鸑鷟 ㅣㅣ ○ 이지분 녀허

翡翠 ㅣㅣ ○ 취쳐치거 一云 올간 쳐치거

鸚鵡 잉무 ○ 영구허

皂雕 수리 ○ 다민

天鵝 곤이 ○ 가루

鷺鷥 빅노 ○ 감시햐

紅鶴 다와기 ○ 호한

老鸛 한새 ○ 웨쥰

水鶴 가마오지 ○ 산

鴇子 너새 ○ 야후무두

江鷹 골며기 ○ 슉수ᅌᅣ후

花鷂 걸퀴여기 ○ 라후타

隨陽鳥 기러기 ○ 비간이 늉냐하

鷹 매 ○ 갸훈

海青 히동청 ○ 숑쿤

秋鷹 보라매 ○ 쟈바타 갸훈

籠鷹 슈진매 ○ ᅌᅣ훅션 갸훈

鷂子 새매 ○ 실ᅌ먼

鶖兒 되롱태 ○ 숑올

鷄鷹 쇼로기 ○ 혀부러

蛟母鳥 ᄇᆞ람가비 ○ 갈ᅌ만 허러ᅌᅣ후

抓物 ᄎᆞ다 ○ 쇼보롬비 ○又 지버ᄯᅳᆮ다

鵂鶹 부헝이 ○ 안츈 가라

夜猫 옷밤이 ○ 후샤후

野鷄 ᄭᅯᇰ ○ 올ᅌ후마

鵝子 거유 ○ 늉냐하

野鴨子 외올히 ○ 비간 이 녀허

鴨子 올히 ○ 녀허

鴿子 비들기 ○ ᅌ쥐치허

斑鳩 뫼ㅅ비들기 ○ 두두

一百九十八

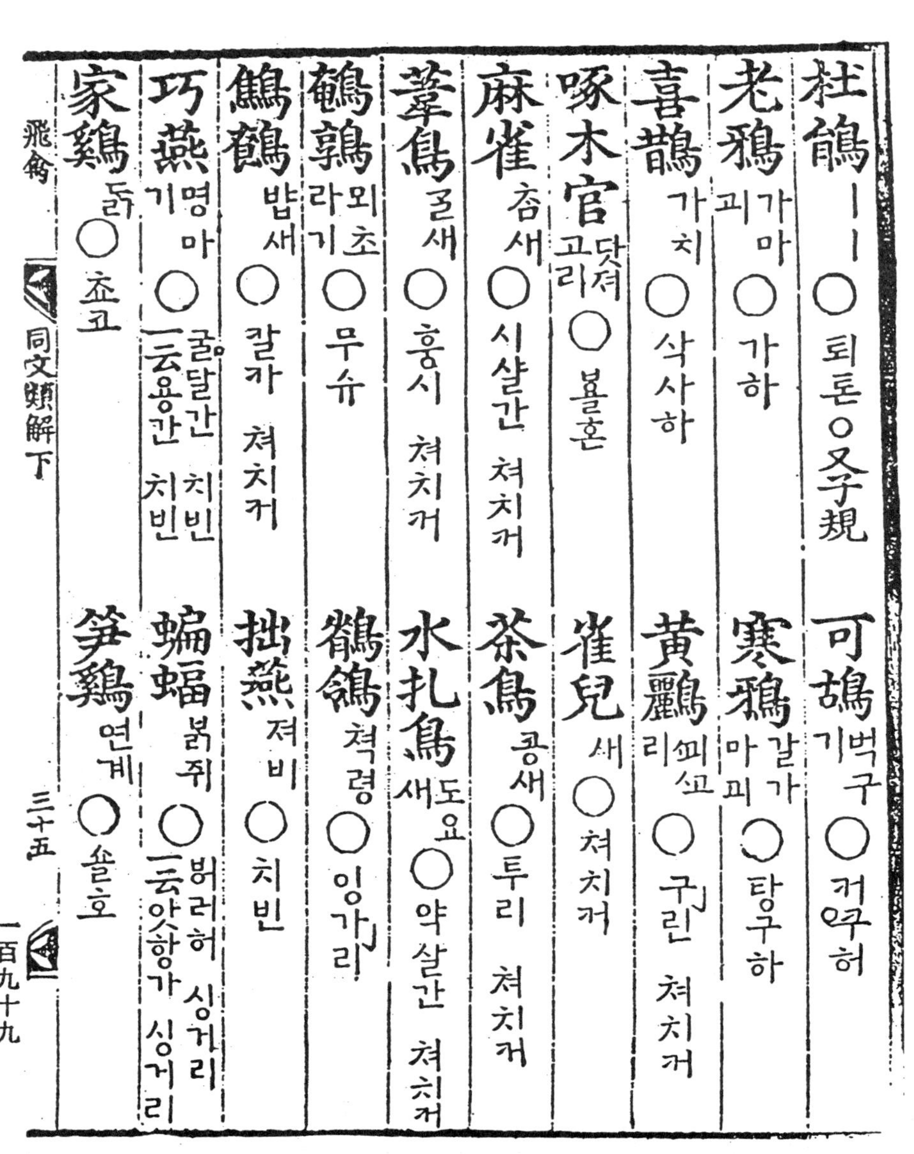

杜鵑 ㅣㅣ ○ 퇴톤 ○又子規

可鵓 벅구기 ○ 거우허

老鴉 가마괴 ○ 가하

寒鴉 갈가마괴 ○ 탕구하

喜鵲 가치 ○ 삭사하

黃鸝 꾀꼬리 ○ 구린 쳐치거

啄木官 닷져고리 ○ 볼혼

雀兒 새 ○ 쳐치거

麻雀 참새 ○ 시샬간 쳐치거

茶鳥 콩새 ○ 투리 쳐치거

葦鳥 굴새 ○ 훙시 쳐치거

水扎鳥 도요새 ○ 약샬간 쳐치거

鵪鶉 외초라기 ○ 무슈

鶺鴒 쳑령 ○ 잉가리

鵂鶹 밥새 ○ 갈가 쳐치거

拙燕 져비 ○ 치빈

巧燕 명마기 ○ 굴。달간 치빈 一云용간 치빈

蝙蝠 박쥐 ○ 버러허 싱거리 一云아슈항가 싱거리

家鷄 ᄃᆞᆰ ○ 쵸쿄

笋鷄 연계 ○ 솔호

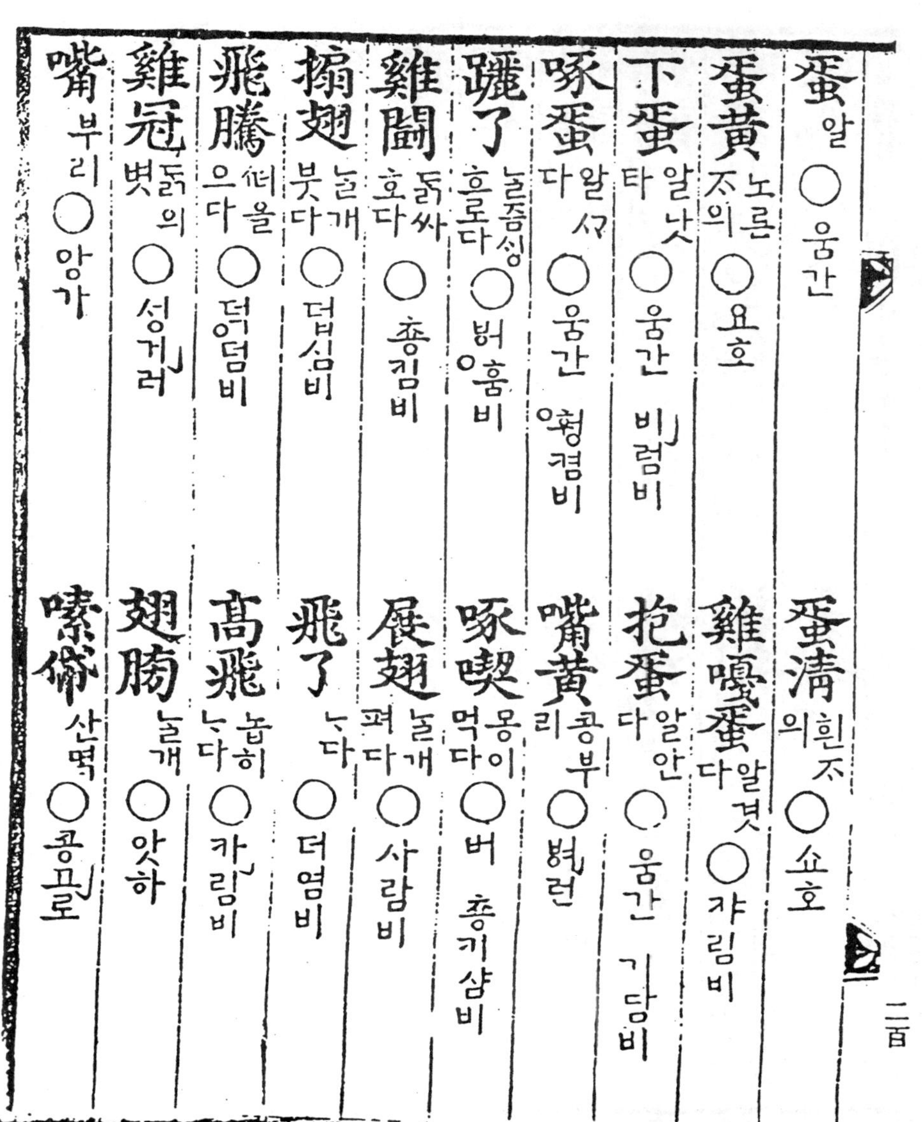

蛋 알 ○운간

蛋黃 노른ᄌᆞ의 ○요호

下蛋 알낫타 ○운간 비럼비

啄蛋 알ᄶᆞ다 ○운간 양켬비

蹝了 놀즘싱흘로다 ○버훔비

雞鬪 ᄃᆞᆰ싸호다 ○죵김비

搧翅 놀개붓다 ○뎝심비

飛騰 ᄯᅥ올으다 ○덕덤비

雞冠 ᄃᆞᆰ의볏 ○셩거러

嘴 부리 ○앙가

蛋清 흰ᄌᆞ의 ○쇼호

雞嘎蛋 알깃다 ○쟈림비

抱蛋 알안다 ○운간 기담비

嘴黃 공부리 ○변런

啄喫 몽이먹다 ○버 츙기샴비

展翅 놀개펴다 ○사람비

飛了 ᄂᆞ다 ○더염비

高飛 놉히ᄂᆞ다 ○카림비

翅膀 놀개 ○앗하

嗉俗 산멱 ○공끄로

二百

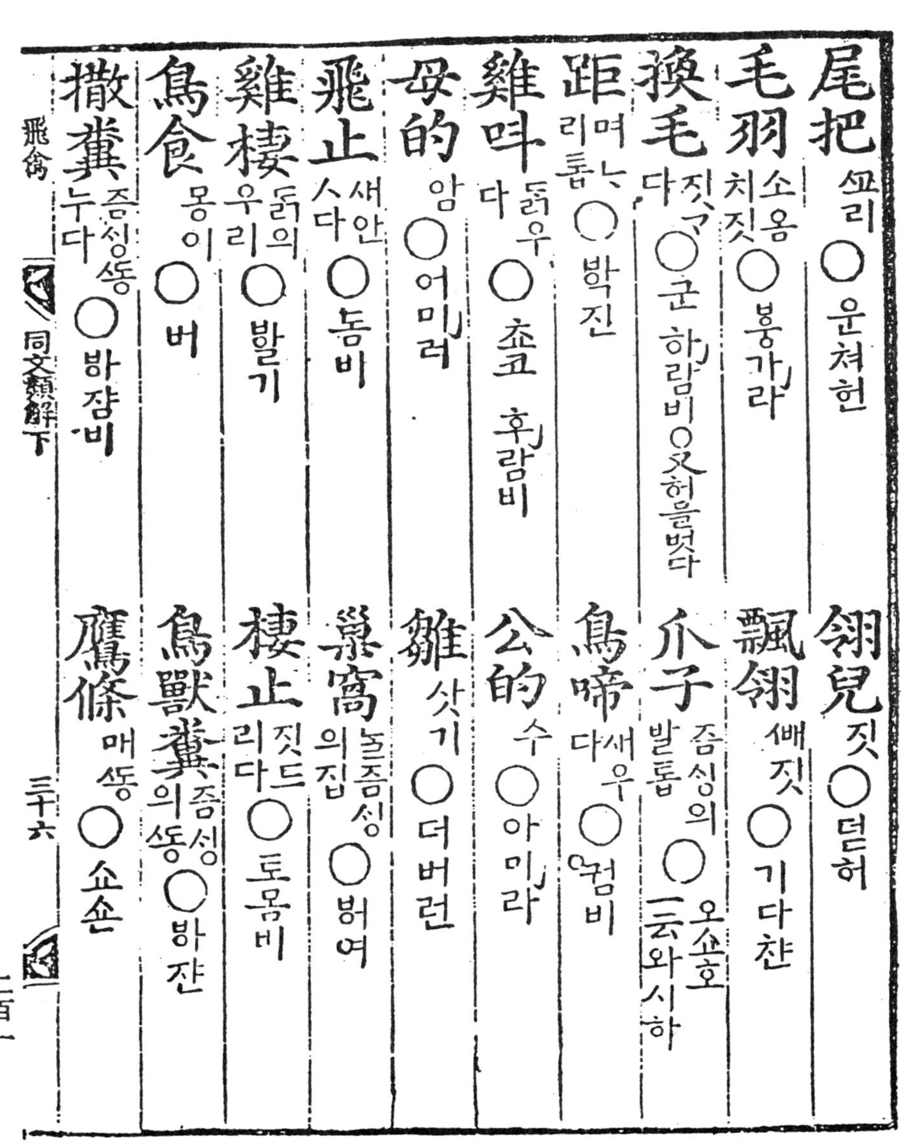
尾把 ᄭᅩ리 ○운쳐헌
翎兒 짓 ○뎐허
毛羽 소옴치짓 ○붕가라
飄翎 ᄊᆡ짓 ○기다챤
換毛 짓ᄀᆞᆯ다 ○군하람비 ○又허믈벗다
爪子 즘싱의발톱 ○오쇼호 ○又와시하
距 며ᄂᆞ리톱 ○박진
鳥啼 새우다 ○검비
雞叫 ᄃᆞᆰ우다 ○쵸 후람비
公的 수 ○아미라
母的 암 ○어미러
雛 삿기 ○더버련
飛止 새안ᄉᆞ다 ○돔비
巢窩 놀즘싱의집 ○벙여
雞棲 ᄃᆞᆰ의우리 ○발기
棲止 짓드리다 ○토몸비
鳥食 몽이 ○버
鳥獸糞 즘싱의똥 ○바쟌
撒糞 즘싱똥누다 ○바쟝비
鷹條 매똥 ○쇼숀

飛禽 同文類解 下 三十六 二百一

走獸

獸 긜즘싱 ○ ㅇ굴우

獅子 ㅣㅣ ○ 알사란

老虎 범 ○ 탓하

母虎 암범 ○ 비련 탓하

斑 어룽 ○ 버드리

牲口 通稱즘싱 ○ 울ㅇ하

馬 몰 ○ 모린

騍馬 암몰 ○ 거 모린

青馬 총이몰 ○ 부란 모린

麒麟 ㅣㅣ ○ 키린

象 코기리 ○ 수반

公虎 수범 ○ 무한 탓하

豹虎 표범 ○ 얄하 ○又豹皮

兕 들쇼 ○ 부하 ㅇ굴우

牲口群 즘싱의 무리 ○ 아둔

兒馬 수몰 ○ 아질간 모린

白馬 ㅣㅣ ○ 수루 모린

赤馬 절따몰 ○ 절더 모린

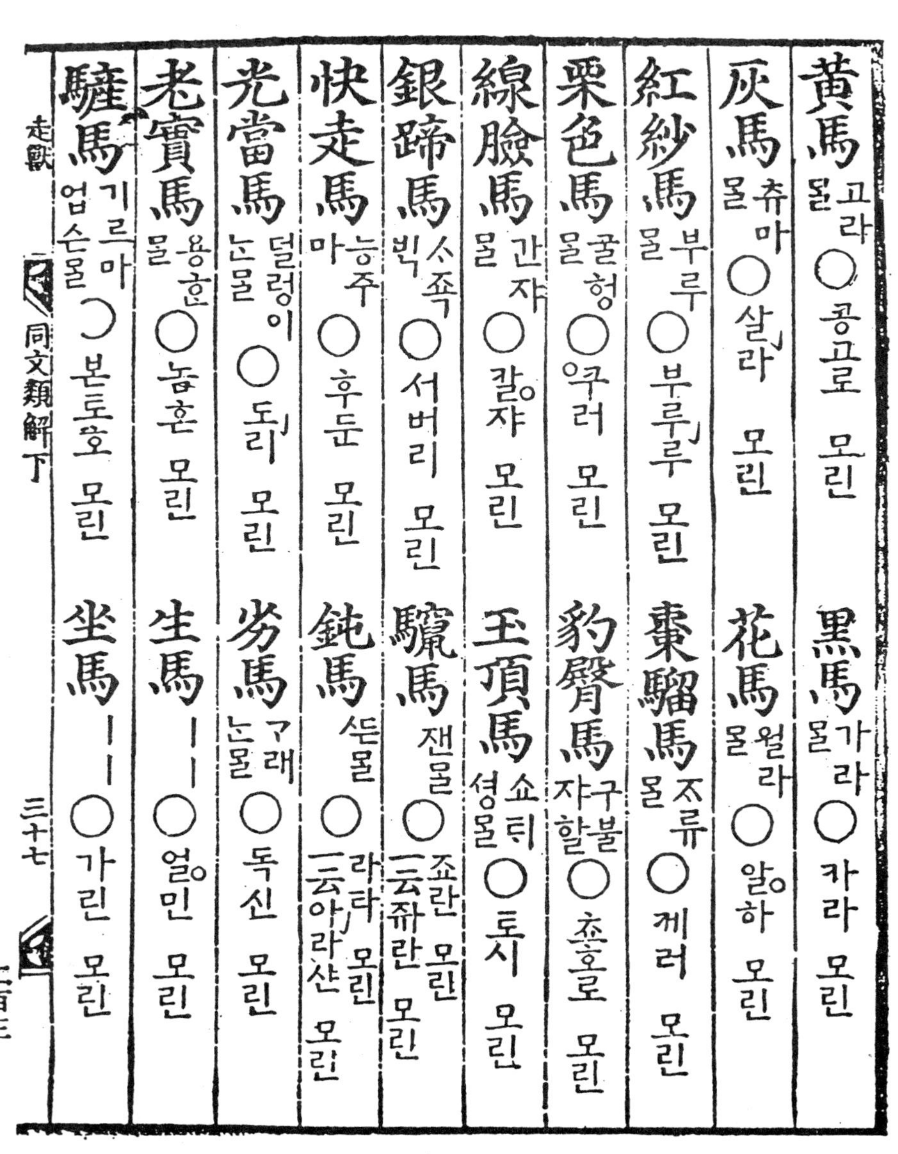

黃馬 고라 몰 ○ 공고로 모린

黑馬 가라 몰 ○ 카라 모린

灰馬 츄마 몰 ○ 살라 모린

花馬 월라 몰 ○ 알하 모린

紅紗馬 부루 몰 ○ 부루루 모린

棗騮馬 ᄌᆞ류 몰 ○ 제러 모린

栗色馬 굴헝 몰 ○ 우구러 모린

豹臀馬 구불 자할 ○ 쵸호로 모린

線臉馬 간쟈 몰 ○ 칼쟈 모린

玉頂馬 쇼티 셩몰 ○ 토시 모린

銀蹄馬 소족 빅 ○ 서버리 모린

驪馬 잰몰 ○ 죠란 모린 一云 쥬란 모린

快走馬 능주 마 ○ 후둔 모린

鈍馬 쓴몰 ○ 라타 모린 一云 아라산 모린

光當馬 덜렁이 눈몰 ○ 도리 모린

劣馬 ᄀᆞ래 눈몰 ○ 독신 모린

老實馬 용훈 몰 ○ 놈훈 모린

生馬 ㅣㅣ ○ 얼민 모린

騸馬 기르마 업슨몰 ○ 본토호 모린

坐馬 ㅣㅣ ○ 가린 모린

馬駒子 마아지 ○우나한
馬胸膛 몰가슴 ○줍옹쿤

迎鞍 몬다회 ○니더
馬蹄子 몰굽 ○와한

毛 털 ○부녀허
脖鬃 갈기 ○더룬

馬尾子 몰총 ○시카
騸了 불티다 ○악다람비

馬嘶 몰우다 ○모린 인참비
拉馬 몰잇그다 ○우투럼비 一云 알흔후담비

騎馬 몰트다 ○야룸비 一云모리람비
疊騎 어울트다 ○순다람비

馬走走 몰걸리다 ○옥소룸비
拍馬 몰채려돌리다 ○답김비

放馬 몰노하돌리다 ○놀옹훔붐비
口硬 아귀세다 ○앙가 치라

吊乾汗 몰뚬드리다 ○소욤비
單蹄𨇤 외알녜다 ○마타람비

啃青 풀뜨더먹다 ○상갸비
飲馬 몰믈머기다 ○모린 머럼비

二百四

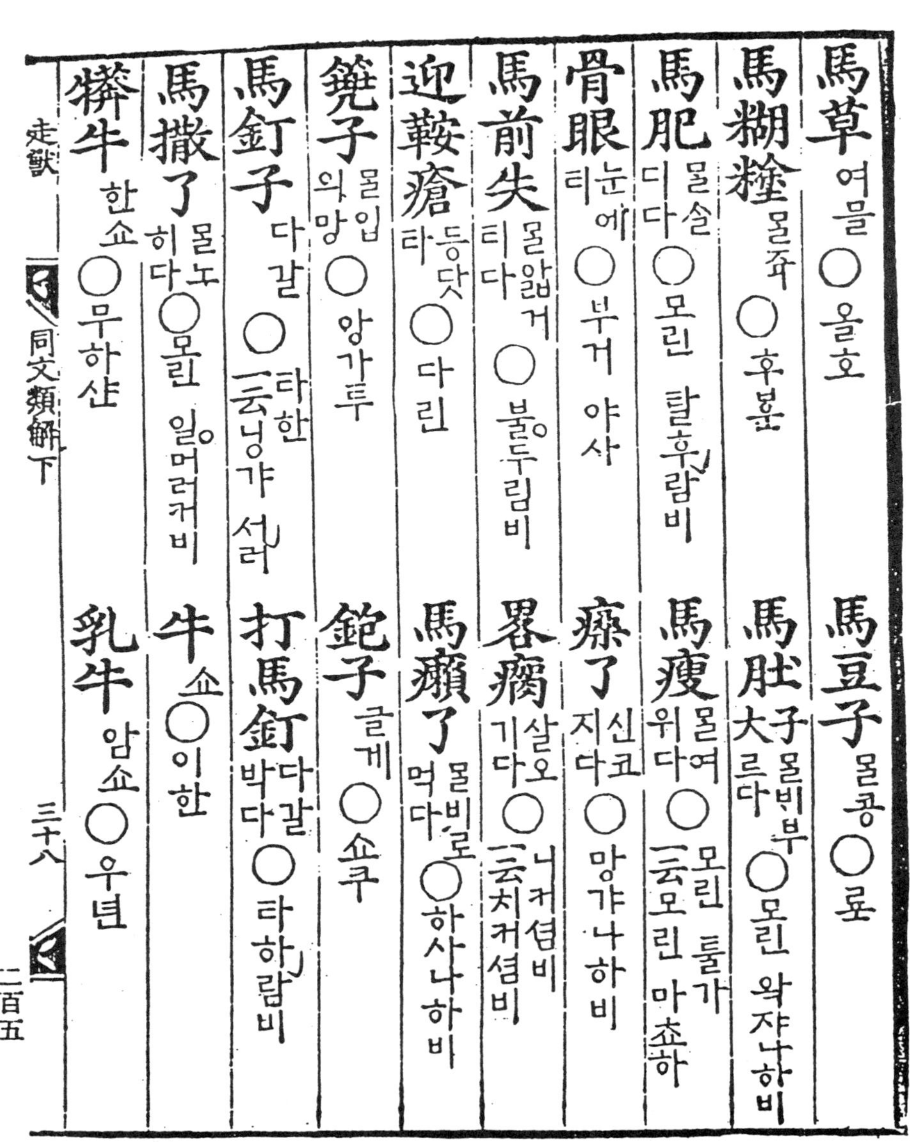

馬草 여믈 ○올호
馬豆子 몰콩 ○룬
馬糊粧 몰쥭 ○후분
馬肚子大 몰빈부르다 ○모린 와쟈나하비
馬肥 몰솔디다 ○모린 탈후람비
馬瘦 몰여위다 ○모린 툴가 一云모린 마쵸하
骨眼 눈에티 ○부거 야사
瘵了 신코지다 ○망갸나하비
馬前失 몰앏거티다 ○불。두림비
暑瘸 살오기다 ○니커섬비 一云치커섬비
迎鞍瘡 등닷다 ○다린
馬癩了 몰비로먹다 ○하사나하비
鐙子 몰입의망 ○앙가투
鉋子 글게 ○쇼쿠
馬釘子 다갈 ○다한 一云닝갸 설러
打馬釘 다갈박다 ○타하람비
馬撒了 몰노히다 ○모린 일。머러커비
牛 쇼 ○이한
犏牛 한쇼 ○무하샨
乳牛 암쇼 ○우년

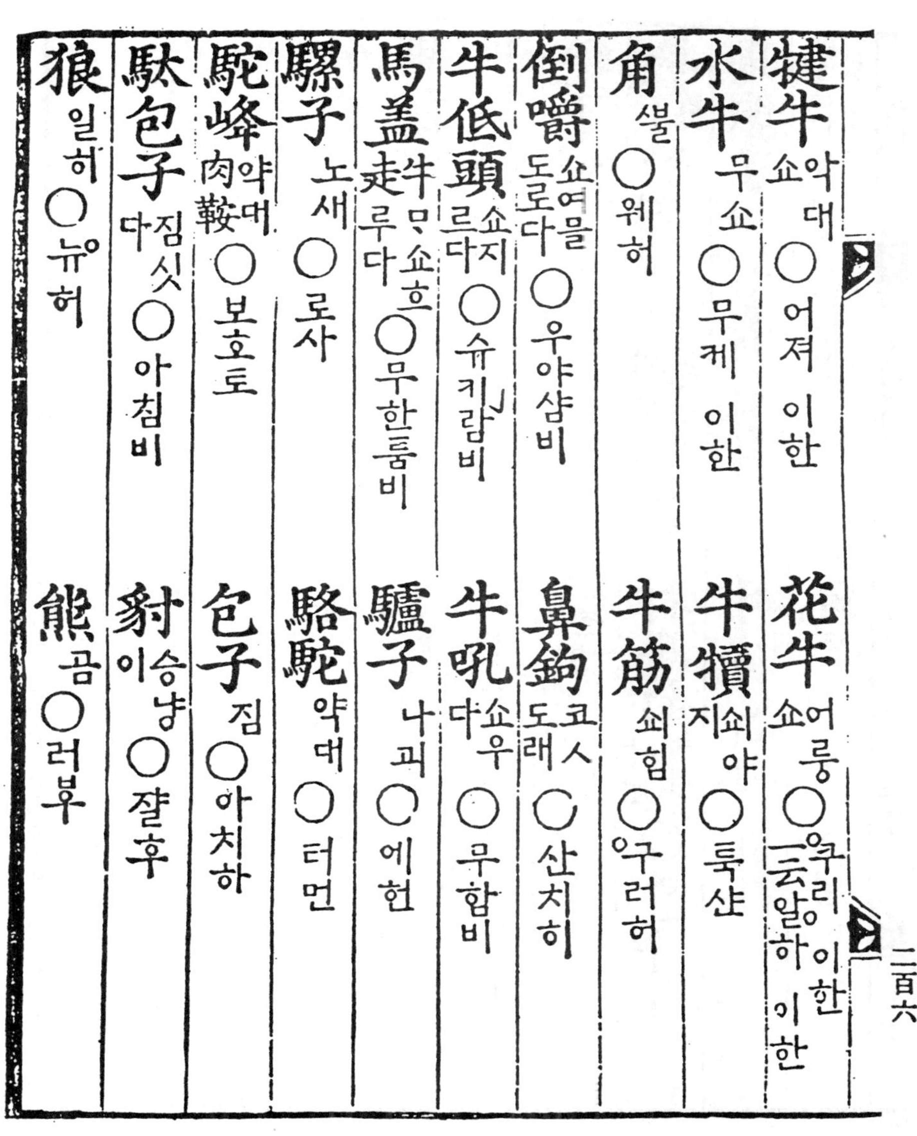

犍牛 악대쇼 ○어져 이한

水牛 무쇼 ○무게 이한

角 쁠 ○워허

倒嚼 쇼여믈 도로다 ○우야샴비

牛低頭 쇼지르다 ○슈키람비

馬盖牛走 모쇼ᄒᆞ루다 ○무한룸비

騾子 노새 ○로사

駝峰 약대肉鞍 ○보호토

馱包子 짐싯다 ○아침비

狼 일히 ○뉴ᅌ허

花牛 어룽쇼 ○우리 이한 一云알하 이한

牛犢 쇠야지 ○룩샨

牛筋 쇠힘 ○우구러허

鼻鉤 코ㅅ도래 ○산치히

牛吼 쇼우다 ○무함비

驢子 나괴 ○에헌

駱駝 약대 ○터먼

包子 짐 ○아치하

豺 승냥이 ○쟐후

熊 곰 ○러부

二百六

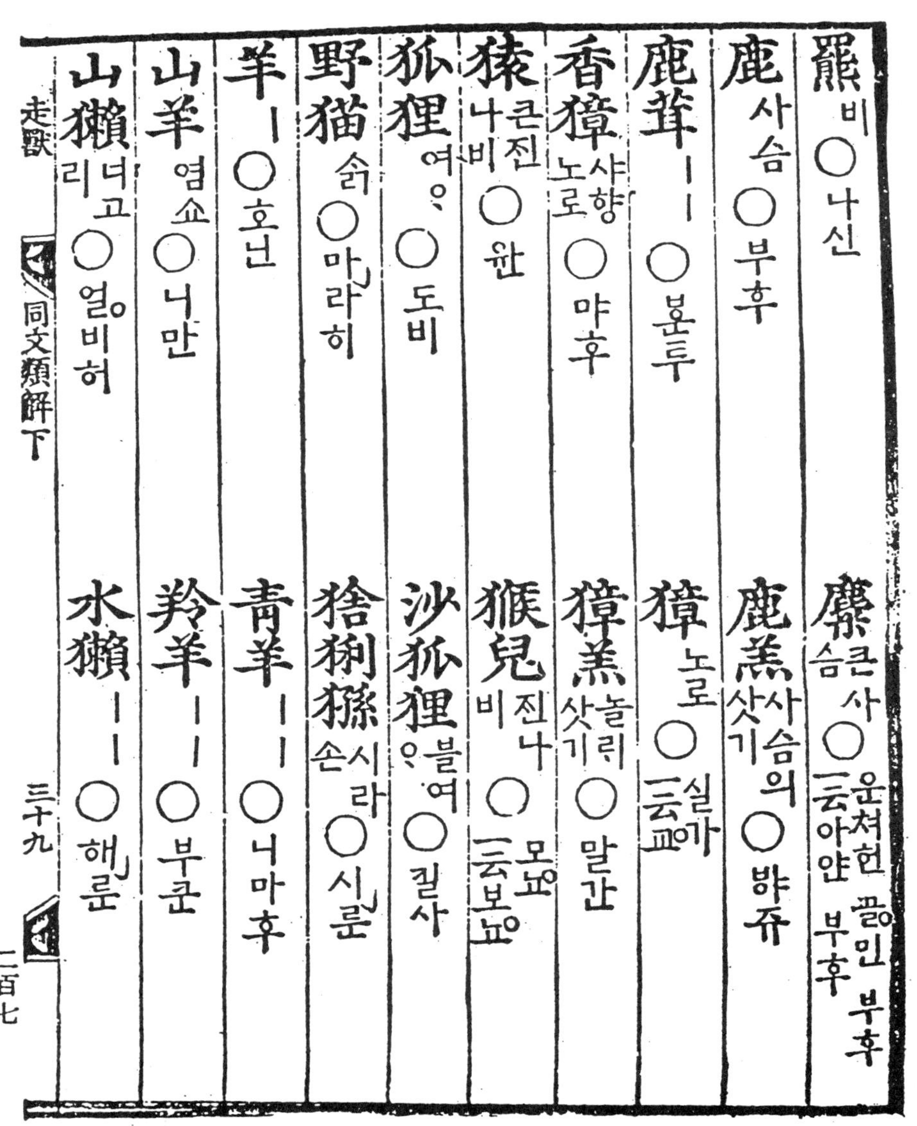

羆 비 ○나신

麋 큰사슴 ○운쳐헌 끌인 부후 一云 아얀 부후

鹿 사슴 ○부후

鹿羔 사슴의 삿기 ○뱌쥬

鹿茸 ㅣㅣ ○뵨투

獐 노로 ○실가 一云 교

香獐 사향노로 ○먀후

獐羔 노리삿기 ○말간

猿 큰진나비 ○완

猴兒 진나비 ○모뇨 一云 보뇨

狐狸 여우 ○도비

沙狐狸 블여우 ○킬사

野猫 숡 ○말라히

猞猁猻 시라손 ○시룬

羊 ㅣ ○호닌

青羊 ㅣㅣ ○니마후

山羊 염쇼 ○니만

羚羊 ㅣㅣ ○부쿤

山獺 너고리 ○얼ᅌ비허

水獺 ㅣㅣ ○해룬

獾子 오소리 ○돌곤
貂鼠 돈피 ○서커

臊鼠 담뷔 ○할사
黃鼠 족져비 ○소로히

松鼠 드라미 ○쥬마라
鼢鼠 두더쥐 ○묵툰

耗子 쥐 ○싱거리
鼠鑽孔 쥐구무 둛다 ○싱거리 밤비

兔兒 톳기 ○굴ㆁ마훈
天馬 흰톳기 ○친다한

刺蝟 고솜돗 ○성거
猪 돗 ○올ㆁ갼

兒猪 ㅣㅣ ○미한
山猪 ㅣㅣ ○애다갼

猪拱地 ᄯᅡ뒤지다 ○분투람비
刨地 ᄯᅡ허위다 ○와시하샴비

搖尾把 ᄶᅩ리티다 ○시허셤비
狗 개 ○인다훈

狗滓子 개삿기 ○냐한
香狗 산영개 ○마다리 인다훈

二百八

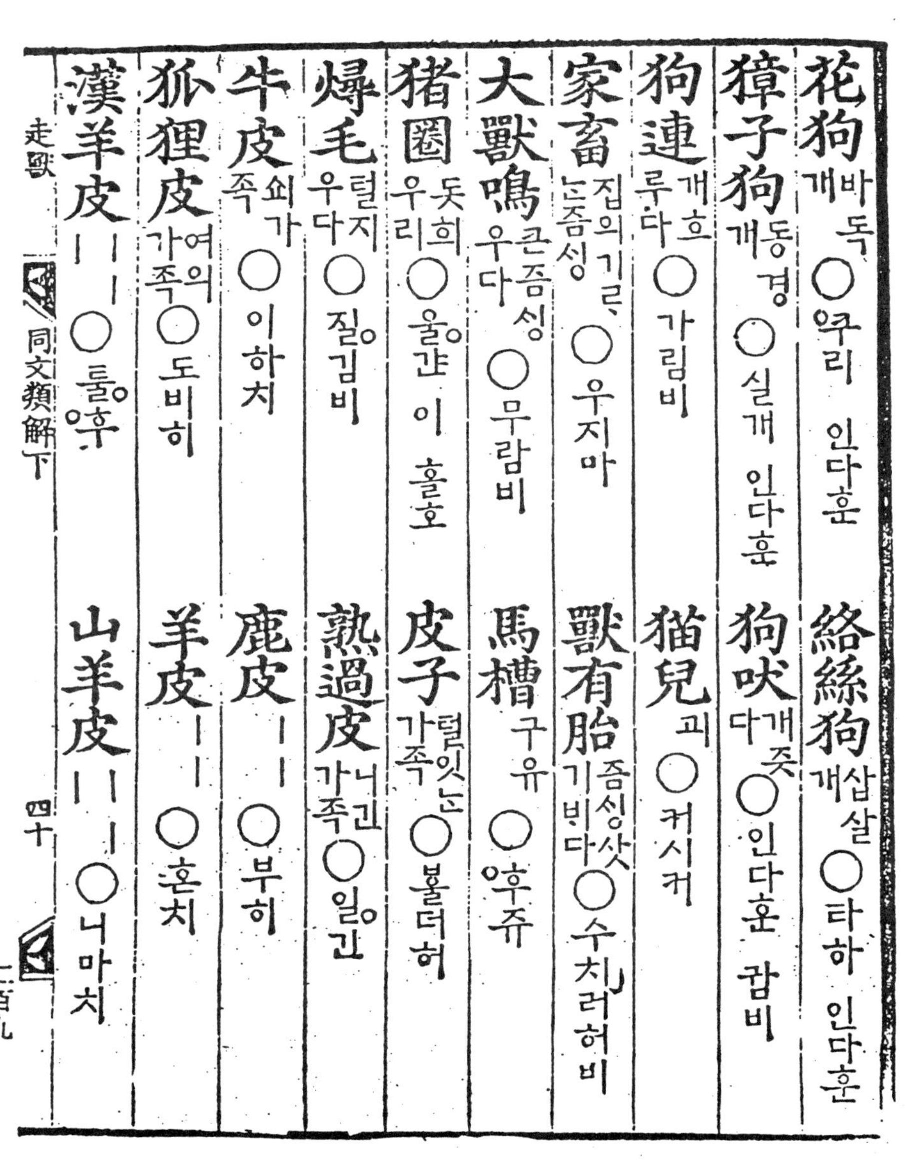

花狗 개바독 ○우리 인다훈

獐子狗 개동경 ○실개 인다훈

狗連 개흐루다 ○가림비

家畜 집의 기르ᄂᆞᆫ즘ᄉᆡᆼ ○우지마

大獸鳴 큰즘ᄉᆡᆼ우다 ○무람비

猪圈 돗희우리 ○울ᄀᆞᆫ 이 ᄒᆞᆯ호

燖毛 털지우다 ○질。김비

牛皮 쇠가족 ○이하치

狐狸皮 여의가족 ○도비히

漢羊皮 ㅣㅣㅣ ○룰。ᄋᆞ후

絡絲狗 개삽살 ○타하 인다훈

狗吠 개즛다 ○인다훈 캄비

猫兒 괴 ○커시커

獸有胎 즘ᄉᆡᆼ삿기비다 ○수치러허비

馬槽 구유 ○ᄋᆞ후쥬

皮子 털잇ᄂᆞᆫ가족 ○불더허

熟過皮 니긴가족 ○일。간

鹿皮 ㅣㅣ ○부히

羊皮 ㅣㅣ ○혼치

山羊皮 ㅣㅣㅣ ○니마치

灰鼠皮 셔피 ○울。우후

天馬皮 ||| ○친다한 챠비

秋板 털빗됴가족 ○베러치

毛厚 털붑다 ○부녀허 루우쿠

毛短 털빗다 ○부녀허 날가

珍珠毛 희모 ○챠키리

風毛 소옴치 ○능가리

猪皮 ||| ○울。갸치

皮股子 츼란 ○사린

靑黍皮 ||| ○셤피

熟皮 가족니기다 ○수쿠 우염비

皮條 가족오리 ○우셔

鞼皮 무듸질ᄒᆞ다 ○탈。김비

楺槎 가족부븨다 ○수쿠 몬짐비

水族

龍 | ○무두리

蛟龍 되룡룡 ○쟈ᇢ 무두리

魚 믈고기 ○니마하

鯉魚 || ○무쥬우후

二百十

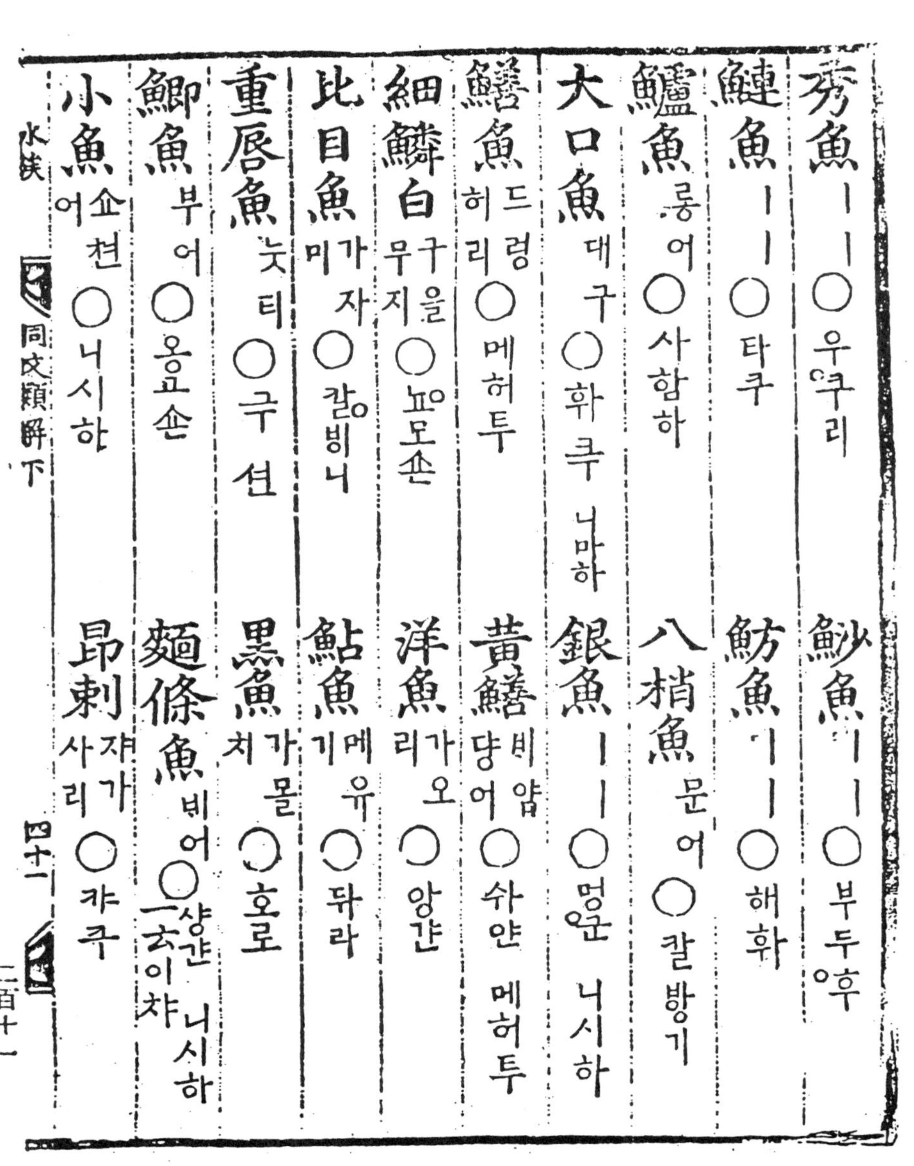

秀魚 ㅣㅣ ○우쿠리

鰱魚 ㅣㅣ ○타쿠

鱸魚 룽어 ○사함하

大口魚 대구 ○화쿠 나마하

鱔魚 드렁허리 ○메허투

細鱗白 구을무지 ○뇨모숀

比目魚 가자미 ○갈빙니

重脣魚 눗티 ○구션

鯽魚 부어 ○옹요숀

小魚 쇼쳔어 ○니시하

魦魚 ㅣㅣ ○부두후

魴魚 ㅣㅣ ○해화

八梢魚 문어 ○칼방기

銀魚 ㅣㅣ ○멍군 니시하

黃鱔 비얌댱어 ○슈얀 메허투

洋魚 가오리 ○양간

鮎魚 메유기 ○뒤라

黑魚 가물치 ○호로

麪條魚 비어 ○상간 니시하 一云이챠

昂刺 자가사리 ○캬쿠

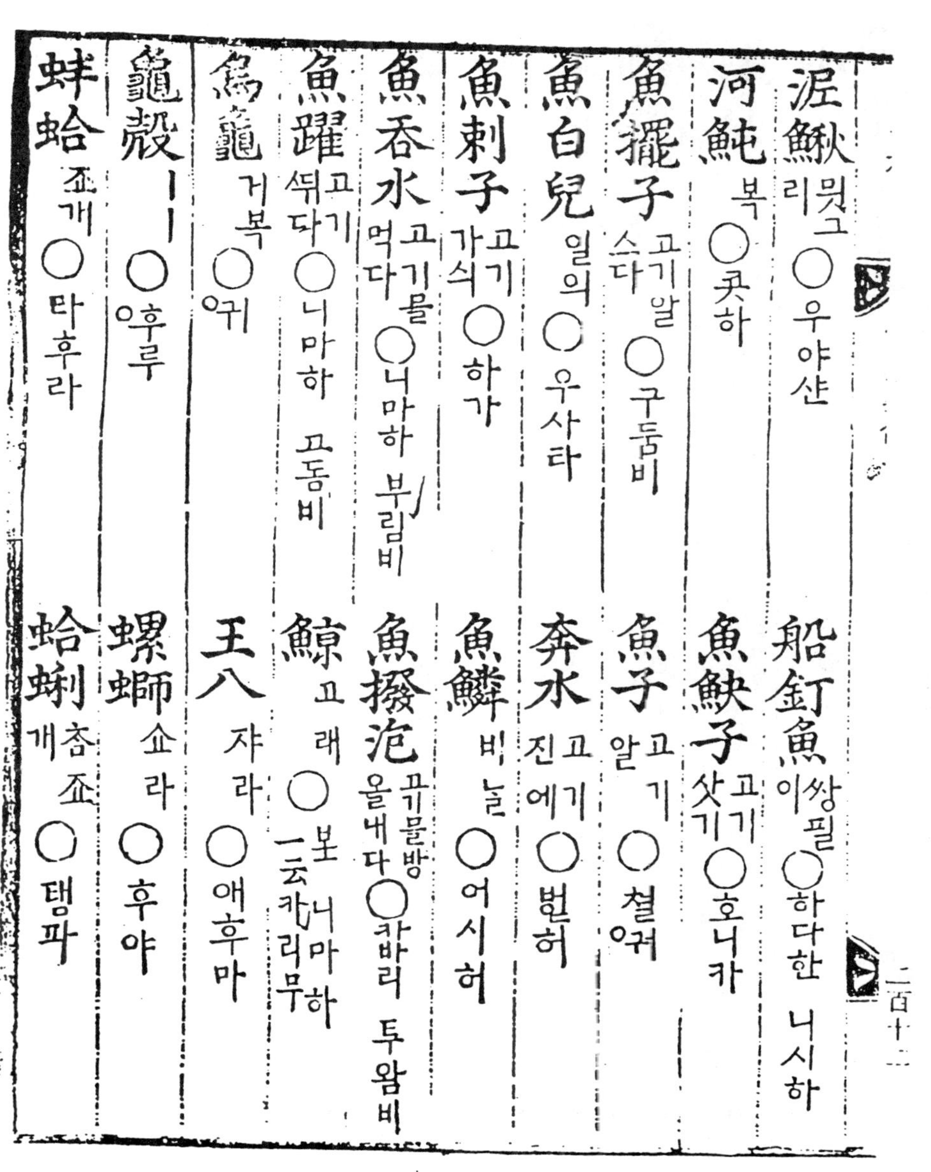

泥鰍 믯그리 ○우야샨

河魨 복 ○훗하

魚擺子 고기알 ᄡᅳ다 ○구둠비

魚白兒 일의 ○우사타

魚刺子 고기가싀 ○하가

魚吞水 고기믈먹다 ○니마하 부림비

魚躍 고기ᄠᅱ다 ○니마하 ᄭᅩ돔비

烏龜 거복 ○ᅌ귀

龜殼 丨丨 ○ᅌ후루

蚌蛤 죠개 ○타후라

船釘魚 이쌍필 ○하다한 니시하

魚鈌子 고기삿기 ○호니카

魚子 고기알 ○철ᅌ겨

奔水 고기진에 ○번허

魚鱗 비늘 ○어시허

魚撥沲 고기믈방올내다 ○캬바리 투왐비

鯨 고래 ○보니마하 一云캬리무

王八 쟈라 ○애후마

螺螄 쇼라 ○후야

蛤蜊 참죠개 ○탬파

二百十二

淡菜 홍합 ○ 우뵤

海蔘 ㅣㅣ ○ 키지미

石蟹 가재 ○ 하시마

螃蠏 게 ○ 카투리 一云 팡해

蠏鉗 게엄지발 ○ 하비라쿠 又 집게버레

癩蝦蟆 옴두터비 ○ 부ᅌ후

蝦蟆 두터비 ○ 왁샨

青蛙 개구리 ○ 쥬리

蝌蚪 올창이 ○ 쿄키

田雞 머구리 ○ 얼허

蝦兒 새요 ○ 삼파

昆虫

蟒 굴헝이 ○ 쟙쟌

長虫 ᄇᆡ얌 ○ 메허

馬蛇子 도마ᄇᆡ얌 ○ 영셜권

蟠繞 서리다 ○ 하얌비

蜿蜒 굼틀굼틀ᄒᆞ다 ○ 하얄ᆼ쟘비

大蝴蝶 범나븨 ○ 거벙허

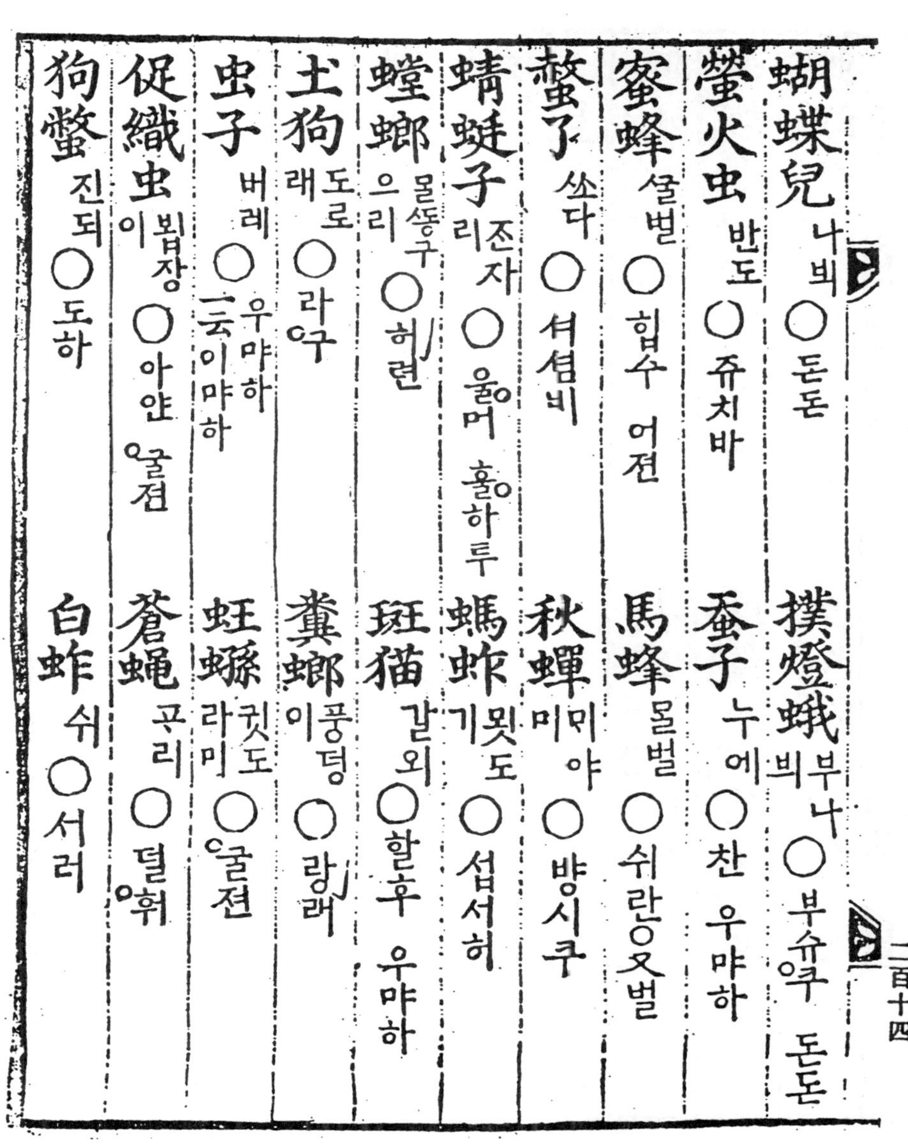

蝴蝶兒 나뵈 ○ 돈돈

撲燈蛾 부나뵈 ○ 부슈쿠 돈돈

螢火虫 반도 ○ 쥬치바

蚕子 누에 ○ 찬 우마하

蜜蜂 꿀벌 ○ 힙수 어젼

馬蜂 몰벌 ○ 쉬란ᄋᆞ벌

螫了 쏘다 ○ 서셥비

秋蟬 미야미 ○ 뱡시쿠

蜻蜓子 존자리 ○ 울ᄋᆞ머 훌ᄋᆞ하투

螞蚱 묏도기 ○ 섭서허

螳螂 몰똥구리 ○ 허련

斑猫 갈외 ○ 할후 우마하

土狗 도로래 ○ 라ᄋᆞ구

糞蜋 풍뎅이 ○ 랑래

虫子 벌레 ○ 우마하 ᄀᆞ이마하

蚟蟀 귓도라미 ○ ᄋᆞ굴젼

促織虫 뵙장이 ○ 아얀 ᄋᆞ굴젼

蒼蠅 파리 ○ 덜ᄋᆞ훠

狗蠅 진되 ○ 도하

白蚱 쉬 ○ 서러

二百十四

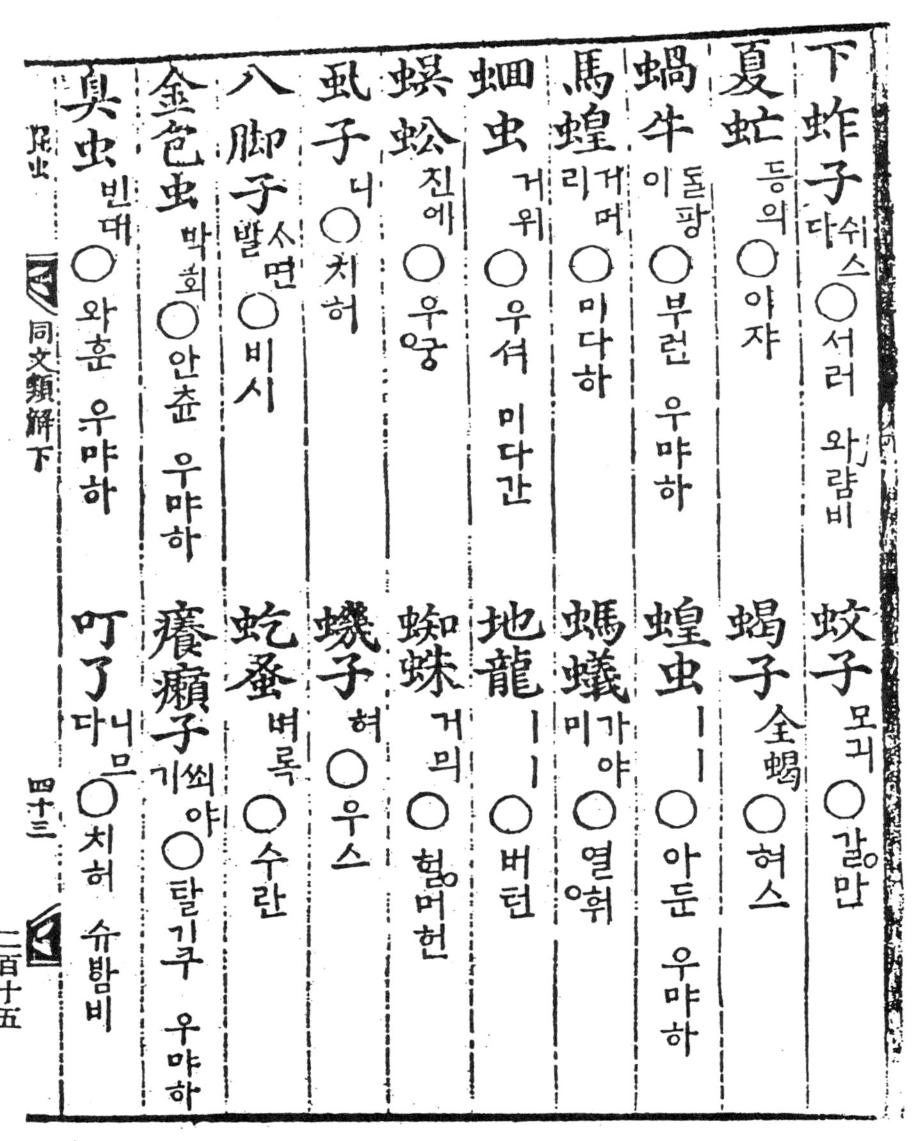
下蚱子 쉬스다 ○서러 와랑비
蚊子 모긔 ○갈。만
夏虻 등의 ○야쟈
蝎子 全蝎 ○허스
蝸牛 돌팡이 ○부런 우마하
蝗虫 ㅣㅣ ○아둔 우마하
馬蝗 거머리 ○미다하
螞蟻 가야미 ○열워
蛔虫 거위 ○우셔 미다간
地龍 ㅣㅣ ○버턴
蜈蚣 진에 ○우궁
蜘蛛 거믜 ○헐。머헌
虱子 니 ○치허
蟣子 혀 ○우스
八脚子 소면발 ○비시
虼蚤 벼록 ○수란
金包虫 박회 ○안츈 우마하
癢癩子 씌야기 ○탈기쿠 우마하
臭虫 빈대 ○와훈 우마하
叮了 니므다 ○치허 슈밤비

蛆虫 귀더기 ○여여　蠐螬 굼벙이 ○버비기

蛀虫 좀 ○뱌루　陰生虫 ᄒᆞ루사리 ○오요

樹木

樹 나모 ○모　椿樹 춘나모 ○춘 모

松樹 소나모 ○쟈단 모　匾松 측빅 ○매라순 모

杉松 젓나모 ○삭신 모　果松樹 잣나모 ○홀돈 모

杉木 잇개나모 ○완다하 모　梧桐 ㅣㅣ나모 ○우퉁 모

桑樹 뽕나모 ○니마란 모　楊樹 버들나모 ○불하 모

柳樹 개ㅅ버들 ○보도호 모　垂楊 ㅣㅣ ○로리 보도호

白楊樹 ㅣㅣ나모 ○아미다 모　白榆樹 느릅나모 ○해란 모

二百十六

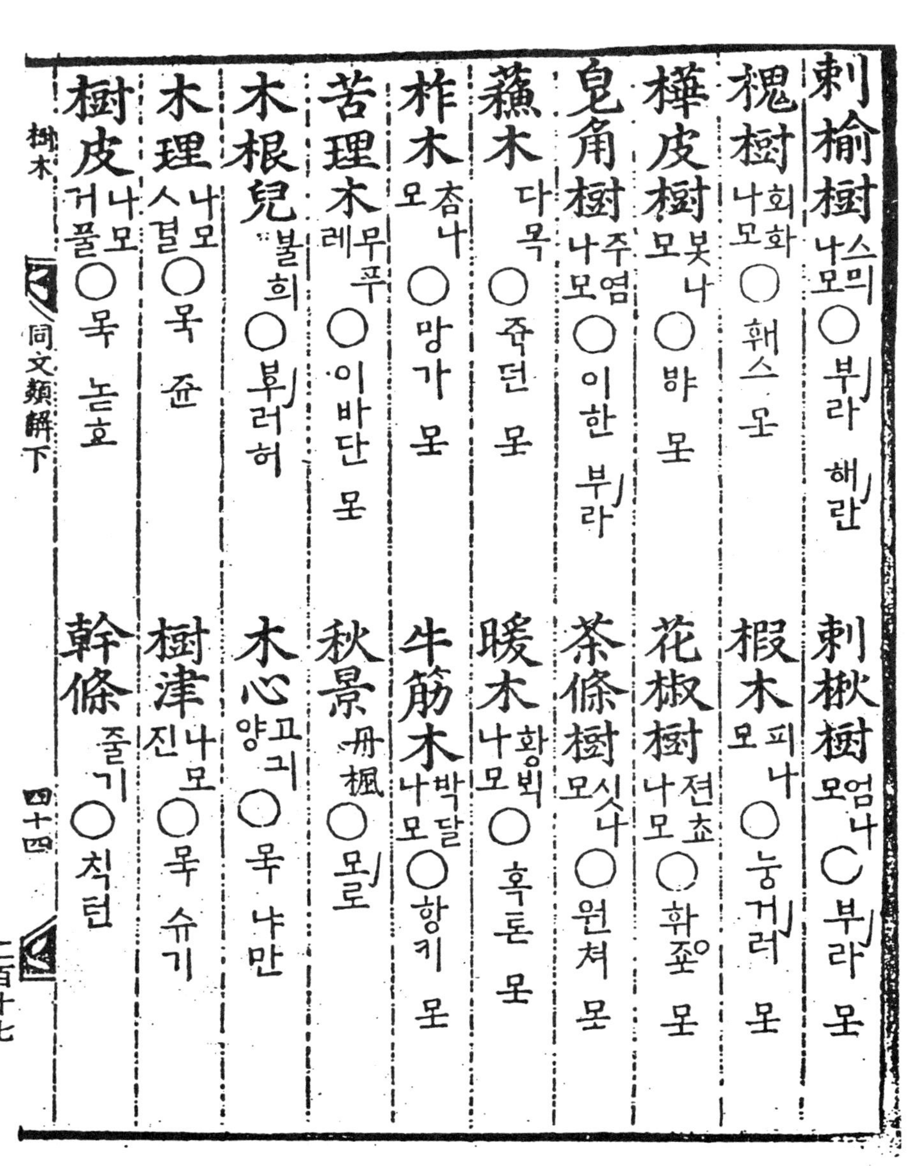

枝條 가지 ○갈갼
樹節 나모무딕 ○목 쟈란

樹節子 나모공이 ○목 부루
葉兒 닙 ○압다하

葉黃 닙누르다 ○압다하 소롬비
彫落 〃ᄒᆞ다 ○시함비

虫蛀木 나모좀먹다 ○모 워러너허
松針 솔닙 ○사타

柳絮 버들개야지 ○잉가리
竹 대 ○츄스 모

斑竹 〃 ○일강가 츄스 모
荊條 싸리 ○쇄화

藤蘿 딩딩이너출 ⊙후샤 시런
林 수플 ○부쟌

山林 樹木거ᄒᆞ딕 ○워지
叢 퍼괴 ○불둔

木頭銼 토막 ○붕쿠
板子 널 ○운더헌

鉅末 톱밥 ○불순

二百十八

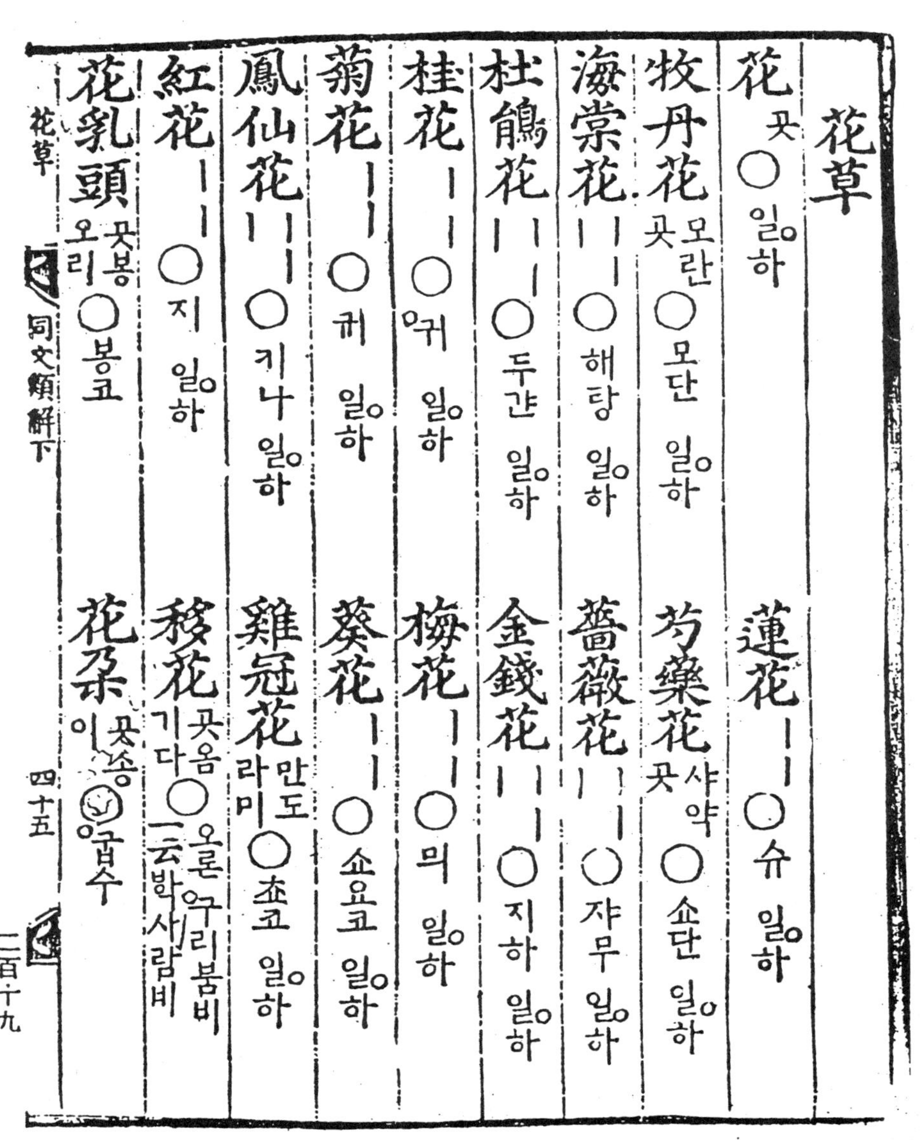

花草

花 곳 ○ 일。하

牧丹花 모란곳 ○ 모단 일。하

海棠花 ㅣㅣ ○ 해당 일。하

杜鵑花 ㅣㅣ ○ 두갼 일。하

桂花 ㅣㅣ ○ ㅇ귀 일。하

菊花 ㅣㅣ ○ 귀 일。하

鳳仙花 ㅣㅣ ○ 키나 일。하

紅花 ㅣㅣ ○ 지 일。하

花乳頭 곳봉오리 ○ 봉코

蓮花 ㅣㅣ ○ 슈 일。하

芍藥花 샤약곳 ○ 쇼단 일。하

薔薇花 ㅣㅣ ○ 쟈무 일。하

金錢花 ㅣㅣ ○ 지하 일。하

梅花 ㅣㅣ ○ 믜 일。하

葵花 ㅣㅣ ○ 쇼요코 일。하

雞冠花 만도라미 ○ 쵸코 일。하

稄花 곳옴기다 ○ 오론우리붐비 一云박사람비

花朶 곳송이 ○ ㅇ곱수

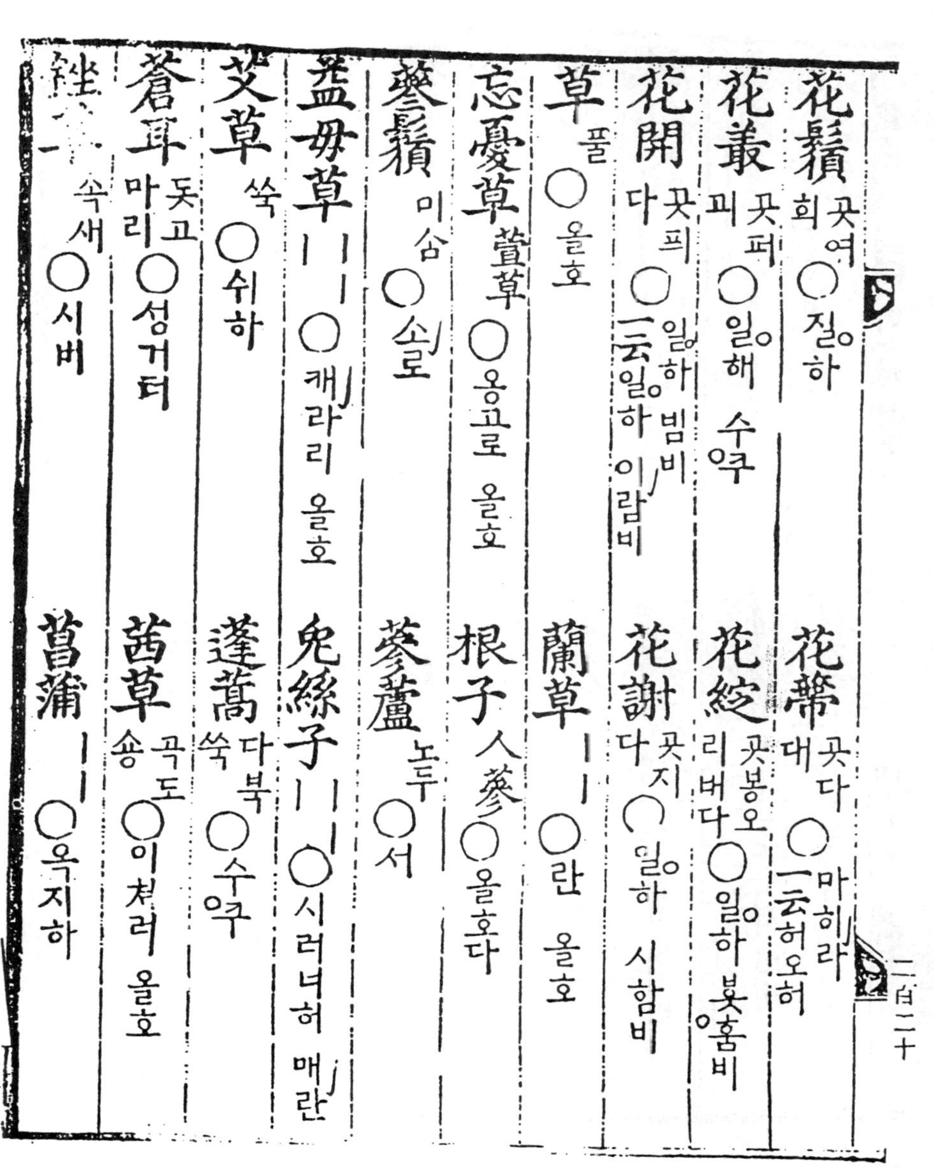

花鬚 곳여희 ○질。하

花蕊 곳퍼피 ○일。해 수약

花開 곳피다 ○일。하 범비 一云일。하 이람비

草 풀 ○올호

忘憂草 萱草 ○옹고로 올호

蔘鬚 미삼 ○솔로

益母草 ㅣㅣ ○캐라리 올호

艾草 쑥 ○쉬하

蒼耳 도고마리 ○성거더

雜[illegible] 속새 ○시버

花蔕 곳다대 ○마히라 一云허오허

花綻 곳봉오리버다 ○일。하 봇훔비

花謝 곳지다 ○일。하 시함비

蘭草 ㅣㅣ ○란 올호

根子 人蔘 ○올호다

蔘蘆 노두 ○서

兎絲子 ㅣㅣ ○시러녀허 매란

蓬蒿 다북쑥 ○수약

茜草 곡도송 ○이쳐러 올호

菖蒲 ㅣㅣ ○옥지하

二百二十

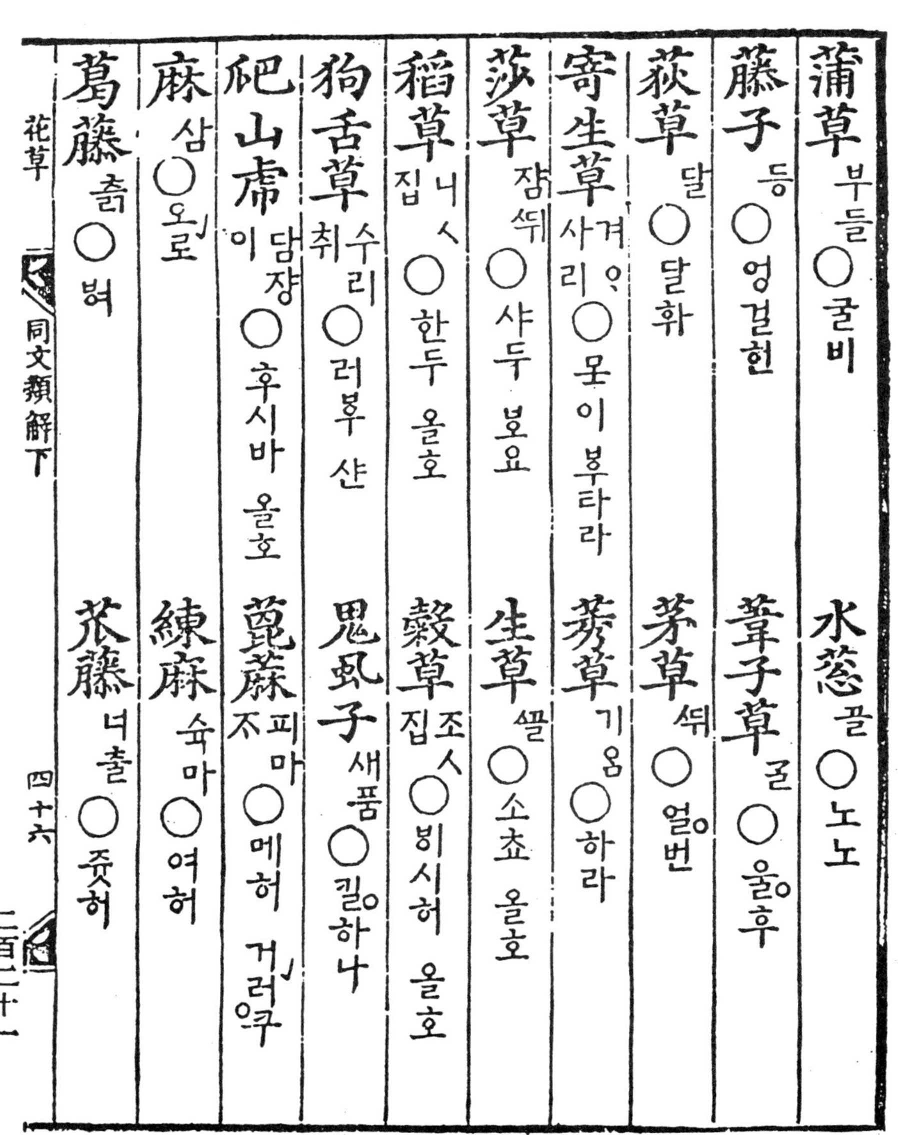

蒲草 부들 ○굴비
水葱 골 ○노노
藤子 등 ○엉걸헌
葦子草 골 ○울ᅌ후
荻草 달 ○달화
茅草 쒸 ○얼ᅌ번
寄生草 겨ᄋᆞ사리 ○모이 부타라
莠草 기음 ○하라
莎草 잠쒸 ○샤두 보요
生草 쌜 ○소쵸 올호
稻草 니ᄉ집 ○한두 올호
穀草 조ᄉ집 ○비시허 올호
狗舌草 수리취 ○러부 샨
鬼虱子 새품 ○길ᅌ하나
爬山虎 담장이 ○후시바 올호
蓖麻子 피마ᄌ ○메허 거려쿠
麻 삼 ○오로
練麻 숙마 ○여허
葛藤 츩 ○버
菸藤 너출 ○주쳐허

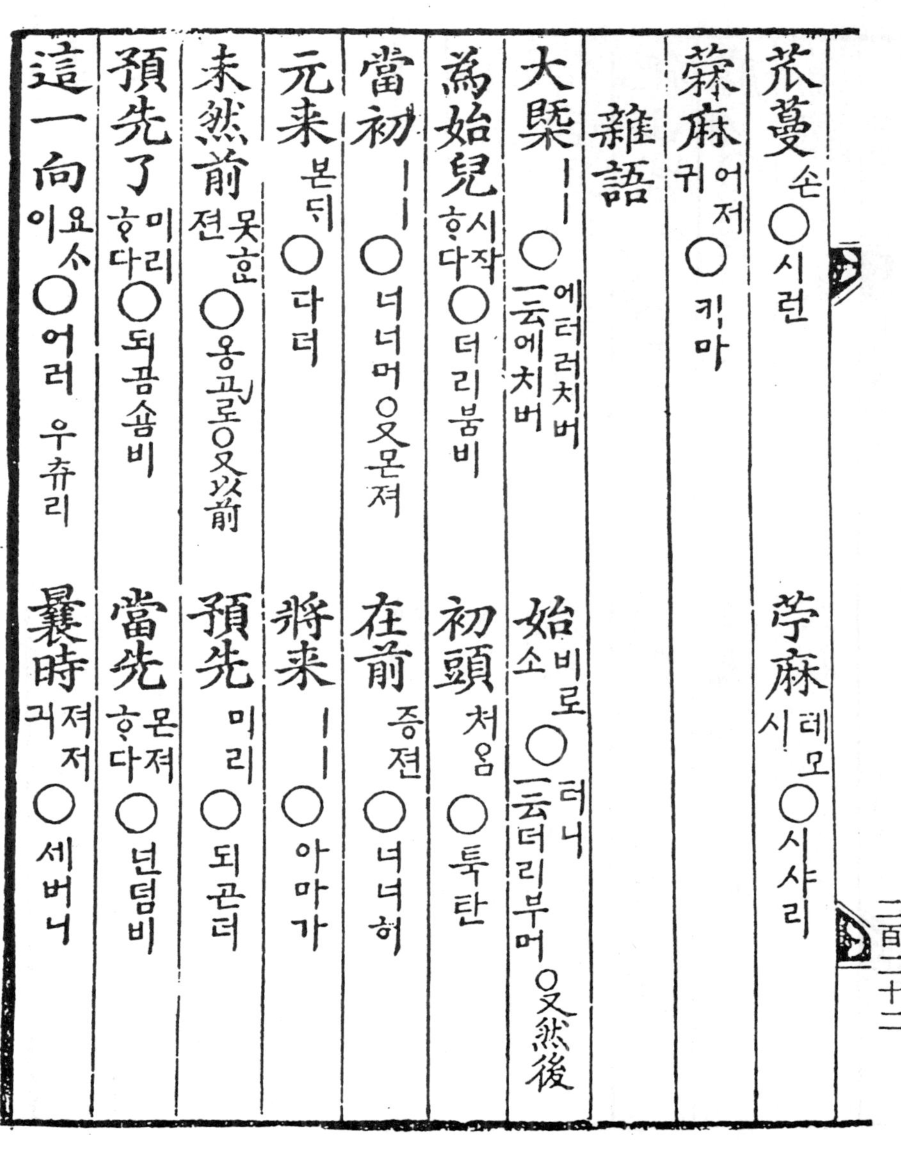

苾蔓 손○시런

苧麻 례모시○시샤리

蘋麻 어저귀○키마

雜語

大槩 ㅣㅣ○에더러치버 一云에치버

始 비로소○더니 一云더리부머○又然後

爲始兒 시작ᄒᆞ다○더리붐비

初頭 처음○툭탄

當初 ㅣㅣ○너너머○又몬져

在前 증젼○너너히

元来 본디○다더

將来 ㅣㅣ○아마가

未然前 못ᄒᆞᆫ젼○옹고로○又以前

預先 미리○되곤더

預先了 미리ᄒᆞ다○되곰숌비

當先 몬져ᄒᆞ다○넌덤비

這一向 요ᄉᆞ이○어러 우츄리

曩時 져저긔○세버니

二百二十二

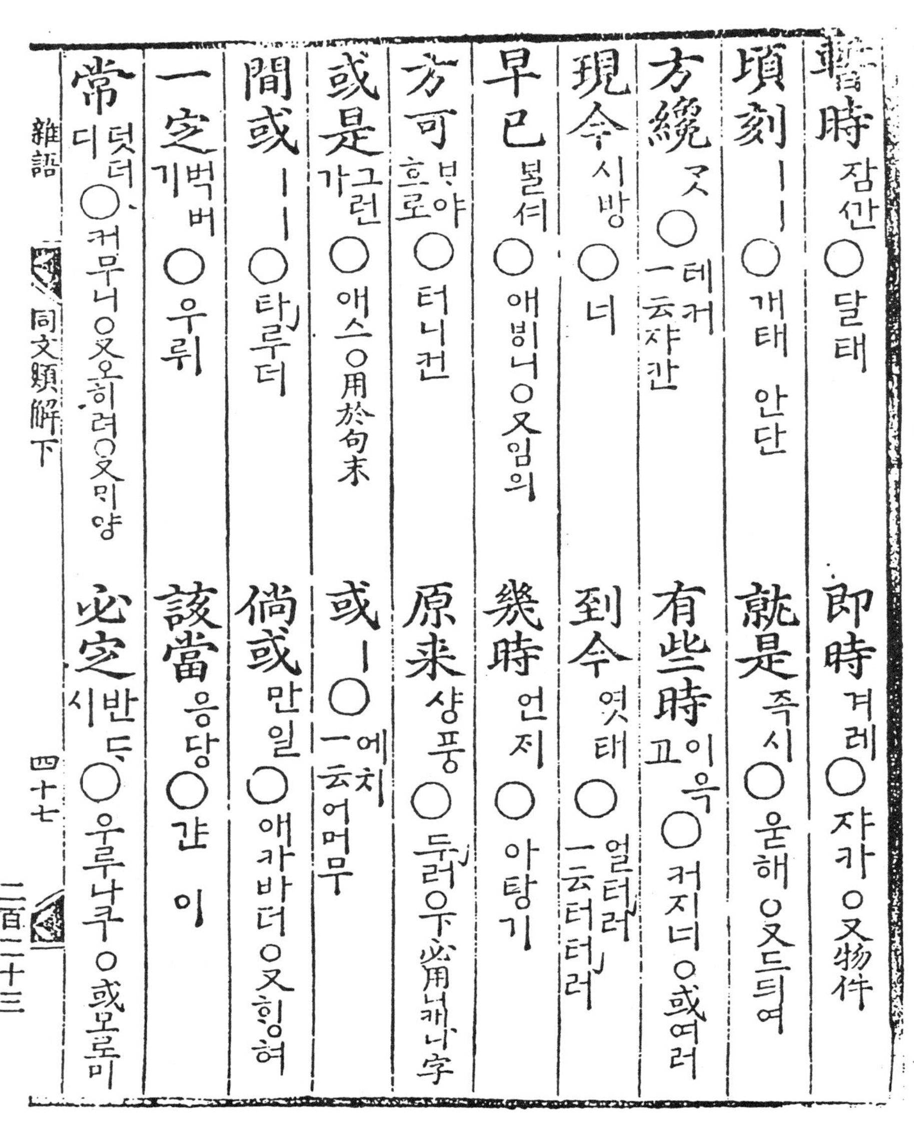

暫時 잠깐 ○ 달태
即時 겨레 ○ 쟈카 ○又物件

頃刻 ㅣㅣ ○ 개태 안단
就是 즉시 ○ 운해 ○又드듸여

方纔 ᄀᆞᆺ ○ 테거 一云쟈간
有些時 이윽고 ○ 커지너 ○或여러

現今 시방 ○ 너
到今 엿태 ○ 얼터러 一云터터러

早已 볼셔 ○ 애빙나 ○又임의
幾時 언제 ○ 아탕기

方可 보야흐로 ○ 터니권
原来 샹풍 ○ 두러우 下必用니캬나字

或是 그런가 ○ 애스 ○用於句末
或ㅣ ○ 에치 一云어머무

間或 ㅣㅣ ○ 타루더
倘或 만일 ○ 애카바더 ○又힝혀

一定 벅벅이 ○ 우뤄
該當 응당 ○ 갸 이

常 덧덧이 ○ 커무니 ○又오히려 ○又미양
必定 반드시 ○ 우루나쿠 ○或모로미

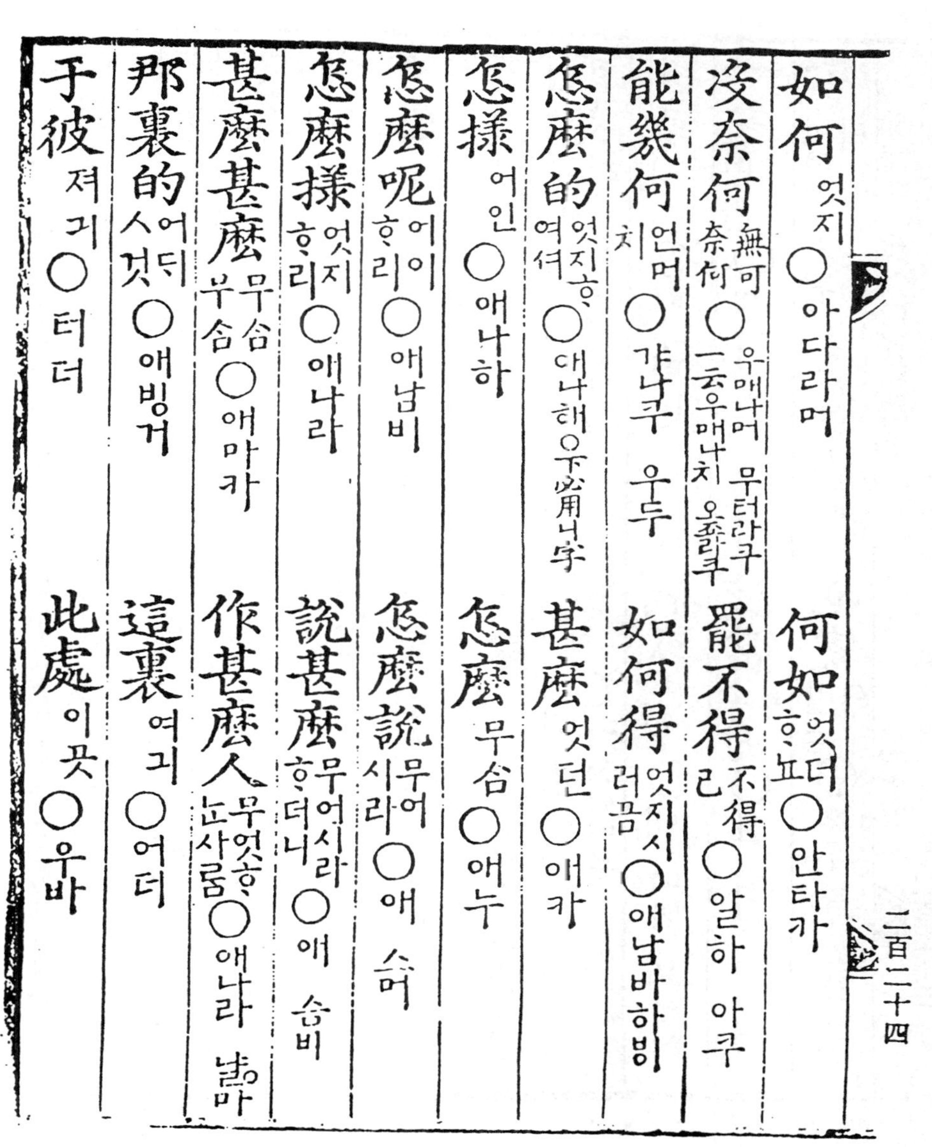

如何 엇지 ○아다라머

何如 엇ᄃᆞᄒᆞ뇨 ○안타가

沒奈何 無可奈何 ○우매나머 무터라쿠 一云우매나치 오ᄂᆡ라쿠

罷不得 不得已 ○알하 아쿠

能幾何 언머치 ○갸나쿠 우두

如何得 엇지시러곰 ○애남바하빙

怎麼的 엇지ᄒᆞ여셔 ○대나해○下必用ᄂᆡ字

甚麼 엇던 ○애카

怎樣 어인 ○애나하

怎麼 무ᄉᆞᆷ ○애누

怎麼呢 어이ᄒᆞ리 ○애납비

怎麼說 무어시라 ○애 ᄉᆞ머

怎麼樣 엇지ᄒᆞ리 ○애나라

說甚麼 무어시라ᄒᆞ더니 ○애 ᄉᆞ비

甚麼甚麼 무ᄉᆞᆷ무ᄉᆞᆷ ○애마카

作甚麼人 무엇ᄒᆞᄂᆞᆫ사ᄅᆞᆷ ○애나라 ᄂᆞ야마

那裏的 어ᄃᆡᆺ것 ○애빙거

這裏 여긔 ○어더

于彼 져긔 ○터더

此處 이곳 ○우바

二百二十四

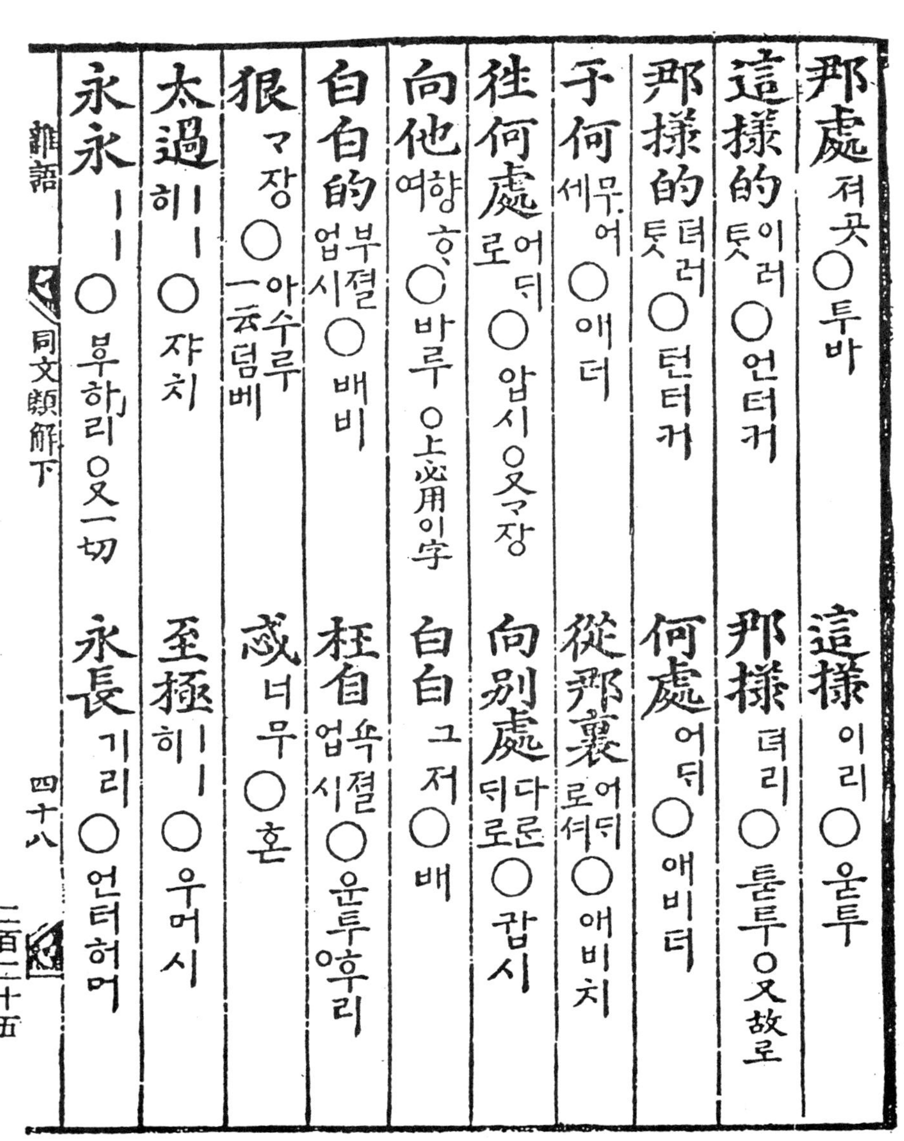

那處 뎌곳 ○ 투바
這樣 이리 ○ 울투

這樣的 이러틋 ○ 언터거
那樣 뎌리 ○ 툴투 ○又故로

那樣的 뎌러틋 ○ 턴터거
何處 어듸 ○ 애비더

于何 무어세 ○ 애더
從那裏 어듸로셔 ○ 애비치

往何處 어듸로 ○ 압시 ○又ᄀᆞ장
向別處 다룬듸로 ○ 갑시

向他 여향ᄒᆞ ○ 바루 ○上必用이字
自白 그저 ○ 배

白白的 부졀업시 ○ 배비
枉自 쇽졀업시 ○ 운투우후리

狠 ᄀᆞ장 ○ 아수루 一云덤베
忒 너무 ○ 혼

太過 히ㅣㅣ ○ 쟈치
至極 히ㅣㅣ ○ 우머시

永永 ㅣㅣ ○ 부하리 ○又一切
永長 기리 ○ 언터허머

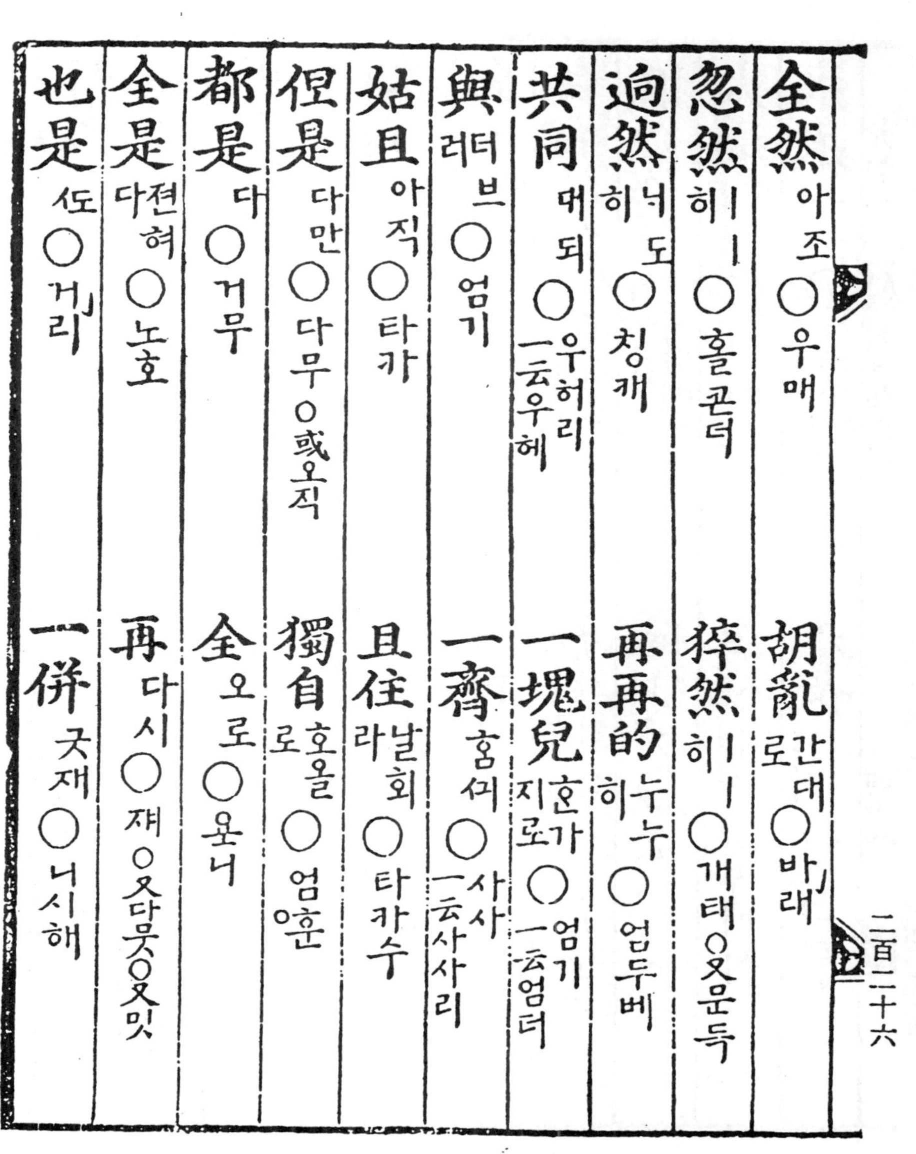

全然 아조 ○우매

胡亂 간대로 ○바래

忽然 ㅣㅣ히 ○홀곤더

猝然 ㅣㅣ히 ○개태 ○又문득

逈然 ᄂᆡ도히 ○칭개

再再的 누누히 ○엄두베

共同 머되 ○우허리 一云우헤

一塊兒 ᄒᆞᆫ가지로 ○엄기 一云엄더

與 더브러 ○엄기

一齊 ᄒᆞᆷᄭᅴ ○사사 一云사사리

姑且 아직 ○타가

且住 날회라 ○타캬수

但是 다만 ○다무 ○或오직

獨自 ᄒᆞ올로 ○엄훈

都是 다 ○거무

全 오로 ○욘너

全是 젼혀다 ○노호

再 다시 ○재 ○又다뭇 ○又밋

也是 ᄯᅩ ○거리

一併 ᄀᆞᆺ재 ○니시해

二百二十六

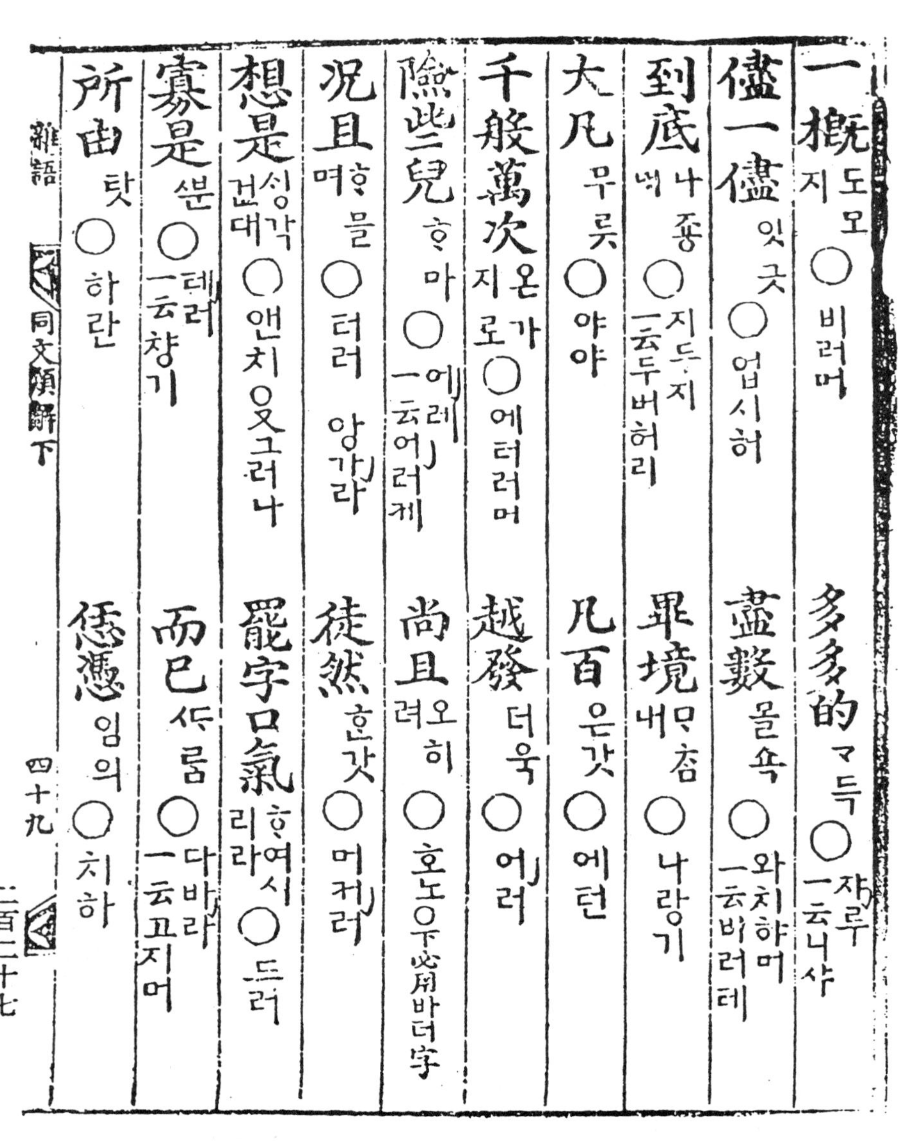

一概 도모지 ○ 비러머

儘一儘 잇긋 ○ 업시허

到底 나죵내 ○ 지드지 一云두버허리

大凡 무릇 ○ 야야

千般萬次 온가지로 ○ 에더러머

險些兒 ᄒᆞ마 ○ 에레 一云어러게

況且 ᄒᆞ믈며 ○ 더러 앙가라

想是 싱각건대 ○ 앤치 又그러나

寡是 ᄲᅮᆫ ○ 데러 一云챵기

所由 탓 ○ 하란

多多的 ᄆᆞ드록 ○ 자루 一云나샤

盡數 몰쇽 ○ 와치하머 一云바러데

畢境 ᄆᆞᄎᆞᆷ내 ○ 나랑기

凡百 온갓 ○ 에던

越發 더욱 ○ 어러

尚且 오히려 ○ 호노 又下必用바더字

徒然 ᄒᆞᆫ갓 ○ 머거러

罷字口氣 ᄒᆞ여시리라 ○ 드러

而已 ᄯᆞᄅᆞᆷ ○ 다바라 一云고지머

任憑 임의 ○ 치하

恁憑了 임의로 ○ 치해

故意 부러 ○ 졸태 一云졸당기

敢 감히 ○ 걷。훈。 약우 ○又怎心이나

雖 비록 ○ 우두 ○우下齒用비치버싀字

幾箇 언머 ○ 우두

罷呀 마라 ○ 쟈배

別 말라 ○ 우며 ○下齒用라려、로字

遮兒口氣 아나 ○ 마

自然口氣 그릴시 ○ 어시우下齒用치字

一回兒 가잇다 ○ 바지

管係麽 네아랑곳가 ○ 신더 애 달。지

何傷 관계호랴 ○ 애비

相干 간섭 ○ 달。지

不相干 간섭아니타지 ○ 달。지 아주 一云달。쟈주

不妨 관겨치아니타 ○ 황갸라쿠

不中用 쓸듸업다 ○ 배라쿠

照例 그대로 ○ 송괴 ○又자최

依舊 녜대로 ○ 버 송괴

支支吾吾 이리저리 ○ 얼권 덜권

索性 이리나저리나 ○ 이녀 머녀

二百二十八

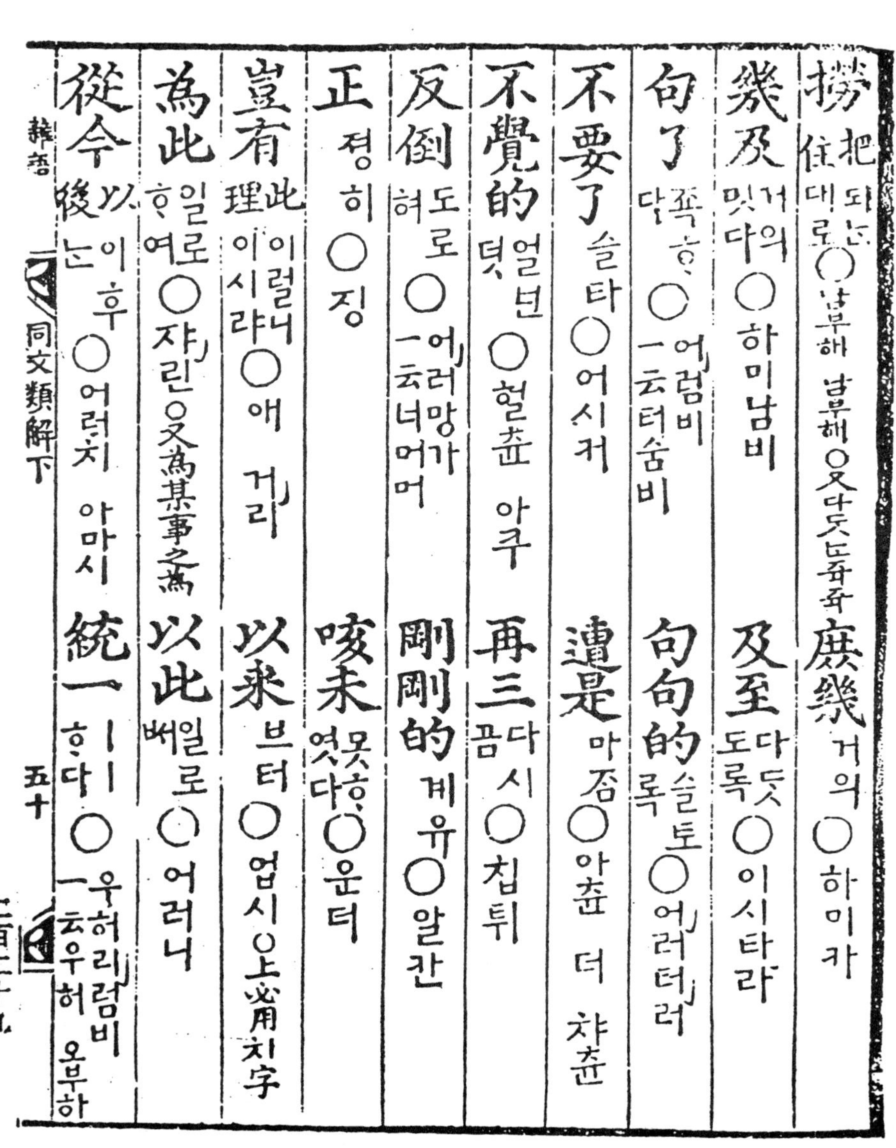
語辭

撈把住 되ᄂᆞᆫ대로 ○ 낙부해 낙부해 ○又 다듯노쟈쟈

庶幾 거의 ○ 하미가

幾及 거의 미다 ○ 하미남비

及至 다듯 도록 ○ 이시타라

句了 죡ᄒᆞ다 ○ 어럼비 一云 터숨비

句句的 슬토록 ○ 어러터러

不要了 슬타 ○ 어시커

遭是 마좀 ○ 아츈 더 쟈츈

不覺的 얼ᄲᅥᆫ 덧 ○ 헐츈 아쿠

再三 다시곰 ○ 칩튀

反倒 도로혀 ○ 어러망가 一云 너머머

剛剛的 계유 ○ 알간

正 졍히 ○ 징

咳未 못ᄒᆞ엿다 ○ 윤더

豈有此理 이럴니 이시라 ○ 애 거리

以來 브터 ○ 업시 ○上必用치字

爲此 일로ᄒᆞ여 ○ 쟈린 ○又爲某事之爲

以此 일로뻐 ○ 어러니

從今以後 이후는 ○ 어러치 아마시

統一 ᄒᆞ다 ○ 우허리럼비 一云 우허 오부하

同文類解下 五十 二百二十九

創 창셜 ○북진

元年 ㅣㅣ ○수츙가 아냐

存亡 ㅣㅣ ○타시러 우쿠러

廢 다ㅣ 훈 ○나카붐비 一云재라붐비

半途 듕간 즈음 ○알아다시

中道而廢 ㅣㅣㅣㅣ 훈다 ○알아다시람비

已上 ㅣㅣ ○어러치 워시훈

已下 ㅣㅣ ○어러치 부시훈

除此之外 이밧긔 ○어러치 툴편

我 내 ○비 옷잇다

我的 나의 ○미니

我的東西 내것 ○미닝거

比我 내게 서 ○민치

我也 나도 ○비 호도

我們 우리 ○무스 一云버

我們的 우리의 ○머니

於我們 우리의게 ○먼더

㑚 너 ○시

㑚的 너의 ○시니

於㑚 네게 ○신더

二百三十

把你 너를 ○심버 又달로

你們 너희 ○쉬

你們的 너희의 ○쉬니

他 저 ○이

他的 저의 ○이니

他們 저희 ○져

他們的 저희의 ○쳐니

誰 누고 ○위

誰的 뉘 것 ○웽거

別人 놈 ○워리

別人的 놈의 것 ○워링거

他人 다른 이 ○가 又다로

有誰 잇더니 ○야카

那的 어니 ○야

此輩 이들 ○어스 一云열서

那班人 져들 ○터스

輩 뉴들 ○울서

這箇 이 ○어러

那箇 져 ○터러

兩箇人 둘히 ○쥬워 노븨○餘皆倣此

彼此、서로 ○잇츈뎌

相對 마조 ○잇훈

羣 무리 ○뷩뎐

位 사무어 ○어거

受罷 바드라 ○개수

受了 밧다 ○아라머 갬바 一云아람비

給他 주다 ○붐비

進呈 드리다 ○아리붐비

送麪皮 선믈드리다 ○더지 붐비

拿着 가지다 ○갬비

拿来 가져오라 ○가쥬 一云번쥬

給我 다고 ○가지 一云민더 부

取来 가져오다 ○가짐비

拿去了 가져가다 ○가맘비

去取 가질나가다 ○가남비

送去 보내다 ○웅김비

送東西 物件보내다 ○버념비

送了来 보내여오다 ○번짐비

有麼 잇ᄂᆞ냐 ○빅

有啊 잇다 ○빔비

二百三十二

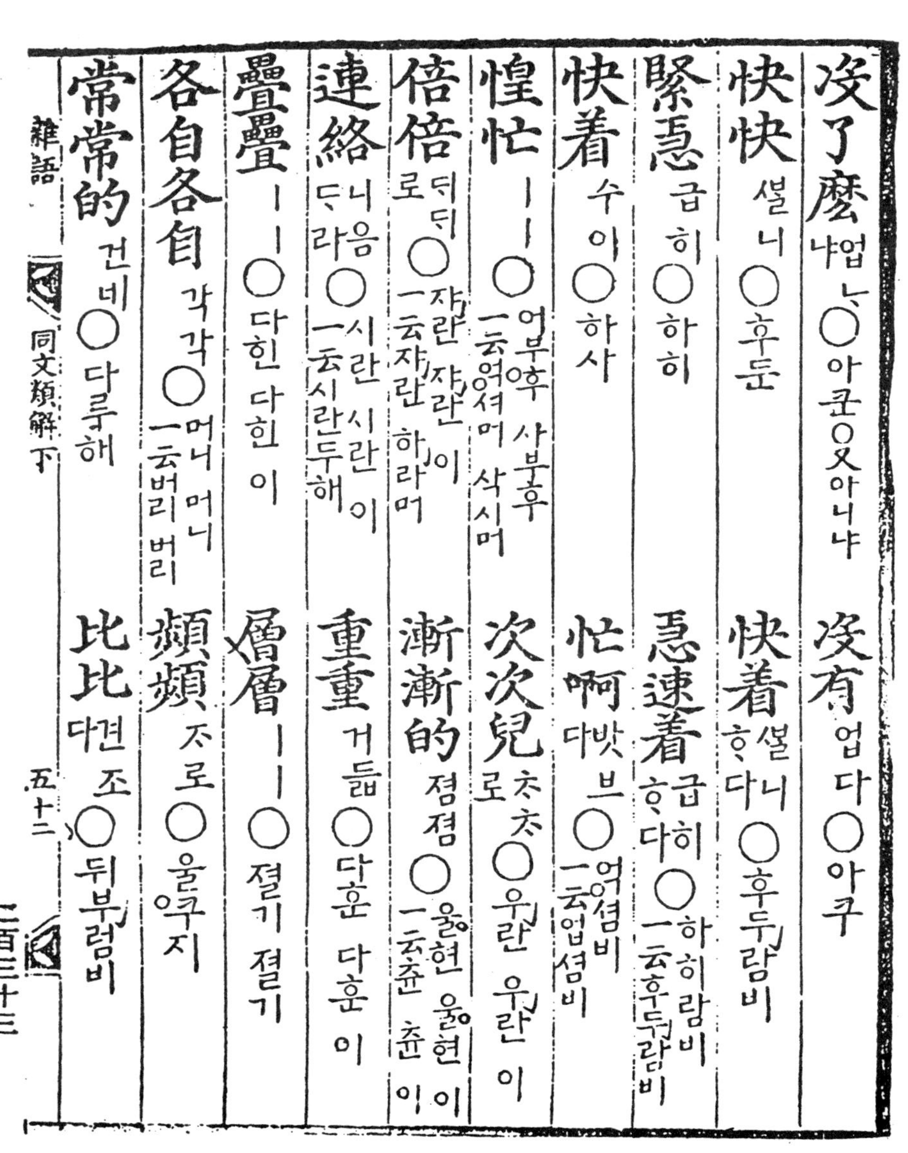

沒了麼 업ᄂᆞ냐 ○아큰○又아니냐

快快 섈니 ○후둔

緊急 급히 ○하히

快着 수이 ○하사

惶忙 丨丨 ○어부후 사부후 一云억셔머 삭시머

倍倍 더더로 ○자란 자란이 一云자란 하라머

連絡 니음ᄃᆞ라 ○시란 시란이 一云시란두해

疊疊 丨丨 ○다힌 다힌이

各自各自 각각 ○머니 머니 一云버리 버리

常常的 건네 ○다루해

沒有 업다 ○아쿠

快着 섈니ᄒᆞ다 ○후두람비

急速着 급히ᄒᆞ다 ○하히람비 一云후두람비

忙啊 바ᄇᆞ다 ○어셤비 一云업셤비

次次兒 ᄎᆞᄎᆞ로 ○우란 우란이

漸漸的 졈졈 ○울현 울현이 一云츈 츈이

重重 거듧 ○다훈 다훈이

層層 丨丨 ○절기 절기

頻頻 ᄌᆞ로 ○울쿠지

比比 다견조 ○뒤부람비

雜語 同文類解 下 五十二 二百三十三

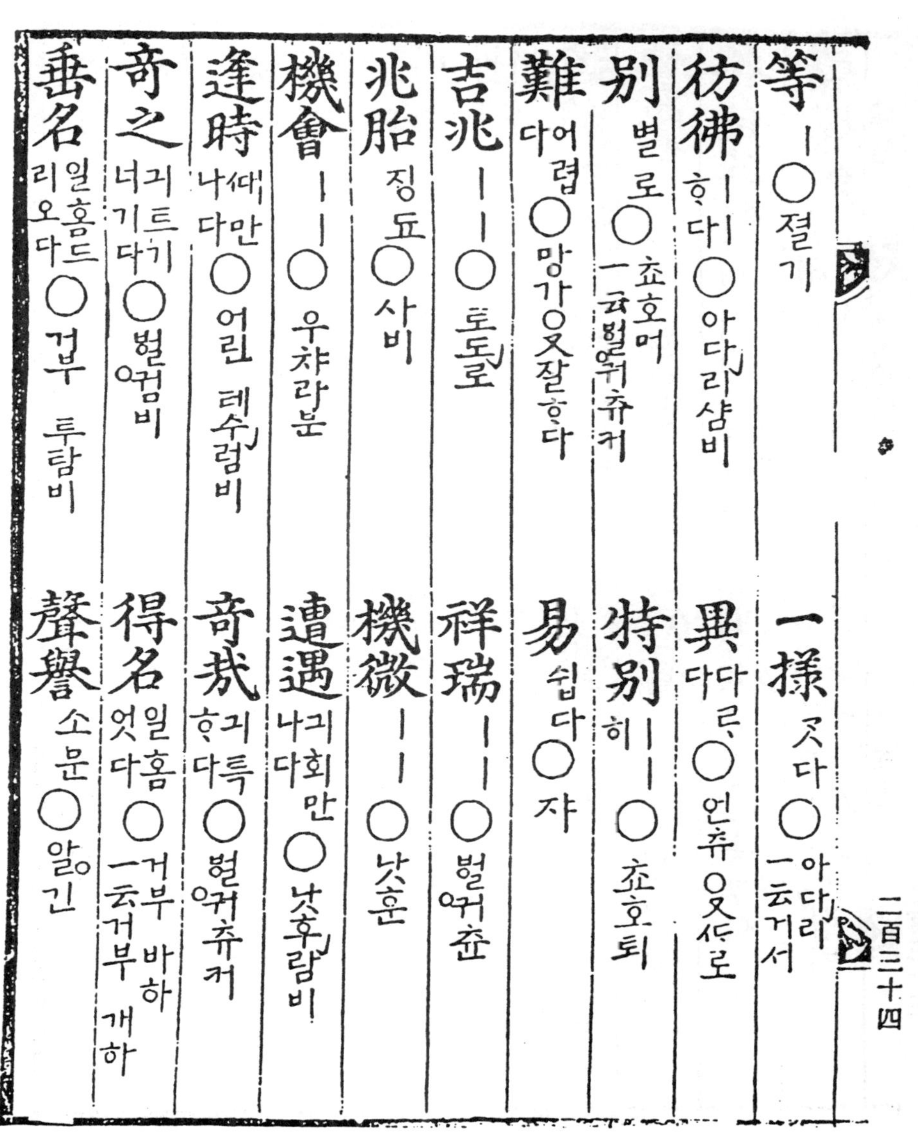

等ㅣ ○ 절기

彷彿ㅣㅣᄒᆞ다 ○ 아다리샹비

別 별로 ○ 쵸호어 一云벌ᄋᆞ츄거

難 어렵다 ○ 망가 ○又잘ᄒᆞ다

吉兆ㅣㅣ ○ 토도로

兆胎 징됴 ○ 사비

機會ㅣㅣ ○ 우챠라분

逢時 ᄯᅢ만나다 ○ 어린 데수럼비

奇之 긔트기너기다 ○ 벌ᄋᆞ검비

垂名 일홈드리오다 ○ 걱부 투탐비

一樣 ᄀᆞᆺ다 ○ 아다리 一云거서

異 다ᄅᆞ다 ○ 언츄 ○又ᄯᅩ로

特別ㅣㅣ히 ○ 쵸호퇴

易 쉽다 ○ 쟈

祥瑞ㅣㅣ ○ 벌ᄋᆞ거츈

機微ㅣㅣ ○ 낫훈

遭遇 긔회만나다 ○ 낫후람비

奇哉 긔특ᄒᆞ다 ○ 벌ᄋᆞ거츄거

得名 일홈엇다 ○ 거부바하 一云거부개하

聲譽 소문 ○ 알ᄋᆞ긴

二百三十四

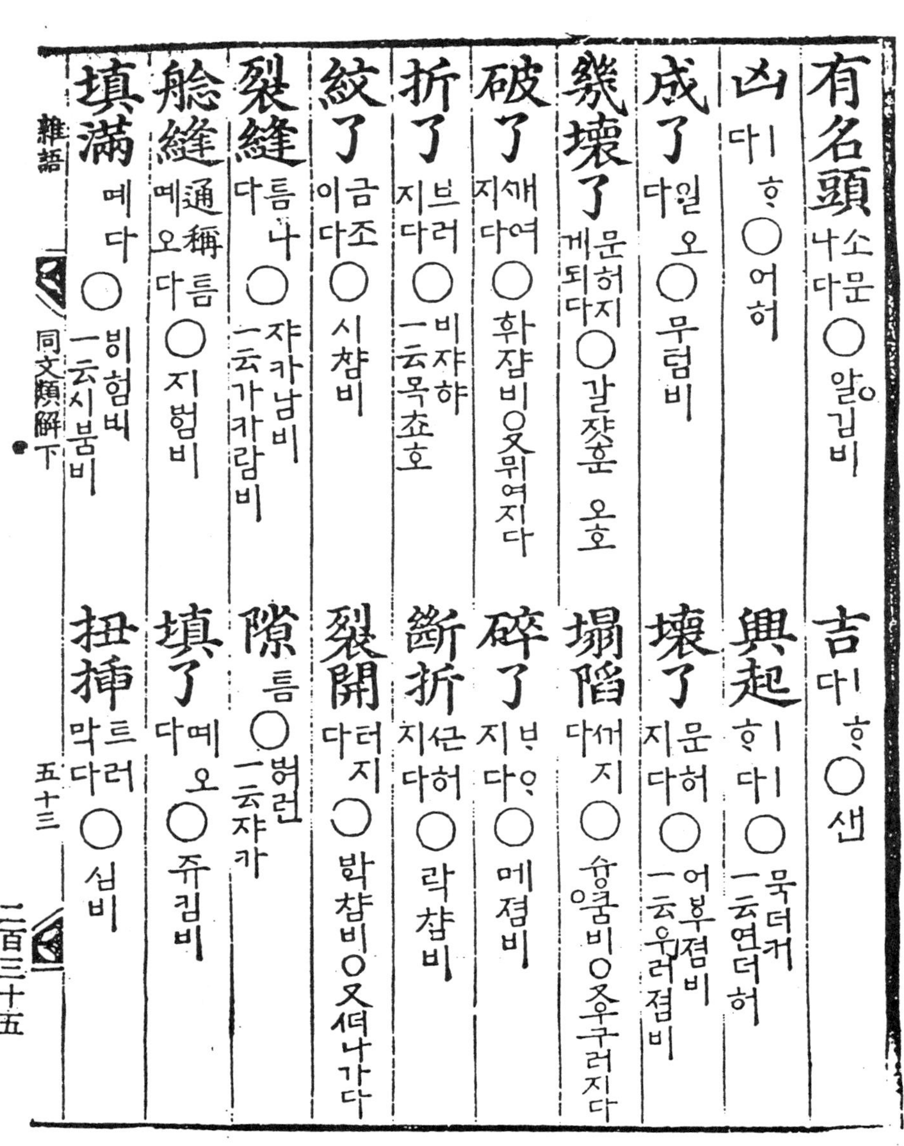

有名頭 소문나다 ○ 알김비

吉 ㅣᄒᆞ다 ○ 샌

凶 ㅣᄒᆞ다 ○ 어허

興起 ㅣㅣᄒᆞ다 ○ 묵더거 一云연더허

成了 일오다 ○ 무덤비

壞了 문허지다 ○ 어부졈비 一云우러졉비

幾壞了 문허지게되다 ○ 갈쟝훈 오호

塌陷 ᄭᅥ지다 ○ 슈웅쿰비○又조우구러지다

破了 ᄭᆡ여지다 ○ 후쟘비○又뮈여지다

碎了 ᄇᆞᄋᆞ지다 ○ 메졈비

折了 브러지다 ○ 비쟈하 一云목쵸호

斷折 ᄭᅳᆫ허지다 ○ 락챰비

紋了 금조이다 ○ 시챰비

裂開 터지다 ○ 박참비○又ᄯᅧ나가다

裂縫 틈나다 ○ 쟈카남비 一云가카람비

隙 틈 ○ 버런 一云쟈카

艌縫 通稱 틈메오다 ○ 지범비

填了 메오다 ○ 쥬킴비

填滿 메다 ○ 빙험비 一云시붐비

扭插 트러막다 ○ 심비

雜語

同文類解下

五十三

二百三十五

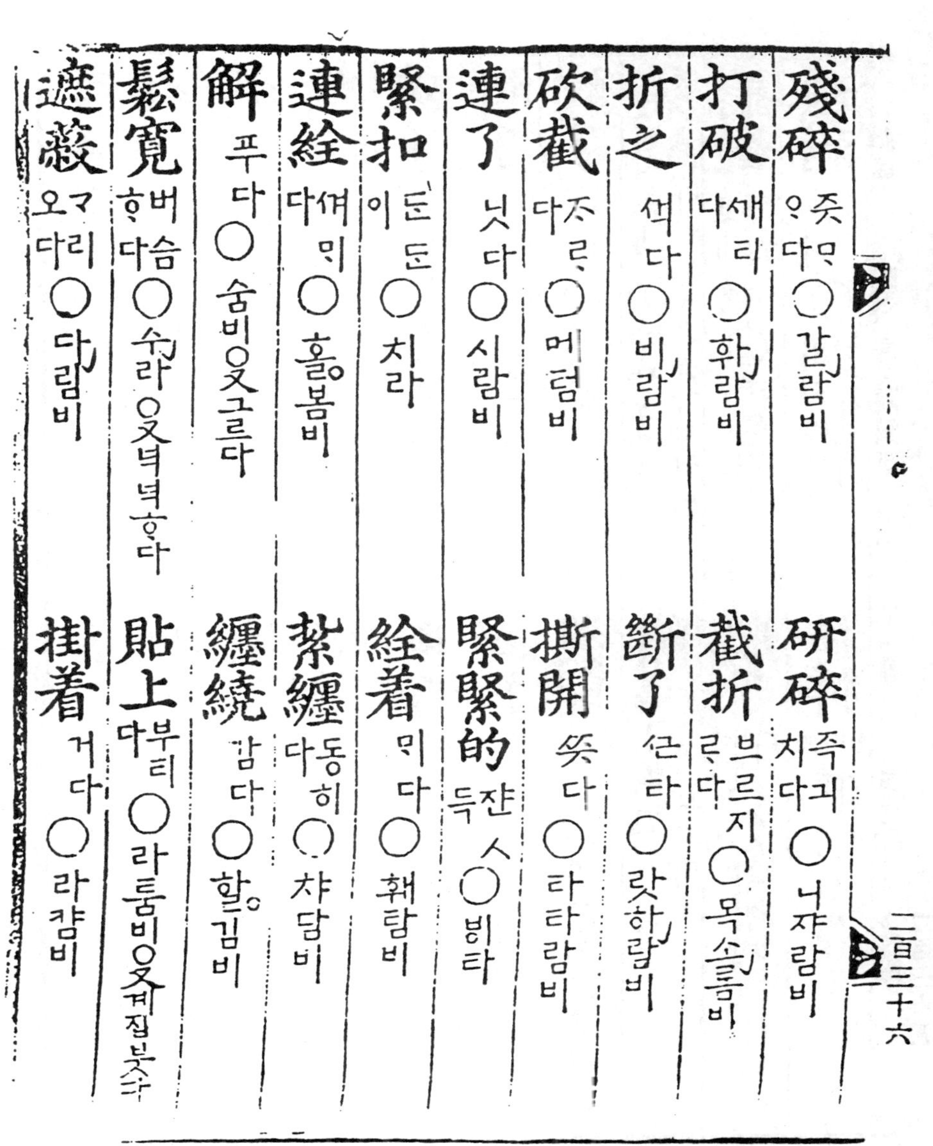

殘碎 즛ᄆᆞᄋᆞ다 ○ 갈람비
打破 ᄣᆡ티다 ○ 화람비
折之 ᄭᅥᆨ다 ○ 비람비
砍截 조ᄅᆞ다 ○ 머덤비
連了 닛다 ○ 시람비
緊扣 ᄃᆞᆫᄃᆞᆫ이 ○ 치라
連絟 ᄆᆡ여ᄆᆡ다 ○ 홀。봄비
解 푸다 ○ 숨비 又 그르다
鬆寬 버슴ᄒᆞ다 ○ 수라 又 녀녀ᄒᆞ다
遮蔽 ᄀᆞ리오다 ○ 다람비

研碎 즈ᄋᆡ치다 ○ 니쟈람비
截折 브르지ᄅᆞ다 ○ 목솔름비
斷了 긋다 ○ 랏하람비
撕開 ᄶᅳᆺ다 ○ 타타람비
緊緊的 쟌ㅅ득 ○ 빙타
絟着 ᄆᆡ다 ○ 홰람비
紮纏 동히다 ○ 쟈담비
纏繞 감다 ○ 할。김비
貼上 부티다 ○ 라룸비 又 겨집붓ᄎᆞ
掛着 거다 ○ 라캼비

二百三十六

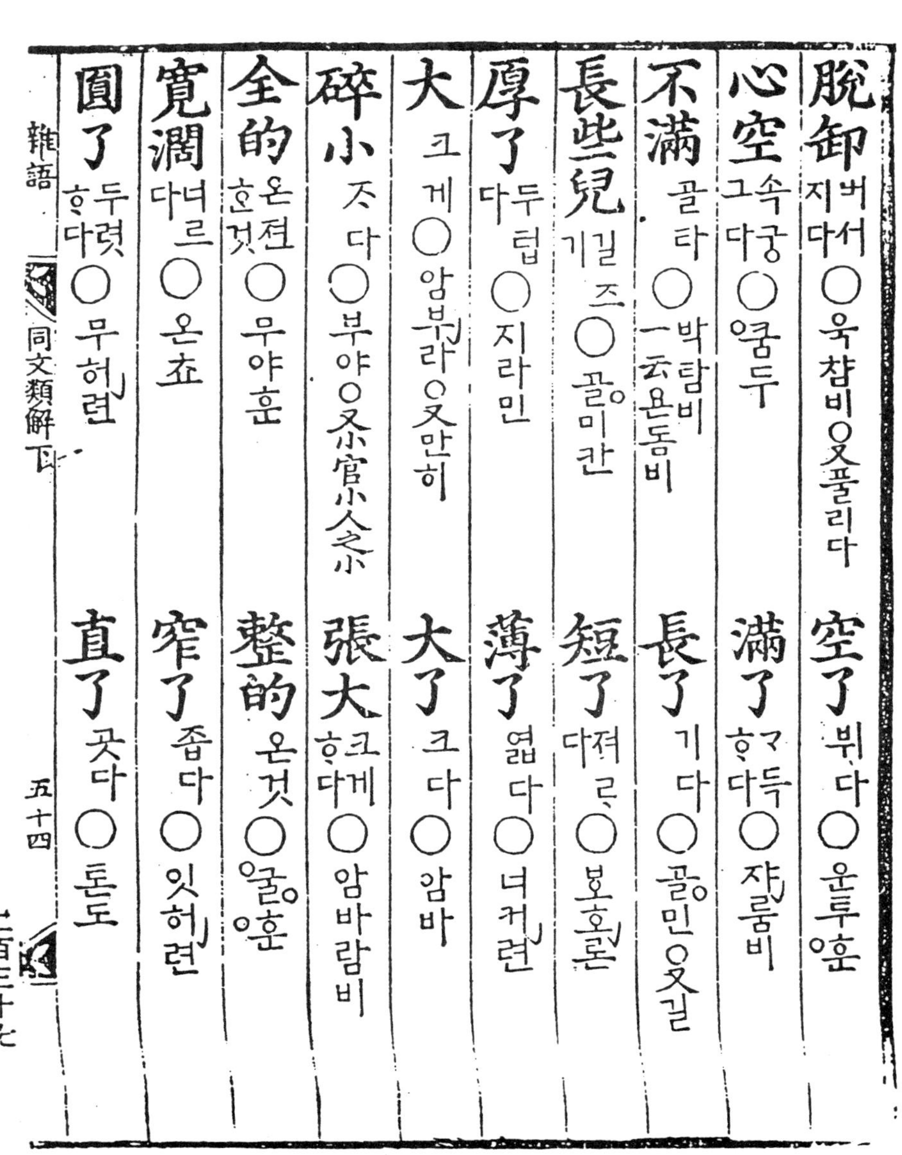

脫卸 버서지다 ○ 욱참비 ○ 又 풀리다　　空了 뷔다 ○ 운투훈

心空 속궁그다 ○ 웅두　　滿了 ᄀᆞ득ᄒᆞ다 ○ 쟈룸비

不滿 골타 ○ 박탐비 一云 욘돔비　　長了 기다 ○ 골。민 ○ 又 갈

長些兒 길즉기 ○ 골。미칸　　短了 뎌르다 ○ 보호론

厚了 두텁다 ○ 지라민　　薄了 엷다 ○ 너커련

大 크게 ○ 암부라 ○ 又 만히　　大了 크다 ○ 암바

碎小 ᄌᆞ다 ○ 부야 ○ 又 杀官小人之杀　　張大 크게ᄒᆞ다 ○ 암바람비

全的 온젼ᄒᆞᆫ것 ○ 무야훈　　整的 온것 ○ 울。○ 훈

寬濶 너르다 ○ 온쵸　　窄了 좁다 ○ 잇허련

圓了 두렷ᄒᆞ다 ○ 무허련　　直了 곳다 ○ 톤도

偏了 기오다 ○ 울훔비 一云해다람비

下垂了 通稱느러지다 ○ 랍다훈

斜了 빗기다 ○ 어셤비 ○又비놀곰다

稜兒 모 ○ 둘버젼

彎的 구븐것 ○ 무당가

有方的 귀진것 ○ 호숑고

縱 셰 ○ 운두

隔斷 간막다 ○ 갸람비

圍堆 둥구러게싸타 ○ 무하랍비

細了 묵다 ○ 불ㅇ뎜비

彎了 휘여지다 ○ 묘쇼롬비

歪了 실긔다 ○ 왜쿠랍비

吊下来 뎌러지다 ○ 투헌잠비

匾的 넙죽ᄒᆞ다 ○ 카파훈 一云할반

鈎的 고븐것 ○ 고홍고

横 ᄀᆞ르 ○ 히투 ○又녑의

隔隔 간막기 ○ 갸라쿠

疊堆 쥬뎌싸타 ○ 사함비

畜積 싸타 ○ 의랍비

潮了 축축ᄒᆞ다 ○ 뎔범비

二百三十八

蔭開 저저펴지다 ○ 서늠비

滲入 ᄇᆡ다 ○ 싱검비 ○又 어ᄅᆞᆫ것사기다

使濕 적시다 ○ 우시히붐비

雨渝了 비ᄉᆞ믓다 ○ 셔검비 ○又 어러벗벗ᄒᆞ다

沉着 ᄌᆞᆷ그다 ○ 울。감비

洗洗 씻다 ○ 오붐비 ○又 샤ᄇᆞ다

使乾 ᄆᆞᆯ뢰오다 ○ 올。호붐비

陰乾 [illegible]ᄒᆞ다 ○ 실。머넘비

洒水 물ᄲᅮ리다 ○ 부숨비 ○又 물ᄲᅮᆷ다

張開 펄치다 ○ 사람비

滋蔓 퍼져가다 ○ 바다람비

濕了 젓다 ○ 우시힘비

着雨 비맛다 ○ 아가 더 암챠부하

滋了 붓다 ○ 마담비

浸浥 ᄃᆞ무다 ○ 어버텸비

乾了 ᄆᆞ르다 ○ 올。홈비

乾硬 ᄆᆞᆯ나ᄃᆞᆫᄃᆞᆫᄒᆞ다 ○ 카탐비

曬晒 볏ᄮᅬ오다 ○ 왈。갸비

抖抖 떨티다 ○ 이시힘비 一云 비시힘비

伸開 펴지다 ○ 시다람비 一云 사남비

一頭翅 몬니이다 ○호토롬비
本 근본 ○다 ○又頭目

末 끗 ○두버
委任 맛지다 ○아방붐비

信他 미더ᄒᆞ다 ○악담비
恃他 밋다 ○얼툼비

報應 ㅣㅣ ○아챠분
報了 갑다 ○카루람비

護庇 보젼ᄒᆞ다 ○칼맘비
扶持 븟드다 ○워혐비

幇助 돕다 ○애시람비
催逼 독촉ᄒᆞ다 ○숑김비 一云보숌비

催催 지촉ᄒᆞ다 ○하치함비 ○又음식권ᄒᆞ다
遮掩處 그윽ᄒᆞᆫ듸 ○다냔

幽 그윽ᄒᆞ다 ○소밋훈 一云부투
察看 ᄉᆞᆲ피다 ○킴침비

仔細看 조심ᄒᆞ라 ○얼거
明白了 명빅히ᄒᆞ다 ○거투거럼비

顯然 ㅣㅣ ○이러투
顯露 나타내다 ○이러투럼비

二百四十

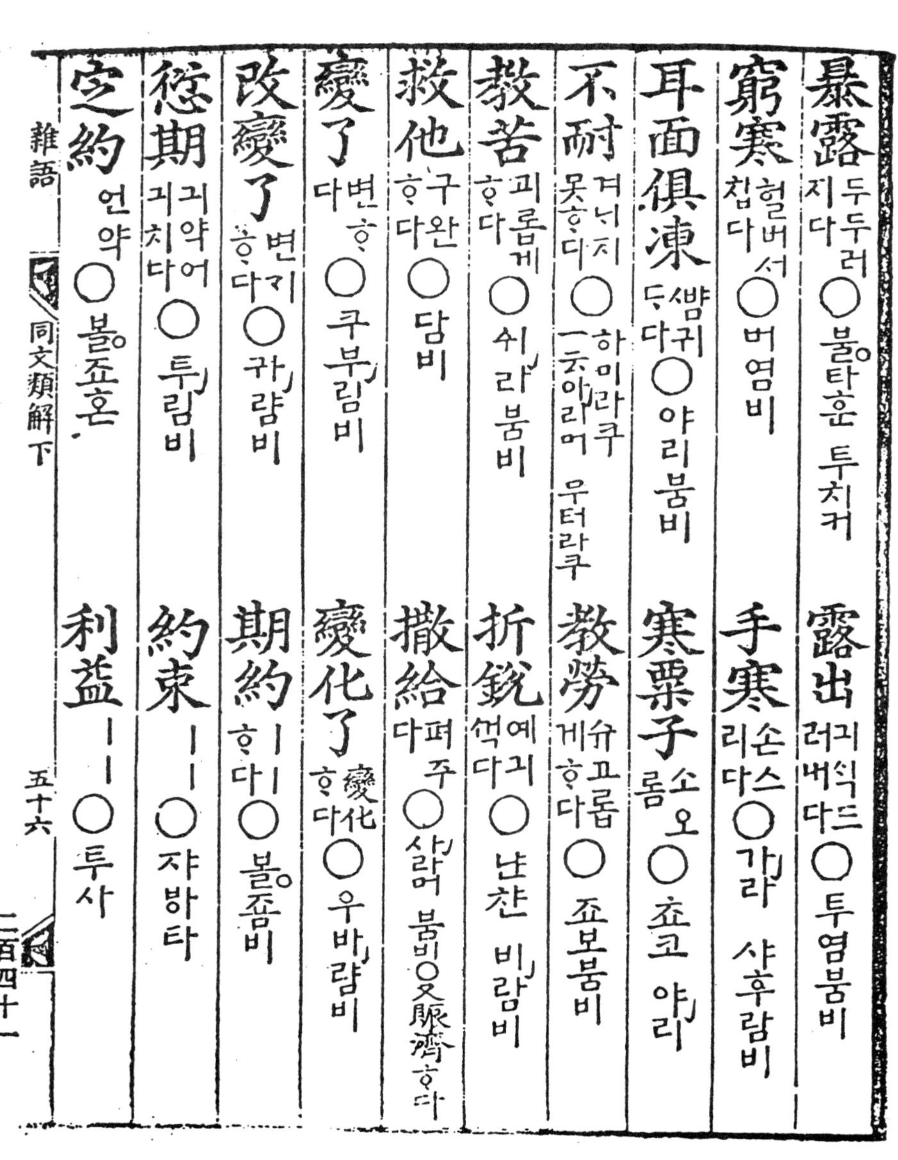

暴露 두두러지다 ○ 불。타훈 투치커
露出 긔식드러내다 ○ 투염붐비

窮寒 헐버서칩다 ○ 버염비
手寒 손스리다 ○ 가라 샤후람비

耳面俱凍 ᄲᅣᆷ귀ᄃᆞ다 ○ 야리붐비
寒栗子 소오롬 ○ 죠코 야리

不耐 견ᄃᆡ지못ᄒᆞ다 ○ 하미라쿠 一云 아라머 우터라쿠
教勞 슈고롭게ᄒᆞ다 ○ 죠보붐비

教苦 괴롭게ᄒᆞ다 ○ 쉬라붐비
折銳 예긔ᄭᅥᆨ다 ○ 냔챤 비람비

救他 구완ᄒᆞ다 ○ 담비
撒給 펴주다 ○ 사람어 붐비 ○ 又賑濟ᄒᆞ다

變了 변ᄒᆞ다 ○ 쿠부림비
變化了 變化ᄒᆞ다 ○ 우바람비

改變了 변개ᄒᆞ다 ○ 가람비
期約 ㅣㅣᄒᆞ다 ○ 볼。좀비

愆期 긔약어긔치다 ○ 투림비
約束 ㅣㅣ ○ 쟈방타

定約 언약 ○ 볼。죠혼
利益 ㅣㅣ ○ 투사

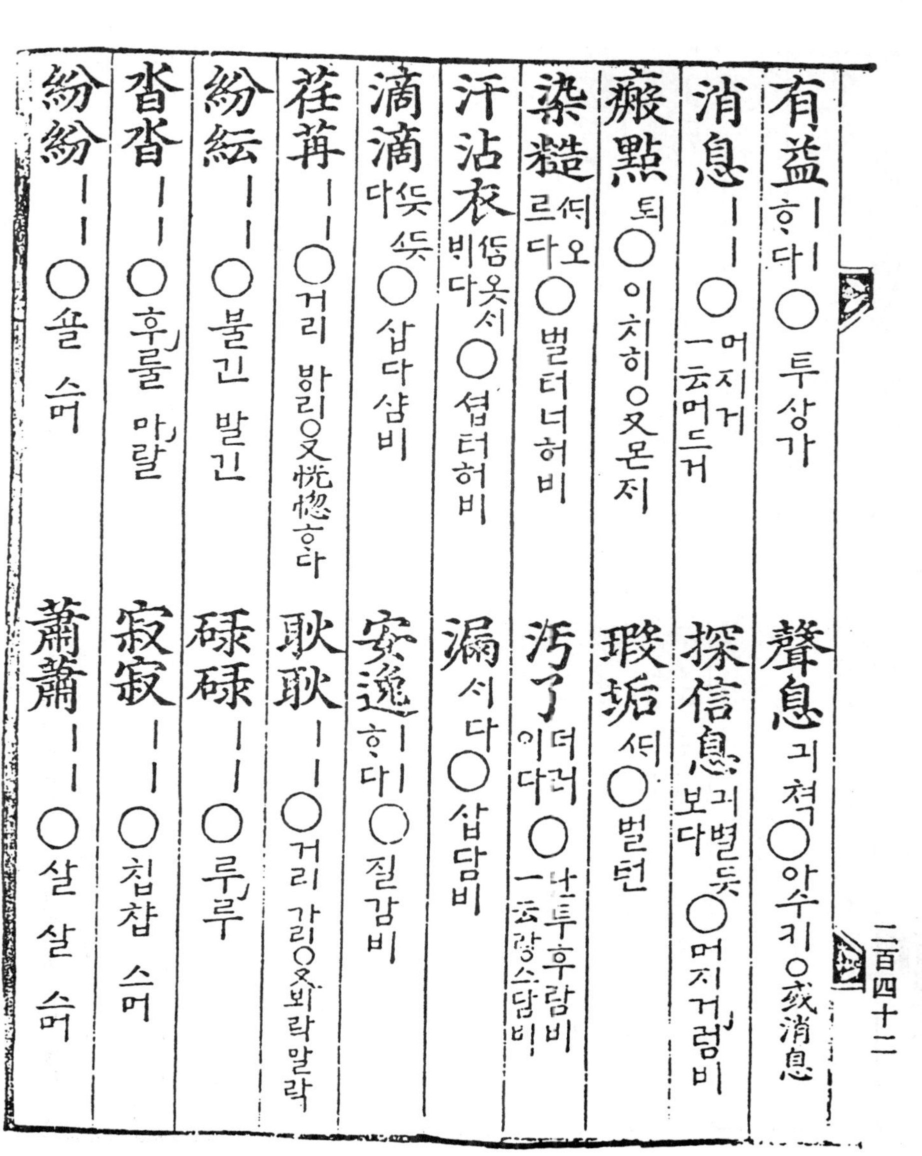

有益 ㅣㅣᄒᆞ다 ○ 투상가

消息 ㅣㅣ ○ 머지거 一云머드거

瘢點 되 ○ 이치히○又몬지

染糙 섞오르다 ○ 벌더녀허비

汗沾衣 땀옷시비다 ○ 셥더허비

滴滴 뜻뜻다 ○ 삽다샴비

荏苒 ㅣㅣ ○ 거리 방리○又恍惚ᄒᆞ다

紛紜 ㅣㅣ ○ 불긴 발긴

沓沓 ㅣㅣ ○ 후룰 마랄

紛紛 ㅣㅣ ○ 쑬 슈어

聲息 긔척 ○ 아수키○或消息

探信息 긔별듯보다 ○ 머지거럼비

瑕垢 셕 ○ 벌번

汚了 더러이다 ○ 난투후람비 一云망소담비

漏 시다 ○ 삽담비

安逸 ㅣㅣᄒᆞ다 ○ 질감비

耿耿 ㅣㅣ ○ 거리 가리○又뵈락말락

碌碌 ㅣㅣ ○ 루루

寂寂 ㅣㅣ ○ 칩찹 스어

蕭蕭 ㅣㅣ ○ 살 살 슈어

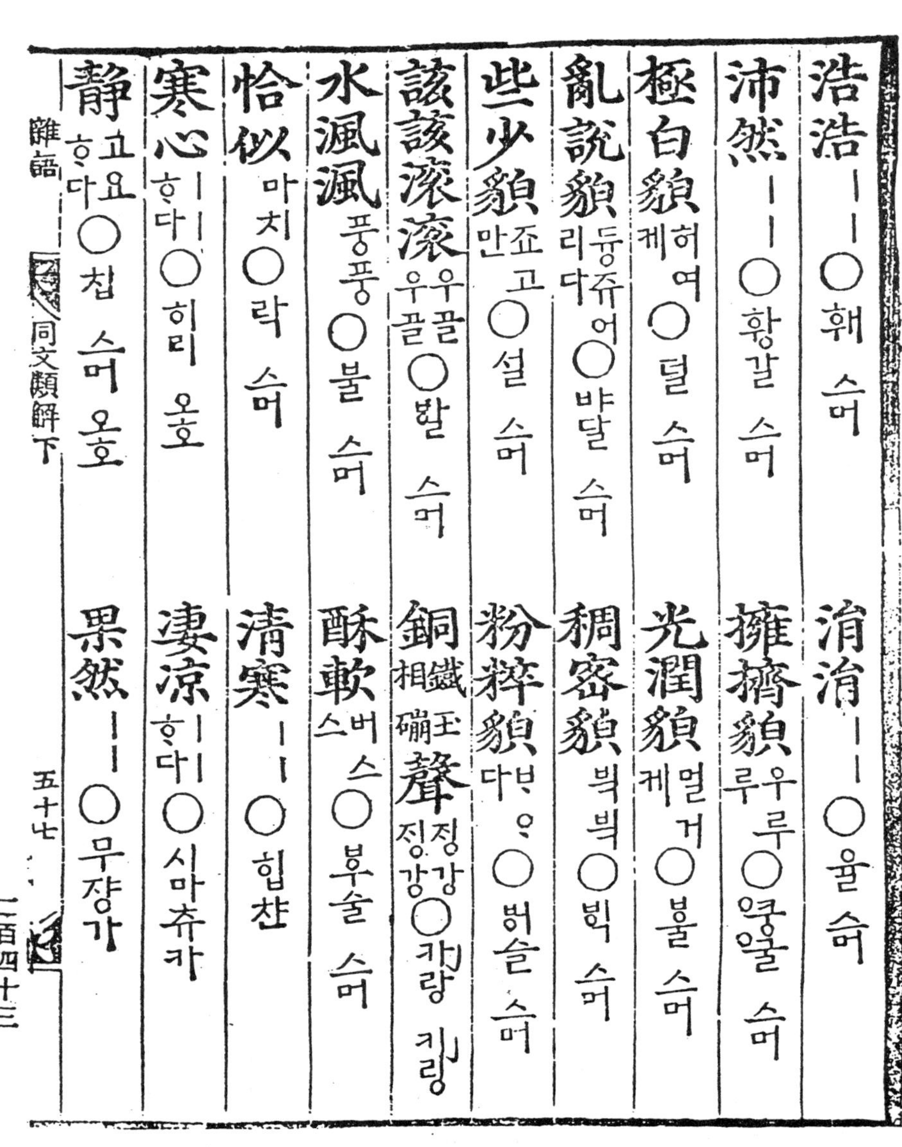

浩浩 ——○화 슈어

沛然 ——○황갈 슈어

極白貌 허여게○덜 슈어

亂說貌 듕쥬리다 어○바달 슈어

些少貌 죠고만○설 슈어

該該滚滚 우끌 우끌○발 슈어

水溂溂 풍풍○불 슈어

恰似 마치○락 슈어

寒心 ——ᄒᆞ다○히리 오호

静 요요ᄒᆞ다○칩 슈어 오호

消消 ——○울 슈어

擁擠貌 우루루○웅울 슈어

光潤貌 멀거게○불 슈어

稠密貌 빅빅○빅 슈어

粉粹貌 ᄇᆞ 오다○버슬 슈어

銅鐵相磞 王聲 징강 징강○캬랑 캬랑

酥軟 스버스○부술 슈어

清寒 ——○힙찬

凄凉 ——ᄒᆞ다○시마츄카

果然 ——○무쟝가

偶然 ㅣㅣ ○타루

飄然 ㅣㅣ ○어열셔머

昂然 ㅣㅣ ᄒᆞ다 ○강랄샴비 一云어열셤비

草率 ㅣㅣ 히 ○애나머 애나머 又苟且

異端 ㅣㅣ ○더문

沉惑 ㅣㅣ ᄒᆞ다 ○욤비

潛越 ㅣㅣ 넘나다 ○다바리

不幸 ㅣㅣ ○커시 아쿠

勞苦 ㅣㅣ 잇부다 ○쉬라 츄카

倉卒 ㅣㅣ ○버더 박다 一云벙더리

依然 ㅣㅣ ○부루 바라

自然 ㅣㅣ ○이니 치수

麤率 ㅣㅣ 좀쳐로 ○슈슈리 마샤리

左道 ㅣㅣ ○하수태 도로

恠異 ㅣㅣ ᄒᆞ다 ○배쥬마 一云배지마

過啊 파ᄒᆞ다 ○다바남비

可危 위틔롭다 ○투시츄커

辛苦 ㅣㅣ ᄒᆞ다 ○죠보로 쉬라라

煩雜 ㅣㅣ ○랄긴

混沌 ㅣㅣ ○훌。히 람파

二百四十四

2/3

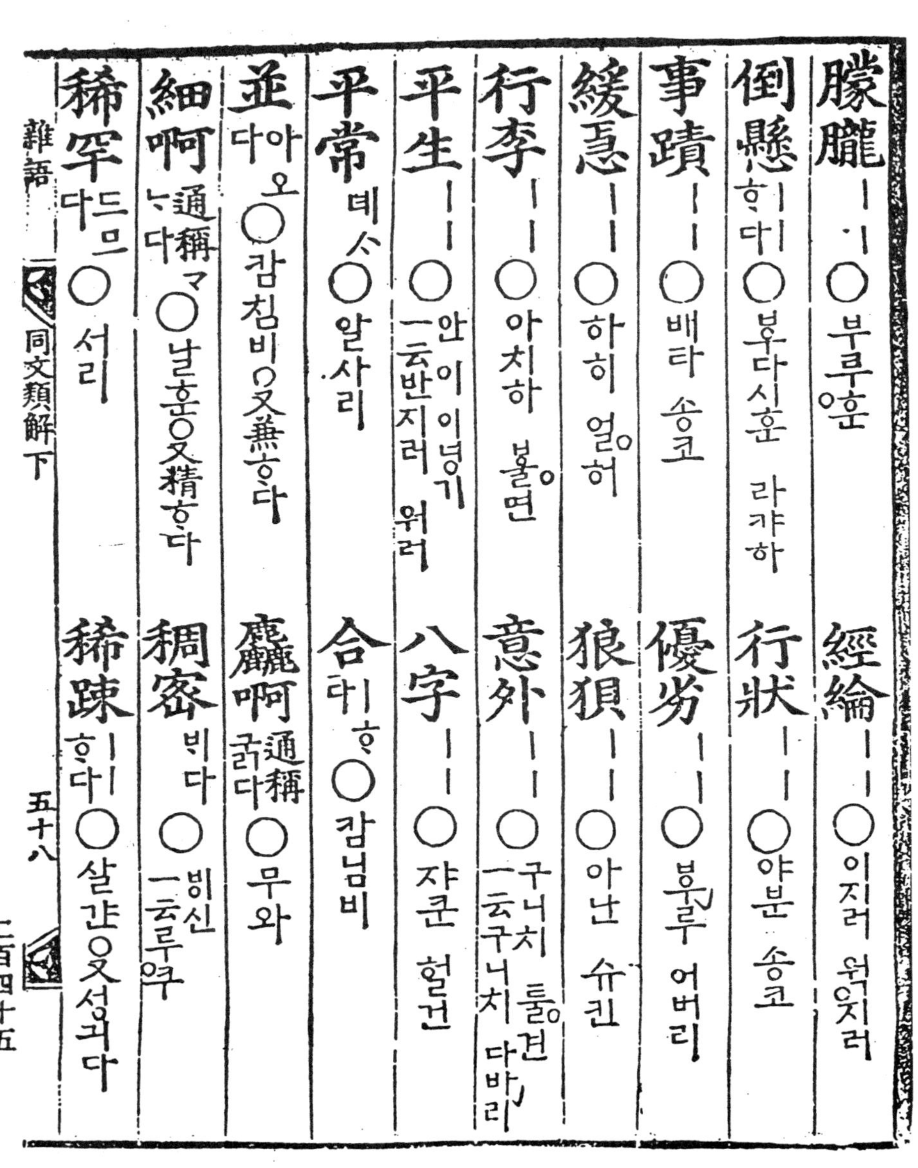

朦朧ㅣㅣ ○ 부루ㅇ훈

倒懸ᄒᆞ다ㅣㅣ ○ 부ㅇ다시훈 라갸하

事蹟ㅣㅣ ○ 배타 송코

緩急ㅣㅣ ○ 하히 얼ㅇ허

行李ㅣㅣ ○ 아치하 불ㅇ면

平生ㅣㅣ ○ 안이 이녕기 一云반지러 워러

平常뎨ᄉᆞ ○ 알사리

並다아오 ○ 감침비 ○又兼ᄒᆞ다

細啊ᄂᆞ다 通稱ᄆᆞ ○ 날훈 ○又精ᄒᆞ다

稀罕드므다 ○ 서리

經綸ㅣㅣ ○ 이지러 워ㅇ지러

行狀ㅣㅣ ○ 야분 송코

優劣ㅣㅣ ○ 부ㄹ루 어버리

狼狽ㅣㅣ ○ 아난 슈킨

意外ㅣㅣ ○ 구니치 툴ㅇ견 一云구니치 다바리

八字ㅣㅣ ○ 쟈쿤 헐건

合ᄃᆡᄒᆞ ○ 감님비

麤啊 通稱굵다 ○ 무와

稠密빅다 ○ 비신 一云루우

稀踈ᄒᆞ다ㅣㅣ ○ 살갼 ○又셩긔다

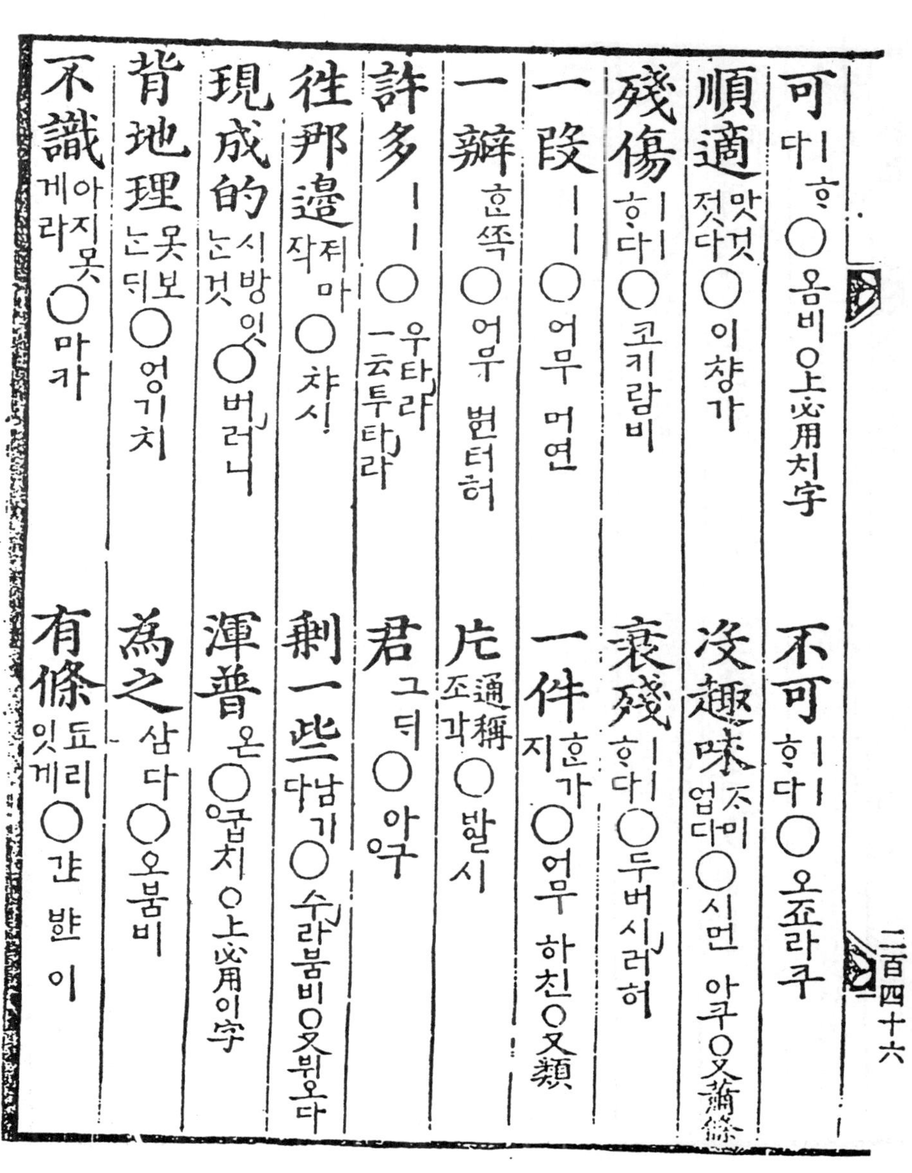

可 ᄒᆞ다 ○옴비 ○上必用치字

不可 ᄒᆞ다 ○오죠라쿠

順適 맛깃젓다 ○이챵가

沒趣味 조미 업다 ○시먼 아쿠 ○又蕭條

殘傷 ᄒᆞ다 ○코키람비

衰殘 ᄒᆞ다 ○두버시러허

一段 ○어무 머연

一件 ᄒᆞᆫ 가지 ○어무 하친 ○又類

一瓣 ᄒᆞᆫ 쪽 ○어무 볌터허

片 通稱 조각 ○발시

許多 ○우타라 一云투타라

君 그ᄃᆡ ○아구

往那邊 져마작 ○쟈시

剩一些 남가다 ○수라붐비 ○又뷔오다

現成的 시방 잇ᄂᆞᆫ 것 ○버러니

渾普 온 ○굽치 ○上必用이字

背地理 못보ᄂᆞᆫ ᄃᆡ ○엉기치

爲之 삼다 ○오붐비

不識 아지못게라 ○마카

有條 됴리 잇게 ○갸 뱌 이

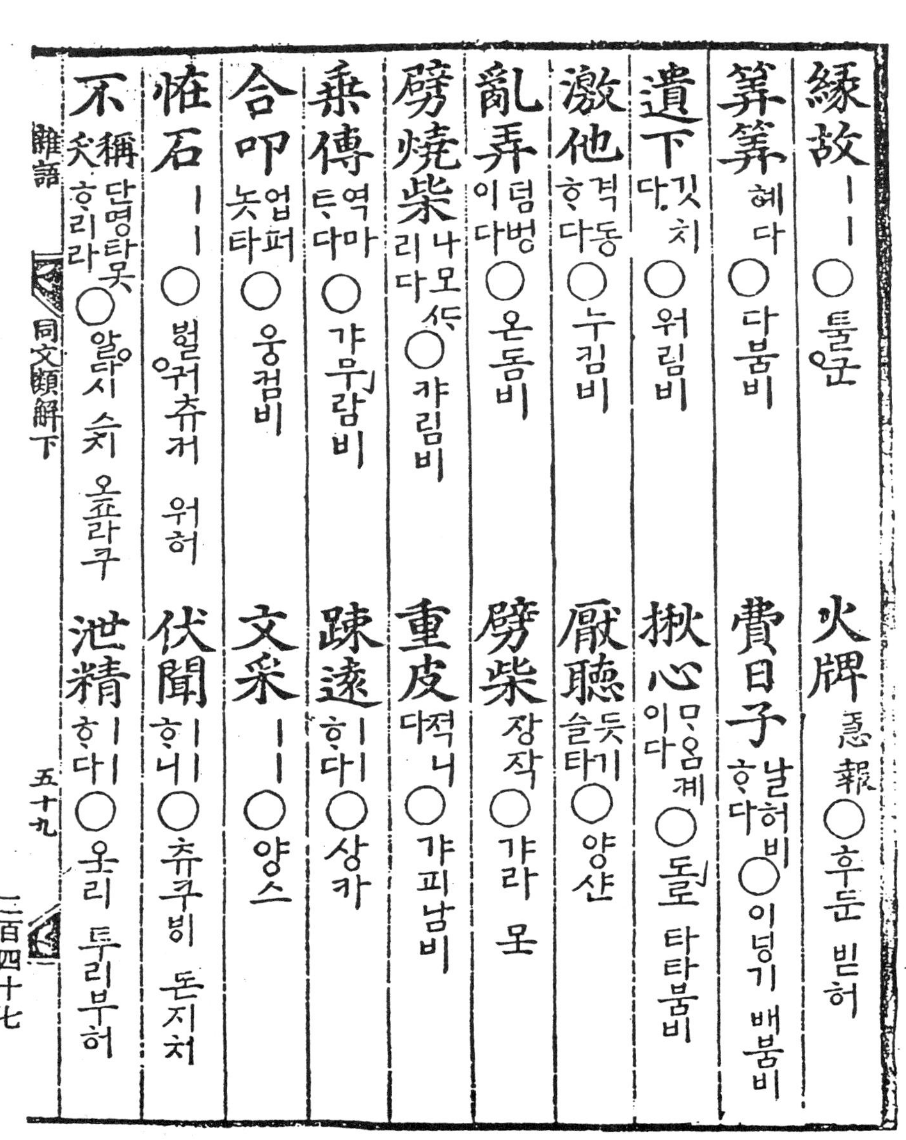

緣故 ｜｜ ○ 투운

火牌 憑報 ○ 후둔 빈허

算筭 헤다 ○ 다붐비

費日子 날허비ᄒᆞ다 ○ 이넝기 배붐비

遺下 깃치다 ○ 워림비

揪心 ᄆᆞ옴계이다 ○ 돌로 타타붐비

激他 격동ᄒᆞ다 ○ 누김비

厭聽 듯기슬타 ○ 양샨

亂弄 덤벙이다 ○ 온돔비

劈柴 장작 ○ 갸라 모

劈燒柴 나모ᄯᅥ리다 ○ 갸림비

重皮 적다니 ○ 갸피남비

乘傳 역마ᄐᆞ다 ○ 갸우람비

踈遠 ｜｜ᄒᆞ다 ○ 상카

合口 업펴녹타 ○ 웅검비

文采 ｜｜ ○ 양스

帷石 ｜｜ ○ 벌어 츄거 워허

伏闘 ｜｜ᄒᆞ니 ○ 츄쿠빙 돈지치

不稱矣 단영타못ᄒᆞ리라 ○ 알라시 슈치 오쇼라쿠

泄精 ｜｜ᄒᆞ다 ○ 오리 투리부허

肅殺 참담ᄒᆞ다 ○ 분더훈 ○又고요ᄒᆞ다

懸掛了 돌니이다 ○ 로호부하

隔了 즈음ᄒᆞ다 ○ 걀라하비

無定向 이리토져리통몽총다 ○ 엄시 챠시 아쿠

發憤直前 분내여내ᄃᆞᆺ다 ○ ᄫᅡᄫᅮᆯ샴비

捨命 목숨ᄇᆞ리다 ○ 얼건 셜럼비

憑意來去 任意去就 ○ 덜러리 ○又着念칭아나타

差錯 ㅣㅣ ○ 챨라분

恒習 ㅣㅣᄒᆞ다 ○ 이림바하 ○又永主의녀다

相與 의ᄠᅳᆺ맛다 ○ 굴림비

天庇 하ᄂᆞᆯ이돕다 ○ 애심비

迷失路 길일타 ○ 쥬군 밤붐비

震耳 소릐귀예막질니다 ○ 샨 시챰비

爲頭 ㅣㅣᄒᆞ다 ○ 우쥴람비 一云다람비

敎樣 임내내다 ○ 알부샴비

時際 즈음 ○ 우츄리 一云널긴

悞了 어긋나다 ○ 톡감비 一云살탐비

固 굿게ᄒᆞ다 ○ 버킬럼비

率領 거ᄂᆞ리다 ○ 갬비 ○又取ᄒᆞ다

邂逅 相逢ᄠᅳᆺ밧긔만나다 ○ 룰라 슘머 아챵 ○又반갑다

二百四十八

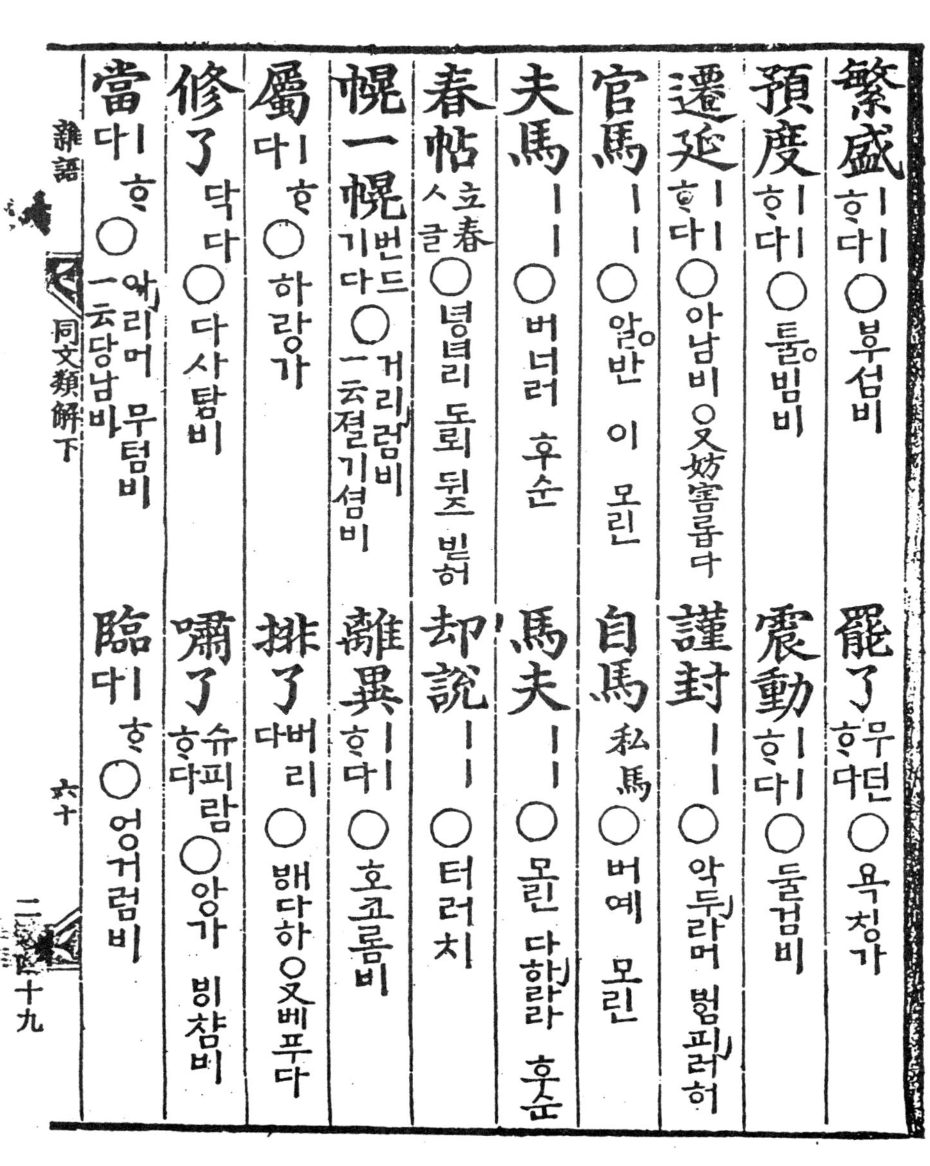
繁盛ᄒᆞ다ㅣㅣ ○ 부섬비
預度ᄒᆞ다ㅣㅣ ○ 툴。빔비
遷延ᄒᆞ다ㅣㅣ ○ 아남비 ○又妨害롭다
官馬ㅣㅣ ○ 알。반 이 모린
夫馬ㅣㅣ ○ 버더러 후순
春帖 立春ㅅ글 ○ 녕녀리 도뢰 뒤즈 빋허
幌一幌 번드기다 ○ 거리럼비 一云절기셤비
靨ᄒᆞ다ㅣ ○ 하랑가
修了 닥다 ○ 다사탐비
當ᄒᆞ다ㅣ ○ 악리머 무텀비 一云당남비

罷了 무던ᄒᆞ다 ○ 욕칭가
震動ᄒᆞ다ㅣㅣ ○ 둘검비
謹封ㅣㅣ ○ 악두라머 범피라허
自馬 私馬 ○ 버예 모린
馬夫ㅣㅣ ○ 모린 다하라 후순
却說ㅣㅣ ○ 터러치
離異ᄒᆞ다ㅣㅣ ○ 호코롬비
排了 다버리 ○ 배다하 ○又베푸다
嘣了 슈피람ᄒᆞ다 ○ 앙가 빙참비
臨ᄒᆞ다ㅣ ○ 엉거럼비

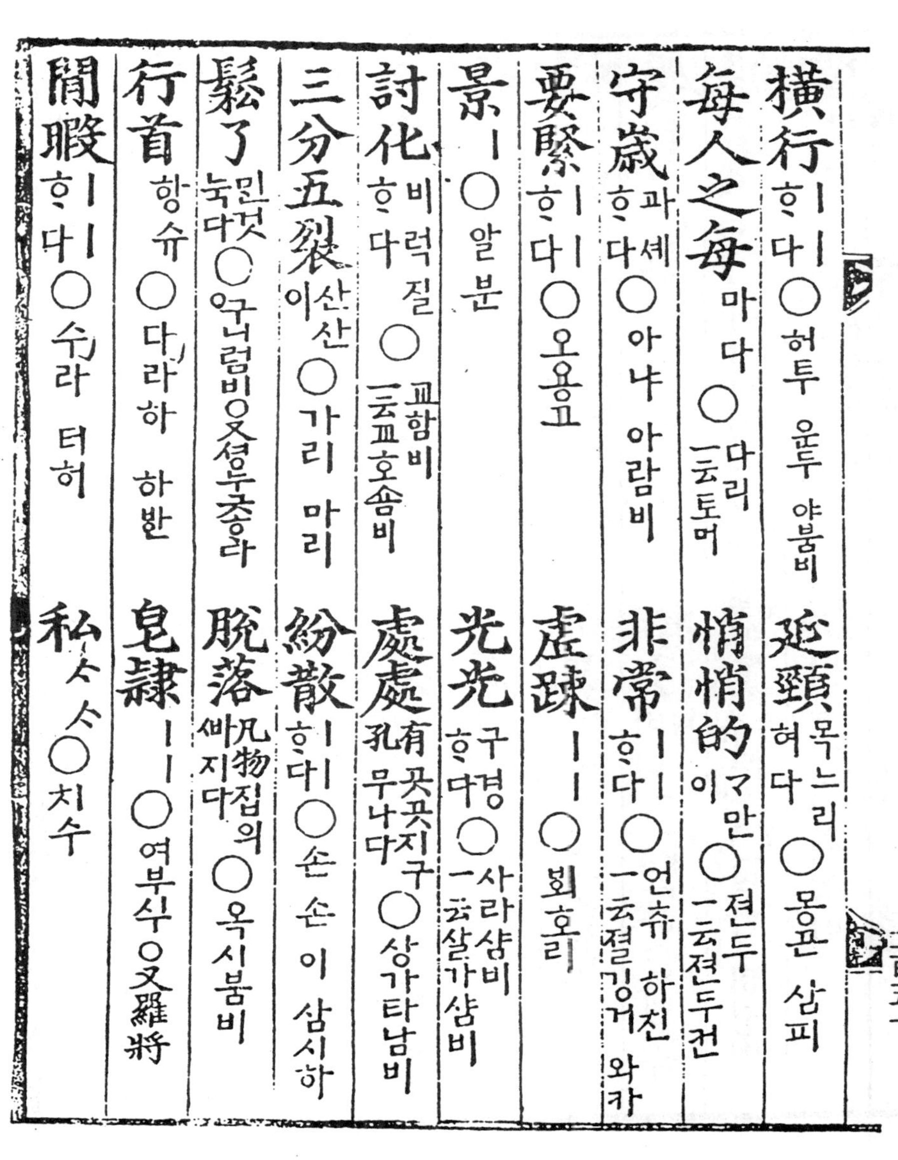

橫行ᄒᆞ다ㅣㅣ○허투 윤투 야붐비

延頸 목느리혀다ㅣㅣ○몽픈 삼피

每人之每 마다 ○다리 一云토머

悄悄的 마만이 ○젼두 一云젼두권

守歲 과셰ᄒᆞ다 ○아냐 아람비

非常ᄒᆞ다ㅣㅣ○언츄 하친 一云절깅거 와캬

要緊ᄒᆞ다ㅣㅣ○오용됴

虛踈ㅣㅣ○뵈호리

景ㅣ○알분

光光 구경ᄒᆞ다 ○사라샹비 一云살가샹비

討化 비럭질ᄒᆞ다 ○교함비 一云교호솜비

處處有孔 곳곳지구무나다 ○상가타남비

三分五裂 산산이 ○가리 마리

紛散ᄒᆞ다ㅣㅣ○손손이 삼시하

鬆了 민것누다 ○우니럼비○又셥우죵라

脫落 凡物의 ᄲᅡ지다 ○옥시붐비

行首 항슈 ○다라하 하반

皂隷ㅣㅣ○여부식○又羅將

閒暇ᄒᆞ다ㅣㅣ○수라 터허

私ᄉᆞᄉᆞ○치수

二百五十

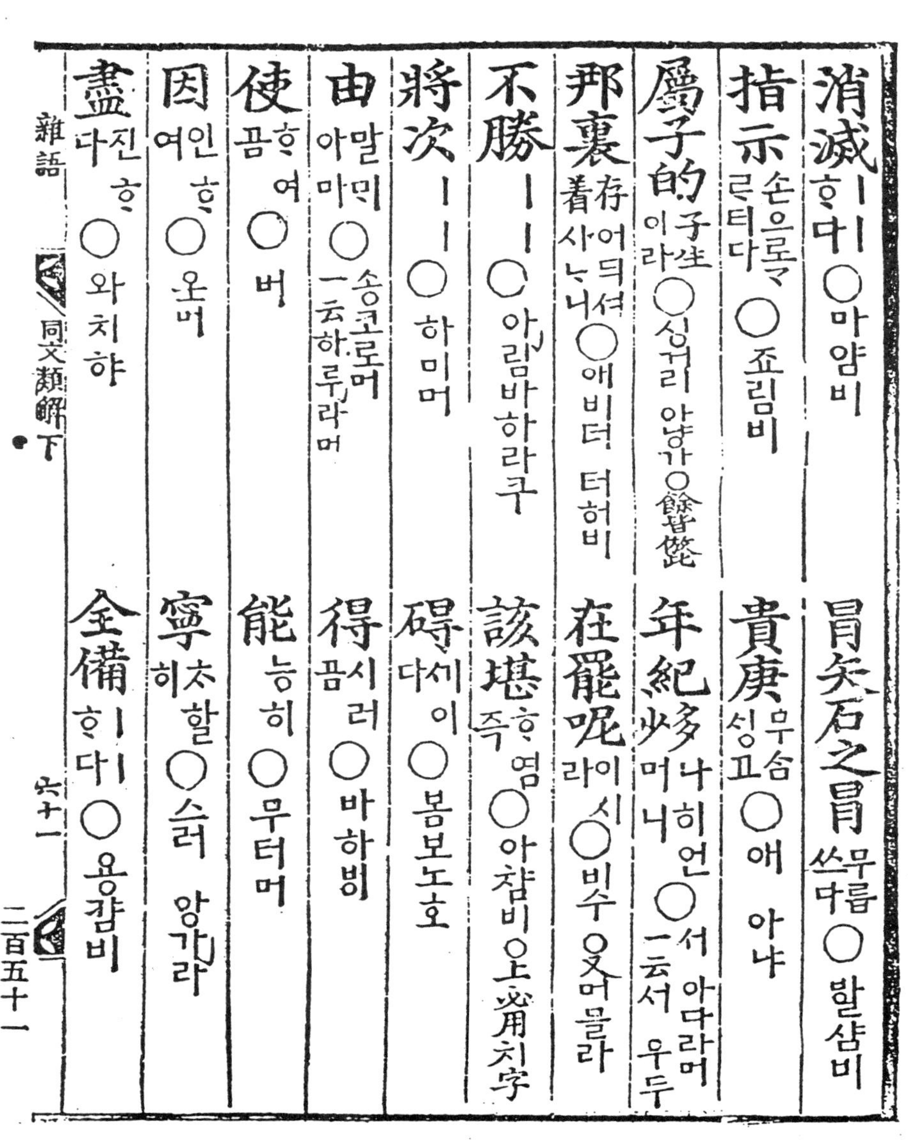

消滅ᄒᆞ다 ○마얌비

指示 손으로ᄀᆞᄅᆞ티다 ○죠림비

屬子的 子生이라 ○싱거리 아냥가 ○餘皆倣

那裏存着 어듸셔 사ᄂᆞ니 ○애비뎌 터허비

不勝 ○아림바하라쿠

將次 ○하미머

由 말믜아마 ○송코로머 一云 하루라머

使 ᄒᆞ여곰 ○버

因 인ᄒᆞ여 ○오머

盡 진ᄒᆞ다 ○와치햐

冒矢石之冒 무릅쓰다 ○발샴비

貴庚 무ᄉᆞᆷ 싱교 ○애 아냐

年紀多少 나히 언머나 ○서 아다라머 一云 서 우두

在罷呢 이시라 ○비수 오쟈머 몰라

該堪 ᄒᆞ염즉 ○아참비 ○上必用치字

碍 다시이 ○봄보노호

得 시러곰 ○바하빙

能 능히 ○무터머

寧 ᄎᆞ할히 ○슈러 앙가라

全備ᄒᆞ다 ○용캼비

完了 못다 ○ 와짐비

完畢了 다다못 ○ 샹감비

停止 그치다 ○ 나감비

同文類解下終

語録解

ᠪᡝ把字將字卽을字意又以字用字卽비字意又令字教字卽으로字意又也字如云將他領了去ᡤᠠᠮᠠᡶᡳ ᡤᡝᠨᡝᠪᡠ ᠰᡝᡥᡝ以何為根本ᠠᡳ ᠪᡝ ᡩᠠ ᠣᠪᡠᠮᠪᡳ ᠰᡝᡶᡠ ᡤᡳᠰᡠᡵᡝᡶᡳ師傅説了教伱去ᠰᡳᠮᠪᡝ ᡤᡝᠨᡝᠪᡠ ᠰᡝᡥᡝ如接虛語用已然未然者俱可接ᠪᡝ字其ᡴᡳ ᠴᡳ ᡩᡝ ᡩᡝ ᡶᡳ ᠴᡳ等虛字之下不可用ᠪᡝ字若係整語如ᠪᠣᡩᡝ ᠰᡝᠮᡝᠪᡝ之類直用ᠪᡝ字又有連寫者必用ᠨᡳ字帶下如ᡤᡳᠰᡠᡵᡝᠮᠪᡳ ᠰᠠᠮᠪᡳ ᡨᡠᠮᠪᡳ之類亦有整語如勤曰ᡴᡳᠴᡝᠮᠪᡳ好了曰ᠰᠠᡳᠶᠠᠮᠪᡳ之類是也凡遇

[Manchu] [Manchu] [Manchu]之上。必用[Manchu]字。凡書法不可以
[Manchu]字提寫一行之首至於[Manchu] [Manchu] [Manchu] [Manchu]
等字亦然。此等字用於連字之頭者。名曰整字。
或有用於中。有用於尾。及單用者。方為虛字解。
清話字尾。無聯虛字者。是令人之詞也。
[Manchu]時候字。即列字意。又地方字。往字。即에字意。又
給字。於字。即게字意。又作而字意。乃轉下申明
語。單用聯用俱可。其已然未然之詞。照上文分
別用。如云。大人們方纔去的時候告訴了[Manchu]
[Manchu] [Manchu] [Manchu] [Manchu] 你往那裡去[Manchu]

[Manchu]給與這箇人了[Manchu][Manchu][Manchu][Manchu]如整語
亦可直接。又有用[Manchu]字之類接下者。不可執一
也。用於句中。有着意之意。[Manchu]字[Manchu]字亦同。如議
曰[Manchu]商議曰[Manchu]寛曰[Manchu]寛之曰
[Manchu]拍馬曰[Manchu]拍馬向前曰
[Manchu]凡遇[Manchu][Manchu][Manchu][Manchu]
[Manchu]等字之上。必用[Manchu]字。乃一定之詞。
[Manchu][Manchu]的字之字。即의字意。又以字用字。即叫字意。
又呢字。哉字。又作驚訝想像意。如云人之父母
己之父母[Manchu][Manchu][Manchu][Manchu][Manchu][Manchu][Manchu][Manchu]

ᡝᡵᡩᡝᠮᡠᠨᡳ以德修身ᡝᡵᡩᡝᠮᡠ ᡳ ᠪᡝᠶᡝ ᠪᡝ ᡩᠠᠰᠠᠮᠪᡳ、以何答報ᡝᡵᡩᡝᠮᡠᠨᡳ ᡴᠠᡵᡠᠯᠠᠮᠪᡳ、這是什麼緣故呢ᡝᡵᡝ ᠠᡳ ᡨᡠᡵᡤᡠᠨ ᠨᡳ、凡遇[Manchu]、[Manchu]、[Manchu]、[Manchu]、[Manchu]、[Manchu]、[Manchu]、[Manchu]、[Manchu]等字之上。必用ᡳ字。或當用ᠨᡳ字。如[Manchu]、[Manchu]、[Manchu]、[Manchu]等句。乃係成語。不在此例。又[Manchu]、[Manchu]、[Manchu]、[Manchu]、[Manchu]、[Manchu]、[Manchu]、[Manchu]、[Manchu]、[Manchu]、[Manchu]、[Manchu]、[Manchu]、[Manchu]、[Manchu]等字之下。必用ᡳ字。乃一定之詞。又[Manchu]之下。[Manchu]之下。必用ᠨᡳ字。或[Manchu]煞脚。

二百五十六

ᡵᠠ ᡵᡝ ᡵᠣ用於字末。皆承上接下。未然之語。卽ㄹ字意。上用ᠠ下用ᡵᠠ上用ᡝ下用ᡵᡝ上用ᠣ下用ᡵᠣ以叶韻爲主。如於字中用者。乃用工用力之詞。卽ᡤᡝᠨᡝᡵᡝ之類。又與ᠨᠠ ᠨᡝ字相同。如ᡤᡝᠨᡝᡵᡝᠩᡤᡝ ᠪᡝ ᠰᠠᡵᡴᡡ是也。又作煞尾用者。比ᠮᠪᡳ字語氣輕活。如我必去曰ᠪᡳ ᡤᡝᠨᡝᠮᠪᡳ ᠰᡝᠮᠪᡳ我去曰ᠪᡳ ᡤᡝᠨᡝᡵᡝ、凡遇ᡠᠨᡩᡝ、ᠰᡳᠩᡤᡝᡵᡝ、ᠣᠩᡤᠣᠯᠣ、ᠣᠨᡤᠣᠯᠣ、ᡝᡵᡳᠨ、ᡩᠠᡵᡳ等字之上。必用ᡵᠠ ᡵᡝ ᡵᠣ字。ᡠᠨᡩᡝ之下。亦用ᡵᠠ ᡵᡝ等字應之。如ᡝᠮᡠ ᡠᠨᡩᡝ、ᠮᡝᠨᡳ ᠣᠩᡤᠣᠯᠣ等句。乃係恳口成語。不在此例。是一定之詞也。

ᠮᠪᡳ用於句中皆有用力之意如自壞曰ᡝᡶᡠᠵᡝᠮᠪᡳ壞之曰ᡝᡶᡠᠯᡝᠮᠪᡳ如用於句末作大凡字解凡所聞曰ᡩᠣᠨᠵᡳᠮᠪᡳ凡所到曰ᡳᠰᡳᠨᠵᡳᠮᠪᡳ。

ᡥᠠ ᡥᡝ ᡥᠣ ᡴᠠ ᡴᡝ ᡴᠣ 矣字了字也字在字尾聯用皆已然之詞亦視上文叶韻用之如上ᠠ下ᡥᠠ上ᡝ下ᡥᡝ其ᠣ ᡥᠣ文隨語氣以別如令人去曰ᡤᡝᠨᡝᠪᡠ去了曰ᡤᡝᠨᡝᡥᡝ令人完曰ᠸᠠᠵᡳᠪᡠ完矣曰ᠸᠠᠵᡳᡥᠠ句中亦有的字解如ᡤᡝᠨᡝᡥᡝ ᠪᠠᡳᡨᠠ ᠸᠠᠵᡳᡥᠠ ᠪᠠᡳᡨᠠ之類如下了曰ᠸᠠᠰᡳᡴᠠ出了曰ᡨᡠᠴᡳᡴᡝ迎了曰ᠣᡴᡩᠣᡴᠣ之類也至於ᠰᡠᡴᠠ ᠪᡠᡴᠠ

二百五十八

[Manchu]此用ᠪᡳ字煞脚者乃一事之已完也用[Manchu]字煞脚者乃一事之未完文理斷耳其[Manchu][Manchu]又隨語氣以變耳。

ᡶᡳ着字卽ᄒᆞ여字意又ᄒᆞ며字意在字尾聯用乃承上接下將然未然之語如云不能擧[Manchu][Manchu]說着着[Manchu][Manchu]句中或有連用幾ᡶᡳ字亦不妨但不可煞尾用乃係整語如[Manchu][Manchu]不在此例凡遇[Manchu]字之上必用ᡶᡳ字又漢文而字則用ᠪᡳᠮᡝ意思相連而下也如曰富而貴[Manchu]ᠪᡳᠮᡝ[Manchu]

ᡥᠠ的了字卽ᄒᆞ고字意又ᄒᆞ여付字意在字尾聯
用乃結上接下將然已然之詞如云說了着
ᡤᡳᠰᡠᡵᡝᡥᡝ ᠪᡳᡥᡝ語氣相似則連用數ᡥᠠ字義並同
或有煞尾用者如[illegible] [illegible]之類又作因字意
卽므로字意如因其如此所以如此則上用ᡥᠠ
字以起下文
[illegible]凡語中用皆直指其現在而言也下不可接[illegible]
ᠪᡳ字[illegible] [illegible]等字俱是已了字矣字也字乃一
事已畢用此煞尾另叙別情已然之語如云已
來了ᠵᡳᡥᡝᠪᡳ已是得了ᠪᠠᡥᠠᠪᡳ已是去了ᡤᡝᠨᡝᡥᡝᠪᡳ᠉

ᠪᡳᡥᡝ 乃追述語。卽ᄒᆞ엿더니字意。上用 ᠪᡳᠴᡳ 字照應。

ᠪᡳᡥᡝ ᠪᡳᠴᡳ 連用之法。乃設言已前之事。下必再用 ᠪᡳᡥᡝ 字應之。卽ᄒᆞ엿쓰면字意。如云。若不那樣来着何以得這樣 ᡨᡠᡨᡨᡠ ᠠᡴᡡ ᠪᡳᡥᡝ ᠪᡳᠴᡳ ᠠᡳᠨᡠ ᡠᡨᡨᡠ ᠣᠮᠪᡳᠨᡳ。

ᠪᡳᡥᡝᠪᡳ 追述往事煞尾之詞。卽ᄒᆞ여실러니라字意也。

ᠣᠮᠪᡳ 可以字。使得字。作字。為字。如上有 ᠴᡳ 字。作可字解。如可行曰 ᠶᠠᠪᡠᠴᡳ ᠣᠮᠪᡳ

為我之兄曰[Manchu] [Manchu] [Manchu] 此煞尾之詞。亦將來未然之用。與[Manchu]等字相近而不同。[Manchu]等字。於承上接下處者多。此於語中竟結也。

[Manchu]將然未然煞尾之語。如上文係整語。則用[Manchu]字接之。如忠曰[Manchu] [Manchu] 此乃整語。不可竟連。[Manchu]故添一[Manchu]字也。如孝曰[Manchu]因此字非整語。故以[Manchu]連寫之也。

[Manchu]此字之用最廣也。專以承上文。又因其語而變化耳。如承上文之所云而作已然之用也。又上文係整語。在必以此承接。方可轉下。如[Manchu]

二百六十二

之類。如上文當用𢔶字。則用[Manchu]。當用[Manchu]字。則用[Manchu]。當用[Manchu]字。則用[Manchu]已然。則用[Manchu]將然未然。則用[Manchu]又有單用。如應曰可[Manchu]不可[Manchu]亦是指其上文之所云者而言也。[Manchu]則字。卽ᄒᆞ면字意。又自字。卽부터字意。又由字。從字。卽로字意。又比字。卽에셔字意。又第字。卽재字意。在字尾聯用。乃結上起下未然之語。惟結語不用。然又有用者。如上文[Manchu]下必用[Manchu]字接之。如云[Manchu] [Manchu] [Manchu] [Manchu]此煞尾之用法也。如云。[Manchu]則不可[Manchu] [Manchu]自令以

後 [Manchu] [Manchu] 比我年長 [Manchu] [Manchu] [Manchu] 你在
第幾箇上 [Manchu] [Manchu] [Manchu] [Manchu] 凡遇 [Manchu] [Manchu]
[Manchu] [Manchu] [Manchu] [Manchu] [Manchu] [Manchu]
等字之上。必用 [Manchu] 字。此一定之詞也。
[Manchu] 以爲之意。卽 ᄒᆞ 字意。又等也。卽 ᄂᆞᆫ 字意。又去說
之說字。卽 니 라 字意也。又述人之語完了。下
用 [Manchu] 等字結之。卽 ᄒᆞ 더 라 字意也。如 [Manchu] [Manchu]
[Manchu] [Manchu] [Manchu] 皆視上文。分別已然未然。用至
於 [Manchu] 之用法者。上文起語。必用 [Manchu] 如
追述最前之事者。則以 [Manchu] 字結之。如云。吽

二百六十四

人這樣說 我聽如此說
之下必用
等字接之。其 之上有 字。即以雖然字
也。
欲字。即ㅎ고져字意。又要字。即ㅎ자字意。又讓
人請字。即ㅎ쇼셔字意。如欲取曰 要去曰
請坐曰 之類。如上非整語。即以 字
連寫下以 字接之可也。如欲念書曰

任憑他罷字。又使令他人意。即ㅎ게ㅎ라字

意也。句末用之。與[Manchu]字稍異。[Manchu]者有意使之如
此。[Manchu]者。任彼如此也。如等他自来曰[Manchu]任
他坐曰[Manchu]必使指他人而言也。又欲然口
氣如云。欲然豈得乎[Manchu]
[Manchu]實解令人給。又轉諭使令。即하게字意在字中
聯用上文有[Manchu]字作教令字用上文有[Manchu]字作
彼他字用。如令人行某事曰[Manchu]令人作某
事曰[Manchu]若無[Manchu]二字只有[Manchu]字者。亦與
有[Manchu]字義並同。
[Manchu]用於句中。亦是使之如此之意也。必因上文係

二百六十六

[illegible] 而又以 [illegible] 之音叶之。如拓開曰 [illegible] 解慰曰 [illegible]
[illegible] 用於句末。教人口氣。即ᄒᆞ라字意。如令人去曰 ᡤᡝᠨᡝ 令人言曰 ᡤᡳᠰᡠᡵᡝ 其詞直截。不可助語。如上文不可竟斷。乃用 ᠰᡠ 等字承之。如令人取之曰 ᡤᠠᡳᠰᡠ 令人住止曰 ᡳᠯᡳᠰᡠ 皆因上一字不可單住。故以此等字接之也。其 [illegible] 亦令人之詞。向尊長言說不得。如云勸人吃飯 [illegible]
[illegible] 吃飯罷 ᠪᡠᡩᠠ [illegible]
[illegible] 俱是頻頻不一。不止。不

定之意。又儆儆之意在字中協上字韻聯用。卽不로字意。又저기字意也。如戀戀不捨曰[Manchu]連叩頭曰[Manchu]儆癘曰[Manchu]之類。字義皆同耳。

[Manchu]

[Manchu]此等字亦字中協上字韻聯用。皆[illegible]爲動用力做開展之意。如作難曰[Manchu][illegible]鏡子曰[Manchu]推托曰[Manchu]動慾曰[Manchu]其餘[Manchu]字意皆同。換字叶韻耳。

ᠴᠠ ᠴᡝ ᠴᠣ ᠨᡠ ᠨᡩᡠ 俱是相字。共字。衆字。彼此字。大家字。一齊字。在字中協上字韻聯用。此上必用ᡝᠮᡠᡩᡝ ᡤᡝᠮᡠ ᡤᡝᡵᡝᠨ 等字照應。亦有不用者。義並同。如共飲曰 ᠣᠮᡳᠴᠠᠮᠪᡳ 衆坐曰 ᡨᡝᠴᡝᠮᠪᡳ 一齊笑曰 ᡳᠨᠵᡝᠴᡝᠮᠪᡳ 餘字皆同。捜字分韻。揔是互相之義也。

又句末 ᠰᡝ 字雖爲凡字意。亦指衆之詞。

ᠮᠠᠩᡤᡳ 之後字而后字。旣而字。卽거든字意。又후에字意也。上必用 ᡥᠠ ᡥᡝ ᡥᠣ 等字起之。亦是已然之詞。下接別語。如云得了工夫纔去着 ᡧᠣᠯᠣ ᠪᠠᡥᠠ ᠮᠠᠩᡤᡳ ᡤᡝᠨᡝᠮᠪᡳ

[Manchu] 了的時候字。乃擬度事後結上起下語。亦已然之詞。即 하면 字意也。如云。事已至此怎麼樣了好 [Manchu] [Manchu] [Manchu] [Manchu] [Manchu] [Manchu] [Manchu] [Manchu]。

[Manchu] 實解根前。又彼時之意。即 할제 字意也。上必因 [Manchu] 等未然字起之間有 [Manchu] 字接者。比 [Manchu] [Manchu] [Manchu] 字。稍緊些。如云。弟兄得會。不勝歡喜 [Manchu] [Manchu] [Manchu] [Manchu] [Manchu] [Manchu] [Manchu]。

[Manchu] [Manchu] [Manchu] [Manchu] 凡用於字中。協上字韻聯用。有去來之意。又生出字。長成字。如去請曰 [Manchu] 來問

曰ᠪᠠᠨᠵᡳᠮᠪᡳᠣ、生歪子曰ᠰᡠᡳᡥᡝᠨᡝᠮᠪᡳᠣ長穗子曰

ᠰᡠᠪᡝᡥᡝᠨᡝᠮᠪᡳᠣ之類。

ᠨᡳᠣ、ᠨᡳᠣ是卑者向尊者言也。懇乞字望祈字。卽 ᄒᆞ、

리잇가字意也。如云。望乞容諒ᡤᡠᠸᡝᠪᡠᡵᡝᠣ ᠪᡳᡥᡝᠨᡳᠣ可

得聞乎ᡩᠣᠨᠵᡳᠴᡳ ᠣᠮᠪᡳᠣ二

ᠨᡳᠣ ᠪᡳᠣ俱是歷字。乎字。歟字。又啊字口氣。俱係詰問

疑詞。在字尾聯用。又ᠨᡳᠣ字。亦揣度其不然之意

也。大凡ᡳ ᡳ ᡳ ᠣ ᠣ ᠣ 二頭之字。用在字尾。

多係疑問之詞。

ᡨᡝᡵᡝ、ᡳᠩᡤᡝ、ᠨᡳᠩᡤᡝ、ᡠᠩᡤᡝ、ᡡᠩᡤᡝ、ᠣᠩᡤᡝ、俱是的。

字者字所以字也者字即거시字意又거슨字

意也皆隨上文帶出用之如云所以勸士

來者是何人

亦照已然未然分用又有整語帶用者如

或者曰 之類又作生成已成字用即仁

者曰 有才德的曰 之類也

未字不曾字即아니字

意又못ᄒᆞ다字意如云不來 不曾來

以韻分用

恐其字恐怕字即ᄒᆞᆯ가字意 在字

尾聯用。[Manchu]在句尾單用上。必用[Manchu][Manchu]等字。

如云。父母唯其病之憂[Manchu]

[Manchu]

ᠰᠠ ᠰᡝ ᠰᡳ ᡨᠠ ᡨᡝ 俱是們字。等字。輩字。卽들字意也。

在字尾聯用。如大人們曰[Manchu]。民等曰[Manchu]。

男人們曰[Manchu]。兄長們曰[Manchu]。弟們曰

ᡩᡝᠣᡨᡝ 又解作子字如麻子曰[Manchu]。鬍子曰[Manchu]

之類也。

[Manchu] 俱是每字。各字。卽식字意。又각각字意

也。在字尾聯用。如云。每人各得布三疋綿一斤

肉十三兩麵二斤

哉字也字。啊字口氣。乃將然已然自信決意之詞。卽ᄒᆞ도다字意也。如可行曰 大

哉問曰 之類也。

只管字。儘着字。不止字。徽字。畧字。卽ᄒᆞᆫ재字意。又져기字意也。如慢慢的曰 快快的曰 兼獨達旦曰 形容其滿曰 形容其少曰

tuttu seme bicibe、tuttu bime 作雖然字。卽비록

그러ᄒᆞ여도字意。又지라도字意。又ᄒᆞ나字意

也。又bime或逕於本話帶下。如acabime之類。如

遇整語。則以sembime承之。凡用seme者。在說字

上運意也。用bimbime者在有字上運意也。又有

上無tuttu止有bime者。此暗有雖字之意也。

hono bade作尚且字。ai hendure作而況字。凡連用此二

句。乃上下相呼應之法也。如云堯舜尚且如此

yoo šun hono bade、又有不拘呼應者。如云。

我尚且如此而況其他乎 bi hono uttu bade gūwa be ai hendure

[Manchu] 又 [Manchu] 如作虛字用。念바더야。實解。

地方上。

[Manchu] 用於句首。作況且字。卽ᄒᆞ믈며字意。單
用 [Manchu] 於句中句末者。作與其字。不但字。不惟
字。卽ᄒᆞ모로字意。又ᄒᆞᆯ뿐아니라字意。此上必
用 [Manchu] 等字。下必用 [Manchu] 字應之。如云。埋怨於
事後。不如小心於起初 [Manchu] [Manchu] [Manchu]
[Manchu] [Manchu] [Manchu] [Manchu] [Manchu] [Manchu] [Manchu]

[Manchu] 想是罷字。使得罷字。耳字。卽ᄒᆞ리라字意。此
上必用 [Manchu] 字照應。亦有不用者。乃省文之意

耳。如云。想必古禮就是這樣罷 [illegible]

[illegible]

[illegible] 自字。從字。由字。卽 으로셔 字意也。在字尾用之。此 ᠴᡳ 字。詞義實在。乃實解起字也。如云。自外邊 [illegible] 從縫子裏 [illegible] 由驛站 [illegible]

[illegible]

[illegible] 皆由彼至此之詞。至於字。到字。卽 도록 字意也。如 [illegible] [illegible] 之類。若遇整語。則用 [illegible] 字承之。如 [illegible] 之類是也。

[illegible] 用於句末。猶未字。尚未字。卽 못ᄒᆞ여셔 字

順治年間檔의 語學的 한 觀點

-《文獻의 音譯의 問題點과 더불어서》-

朴　相　圭*

〈목　차〉

1. 序　　言

筆者는 數年 前에 京城帝大 圖書室 書庫를 出入할 機會가 있었다. 그때에 많은 貴重한 文獻을 대할 수가 있었고, 그 가운데서도 滿洲, 蒙古, 女眞, Tibet, Sanskrit에 關한 資料는 나에게 많은 學問的 進路를 일깨워 주었다고 할 수 있었다. 생각해보면 日人 學者들은 1世紀 前부터 北方 Asia에 많은 關心이 있었다는 것이며, 그것이 끝내 世界2次大戰이라는 한 樣相으로도 나타났었다. 그런데 우리나라는 實上 日本 보다도 더 가까이 數千년 동안 北方과 接하고 있으면서도 그 곳에 對하여 전혀 관심 밖에 두었다는 기막힌 事實이다. 그리고 지금도 이 地域에 常識的인 知識 밖에 없다는 것이 한심할 노릇이다. 筆者는 이런 상황 속에서 '順治年間檔'이라는 册을 보게 된 것이다. 처음은 어떻게 이 册을 譯書할 것인가. 만약 全

* 경원대 교수

部를 다 못한다 하더라도 一部만 紹介라도 할 것인가. 그러다가 亞細亞文化社를 알게 되어서 音譯書로만 내놓게 되었던 것이다. 그런 후에 다시 金炯秀博士님의 回甲記念論叢에서 간단한 語學的 몇가지 사실들을 比較言語學的인 입장에서 보게 되었다. 나로서는 매우 의의 있는 일이다.

'順治年間檔'은 淸室의 宮內省이라고 할 수 있는 盛京內務府의 古文書이며 淸나라의 初期에 政治 經濟 社會 法律의 實情을 알려 주는 重要한 史料이면서 最古의 加圈點滿洲文으로서 滿洲語 硏究에 있어서 重要한 資料이다.

筆者는 이러한 貴한 資料를 硏究하는데 소극적인 자세에 스스로 채찍질하면서 보다 능동적이며 적극적인 태도를 갖고 硏究에 임하기로 했다.

우선 本稿에서는 '順治年間檔'의 全體 중에서 매우 一部 만을 音譯하면서 語學的인 한 斷面을 考察하기로 한다.

2. 資料로서의 順治年間檔

'順治年間檔'은 順治 4年에서 8年까지의 5年동안 일어난 事實을 記錄한 滿洲文의 副本이다. 順治 元年에 청나라가 입궐하고 서울이 盛京에서 北京으로 遷都되는데 따르는 國初以來 內府事務의 處理機關은 內務府辨事公署로서 奉天에 取殘되고 있었지만 그것은 北京內務府의 支署로서 盛京內務府라 稱하는데 이루어졌다.

事實上 盛京內務府의 機構가 完成을 보게 된 것은 順治 4年의 일이며 이 때부터 始作된 '順治年間檔'은 盛京內務府의 文書로서 가장 最古일 것이다.

또한 '順治年間檔'은 단순히 內部的 必要에 의해서 만들어진 備忘錄的인 副本에 가까운 것이였기 때문에 그 謄錄의 方針이 不確定的이였다든지 그 整理方針이 아직 미숙하였다는 것을 추측한다고 해서 '順治年間檔'이 歷史的인 資料로서 평가절하가 되어서는 안될 것이다.

順治年間檔은 歷史的인 價値에서 볼 때 몇 가지로 要約된다.

(A) 淸代 內務府 制度史 研究上에 特異한 價値를 갖고 있다.

(B) 淸代 內務府의 機能을 研究할 수 있는 근거 자료로서 價値를 갖고 있다.

(C) 淸代 歷史研究에 貴重한 資料로서 價値를 갖고 있다.

(D) 滿洲人의 生活風俗을 研究하는데 자료로서 價値를 지니고 있다.(特히 宮內의 最高 滿洲人의 生活形態를 알 수 있다.)

(E) 滿洲語의 古形을 찾을 수 있으므로 滿洲言語史 研究에 귀중한 價値를 지니고 있다.

(F) 加圈點의 滿洲文 記錄의 最古 文獻으로서

o와 u의 混用

h, k, g의 混用

t, d의 混用

a, e, i의 混用

n의 脫落 等은 滿洲語의 實情을 말해 주는 貴重한 史料이며 言語學的 研究에 많은 도움을 줄 것이다.

以上의 (A)~(F)까지의 事實들을 통해서 보면 '順治年間檔'은 滿洲學을 研究하는 學者들에게는 매우 좋은 案內 역할을 할 것으로 충분히 믿는 바다. 말하자면 '順治年間檔'은 語學을 바탕으로 歷史風俗, 生活史의 研究에 꼭 탐색되어야 할 史料인 것이다.

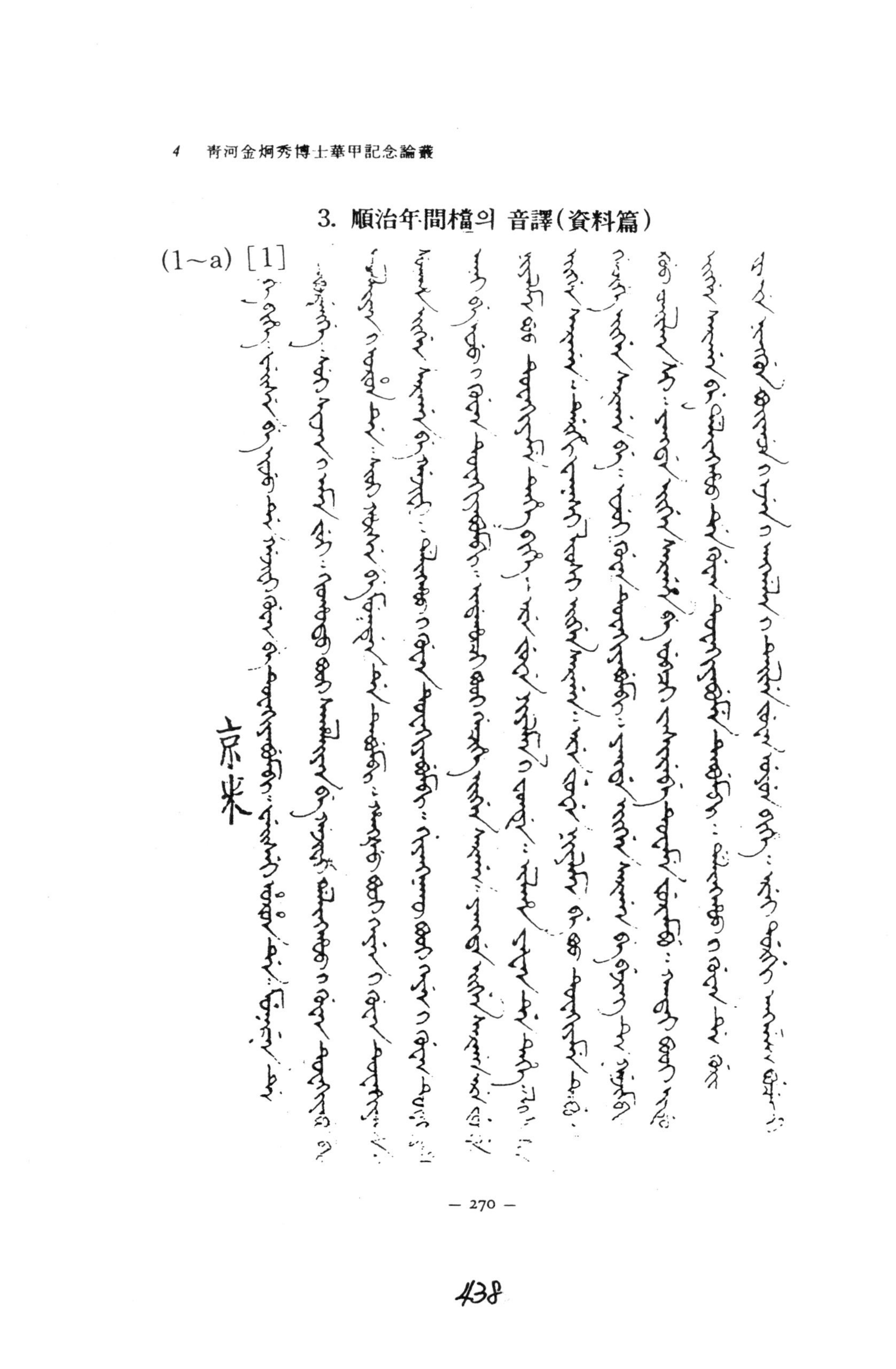

3. 順治年間檔의 音譯(資料篇)

(1~a) [1]

京来

(1~b)

[1] he bihe feise be iju de gajifi guwan be tuwakiyabumbi.
feisei oron de mukden de/
yaburengge. sui sijan i ama jui. kiohoto booi sahaliyan
be gajifi dalinghoo i guwan tuwakiyabumbi./
sahaliyan i oron de. sioi hūse be mukden de
tebumbi. hangšu booi keyen i guwan tuwakiyaha./
sumaha eigen sargan be gajifi. dalinghooi guwan
tuwakiyabumbi. giyangnakū booi keyen i guwan tuwaiyaha/
anai be iju i guwan tuwakiyabumbi. indahūci booi
gencihe eigen sargan, yangda eigen sargan ere juwe/
niyalma boo tuwakiyame tehu bihe. ere juwe niyalma
i funde. ilha yafan de tehe li mase/
eigen sargan. derhi faksi liosi eigen sargan. ere
juwe niyalma be boo tuwakiya me tebu./
gencihe eigen sargan be. ijui guwan tuwakiyabumbi.
yangda eigen sargan be bejing de gajimbi./
goo wailan si. yangda eigen sargan be ubaci jasirebe
tuwan\me jurambu. kantai booi idu/
eigen sargan be dalinghoo de guwan tuwakiyabume
tebumbi. dalinghoo i guwan de guri(me)/
ji(de)re ninggun boigon i ejen i anggala i teile
juwan uyun bihe. erei dorgi anggala buceci/

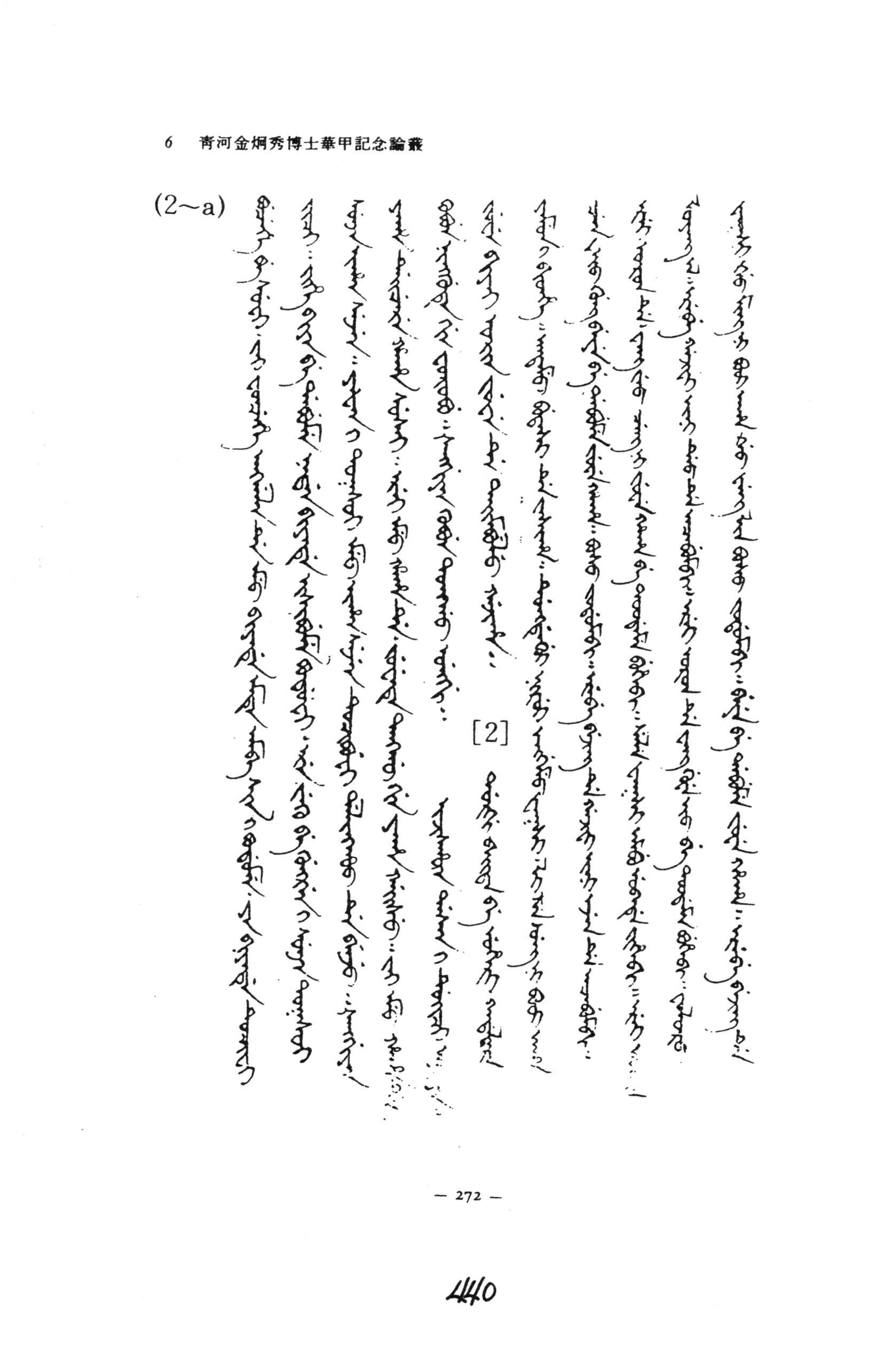

(2~a)

[2]

(2～b)

bucehe be sufi. jai foncehe anggala de emu biyade emte
amba sin i bodome. ya biya be tucifi /
jeci. jihe biya be dabume nadan biyade isibume bodofi.
ere jeku be gunggan i sunja toksoi /
sunja ihan sejen. yafan i toksoi emu ihan sejen tucibufi
dalinghoo de benju. šanggiyan /
yaha deijere haha susai. erei emu haha de. juwete
tanggū gin yaha gaisu jai emu haha de /
kubun ninggute gin forobu. šanggiyan kubun tonggo
unggi. ijishūn dasan i duici aniya. /
juwe biyai orin juwe de taimbulu gajiha.

[2] dorgi baita be uheri kadalara /
yamun i bithe. antamu butasi e jasiha. dungdegui nirui
enggemu faksi. li ts'e žung ni booi aha /
cen io gung beye be dabume juwe haha. boso jodombi.
erebe bejing de gajiji ini ejen de acabumbi. /
erei oron de. wang jeo ceng ni juwe haha be
toodame buhebi. sele faksi ambu ubade jihebi. erei ahūn /
loyang el. erebe gajifi ini deo de acabumbi. erei oron
de wang guwe io be toodame buhebi. foloro /
faksi k'u ming ni booi aha k'u feng lin boso jodombi.
beye be dabume juwe haha. erebe bejing de /

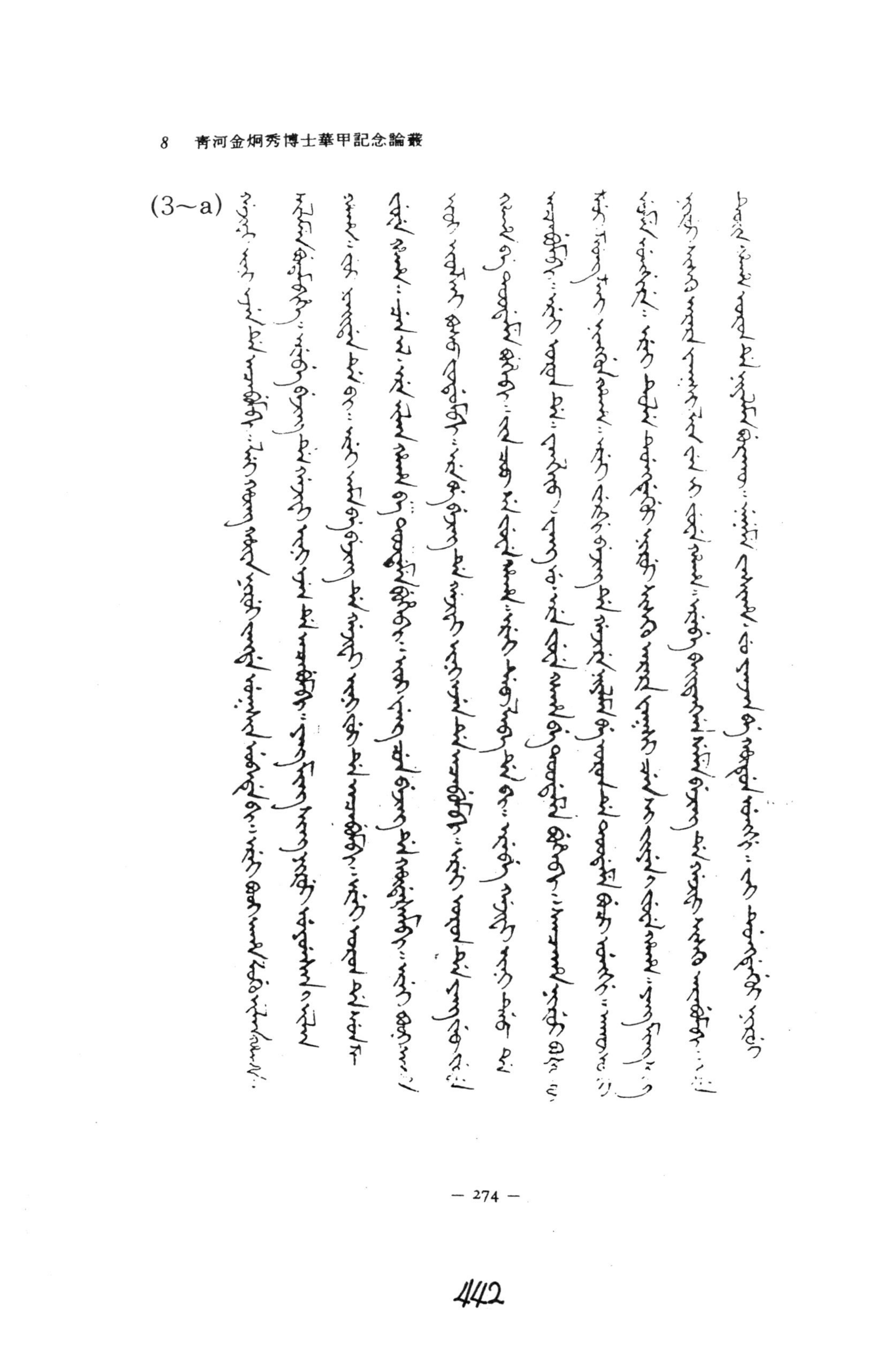

(3~a)

(3〜b)

gajifi ini ejen de acabumbi. lei hūng hūwa nirui
jangda uksin ubade bi. erei booi aha logu ilan haha/
silmen butambihe. erebe bejing de gajifi ini ejen de
acabumbi. yang ming sing nirui uyunsan i ilan/
haha. jui faidan de bi. erei ama be bejing de gajifi
ini jui de acabumbi. ini oron de sun ts'/
juwe haha. cen el. ere ilan haha be toodame buhebi.
ioi feng cun bejing de hūdašambi. erei booi aha/
ioi iots'ai boso jodombi. ere be bejing de gajifi
ini ejen de acabumbi. erei oron de yang jeo juwe/
haha be toodame buhebi. jin coo se juwe haha. erei
deo laba de bi. erebe gajifi ini deo de/
acabumbi. erei oron de. wanglio wang u. ere juwe
haha be toodame buhebi. sancaha nirui bošokū/
ts'ui dzung ts'ai ninggun haha. erei jergi bejing
de gajire niyalma be oron de toodame buci unggi.
akū oci/
ume unggire. erei tule dungdegui nirui sisku arara faksi
cen si jiyen i juwe haha yang ming sing/
nirui sisku arara faksi lin fen i juwe haha. erebe
baitangga seme bejing de gajifi sisku arabumbi ere/
duin haha oron de niyalma burakū. neneme jasiha. u
yanjan be hūdun unggi. jai dungdegui nirui/

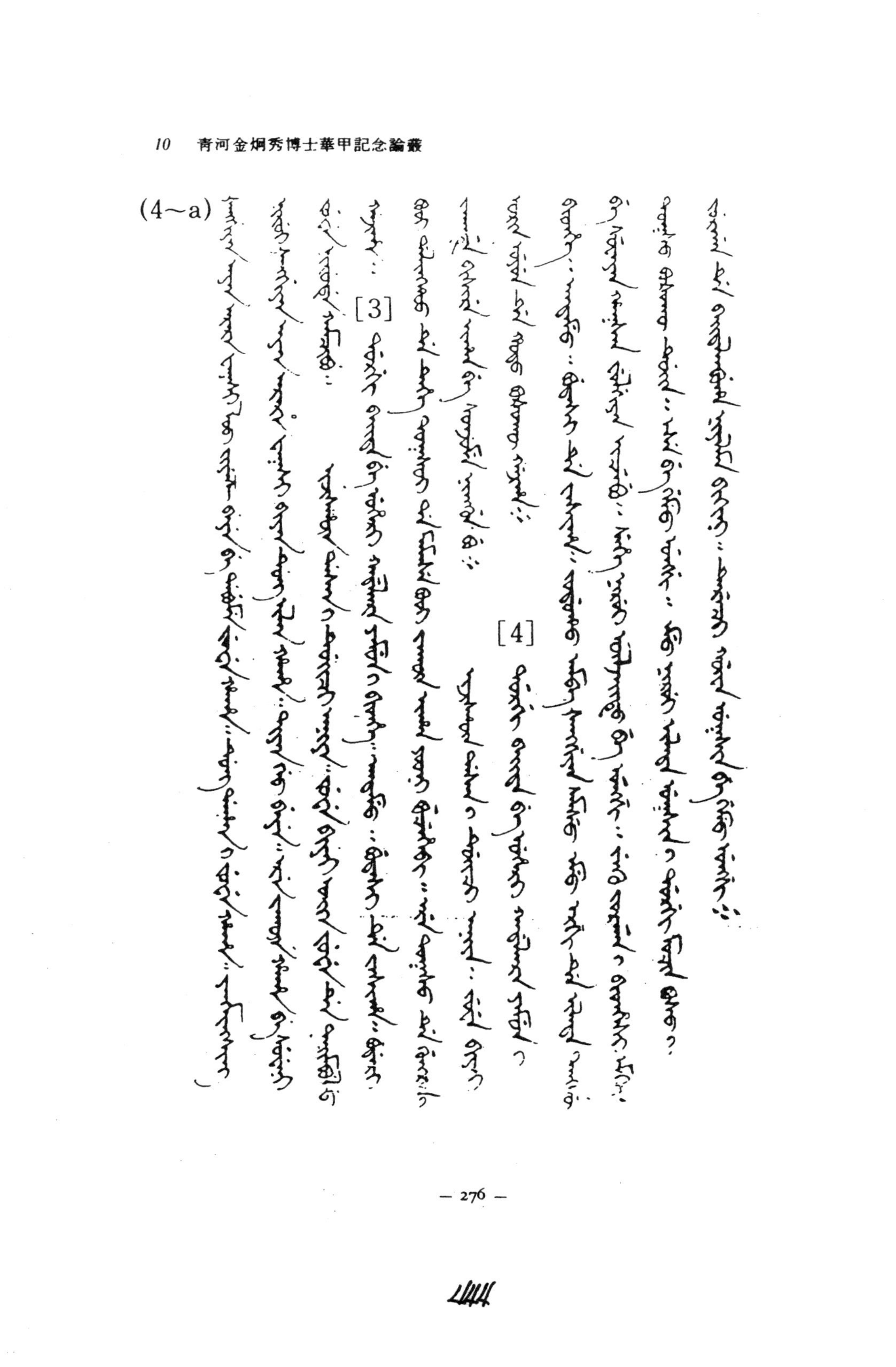

[4]

[3]

(4~a)

(4～b)

šanggiyan ayan arara faksi loo jiyets' beye be dabume juwe haha. dung dahan i juwe haha. yangmingsing/
nirui šanggiyan ayan arara faksi biyan dung ilan haha. tiyan geo beye. ere jakūn haha be suweni/
juwe nirude kamcibu. ijishūn dasan i duici aniya. juwe biyai orin juwe de taimbulu/gajiha.

[3] dorgi baita be uheri kadalara yamun i bithe. antamu. butasi de jasiha. budari/
booi dalinghoo de tehe toksoi da mamase booi jakūn ihan yooni bucehebi. ere tokso de gunggan i/
jakade bisire ihan be sonjome ninggun bu. ijishūn dasan i duici aniya, juwe biyai/
orin uyun de hoto bošokū gajiha.

[4] dorgi baita be uheri kadalara yamun i/
bithe, antamu, butasi de jasiha. jodoho amba šanggiyan samsu emu ergi de ilata tanggū/
be suwayan haksan fulgiyan icebu. sehe nirui ūljaitu be unggi. jeku jorgan i bithesi emke./
tokso boškūduin. ese be gemu unggi. emu nirui ilata uksin i dorgi mocin boso i/
jurgan de baitalabuha niyalma bikini. tereci gūwa uksin be gemu unggi./

(5~a)

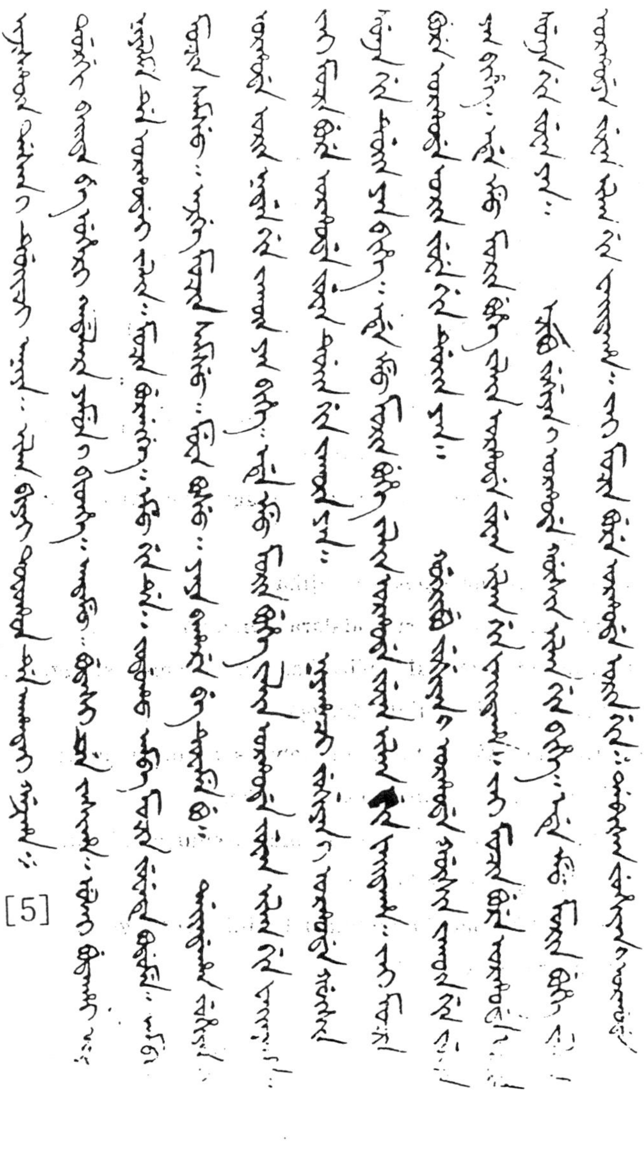

[5]

(5∼b)

ijishūn dasan i duici aniya. ilan biyai tofohon de
aantai gajiha./

[5] dorgi baita be uheri kadalara yamun i bithe. antamu.
butasi de jasiha. ulai buthai/
niyalma de orhodai jalin. mocin burengge. emu gin de.
jodoho amba mocin juwete bodome. amba/
mocin samsu. ajige mocin samu. muva bosu. yaya
bahare be tuwame bu. daindahan juhiyan i/
orhoda orin nadan gin jakūn yan bihe. ede emu
morin buhe jalin orhoda juwan ilan gin faitaha./
jai mocin bure orhoda juwan duin gin jakūn yan.
niyahachi jugiyan i orhoda gūsin/
sunja gin duin yon bihe. ede emu morin buhe
jalin orhoda juwan ilan gin faitaha. jai mocin/
bure orhoda orin juwe gin duin yan. gūribu jugiyan
i orhoda gūsin jakūn gin juwan/
yan bihe. ede emu morin buhe jalin orhoda juwan
ilan gin faitaha. jai mocin bure orhoda orin/
sunja gin juwan yan. icibu jugiyan i orhoda gūsin
ilan gin bihe. ede emu morin buhe jalin/
orhoda juwan ilan gin faitaha. jai mocin bure
orhoda orin gin. dabišan juhiyan i orhoda/

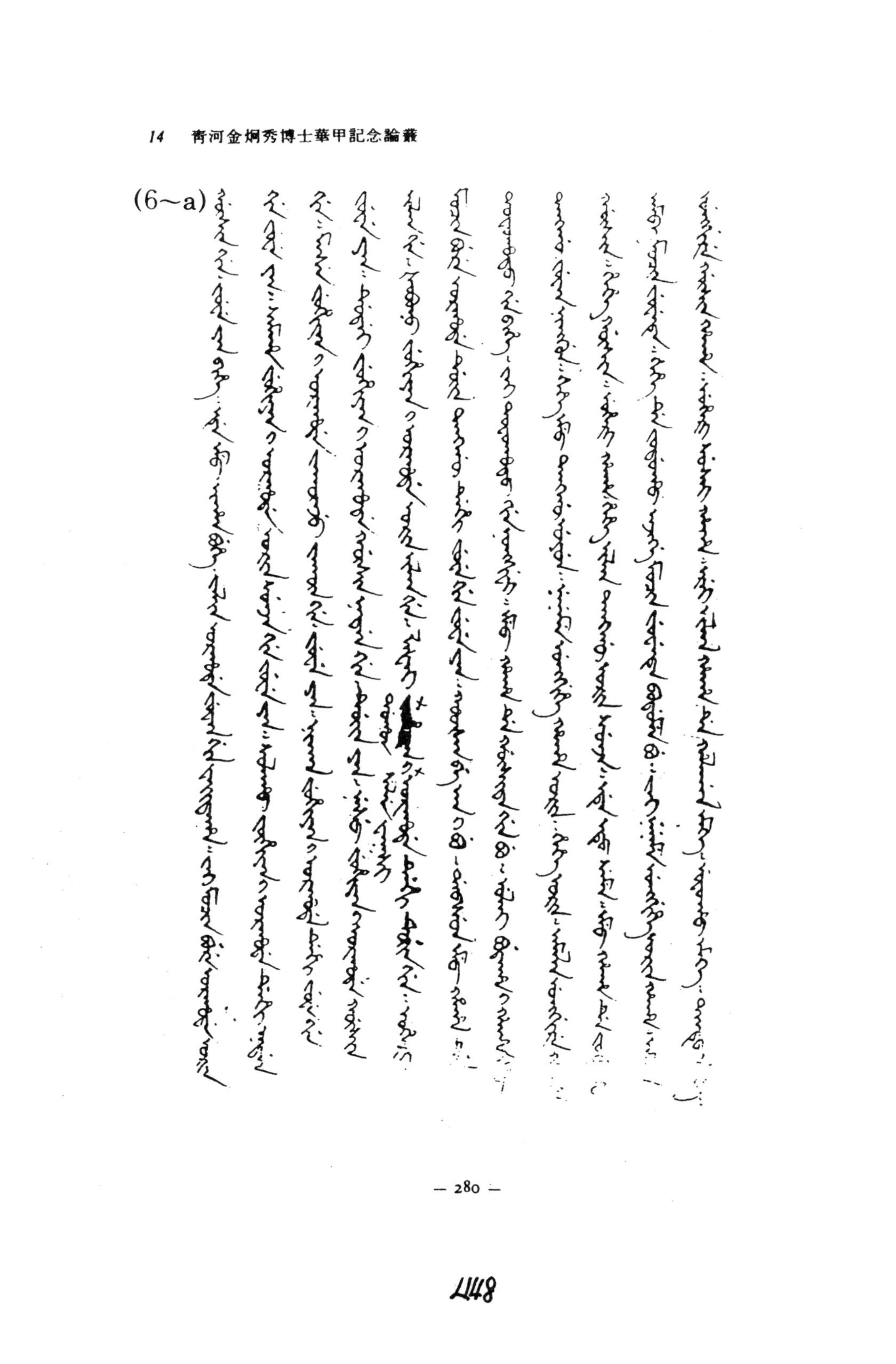

(6~a)

(6~b)

gūsin gin. juwe yan bihe. ede emu ihan buhe. jalin
orhoda juwan gin faitaha. jai mocin bure orhoda orin/
gin juwe yan. samha juhiyan i orhoda orin sunja
gin juwe yan. solho juhiyan i orhoda dehi nadan/
gin. mase juhiyan i orhoda jakūnju jakūn gin.
juwan yan. nikan juhiyan i orhoda dehi juwe gin/
juwe yan. dudai juhiyan i orhoda gūsin nadan
gin duin yan. nesu juhiyan i orhoda gūsin/
ilan gin. šobono juhiyan i orhoda orin ilan gin. lafai
dohon i sele faksi orhoda dehi duin gin. uheri/
mocin bure orhoda duin tanggū dehi juwe gin juwe
yan. hoošan be an i bu. dabsun emu haha de/
tofohoto gin bihe. jai tofohoto gin ungifi. emu haha
de gūsita gin bu. ulai butha i haha emu/
tanggū juwan ninggun. hehe emu tanggū uyun.
neneme unggihe haha orin. hehe orin. amala unggire haha/
gūsin. hehe gūsin. uheri haha. hehe ilan tanggū orin
sunja. ede etu seme. emu haha de jodoho/
amba mocin juwete. hehe de jodoho ajige mocin
juwete bodome bu. jai neneme unggihe orin haha. amala/
unggire gūsin haha. uheri susai haha. erei ilan haha
de halgan emke. ofoho emke. tantu emke./

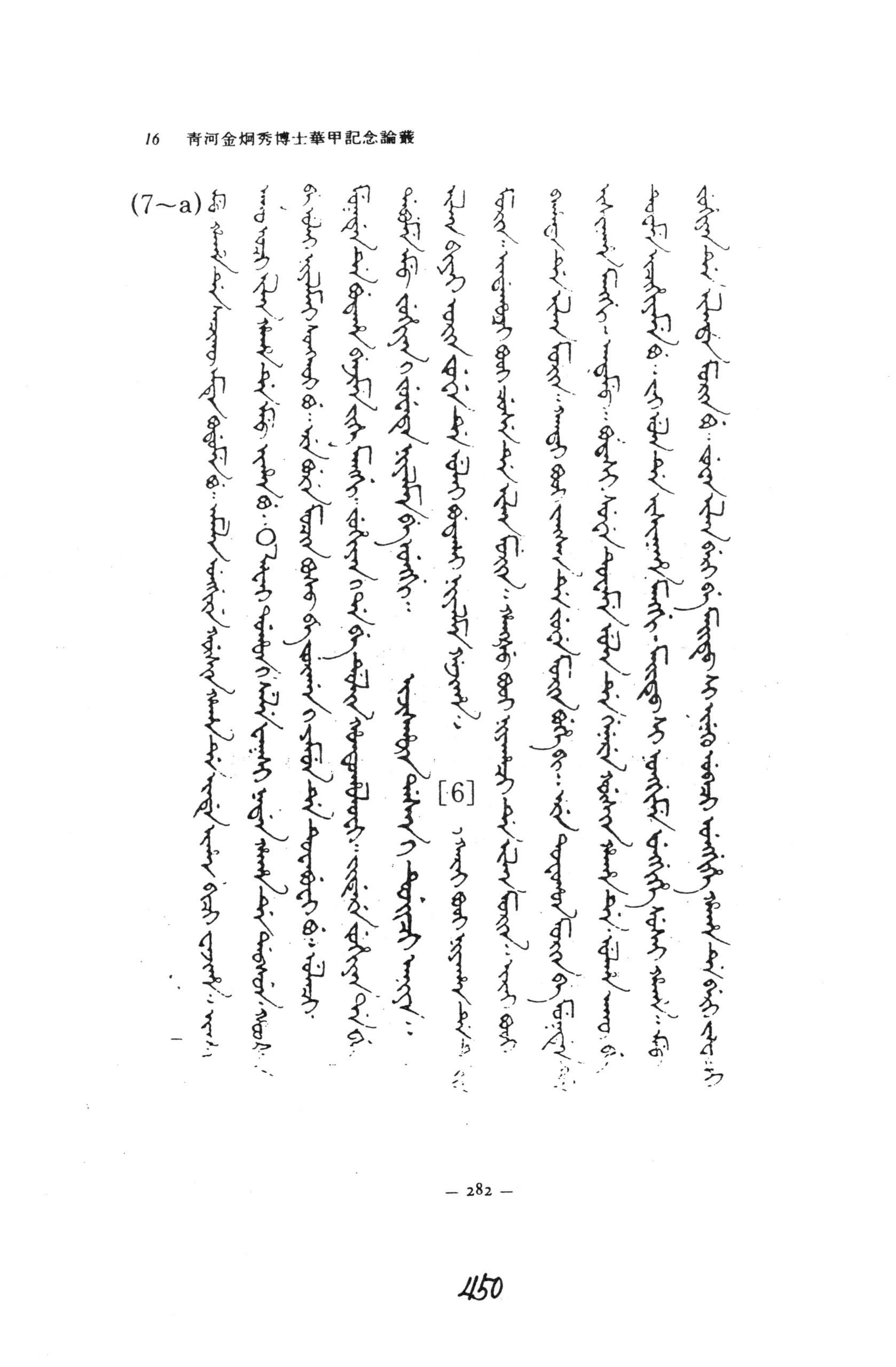

(7~a)

[6]

(7〜b)

emu haha de sacikū emte bodome bu. amala unggire gūsin
haha de inde ihan bici wajiha. ihan/
akū oᵔi ilan haha de emu ihan bu. O lafai dohon i sele
faksi nadan haha de dabsun. hoošan/
be ulai niyalmai songkoi bu. ere bure mocin boso
be jurgan i yamun de tuwabufi bu. ulaci/
mukden de butaha benjime jihe manggi. juhiyan i
da be dulin hontoholofi. jidere juhiyan da be/
dabume emu juhiyan i juwete niyalma be unggi.
ijishūn dasan i duici aniya./
ilan biyai orin juwe de ulai buthai niyalma gajiha.
[6] korai booi niyahan de duin/
morin. indahūci booi cuse de ialn morin. hangšu
booi niyahaci de ilan morin. irai booi/
bahata de ilan morin. kantai booi jangsan de juwe
morin buhe bi. ere tofohon morin be mukden de/
isinaha manggi. antamu. butasi suwe tuwame ula
de genere gūsin haha de. ulha akū be/
tuwame icihiyame bu. jai ula de isinaha manggi
maitu si nonggime unggihe susai haha. emu/
juhiyan de ilata morin bu. juwan ilan beri be maitu
si ineku ubaci unggihe haha de beri jafaci/

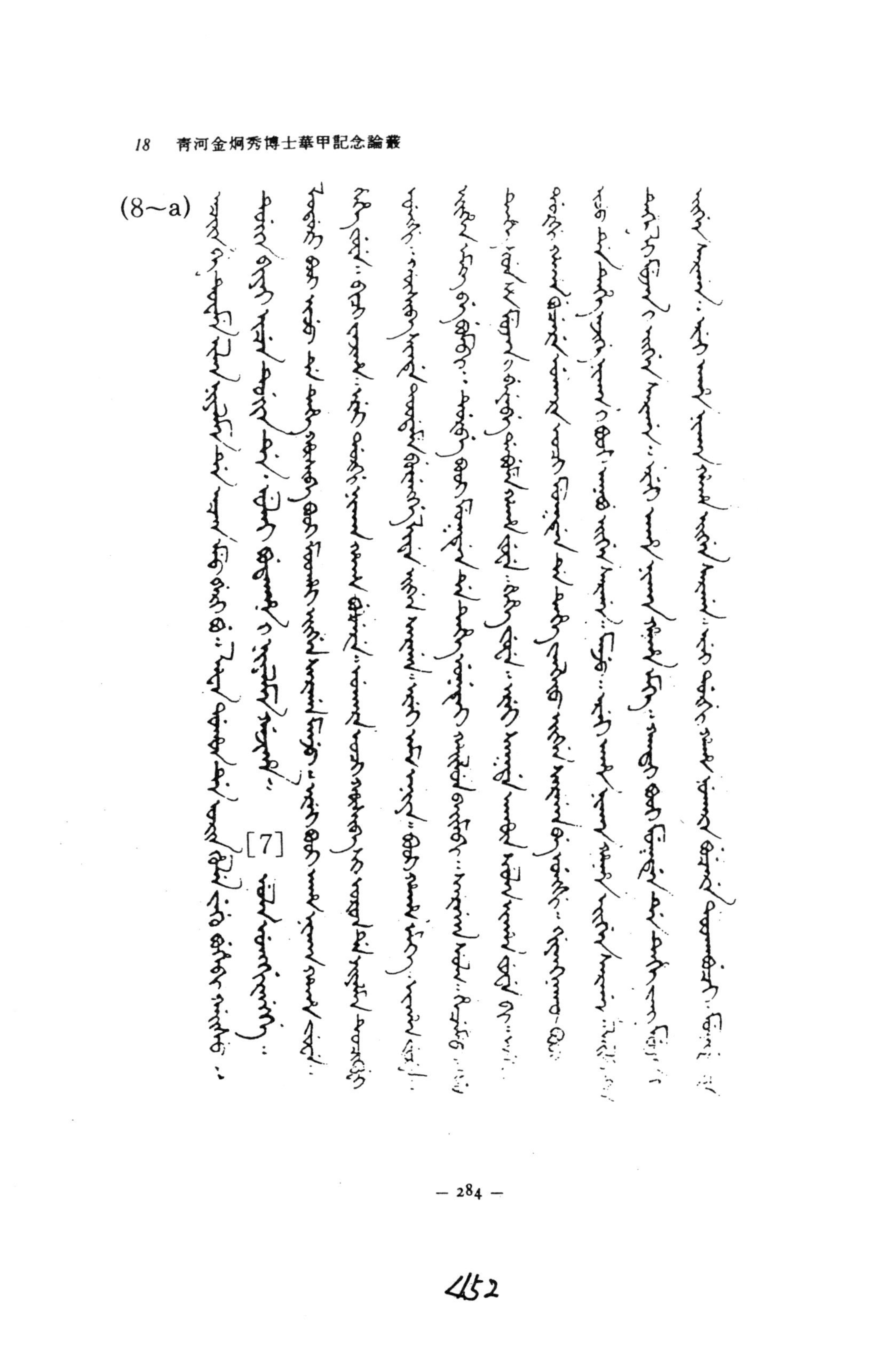

(8~a)

[7]

(8~b)

acara be tuwame ilan niyalma de acan emu beri bu.
lafa dohon de orin hule jeku buhebi gaisu./
duin biyai ice duin de. ulai butahan i niyalma gajiha
[7] ula unggirengge./
lodori booi Üu de tehe hūsiba booi moohai eigen sargan
manju. erei booi aha nikan haha juwe./
hehe juwe. bici wajiha. erei dorgi nikan haha bucere.
ukara oci hūsiba si oron de niyalma tucibufi/
unggi. hūsiba sinde toodame burengge lida eigen sargan.
erei ama eniya. booi haha emke. ihan juwe./
eihen emke be bumbi. durbe booi mukden de tehe unetei
hailun baimbi. sargan sula. hecemu de/
tehe sun sy mujan i beyebe dabume haha juwe. hehe
juwe. erei sakda ahūn sula. ihan juwe bi. erei/
dorgi haha bucere ukara oci mukden de tehe janglio
eigen sargan be unggi. giyangnakū booi/
iju de tehe ajige nikan i booi anabu eigen sargan.
manju. erei aha nikan haha eigen sargan. lailu de/
tehe li mujan i eigen sargan. erei aha nikan haha
emke. kantai booi mukden de tehe jang mujan i/
eigen sargan. erei aha nikan haha eigen sargan. erei
dorgi haha ukara bucere tookabuci. mukden de/

(9~a)

[illegible]

(9～b)

tehe wang jiyan unggi. tookaburakū oci wang jiyan
be ume unggire. hangšu booi iju de tehe k'oda booi/
dahan i eigen sargan. mukden de tehe tubihe yafa
ci gaiha šoo k'o el. eigen sargan. giohoto booi/
hecemu de tehe urtengge mujan i eigen sargan.
jui eigen sargan. haha emke sargan akū. ihan emke./
morin emke bi. budari booi dalinghoo de tehe meisu
booi suiha eigen sargan manju. mukden de tehe/
solgo sui eišeni eigen sargan. ede haha. hehe emu juru
bi. erei haha. hehe akū tookabuci. mukden de/
bisire daiju eigen sargan be unggi. irai booi
mukden de tehe u biyoo jan i eigen sargan be unggi./
ere aikabade took abuci. yangsan i eigen sargan be
unggi. karai booi mukden de bihe yosy eigen sargan./
be iju de tehe toksoi da jinsan de bu seme. bithe
arafi. kusene de unggihe bihe. erebe nakafi./
ula de unggi. indahūci booi janggisan de tehe tokosi
da jangda booi ingšeo eigen sargan. erebe/
ula de unggi. erebe ula de unggime wajiha manggi.
unggihe niyalmai gebu be boo booi. faksalame bithe./
arafi gaiju. duin biyai ice ninggun de jin faidan
janggin nirui biyan u eniyetu nirui k'ou sansui

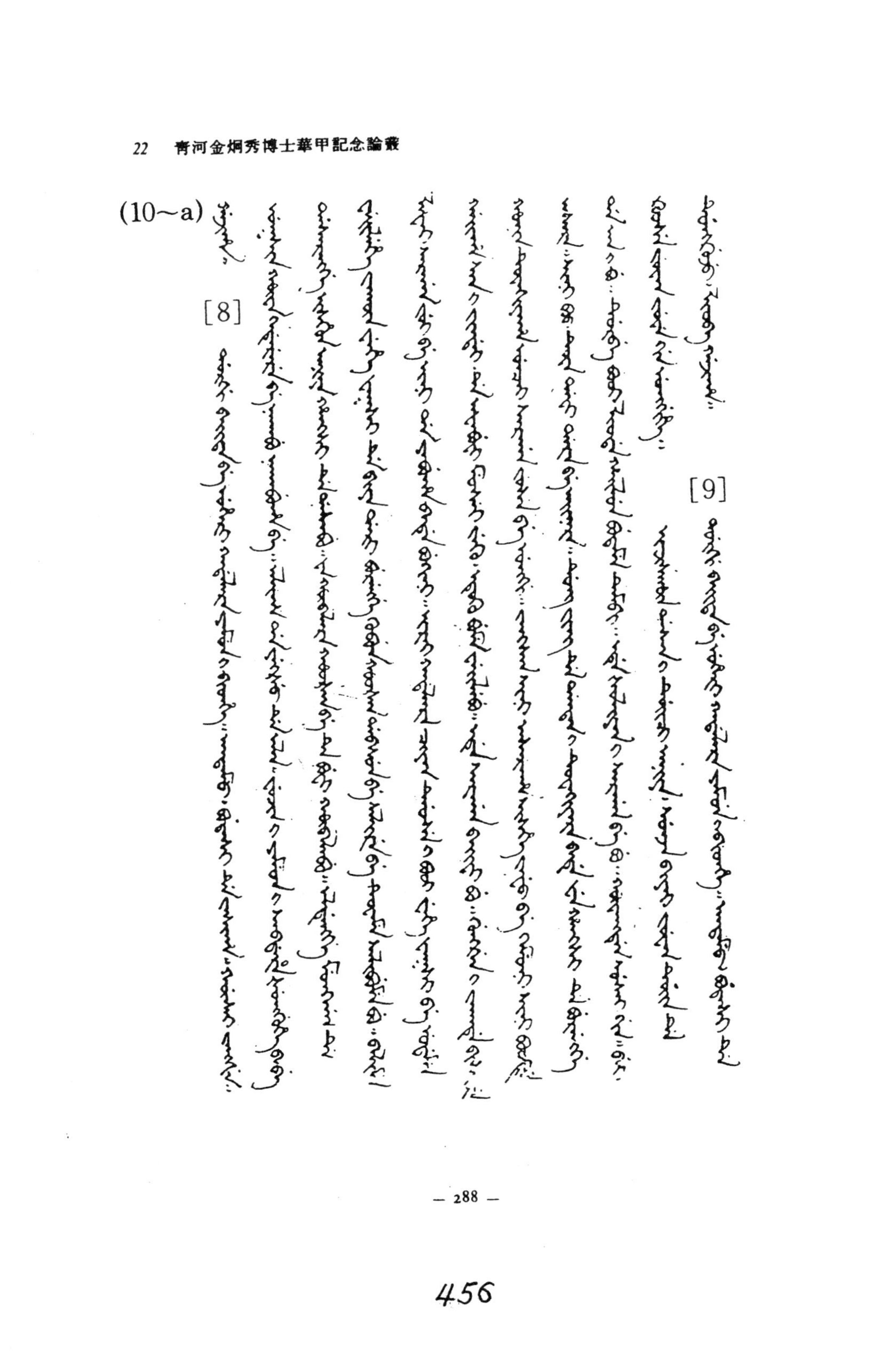

[9]

(10~a)

[8]

(10~b)

gajiha [8] dorgi baita be uheri kadalara yamun i bithe. antamu. butasi de jasiha. gusai janggin./
uksin hūwa kederere be nakabu nakabuha be. aliha de yekšu de ala. fujin i yamun i sabdara šungguhe babe/
dasarangge ishun aniya hangsi de dasahu. fa hūbalara hoošan be te bufi. hūbalabu. eldengge mungga de/
weilehe jakūn wehe faksi de biya dari burengge kubun hoošan dalsun be salire be tuwame salibume bu. balima/
lafai sargan jui be ini da yabuha bade bukini. irai kadalara ciyan deose i booi wehe faksi be udame/
gaiha san i jindai de afabufi musei jeku, etuku bume weilebu. ede sargan baifi bu. gunggan i jakade bisire/
honin tuwakiyaha uncai sargan juse be unggi. jangsan sini asaraha sishe jafu be kemuni sini boode/
asara. sini boo tuwa dafi dara be ainara. dung jing de dantan i tuwakiyara bade fe hangsi de burengge/
da an i bu. durbe booi lioda hailun butame tembi. ede šoliyan i sargan be bu. hūwangdan susai gin. bei/
k'oose juwan juwe gin unggihe. ijishūn dasan i duici aniya. sunja biyai juwan duin de/
dungg'uju lioba gajiha. [9] dorgi baita be uheri kadalara yamun i bithe. antamu. butasi de

以上은 '順治年間檔'의 一部를 소개하였다. 말하자면 '順治年間檔'의 分量의 1/7 정도 滿洲文을 싣고 거기에 따르는 Romanization을 하였으나 原文 자체가 워낙 헐고 잘 보이지 않는 部分도 많아서 어려움이 따랐다. 筆者 나름으로는 애를 썼으니 成果는 있을 듯하다.

本 '順治年間檔'을 音譯함에 있어서는 다음과 같은 사항에 유념을 하였다.

① 音譯을 함에 있어서는,

Möllendorff氏의 Manchu alphabet을 따랐다.

② 原本이 헐고 文字自體도 잘 보이지 않는 部分이 많았는데 最大한 努力을 하였다.

③ 本書에서 누락된 부분은 省略하였다.

④ 音譯을 잘못한 部分은 次後 정정하기로 한다.

4. 語學的인 한 樣相

本稿에서는 '順治年間檔'의 一部 만을 소개했기 때문에 물론 다음과 같은 事實 만을 통해서 '順治年間檔'의 語學的인 樣相이나 特徵을 完全하게 말할 수는 없겠지만 그러나 槪觀的인 것만은 말할 수 있기 때문에 要約하여 整理하면 다음과 같다.

(A) 順治年間檔의 滿洲文 音譯에 關하여:

'順治年間檔'은 順治 4年에서 8年까지 5年 동안의 記錄이면서 加圈點의 滿洲文 最古 文獻 記錄이기 때문에 音譯하는데 있어서는 몇가지 事實에 유념해야 할 것이다. 그 例를 들면 다음과 같다.

① 順治年間檔의 滿洲文 [1]에서 보면,

'……niyalma i fonde'와

'……niyalma i funde'를 混用할 수 있겠는데 여기에서는,

'……niyalma i funde'로 音譯해야 할 것이다.[1] 그 이유는 本文에서는 '……の 代りに'로 解析해야 할 것이기 때문이다.

② [1]의 'toksoi'는,

'tokso' + '－i'이며 'tokso'는 'village'[2]로 '莊園'[3]이라는 뜻이며 또한 '城廓' '莊屯'과 關係가 있으면서 'tokso be kadalara ba'[4]는 '盛京戶部に屬し, 宮廷所有の莊園の莊頭等を管理する役所'[5]로서 '管莊房'을 의미한다.

'－i'는 所有格語尾인데 滿洲語에서는 원래 所有格語尾에 '－ni' '－i'가 있다. 例를 들면 'wang(王)'의 所有格은 'wang－ni' 'mafa(父)'의 所有格은 'mafa－i'이다.

③ 順治年間檔의 滿洲文 [4]에서 보면,

'……jeku jorgan i bithesi emke'에서 [4]의 셋째줄에서의 'jorgan'과 또한 다섯째줄의 'jurgan'은 意味가 같은 '部'[6]라고 하였지만 事實上 여기에는 몇가지 유의점을 알 필요가 있다.

첫째 : 順治年間檔의 資料는 近世의 資料이므로 現代 滿洲語와는 약간의 거리가 있을 것이며,

둘째 : 또한 順治年間檔은 手記體의 文獻이기 때문에 o와 u의 混用을 생각할 수 있으며,

셋째 : 手記者의 誤字였는지도 모른다.

아뭏든 'jorgan'과 'jurgan' 중에서 現代滿洲語에서는 'jurgan'만이 '部'에 해당되는 語彙이다.[7] 역시 가장 最近에 出刊된 語彙辭典에서도

1) 羽田 亨, 滿和辭典에서는,
funde : ……の代りに.
fonde : ……の時に
2) Jerry Norman, A Concise Manchu－English Lexicon p. 279 참조.
3) 羽田 亨, 위의 책 참조.
4) Jerry Norman, 위의 책 참조.
5) 羽田 亨, 위의 책 참조.
6) 國立中央圖書 籌備處發行, 康德, 十年, p. 22 참조.
7) jerry Norman, 위의 책 p. 166 참조.

'jurgan'이 '行, 學, 部'로 해석되었다.[8] ④ 順治年間檔의 滿洲文 [5]에서 보면,

'mocin samsu. ajige mocin samsu. muwa bosu. yaya bahare be tuwame bu. daindahan juhiyan i'에서 2가지 문제점을 간단하게 요약하면 다음과 같다.

첫째 : 'boso'와 'bosu'와의 音譯에서 'bosu'라고 한점은[9] 當詩의 表記體系의 混用으로 보아서는 큰 문제점은 없다고는 할지 모르나 事實上 'bosu'라는 語彙는 辭典에 없다는 점이 문제일 수는 있다고 하겠다.[10] 따라서 아무리 當詩의 表記體系의 混用에도 불구하고서 'boso'라고 表記하던가 音譯해야 할 것이다. 따라서, 그 意味도 '1. the north side of a mountain'이라기 보다는 '2. cloth'이며 또한 'boso aigan'은 'an archery target made of cloth'이다.[11] 그리고 '布'의 意味가 있다.[12]

둘째 : 本文에서의 'samsu'는 '布'의 意味로 되어 있는데[13] 'samsu'와 'boso'는 '布'의 뜻은 같으나 內容은 서로 다른 듯하다. samsu의 뜻은[14] 'a type of fine blue linen'이며 또한 '翠藍布'[15]라고도 하며 또한 '青の亞麻布'[16]의 뜻이기도 하다.

⑤ 또한 順治年間檔의 滿洲文 [5]에서 어학적인 또다른 音譯은,

'mocin samsu. ajige mocin samsu. muwa bosu. yaya bahare be tuwame bu.'에서 'bahare'에 대한 것이다. 말하자면 'bahare'와 'bahara'에 대한 音譯 중에서 'bahara'라고 해야 한다. 물론 當時의 表記體系의 混

8) 季永海 外 2人, 滿語語法, 民族出版社, 1984, p. 495 참조.
9) 順治年間檔, 滿洲帝國, 國立中央圖書館 籌備處發行 康德, 十年, p. 22 참조.
10) Jerry Norman의 사전에도 없으며 滿語語法의 語彙集에도 없다.
11) Jerry Norman, 위의 책 p. 35 참조.
12) 季永海 外 2人, 위의 책 p. 461 참조.
13) 順治年間檔, 滿洲帝國, 위의 책 p. 22 참조.
14) Jerry Norman, 위의 책 p. 233 참조.
15) 季永海 外 2人, 위의 책 p. 509 참조.
16) 羽田 亨, 위의 책 p. 359 참조.

用으로 보아서는 큰 문제가 없을 수도 있겠지만 'bahare'[17] 보다는 'bahara'[18]라고 音譯함이 타당할 듯하다. 例를 든다면, '季永海 外'의 辭典에도 'baha'는 '得'의 뜻이며 동사형태인 '得到'는 'bahambi'이다. 또한 'Jerry Norman'의 辭典에서도 'bahambi'의 뜻은 'toget to obtain, to be able'이다. 또한 'bahara songko'는 'tracks that show that the prey has been wounded'라 뜻인데 여기에서도 'bahara－'라는 語彙를 보더라도 'bahara'라고 해야 될 듯하다.

⑥ 順治年間檔이 滿洲文 [5]에서도 같은 音譯의 문제점은,

'unggire gūsin haha. uheri susai haha. erei ilan haha de halgan emke. ofoho emke tantu emke'에서 'halgan'에 대한 것이다. 이 音譯에 관한 것도 앞의 語學的인 方法과 동일한 것이다. 여기에서는[19] 'halgan'이라고 하였는데 역시 當時의 表記體系로서는 그럴 可能性도 있겠지만 여기에서도 역시 'halhan'이라고 音譯함이 옳을 듯하다. 왜냐하면 여기에서도[20] 의미는 '犁鏵'이라고 하였기 때문이다. 그러한 이유를 몇몇 辭典을 통해서 본다면 다음과 같다. 羽田 亨은 'halhan'에 대한 의미를[21] ' の柵先口はめた鐵の部分'이라고 하여 '犁鏵'와 같은 의미로 해석하였으며, 簡明滿漢辭典에서도[22] '犁鏵'라 하였으며 또한 Jerry Norman에서도[23] 'plowshare'라 하여 '쟁기'를 말함이기 때문에 'halgan'이라고 音譯해서는 아니 되기 때문에 'halhan'이라고 해야 된다고 하겠다.

⑦ 順治年間檔의 滿洲文 [7]에서도 같은 音譯의 문제점이 있는데

'unggi. hūsiba sinde toodame burengge lida eigen srgan. erei ama

17) 順治年間檔, 위의 책 p. 22 참조.
18) Jerry Norman, 季永海 外 2人 羽田 亨에 의한 모든 辭典에도 본다면 'bahara'임을 알 수 있겠다.
19) 順治年間檔, 위의 책 p. 24 참조.
20) 順治年間檔, 위의 책 p. 24 참조.
21) 羽田 亨, 위의 책 p. 193 참조
22) 劉厚生 外, 簡明滿漢辭典, 河南大學 出版社 1987, p. 185 참조.
23) Jerry Norman, 위의 책 p. 124 참조.

eniya booi haha emke ihan juwe.'에서 'eniya'의 音譯은 잘못된 듯하다.[24] 물론, 當時의 表記法에서 특히 語尾에서는 '－a' '－e' '－i'가 混用되었기 때문에 'eniya'라고 音譯함을 當時의 誤記로 돌릴 수는 있겠지만 言語學的인 입장에서도 볼 때 '母音調和'에 어긋나기 때문에 더더욱 'eniya'라고 함이 옳다고 보겠다. 오늘날 滿洲語辭典에도 'eniya'라는 單語는 없는 듯하다. 그런 例를 몇몇 辭典을 통해서 직접 밝혀 보기로 한다. 簡明滿漢辭典에는[25] 'eniye'의 의미는 '母亲'이면서 'eniyen buhu'[26]는 '母鹿'이기 때문에 결국 'eniye'는 '母'의 뜻임을 알 수 있기 때문에 'eniya'라 함은 문제가 될 수 밖에 없다. 羽田 亨에서도[27] 'eniye'는 '母親'이라고 하였으며 'eniyehen'은[28] '雌犬'에서 볼 때 역시 '雌'에서 '암컷'인 '女'의 뜻임을 알 수 있을 것이다. 따라서 羽田 亨의 辭典에서도 'eniya'의 語彙는 없고 'eniye'만이 '女'와 關係가 있음을 알 수 있었다. 또한 Jerry Norman의 辭典에서도[29] 'eniye'의 의미는 'mother'이며 'eniyeingge'의 의미도 '母性愛에 적합함'의 뜻인 'Pertaining to motherhood'이다. 따라서 'eniye'는 'mother'와 關係가 있음을 알 수 있었고, 'eniya'의 語彙는 誤記이면서 '母音調和'의 한 語學的인 現象에도 어긋나기 때문에 '順治年間檔'의 '滿洲帝國國立中央圖書館 籌備處發行'의 表記에는 問題點이 있는 셈이 되겠다. 그러나 이 文獻의 解題(四)에 보게되면 混用의 例를 說明하였기 때문에 여기에서는 이 問題에 대해 여기서 줄인다.

⑧ 順治年間檔의 [8]에서도 音譯의 問題點이 있는데 다음과 같다.

'asara. sini boo tuwa dafi dara be ainara. dung jing de dantan i tuwakiyara bade fe hangsi de burengge'에서 'dantan'의 音譯도 잘못된 듯하다.[30] 역시 當時의 表記法의 混用에서 t : d의 區別에 問題點이 없는

24) 順治年間檔, 위의 책 p. 26 참조.
25) 劉厚生 外, 簡明滿漢辭典, p. 114 참조.
26) 앞의 책, p. 114 참조.
27) 羽田 亨, 위의 책 p. 115 참조.
28) 앞의 책 p. 115 참조.
29) Jerry Norman, 위의 책 p. 76 참조.

것도 아니지만 문제가 될 수 있는 것은 다름이 아닌 'dantan'이라는 語彙가 辭典에 수록되지 않은 점이며 따라서 'dantan'의 語彙 대신에 'tatan'이 되어야 타당할 것이다. 羽田 亨의 辭典에서도[31] 'dantan'의 語彙는 없었지만 'tatan'은 '野外の宿營地' 또는 '窩舖'(小屋)'라는 의미를 갖고 있다. 따라서 'dantan'은 'tatan'의 誤記임이 分明한 것이다. 또한 Jerry Norman辭典에서도[32] 'tatan'의 뜻은 '1. a camp, a stopping place'이며 또한 'territory of a tribe'이기도 하며 따라서 'tatan i da'의 경우에서는 'chief of a camp'이기 때문에 결국 'tatan'은 '野營地'의 意味를 갖고 있기 때문에 'dantan"의 音譯은 잘못된 것이다. 또한 簡明滿漢辭典에서도[33] 'tatan'의 의미를 '窩舖' '不外'라 하였으나 'dantan'에 대한 語彙는 없었다. 또한 'A Classified Dictionary of spoken Manchu' 辭典에서도 보게 되면[34] 'tatan'은 '文獻語'로 表記되었으며 여기에 대한 '口語'는 'tatəmə'로서 의미는 'ひく, ひつばる'이며 'tatərə boo'는 '宿屋'로서 역시 'tatan'은 '屋'과 關聯이 있음을 알 수 있을 것이다. 그러나 이 辭典에 있어서도 'dantan'은 그 語彙가 없었다.

(B) 順治年間檔의 滿洲文獻語와 韓國語와의 語彙比較에 關하여;

筆者는 몇편의 論文을 통해서 그동안 滿洲語와 韓國語의 語彙比較를 통해서 親族關係에 대한 糾明을 努力한 바 있었다. 물론 그 量的인 面과 質的인 面은 매우 미흡한 것은 사실이었지만 그런대로 試圖的인 次元에서는 어쩔 수 없는 상황이었다고 한다면 지나친 筆者의 辨이라고 할 수 있겠으나, 아뭏든 몇편의 논문을 발표하였다.

30) 順治年間檔, 위의 책 p. 28 참조.
31) 羽田 亨, 위의 책 p. 418 참조.
32) Jerry Norman, 위의 책 p. 274 참조.
33) 劉厚生 外, 앞의 책 p. 372 참조.
34) kengo yamamoto, A classified dictionary of spoken Manchu, p. 72 참조, Institute for the study of Languages and Cultures of Asia and Africa, Tokyo Gaikokugo Daigaku, 1969.

위의 文獻인 '順治年間檔'은 特히 淸代 內務府의 機能을 硏究하는데 있어서 매우 重要한 價値를 갖고 있을 뿐 아니라 加圈點의 滿洲文 記錄의 最古 文獻이며 言語學인 資料로서 대단히 중요한 몫을 하고 있는 상황이기 때문에 더욱 더 比較의 價値는 倍가 될 것이다. 물론 本 論文에서는 지면 관계 때문에 一部만 紹介했기 때문에 筆者로서는 유감스럽게 생각할 수 밖에 없는 일이다.

① 順治年間檔의 滿洲文 [5]의 16째줄에 있는 'ajige'는 의미가 '小'인데 이것은 韓國語의 '아직'과 比較가 될 수 있겠다.

㉠ 〈아·직의 例〉[35]

ㅇ 아직 本來ㅅ ᄆᆞᅀᆞ매 맛게ᄒᆞ시다가(且)〈法화一14〉

ㅇ 이ᄂᆞᆫ 冰雪이 이셔 遠梅ᄅᆞᆯ 몯ᄇᆞ릴ᄉᆡ 아직 수를 먹노라ᄒᆞ다〈杜초 十五 38〉

ㅇ 아직 주어 아직 시기다가(姑)〈小언二12〉

㉡ 〈아직의 뜻〉[36]

ㅇ 때가 덜 된 뜻. 채.

ㅇ 이미 있던 일이 달라지지 않은 뜻

以上 ㉠㉡을 통해서 '아직'의 의미는 '미흡하다' '정상 보다는 느리다'라고 정리할 수 있겠다.

따라서 滿洲語 'ajige'와 韓國語의 '아직'은 形態·意味論的으로 볼 때 比較의 可能性이 터진 셈이 된다. 다음은 그러한 語學的인 事實들을 열거하기로 하겠다.

ⓘ 滿洲語 : ajige〈little, small, young〉[37]

㉠ ajig + e > ajige〈開音節化現象〉

㉡ aji : stem

35) 劉昌惇, 李朝語辭典, p. 521 참조, 延世大學校 出版部, 1974.
36) 이희승, 국어사전 p. 862 참조, 1963, 민중서관.
37) Jerry Norman, 위의 책 p. 10 참조.

㉢ －e : ending의 添加로 보여짐.

㉣ ajie는

ajik ＋ e ＞ ajike ＞ ajige〈閉鎖音의 軟口蓋音化現象〉

그러한 語學的인 이유는,

k : g의 語學的인 關係性인데

ⓐ －k－

○ 開口度 0

○ 可聽度 1

ⓑ －g－

○ 開口度 0

○ 可聽度 2

㉤ ⓐⓑ의 語學的인 事實로 類推해 본다면 ㉣의 상황을 알 수 있을 것이다.

㉥ 따라서 'ajige'의 祖語形態의 再構形은 ajvt 語系인 'ajit'形으로 봄이 옳을 것이다.

ⓘⓘ 한국어 : 아직 ajig〈yet ; as yet ; steill〉[38]

㉠ ajig ＋ ϕ ＞ ajig

㉡ ajig : stem

㉢ －ϕ : ending의 添加로 그대로 原來의 閉音節

㉣ ajig은

ajik ＋ ϕ ＞ ajik ＞ ajig〈閉音節의 軟口蓋音化現象〉

이러한 이유로 생각할 수 있는 것은 앞의 說明 k : g의 語學的 關係性에서 찾을 수 있었다.

以上 ⓘⓘⓘ에서 볼 때 滿洲語 ajige와 韓國語의 ajig(아직)과의 關係는 同根語同意味인 同形態로 봄이 좋을 듯 싶다.

② 또한 順治年間檔의 滿洲文이 紹介되었던 部分에서 韓國語와 比較言

38) 동아 新콘사이스 韓英辭典, p. 1152 참조, 1982, 동아출판사.

語學的인 次元에서 볼 때 同根語同形態이던가, 同根語異形態일 可能性이 많은 語彙들만 例를 들면 다음과 같다.

㉠ 順治年間檔의 [7]의 6째줄에 있는 'beye'는 의미가 '自身' '몸'인데 이것은 韓國語의 '-베이, -벵이, -방이'와 比較言語學的인 方法에 의하면 同根語異形態로서 그 意味는 '사람'을 뜻하는 것으로서 'beye'는 free morpheme에 해당되지만 '-베이' '-벵이' '-방이' 등은 bound morpheme으로서 이 경우는 實辭語의 虛辭語化로 규정지을 수 있을 것이다.

㉡ 順治年間檔의 [1]의 5째줄에 있는 'juwe'는 의미가 '兩' '둘'인데 이것은 韓國語의 '둘'과 比較가 될 수 있겠다. 즉 'juwe'는 中世韓國語의 '둘' '둘ㅎ'과 그리고 鷄林類事의 '途孛' 또한 女眞語의 '拙' orokko語의 'dû' kilin語의 'jûl' Tungus語의 'ʒūr' orotschen語의 'ju' sanda語의 'jûli' Ainu語의 'tu' 등과도 比較가 可能하기 때문에 이들 사이의 語學的인 關係는 同根語異形態로 봄이 타당하다.

㉢ 順治年間檔의 [1]의 4째줄에 있는 'sargan'은 의미가 '妻'인데 이것은 蒙古語 'sadon(愛人, 親戚)' 滿洲語 'sadun(親家)' 韓國語 'sadun(姻戚)'과 比較할 수 있겠는데 이 역시 svt語系에서 變形된 同根語異形態일 뿐이다.

㉣ 順治年間檔의 [1] 11째줄에 있는 'emu(1)'는 形態論的인 측면 意味論的인 측면에서 생각할 수 있겠다. 즉 類詞 '1'에 해당되는 'emu'는 'amba'인 '大'와 韓國語의 '암' '엄'과 形態意味論的으로 볼 때 '同根語異形態'임을 알 수 있으면서 古代人의 言語觀에서 볼 때 '1'이라고 하는 類詞는 '크다'라고 하는 形容詞와는 원래 名詞類로서 같은 同質類의 言語임을 알 수 있을 것이다. 韓國語의 '암'과 '엄'도 마찬가지로 同質性의 語彙임을 알 수 있을 것이다.

한국학에 대한 저자의 변

필자가 <한국학과 우랄·알타이학>이라는 제목으로 책을 내놓게 된 목적은 한국 문화의 원류적 입장에서 한국 문화의 전체적 상황을 서술하여 '거시적 한국학' 혹은 '우랄·알타이 지역을 포용하는 한국학'을 한국 학계와 세계 학계에 알리자는 데 그 의의가 있겠다.

해방된 지 벌써 65년이나 흘렀다. 그리고 '한국학'도 많은 발전을 하였다. 그러나 대체적으로 역사의 분야에서는 삼국시대(고구려, 백제, 신라, 가야), 발해, 고려, 조선을 거쳐 현대에 이르는 과정만을 연구 대상으로 삼았거나 또는 여기에 한정된 연구와 분석을 통한 논문과 저서를 남겼을 뿐이다. 또한 역사에서 주로 '고대사' 부분에서는 상고사의 영토 문제 및 중국 대륙에서 과연 고구려와 백제, 그리고 신라가 어떤 역할과 기능을 하였으며 또한 백제와 신라의 영토가 중국에 존재 하였는가 이다. 그리고 고구려의 영토가 중국에서 어디서부터 어디까지 걸쳐 있었느냐의 초점도 역사학계에서는 늘 언쟁의 소지를 안고 있었다. 특히 고구려와 수나라 그리고 당나라와의 관계에서 전쟁이 가지고 있는 역사적 의미는 과연 무엇이었으며 을지문덕 장군의 살수대첩 승리는 수나라에게 어떤 영향을 끼쳤으며, 안시성 성주 양만춘 장군의 당나라에 대한 승전 역시 중국과 우리와의 관계사적인 측면에서 볼 때 득과 실은 지금쯤은 객관적으로 바라볼 시각이 필요하다.

또한 백제와 신라의 경우도 일본과의 문화 전수 관계만을 생각하지 말고 그 자체를 연구, 분석한 다음에 비교, 검토가 필요할 것이다. 만약 이러한 절차 없는 연구는 사상누각이 될 것은 정한 이치이기 때문이다. 그리고 발해의 역사 연구도 오늘날 너무나 매스컴 위주로 현장 답사적 연구가 진행되는 듯해서 북방 연구에 뜻이 있는 학자들에게 있어서는 매우 안타깝다. 왜냐하면 매스컴이란 짧은 시간에 많은 효과를 연출하기는 하지만 시청자의 입맛에 맞추어야 하기 때문에 편집자의 의도가 숨어 있고 또한 인기 위주의 편성도 배

제할 수 없기도 하기 때문이다. 더구나 방송은 차분히 연구하고 분석해서 결과를 기다리기보다는 결과를 빨리 시청자들에게 알리려는 방송의 본연의 임무, 성급함 때문에 잘못 전달될 가능성이 많다고 할 수 있을 것이다.

앞으로 발해의 연구는 언어학·민속학·고고학 등 종합적인 연구가 처음부터 결합하여 시도되어야 할 것은 물론이다. 또한 고려와 조선시대의 역사연구에 있어서는 고려사를 중심으로 하는 문헌 연구와 현지답사적 성격을 띤 민속 사학적인 입장도 전혀 무시해서는 안 되리라 생각한다. 그리고 고려는 주변 외적과의 관계가 끊임없이 있었다. 특히 거란과 몽고의 침입에 대한 교섭사적인 측면에서의 역사 연구는 무엇보다도 절실히 필요한 때이다.

또한 현대사의 연구도 이데올로기적인 차원에서만 볼 것이 아니라 한민족사적인 맥락에서 현대사 역시도 조명을 하여야 하며 무엇보다도 거시적인 관점과 더불어서 미래 지향적인 목표를 내걸고 문제를 해결해야 할 것이다. 또한 우리는 몽고의 침입과 임진왜란 그리고 일제시대를 조명함에 있어서 너무나 피해 의식적인 관점에서 역사를 기술하여 왔다. 그리하여 지금도 일본과의 관계는 순탄치 못하다. 이유야 어떻게 되었든지 앞으로 우리의 관계 개선이 무엇보다도 절실히 필요하다. 이것이 앞으로의 객관성을 유지할 기초의 초석이 될 것이리라.

그리고 남과 북이 갈라져 있는 현실적인 상황에서 이데올로기적인 측면에서 현대사 고찰은 가급적 피해야 한다. 우리는 애국적 입장에서 이러한 남북의 문제를 접근하기보다는 애족적인 관점에서 기술하는 것이 오히려 남북통일 이전까지 필요할 것이리라. 왜냐하면 국가를 위하는 관점에서는 상호간 안목이 학자들과 정치가들 사이에서도 다를 수 있을 것이며 같은 학자들끼리도 시대적·역사적 맥락에서 다루는 방법도 그렇게 동일할 수는 없을 것이다. 따라서 통일이 되는 그날까지는 남북이나 또는 남은 남대로, 북은 북대로 서로 감정을 아끼고 아껴 극도의 이성적인 면모를 갖추어 현대사를 조명해야 할 것이다. 자기 감정에 치우치지도 말아야 할 것이며, 서양이나 동양의 어느 사상적 사조나 시대적 흐름을 통한 한 시대의 사조에 의해서 얻은 결과에 의한 것으로의 잣대로 한국의 현대사를 기술해서는 자손대대로 씻지 못할 오점을 남기게 될 것이니 감히 누가 섣부르게 이러한 행동을 자행할 것인가. 그런데

도 오늘날 생각보다는 많은 지식인들이 시대에 영합하고 마치 시대의 양심인 양하면서 현대사의 흐름을 단순히 양극적 대립 양상으로 묘사한다면 그것은 민족의 아픔을 빙자로 그 속에서 자기 주장과 그림만 교묘하게 그리려는 속셈은 아닌지 반문도 해보는 것은 필자만의 억측은 아닐 것이리라.

동서고금을 막론하고 어떤 상황 속에서라도 자기 민족사를 외면할 수는 없을 것이다. 그것이 영광스러운 역사이건 수치스러웠던 지난날의 과거일지라도 말이다. 그리고 이러한 사실들을 학자들이 기술할 때에도 아무리 객관적인 사실이나 실증적 토대 위에서 사건을 전개한다고 하더라도 성실한 태도를 바탕으로 서술해야 할 것은 두 말할 필요가 없을 것이나 작금의 여러 정황을 판단해 볼 때 매우 유감스럽기 짝이 없다. 왜냐하면 자기의 민족사를 서구적인 시각에서만 논의하려고 한다든지 또는 너무나 실증적 위주로 역사를 보려고 애를 쓰는 학자 중에서는 한국의 신화나 고대 상고사의 중요한 핵심에 대한 부정적 견해를 보이는 것이 이러한 범주에 속해 있다고 보겠다. 그리고 또한 방심해선 안 될 것은 무조건 어떤 신빙성 없는 몇몇 문헌이나 문중의 어떤 개별적 서한문과 기행문 등 기타 널리 산재해 있는 여러 기록, 말하자면 비 객관적 자료에 의거한 역사의 기술은 더더욱 경계해야 할 것이다.

그리고 대체적으로 언어 분야에서의 지금까지는 일본 학자들이 중심이 되어 연구되었던 국어사와 국어학사 부분과 부분적으로 방언학 관계 연구가 해방 이후에 있어서도 계속적으로 연구되었다. 또한 국어학의 큰 범주에서 볼 때는 일반적으로 다음과 같이 말할 수 있을 것이다.

경성제대를 중심으로 소창진평 교수의 업적인 '조선어학사 연구'와 '향가 및 이두 연구' 그리고 '조선 방언 연구' 또한 하야육랑 교수의 '조선 방언학 시고', 이 밖에 소창진평의 작은 방언학 관계 논문인 '함경도 및 평안도 지방의 방언 연구' 등은 해방 이후에도 서울대학을 중심으로 계속적으로 이 방면의 연구를 낳게 하였다. 또한 경성제대 학파들은 해방 이후에 중세 국어에 대한 연구를 적극적으로 하였다. 여기에 대표가 될 만한 것은 중세 국어 문법이며 'ᄋᆞ'연구와 같은 소실문자 연구, 방점, 훈민정음, 향가 및 만엽집, 어두자음군, 계림유사 연구는 괄목할만하다고 할 수 있을 것이다. 그리고 해방 이후 서울대 後世代들은 국어사에 대한 안목을 갖게 된 것 같다. 아마도 이러한 이유 중의 하나는 적어도 Gustaf John Ramstedt(핀란드 Helsinki 대학 교수, 작고)의 여러 저서의 영향이 아닌가 하며 또한 Nicholaus Poppe(미국 Washington 대학 교수, 작고)의 우랄·알타이어 입문서와 그 밖의 수많은 두 분의 논문들이 해방 이후에 우리 한국 학계에 소개되었기 때문인데 더더욱 서울대를 선두로 연구되었기 때문일 것이다. 그리하여 국어사에 대한 논의가 거의 40여 년 간 끊임없이 있어 왔던 것도 사실이다.

그리고 방언학의 경우에 있어서도 이제는 현지답사를 통한 자료집인 '방언사전'류는 그런대로 몇 종류가 시판되어 나온 셈이 되었다. 그리고 최근에 이르러서는 각 지방을 중심으로 지역 방언 연구가 상당히 활발하게 이루어지고 있는 셈이다. 그리고 이러한 언어 분야를 제외하고라도 70년대 들어와서는 변형생성 언어학을 중심으로 많은 미국 및 유럽의 공시적 언어학 방법이 구조주의 언어학의 뒤를 이어 도입되어 우리 한국어 학계를 풍미하였고 이러한 영향은 현재까지도 이어지고 있는 실정이다. 그리하여 젊은 층의 경우에 있어서 언어습관을 보면 이러한 영향의 증거를 볼 수 있겠는데 예를 들면 "나는 하늘을 본다"라는 문장 대신에 "하늘이 보여진다"라고 거침없이 말하고 있고 세칭 영어의 수동태적인 표현 방법이 우리 한국에도 자연스럽게 자리를 잡아가고 있는 형편이다. 말하자면 고유의 언어적 습관을 저버리고 미국적 언어습관에 네이티브 스피커가 되어간다고 하여도 크게 무리한 말이 아닐 것이다. 쉽게 말하면 한국어를 영어화하여 실생활에 사용하고 있다는 말일 것이다.

또한 문화와 민속적인 분야를 간단하게 살펴보면 다음과 같다.

해방 전에는 조선 총독부의 답사 자료집(특히 역사, 민속, 고고학…) 등이 한국의 기초 인문과학을 거의 대변해 주었다고 하여도 과언이 아닐 것이다. 또한 경성제대의 연구팀들이 지금의 몽고, 서장, 시베리아의 연해주와 만주 일대를 어떤 침략적 목적을 가지고 현지답사를 한 자료집 및 사진첩과 연구 결과물이 이 시대에 있어서는 청구논총이나 경제제대 논문집 그리고 조선 총독부를 통해서 많이 출간되었다. 그리고 현재 서울대학교의 '경성제대 도서관' 등에는 방대한 양의 이런 도서들이 꽂아 있다. 아마도 침략 조성의 일환으로 이루어졌다고는 하지만 '조선 총독부'와 '경성제대'에서는 동아세아 그리고 북방학에 적어도 1세기 전부터 관심과 연구가 진행되었다고 필자는 믿으며 이러한 증거에 경성제대 서고에서 우리는 그 엄청난 분량의 도서에 감탄 받게 된다. 어떤 의미에 있어서는 일본이 한국을 침략했던 기나긴 세월 속에서 최대한 한국의 기초 인문과학 분야를 닦았다고 한다면 지나친 억측은 아닐 것이다. 바로 이러한 점이 우리로서는 분통하고 자존심이 상하지만 어쩔 수 없는 노릇이다. 단지 필자로서는 지금부터라도 늦지는 않았다고 생각한다. 사실 해방 전후를 맞아 우리 학계에서는 몇몇 선각자들에 의해서 문화와 민족 그리고 민속적 접근이 시도되었다.

특히 일본학자 중에서 秋葉 隆은 '만몽의 민족과 종교'라는 공저를 내놓음으로써 어느 의미에서는 '북방학'의 학문적 계기를 뚜렷하게 세상에 알리게 하였으며, 또한 '조선 무속의 현지 연구'라는 책을 통해서는 한국의 전통적 무속신앙을 현지를 통해 연구해 냈다는 사실에 우리는 많은 것을 생각하게 한다. 비록 정치적 목적이 전혀 없지는 아니 했겠지만 그래도 조선 무속을 연구했다는 것은 어떤 의미에서는 당시 천하고 누구 하나 학문적 위치에서 보려고 하지 않은 하찮은 집단을 애정을 가지고 관찰하고 현지 무속인을 찾아 굿의 장면 뿐만 아니라 여러 소도구에도 관심을 가졌다는 것은 매우 놀라운 일이기도 하다. 또한 秋葉 隆은 그의 약력에서 볼 수 있듯이 동경 외국어 대학에서는 사회학을 전공하였고, 졸업 논문으로 '무속의 연구'를 학위 논문으로 제출하였다. 아마도 그가 '조선 무속의 현지 연구'라는 책을 쓴 것도 결코 위의 사실을 통해서 보면 우연만은 아닌 것이다. 또한 그는 동경 제국대학 대학원에 입학하여 '가족 제도 연구'를 연구 테마로 삼았다. 그리고 한 때는 東洋文庫(舊 모리손 文庫)에서 일을 하였고, 민족학 연구를 위하여 佛, 獨, 英, 美國에 체류하면서 많은 공부와 견문을 넓혔다는 사실이 지금부터 거의 1세기 전이라는 것에 필자는 자못 놀라웠다. 그리고 秋葉 隆은 그 후 일제 강점기에 있어서는 경성 제국대학에서 '朝鮮 巫俗 の 現地研究'로 문학박사 학위를 취득하였다. 그 후 그는 일본의 민족학회 이사와 더불어서 'The Area Files committee of the Japanese Society of Ethnology(朝鮮部長)'을 역임한 것을 보더라도 여러 이유가 있었음에도 불구하고 한국을 연구한 선구자였던 것만은 틀림없는 사실이며 여기에 머무르지 않고 秋葉 隆은 경성 제국대학에 大陸資源科學研究所를 만든 창설 위원임을 생각할 때 그의 꿈은 역시 동북 아시아를 연구의 전체 대상으로 삼았던 것으로 추측된다면 지나친 필자의 억측만은 아닐 것이리라.

아마도 이러한 일본의 지식인 생각은 미루어 짐작해 보건대 이 당시 전반적인 흐름으로 볼 수밖에 없을 것이다. 따라서 이러한 무드 조성이 결국 대동아 전쟁이라는 세계 제2차 대전의 싹으로 발전하였을 것은 정한 이치일 것이다. 그러길래 그의 저서 중에는 '滿蒙の民族と宗教'가 있지 않은가 생각된다.

결국 일본 지식인은 학문과 국가가 상호보완적으로 조화 있게 균형을 절묘하게 맞추었다는 사실에 우리는 유념할 필요가 있을 것이다. 이 점에 한국학자들의 생각을 달리할 필요가 있을 것이리라.

물론 이 당시 모든 일본 지식인이 황국사관에 젖어 있었다고는 볼 수 없겠지만 적어도 상당수의 최고 엘리트 집단인 지식인과 정치인들은 일본의 대동아 정책 즉 동북 아시아에 널리 산재되어 있는 민속학, 인류학, 역사학적 측면에서 체계를 정리한 것도 어느 측면에서 볼 때는 일본이 지향했던 동북아 정책과 지식인과 학자 사이에 상호간에 이해 관계가 맞았기 때문일 것이다. 말하자면 일본의 학자들은 이러한 사실을 역사성을 통해서 볼 때 결과론적이기는 하지만 국가적 시책과 정치적 목적에 수반되는 연구를 적어도 상당히, 기꺼이 응했다는 것이다. 즉 학자들의 연구가 국가의 공통적 시책에 부합되었으며 어느 면에서는 국가적 목적에 오히려 앞장서서 주도면밀하게 이루어졌다는 사실에 우리 한국 학자들은 많은 생각을 하게 될 것이다.

생각해 보면 학자들의 연구라는 것도 국가와 민족을 위해서 좋은 의미에서 사용되어야 할 것이다. 그것이 철학이든 사회학이든 기타 민족학이든 구분되지 말고 국가관과 일치되었을 때 그 학문이 더욱 더 빛날 것이다. 말하자면 국학으로서 민족학이 되어야 할 것이며 그 민족학은 국학으로서 그 민족의 대표적 학문으로 발전되어야 할 것은 두 말할 필요가 없을 것이며 또한 그 나라의 상징적 학문이 바로 국학으로 표상되어야 할 것이다.

적어도 우리는 이러한 경우를 동양에서는 일본에서 쉽게 찾아 볼 수 있었다. 말하자면 일본의 경우는 국가관의 목표 내지 목적에 순응하고 오히려 앞장서서 국가관의 지향적 성격에 수많은 학자들이 보조를 맞춘다는 사실이다. 그리고 이러한 사실에 많은 일본 학자들은 무비판적으로 국가를 상대한다는 것이다. 그래서 우리는 일제시대에 경성제대나 조선총독부나 동경제대와 같은 국가 기관에 소속된 학자나 여기에서 연구비를 받아 실제로 현지답사를 하였던 연구위원들의 업적을 보게 되는 것이 아닌가 한다. 특히 이 시대에 지금의 러시아, 우즈베키스탄, 카자흐스탄, 키르키스탄, 만주 지역 중에서도 Orochi, Orcha, Goldi, Solon, Nanai, Hezhen(赫哲), Gilyak, Chuckhee, Kamchakadal, Orochon, Tungus족에 관한 언어와 민속(특히 민간 신앙적인 무속과 신화, 전설과 민요)그리고 역사, 고고, 인류학 등의 학문이 현지 중심적 연구가 진행되었었고 여기에 국한하지 않고 몽고지역 중에서도 외몽고와 내몽고 그 밖의 길림, 요녕, 흑룡강 등 무수한 지역에서 수많은 현지답사를 하였던 것을 보더라도 이것이 단순히 학자들의 자신에 개인적인 학문이라고만 생각할 수는 없을 것 같다. 여기에 학문적 특징 중의 하나는 분명히 국가와 민족과 학문의 상호 지향이 동일할 수도 있다는 사실을 말해 주는 것이며 또한 상호 보완적 특징임도 암시해 준다고 볼 수 있을 것이다.

이러하기 때문에 어떤 의미에서는 홍할 때는 엄청난 위력을 국가가 발휘할 수 있겠지만 이와 반대로 망할 때는 전체가 온전하지 못함도 우리는 세계 제 2차 대전을 통해서 역력히 알 수 있었다.

그리고 중국의 경우에 있어서도 대체적으로 어느 의미에서는 일본과 상당히 흡사함을 엿볼 수 있을 것이다. 말하자면 중국의 대표적인 철학자라고 볼 수 있는 공자·맹자·노자·장자의 경우에 있어서도 선대로부터 내려오던 인간과 세상에 대한 관점을 참고로 하여 자신의 세계관과 인생관을 여기에 결부시켜 하나의 시대적 철학으로 승화시켰다고 본다면 지나친 필자의 억측만은 아닐 것이다. 즉 이러한 철학자들의 당시의 철학관은 역사적인 측면과 연결되어 오늘날 중국의 거대한 사상으로 발전하여 하나의 국가관과 우주관으로 자리를 잡게 되었을 뿐만 아니라 중국 민족의 영혼도 이러한 사상에 의해서 모든 활동 생활이 영향을 받기 때문에 지극히 중국적으로 삶을 영유한다는 사실이다. 따라서 철학과 사상과 신앙적인 삶이 쪼개져 있는 것 같지는 않다. 말하자면 철학관이 바로 사상에 의해 형성되었으며, 이 사상이 또한 종교와 연결될 수 있다는 것이며, 이 관계에서 중국 역사와 중국인의 삶이 함께 했다는 사실에 우리는 주목할 필요가 있을 것이다. 이러한 사실 속에서 우리는 중국 민족이 자기들의 선대에서 이룩한 철학과 사상, 그리고 신앙적 사고에 깊이 심취해 있음도 알 수 있었다. 즉 국가와 사상과 신앙 그리고 생활이 늘 함께 공존해 있음은 우리는 중국에 대해서 부인할 수 없을 것이다라고 필자는 굳게 믿는 바이다.

이러한 사실들이 일본의 경우와 매우 흡사함은 우리는 하루 빨리 인지하여야만 우리 한국도 새로운 천년을 맞아 우리의 확고한 세계관과 민족관을 가질 수 있을 것이다. 그것이 바로 <거시적 한국관> <광의의 한국관>인 것이다.

이러한 일본과 중국의 경우를 통해서 새삼스럽게 느껴야 할 필요성은 두 가지로 간단하게 요약할 수 있겠는데 다음과 같이 요약할 수 있을 것이다.

첫째로는, 그 민족의 개인은 국가를 뛰어 넘어서게 된다면 매우 불행해질 수 있다는 사실이다. 즉 개인의 위대성 역시도 그 민족관과 결부가 되어야 할 것이며 또한 개인의 위치도 결국 국가 내에서 존재해야 할 것이다. 말하자면 국가는 개인을 포용하며 개인은 국가나 민족과 더불어 가야 한다는 것이다. 이러한 사실들이 중국이나 일본의 경우에 있어서는 매우 자연스럽게 형성되고 있고 그들의 생활 속에서도 자리를 잡고 있다는 사실이다.

둘째로는, 국가가 어떤 목표를 설정했으면 일본이나 중국의 경우에 있어서는 대체적으로 민중들은 상당히 적극적으로 추종하든지 또는 묵묵하게 뒤따르는 경향을 볼 수 있었으며 또한 지식인의 경우에 있어서도 일부의 경우에서는 오히려 적극성을 갖고 체계적으로 그 국가관에 조화된 이론과 논리를 펴는 경향을 보았으며 또는 적극적인 모습은 결코 아니다 하더라도 여기에 순응하고 협조하는 자세를 보인 지식인이 퍽이나 많았다고 생각된다. 이러한 경우를 우리는 가깝게는 일제시대에 많은 우파적 지식인과 중도적 입장을 취했던 지식인을 통해서 관찰할 수 있었을 것이다. 말하자면 아마도 한국의 경우에 있어서의 지식인이나 학자, 교수들이 우파적 성향을 띄고 있다고 한다면 그것은 말할 필요도 없이 대학사회에 있어서는 '어용 교수' 등으로 몰려서 무수한 수난이 1980년대에 있었음을 우리는 기억할 수 있을 것이리라. 이러한 한국적 상황에서 본다면 일본과 중국의 경우에서는 개인적, 개별적 세계관과 인생관보다는 국가적인 어떤 이념과 지향적 목표가 더욱 중요시되고 있음을 알 수 있었으며 특히 중국의 경우 그들의 북경에 있는 '혁명역사박물관'에서도 '실사구시(實事求是)'라는 현관입구의 모택동의 대자보를 통해 알 수 있음직도 하다. 그러나 반면에 지금까지 한국의 경우에서는 대체적으로 개인의 각자 의견을 매우 중요시 하였으며 또는 개별적인 감정을 무엇보다도 높이 평하여 '솔직하다', '진솔하다', '감정을 숨김 없이 묘사하였다', '노골적인 감정을 여과 없이 숨김없이 반영하였다' 등의 평가를 받기를 원하였다고 하겠다. 말하자면 국가나 시대가 때로는 인물이나 상황을 요구할 수도 있는데 여기에는 별로 크게 달갑게 받아들이는 수용 태세는 아니었다고 볼 수 있을 것이다. 그래서 우리는 흔히 대학 사회에서나 일반 시민사회에 있어서도 지금까지는 '전유' 아니면 '전무' 또는 '생' 아니면 '사' 중의 택일적인 상황이 있었으면 있었지 중간적인 입장은 전혀 인정받지도 못할 뿐만 아니라 오히려 '어용적'이니 '무능적'이니 하는 말로써 상대방에게 입장을 난처하게 만들었던 예가 어디 한두 번뿐이었겠는가. 또한 아예 어느 의미에 있어서는 국가관이나 시대의 요구 그 자체를 인정하지 않고 무조건 반대적인 입장에서 보려고 하였으며 그것이 어떤 원칙인 것처럼 표방하여 왔던 것도 어찌 부정만 할 수 있겠는가.

그러기 때문에 우리는 중국이나 일본에게서 배울 수 있었던 것과 배워서는 안 될 것을 하루 빨리 구분하여 새로운 길을 모색하여야 할 것이다. 왜냐하면 역사적으로 보나 지리적인 여건으로 보아도 중국과 러시아는 북쪽에 붙어 자리 잡고 있으며 우리 한국인과의 성격과 그들의 성격이 너무나도 판이하게 다르기 때문이다. 또한 일본 역시도 역사적·지리적 여건으로 보아 남쪽에 자리 잡고 있는데다가 또한 성격과 기질 면이 너무나 다르기 때문에 상호간에 좋지 않은 감정에 휘말릴 수 있기 때문이다. 늘 우리는 이러한 상황 속에서 그들에게 주권을 빼앗기거나 수많은 전란을 통해서 얼마나 많은 고통과 수난을 '임진왜란', '병자호란', '삼별초의 항쟁', '거란족의 침입', '여진족과의 전쟁', '대마도 정벌'이라는 이름으로 치렀던가 생각하면 한스럽기 짝이 없다. 아마도 이러한 때는 우리는 앞에서 언급했던 '실사구시' 내지 '냉철하고 냉엄한 현실'을 제대로 인식하지 못했던 데에서 오는 결과임을 스스로 자인하여야 할 것이다.

그렇기 때문에 오늘날도 중국인을 대체적으로 '대륙적 기질', '만만디', '왕서방 기질', '속을 알 수 없는 민족'이라고 하면서 일본인은 '약은 민족', '손해는 보지 않는 민족', '섬기질 족', '셈이 정확하고 빠른 민족', '깔끔한 민족'이라고 하며 한국인을 '기마족의 북방 기질과 섬의 기질이 결합한 반도 기질 민족', '체념의 민족', '사치스러운 민족', '形式을 좋아하는 민족', '겉과 속이 다른 민족', '名分을 앞세운 실리파', '되는 일도 없고 안 되는 일도 없는 나라', '실속이 없는 껍데기 같은 나라'라고 하는 것도 어느 면에서는 우리가 인정하여야 앞의 미래가 보일 수 있을 것이다. 우리 한국 사람은 형식에 약하고 내용에는 눈을 쏟지 않는다고 한다는 말 자체가 비판에는 익숙지 못하고 칭찬에는 약하다는 뜻이고 먼저 칭찬을 해주면 모든 것이 쉽게 해결된다는 의미로 받아들일 수 있을 것이다.

이상의 첫째와 둘째를 통해서 우리 민족은 우리나라와 가장 접근해 있는 러시아를 비롯하여 중국과 일본을 정확하게 알아야 할 필요성은 충분히 이야기한 셈이다. 그래야 앞으로도 우리 민족이 나아가야 할 지표를 정하고 그 정한 예정표에 의해 정진할 것이 아닌가 한다. 아무리 우리의 목표가 확고하고 무지개를 껴안은 세계라 할지라도 주변의 국가가 방해하고 이러한 사실을 먼저 알고 장애물을 친다면 소용이 없을 것은 뻔한 이치이기 때문이다.

우리는 秋葉 隆의 저서를 통해서 많은 점을 시사받았으며 그의 약력을 통해서도 충분히 배운 바 있었다. 또한 이러한 상황 등을 통해서 일본을 알게 되었으며 그 당시 조선은 무엇을 하였으며 어떤 국가관과 민족관이 있었길래 이렇게 무수한 한을 얻게 되었는가를 곰곰이 다시금 생각할 기회를 갖게 되었다고 할 수 있을 것이리라.

해방 전후를 하여 우리 민족에도 몇몇 선각자들에 의해 역사, 민속, 문화 분야에도 어느 정도 성과는 있었다. 단재 신채호의 '조선상고사'는 본래 1930년대 '조선일보'에 연재되었던 '조선사'인데 1948년 단행본으로 간행되면서 그 내용적인 여러 사항 등을 고려하여 '조선상고사'라고 게재되었다고 볼 수 있다. 저자 자신이 말했던 것처럼 '조선상고사'에 대하여 '…… 그것은 미정고이니 아직 추고를 가할 여지 있는 것이다.'라고 한 점을 보면 그가 '한국사'에 대한 애착이 얼마나 강했는가를 엿볼 수 있을 것이다. 아마도 필자의 생각으로는 그가 그토록 한국의 상고사에 집필을 집중한 것은 일제하에서 민족적인 사상을 고취시키기 위함이 아닌가 생각한다. 그렇게 말할 수 있음은 그의 저서 '조선상고사'를 보면 '총론'에서 역사에 대한 정의를 말할 때 '아'와 '비아'로 나눠서 생각한 점에서 우리를 우리답게, 새롭게 인식할 수 있을 것이다. 또한 그는 '아의 성장발달의 상태……'에서 '여진 · 선비 · 몽고 · 흉노' 등이 본디 '아의 동족으로 ……'에 관한 그의 견해와 또한 '아와의 상대자인 사린각족의 관계를……'에서 '아에서 분리한 흉노 · 선비 · 몽고며 아의 문화의 강보에서 자라온 일본이……'와 '오늘 이후는 서구의 문화와 북구의 사상이 세계사의 중심이 된 바 아 조선은 그 문화사상의 노예가 되어 소멸하고 말 것인가……' 그리고 '북벌진취의 사상이 시대를 따라 진퇴된 것이며' 또한 '흉노 · 여진 등의 일차 아와 분리한 뒤에 다시 합하지 못한 의문이며' 종교 문화상 등의 창작이 불소하나, 매양 독립적 · 단편적이 되고 계속적이 되고 계속적이 되지 못한 괴인'의 열거에서 우리는 정말 새로운 재인식이 필요할 때가 왔다고 필자는 생각하는 바이다. 어느 의미에서 볼 때 신채호 선생의 위와 같은 생각은 대륙적이고 기마 민족적 생각의 발상에서 비롯되었을 것을 생각하면 지금 우리에게 좋은 본보기가 될 것임은 자명한 사실일 것이다. 말하자면 신채호 선생의 탁견은 오늘날 우리에게 비록 시사하는 바가 컸으나 결국 우리 후배들이 행동적으로, 학문적으로 여기에 크게 동조 내지 동참하지 못함은 참으로 후회스러운 일이다. 물론 이런 필자의 생각은 결과를 통한 식견인 셈이다.

우리는 지금이라도 신채호의 생각한 바대로 한국과 과거 흉노 · 선비 · 몽고 · 여진과의 관계를 새롭게 재인식 하여야만 대륙적인 기마적 민족으로 태어날 것이다. 그리고 이러한 사실이 왜 중요한 이유는 한국적 세계화에는 이런 기질과 민족성이 꼭 기저에 수반되어야 할 것이기 때문이다.

신채호는 역시 '제2편 수두시대'의 '조선 고대 총론'에서도 '고대 아시아의 동부 종족이 ① 우랄 어족, ② 지나 어족 양자로 나뉘었으니 …… 조선족, 흉노족 등은 전자에 속한 자니, 조선족이 분화하여 조선, 선비, 여진, 몽고, 퉁구스 등 족이 되고, 흉노족이 천산하여 돌궐(今 新疆族), 흉아리, 토이기, 분란 등족이 되었으니 지금 몽고, 만주, 토이기, 조선 사족 사이에 왕왕 동일한 어사와 물명이 있음은 몽고(大元)제국 시대에 피차 관계가 많으므로 받은 영향도 있으려니와, 고사를 참고하면 조선이나 흉노의 사이에도 관명 · 인명이 같은 자가 많으니 상고에 있어서 동일한 어족인 명증이니라'라고 하였으니 여기에서도 조선, 선비, 여진, 몽고, Tungus, 돌궐, 토이기, 만주 간의 관계를 충분히 간략하게나마 밝혔다. 이러한 사실을 통해서 볼 때 역시 신채호는 조선의 선각자임은 자명한 사실이다.

또한 이 시대에 몇몇 민족적인 차원에서 역사 분야 이외에도 이능화, 최남선, 손진태, 송석하, 김재철, 김소운, 정노식, 고정옥, 이여성 등 많으나 먼저 손진태의 '민속학논고'를 생각해 볼 수 있겠다. 손진태는 그의 저서를 통해서 한국의 민속과 전통을 밝혀 보려고 하였는데 그러한 이유는 그가 아마도 일제시대에 역사학을 자유롭게 연구할 수 없었기 때문에 민속학에 주력하였을 것으로 볼 수 있을 것이며 또한 손진태는 3・1운동을 통해서 '민중'이라는 존재가 결코 무시될 수 없는 귀중한 민족적 차원에서 부각되어야 한다는 사실에 스스로 공감한 듯하다. 또한 그는 한국의 민족문화에 대한 연구는 한자에 만연한 양반 계급에서 찾기보다는 오히려 하층의 민중들에게서 발견하여야 한다는 생각이 들었을 것 같다. 그리고 결정적으로 민속학에 대한 영향은 그가 일본 와세다 대학의 사학과에 입학하여 1920년대 바람이 일기 시작한 사회주의 영향을 받아 '민중', '민족'에 대한 관심으로 전향하여 민중문화의 기저를 알아야 하겠다는 생각이었기에 이러한 학문에 몰입하였을 것이다. 또한 津田左右吉을 비롯 前間恭作, 西村眞次의 영향도 자못 컸던 것으로도 보인다.

또한 손진태는 민속의 방법론에 있어서도 '민속 조사론', '역사 연구 방법론', '비교 연구론'을 선택하여 연구하였다. 그러기 때문에 그는 연구의 성과에 있어서도 '민속학적 관심을 다른 분야 학문을 위한 보조적 입장에서가 아니라 독자적인 과학으로 인식하고 있었다'라고 말할 수 있을 것이리라. 특히 손진태는 그의 '민속학논고'에서 '조선 Dolmen에 관한 조사연구'에서도 볼 수 있었듯이 '고인돌'에 대한 고문헌과 본인이 직접 발견한 '돌멘'이며 또한 전국적 규모의 분포, 형식, 그리고 그 원형과 민족학적 의의를 기술한 것은 당시로서는 대단한 탁견임은 분명하다. 또한 '고인돌의 명칭 및 이에 관한 신앙과 전설'에서 '고인돌'에 대한 명칭이 W.G.Aston에 의해 '고인(支, 장)', '돌' 두 단어의 합성어임을 밝혔다. 그리고 손진태는 고려시대의 이규보 역시도 '고인돌'을 '지석'이라고 한 점을 지적하였다. 그리고 평안도에서 부르는 '괴엔돌' 역시 같은 것으로 해석되며 또한 '되무덤', '도무덤' 역시도 동류로 지적한 것이다. 그리고 손진태는 '장생 고'에서 '장생'의 명칭을 나열하면서 그것의 다양한 기능도 밝혔는데 하나는 물질상으로 보아 목장승, 석장승이고, 또 성질상으로 보아 이정표와 수호신으로서의 장승, 또한 소재 장소상으로 보아 사원의 장승, 읍촌동구(입구)의 장승, 경계의 장승, 노방의 장승으로 구별한 점은 오늘날의 민속학의 영향에도 지대하게 끼쳤다고 할 수 있을 것이다.

그리고 우리는 이 시대에 이능화의 업적을 생각해 볼 수 있을 것이다. 그는 (1896~1943) 종교 연구에 업적을 낸 인물이다. 그가 대상으로 삼은 종교는 무속·불교·도교·기독교 그리고 신흥 종교이었다. 그러기 때문에 이능화는 조선 종교의 통사 체계를 수립하려고 노력하였으며 또한 조선의 여성에 관한 습속과 기녀의 풍속도 함께 관심을 가졌다. 특히 그의 '조선 무속 고'는 방대한 문헌을 기초로 한 조선 무속 통사 체계라고 할 수 있을 것이다. 특히 그가 '한글자료(문헌) 89종', '중국문헌 32종', '일본문헌 1종', '출처 불확실 2종'을 합한 124종의 여러 문헌을 통해 '조선 무속 고'를 집필한 점에 우리는 놀라지 않을 수 없다. 결국 이능화의 학문은 그 방법론에서 전통적인 학문의 방법을 존중하였고 실학의 문헌 고증학적 방법도 덧붙여서 당시의 학자로서 놀라운 점을 엿볼 수 있겠으나 개체적 사실과 현상에 너무나 치우쳤기 때문에 총체적 원리나 역사성을 규명하는 데 있어서는 여전히 문제점으로 남겨 두었다고 보겠다. 말하자면 이능화는 개체들의 현상을 통해서 민족적인 문화유산인 '무속'을 보려고 한 것으로 생각된다.

또한 당시의 김재철은 1933년 '조선연극사'를 간행하여 최초로 연극사를 체계화하였다. 그는 1907년 충북 괴산에서 출생하여 1926년 경성 제일 고등 보통학교를 졸업하고, 1931년 경성제대 본과 조선문학과를 졸업하고 평양 사범학교에서 교편을 잡고 1932년 사망하였다. 그의 연극사는 차례에서 말해 주듯이 '가면극'과 '인형극', '구극'과 '신극' 그리고 결론 다음으로 부록으로 '조선인형극(꼭두각시 극각본)'을 첨가하였다. 특히 가면극에서 삼국시대 이전의 가면극과 신라의 가면극, 고려시대 가면극 등으로 구분지어서 생각한 점과 인형극에서도 그 어의에 대한 제반 사실들을 다루었다는 것이 당시의 나이와 시대로 보아서 매우 탁견이 아닐 수 없다. 이러한 그의 생각은 후에 김일출의 '조선 민속 탈놀이 연구'에서도 읽을 수 있으며 이두현에게도 큰 영향을 주었다고 볼 수 있을 것이다. 말하자면 김재철은 한국의 연극사를 '고대 제의', '신라의 가면무', '고려의 나례나 산대도감극', '조선의 산대극', '구극과 신극'으로 구분한 점이 바로 김일출의 '원시적 탈놀이의 유습', '처용무', '가면', '검무', '향약' 5기, '나례와 나희', '사자놀이, 산대놀이(산대잡극과 산대놀이), 황해도 탈놀이'에도 영향을 끼쳤으며 또한 이두현의 '고대 제천의식', '고대의 연극(고구려악, 백제악, 신라 향약과 가면희)', '중세의 연극', '근세의 연극(산대, 나례, 광대, 소학지희, 판소리)', '가면극과 인형극의 전승 : 농경의례와 가면호희(입춘굿과 소놀이굿), 하회 별신굿 탈놀이, 산대도감 계통극', '현대연극'의 구분을 짓게 하는데 있어서도 영향이 컸음을 엿볼 수 있을 것이다.

그리고 사상적인 문제점은 여전히 남아 있겠지만 정노식의 '조선창극사', 고정옥의 '조선민요 연구', 이여성의 '조선복식사'에서는 삼국시대의 복식을 중심으로 하는 '상대 조선 복식의 전모'를 규명하고자 노력하였다. 그리고 연구 방법론도 역사고고학을 선택하여 복식 유물자료에 의해 유물 자체 연구 방법인 복식의 구조를 명확히 하려고 노력하였다. 이여성은 배화여고 배지를 도안하였다고 하기도 하며, '독서회'를 이끌고 있었는데 이 회원 모두가 이여성을 따라 월북하였다고 한다. 그래서 제자 모두 월북하여 남한에 남아 있는 사람은 하나도 없다고 알려져 있다.

또한 '한국문화사 서설'을 쓴 조지훈의 경우를 보게 되면 해방 이후 '한국문화'에 대한 견해의 저서 중에서는 가장 잘 짜여진 저서라고 할 수 있을 것이다. 특히 내용면에서 볼 때 크게 몇 부분으로 나눠 생각하였는데 '한국문화사 서설'에서는 한국문화의 성격, 한국문화의 위치, 한국문화의 발전, '한국사상사의 기저'에서는 한국 신화의 원형, 한국종교의 배경, 한국사상의 전거, '한국예술의 흐름'에서는 한국미술의 생성, 한국음악의 바탕, 한국문학의 전개, 그리고 '한국문화논의'에서는 민족문화의 주체성, 전통의 현대적 의의, 향토문화 연구의 의의, 또한 '한국정신사의 문제'에서도 민족 신화의 문제, 한국휴머니즘의 정신형성, 개화사상의 모티프와 그 본질, 마지막으로 조지훈은 그의 저서에서 '한국예술의 이해'에서는 한국예술의 원형, 반세기의 가요문화사, 고전 국문학 주해문제를 다루었다. 특히 그의 저서 가운데에서 우리에게 감동을 주는 구절은 '…… 신화는 신의 이야기이다. 따라서 신화의 주인공은 신이

요, 신화는 신의 이야기가 아니라 도리어 인간이 터득하고 만든 원초의 인간 이야기인 것이다. 그렇기 때문에 신화는 인간이 발견한 정치와 사회와 과학과 문학과 역사의 원형으로서 의의를 지닌다.'에서 우리는 실증적 역사의 사고나 그밖의 서구적 안목에서 흔히 보는 과학적 사고를 통해서 한국의 신화를 바라보면 안 된다는 것이다. 이렇게 될 때만 우리는 민족적인 사고에서 우리 신화를 바라보며 접근할 수 있을 것이며 그래야만 한국 신화의 원형을 그나마 알 수 있고 따라서 이러한 사고 체계 속에서만 한국의 신화 체계와 사상 그리고 기저 속의 Deep thought를 건져 낼 수 있으리라.

그리고 동시대의 저서 중에서 우리의 눈길을 끄는 것은 김원룡의 '한국문화의 기원'이다. 여기에서 그는 '한국민족'과 '한국문화의 원류' 그리고 '한국문화의 기원' 등 다양한 소제목으로 한국문화에 대해 밝혀보려고 노력한 흔적이 역력히 보이며 많은 고민도 엿보인다. 그러한 이유는 확실하게 그가 하나의 획을 긋지는 않고 가능성을 제시하면서 여러 상황을 설명한 점이 오히려 긍정적 평가를 받는다고 볼 수 있을 것이다. 특히 그는 고고학의 원로 학자로서, 작고는 하였지만, 그가 평생을 통해 연구하였던 대상이 한국문화의 원류와 기원 문제인데 이러한 주제를 선사시대에서 삼국시대 말기까지를 통해서 어떤 해답을 얻으려고 고고, 인류, 역사학적인 방법을 도입한 점은 오늘날 우리에게 시사해 주는 바 매우 크다고 할 것이다.

그리고 가장 좁게는 한국의 전통적 민속을 통해 민중의 삶을 알 수 있는 것은 아마도 '세시풍속'이 아닐 수 없을 것이다. 임동권은 그의 '세시풍속'에서 '한국의 세시풍속은 오랫동안 관습에 의하여 농업・어업을 비롯하여 모든 세시풍속은 태음력에 의하였으니'라고 하였다. 그리고 세시풍속을 기록한 문헌으로는 '동국세시기', '형초세시기', '경도잡기'가 있으며 우리의 세시풍속을 알기 위해서는 참고적으로 '농가월령가', '조선의 년 중 행사(오청 저)', '세시풍속집(방종현 저)', '조선민속 고(송석하 저)', '한국의 세시풍속(최상수 저)', '남국의 세시풍속(진성기 지음)' 등이 있다고 하겠으나 가장 좋은 방법 중의 하나로는 '현지답사'이며 '현장'을 중심으로 앞으로 보다 적극적인 방법을 통해서 '세시풍속'은 더 고찰되고 연구되어야 할 여지를 안고 있다. 왜냐하면 가장 그 민족의 살아 숨쉬는 현장적 삶이 바로 '세시풍속'을 통해서 재현되기 때문일 것이다. 말하자면 '세시풍속'이야말로 그 민족의 과거와 현재 그리고 미래를 향한 출발점인 동시에 그 국가의 살아 있는 민족 삶이기도 하며 세시풍속 자체 내에는 민중의 삶과 지배계급뿐 아니라 어쩌면 사·농·공·상 모두가 이 속에 스며 있기 때문일 것이다. 우리가 흔히 역사나 고고학은 기록이나 유품, 유물, 유적 등을 통해서만 연구가 가능하며 또한 꼭 이것이 바탕이 될 때에만 그 정확성을 인정받기 때문에 살아 숨쉬는 현장적 느낌보다는 그렇게 그냥 이해되기 쉬울 뿐이다. 그러나 세시풍속이란 한국적 사고에 의한 한국적 생활 속에서 다져진 '삶 자체'이기 때문에, 모든 분야가 다 이 세시풍속에 녹아 있기 때문에 우리는 한국적 의미에서 원형적 사고 내지 삶의 순환체계로 받아들이며 이것은 연희적 행위에 의한 통과의례로 받아들이는 것이 아닌가 한다.

저자가 본 저서인 '한국학과 우랄·알타이학'을 통해서 말하고 싶은 사항 중에서 몇 가지만 밝히고 <한국학에 대한 저자의 변>을 마치기로 하겠다.

첫째로는, 해방 반세기를 맞이하여 이제는 우리 문화에 대한 깊은 통찰을 통한 발전과 변화를 가져야 한다는 사실이다. 이를 위해서는 자기반성이 선행되어야 할 것은 말할 필요가 없을 것이다.

둘째로는, 그 민족의 고유한 문화자체를 개발하여 하나의 모델을 만들고 다듬어서 세계화한다는 생각을 지금부터라도 할 줄 알아야 한다는 사실이다.

셋째는, 우리 스스로가 우리 문화를 축약, 과장, 왜곡을 전혀 하지는 않았는가에 대한 자기반성을 하여야 할 단계가 왔다는 것이다.

넷째는, 이제는 새 천년을 맞이하여 우리 고유문화를 세계화하기 위해서는 우리의 고유 모델을 '거시적 한국문화'로 삼아야 한다는 것이며, 이 '거시적 한국문화'란 그냥 탄생되는 것이 아니라 부단한 노력과 개발, 그리고 종합하여 '新種子'로 만들어야 한다는 것이다. 말하자면 지금까지 잊고 살았던 '북방문화'를 잘 결합하여야 한다는 사실에 주의하지 않으면 안 된다는 것을 깨달아야 할 것이다.

다섯째는, 지금까지는 '북방문화'라고 그저 막연하게 말로만 하여 왔다고 보겠다. 그리고 추상적 개념을 가지고 '북방문화'를 요리한 셈이다. 그러다 보니 모든 것이 어설프기 짝이 없었으며 또한 정확한 이론 없이 여기 저기에 흩어져 있는 구절들을 모아서 논문이나 저서를 내 놓았기 때문에 일관성 면에서도 부족하지만 문헌적 참고에도 거의 문제점이 노출되기도 하였다. 거기에 전문적 지식을 토대로 하는 현장 답사가 이루어져야 함에도 불구하고 서구나 일본, 중국학자들의 업적을 그냥 모방 내지 번역하여 세상에 내놓기가 다반사이었다고 하여도 지나친 필자만의 생각은 결코 아닐 것이다. '북방'과의 관계는 1990년대부터 개선되어서 다행히도 지금은 러시아, 중국, 몽고 등 여러 북방 지역을 현지답사를 할 수 있는 기회가 있어서 퍽이나 다행스러운 일이다. 그러나 이제 기회는 주어져 있지만 이 기회를 제대로 활용하지 못하는 데 문제가 자못 심각한 지경에 왔다고 필자는 감히 말하고 싶은 것이다. 그러한 이유 중의 몇 가지는 다음과 같다.

첫째, 이제는 중국 지역에도 갈 수 있는 기회가 왔기 때문에 우리는 우리와 적어도 同系로 볼 수 있는 지역인 내몽고 자치구라던가 Uigŭr와 더불어서 신강성 그리고 부분적으로 티벳, Santa어(Santa is spoken in the chinese province of Kansu, It is spoken by about 150,000 people), Mongour어(Mongour is spoken in parts of the province Kansu and Chinghai in China), Dagur어(Dagur is spoken by 250,000 people in North-Westsrn Manchuria) 등의 중국지역에서 Altai언어가 사용되고 있지만 현지답사 前에 충분히 문헌적 연구가 검토되어야 함에도 불구하고 우리의 현 실정은 그렇지 못하고 있는 것을 부인할 수 없을 것이다. 말하자면 중국 내의 알타이어족이 살고 있는 분포도를 먼저 작성하고 여기에 준하는 선행 연구가 검토되어야 한다는 것이다.

둘째, 또한 몽고 지역에도 이제는 마음대로 가는 세상이 되었다. 우리는 사실상 지금까지 우리 민족을 알타이계라고 하면서 더욱 더 Mongolian 인종과 가장 가까운 동족이라고 하지 않았는가. 또한 이러한 차원에서 어린아이의 궁둥이에 있는 파란 점을 '몽고 반점'이라고까지 그동안 말하여 왔다. 사실상 몽골어는 적어도 Mogo(Mogol is spoken in Afghanistan), Oriat어(Oriat to which Kalmuck also belongs us spread over a Vast territory, Oriat dialects are spoken in the North-Western part of the Mongolian people's Republic(Outer Mogolian)), Buriat어(Buriat is the Northern most Mongolian Language. It to spread mainly in the Buriat

Autonomous Socialist Soviet Republic, East Siberia. Varios groups of Buriats live also in the Irkutsk and Chita regious(in East Siberia) and in the area called Barga in Manchuria. Some Buriats live also in the largest Mongolian in the narrower sense, is the largest language among its immediate relative. It comprises a number of dialects spoken the Mogolian People's Republic and Inner Mongolia, including about 650,000 in Outer Mongolia and 1,465,000 in Inner Mongolia. Khalkha어(Khalkha is the most important dialect of Mongolian. It is spoken by almost 650,000 people, I. e, 75% of the total population of the Mongolian People's Republic. …Khalkha compries a number of subdialects. The subdialects spoken in the Eastern and Southern parts of the Mongolian Peopel's Republic display some features common to Mongolian dialects spoken in parts of Inner Mongolia) 그리고 이 밖에도 제어(諸語) 등이 있다. 그래서 이제는 단순하게 '몽고어'라는 표기보다는 'Buriat Mongo어' 등으로 하여야 할 것이다. 이러한 표기를 주장하는 것은 이제는 그만치 이 분야의 연구가 진행되어야 한다는 뜻이다. 또한 이제는 몽고로 현지답사를 가는 실정이기 때문에 더더욱 이러한 분위기가 필요한 것이리라. 말하자면 이제는 막연하게 'Mongolia'라고 하지 말고 좀 더 구체적이면서 적극적인 방법으로 이 분야를 수용해야 할 것이다. 가까운 러시아나 일본은 이 지역에 대한 연구를 적어도 1세기 전부터 연구를 하지 않았던가.

셋째, 그리고 이제는 신채호 선생이 말했던 것처럼 '흉노 등의 일차적으로 우리와 분리한 뒤에 다시 합하지 못한 의문이며…'라는 차원에서 지금부터라도 이 방면에 노력을 해야 할 것이다. 그리고 이 지역의 언어에 대해서도 다시 거론한다면 이와 같을 것이다.

Juchen or Jurchen is an extinct language which was still spoken in Manchuria at the time of the rise of the Mongols in history(1388-1644) 그리고 Manchu어(Manchu is the literary language of those Manchu who Conquered China and established there the Ch'ing dynasty(1644-1911)).

It was also their colloquial language. At the present time there a few speakers left, although Manchus, Solons and Dagurs). 그리고 Goldi어(Goldi or Nanai, as they call themselves, are a small people of 7.000 in the lower course of the Amur river). Ulcha어

(Ulcha is spoken by hardly more than 1,500 people in an area located down-stream of that of the Goldi. Some scholars regard it as independent language but, according to others, it is a dialect of Nanai. At any rate, it does not possess Classification features distinguishing it from Goldi.) Orochi어(Orochi is spoken in the Amur region on the sea-shore. the number of speakers amounts to a few hundred). 그리고 Oroki어(Oroki is spoken by a few hundred people on the island of Sakhalin. It is little explored) 또한 Udehe어는(Udehe or Ude is spoken by a small group hardly exceeding 1,000 speakers along some tributaries of the Amur and Ussuri) 그리고 Negidal어(Negidal is spoken by less than 800 people in the basin of the Amgun river) 그리고 Evenki어(Evenki is spoken in various of Eastern Siberia, mostly in the northern parts of it, roughly between the yenisei river and 85° of northern latitude. The total nomber of speakers approximately amouts to 40,000. Evenki is divided in three groups of dialects, the northern, southern, and eastern. Evenki received its script in 1030. First it wsa based on the Latin alphabet, but since 1038 the Cyrillic alphabet has been used). 또한 Lamut어(Lamut is spoken by 9,000 people in Various parts of the Magadam and Khabarovsk regions(Krai) in Kamchatka, and in the Autonomo Yakut Soviet Ropublic. ……There are three Groops og Lamut dialects : the eastern, western, and central. The Lamut did not have any kind og writing prior to 1931. The present Cyrillic alphabet was introduced in 1937). 그리고 Solon어(Solon is spoken by a few thiusand people in North-Western Manchuria, in the citis of Tsisikar, Hailar, Butkha, Mergen, Manchuria along the Russian frdntier. The Solon do not have a system of writing of their own. Those who can write and read use Manchu). 또한 이밖에도 여진의 경우에 있어서도 누구의 언어 채집에 의한 음성표기냐에 따라서 명명이 상이할 수 있겠다.

예를 들면, 김광평의 음성표기법이 있을 수 있을 것이며 또한 W. Grube와 L.Legeti의 음성표기 방법이 명명이 약간씩 상이할 수 있겠는데 가령 여진어에서는 '산'의 의에 해당되는 음을 '아리'라고 하는테 다른 음성표기법에 있어서는 'ali,"a-li' 등과 같이 쓰임을 알 수 있을 것이다. 또한 만주어의 경우에 있어서도 표기체계에 있어서 문헌어적 표기법과 구어적인 방법이 상이한데 가령 만주어에서 '산'의 의에 해당하는 음은 'alin'인데 이는 문헌어적 표기이며 구어적 표기는 'aliN['alin]'이다. 이러한 사실을 통해서도 이제는 막연한 지식과 학문적 모호성에서 탈피하여 구체적 분석적 그리고 현장성을 최대한으로 살려 낸 '북방학 연구'가 절실하게 요구된다고 하겠다. 말하자면 지금까지의 만주, 여진, Tungus에 관한 학문적 체계는 너무나 근시안적이었으며 풍선처럼 뿌리 없는 지식이 난무하였다고 할 수 있을 것이다.

넷째, 또한 '북방학은 위와 같은 현실 속에서 연구가 있어 왔음을 누구도 부인할 수는 없을 것이다. 설상가상으로 알타이어족 중에서 Chuvash-Turkic에 대해서는 더더욱 우리에게 달라진 바도 거의 없는 상태이지만 많은 문헌이나 현지답사를 통해서 이론적, 현장적 토대 위에서 Turkey계를 연구할 필요성이 있다고 할 수 있을 것이다. 그리고 이 지역의 언어에 대해서도 다음과 같음을 알아야 할 것이다.

Chuvash어(The only surviving, r-language <'none' versus Turkic toquz> is Chuvash which is spoken by almost 1.5million people in the Chuvash Autonomous Sociallist Soviet Republic in the USSR. to be exact, in the middle course of the Volga River. It comprises two main dialect(spoken up stream).

Chuvash is the descendant of one of the dialects of the ancient Volga Bulgar which was spoken in the Bulgar Kingdom on the banks of the Ⅶ centry AD to the Ⅴcentry) 그리고 Turkic 언어를 보면 다음과 같다.

Yakut어(Yakut is the northernmost Turkic language and is spoken in the Yakut Autonomous Socialist Soviet Republic, in the Northern part of East Siberia. The Yakuts call themselves Sakha(saxa). The name Yakut was given to them by the Turqus who called them. The Yakuts number approximately 240,000. The Yakut language differs considerably from all the orther Turkic language both phonemically and Morphologically, as well as with regard to be vocabulary which is less them 50percent of Turkic orgin. 또한 Tuva-Khakas group에 속한 언어들은 다음과 같다.

Tuvinian어((Thva, Soyot, 또는 UriaKhai)spoken by 100,000people in the Autonomous Tura Region, in Eastern Siberia(prior to 1944 a semi-independent people's republic, a satellite of the USSR since 1921). is an adag-language. 그리고 Karagas어 (Karagas(Tofu). Uselly related to Tuvinian, is spoken by 500-600 people in a locality of the Krasnoyar나 province(Kri). They are belived to be decendants of Samoyeds who adopted a Turkic language). Yellow Uighur어(The Yellow Uighur sari uyrur are a small group living in the chinese province of Kansu.……Some Yellow Uighurs speak a particular Mingolian dialect) 그리고 Shor어(Shor sor is spoken by 105,000 people in the northern part of the Altai range and in the Kuznetsk Alataw mountain range, in the river basins of Kondoma, Mrass, and Tom). 그리고 Chulym어(Chulym cilim is the collective name of the dialects Ketsik, kuarik kuarik, and Chulym proper shich are spoken in the basin of the Chulym has no script. Its speakers use the Russian literary language).

이 밖에 있어서도 Turkey언어에 있어서는, Tuba and related dialect가 있으며 또한 The Kypchak Group 등의 언어와 그리고 Karai어와 Knmyk어 Karachai-balkar 어 Crimean Tatar어 인데 여기에서 Crimean Tatar was spoken, prior to World War Ⅱ, by the Soviets during World WarⅡ,……Crimean Tatar is now 'the language of a small ethnec grdup living mainly in the Uzbeck Republic.' ……They spoke a dialect vary little differing from standard Turkish. The speakers of this dialect numberd(1940) hardly more than 50,000.……The Crimean Tatar language can be regarded as proctically extinct). 그리고 Tatar어(Tatar tatar is spoken by almost five million people mainly on the Autonomous Republic and in the adjacent parts of the Volga region, and in various places in Western Siberia. Their Language comprises seven dialects. The central dialect is spoken by more than 1.5million people in the republic. This dialect is also Called Kazan Tatar(after the name of the capital) or kazan Turkic.

The Western or Mishar misar dialect is spoken in the Gorkii, Tambov, Voronez, Ryazan, Penza, Simbirsk, Samara, Saratov and orenburg regions, in the Autonomous Mordvan Republic, and in the Bashkin Republic……)

또한 Bashkin어는 'Bashkin basqΘrt is Spoken by 900,000 in the Autonomous Bashkin Soviet Republic in the Volga region.……Formerly, the Bashkin did not have a literary language of their own but need the same literary and script as the Tarars)이며 이 외에 도 Turkey 제어에서는, Nogai어, Kazakh and KaraKalpak어가 있겠는데 여기에서 Kazakh어는 'Kazakh qazaq is spoken by 3.5 million people in the Kazakh Union

Repubilc'에서 사용되고 있으며 또한 Kirghiz어는 'Kirghiz qir ɣ iz (또는 Kara-Kirghiz as it is called sometimes) is spoken by almost one million people in the Kirghiz Union Republic'에서 1만여 명이 현재 사용하고 있다고 보겠다. 또한 알타이어, The Changhatai Group, Uzbek어 East Turki어, Salar어, The Turkmen어가 있다.

그리고 Turkmen group어에 있어서는 'The Turkmen(on Southern) group comprise Turkmenian, Gagauz, Turkish and Azenbaijan Turkic'와 같이 Turkmenian어 Gagauz어 Turkish어 그리고 Azerbaijan어 등으로 구분하여 볼 수 있을 것이다. 또한 Turkey 제어의 경우는 매우 복잡하게 얽혀 있기 때문에 위와 같은 대단위의 다양한 제어와 더불어서 다음과 같은 제어도 있다.

Historical periodezation of Turkic languages는 'The history of the Turkic languages can be followd back into the times much older than the history of the Mongolian or Manch Tungus Languages'의 차원에도 볼 수 있을 것이다. 여기에는 The language of the Huns이 있는데 이는 'There is among whom there had been tribes speaking a language which may regarded as the oldest possible from of Turkic and indentified with Proto-Turkic'라는 차원에서 보았기 때문일 것이다. 또한 Historical periodzation of Turkic language에는 'Volga and Danube Bulgarian'이 있으며 그리고 'Ancient Turkic 어'어가 있겠다. 이 Ancient Turkic어는 'The Turks became known, for the first time in history, in the Ⅵ Century. Even recorded in Byzantine sources.'와 같이 6C경에야 비로소 알려지기 시작하였다. 또한 Turkey의 문자에 대해서는 일반적으로 다음과 같이 알려져 있다. 첫째는 'Runic script'이라는 문자이다. 이 문자에 대해서는, 'Ancient Turkic includes the language of the so-called Orkhon-Yenisei monuments written in runic script. There monuments, inscriptions on steles, are found in the area around the Upper course of the yenisei river in East Siberia ; in the Valley of the Orkhon river in Outer Mongolia and in the area east from Orkhon, inclouding a Locality situated not far from Ulbaz Bator, the Capital of the Mongolin People Republic, to the exact, some 25-30miles to the east.······Besides inscription on steles, a look of divination, some documents and fragments of Manichean and other manuscripts in runic script have been preserved.'이라고 한 점을 보면 'Runic script'은 고대 Tukey 어를 이해하는 데 무엇보다도 중요한 열쇠이기 때문에 '룬 문자'의 해독은 매우 중

요하게 받아들일 수 있을 것이다.

둘째는 'Brahmi script'이라는 문자인데 이는 'Somr Ancient Turkey texts are written in Brahmi script. The Brahmi script as was need by the Turks in Centural Asia is shown in the table on p62'에서 보듯이 현재에서는 이 'Indic Alphabet'를 옛 문헌에서만 볼 수 있다.

셋째는 'The Manichean script'인데 이 문자는 'A number of Ancient Turkic texts are written in the so-called Manichen script. Ancient Turkic who professed the Manichean religion used a script which is called the Manichean script. Other Manichean Turkic and also non-Manichean Turkic(Bubbhists) used the so-called script which had devdloped from Sogdian.……

The Manichean script goes back to the Palmyran script which is one of the Varieties of the Middle Aramaic script. Paimyran is aiso regarded as the prototype og Syriac from which Estrongelo developed'에서 보듯이 역시 이 문자도 옛 문헌에서만 볼 수 있다.

넷째는 'The Sogdian script' 문자인데 이 역시도 'A number of Ancient Turkic texts are written in Sogdian script. The Sogdians were an proper who lived in a country which included the present Tadjikistan(In the USSR) and the adjacent areas of Uzbekistan. The Sagdian script was rarely used by the Turkic, and there are only Buddhist manuscripts written in it. Most of the letter probably date from the Ⅷ Century.' 마찬가지이며 또한 'Uighuric script'에 대해서도 역시도 'By far the larger number of Ancient Turkic texts, namely those of later origin(Ⅸ～Ⅹ Centuries), are written in the so-called Uighur script. The letter developed from the Sogdian alphabet, to be exact, from what the German scholars call "Sogdische Kursivschrift", I. e., Sogdian speed writing. The Uighur alphabet Was, at a later time, probably in the second half of the Century, transmitted to the Mongols.

Works in Uighur script are mostly Buddhistic, Nestorian, and Manichen in content, although there are also fragmento of Calendars, astrological works, and specimens of poetry. …… The Buddhist literature in Uighur script reached its acme in the Ⅸ～Ⅹ Centuries.' 이와 같음을 통해서 볼 때 이제는 거의 고문헌이나 옛 비문을 통해서나 찾아 볼 수 있을 것이다.

이상과 같이 사실상 '북방학'이란 다채롭고 다양하고 방대하면서 그 부분 부분이 섬세하여 어디서부터 터치를 해야 할지 그렇게 용이한 일은 아닌 듯하다. 이러한 관점에서 본다면 지금까지 한국에서의 '북방에 대한 연구'는 무계획적이며 기초를 거치지 않고 바로 본론으로 들어와 무엇인가를 열심히는 건드렸지만 그것들이 지금 와서 생각해 보면 매우 무모한 단편적 지식의 종합체였다고 하여도 과언은 아닐 것이다. 아마도 이러한 생각은 필자만의 생각은 아닐 것이다.

이제 우리는 '한국학'을 원본대로 정확하면서도 기초부터 차근차근 고찰할 시기가 왔다고 필자는 생각한다. 말하자면 이제는 자료가 없다느니 또한 북방 지역에 갈 수 없다느니 하는 이러한 옛 모습의 논리에 맞춰서 '한국학'을 해서는 안 된다는 것을 명백한 현실로 받아 들여야 한다는 것이다. 이제는 '북방학'도 뚜렷하게 'Ural-Altai학'이라고 구체적으로 칭하면서 바로 이것이 '한국학'이며 이러한 'Ural-Altai학'이 전제되지 않은 '한국학'은 '형식적 한국학', '협의의 한국학', '임시적 한국학'이 자연히 될 수밖에 없을 것이다. 우리는 이러한 의미에서 볼 때 '한국학'이란 그 바탕이 'Ural-Altai학'이어야 하며 또한 이러한 학문적 기초와 바탕이 이루어 졌을 때만 '거시적 한국학', '미래지향적 한국학', '대륙적 한국학'의 면모가 갖춰지게 될 것은 명확한 사실일 것이다. 그리고 우리는 'Ural학'에 대해서는 거의 외면한 채 오랜 세월을 보냈다. 여기에는 몇 가지 이유가 있기는 하다. 몇 예를 들어 보면 다음과 같다.

첫째로는, 한국어가 처음에는 Ural-Altai제어에 속한다고 하다가 나중에 들어와서는 Nikolaus Poppe나 Gustaf John Ramstedt의 학설에 따라서 Altai 제어 쪽으로 기울어졌고 이것이 정통적 학설로 인정됨에 따라서 상대적으로 Ural 제어에 대해서는 외면하기 시작해서 현재에 있어서는 거의 연구의 실정이 전무하다고 하여도 과언이 아닐 것이다.

둘째로는, Ural 제어에 속한다고 흔히 말하고 있는 지역은 옛 소련을 비롯하여 스칸디나비아 반도의 Finland와 Hungary 등 동・북 구라파에 있는 곳이기 때문에 지역적으로도 멀 뿐만 아니라 연구의 대상으로 하기에는 그 지역 사정이 매우 용이한 일이 아니었기 때문이었다.

셋째로는, 선입견적인 측면에서 볼 때 과연 한국어와 Ural 제어 간에 얼마

만큼 유사성이 있을까 하는 막연한 심리에서 연구가 별로 없었던 때문이 아닐까 한다. 이러한 상황이 거의 해방 이후 현재에 이르는 과정에까지 그대로 지속되었기 때문이다.

그러나 우리는 'Ural-Altai학설'이나 'Altai학설'이나 모두 우리 스스로 연구하여 결정해야 할 과제를 안고 있다고 하겠다. 설령 '古 Asia학설'이거나 '古 Siberia학설' 또는 그 밖에도 '고대 한반도 학설', '북방계 와 남방계의 혼합설'을 주장할 수도 있을 것이리라. 그러나 이 모든 학설 자체를 우리 학계가 스스로 검토하고 검증하여 비교적인 측면에서 연구한 그 결과를 토대로 어떤 학설은 인정해야 할 것이며 또한 그렇지 못한 학설은 인정하지 못할 것이다. 또한 그렇지 못한 학설은 어디가 어떻게 문제점이 있는지를 스스로 밝혀내어 비판을 가해야 할 것인데 해방 이후 외국 학설만 일방적으로 무조건 수용하기만 급급하였기 때문에 제대로 제 학설들을 이해하고 여기에 대한 안목이 모자랐기 때문에 어쩔 수 없이 비판을 할 수 없었다. 따라서 외국학설에 의존한 체 무조건 그 이론에 매달릴 수밖에 없었던 것이다.

그러하기 때문에 어떤 학설을 정확하게 따르기보다는 밀려 들어 오는 모든 학설을 우선 알아야 한다는 사실이 보다 시급하였던 것이다. 그러다 보니까, 결과는 학설이 난무하여 학설끼리 경쟁되었던 것도 지난날의 우리 학계의 현실이었던 것이 사실이었다. 그리하여 설상가상으로 독일에서 유학한 학자들은 독일식 사고체계와 학문적인 전통 방법을 고수하려고 하였으며 미국에서 공부하고 온 학자들은 개방적 민주적 사고방식의 학문적 자세를 고집하려고 노력하였으며 또한 그동안 경성제대나 일본에서 공부하여 온 최초의 신세대들은 일본 제국주의식 방법을 통해 엄격하고 권위주의식 생각을 버리지 못했던 점을 우리는 솔직하게 시인하여야 할 것이다.

말하자면 한국식의 방법론이나 '틀'이 없이 짜깁기식 서구의 모자이크식 학문 방법에 우리는 젖어 있었던 것이었다.

이제부터라도 한국식 방법론을 개발하여야 할 단계에 왔다는 것이다. 말하자면 한국학의 개념과 정의 그리고 학문적 성격과 범위까지도 우리 스스로 결정하고 결정한 다음부터는 여기에 스스로 맞추어서 연구하여야 할 것이다.

사실 지금까지는 우리 스스로 결정해서 연구한 바도 거의 없었지만 실제적으로 어느 정도 결정하였다고 하더라도 조금 있으면 곧바로 이러한 결정 사실을 번복하고 또다시 거론해서 다시 원점으로 돌려놓은 경우도 우리는 허다하게 보아 왔던 것이다. 물론 학문이란 국제성을 벗어날 수는 없다고 하더라도 민족의 독자성을 부인할 수만은 없는 것이다.

앞에서 언급한 'Ural학' 역시도 우리 스스로 연구할 단계에 왔다는 것을 강조하고 싶다. 원래 Ural어족은 소련 서북 Siberia, Ural산맥 동쪽과 서쪽 그리고 남쪽 Volga강 중류지역 Estonia 공화국, 까렐리아 자치공화국, Hungary, Rumania, 체코슬라바키아, 유고슬라비아 등지에서 사용되는 어족이며 전체 사용자 수는 약 3000만 명에 이른다.

대체적으로 Ural어족을 간단하게 분류하면 다음과 같다. 크게 보면 Ural어족은 '핀-우그르'어파와 'Samoyed'어파로 구분하여 생각할 수 있겠다.

(A) Samoyed 어파

언어는 Ural어에 속하며 러시아 서북 최 북쪽에 살고 있는 몽고인 들이다. 한때는 싸안산맥 근처까지 Samoyed족들이 분포하였다. 전체 인구는 약 30,000명 정도이며 순록을 방목하는 유목민족이다.

이 Samoyed어파에는 다음과 같은 제어들이 있다.

① yurak어가 있는데 자신들은 Nenets라고 하여 '사람'이라는 뜻이다. 인구는 23,000명 정도이다. 이들은 주로 순록을 방목하고 살며 어업 사냥이 주 생업이라고 하였다.

② Enets어가 있는데 일명 '예니세니 Samoyed'라고 칭하며 인구는 300여 명 정도이다. Enets라는 말 역시 '사람'을 뜻한다. 역시 주로 순록을 사육하며 어업이 생업이다.

③ Selkup어가 있는데 인구는 3,000여 명 정도이다. Selkup 또는 solkup이라고 자신들을 말하고 있는데 이 말은 '타이가 출신의 사람들'을 뜻한다. Selkup족의 수사 단위는 과거에 있어서는 '다람쥐 가죽'이었다고 한다. 그리고 Selkup족은 사냥과 어업이 주업이며 순록은 교통수단의 일종이라고 한다.

④ Targi어는 Russia 중부 Siberia의 최 북쪽에 위치, 말하자면 소련 민족 중에서도 가장 북방에 살고 있으며 인구는 약 800여 명 정도이면서 생업은 어업, 사냥 순록을 기른다. 극지에 살고 있기 때문에 아직도 원시성을 갖고 있다고 하겠다.

⑤ Kamassi어는 아직 그 인구수를 모르고 있는 형편이다.

〔B〕 Fenno-Ugric어파

우랄어족에서 Samoyed어파가 분리된 후 Fenno-ugric어파는 '우그르 어계', '핀-페름 어계', '핀-불가 어계', '핀-라프 어계', '발덕-핀 어계' 등으로 나눠 발달하였다.

(가) 우그르 어계

Fenno-ugric의 공동체 어파는 '우그르 어계'와 '핀-페름 어계'로 나누어지며 '핀-페름 어계'는 그 후 계속해서 '핀-불가 어계', '핀-라프 어계', '발덕-핀 어계'로 분리되어진다. 또한, 'Ugric 어계'는 '오브-우그르 어계'로 나눠져 여기에서 'Vogul어', 'Ostyak어'로 구분되며 또 'Ugric 어계'에서 'Hungaria어'로 나뉜다. 또한 Ugric 문화의 특징 중의 하나인 몽고족처럼 말(馬)의 문화인 유목문화였다는 것이다.

① Vogul어는 소련 러시아공화국 안의 우랄 산맥 동쪽 시베리아에 있는 Khanty-Mansi민족지역에 살고 있는 민족의 언어이다. 그들은 자신들을 Nansi족이라고 하며 인구는 6,500여 명이다. 5C경 동쪽에서 온 여러 동방 민족의 영향을 받았으며 생업은 사냥이며 특히 웅(熊)을 숭배한다. Mansi족은 Mosh와 Por족으로 나뉜다. Por족은 신화에 따르면 하늘의 아들인 곰의 자손이라 하며 또 다른 신화에 의하면 곰은 여자 곰이었고 이 여자 곰이 여자 아이를 낳아 자손이 퍼졌다는 이야기가 있다.

② Ostyak어는 Vogul어 사용지역과 큰 차이는 없다. 자신들을 Khanty족이라고 부르는데 이는 Ostyak어로 '콘다 강 근처에서 온 사람'이라는 의미로 'Khandt-Kho'에서 유래되었다고 한다. 이들의 문화 역시 웅(熊)을 숭배하는 민족이다. Khanty의 인구는 약 19,000여 명쯤 된다고 한다.

③ Hungarian어는 Magyar족의 언어이며 헝가리인들은 헝가리에 1,100명 그리고 체코, 유고, 루마니아, 소련, 오스트리아에 300여 만 명이 살고 있다고 한다. Magyar족은 문화와 관계를 가졌으며 또한 이란계와도 문화적 교류를 갖게 된다. 이러한 이유는 Magyar족이 반유목 민족이기 때문이다. 또한 Hungary는 Turkey계 Khazar족의 지배도 받게 된다. Hungary라는 말의 유래는 5C경 이동을 할 때 Turkey계 언어로 이름 지어진 'on-Ogur'라 하여 의미는 '열 개의 화살'이라는 뜻이다.

(나) 페름 어계

'핀-페름 어계'는 '페름 어계'와 'Fenno-Volga 어계'로 나뉜다.

① Votyak어는 소련의 Kama강변 Udmurt인이라고 하며 인구는 60만 명 정도이다. 17C 이전까지는 Turkey계 민족들의 지배하에 있었다.

② Syrjan어는 소련의 Komi자치 공화국에서 사용되고 있으며 우랄 산맥과 Kama강 사이에 있는 Komi-Permyak민족 지역에서도 사용된다. 자신들은 Kami족이라고 부르며 이 Komi의 의미는 '사람'이라는 뜻이다.

(다) Volga 어계

'Fenno-Volga 어계'는 다시 'Volga 어계'와 'Fenno-Lapp 어계'로 나뉜다. Volga 어계는 Mordva어와 Cheremis어로 나뉜다.

① Mordva어는 소련 서부 Siberia Volga강 좌우편에 살고 있는 Mordva족의 언어이며 Mordva 자치 공화국을 구성하고 있다. Mordva족은 Moksa족과 Erza족으로 구분된다. 인구는 130만여 명이며 16C 이전까지는 Turkey계 Tatar족의 지배하에 있었다.

② Cheremis는 자신들을 'Mari'라 지칭하며 이 의미는 '사람'이라는 뜻이다. 인구수는 50여 만 명에 이르고 있으며 Turkey계 영향을 받았으며 13C-16C까지는 Tatar족의 지배를 받았으며 17C에 들어와서는 러시아의 지배를 받았다.

(라) Lapp 어계

Fenno-Lapp 어계는 Lapp어와 Baltic-Finn 어계로 나뉜다.

① Lapp어는 Norway, Sweden, Finland, Russia 4개국의 북쪽에 위치한 언어이다. 인구는 3만여 명이다. 자신들은 Saame족이라고 부르고 있으며 원래는 몽고계이어서 고대 시베리아 원주민이 후에 핀-우그리아 어계의 영향을 받았던 것으로 추측된다. 이 Saame족들은 현재 러시아의 서북단 Kola반도에 살고 있다고 한다.

(마) Baltic-Finn 어계

Baltic-Finn 어계는 Finland와 소련 접경지역과 Ladoga호수 근처에서 사용된다. 현재는 Estonia, FinnLiv, Vatja, Vepsa, Karelian어로 나뉜다.

① Estonian어는 소련 내의 15개 공화국 중의 하나이다. Baltic 3국이란 Estonia, Litvia, Lithuania를 말한다. Estonia 인구는 약 100만 명이며 1,200년대부터 여러 지명과 인명이 기록되어 있다. Estonia는 독일 Denmark에게는 13-14C, Poland에게는 16C, Sweden에게는 1645-1710년, 그리고 다시 독일의 지배를 받았으며 1917년 독립되었다가 1940년에는 소련이 합병되었다.

② Finnish어는 Finland와 Karelia자치 공화국과 Leiningrad 부근에서 사용된다.

③ Liv어는 Latvia공화국 수도인 Riga 부근에서 약 150여 명이 사용한다고 한다.

④ Vatja어는 Estonia공화국 동부에서 수십 명이 사용하고 있다.

⑤ Vepsa어는 약 10,000여 명이 사용하고 있다.

⑥ Karelian어는 Karelia자치 공화국과 Kalinin지역에서 사용한다. 인구는 18만 정도이고 Finn어와 매우 가깝다.

이상에서처럼 우랄어족의 제어들을 어계(語系)별로 나눠서 생각해 보았다. 참으로 많은 제어(諸語)들을 우리는 그동안 잊고 살았다고 할 수 있을 것이다. 생각해 보면 참으로 어처구니없기도 하지만 후손으로 안타깝고 억울하기도 하다. 이토록 거대하고 장엄한 우랄·알타이어족을 왜 우리는 그토록 잊고 살았을까. 선각자였던 신채호 님의 예언에 따라 우리는 '오늘 이후는 서구의 문화와 북구의 사상이 세계사의 중심이 된 바 아 조선은 그 문화사상의 노예가 되어 소멸하고 말 것인가…' 이와 같이 전락되고 말았지 않았는가 자문해 본다. 또한 신채호 님이 말씀하였던 '북 대 진취의 사상이 시대를 따라 진퇴된 것이며'에서 보더라도 우리는 고구려 시대 이러한 북방 기상을 갖고 그 웅지의 뜻을 광개토왕과 장수왕 시대에 펼쳤으나 대륙의 중원 땅을 결코 완전히 차지하지 못했으며 고려시대에 와서도 겨우 한반도만이라도 지키기 위해서 윤관이나 서희 등의 활약도 우리는 이제는 까맣게 잊은 듯하고 조선에 들어와서도 김종서 등이 세종의 명을 받아 북쪽의 변방을 지키기는 하였으나 결국 고려나 조선은 원과 청의 굴욕적 지배를 받았던 것도 우리는 익히 알고 있을 것이다. 이 모두가 '북방에 대한 진취적 웅지'가 결정적으로 부족하였던 것이 아닌가 생각된다. 또한 북아적 진취의 사고를 가졌던 무인이나 문인들이 오히려 역사적으로 볼 때 환영을 받기는커녕 따돌림이나 수세에 몰려 어려움을 당했던 것으로 우리는 기억하고 있을 것이다. 그래서 결국 수천 년 역사 속에서 단 한 번도 북아를 단행해 보지 못했던 것이 아닌가 생각된다.

또한 신채호 선생님의 '我에서 분리한 흉노, 선비, 몽고며 아의 문화의 강보에서 자라온 일본이……'에서도 오늘날 우리는 신채호 님의 대륙적인 기질을 알 수 있을 것이며 여기에다가 신채호 님은 한반도가 대륙의 주체적 원근이라고 생각하였던 것처럼 보이며 또한 그 근원적 바탕에서 보면 흉노, 선비, 몽고 등의 북방 제어 등이 한국에서 비롯되었음을 주지하였던 것이다. 이와 같이 우리의 극히 일부 선각자들은 1C 전부터 이 방면에 이론적 생각은 하였던 것 같다. 단지 이러한 사실을 과학적이고도 치밀하며 문헌과 서구적 이론을 배경으로 구체화하지는 못했을망정 감각적 사고는 있었던 것 같다. 오히려 해방 이후에 위와 같은 단편적 지식이나마 이것을 객관적 집대성을 우리가 못했던 것이 부끄러운 뿐이다. 이러한 상황은 지금도 계속되고 있는 실정이다.

그리고 어느 면에서는 강보에서 자라온 일본이 일찍부터 오히려 이 북방 방면에 이론적인 배경과 현장적, 민속적 측면을 통하여 인류・역사・민속・언어적인 성과가 세계적 수준에 있음을 우리는 부인할 수 없는 상황에 현재 도달해 있다고 보겠다. 일본은 명치유신(明治維新)을 통하여 과거 우리의 강보에서 벗어났고 지금은 어쩌면 우리 스스로가 일본의 강보에 있지나 않나 자문자답을 해본다. 아니 확실히 북방학에 대한 학문은 아마도 필자의 견지로서는 그렇다라고 감히 말하고도 싶다. 아마도 이러한 심정은 일본에 대한 패배의식에서 오기보다는 오히려 자책감이나 오기에서 일부러 그런 생각을 해 본다는 것이다.

그리고 신채호 님의 '흉노, 여진 등의 일차 아와 분리한 뒤에 다시 합하지 못한 의문이며'에서도 우리는 뼈아픈 고대 우리 민족사를 보는 것 같다. 왜 우리는 고대 동일계 어족이었을 것으로 보이는 흉노와 여진을 잃고 지금까지 살았을까 하는 의문점을 자아내게 한다. 우리는 이 시점에서 이러한 사실에 반성을 해야 할 것이다. 그것이 무엇이냐 하면 다음과 같은 것이로다.

첫째로는, 유목적이며 기마적인 생활을 하였던 까마득한 상고대(上古代)에 있어서는 우리 한민족 자신들도 이러한 기질 속에서 흉노나 여진, 말갈 등의 제족과 동일한 지역에서 혼거(混居)하면서 동일한 생활환경을 조성하였을 것이다. 그러다가 Nicolas Poppe의 학설에서처럼 원시 한국어를 사용하였던 부족들은 오늘날 한반도에 제일 먼저 이주하여 정착하면서부터 자연스럽게 한반도에 맞는 농경문화로 생활이 바뀌게 되었다. 이러한 환경적 변화의 계기는 과거 흉노·여진·말갈 등의 제족과의 관계에서 소원해짐은 정한 이치일 수 있을 것이다. 문제는 바로 이러한 점에 우리는 유념해야 할 것이다.

말하자면 농경민족으로 변화되면서 어쩌면 북방의 생활은 잊어버리기 시작하였을 것이며 또한 이로 인하여 과거 동일한 제족이었던 흉노 등 제족과의 관계는 우리 스스로 끊고 살았을 것이다. 그리고는 오히려 우리가 그들을 북적이라고 하여 도둑처럼 여기면서 살았음을 우리는 용비어천가를 통해서 알 수 있었을 것이다. 왜냐하면 아마도 우리 한민족은 동일어계였던 북방계 제족보다는 문화적으로 최상의 漢族을 어느 의미에서는 선택하여 그들과 더불어 또는 영향을 받으면서 살고 싶었다고나 할까. 따라서 한문화(漢文化)의 영향을 받으면서 생존하자니 자연히 동일계라지만 그들과의 관계는 소원해질 수밖에 없었을 것이며 어쩔 수 없이 아마도 북적이라고 호칭한 듯하다. 말하자면 중국의 영향에서 온 듯하다. 이러한 시간이 수천 년 흐르는 동안에 우리는 우리 스스로 분리된 이후 다시는 결합할 수 없었던 것이다.

둘째로는, 우리 韓族은 상고대에 있어서는 방목하면서 기마적 생활을 하였을 것이다. 그래서 아마도 이 당시에는 대륙적 기질이었던 性格 역시 반도 기질로 바뀌어 지게 되었으며 이로 인해 기마 방목적 생활권에 속하였던 과거의 북방족이었던 제족과는 상대적으로 거리감을 느끼게 되었으며 오히려 이제는 동일한 농경 문화권인 중국과 가깝게 지내고자 했던 마음이 설상가상으로 중국에 흠뻑 빠져 이제는 헤어날 수 없는 지경에 이르렀다는 말이며 이로 인하여 고대 동계였던 북방족과는 오랫동안 헤어져서 살 수밖에 없었던 것이 아닌가 한다.

셋째로는, 문화 대국인 중국의 영향을 오랜 세월 동안 받다 보니 문화적으로 한족보다 훨씬 못한 동계인 북방족을 우리 스스로 그들을 천대시하고 멸시하지는 않았나 다시금 생각해 본다. 아마도 중국의 영향 그대로 본받아 북방족을 우리도 북적이라고 하였음을 보면 이러한 사실에 부인할 수는 없으리라 생각되는 것은 필자만의 우연한 생각은 아닐 것이다.

이러한 생각이 어떤 의미에 있어서는 오늘날 우리 한국 민족의 성격적인 측면에서 볼 때 사대정신을 키우지는 않았나 의구심을 갖게 한다. 그래서 역사적으로 보면 결과론적인 측면에서 볼 때 우리 민족은 예로부터 결국 당, 원, 명, 청을 섬기면서도 동계인 흉노, 여진 등은 적대시하고 살아 왔던 것을 보면 사대적 사고가 있었던 것 같다. 이러한 사고는 현대에 들어 와서도 강자에게는 무조건적 복종 내지 무조건적 그들의 문화에 대한 향수 등으로 나타나고 있으며 또한 약자에게는 멸시 천대를 하고 있음을 우리는 동족인 중국의 조선족에게 대하고 있는 예를 통해 알 수 있을 것이다. 그리고 월남, 라오스, 스리랑카, 미얀마, 인도네시아 등의 근로자에 대한 우리의 행동으로 보아도 짐작을 할 수 있을 것 같다. 물론 현재 우리가 하고 있는 기업에서의 차별화를 보면 당장 알 수 있을 것이다. 또한 지식인의 사회인 대학에서 조차도 문화 대국의 문화권을 중심으로 모든 학문의 초점이 맞춰지고 있으며 논문 역시도 강대국의 논문을 인용하거나 또는 그들의 이론과 그들의 결과를 통해서 우리의 원인을 규명하려고 그동안 많은 시간을 할애하지 않았던가 하는 점에서 우리는 문화사대 지식인이었던 것도 사실이다. 웬만하면 우리 스스로 우리의 문제점에 대한 원인을 규명하고 그것을 치료할 생각은 없고 외국의 이론을 통해서 우리의 문제점을 찾아 치료할 생각이 더 많았던 것을 어찌 부인만 할 수 있겠는가. 아마도 이러한 생각이 결국 신채호 님의 지적한 바처럼 우리의 크나큰 고대사에 제사(諸事)를 잃었던 것으로 생각할 수 있겠다.

필자는 지금까지 스스로 한국학에 대한 여러 사실들을 나름으로 생각한 바를 솔직하게 서술하였다. 물론 필자 자신이 박학(博學)하지 못하고 깊은 학문을 못한 탓에 무게 있게 글을 펼치지는 못했지만 본서를 통해 충분히 의사전달은 하였다고 본다.

결국 지금까지 논의의 초점은 한국에서의 '한국학'에 대한 과제와 전망을 말한 셈이었고 진정한 의미에 있어서 '한국학'이란 무엇이며 왜 이 '한국학'이 우리 민족에게 그토록 필요한 것인가 또한 앞으로 '한국학'의 범위는 결국 '우랄·알타이 지역과 제어'까지를 포함해야 한다는 사실에 주목한 셈이었다. 이러한 사실이 실행되면 보다 폭넓고 웅지(雄志)에 넘친 한민족으로 성장되지 않을까 생각한다.

아무리 세계화 시대에 살고 있다고 하더라도 이럴 때일수록 자기 민족에 보다 충실하여야만 보다 열정을 갖고 고대에서 현대까지 연구해야만이 보다 나은 미래가 있을 것이다. 그래서 이제라도 '거시적 한국학', '광의의 한국학'을 되찾아 과거 영광스러웠던 고구려의 기상을 물려받고 백제의 찬란한 문화와 신라의 섬세한 기풍을 기반으로 하면서 흉노, 여진 등 상고대에 같이 동거동락했던 마음의 자세를 잃어서는 안 되겠다. 결국 필자는 '한국학에 대한 저자의 변'에서 이야기하고자 한 것의 가장 핵심적 소견이란 앞으로의 한민족(韓民族)은 필히 북방의 유목적 기마문화와 한반도의 농경문화를 결합하여 새로운 새문화를 창출해야 할 것이다. 그러자면 더더욱 우랄·알타이 문화와 언어에 대한 깊은 지식이 있어야 하겠으며 이것과 더불어 한국 그래서 이것 등의 결국 '한국학'이라는 명칭으로 변화되어 새로운 미래를 창출해야 할 것이다.

무릇 학자의 사명이란, 없었던 사실을 발견하고 여러 사람에게 알려 유익하게 살 수 있도록 하는 마음의 자세가 있는가 하면 지금까지의 여러 사실과 이론들을 종합하여 어떤 결론을 도출해 내려는 마음가짐도 필요할 것이며 여러 곳에 산재해 있는 자료들을 찾고 수집하고 선택하여 문헌 자료를 집대성하는 것도 후학들에게 또는 후손들에게 매우 중요한 안내자의 역할을 하는 것이다.

그러나 위와 같은 여러 사실들이 학자에게는 무엇하고 바꿀 수 없는 귀중한 작업인 것만은 틀림이 없을 것이다. 그렇지만 필자가 본서에서 밝히거나 번역하거나 모으거나 토를 달아서 내놓는 '한국학과 우랄·알타이학'은 과거 상고대의 거대했던 한민족의 기상과 기개로 본서가 동기가 되어서 '거시적 한국학'이 이 땅에 뿌리 내렸으면 하는 바람이다.

세월은 흘러 한국의 역사도 수천 년이 흘렀다. 이제는 한 번쯤 과거 찬란했던 기상을 되찾을 때가 오지 않았는가 하는 생각은 비단 필자만의 바람은 아닐 것이다. 끝으로 이 장대하고 넓은 저서를 출간하는 데 흔쾌히 허락해 주신 도서출판 역락의 이대현 사장님과 여러 차례 연구실을 방문해서 본 저서가 출판되어 세상에 나오게 해주신 안현진 부장님에게도 감사드리고 본교 대학원 김희지 박사와 박찬식 박사에게도 필자의 자문에 응해준 것에 고마움을 표하며 이따금 필자의 자료정리에 도움을 준 본교 국어국문학과 김이주, 김정아에게도 고맙다는 인사를 한다. 또한 항상 논문과 저서를 출간할 때면 경원대학교 설립자였던 故 원계 김동석 총장님을 생각하게 된다. 그것은 평소 '우랄·알타이' 연구소를 필자에게 설립하게 해서 '거시적 한국학'을 1990년도부터 문을 열겠다는 약속이 생각나기 때문이다. 이 책을 통해 고인의 명복을 빈다. 또한 역락출판사의 무궁한 발전을 기원하며 이대현 사장님을 비롯 편집 선생님들의 노고에 감사드린다. 아마도 이렇게 'Ural-Altai와 한국학'을 연계해서 13권씩이나 한 번에 출판한다는 사실은 필자가 아는 바에 의하면 세계에서 처음 있는 일이라고 감히 말하고 싶다. 이런 점을 통해서 본다면 본 작업은 실로 방대하고 장대한 작업이 아닐 수 없는 것이다. 아마도 이러한 방대한 全集類冊이 出刊되어서 '거시적 한국학', '북방적 한국학'이 한국의 學界에 뿌리를 내리기를 筆者로서 바라는 바이고 여기에 동참해 주신 도서출판 역락의 앞날에 무궁한 발전이 있기를 기도해 보면서 '저자의 변'을 마치도록 하겠다.

2009년 8월 15일

어린이 함성이 들려오는 복정골 K동 405호에서 필자

一山 박상규 삼가 올려드림

저자 一山, 박상규(朴相圭)

一山, 박상규는 올해 회갑 나이이며 이리 남성중, 대구 능인고, 고려대・경희대 수학. 1987 "한국어의 복수 접미사 비교 연구"로 문학박사학위취득. 현재, 경원대학교 국어국문학과 교수. 전공은 '우랄・알타이 언어・민속학'으로 논문 100여 편, 역・편・저서 50여 권.
북경대학에서 '한・중 무속고' 100주년에서는 '대청황제 숭덕 비문의 언어학적 비교연구' 발표. 울란바토르 대학, 이스탄불 대학, 일본 동지사 대학, 동경 역사 민속박물관, 쓰쿠바 대학, 오키나와 대학 등 세계 많은 대학에서 논문 발표.
학회는 '세계샤만학회', '동Asia 고대학회', '국어국문학회', '제주학회', '한국민속학회', '한국무속학회', '한국민요학회', '한국몽골학회', '한국방언학회', '우랄・알타이 연구회', '국제비교한국학회', '한민족학회', '한국구비문학회'에서 이사, 회장, 감사, 총무이사, 평의원을 지냄.
중국 남경대학 특별 초빙교수 역임, 月山 민속학술상 운영위원(현재), 경원대학교 학술상(공로상, 저술) 수상(2009. 3)
詩集으로 '마음의 풍경'(글누림, 2007. 11. 간행), '사랑의 풍경'(2008. 9. 간행, 교보문고 추천도서), '신과 인간의 그림자(2009. 9. 간행)가 있음.
호 一山은 故 양주동 교수님, 법명 一道는 어느 女僧으로부터 받음.

한국학과 우랄·알타이학 12
관련자료·연구총서

順治年間檔의 語學的 한 觀點
—文獻 音譯의 問題點과 더불어서—

인 쇄 2009년 9월 1일
발 행 2009년 9월 8일
저 자 박상규
발행인 이대현

발행처 도서출판 역락
등 록 1999년 4월 19일 제303-2002-0014호
주 소 서울 서초구 반포4동 577-25 문창빌딩 2층
전 화 02-3409-2058, 2060
팩 스 02-3409-2059

정 가 55,000원
ISBN 978-89-5556-717-5 93700